서발턴과 봉기

식민 인도에서의 농민 봉기의 기초적 측면들

ELEMENTARY ASPECTS OF PEASANT INSURGENCY
IN COLONIAL INDIA
Copyright © Oxford University Press 1983
All rights reserved

Korean Translation Copyright © 2008, Parkjongcheol Publishers

Elementary Aspects of Peasant Insurgency in Colonial India was originally published in English in 1983. This Korean translation is published by arrangement with Oxford University Press through Eric Yang Agency, Seoul.

이 책의 한국어 판 저작권은 에릭양 에이전시를 통한
Oxford Publishing Limited 사와의 독점 계약으로 박종철출판사에 있습니다.
저작권법에 의해 한국 내에서 보호를 받는 저작물이므로
무단 전재와 무단 복제를 금합니다.

비판총서 7

서발턴과 봉기
식민 인도에서의 농민 봉기의 기초적 측면들

ELEMENTARY ASPECTS OF PEASANT INSURGENCY
IN COLONIAL INDIA

라나지트 구하 지음 | 김택현 옮김

박종철출판사

박종철출판사는 신의와 신념을 지키기 위해 죽은 우리의 벗을 기억하고자
1990년에 설립되었으며, 그와 함께 꿈꾸었던 세상을 만드는 데
보탬이 되고자 합니다.

차례

한국어판 서문	_007
서문	_009
약어 표	_011
일러두기	_012
제1장 서론	_015
제2장 부정	_036
제3장 모호성	_105
제4장 양상	_142
제5장 연대	_208
제6장 전파	_265
제7장 영토성	_333
제8장 에필로그	_397
저자의 주	_403
옮긴이 후기	_449
용어 해설	_456
문헌 목록	_461
찾아보기	_474

한국어판 서문

식민 인도에서의 농민 봉기에 관한 나의 책이 번역되어 한국의 독자들에게 선보이게 된 것을 기쁘게 생각한다.

이 책의 중심적 문제는 인도에서의 기본적인 어떤 권력관계들에 관한 것이다. 이 권력관계들은 흔히 뭉뚱그려 식민 지배라고 묘사되었다. 25년 전까지만 해도, 자유주의적-식민주의적 변종이든 자유주의적-민족주의적 변종이든 간에 엘리트 담론은 여전히 관습적으로 이 권력의 배치를 영국 지배가 아대륙에 베푼 이른바 은덕이라는 관점에서, 또는 도전받지 않은 것처럼 추정되는 토착 엘리트의 지도 아래 이루어진 인도 민족주의의 출현과 승리라는 관점에서 취급했다.

이 책의 주장은 그 같은 해석에서 명백히 벗어나 있다. 이 자유주의적 관점들에 기초한 역사학은 진리의 일부만을 드러낼 뿐이며 따라서 그것을 위조하여 보여 준다. 왜냐하면 한편으로 영국의 점령기 내내 전개된 농민 봉기의 빈도와 범위와 힘은 팍스 브리타니카(Pax Britannica)의 신화가 허구임을, 그리고 제국주의적 선전에 따르면 그 팍스 브리타니카 덕분에 피정복민이 얻었다는 그 행복이 허구임을 드러내고 있기 때문이다. 다른 한편으로, 잘 기록되어 있다시피 그 농민 봉기라는 현상이 인도 민족주의보다 반세기 이상 앞서 있을 뿐만 아니라, 농민 봉기는 간혹 엘리트가 이끈 민족주의 캠페인들의 질서 정연한 운동을 뒷받침하기도 하지만 때로는 그것을 방해하거나 심지어 이탈시키면서 하나의 차별적이고 독립적인 서발턴 흐름으로서 민족주의와 계속 공존한다는 사실 때문이다. 이는 의심할 바 없이 엘리트 권력이, 그것이 외국인 엘리트 권력이건 토착 엘리트 권력이건 간에, 결코 이 시기 동안 아대륙에 대한 지배를 완전하게 확보하지 못했음을 보여 준다. 그 두 권력 모두 민중에 대한 지배의 합법성의 증표로 헤게모니를 열망했으나 거부당했다.

    이 생각들이 무르익는 데에는 시간이 걸렸다. 하지만 바로 이러한 관점에서 이 현상의 본질적 성격을 이해하고 승인하게 됨으로써 나는 마침내 서발턴 연구 프로젝트로 나아갔고, 또 저 남아시아의 역사적 조건들 하에서의 권력을 식민주의 안에서 가장 뚜렷이 접합되는 "헤게모니 없는 지배"로서의 "지배와 종속" 관계로 개념화하는 가운데 서발턴 연구 프로젝트의 이론적 기반들을 추구하게 되었다.

오스트리아의 푸커스도르프에서
2007년 9월 2일

라나지트 구하

서문

이 책은 젊은 세대에 속하는 두 그룹의 학자들에게 큰 빚을 지고 있다. 이들 중 일부는 서식스대학교의 학부 과정에 있는 학생들로서 나와 함께 남아시아의 역사와 관련된 많은 과목을 공부했다. 이 글의 수많은 아이디어들은 이들과 함께했던 개별 지도 시간과 세미나들에서, 그리고 교외(校外)의 대화 속에서 검토했던 것들이다. 나는 나의 작업에 보여 준 이들의 관심 덕분에 내가 얼마나 용기를 얻었는지를 이들 — 특히 로저 쿠트, 애나 페어트러, 가브리엘 어윈, 질리언 스콧 — 이 알아주었으면 한다.

이 책의 작업은 이제는 서발턴 연구로 불리는 집단적 기획과 동시에, 그리고 그 기획의 필수적 일부로서, 몇 년에 걸쳐 진행되었다. 실제로 내가 그 기획에 참여했던 최초의 계기가 된 것이 이 책의 작업이다. 그렇기에 이 작업은 나의 동료들인 샤이드 아민, 데이비드 아널드, 가우땀 바드라, 디뻬쉬 차크라바르티, 빠르타 차떼르지, 데이비드 하디먼, 기얀 빤데이, 수미뜨 사르까르 등의 작업이나 아이디어들과 여러 수준에서 교감하는 가운데 도움을 받았다. 이들 모두는 친절하게도 마지막 원고를 통독하고 논평해 주었다. 나는 이들의 도움에 이루 말할 수 없는 빚을

지고 있다. 이들과의 작업은 나에게는 특권이자 진정한 배움이었다.

오스트레일리아국립대학교의 태평양연구소가 훌륭한 연구 조건을 제공하지 않았더라면 이 책을 쓰고 출간하는 데에 훨씬 더 많은 시간이 걸렸을 것이다. 나는 나의 동료들, 특히 앤서니 로우의 지원에 고마움을 전하고 싶다.

나는 또한 초고를 타이핑해 준 엘리스 벡비에게, 교열에 도움을 준 고우리 차떼르지에게, 타이핑을 해 주고 교열을 봐주고 게다가 늘 마감 시간을 맞추느라 서둘러 댄 성마른 동료를 여러모로 참아 준 마거릿 홀에게 감사함을 전한다.

뉴델리에 있는 옥스퍼드대학교 출판부와 캘커타에 있는 이스트엔드 인쇄소는 수고를 마다하지 않고 나의 원고를 정성껏 통독하여 많은 오류를 찾아내 주었다. 정말 고마운 마음이 절로 든다.

이 글은 무수히 많은 면에서 나와 멕틸드 구하의 협력의 산물이다. 그녀는 수많은 실제적인 문제들, 즉 때때로 연구와 글쓰기를 몹시 힘들게 만들었던 문제들을 극복하는 데에만 도움을 준 것이 아니다. 이 책을 썼던 9년 내내 그녀는 내가 새로운 생각을 말했을 때 언제나 거기에 귀를 기울여 준, 또는 사실을 새로 발견했을 때의 흥분을 함께 나눈 최초의 그리고 종종 유일했던 사람이었다. 무엇보다, 저 굴곡 많은 작업 과정의 각 단계마다 나로 하여금 객관적으로 내 자신의 아이디어를 평가할 수 있게 하고 이 작업의 개념상의 약점과 스타일상의 약점을 헤쳐 나갈 수 있게 해 준 것은 그녀의 지성과 비판적 응답이었다. 나는 이 책이 나올 수 있도록 그녀가 해 준 모든 것에 대한 나의 감사의 표시로 이 책을 그녀에게 바친다.

캔버라
1983년 1월

약어 표

(오른쪽에 있는 서지 사항의 자세한 내용은 책 뒷부분에 있는 <문헌 목록>을 보라.)

BC	*Board's Collections*: India Office Library.
BDR	*Birbhum, 1786~1797 and 1855.*
BJD	*Bombay Judicial Department Proceedings*: India Office Library.
BSM	Bombay, Goverment of: *Source Material etc.*
CR	Anon., "The Sonthal Rebellion".
DRCR	*Report of the Commission etc.* (Cmd. 2071).
DRCR(B)	Ibid., Appendix B.
DRCR(C)	Ibid., Appendix C.
FSUP	Rizvi (ed.), *Freedom Struggle in Uttar Pradesh.*
GOB	Government of Bengal.
GOI	Government of India.
H & R	Hobsbawm and Rudé, *Captain Swing.*
JC	*Fort William Judicial Consultations* in BC 1361 (54222).
JP	*Judicial Proceedings*: West Bengal State Archives.
JP(P)	File no. 448: "Pubna Riots", in *Judicial Proceedings (Police Department)*: West Bengal State Archives.
K & M	Kaye and Malleson, *History of the Indian Mutiny.*
MDS	*Maharaja Deby Sinha.*
MECW	Marx and Engels, Collected Works.
MHKRK	*Mare Hapram Ko Reak Katha.*
NNQ	*North Indian Notes and Queries.*
Reak Katha	*Mare Hapram Ko Reak Katha.*
RIC	*Report of the Indigo Commission etc.*
TTP	JP, 4 October 1855: "The Thacoor's Perwannah".

일러두기

1. 저자가 제1장을 시작하며 주에서 밝힌 아래의 내용을 한국어 판에서는 <일러두기>에 싣는다.

   사본들과 인쇄된 저작물들은 제목이 **아니라** 약어들(<약어 표> 참조)이나 저자명(<문헌 목록> 참조)으로 표시했다.

   콜론(:) 다음의 로마 숫자는 출간물의 권수(들)를 가리키며, 아라비아 숫자는 쪽수(들)를 가리킨다.

   사선(/) 앞의 아라비아 숫자는 산스크리트어 텍스트나 그 번역본의 장 또는 절을 가리키며, 사선 뒤의 아라비아 숫자는 연이나 단락을 가리킨다.

   저자의 이름 뒤 괄호 안에 있는 연도는 저작물의 출간 연도를 가리킨다. 동일 저자가 같은 해 출간한 두 저작물 중 하나에는 별표(*)를 붙였다.
2. 저자의 주는 번호를 붙여 후주로 처리했고, 옮긴이의 주는 각주로 처리했다.
3. 저자가 <용어 해설>에서 설명하고 영어로 번역하지 않은 용어들은 한국어 판에서도 마찬가지로 처리했다. 저자가 이탤릭체로 표시한 그 용어들은 밑줄을 그어 표시하였다.
4. 특별한 경우가 아니면 본문에서는 원어를 병기하지 않았다. 원어는 <용어 해설>, <문헌 목록>, <찾아보기> 등에서 찾을 수 있다.
5. 아무 표시 없이 꺾쇠괄호([   ])로 보충한 것은 저자의 것이다.

Taṁ kim maññasi, Assalāyana? Suran te : Yona-Kambojesu aññesu ca paccantimesu janapadesu dveva vaṇṇā, ayyo c'eva dāso ca; ayyo hutvā dāso hoti, dāso hutvā ayyo hotīti?

Majjhima-Nikāya: Assalāyanasuttaṁ(93)

[붓다가 아살라야나수탐에게:] "이에 대해 어떻게 생각하느냐, 아살라야나수탐아? 요나와 캄보자와 그 주변의 다른 자나파다스에는 주인과 노예라는 두 바르나가 있을 뿐이라는 이야기를 들어 보았느냐? 또한 주인이 되었던 자는 노예가 되고 노예가 되었던 자는 주인이 된다는 이야기를 들어 보았느냐?"

제1장 서론

식민 인도에서의 농민 봉기에 관한 역사학은 식민주의 자체만큼이나 오래된 것이다. 그 역사학은 동인도회사의 정치적 관심과 그 관심이 동반한 18세기 특유의 역사관 — 역사를 정치로, 과거를 미래의 길잡이로 보는 관점 — 이 교차하는 데에서 시작되었다. 동인도회사의 정치적 관심은 새로 획득한 자신의 지배권이 농민반란의 충격으로 쇠퇴한 무굴제국의 경우처럼 무너지지 않도록 하는 데에 있었다. 왜냐하면 허다한 지역에서 펼쳐진 여러 형식의 농민 소요, 즉 국지적인 폭동에서부터 마치 전쟁을 방불케 한 싸움에 이르는 다양한 규모의 농민 소요는 영국 지배의 처음 75년 동안 줄곧, 19세기의 바로 그 끝까지, 풍토병과 같았기 때문이다. 간단히 계산해 보더라도[1] 이 책이 다루는 117년이라는 다소 짧은 시기 동안에서조차 — 랑뿌르의 덩에서부터 버사이트(Birsaite)*의 울굴란까지 — 알려진 사례들만 110건이나 있다. 형성 중에 있던 국가의

---

* 문다 부족의 봉기를 이끌었던 비르사 — 통칭 비르사 문다(Birsa Munda) — 의 추종자들.

여러 층위들은, 그 국가가 시행착오를 통해 낯선 장소에 적응하는 것을 배우고 법률적·행정적·문화적 통제를 점점 더 능란하게 행사함으로써 스스로를 강고하게 만드는 것을 배울 때까지, 이 심각한 봉기들에 의해 거듭 훼손되었다.

따라서 봉기는, 식민주의가 시작되어 무르익게 된 전체 국면 동안, 식민주의의 필수적인 안티테제였다. 이러한 관계의 긴장은 지배 체제가 참고할 만한 기록을, 즉 현저한 폭력 발생의 성격과 동기를 이전의 경험에 비추어 이해할 수 있게 하고 또 이해함으로써 그것을 진압하게 할 수 있게 하는 데에 참고할 만한 그런 기록을 요구했다. 역사학은 여기에 연루되어 국가를 위해 저 중요한 담론을 제공했다. 영국 지배의 시기에 농민 봉기에 관한 최초의 설명이 이런저런 종류의 행정 문서 ― 반(反)봉기 작전에 관한 훈령들, 계속 진행 중인 반란을 처리하는 방법에 관한 해당 부서의 보고들, 제법 중요한 일부 소요 사례들에 관한 조사 기록들 ― 로 이용된 것은 이 때문이다. 전문 역사학자들이 "일차 사료"로 간주하고 있는 이 모든 문헌에서 우리가 볼 수 있는 것은 이 명백히 예상치 못한 현상을 유비(類比)를 통해, 즉 소쉬르의 말을 빌리자면, "형식들 사이의 어떤 관계에 대한 인지와 이해"[2]를 통해 알아보려고 기를 쓰는 관리와 같은 심성이다. 낯선 소리, 낯선 의미를 낯익은 소리, 낯익은 의미와 비교하고 대조하는 가운데 알려진 요소들로부터 알려지지 않은 요소들에 도달하는 방법을 감지함으로써 새로운 언어 사용법을 배우는 것과 똑같이, 초기의 행정관리들은 어떤 농민반란을 바로 그런 종류의 다른 사안들과 같은 것으로 또는 다른 것으로 만들어 놓고 그 반란을 이해하려고 했다. 따라서 1801년과 1817년의 초따 낙뿌르 봉기와 1831년의 바라사뜨 비드로하는 1831~32년의 꼴 반란에 관한 가장 권위 있는 몇몇 정책 보고서에서 기준점들이 되었고, 다음번에는 꼴 반란이 1855년의 싼딸 훌 사건에 관한 최고위층의 공식적인 사고방식에서 중요한 자리를 차지했으며, 또 싼딸 봉기는 데칸폭동대책위원회에 의해 그 위원회의 조사 대상 — 뿌나와 아마드나가르 지구에서 벌어진 1875년 꾼비 봉기 — 과 역사적으로 유사한 것으로 언급되었다.3)

따라서 농민 봉기에 관한 담론은 처음부터 아주 분명하게 권력의 담론으로 등장했다. 과거를 순환적이고 신화적인 것이 아니라 선형적(線形的)이고 세속적인 것으로 재현한다는 점에서 합리적이었던 그 담론에게는 국가 이외의 그 어느 것도 자신의 존재 이유가 될 수 없었다. 지배 체제의 의지의 직접적 도구로서 지배 체제에 봉사하도록 작성된 그 담론은 그 편파적 성격을 전혀 감추려고 하지 않았다. 실제로 그 담론은 흔히 그 서사적 형식과 분석적 형식 모두에서 명백히 관리와 같은 글쓰기로 바뀌었다. 왜냐하면 행정적 행위가 대개 그 담론을 어떤 인습 안으로 밀어 넣었기 때문인데, 그 인습에 따르면 행정관이나 재판관은 현지의 봉기에 관한 자신의 보고를 일종의 역사 서사로 구성해야 했기 때문이다. 뮤티니(Mutiny)* 시기의 소요들에 연루된 지역의 관리자들이 만들어 낸 고전적인 시리즈인 "사건들의 서사(Narrative of Events)"**가 증명하듯이 말이다. 또한 서구에서 인과적 설명은 그 설명을 구사하는 이들이 역사적 진리로 믿은 것에 도달하기 위해 이용되었지만, 식민주의 역사학에서 인과적 설명은 법과 질서를 위한 변호론 구실을 했을 뿐이다. — 영국인은 힘의 진리로 아대륙(subcontitent)을 병합했던 것이다. 캘커타의 사법 당국이 띠뚜 미르가 이끈 반란 직후에 진술했듯이, 정부에게 "대단히 중요한 목표"는 "반란자들을 움직이게 한 동기들을 올바르게 이해할 수 있고, 또 유사한 무질서의 재발을 막기 위해 유효한 방법들이 채택될 수 있도록, [그 소요들을] 낳은 원인이 완전히 조사되어

---

* 영국의 동인도회사에 고용되어 있던 인도인 용병(세포이)들이 영국의 인도 지배에 반대하며 1857년 5월에 일으킨 군사 폭동. 흔히 세포이의 반란으로 알려져 있는 이 반란은 1858년까지 지속되었다. 이 폭동의 결과로 동인도회사가 폐지되고 영국 정부가 인도를 직접 지배하게 되었다.
** 지역 관리자들이 작성한 보고서들을 묶어 만든 문헌.

야 하는 것"이었다.4) 이렇게 인과성은 반(反)봉기에 이용되었고, 역사에 대한 이해는 행정의 관심 요소로 바뀌었다.

그 같은 재현이 중요하다는 것은 결코 과대평가일 수 없다. 그 재현은 국가의 안전을 농민 봉기의 중심적 문제 틀로 만들었고, 그렇게 함으로써 그것은 농민 봉기를 그저 식민주의의 궤적의 한 요소로 만들어 버렸다. 달리 말하면, 농민은 모든 것이 자기의 것인 그런 프로젝트에서조차 자율적인 역사의 주체로 인정받는 것을 거부당한 것이다. 이 거부는 결국 이 주체에 관한 지배적인 역사학 양식, 실상은 유일한 역사학 양식 안에 코드화되었다. 어떤 저자가 바로 얼마 전에 벌어진 농민 봉기를 겪어 정신적 외상을 입은 관리처럼 생각해야 할 의무를 전혀 갖고 있지 않았을 때조차도, 그 저자는 습관적으로 농민반란의 역사를 어떤 다른 역사인 것처럼 — 자신의 특정한 이데올로기적 경향에 따라 라즈(Raj)*의 역사인 것처럼 또는 인도 민족주의나 사회주의의 역사인 것처럼 — 서술했다. 그 결과, 자기 역사의 주체인 봉기 참가자가 배제되어 버렸던 것이었는데, 이 결과에 대해서는 모든 학파와 경향들이 똑같이 책임져야 한다.5)

농민이 스스로 반란을 만들어 냈다고 인정하는 것은 어떤 의식이 농민에게 있다고 보는 것이며, 우리는 이 책에서 그렇게 하고 있다. 그래서 우리는 제목과 텍스트 안에서 "봉기(insurgency)"라는 단어를 자케리(jacquerie)**, 반란(revolt), 폭동(uprising) 등으로 알려진, 또는 그것들의 인도식 표현들을 사용하자면 <u>딩</u>, <u>비드로하</u>, <u>울굴란</u>, <u>훌</u>, <u>휘뚜리</u> 등으로 알려진 농촌 대중의 그 행위를 특징짓는 저 의식의 이름으로 사용했다.***

---

* 원래는 '통치'를 의미했으나 인도의 식민 시기에 '식민 권력' 또는 '총독 체제'를 의미하게 된 용어.
** 1358년 프랑스 동북부에서 벌어진 농민 봉기 또는 봉기에 가담한 농민.
*** 딩, 비드로하, 울굴란, 훌, 휘뚜리 등은 인도에서 봉기를 가리키는 다른 이름

물론 이것은 그 같은 행위를 순수하게 자연 발생적인 것으로 보는 관념 — 엘리트적일 뿐 아니라 잘못이기도 한 그런 관념 — 을 거부하는 것이 된다. 그 관념이 엘리트적인 이유는 농민 동원을 전적으로 카리스마적인 지도자나 선진적인 정치조직이나 상층계급의 개입에 의존하는 것으로 만들고 있기 때문이다. 따라서 부르주아-민족주의 역사학은 식민 시기의 농민운동을 설명하기 위해 마하트마 간디와 국민회의당이 출현하기를 기다려야만 하는데, 그렇게 되면 제1차 세계대전 종전까지 이 분야의 모든 주요한 사건들은 "해방운동"의 전사(前史)로 취급될지 모른다. 마찬가지로 엘리트적인 좌파적 견해는 동일한 사건들에서 아대륙에서의 사회주의와 공산주의 운동의 전사를 보게 된다. 상호동화의 양쪽의 이 해석들이 공유하는 것은 "오직 100퍼센트 의식적인 반란 운동만이, 즉 마지막 하나까지 미리 작성된 또는 추상적(이는 결국 똑같은 말이지만) 이론과 일치하는 그런 계획들에 의해 통제되는 운동만이 실재적이고 가치 있다고 보는 학자연하는 학구적인 역사-정치적 견해"이다.6)

그러나 앞에서 인용한 안토니오 그람시가 말했듯이, 역사에 순수한 자연 발생성의 공간은 없다. 바로 여기가, 외견상 조직되지 않은 대중운동에서 의식의 흔적을 확인하지 못하는 자들이 오류를 범하는 곳이다. 그 오류는 대개 조직과 정치라는, 거의 바꿔 쓸 수 있는 두 가지 통념에서 유래한다. 이런 견해에서는 의식적이라는 것이 조직된다는 것과 동일한 것으로 여겨지는데, 첫째로는 "의식적 지도부"가, 둘째로는 상당히 잘

일 뿐만 아니라, 특정한 봉기를 가리키는 이름이기도 하다. 딩은 1783년 랑뿌르에서 데비 싱하에 맞서 농민들이 일으킨 봉기의 이름이다. 비드로하는 1831년 바라사뜨에서 띠뚜 미르가 이끈 봉기 또는 1873년 빠브나에서 벌어진 소작농의 봉기를 가리키는 이름이다. 울굴란은 1900년 비르사 문다가 이끈 문다 부족의 농민 봉기의 이름이다. 훌은 1855년 시도와 까누가 이끈 싼딸 부족의 봉기의 이름이다. 휘뚜리는 1899년 간잠 지역에서 발생한 농민 봉기의 이름이다.

규정된 목표가, 셋째로는 그 목표의 구성 요소들을 특정한 목적들과 그 목적들을 성취하는 수단들로 구체화하는 프로그램이 상정되고 있다는 의미에서 그렇다. (두 번째와 세 번째 조항은 어떤 버전에서는 흔히 뭉뚱그려진다.) 의식적이라는 것은 흔히 조직의 대체물로서의 정치와 동일시된다. 이것은 그 용법을 선호하는 자들에게 의식을 그들 자신의 정치적 이상이나 규범과 동일시하게 하는 특별한 이점을 제공하는데, 그렇게 되면 이러한 관점에서는 모자라는 것으로 여겨지는 대중의 행위가 무의식적인, 따라서 전(前)정치적인 것으로 규정될지 모른다.

아직 충분히 산업화되지 못한 사회에서의 전정치적 농민반란의 이미지는 상당 부분 20여 년 전에 출간된 홉스봄의 선구적인 저작에서 비롯된다.[7] 그는 그 책에서 "전정치적 민중"과 "전정치적 주민"에 관해 말한 적이 있다. 그는 정치의식의 또는 정치조직의 완전한 또는 거의 완전한 부재라고 추정되는 상태를 묘사하기 위해 이 용어들을 거듭 사용하며, 그 같은 상태가 전정치적 민중의 특징이었다고 믿는다. 그러므로 그에 따르면 "사회적인 도적들은 빈민이 **정치의식**에 도달하거나 더 효과적인 **사회적 선동 방법**을 획득하기 전에만 출현한다." (우리가 굵은 글씨로 강조한) 그 같은 표현을 통해 그가 말하고자 하는 바는 그 다음 문장에서 그가 이렇게 말할 때 분명해진다. "산적은 **전정치적** 현상이며 산적의 힘은 **조직된 혁명주의**라든가 사회주의 또는 공산주의의 힘에 반비례한다." 그는 "농민반항의 전통적 형식들"에는 "그 어떤 명백한 이데올로기나 **조직** 또는 **프로그램**이 사실상 전혀 없었다"라고 본다. 일반적으로 "**전정치적 민중**"은 "세계에 대한 자신들의 열망을 표현해 줄 특정한 언어를 아직 발견하지 못한, 또는 발견하기 시작했을 뿐인" 자들로 규정된다.

물론 홉스봄의 소재는 거의 전적으로 유럽의 경험에서 나온 것이다. 그리고 비록 그가 "사회적 산적질은 **무조직** 또는 **무이데올로기에 가깝다**"

고 말하면서 동시에 "어떤 의미에서 산적질은 조직된 사회적 저항의 다소 원시적인 형태"라고 말할 때 어떤 모순이 발견되더라도, 그의 일반화는 아마 유럽의 경험과 일치할 것이다. 또한 그는 『캡틴 스윙』에서 1830년 영국 농업 노동자의 운동을 "자연 발생적이고 미조직된 것"으로 특징지었는데, 이는 그의 공저자 조르주 뤼데의 견해와도 완전히 일치하지는 않는다. 뤼데에 따르면, 임금 폭동, 기계 파괴, 공장 감독관이나 교구 목사 "에워싸기" 등과 같은 전투적인 "사업들" 다수는 "비록 자연 발생적으로 분출하고 있었지만 현지 조직의 중핵을 신속하게 발전시켰다."

다른 나라들에게 전정치적 농민 봉기라는 통념이 얼마나 타당성이 있는지는 모르겠지만, 그 통념은 식민 인도의 경험을 이해하는 데에는 별로 도움이 되지 못한다. 왜냐하면 식민 인도에서 농촌 대중이 벌인 전투적 운동 중에서 정치적이지 않은 것은 없었기 때문이다. 그들이 일하고, 살아가고, 세계에 관한 관념을 형성했던 조건에서는 그럴 수밖에 없었다. 아대륙 전체를 놓고 볼 때 1900년까지 150년간의 시기 내내 농업에서의 자본주의 발전은 단지 초보적이고 미약한 상태였다. 지대는 토지 자산이 산출하는 수입의 가장 큰 부분이었다. 토지 소유자들, 즉 지주들은 차지농들, 소작농들, 농업 노동자들 및 이 범주들 각각의 특징들을 지닌 수많은 중간 타입들인 광범한 농업 생산자 다수와 관계를 맺었다. 토지 자산의 다양성에도 불구하고 이러한 관계에서 변함이 없었던 요소는 농민으로부터 잉여를 착취한다는 것이었다. 그것은 시장경제가 지닌 강제력의 자유로운 행사에 의해 결정되는 수단들을 통한 착취가 아니라, 지역사회와 식민 정체(政體) 안에서의 지주의 위치가 행사하는 경제외적 강제에 의해 결정되는 수단들을 통한 착취였다. 달리 말하면, 그것은 지배와 종속의 관계, 즉 봉건적 타입의 정치적 관계였으며, 또는 적절히 묘사되어 왔듯이 그 물질적 생활 자료를 전자본주의적 생산 조건들에서 끌어내고 그 합법성을 상부구조 중에서 여전히 가장 중요한 전통문화로부터 끌어낸 반(半)봉건적 관계였다.

식민 국가의 권위는 이 관계에서 중립적이기는커녕 정말이지 그 구성 요소 중의 하나였다. 왜냐하면 국가는 라즈 아래에서 지주제의 재생산을 직접 도왔기 때문이다. 무르쉬드 쿨리 칸이 벵골의 재정 체계를 재조직하는 방식으로, 부채에 쪼들리고 허약한 토지 귀족을 재력 있고 상대적으로 강성한 일단의 지주들로 대체하려 한 것과 똑같이,8) 영국인들은 이 나라의 동부에서는 영대(永代) 토지 소유제*로, 남부에서는 라이야뜨와리**로, 나머지 대부분의 다른 지역에서는 그 두 가지를 바꿔

---

* 영국령 인도 총독인 콘윌리스 경이 1783년에 공표한 법령에 따라 식민 정부가 자민다르(zamindar), 즉 지주들에게 토지 소유권을 부여하고 자민다르는 그 대가로 식민 정부에 고율의 토지세를 정기적으로 납부할 것을 규정한 제도. 그 법령은 식민지에서 얻는 수익의 안정적 확보를 도모함과 동시에 자유주의적이고 근대적인 의미의 사적 토지 소유 관계를 식민 인도에 외삽(外揷)하려는 의도로 구상되었지만, 역설적이게도 인도 사회에 전자본주의적 또는 봉건적 지주제를 강화하는 정반대 기능을 수행했다. 식민 정부는 과거 무굴제국에서 토지세를 징수하는 지방의 관리였던 자민다르들을 토지 소유자로 등록시키는 한편, 토지 소유자들이 소유권을 매각하거나 토지를 소작인에게 임대하거나 상속할 수 있게 했다. 자민다르들은 여전히 토지세를 징수하고 일정 세액을 영구적으로 식민 정부에 납부해야 했다. 하지만 다른 한편으로 자민다르들은 토지 임대료를 마음대로 정해 경작자들에게 부과할 수 있는 인센티브를 보장받았고 납세액을 제외한 나머지를 개인 수입으로 축장할 수 있었다. 이러한 영대 토지 소유제(the Permanent Settlement)는 '영대 자민다리제' '영구 정액제', '영구 정착제' 등으로 불리기도 한다.
** 남부 인도 지역인 마드라스, 뭄바이, 아쌈 등지에서 시행된 토지제도 및 토지세 관리 제도. 이 제도에 따라 식민 정부는 해당 지역의 토지 소유권을 갖고 토지세를 부과하는 조건으로, 실제 경작자 개인별로 경작 토지를 할당해 주었다. 이렇게 할당받은 개별 토지 경작자를 라이야뜨라고 한다. 이들은 식민 정부에 토지세를 내는 한, 그 할당받은 토지에 대해 경작권과 저당권을 설정할 권리, 토지를 증여할 권리, 임대할 권리 등을 보장받았다. 이렇듯 식민 정부와 경작자의 관계는 지주소작 관계의 재판이었다. 라이야뜨들은 작황이 좋지 않은 해에는 토지세를 내지 못하는 경우가 많았고, 애초에 할당받은 토지는 상속을 통해 계속 줄어들었다. 게다가 식민 정부는 20~30년을 주기로 라이야

가면서, 지주 집단에게 낡은 피를 대신할 새로운 피를 주입했다. 이 모든 것의 결과, 나이가 더 많고 덜 효율적인 지주계급의 성원들로부터 나이가 더 적긴 하지만 정치적으로나 재정적으로 지배 체제가 더 의지할 수 있는 자들에게로 재원이 이전됨으로써 의사(擬似) 봉건적 구조는 다시 활성화되었다. 많은 경우, 농민에게 이것은 더 강화되고 더 체계화된 착취를 의미하는 것 이외에 아무것도 아니었다. 선행 체제 하에서 토착 폭군들의 전횡이 낳은 농촌에서의 조악한 중세적 억압 형태는 이제 외세의 더욱 조절된 의지로 대체되었다. 그 외세의 의지는 이후 오랫동안 지주들이 마음대로 자신들의 차지농에게서 압와브와 마토뜨와 고율의 소작료를 수취할 수 있게 하거나 차지농들을 추방할 수 있게 해 줄 것이었다. 결국에는 압력을 받아 그 같은 악행을 금지하는 법이 할 수 없이 만들어지긴 했지만, 지방의 수준에서는 그 법을 강제하는 기관들이 지주의 권위를 세우는 도구 노릇을 했기 때문에 그 악행들을 척결하는 것은 불가능했다. 그래서 법은 문서상으로는 공정했으나, 법원 관리들이나 법률가들에 의해 지주제에 유리하게 운용되었다. 라즈는 심지어 처벌권을, 즉 국가의 저 최종 권력을 토착 전통을 숭배한다는 명목으로 농촌 엘리트가 어느 정도 공유할 수 있게끔 했다. 이는 젠트리(gentry)가 형사재판을 받지 않아도 사실상 못 본 체 했음을 의미했다. 그 젠트리가 까차리와 가디에서 활약하는 지배계급의 성원이건, 아니면 빤차야트에 지반을 둔 지배 카스트의 성원이건 간에 말이다. 사르까르와 자민다르 사이의 공모는 정말로 거의 모든 곳의 빈민과 서발턴이 지역 수준에서 공통적으로 경험한 것의 일부였다.

영국 지배 아래서 지주제의 이러한 재활이 낳은 중요한 결과 중의

뜨와의 계약을 갱신하면서 토지세를 꾸준히 인상했다. 라이야뜨와리를 시행하는 지역에서 토지세를 감당하지 못한 라이야뜨들이 채무자가 되고 그들의 토지가 고리대금업자의 수중으로 넘어가는 일은 아주 흔했다.

하나는 농민의 부채가 놀랍게 증가한 것이다. 왜냐하면 농업 입법, 인구 증가, 화폐 공급의 점증이라는 3중의 자극을 받아 토지 시장이 번성했고, 이와 함께 수많은 마하잔들과 바니아들이 몰락한 지주와 추방된 차지농의 토지를 경매로 대량으로 사들였기 때문이다. 농촌의 토지 소유자가 된 그들은 온갖 고리대 기술을 발휘하여 불로소득을 얻어 갔다. 식민 지배와 고유하게 관련된 사안들 — 19세기 마지막 4분기에 이르도록 차지 경작자를 보호해 줄 지대법의 전면적인 또는 거의 전면적인 부재, 지방의 이자율에 대한 효과적이고 강제 가능한 상한선의 결여, 전통적 농사 관행에 맞추어진 수확 일정표와 제국 경영 관행에 맞추어진 재무 일정표 사이의 불일치, 자본이 없거나 거의 없는 농민을 유혹하여 그의 땅을 상업적 농업의 전선으로 내몰고 그렇게 함으로써 농민 본인을 항구적인 채무자로 만든 시장경제의 발전 등등과 같은 사안들 — 전부가 그들로 하여금 그렇게 하도록 부추겼다. 이 모든 것들이 쌓인 결과, 지주는 대금업자가 되었고 — 1934년에 당시 연합주(United Provinces)*에 거주하던 농민의 전체 부채 가운데 46퍼센트 정도가 지주에게 진 부채였다9) — 또한 라즈에 특유한 역사적 패러독스들 중의 또 한 가지 — 인도에서 지주제와 고리대를 결합시키는 임무를 세계의 가장 선진적인 자본주의 권력에게 맡겨 농업과 공업 양쪽에서 자본주의 발전을 방해한 것 — 가 생겨났던 것이다.

    이리하여 지금까지 분리되어 있던 지주, 대금업자, 관리의 권력들은 식민 지배 하에서 농민에 대해 하나의 합성된 지배 장치를 구성하게 되었다. 이 삼각 편대 — 사르까리, 사후까리, 자민다리 — 에 농민이 종속된 것은 그 성격상 주로 정치적이었으며, 경제적 착취는 가장 분명한 것이긴 했어도 종속의 여러 사례들 중의 하나일 뿐이었다. 왜냐하면 농민의 잉여는 지주-대금업자들 및 이들과 밀착해서 작동하는 이차적

---

* 영국의 식민 지배 시기 중 1902년부터 1947년까지 존속한 행정구역을 말하며, 대략 현재의 우따르 쁘라데쉬 주에 해당된다.

자본주의가 지역사회들과 시장들을 상대로 행사한 권위에 의해, 게다가 식민 국가의 권력 안에서 보호받는 그 권위에 의해 전유되었기 때문이다. 실제로 강제의 요소는 농민에 대한 저들의 모든 태도에서 너무도 명백하고 너무도 널리 퍼져 있는 것이었기에, 농민은 저들과 자신의 관계를 정치적인 것으로만 생각할 수밖에 없었다. 마찬가지로 농민이 이 관계를 파괴하고자 했을 때에는 본질적으로 정치적인 과제, 현존하는 권력관계를 거꾸로 뒤집어야만 하는 그런 과제에 착수했는데, 이는 모든 개개의 불만을 제거하기 위한 필수적인 조건이었다.

농민이 아무 생각도 없이 그러한 프로젝트를 시작하는 경우는 없었다. 왜냐하면 이 관계는 그것으로부터 가장 많은 이익을 얻었던 자들의 권력에 의해, 또한 지배 문화의 모든 수단을 등에 업고 아주 사소한 침범 행위도 처벌한 그들의 단호함에 의해 공고화되어 있어서, 그 관계를 반란으로 전복하거나 파괴하려는 농민은 모든 위험을 무릅써야 했기 때문이다. 이 위험에는 동산과 부동산의 상실만이 아니라, 전통에 의해 형성된 농민의 규범(dharma)의 상실, 즉 상급자에 대한 의심 없는 굴종이 가져다주는 정신적 안정감의 상실도 포함되었다. 그러므로 봉기를 준비할 때 거의 항상 그 주인공들이 찬반을 결정하기 위해 상당히 시간을 끌거나 숙고했다는 것은 놀라운 일이 아니다. 수많은 사례에서 그들은 처음에는 대표자 파견(예컨대 1831년 띠뚜 비드로하의 경우), 청원(예컨대 1852년 칸데쉬 폭동의 경우), 평화적 시위(예컨대 1860년 인디고 반란*의 경우) 등으로 당국에게서 정당성을 얻고자 했고, 다른 모든 방법이 실패했을 때 최후의 수단으로서만 무기를 들었다. 또한 대부분의 경우 폭동에

---

* 인디고 재배 농장과 염색 원료 생산 공장에서 착취 당하던 인도인들이 1859~60년에 일으킨 폭동. '블루 뮤티니(Blue Mutiny)'라고도 한다. 19세기 초 유럽에서는 군인들이 푸른 군복을 입었고 또 푸른 색 옷이 유행하여 인디고에 대한 수요가 높아, 인도에서는 이른바 여섯 개의 거대 에이전시 하우스들이 지배하는 인디고 산업이 발달했다.

앞서 농민들 사이에서는 폭동이 시작된 현지 사회의 조직에 의존하는 다양한 형식의 협의들이 있었다. 씨족 원로들의 모임과 카스트 빤차야트, 지역 주민 총회, 보다 규모가 큰 대중 집회 등이 그런 것들이었다. 이 협의 과정들은 흔히 상당히 오래 진행되었고, 공동체 전체가 여러 수준에서 필수적인 합의를 이루어 내어 행동에 나서게 될 때까지는 원시적인 연락망과 수많은 다양한 구두(口頭) 통신수단 및 구두 이외의 통신수단을 체계적으로 사용하느라 몇 주일 또는 심지어 몇 달이 걸릴 수도 있었다.

이 모든 일에는 생각이 없다거나 협의가 결여되었다는 의미에서 자연 발생적인 것이란 전혀 없었다. 농민은 반란을 일으켰을 때 자기가 하고 있는 것이 무엇인지를 분명히 알았다. 반란이 주로 상급 엘리트의 권위를 파괴하기 위해 설계되었던 것이지 그 권위를 교체하기 위한 정교한 청사진을 마련한 것은 아니라는 사실 때문에 그 반란을 정치의 영역 바깥에 둘 수는 없다. 이와는 반대로, 봉기의 정치적 성격을 확인해 준 것은 봉기의 바로 그 부정적이고 전복적인 공정(工程)이었다. 봉기는 권력 구조에서 지배자와 피지배자의 상호 교체를 밀어붙임으로써 권력의 프로젝트라는 정체성에 관해 의심할 여지를 남기지 않았다. 그런 면에서 봉기는 아마 흔히 생각하는 것보다 덜 원시적이었을 것이다. 지도부나 목표, 심지어는 강령의 어떤 기초라도 결여된 봉기는 별로 없었다. 비록 이러한 특징들 그 어느 것도 그 성숙함이나 세련됨의 면에서 역사적으로 더 발전한 20세기 운동들과 비교될 수는 없겠지만 말이다. 그런 특징들이 결여된 봉기가 없었다는 점에 관한 증거는 풍부하고 또 분명하다. 이 책에서 논의할 수많은 사례들 중에서 전혀 지도자가 없었다고 말할 수 있는 경우란 없다. 실제로 거의 모든 경우, 봉기 사례에 이름을 부여하고 얼마간 통합성을 부여한 모종의 중앙 지도부가 있었다. 물론 풀뿌리 지도자들에게서 기원하는 수많은 현지의 주도권들이 충분히 통제된 경우는 없었고, 그 지도자들의 지위가 짧게 지속되었던 만큼 그들의 권위도 파편적이었지만 말이다. 여기에서 다루고 있는 것이 근대 정당의 지도부 같은 현상이 아니라, 그람시의 말을 빌리자면 "'의식적인 지도'의 복합적 요소들, 그러나 그것들 중에 그 어느 것도 …… 우월하지 않은 그런 복합적 요소들"이라고 말하는 것이 아마 제일 나을 성싶은 그런 현상이라는 점은 아주 분명하다. 물론 이것은 느슨하게 방향을 잡은 이러한 투쟁들을 아무런 방향과 형식도 갖지 못한 대중의 충동적 행위의 "하위 정치적(sub-political)" 분출이라고 흠잡는 것과는 매우 다르다.

또한, 만일 목표와 강령이 정치의 척도라고 한다면, 우리가 다루는 시대의 전투적 동원들은 정도의 차이는 있으나 정치적인 것으로 간주되어야만 한다. 비록 그 목표가 어떤 사건에서는 다른 사건에서보다 덜 정교하고 덜 정확하게 규정되었을지언정, 그것들 중 그 어느 것도 아예 목표가 없었던 것은 아니었다. 띠뚜 미르가 지도한 바라사뜨 농민들, 수바 형제들이 거느린 싼딸 부족, 비르사가 이끈 문다 부족 등은 모두 이러저러한 형식의 권력이 되겠다는 자신들의 목적을 언급했다. 농민의 왕들이 생겨난 것은 아대륙 전체에 걸친 농촌 폭동의 특징이었다. 그리고 어떤 경우, 반란자들은 자신들을 정식으로 설립된 군대(파우즈)로, 자신들의 지휘관들을 법을 강제하는 간부(예컨대 다로가, 수바다르, 나지르 등)로, 그 밖의 지도자들을 고위급 문관(예컨대 데완, 나입 등)으로 꾸미는 것을 통해 권력에의 기대를 표명했다. 이 모두가 국가 장치의 기능들을 흉내 내려는 것이었다. 그들이 무너뜨리고자 했고 또 대신 내세우고자 했던 왕정 체제가 세속적이고 민족적인 국가 모델과 전혀 합치하지 않았다는 점, 그리고 그들의 권력 개념이 지방주의와 분파주의와 에스니시티(ethnicity)를 넘어서지 못했다는 점이 그들 행위의 본질적으로 정치적인 성격을 감소시키는 것은 아니다. 그것은 그 행위의 한계를 밝힘으로써 저 정치의 특성을 규정해 준다.

물론 그 정치의 성숙도를 과대평가하여, 거기에서 보다 강화된 계급 갈등이나 광범한 반제(反帝)투쟁, 아니면 더 일반적으로는 대중 사이에서의 보다 높은 수준의 전투성 등과 같은 이후 단계의 특성들을 읽어 내는 것은 잘못일 것이다. 이런 특성들에 비추어 보면, 영국 지배의 처음 75년 동안 농민운동은 얼마간 막 발전하기 시작한 미숙한 의식 상태를 표현했다. 그러나 우리는 우리의 중심 테마로서 이 의식에 주목할 것을 제안하는데, 왜냐하면 봉기의 경험을 일정한 주체가 부재하는 사건들의 역사로만 이해한다는 것은 불가능하기 때문이다. 우리가 농민-반란자의 자기 세계에 대한 인식과 그 세계를 변화시키려 한 그의 의지를 우리의 출발점으로 삼아야만 하는 것은 그 주체를 복원시키기 위함이다.

왜냐하면 이러한 인식과 의지가 아무리 나약했고 또 비통하게도 아무리 무력했을지라도, 그것들은 적어도 개별적이고 이질적인 경험 요소들을 모으고 분류하여 어떤 식으로든 일반화시킬 수 있게 구성하는 것을 배우고 있던 어떤 의식의 요소들이었기 때문이다. 달리 말하자면 그것들은 이론적 의식의 바로 그 출발점들이었다. 정말이지 봉기는 여전히 불완전하고 거의 맹아적인 이러한 이론적 의식 안에서 두 개의 서로 모순적인 경향들 ― 대대로 이어지고 무비판적으로 흡수된 지배 문화의 요소에서 유래하는 보수적 경향과 반란자의 존재 조건의 실질적인 변혁을 지향하는 급진적 경향[6] ― 이 결정적인 힘겨루기를 위해 만난 장이었다.

이 책의 목적은 이 투쟁을 특정한 충돌들의 연속으로서가 아니라 그 일반적 형식으로 조사하고 서술하는 것이다. 이 일반적 형식의 요소들은 농민의 서발터니티(subalternity)의 오랜 역사와 그것을 끝장내려 한 농민의 투쟁, 바로 그것에서 유래한다. 물론 그중에서 농민의 서발터니티의 역사는 엘리트 담론 안에 더 충분히 기록되어 있고 재현되어 있는데, 그 이유는 항상 그 담론이 그 담론의 수혜자들을 위해 갖고 있던 이해관계 때문이다. 그러나 불복종의 사실과 가능성을 인정하지 않고서는 복종이 하나의 이상이나 규범으로 정당화되기란 어려우며, 그래서 지배 문화에서의 지배의 공언(公言)은 또한 그 타자, 즉 저항에 대한 웅변이기도 하다. 그것들은 서로를 수반하지만 서로 대립적인 한 쌍의 적대 의식으로서 역사의 바로 그 직선 코스 위에 있는 경주로들을 나란히 달린다.

따라서 농민에 대한 억압과 그 억압에 맞선 농민의 폭동은 뒤섞인 사실의 문제로서만이 아니라 적대적이지만 동반적인 전통들로서 우리의 과거 안에 거듭 나타난다. 농촌 대중을 노예 상태로 묶어 둔 오랜 관행이 복종과 충성의 코드를 발전시키는 데 기여한 것과 똑같이, 봉기의 반복적인 실천도 몇 세기에 걸쳐 훌륭하게 확립된 반항 구조들을 발전시키는 데 기여했다. 이 반항 구조들은 일상생활에서조차 그리고 개인이나 소집단의 저항에서조차 미약하고 파편적인 방식으로 작동하고 있지만, 저 대중이 세상을 뒤집어엎기 시작하고 대중을 순화시키는 제의(祭儀)들과 숭배들과 이데올로기들이 서발턴과 상급자의 모순을 비적대적 수준에서 유지하는 데에 더 이상 기여하지 못할 때 그 구조들은 가장 단호하고 광범한 방식으로 본연의 힘을 발휘한다. 물론 세부적인 면에서 볼 때, 더 거대한 이 저항의 구조들은 지역 문화들의 차이에 따라 다를 뿐만 아니라, 어떤 주어진 상황에서의 지배 스타일과 지배 집단의 상대적 비중의 차이에 따라 다르다. 그러나 그 모든 지방적 다양성에도 불구하고 봉기는 여기에서 다루는 역사적 시기 내내 모든 지역에서 이 지배와 적대적으로 연관되어 있고, 그렇기에 봉기에는 그것의 특수한 표현들 모두를 아우르는 패턴들로 묶이는 부분이 꽤 있다. 그 이유는 이렇게 말할 수 있다.

모든 과거 사회의 역사는 계급 적대들, 시대마다 다른 형태들을 취한 적대들의 발전으로 이루어졌다. 그러나 그것들이 어떤 형식을 취했더라도 한 가지 사실, 즉 사회의 한 부분에 의한 다른 부분의 착취라는 사실은 모든 과거 모든 시대에 공통적이다. 그래서 과거 시대의 사회의식은, 그것이 아무리 복잡성과 다양성을 보여 주더라도, 일정한 공통적 형식들 또는 일반적 관념들 안에서 움직이며, 이는 계급 적대의 전면적인 소멸의 경우를 제외하고는 완전히 사라질 수 없다.11)

이 책에서 우리의 목표는 식민 시기 동안 반란 의식의 저 "공통적 형식들 또는 일반적 관념들"의 일부를 조사하고 확인하는 것이 될 것이다. 그러나 이 범주 안에서 우리는 그 일반적 관념들이 결합하여 복합적 구성체들이 되는, 그리고 그람시가 묘사한 "정치의 기둥이자 여하간의 모든 집단행동의 기둥"12)을 구성하는 "최초의 요소들"에 집중하기로 했다. 우리가 **기초적 측면들**(elementary aspects)로 부를 것을 제안하는 그 요소들은 대단히 빈번히 등장할 수밖에 없는 것들이다. 그것들은 우리의 농민운동에서 거듭해서 그리고 거의 모든 곳에서 재발한다는 바로 그 이유 때문에 가장 간과되고 있는 측면들이다. 그렇게 간과된 결과, 인도 농민 봉기의 역사학에서 정치가 제거되었을 뿐만 아니라, 농민 봉기는 그저 무언가를 수식해 주는 것으로, 즉 토착 엘리트와 외국인 엘리트의 이력을 활기차게 만드는 데에 주로 기여하는 일종의 장식적이고 민속학적인 지엽말단으로 축소되었다. 이와 반대로, 지금 우리의 과제를 지배하게 될 것은 반란 의식이다. 우리는 그 주제를 다룬 문헌에서 반란 의식이 빠져 있는 것을 벌충하기 위해, 그리고 가능하다면 이 테마에 관한 많은 저술들에 공통적인 절충주의를 교정하기 위해 반란 의식의 주권성, 그것의 일관성, 그것의 논리를 강조하고자 한다.

우리는 대략 식민 시기 중 1783년의 데비 싱하에 맞선 폭동과 1900년의 버사이트 봉기의 종결 사이의 117년이라는 기간에 한정하여 역사적 증거를 선택했다. 비록 다른 시기(뿐만 아니라 다른 나라)의 일부 사례들이 비교를 위해 언급되었지만, 논의의 기초로 사용된 실질적 경험들은 이 기간 동안에 있었던 것들이다. 영국 지배의 최초의 25년은 고려되지 않았는데, 그 이유는 그 시기의 농촌 소요들에 관한 정보가 부족하기 때문일 뿐이다. 따라서 1770년대의 힌두교 탁발승(sannyasi)들과 고행자(fakir)들의 행위는 제쳐두었는데, 왜냐하면 현재의 연구 상황에서는 거기에 가담한 실제 농민들의 규모와 그들의 가담의 성격에 관해 충분히 알 수 없기 때문이다. 그리고 우리는 민족주의와 사회주의의 정치가 의미 있는 규모로 지방에 침투하기 시작하기 전에 주로 상대적으로 "순수한" 상태의 반란 의식의 기초적 측면들을 탐구하기 위해, 문다 봉기 최후의 대파동의 소멸 및 유명한 그 봉기 지도자의 죽음을 우리의 종점으로 삼았다.

이 책에서는 1783년과 1900년 사이의 사건들을 남김없이 망라하려고 하지 않았다. 그것들 중 일부에 관한 정보는 이용할 수가 없다. 그 이유는 그 정보가 일차 사료에서 복원되지 않았기 때문이거나, 아니면 내가 그것들의 해독에 필요한 언어를 모르기 때문이다. 이 시기에는 그 밖의 다른 농민운동들도 있었지만, 비록 낯설지는 않더라도 논의에 덧붙일 것이 별로 없기 때문에 그것들은 여기에서 언급하지 않았다. 그러나 우리는, 고의적이든 그렇지 않든 그 같은 누락에도 불구하고, 이 글이 의존하고 있는 증거가 우리의 목적에는 충분한 것이기 때문에 이 글이 취하고 있는 입장에는 근거가 있다고 믿고 있다.

이 증거의 전부는 아닐지라도 대개는 그 기원에서 엘리트적이다. 이 증거는 이런저런 종류의 공식 기록의 형식들 — 경찰 기록, 군대의 전령, 행정 보고서, 정부 부처의 의사록과 결정문 등 — 로 전해져 왔다. 그 주제에 관한 비공식적인 정보원(情報源)들, 예컨대 신문이라든가 당국자들 간의 사신과 같은 것들 역시, 비록 그 목소리가 토착 엘리트의 것이거나 공적 영역 밖에 있는 비인도인의 것일지라도, 똑같이 엘리트의 목소리로 말하는 것들이다. 식민 테마들에 관한 역사적 글쓰기의 주재료인 이런 타입의 증거는 농민반란들에 관한 모든 설명에 반란자의 적들의 이해관계와 견해를 새겨 넣곤 한다.

그 같은 편견과 싸우는 하나의 분명한 방법은 구두로 된 것이건 글로 된 것이건 민간전승을 불러내서 역사학자의 도움을 받게 하는 것일지 모른다. 하지만 불행하게도 이러한 목적을 위해 기여할 수 있는 것들은 그 양적인 면에서나 질적인 면에서 충분하지 않다. 포퓰리스트(populist)들은 그렇지 않을 거라고 믿겠지만 말이다. 민간전승이 충분하지 않은 하나의 이유는 노래, 시문, 속요, 일화 등이 전해 주는 증거의 실제적인 양이, 엘리트들의 자료들에서 이용할 수 있는 그 시기의 거의 모든 농민운동에 관한 기록들의 규모와 비교해 볼 때, 정말이지 무의미할 정도로 매우 미미하기 때문이다. 이는 농민의 적이 라즈 아래에서 문자 해독 능력을 독점했다는 것뿐만 아니라, 농촌 대중 사이에서의 모든 적대적인 거동을 감시하고 기록하려는 것이 저들의 관심이었다는 것도 가늠케 해준다. 솔직히 저들은 빼앗길 것을 너무 많이 가졌고, 강제에 기초한 모든 권위에 늘 따라 붙는 공포는 그들 가운에 일부를 세심한 기록 보관인으로 만들었다. 이 점과 관련하여, 다른 어느 경우보다 관변 자료가 풍부한 1855년의 싼딸 봉기를 예로 들어 보자. 아직까지도 서벵골주(州) 정부의 문서고에 있는 『재판 기록(Judicial Proceedings)』만으로, 즉 지구의 기록은 제쳐두고 그것만으로 그 반란에 관해 우리가 알게 된 내용은 센, 바스카이, 아처, 컬쇼 등이 수집한 민간전승 및 주기아 하롬과 초쁘르 데스만지의 회고담에서 얻게 되는 정보보다 훨씬 더 많다.13) 대부분의 다른 사건의 경우, 아마 엘리트 자료 쪽의 비중이 훨씬 더 높을 것이다. 실제로 가장 중요한 반란들 중의 하나인 1832년의 바라사뜨 폭동의 경우, 띠뚜와 그 추종자들에 대해 분명히 적대적인 의견들을 갖고 있는 진영에서 유래하지 않는 자료를 찾아내기란 어려울 것이다.

농민의 전투성과 관련하여 민간전승의 또 하나의 실망스런 측면은 그것 역시 엘리트적일 수 있다는 점이다. 노래와 속요를 부르는 사람들 모두가 농민의 전투성에 공감하지는 않았다. 그들 중 일부는 곤경의 시절에 몰락한 상층 카스트 가문에 속하거나 아니면 농촌 사회의 중간층 내에서 가난해진 또 다른 집단에 속했다. 재산상으로건 지위상으로건 토지 경작자 자리에서 떨어져 나간 그들은 농촌 젠트리의 후원에 매달렸으며, 농민 소요를 테마로 작문할 때 농촌 젠트리의 불안과 편견을 표현했다. 따라서 민간전승 문헌의 경우, 수레쉬 싱이 펴낸 문다어(語)로 된 시와 설교집 또는 그리어슨이 펴낸 산딥 방언으로 된 세금 조사 반대 노래집에서 드러나는 봉기 참가자의 목소리는 빠브나 봉기에 관한 사하의 설명이나 빠갈빤티 폭동에 관한 레이의 설명 등등에서 인용된 몇몇 운문들 안에서 드러나는 명백히 지주적인 관점의 재현에 의해 상쇄되고도 남는다.14)

그렇다면 봉기 참가자의 목소리에 대한 우리의 접근이 반봉기 담론에 의해 그런 식으로 차단될 때, 우리는 어떻게 봉기 의식과 접촉할 것인가? 그 난점의 극복은 아마도 언뜻 생각되는 것보다는 덜 어려울 것이다. 왜냐하면 반봉기 그것은 봉기에서 직접 유래하며 그 형식과 절합(節合)에 본질적인 모든 면에서 봉기에 의해 규정되므로, 반봉기가 반란자들과 그들의 행위에 충분하게 그리고 강제적으로 연루되지 않는 담론을 낳는 경우가 별로 없기 때문이다. 물론 경찰과 군인과 관료와 지주와 고리대업자와 그 밖에 봉기에 적대적인 자들이 자신들의 감정을 기록한 보고서, 전령, 의사록, 판결문, 법률, 편지 등이 그들의 의지의 재현물이라는 것은 사실이다. 그러나 이 문서들은 저들의 의지만 그 내용에 채워 넣지는 않는데, 왜냐하면 저들의 의지는 또 하나의 의지 — 봉기 참가자의 의지 — 에 입각하고 있기 때문이다. 그러므로 반란 의식의 현존을 그러한 증거물 안에 있는 하나의 필수적인 그리고 널리 산재하는 요소로 읽을 수 있다.

이 현존을 감지하는 데에는 두 가지 방법이 있다. 첫째, 그것은 반란자의 발화(發話)에 관한 직접적인 기록으로 나타나는데, 시시때때로 당국자들은 그 반란자의 발화들을 가로채서 역적들을 상대로 한 지배체제의 반란 평정 캠페인, 법 제정, 재판 과정 및 그 외의 개입 책략 등을 위해 이용한다. 일종의 공식적인 도청(盜聽)의 증거인 이 담론은 농촌공동체 내에서 유포되는 메시지와 루머들, 첩자가 엿들은 대화의 단편들, 경찰의 심문을 받거나 법정에 선 포로의 진술들 등등으로 다양하게 반봉기의 기록들 안에 들어온다. 반란을 억압하고 반란자들을 고소할 때 라즈에게 기여했던 그 담론은 봉기 참가자의 의지를 기록하는 작업이어서 일정한 신빙성을 갖고 있다는 저 특정한 측면에서 유용성을 보여 주었다. 달리 말하자면, 이런 타입의 가로채인 담론은 반란 농민의 적들의 의도 못지않게 반란 농민의 의식도 증명하며, 적들의 관점에 의해 훼손되지 않은 역사학을 위한 증거로서 아주 적법하게 기여할 수 있는 것이다.

또한 이 의식의 현존은 엘리트 담론 내의 일단의 지표들에 의해 확인된다. 그 지표들에는 농촌 지역의 무법적인 말썽쟁이들에 대한 영국 당국자들 및 그들의 원주민 부하들의 적대감을 표현하는 기능이 있다. 이런 목적으로 씌어진 단어들과 구절들, 그리고 실제 문장의 전체 단락들은 주로 봉기 실천의 부도덕성, 불법성, 불쾌함, 야만성 등을 지적하면서 그 각각의 면에서 대조되는 엘리트의 우월성을 내세우려 한 것들이다. 서로 모순적인 두 가지 인지들의 차이를 나타내 주고 있는 그것들은 엘리트의 멘탈리티(mentality)에 관해서만이 아니라 그 반대의 것 — 즉 서발턴의 멘탈리티 — 에 관해서도 많은 것을 우리에게 말해 준다. 적대는 정말이지 너무 완벽하고 너무 견고하게 구조화된 것이어서, 어느 한쪽을 위해 사용된 용어들의 가치를 전도시킨다면 그 용어들로부터 다른 한쪽의 함축적인 용어들을 이끌어 내는 것이 가능하다. 그러므로 공식적인 문서가 농촌 소요 가담자를 미친 난봉꾼이라고 말할 때, 이는 (저 우르드어의 통상적 의미에 따라) 어떤 깡패 집단을 뜻하는 것이 아니라 전투적 농민 투쟁에 가담한 농민들을 뜻한다. 동일한 맥락에서 (뮤티니에 관한 서사들에서 흔히 발견되는 것처럼) "강도 마을

(dacoit village)"에 관한 모든 언급은 국가의 무력에 대해 단결하여 저항했던 어느 촌락의 주민 전체를 지시하곤 한다. "전염(contagion)" — 이것은 한 지역 안의 여러 농촌 집단들 사이에서 봉기로 인해 발생한 열정과 연대를 지시한다. "광신도들(fanatics)" — 이것은 모종의 복벽주의적 또는 금욕주의적 교리에 감흥 받은 반란자들을 지시한다. "무법(lawlessness)" — 이것은 사악한 법이라고 간주하게 된 것에 대한 민중의 도전을 지시한다. 그 밖에도 많다. 정말이지 엘리트 담론에 가해진 봉기의 압력은 농민들을 반란자로 간주하고 세계를 뒤엎으려는 그들의 시도를 범죄로 간주하기 위해 엘리트 담론으로 하여금 수많은 단어들과 표현들의 의미론적 범위를 축소시켜 그것들에 제한된 의미를 부여하도록 강제한다. 그 같은 축소 과정 덕분에 역사학자들은 이 빈곤하고도 거의 기계적인 언어를 상대방의 의식 — 반란자의 의식 — 을 이야기해 줄 수 있는 반의어들의 열쇠로 이용할 수 있다. 엘리트 담론에 그토록 견고하게 각인되어 있는 저 의식의 일부가 이 책에서의 그 의식에 관한 우리의 독해로 드러나게 되길 바란다.

제2장 부정

농민이 자신을 알게 되는 것은 봉기에 의해서만이 아니다. 식민 인도에서 농민에게는 계급, 카스트, 공적 지위의 힘을 통해 권력을 행사한 자들로부터 정체성 감각이 부여되었다. 농민으로 하여금 사회 내에서의 자신의 위치가 그자들로부터 떨어져 있는 자신의 거리 — 부, 신분, 문화의 차별들로 표현되는 거리 — 를 나타내는 하나의 척도임을 깨닫게 만든 것은 바로 그자들이었다. 농민의 정체성이란 농민의 서발터니티의 총합과 다름없었다. 달리 말하면, 농민은 자신의 사회적 존재의 특성과 속성들에 의해서가 아니라 자기 상급자들의 특성과 속성들을 부정하는 것을 통해서, 부정하는 것이 아니라면 감손시키는 것을 통해서 자신을 인식하는 것을 배웠다.

  모든 지배 이데올로기들의 힘, 특히 종교의 힘은 농민을 이 부정적 의식으로 물들였고, 또 충성과 헌신의 덕목을 칭송함으로써 그 의식에 영합했다. 그 결과, 농민은 자신의 굴종을 용인할 만한 것으로만이 아니라 거의 바람직한 것으로도 간주하게끔 유인될 수 있었다. 박띠(*bhakti*)*

---

* 신을 믿고 따르면서 물질을 통해 예배를 바치는 일.

— 코삼비에 따르면 "봉건 이데올로기의 기본적인 필수물"1) — 를 조장하여 신적인 상급자뿐만 아니라 인간적인 상급자에게도 전적으로 봉헌하는 것을 정신적 책무의 문제로 만든 고대의 숭배 의식들이 있었다. 자기의 상급 카스트 주인을 위해 죽은, 태생이 미천한 전설적인 하인의 신성한 기억담도 있었다. 벵골에서는 신성(神性), 즉 다르마를 기리기 위해 작곡된 중세 후기의 속요집에서 돔(Dom)* 출신의 깔루가 불후의 명성을 얻었다. 힌두 카스트 중에서 가장 "깨끗하지 못한" 카스트 출신인 깔루는 자기 주인과 경쟁했던 어느 권력자가 얼마간의 토지를 찬탈하자 주인을 도와 그 토지를 되찾으려 하던 중에 살해되었다.2) 그 밖에 크루그 부족의 성인전(聖人傳)에 따르면, 뽈레야는 자기 주인의 죽음으로 비통에 빠진 나머지 주인을 화장하는 장작더미에 몸을 던져 자살했으며, 그렇게 죽은 후에 조상숭배 제사에서 음식과 술을 올려 받는 형식으로 보상을 받았다.3) 또한 말라바르의 나야르 부족의 수많은 따라와드들은 똑같은 종류의 위무 의식을 충성스런 노예의 영혼에 바쳤는데, 그 노예들은 한결같이 자기 보호자들의 죽음에 상심하여 죽었거나 자기 주인들의 위신과 재산을 보호하려는 영웅적인 모험 과정에서 죽었다. 꼬따얌의 하인 티이야르가 바로 그랬는데, 전하는 이야기에 따르면 그는 1780년대에 티푸 술탄 군대와 함께 들어온 침입자들에게 붙잡혀, 개종당하기보다는 자기 주인이 분부한대로 먼저 주인을 죽이고 나서 싸우다 죽는 길을 택했다.4)

따라서 관념의 힘과 그 관념과 일치하는 상황은 농민으로 하여금 자신을 그 사회의 중심인물들과 갈라놓은 거리에, 농민이 거의 자신의 자연적인 존재 조건이라고 생각한 그 거리에 민감하게끔 만들었다. 실제로 모든 상위의 계급들과 집단들의 권위는 농민이 그 존재 조건에 대해 체념하는 한에서만, 그리고 그런 동안에만 안전했다. 그러나 매우

---

* 화장터를 관리하고 시체 소각을 담당했던 최하층 카스트.

역설적이게도, 때가 되어 저 권위에 맞선 농민 폭동이 일어났을 때, 그 폭동의 힘의 상당 부분은 자신의 존재 조건에 대한 바로 그 같은 농민의 각성에서 나왔다. 물론 이것은 그 자체로 볼 때 성숙하고 충분히 발전된 계급의식을 만들어 내지는 못했다. 그렇다고 해서 이것을 그러한 의식의 바로 그 시작이라고 간주하지 않는 것은 잘못일 것이다. 그람시는 이것을 "단지 그 같은 의식의 최초의 **희미한 빛**으로, 달리 말하면 단지 기본적으로 부정적이고 논쟁적인 태도로" 특징지음으로써 그 정확한 계기를 파악하는 데 도움을 준다. 그는 그것을 과장해서는 안 된다고 경고하지만, 실제로는 필수적인 출발점으로서의 그것의 중요성을 인정한다. "역사적으로 수세에 있는 하층계급들은 **일련의 부정을 통해서**, 자신들의 적의 정체성과 계급적 한계에 대한 의식을 통해서, **자기 각성에 도달할 수 있을 뿐이다.**"5)

이러한 의식은, 그것이 모든 농촌에서 전국적 규모로 일반화되기 훨씬 전에 농촌 대중 가운데 더욱 급진적인 일부 분파들 사이에서 국지적으로 "표면화되는" 역사적 경향을 갖는다. 이 점은 중세 후기 유럽에서의 농민운동에 관한 힐튼의 연구에서 찾을 수 있다. 그에 따르면, 그 밖의 측면에서의 모든 불일치들에도 불구하고 "그 운동들이 공유한 하나의 두드러진 특징이 있었다." 그것은 "참가자들 일부에서의 계급의식의 출현"이다. "그러나 그 계급의식은 운동에 가담한 계급이 내린 규정이 그들 자신들이 내린 규정이 아니라 그들의 적, 달리 말하면 귀족이 내린 규정이었다는 점에서 **부정적 계급의식이었다.**"6)

식민 인도에서의 농민 봉기에 관한 우리의 연구 역시 그 같은 부정을 출발점으로 삼지 않을 수 없다. 이는 그 부정이 다른 것들에 선행하는 형식의 반란 의식으로서 우선성을 갖기 때문만이 아니라, 반란의 실천을 지배하는 더 중요한 원리들의 일부에 대한 통찰을 제공하기 때문이기도 하다. 이 원리들이 언제나 합당한 관심을 받아온 것은 아니다. 농촌 폭력이 낳은 소동과 공포는 흔히 그것의 논리와 일관성을 조명하는

데 요긴했다기보다는 그것의 드라마를 조명하는 데 요긴했다. 하지만 일단 불타는 저택의 광채가 사라져 봉기의 사실들에 눈이 익숙해지면, 농민 봉기가 결코 아무렇게나 일어났던 일이 아니었음을 알 수 있게 된다.

우리가 다루는 시기의 봉기에 특징적인 부정들은 두 가지 부류의 원리들과 관련하여 실행되었다. 첫째는 우리가 **구별**이라고 부를 만한 원리인데, 그것은 농민들이 특정한 목표를 향해 선택적으로 행사한 폭력에서 가장 명백한 형식으로 실현되었다. 이러한 일들의 발생의 빈번함과 규칙성은 고의적인 지령의 징후들로서의 의미를 갖는다고 이해될 수밖에 없다. 물론 그 패턴은, 반란자들이 랑뿌르의 유명한 데비 싱하의 경우처럼, 또는 벵골 저지대의 인디고 농장주들의 경우처럼, 고작해야 뚜렷이 적시된 한 두 명의 적들만을 손봐야 할 때 가장 명백하게 드러난다. 그리하여 이렇듯 1783년과 1860년의 봉기들은 그 칼날을 각각 까차리와 공장에 겨눈 것으로 여겨야 한다. 그러나 더 포괄적인 영역에 걸쳐 진행되었던 폭력의 경우에도, 폭력의 주인공들은 흔히 자신들이 누구를 겨냥하는지를 분명히 드러냈다. 바로 이것이 우따르 쁘라데쉬의 일부 지방행정관으로 하여금 1857년에 그곳에서 벌어진 다방면의 소요들 모두에 공통적인 한 요소를 식별할 수 있게 해 주었다. 무자파르나가르의 행정장관에 따르면 "이 나라의 다른 곳에서처럼 여기에서도 대부분의 경우 바니아들과 마하잔들이 희생되었다."7) 이러한 관찰은 하미르뿌르의 행정장관이 자신의 지구에서 벌어진 폭동의 "큰 특징"을 "모든 은행가, 바니아, 마르와리(Marwaree)* 등이 경매로든 사적 판매로든 또는 그 밖의 다른 방법으로든 이런저런 수단을 통해서 획득했던 토지 재산을 너나없이 탈취 당했다는 것"8)이라고 말했을 때 되풀이되었다.

---

* 힌두 상인 카스트. Marwari라고도 표기한다.

이 같은 집중은 폭력의 대상을 신중하게 선택할 때 훨씬 더 두드러졌고, 또 농민이 적과 아군을 어떻게 분명히 구별했는지를 보여 주는 것이었다. 물론 친구와 적에 대한 정의는 봉기마다 달랐고, 때로는 같은 사건 안에서 봉기의 주인공들이 처해 있던 조건과 그들의 의식 수준에 따라 그들 사이에서도 달랐다. 그러나 어쨌든 이러한 정체(正體)의 구별이 봉기의 실천의 일부였다는 사실은 봉기의 이론적 근거를 표시해 주는 것으로 이해되어야만 한다. 힐튼은 1358년의 자케리에 관한 관찰에서 이러한 "의식적 적대성"의 요소를 끄집어내며 이렇게 말한다. "어떠한 목적도 전혀 선언되지는 않았지만, 농민의 공격 대상이 오로지 기사들, 지주들, 마님들, 그리고 그들이 살고 있던 성들이었다는 사실에서 그러한 선언이 존재한다는 것은 추론될 수 있을 것이다."9). 마찬가지로 독일의 농민전쟁에서도 이러한 종류의 수많은 선택적 폭력이 목격된다. 1525년 4월 바인스베르크를 약탈하는 동안, 메츨러와 히플러는 자신의 부하들이 오로지 성직자의 재산만을, 그리고 도시민들 중에서는 포도주 저장고 관리인, 행정관리, 시의 사무관, 시장의 재산만을 약탈하도록 엄격히 제한했다. 그 밖의 모든 시민들에게는, 승리자들이 그곳에 머무는 동안 음식과 술을 제공하고 부상자들을 돌본다는 조건 아래, 자비를 베풀었다.10) 엥겔스에게 이 현상은 그 대규모 반란이 일어난 복잡한 역사에서 주목을 끌 만큼 중요했다. 그는 봉기 참가자들이 하일브론의 시민들을 자기들 편으로 끌어 들여서 그 도시가 자신들에게 항복했을 때 관습적인 약탈 대상으로 선정된 것은 "오로지 성직자와 튜튼기사단의 소유물"이었다고 지적한다.11) 엥겔스의 서술은 치머만이 편집한 사료들에 근거하는 것인데, 그 치머만에 따르면 "그들은 오로지 성직자만을 자신들의 적으로 삼았다."12) 르페브르 역시 프랑스혁명기의 농민 봉기 과정에서 어떻게 농민들이 모든 가능한 수단을 이용하여 제3신분에 적대적인 자들의 재산을 파괴했는지, 하지만 방화가 더 수월하고 더 효과적이었을 터임에도 불구하고 어째서 종종 방화까지는 하지 않았는지를 중요하게 강조했다. 농민들이 "그것을 이용하기 꺼려한 이유는 그 불이 통제를 벗어나 마을로 확산될지 모른다는 것을 당연히 두려워했기 때문이었다." 르페브르는 군중이 "농민들과 하인들의 것이라면 그 무엇이든 신경 써서 피난시키는 …… 매우 조리 있는 방법으로" 영주의 농장과 주거지를 파괴하고 불태우는 일에 착수했던 경우를 인용한다. 그에 따르면, "모든 농민반란은 이 패턴을 따랐다."13)

인도의 경험도 상당한 정도로 이 패턴과 일치한다. 예컨대 알리가르에서 뮤티니에 뒤이어 민중 소요가 벌어진 동안, 군중들은 유럽인의 재산을 꽤 철저히 약탈했으나 원주민의 재산에는 상대적으로 타격을 덜 입혔다.14) 또한 각각 1832년과 1855년에 일어난 꼴 봉기와 싼딸 봉기의 성격을 무엇보다 잘 설명해 주는 유명한 사실은 그 두 사례 모두에서 농민들이 부족 주민에게는 자비를 베풀었고 부족민이 아닌 "외지인들" — 그들이 부른 바에 따르면 쏘드들과 디쿠들 — 에게 공격을 집중했다는 사실이다. 어느 관리는 자신의 동료에게 꼴 봉기 사건에 관해 이렇게 말했다. "이러한 참화 전체를 통틀어서 단 한 명의 꼴의 생명도 희생되지 않았고, 꼴들의 집도 우연히 파괴된 것 말고는 파괴되지 않았으며, 이기적인 동기에 이끌린 봉기 참가자들이 (꼴이 아닌) 대장장이들과 그왈라(Gwala)*들과 때로는 토기 제조공들을 자신들의 무차별 학살에서 면제시켜 주기도 했다."15) 실제로 위의 진술이 마지못해 인정했듯이, 연대와 적대의 한계는 예컨대 지주와 대금업자와 같이 반란자들이 적극적으로 적의를 품었던 부족 외(外) 주민의 구성 분자들을 한편으로 하고 반란자들과 함께 같은 농촌공동체에서 살면서 일했고 또 충성스런 우군으로 취급되었던 서발턴 계급들과 카스트들을 다른 한편으로 하여 둘 사이에 그어졌던 구별에 의해 설정되었다. 그 구별을 인지한 관리들에 따르면, 싼딸은 "많은 촌락에서 마하잔들의 집을 불태웠으나 소작인들에

---

* 밀크 장수.

게는 자비를 베풀었다."16) 이러한 구별은 에스니시티가 어디에서 멈추고 계급의식의 초기 형식이 어디에서 시작되는지를 보여 주었다. 이와는 달리, 1875년 뿌나와 아마드나가르 지구들에서의 꾼비 농민의 선택적 폭력은 지방주의에 의한 계급의식의 수정을 입증했다. 이 지역의 소요를 조사하기 위해 임명된 위원회 위원들에 따르면, "마르와리와 구자르(Gujar)* 사후까르들은 거의 전적으로 폭동의 희생자들이었는데, 브라만 카스트를 비롯하여 그 밖의 카스트에 속하는 사후까르들이 마르와리들과 함께 고리대업을 했던 촌락들에서는 대개 후자만 공격당했음을 알 수 있었다."17)

이러한 타입의 부정적 의식은 유비와 전이의 과정을 거쳐 그 영역을 확장시키는 경향이 있었는데, 우리는 그것을 (산스크리트 문법과 언어학에서의 용법에 따라) 부정적 의식의 아띠데쌰 기능이라고 부르기로 하겠다.18) 영국에서 스윙 운동을 한 번 자세히 살펴보는 것은 이 점을 설명하는 데 도움을 줄 수 있을 것이다. 그 사건에서 농촌 프롤레타리아 폭력의 최초의 대상은 탈곡기뿐이었다. 그러나 이것은 곧 두 가지 방향으로 일반화되었다 — 우선은 철제 쟁기, 수확기, 작두, 건초기, 파종기와 풍구를 포함하는 모든 농기구에 대한 공격으로, 그 다음에는 주물공장과 제재소와 모직물 공장 등에서 사용된 것과 같은 모든 종류의 공업 기계들에 대한 공격으로.19) 폭동을 일으킨 사람들은, 풍구 파괴를 정당화하기 위해 "그것은 기계였고 그래서 그것이 산산조각 난 것은 마땅하다"20)고 말했을 때, 또는 자신의 부하들이 이웃에 있는 두 개의 공장 — 하나는 탈곡기를 만드는 곳이고 다른 하나는 마대 자루를 만드는 공장이었다 — 의 모든 기계들을 파괴한 후에 폭동 지도자들 중 한 명이 "부하들은 런던 위쪽으로 20마일이나 떨어진 곳에서 왔고 기계가 있는 곳이라면 시골까지라도 멀리 내려가 그것을 파괴할 것"21)이라고 선언했을 때,

---

* 대금업자를 뜻하는 구짜르(Guzar)의 다른 표기.

이 점을 스스로 분명히 밝혔다. 따라서 폭력은 아띠데쌰에 의해 동일한 부류에 속하는 하나의 특정한 도구에서 모든 다른 도구들로, 그리고 한 부류의 기계에서 다른 부류의 기계로 확장되었다.

이 확장의 논리는 사물뿐만 아니라 사람에게도 적용된다. 반란이 발전하면서 그 추진력이 증폭되고, 반란을 촉발시키는 짓을 하지 않았을 집단이나 개인까지 반란의 표적이 되는 것은 실제로 흔한 일이다. 첫째, 이것은 그 같은 상황에서 농민 폭력은 일정한 부류의 적들의 전체 구성원 중에서 "나쁜" 개인들과 "좋은" 개인들을 분류하느라 멈칫대는 일 없이 그 구성원 전체를 겨냥하는 경향이 있음을 의미한다. 둘째, 이것은 반란자들이 어느 부류, 어느 분파의 주민을 최초의 공격 대상으로 삼았는지와 상관없이 농민 폭력은 농민에 적대적인 모든 부류, 모든 분파의 주민을 공격하는 경향이 있음을 의미한다. 1830년 방화자들의 횃불이 서레이 지방의 어느 농장주의 창고와 별채를 용서하지 않았던 이유는 바로 이 때문이다. 비록 (그 사건 이후 『더 타임즈』가 개탄하면서 보도했듯이) 그 농장주가 "탈곡기를 사용한 것도, 심지어는 자신의 일에 외지인들을 고용하여 일을 시킨 것도 — 이 두 가지 행위는 노동자들이 가장 증오한 것으로 알려져 있었다 — 아니었지만" 말이다.[22] 왜냐하면 그해 가을 이 방화 행위가 저질러졌을 무렵, 잉글랜드 남동부에서 전선(戰線)은 너무나도 분명하게 그어져 있었고, 그래서 촌락의 빈민들은 별로 억압적이지 않은 적들에 대해 관대함을 베풀지 않았기 때문이다. 바로 그러한 경향은 1905년 러시아혁명 중의 농민 폭동에서도 뚜렷했는데, 트로츠키는 그 경향을 "계급 증오의 물결"이라고 묘사하면서 그것의 부정적 성격을 강조했다. "농민과 개별 지주의 현존하는 관계와는 거의 무관하게 토지들이 약탈되었다." "반동적인 지주들의 토지가 결딴났다면, 자유주의자들의 토지도 마찬가지였다."[23] 1857년 세포이들의 반란이 유발한 농민 봉기들은 인도에서도 이와 비슷한 현상들을 꽤 많이 볼 수 있게 해 준다. 예컨대 알라바드 지구의 촌락 주민들이 뮤티니에 호응하여 사다르 소재지에서 독자적으로 봉기를 일으켰을 때, 그들은 공공 기관과 공공 기관이 아닌 것을 거의 구별하지 않고 공격했다. 당황스럽기도 한 데다 다소 화가 난 한 어느 영국인 행정관은 그 대파국을 상급자에게 이렇게 보고했다. "민중 구제를 위해 기독교도 주민들이 출연한 자선기금으로 설립된 바로 그 구호시설마저도 우리 관공서와 마찬가지로 매우 악랄하게 불타고 파괴되었다."24)

바로 이 관료의 보고서는 또한 아띠데쌰 기능의 다른 측면, 급진적이기 때문에 더 의미심장하기조차 한 그런 측면을 증명했다. 그 보고서는 반란 폭력이 농민의 적들 중의 어느 특정한 요소에 가했던 최초의 공격을 모든 적들 또는 대부분의 적들에 가하는 일반적인 공격으로 발전시키면서 유비적으로 확산되는 경향이 있었던 그 방식을 증명했고, 봉기가 서발턴 주민에게 적대적이었던 권위들과 제도들과 집단들로 이루어진 영역 전체에 스며들었던 그 과정을 증명했던 것이다. 이렇듯 알라바드에서의 1857년 반란은 이내 그것이 발생한 병영을 넘어서 군대처럼 라즈의 권위를 상징하는 모든 것들을 향해 돌진했다. 그 지방행정관에 따르면, 교도소와 초끼다르의 초소와 공장과 기차역이, "유럽인 소유의 모든 집이나 공장이, 크건 보잘것없건 유럽인 소유의 모든 건물들이", 사실상 "우리와 연관된" 모든 것들이 도시와 인근 시골에서 약탈과 파괴와 방화의 목표가 되었다.25) 그 패턴은 우리가 다루는 시기의 모든 주요한 봉기 과정에서 반복해서 나타났다. 어느 특정한 봉기가 발생하게 된 직접적 원인이 무엇이든지 간에, 반란자들은 거의 항상 작전 범위를 확대하여 영국과 "연관된" 것들 모두를 — 모든 백인 무관과 문관은 물론, 농장주와 선교사와 철도원 등과 같이 관리가 아닌 백인들까지 — 작전 대상으로 삼았다. 거기에는 법정, 감옥, 경찰서, 재무 관서 등 모든 공권력의 처소뿐만 아니라, 영국의 현존을 상징하는 공적이지 않은 건물들(예를 들어 공장, 방갈로, 교회 등)도 포함되었다. 이 점에 관한 증거는 너무 풍부하고 너무 쉽게 얻을 수 있어 여기에서 상세히 인용할 필요는 없다.

그저 1783년의 봉기 동안 랑뿌르에 있는 동인도회사의 본부 청사들과 보와니간즈에 있는 곡물 창고들에 대한 위협, 버사이트 봉기 기간 중 교회와 성직자들에 대한 공격, 싼딸 봉기 기간 중 철도 기술자와 농장주를 향한 싼딸의 적대감, 이러한 사례들에서의 그리고 뮤티니 시기의 타나와 감옥과 관청에 대한 수많은 습격 등을 상기해 보면 된다. 그러면 공적 부분과 공적이지 않은 부분 양쪽에서 영국의 권위 영역 전체를 겨냥한 더욱 전투적인 농민 봉기의 거의 보편적인 경향을 실감하게 될 것이다.

    이런 종류의 일반화된 폭력이 반드시 에스니시티에 의해 한정된 것은 아니다. 폭력을 당한 것은 백인들만이 아니었다. 오히려 정부 재산과 정부 인사들 및 이들과 직접 관련된 유럽인들에 대한 공격은 드물지 않게 라즈의 주요 토착민 협력자들에 대한 공격으로도 발전했다. 왜냐하면 모든 개별 사례에서 세 부류의 주된 억압자들 — 사르까르, 사후까르, 자민다르 — 중 어떤 부류가 제일 먼저 농민 봉기의 첫 예봉을 받았는지에 상관없이, 농민들은 자신들의 공격작전을 충분히 확장시켜 나머지 부류들 중 한 부류의 또는 두 부류 모두의 지방 대표자들도 자신들의 공격에 포함시키는 경향을 눈에 띄게 자주 보여 주었기 때문이다. 우리가 다루고 있는 시기의 보다 중대한 사건들 중의 다수가 이 점을 증명한다. 바라사뜨에서의 띠뚜 미르의 봉기와 19세기 말라바르에서의 일련의 모쁠라 반란들은 반(反)지주 투쟁으로 시작했으나 라즈 자체를 반대하는 캠페인으로 절정에 달했다. 거꾸로, 유럽인 농장주에 대항한 파라찌*들과 인디고 소작농의 운동은 종종 과도한 지대 갈취라든가 그 밖의 다른 형식의 자민다르의 전횡에 대한 저항으로 발전했다. 1832년 초따 낙뿌르의 꼴 반란은 처음에는 외지인들 중 지주들과 대금업자들을 상대로 적의를 표출했으나, 동인도회사의 지배 자체에 대항하는 전쟁으로 끝났다. 또한, 이번에는 거꾸로, 버사이트 봉기는 영국 지배로부터 문다 부족을 해방시

---

* 이슬람의 시크교도 일파.

킨다는 목표를 선언하고 출발했으나, 반란이 진행되어감에 따라 바니아들과 마하잔들에 대한 증오를 숨기지 않았다.

이런 종류의 전이는 뮤티니 기간 중에 벌어진 농민 봉기들의 과정에서 가장 뚜렷했다. 지배 체제의 바로 그 근간을 위협하는 무장 군인들의 반란에 자극을 받았고 또한 그 반란을 더 돋보이게 한 이 봉기들은 대금업자들을 겨냥한 것만큼이나 정부도 겨냥했다. 바니아에 대한 증오의 표출은 정말이지 광범한 것이어서, 수많은 동시대인들은 그것을 그 소요들의 주요한 측면으로 간주할 정도였다. 그러나 스틱스가 우따르 쁘라데쉬에서의 이러한 현상을 세심하게 조사하여 보여 주었듯이, 1857~58년에 이런 일이 대부분 발생한 지역들에서 저 억압의 주역들에 대한 공격의 범위와 강도를 정당화해 줄 만큼 고리대 거래가 빈번했던 것은 아니다. 그는 마하잔과 경매-매입자들에 대한 공격은 경제적인 동기에서보다는 정치적인 동기에서 유발되었다고 결론을 내리고 있다.26) 이러한 발견이 매우 중요하다는 점은 결코 과장일 수 없다. 왜냐하면 사르까르와 사후까르와 자민다르의 공생은 아대륙에서 영국 권력의 바로 그 성격에 뿌리를 둔 하나의 정치적 사실이었기 때문이다. 이 삼인조 중 어느 하나가 농민을 처음으로 봉기에 나서게 했는가와 무관하게, 농민은 삼인조 구성원 모두를 향해 폭력을 가함으로써 그자들의 이해관계의 상호성과 그것이 근거하고 있던 권력을 일정하게 이해하고 있음을 보여 주었다. 이것은, 아무리 미약하고 초보적이었어도, 정치적 의식의 출현을 뜻했다. 비록 그것이 바로 그 "최초의 희미한 빛"에 불과했더라도 말이다.

이 특정한 타입의 반란 인식을 좀 더 조명하기 위해, 여기에서 1855년 싼딸 반란의 아띠데쌰 기능을 상기해 봐도 좋을 것이다. 잘 알려져 있듯이, 이 반란의 경우에 폭력의 목표물은 대단히 빠른 속도로 식민행정이나 백인과 연관된 것들에서 지주와 대금업자의 권위를 표현하는 것들로 확산되었다. 물론 모든 지역에서 똑같은 추이로 확산된 것은 결코 아니었지만 말이다. 싼딸은 사르까르나 사후까르나 자민다르와 연루되어 있던 사람이나 재산에는 자비를 베풀지 않겠다는 것을 분명히 밝혔고, 따라서 며칠 안에 분명한 봉기 영역을 확립했다. 그 영역에서 싼딸의 작전은 세 가지 범주의 모든 적들을 두고 자유롭게 전개되었고 자유자재로 구사되었다. 이것이 단지 "원시적 반란"에 특징적인 모종의 "본능"의 작동이 아니라 일정한 이해와 의지의 논리에서 비롯된 것임은 사료를 통해 쉽게 입증된다. 왜냐하면 이 점은 그 봉기의 지도자인 시도와 까누가 자신들의 적에 대해 가졌던 견해, 반란이 발생하기 오래전에 그들이 발송했던 역사적인 빠르와나에 기록해 놓았던 그 견해와 충분히 일치하기 때문이다. 거기에는 이렇게 선언되어 있었다. "마하잔들은 큰 죄를 지었다. 사힙(Sahib)*과 암라(amlah)**들은 모든 것을 악화시켰고, 이 점에서 사힙들은 큰 죄를 범했다. 행정관에게 고자질하는 자들과 행정관을 위해 조사하는 자들은 70 또는 80루삐를 받았는데, 이렇게 직권을 남용했다는 점에서 사힙들은 죄를 범했다. 이런 이유로 타쿠르(Thacoor)***는 나에게 이 나라는 사힙들의 나라가 아니라고 말할 것을 명령했다."27) 아무리 빈약하게 또한 거칠게 언급되고 있더라도, 이 명령문에는 토착 착취자들과 식민 당국 사이의 연계가 포착되고 있다는 것이 얼마간 입증되고 있다. 전자의 사업이 후자의 권력을 조건으로 한다는 주장에 가볍게 ― 비록 매우 가벼울지라도 ― 무게가 실려 강조되면서.

    이 모든 것에서 경제적 착취의 몇몇 기본 요소들과 그것들을 합법화한 정치적 상부구조를 동일시하고자 하는 어떤 의식의 자국을 찾아내지 못한다면, 그것은 잘못일 것이다. 하지만 그 의식의 명료함이나 깊이를

---

* 식민 시대에 인도인이 유럽인에게 쓴 '나리'라는 뜻의 존칭.
** 백인.
*** 신 가운데 하나. Thakur라고도 표기한다.

과대평가하는 것 역시 경솔한 일일 것이다. 왜냐하면 그 의식은 그것을 기록한 담론과 마찬가지로 아직은 다소 주저하는, 막 시작된, 체계가 안 잡힌 인식이기 때문이다. 그것은 농민의 존재 조건들의 일부 측면을 경험적으로 말하고 있지만, 그 같은 조건들을 가능케 한 권위 구조를 개념화하기까지에는 크게 못 미치고 있다. 그람시를 빌려 말하자면28) "국가가 인식되는 유일한 형식"은 관리 — 사힙 — 의 관점으로 이루어진다고 할 수 있을 것이다. 이 말은 봉기 참가자들 쪽에서의 부정적 의식을 특유하게 표현한 것인데, 그 부정적 의식은 그것의 다른 징후, 즉 봉기 농민의 자기소외와 짝을 이루는 것이었다. 여전히 봉기 참가자는 다가올 라즈와의 전쟁을 자기 자신에게서 독립적인 어떤 의지의 프로젝트로, 그리고 그 전쟁 안에서의 자신의 역할을 도구적인 것에 다름 아닌 것으로 상상하고 있었다. "까누 마지와 시도 마지가 싸우려는 것이 아니다. 타쿠르가 직접 싸울 것이다." 이렇게 언급한 빠르와나에서 그것을 작성한 자들은 자신들의 목소리조차 인정하지 않았고 오직 신의 목소리만을 들었다. "이것은 타쿠르의 명령이다."29)

봉기를 특징짓는 부정의 또 다른 양상은 농민들이 지배자들의 권위의 기호들을 파괴하려고 했거나 그 기호들을 자신들을 위해 전유하려고 했다는 점이다. 그 같은 과정이 낳을 수밖에 없는 전도(顚倒)는 너무 빈번하고 너무 광범한 것이어서, 하나의 정형화된 비유적 표현이 수많은 언어로 만들어질 정도이다. "늘 가장 낮은 서열에 있던 자들이 이제는 다른 모든 사람 위의 서열에 있게 된다. 이것은 말하자면 '세상을 뒤집어 엎는 것'이다."30) 마오쩌둥[毛澤東]은 자신의 고향 지역에서 1927년에 발생한 농민 봉기의 성과를 요약하면서 『후난 농민운동 고찰 보고』에 이렇게 썼다. 이때 그가 쓴 것은 「사도행전」 17장 1절에서 6절에 있는 구절과 거의 똑같은 것이었다. 혁명적 메시지를 갖고 테살로니카에 도착한 사도 바울과 초기 기독교도들이 그곳에 가한 충격을 묘사하고 있는 그 구절 안에서 그들의 적은 "세계를 뒤집어엎은 이들이 이곳에도 왔다"라고 외치고 있다.

이 두 텍스트 사이에 걸쳐 있는 수세기 동안, 수많은 언어로 똑같이 관용구가 된 바로 그 상상은 반란을 지탱하거나, 비난하거나, 단순히 묘사하기 위해 이용되어 왔다. 치머만은 1525년에 독일 농민군이 장악한 어느 도시를 상대로 농민군 지도자가 내린 명령을 말해 주고 있는데, 그 지도자는 자신의 군대를 잘 대접하라고 도시에 요구하면서 "그렇지 않으면 내 군사들은 맨 아래 것을 맨 위의 것으로 뒤집어버리고 싶을 것"(oder sie wollten das Unterste zuoberst kehren)이라고 말했다.31) 또한 르페브르는 프랑스혁명기 동안의 어느 때에, 농민이 어떻게 마코네의 한 작은 도시에 와서 "지방 사무소"의 사무실을 파괴하고, 신부와 지방 젠트리에게 벌금을 부과하고, 변덕쟁이들을 박살 내고, 그리하여 일반적으로는 ils en profitérent pour tout mettre sens dessus dessous, 즉 "아래에 있던 것을 곧추세웠는지"를 언급하고 있다.32) 식민 인도에서 영국인들은 꼴 반란자들에 대해 "낮은 신분들을 자극시켜 높은 신분에 맞서게 하려고 기를 쓰고 있다"고 묘사했는가 하면, 뮤티니 전야에 『벵골 후르까루 앤드 인디아 가제트』의 한 지방 통신원은 러크나우의 저잣거리에 등장한 선동 포스터들을 "스코틀랜드의 도적처럼 세계가 뒤집어지는 것을 보고 싶었던 최하층민"의 작품으로 보았다.33) 독일과 프랑스와 영국에서의 그 같은 표현들 모두는, 어떻든 국가 폭력이 실효성을 잃게 되었을 때 뒤따를 수 있는 결과들에 대해 오래전 마누*가 표현했던 그 두려움을 되풀이하고 있는 것이나 다름없었다. 만일 왕이 자신의 처벌(단다) 권한을 충분히 무자비하게 행사하지 않는다면, "까마귀는 제물용 어육 단자를 먹어 치울 것이고, 개는 제물로 내놓은 음식을 핥을 것인데, 그러면 소유(svāmyam)의 권리를 갖는 임자가 따로 없게

---

* 인도 신화에 등장하는 인류의 시조이자 최초의 인간.

될 것"이기 때문이었다 — 요컨대 "낮은 자들이 높은 자가 될 것 (pravarteta adharottaram)"을 경고하고 있는 것이다.34) 전도 과정에 대한 이 브라만의 공포는 나중에 『바유뿌라남(Vāyupurāṇam)』이라는 문헌에서 총체적 대격변이라는 천년왕국의 이미지로 체계화되었다. 그 문헌은 시대의 종말(yugānta)에 깔리의 강림과 함께 올 거대한 격변(yugānta)을 상상했다. 저 뒤죽박죽된 시대를 특징짓는 수많은 전도들의 와중에 브라만은 수드라처럼, 수드라는 브라만처럼 행동할 것이며, 왕들은 도둑질을, 도둑은 왕 노릇을 생업으로 삼을 것이며, 여자는 남편에게, 하인은 주인에게 순종하지 않을 것임이 예언되고 있는 것이다.35)

모든 전통 사회에서 지배 문화가 정기적인 일정표에 따라 간격을 두고 그 같은 전도들을 모방할 수 있게 허용하는 것은 바로 그 전도들이 현실 생활에서 발생하지 않도록 하기 위함이다. 또한 그러한 문화가 거의 항상 종교에 의해 매개되는 한, 그 문화가 용인하고 사실상 즐긴 그 역전들은 신성한 제의로 실행된다. 그러므로 종교성은, 그 주인공이 고해의 화요일* 축제에 참가한 유럽인이건 아니면 놈쿠불와나 여신을 달래려 한 의식에 참가한 줄루족** 여인이건 상관없이, 모든 곳에서 그 같은 관례적 전도와 결합되었다. 이 주제를 다루고 있는 광범한 문헌들36)은 그같이 특별한 경우에 기존 사회의 "구조적 하층민들"이 어떻게 윗분들을 상대로 신분 역전 의식(儀式)에 빠져들 수 있는 자유를 누리는지 보여 준다. 하인은 주인처럼, 여자는 남자처럼, 아이는 어른처럼, 연소자는 연장자처럼 등등으로 행동한다. "등급, 우선순위, 위상" 따위는 이 반전의 축제가 계속되는 한 보이지 않으며, 사회적 도덕을 상징하는 권위와 복종의 가시적이거나 구두적인 기호들 대부분은 잠시

---

* 기독교에서 참회자 머리 위에 재를 뿌린 관습에서 유래하는 성회(聖灰) 수요일의 바로 전 화요일.
** 남아프리카공화국의 나탈 일대의 삼림에 사는 부족.

서로 교체된다. 하지만 모든 관찰자들이 동의하듯이, 그 같은 관례적 전도의 결과는 사회질서를 파괴하는 것이 아니며, 심지어 약화시키지도 못하며, 오히려 그것을 보강하게 된다. 물론 이러한 사례들 중 일부의 경우, 참가자들과 그들이 처한 특수한 상황의 리미널리티*가 예정된 모의 반란을 실제의 반란으로, 축제를 봉기로 바꿔 버리는 급작스런 코드의 전환을 낳을 수 있다. 왜냐하면 터너가 강조했듯이, 리미널한 것(the liminal)은 "불가피하게 모호하며", 또한 "신분과 지위를 문화적 공간 안에 규범적으로 배치하는 분류의 네트워크에서 빠져나오거나 미끄러져 나오는" 경향이 있기 때문이다.37) 그러므로 신성한 날들과 봉기의 일치는 그다지 드문 것은 아니었다. 예컨대 와트 타일러의 추종자들은 1381년 6월 13일 성체축일 아침에 런던으로 침입했고, 독일에서는 1525년 참회절 기간 중 거대한 일련의 농민 봉기가 시작되었으며, 1630년 디종에서는 미친 어멈(Mère Folle)과 그녀의 보병대를 등장인물로 삼은 축제가 그 등장인물들이 가면을 쓴 채 왕실 세리들을 공격한 폭동으로 전환했고, 르페브르가 언급했듯이 1789년의 프랑스에서는 일부 농민 봉기들이 일요일이나 축제일 등과 같은 날에 발생했고, 그리고 뭄바이에서는 뮤티니가 일어난 해 무하람과 디왈리 축제가 열린 동안 대규모 봉기의 위협이 있었다는 것 등등이 증명하듯이 말이다.38) 무수히 많은 그 같은 사례들은 관례적 전도에도 불구하고 발생하며, 또한 의도되었던 것의 실패를 표현하지만, 그것들이 실제로는 대개 일종의 안전판 구실을 하는 고안물이었음을 기억하는 것이 중요하다. 왜냐하면 분명히 그 같은 제의의 목적은 권위를 강화하기 위해 도전을 가장함으로써 반란에

---

* 심리학에서, 감각으로 인지할 수 있는 것과 어떤 감각으로도 인지할 수 없는 하한(下限) 사이에 있는 경계 상태. 리미널리티(liminality) 개념은 문지방, 문턱, 경계를 뜻하는 limen에서 유래한다. 포스트식민 이론에서는 이 개념으로 문화적 변용 또는 문화 접변이 일어날 수 있는 '안 사이(in-between)'의 공간을 설명하기도 한다.

서 반란의 내용을 비우는 것, 반란을 상례적인 제스처로 축소시키는 것이었기 때문이다. 앞에서 언급한 바 있는 줄루족의 의식에 관한 글룩만의 다음과 같은 관찰은 사실상 그 장르 전체에 적용될 수 있다. "이 특정한 제의는 민중에게 규범상 금지되어 있는 방식으로 행동하는 것을 허락함으로써 특정한 사회질서의 규범적 정당성을 전도된 형식으로 표현한 것이었다."39) 더 관대한 힌두 축제의 일부도 이 점을 충분히 증명한다고 말할 수 있을 것이다.

말라바르의 일부에서 거행된 떼이얌(Teyyam) 축제를 예로 들어 보자. 그 축제는 여신 바가와디의 사당들을 중심으로 거행되는데, 그 사당들은 토지 소유 가문으로서 경제적으로만이 아니라 정치적으로도 지배자 위치에 있는 나야르 부족의 따라와드들 소유이다. 하층 카스트 하인 중의 하나가 의식 절차 중의 어느 특정 시점에 가면을 쓰고 모든 따라와드를 위해 위무 의식을 집행하는데, 그에게는 떼이얌(산스크리트어 데바[deva], 즉 '신'에서 파생된 말) 악령이 들씌워져 있다. 이런 상태에 있는 동안 그 하인은 그의 상급자들에게 공격적이거나 권위적인 태도를 취할 수 있고 또 흔히 그렇게 하며, 선물을 요구하기도 하고 위협과 축복의 말을 건네기도 한다. 그는 이 모든 것을 자신을 통해 움직이는 망자의 영혼의 도구로서 행한다. 그리고 그 의식의 끝에 제관이 그의 가면을 벗기고 그를 비천한 지위로 복귀시킬 때, 그는 제의를 집행한 수고의 비용을 받고 나서 이전의 관습적인 의무를 계속한다. 우리의 논의를 가능하게 한 캐슬린 고우의 설명은 촌락에 있는 서발턴 집단들에 대한 나야르 부족 토지 젠트리의 전통적인 권위를 강조하면서 그 같은 관례적 전복의 중요성을 이렇게 언급한다. "하급 카스트 집행인들에게 이 축제들은 그들의 상층 카스트 주인들에 대해 제한되고 양식화된 공격을 표출하는 것과 일시적으로 권위를 탈취하는 것을 허용한다. 이와 동시에, 축제는 카스트들 간의 상호의존, 그리고 궁극적으로는 하층 카스트들의 순종적인 하인으로서의 항구적이고 세속적인 역할,

이 두 가지 모두를 강조한다."⁴⁰⁾

제의상의 전도와 권위 재강화의 변증법, 이 변증법과 매우 유사한 것이 크루그 부족에 대한 스리니와스의 연구에서 밝혀졌다. 그 부족민들 중 반나들은 열등한 카스트인데, 이들의 전통적 의무는 일정한 제의 행사에서 사제와 제관으로서 귀족 옥까들에게 봉사하는 것이다. 이들은 정말이지 불결한 카스트여서, 매년 열리는 깎꼬뜨 앗차야(Kakkot Achchayya) 축제에서 신상(神像)을 든 브라만 사제가 반나 제관을 흘끗 본 것만으로도 브라만 사제 자신만이 아니라 신상까지 더럽히는 위험을 감수해야 할 정도였다. 통상적으로 반나들은 너무 더러운 자들로 간주되어 상층 카스트 쿠르그 가문의 조상을 모시고 있는 집의 중앙 홀에 접근할 수 없다. 그 집은 제의의 순결성이 최고인 상태로 보호되어야만 한다. 하지만 반나가 영예로운 조상숭배 의식을 제사장으로서 주재하게 되는 것은 바로 그 중앙 홀이다. 그래서 위무 의식을 집행하는 과정에서 모든 조상들의 영혼이 그에게 차례차례 들씌워질 때, 그는 마음대로 자신의 주인들을 강제하여 음식과 술을 내놓으라는 사치스러운 요구를 들어 주게 할 뿐 아니라, 심지어 옥까의 수장에게 무지렁이들을 무시한다는 이유로, 상속재산을 열심히 돌보지 않는다는 이유로, 그리고 흔하게는 의무를 다하지 않는다는 이유로 훈계할 수도 있다. "조상 혼의 일시적인 영매(靈媒)로서의 그에게는 말하고 행할 수 있는 자격이 있는데, 그런 일은 정상적일 때에는 꿈도 꾸지 못했을 것이다." 그러나 그 자격은 단기적이다. 스리니와스는 그 같은 역할 바꾸기가 순전히 일시적이어서 쿠르그 사회의 구조적 차별을 완화시키는 일을 거의 하지 못할 것이며 끝장내는 일은 더더욱 하지 못할 것이라고 주장한다. 제의가 열리는 동안 뽈레야 카스트의 위상이 상승하는 것에 대해서도 똑같이 말할 수 있을 터인데, 이 지역의 모든 카스트 중에서 가장 불결하고 가장 심하게 착취 당하는 카스트의 하나 — 전통적으로 시골 노예 카스트 — 인 그들은 일정한 축제 기간 동안 "상위 카스트들에 속하는 사람들에게 권력을 행사하기로" 되어 있고, 그렇게 함으로써 "평상시의 카스트 구조 안에서 그들이 처해 있는 낮은 위치를 보상 받는다." 하지만 결국 그들의 실존에 중심적인 사실로 등장하는 것은 그들이 몇몇 축제들에 포함된다는 것이 아니라, 그리고 그 포함의 "보상-측면"이 아니라, 그들이 대부분의 축제에서 배제된다는 사실인데, 이것이 지시하는 것은 그들의 실재적인, 뿌리 뽑히지 않는 영락(零落) 상태이다. 화려한 신탁의 드라마 끝에 반나가 지주 가문의 케케묵은 전통적인 창고지기로서의 자기 역할로 되돌아오듯이, 뽈레야도 짧은 제사 철에 약간의 의사(擬似) 권위를 경험하는 기회를 가진 후에는 쿠르그 사회의 밑바닥에 있는 가장 비천한 구성원으로서의 자기 위치로 다시 가라앉는다. 어느 경우든 제의에서의 전복 과정이 기여하는 목적은 촌락을 지배하는 자들과 모든 서발턴 집단을 분리시키고 있는 그 거리를 규칙적인 간격을 두고 확인하고 또 분명히 하는 것이라고 말할 수 있다.41)

이 사례들에서 명백히 드러나는 것은 농촌 엘리트의 권위를 신성시하는 데에서 종교가 행하는 역할이다. 그런데 이것은 다른 어느 축제보다 홀리 축제에서 더 분명하게 드러난다. 그 축제 과정에서 이루어지는 이러한 전복들의 강도와 규모는 동일한 부류의 다른 어느 경우에서도 찾아볼 수 없다. 이 오래된 대륙에서 가장 오래된 민중 제의 중의 하나인 홀리 축제의 기원은 봉건제가 시작되기 이전의 선사시대 — 일부 학자들에 따르면 석기시대 후반42) — 까지 소급된다. 하지만 봉건제가 아대륙에서 확립되었을 때, 종종 그 토착 문화의 흔적들에 적대감을 보이기도 한 브라만 전통의 힌두이즘은 그 문화에 완전한 샤스트라(shastra)*의 지위를 부여하기 위해 어렵지만 애썼다. 중세 후기의 몇몇 뿌라나(Purana)**들에 처음 나타난 홀리 축제에게는 어느새 16세기의 라구난다나와 고빈다

---

* 성전(聖典)을 뜻하는 산스크리트어.
** 옛날이야기나 신화, 또는 그런 것들의 문헌.

난다의 법전들에서 신성한 사건으로서의 권리가 부여되었다.43) 또한 영국의 관리들과 미국의 인류학자들이 그것에 관해 쓰게 되었을 때까지, 그러니까 대략 부캐넌-해밀턴과 맥킴 매리어트 사이에 걸쳐 있던 한 세기 반 동안, 그 민중 제의는 힌두의 제의 절차인 단식과 목욕과 뿌자 및 그 밖의 다른 행위들을 완비한 브라따로서의 역할을 하는 것으로 정착되었다. 그러므로 축제의 일정표에 나와 있는 외견상의 급진적인 전복에도 불구하고, 홀리 축제에서는 사회를 뒤엎는 일은 일어나지 않았다. 새터날리아(Saturnalia)*와 같은 소란스러움, 즉 카스트들과 계급들 사이의 구조적인 거리들에 대한 고의적인 위반, 가족 구성원과 공동체 구성원 사이의 인간관계를 지배하는 규칙들에 대한 도전, 사적 도덕과 공적 도덕의 노골적인 훼손, 그 축제를 특징짓는 이 모든 것들은44) 촌락의 정치적, 사회적 질서의 분쇄가 아니라 그것의 재강화로 귀착된다. 이 경우, 악담으로 가해지는 말의 폭력과 실제 몽둥이세례로 가해지는 육체의 폭력이 수도 없이 발생한다는 점에 관해서는 모든 관찰자들이 동의한다. 그러나 그런 폭력에 대한 처벌은 없다. 그런데도 마누의 두려움에도 불구하고, 세계의 뒤집어엎기는 일어나지 않는다. 처벌 면제는 당연히 기만적이다. 만일 단다의 집행이 연기된다면, 그 이유는 오직 이 양식화된 전복들 중 그 어느 것도 실재적인 위반을 행하지 않기 때문이다. 모든 텍스트 중 가장 신성한 『베다』에서 인정되고 있는 변형 용법의 예외적 허용 — 빠니니가 자신의 위대한 담론의 엄밀함에서 비껴나 그토록 자주 구사하곤 하는 찬다시45) — 이 산스크리트 문법에서 모든 규칙 파괴에 대한 금지를 강조하는 것과 똑같이, 홀리 축제에서의 전복 의식도 지정된 경우에만 불복종을 용서함으로써 불복종을 금지하고 있는 정신적, 사회적 제재 조치의 일반적 합법성을 확인하는 것이다. 그것의 전반적 효과는 "전복을 통해서 …… 위계의 원칙을 뒤집어엎는

---

* 고대 로마 시대에 12월 17일 경에 열렸던 농신제(農神祭).

것이 아니라 그 원칙을 강조하는 데에 있으며, 그 과정을 통해 촌락 생활의 구조적 척추는 유지된다."46)

그러나 같은 타입의 다른 축제들의 경우처럼 종교와 권위 사이의 공모만이 홀리 축제를 그다지 위험하지 않게 만드는 것은 아니다. 전통이 동반하고 있는 예상 가능성 역시 이 점에서 일정한 역할을 한다. 왜냐하면 관례적 전도에 기초한 모든 축제들은 필연적으로 그 주인공들과 그들이 속한 지역공동체들에 의해 **예견되기** 때문이다. 정체된 경제, 원시적 기술, 전자본주의적 문화 등에 기초한 모든 사회에서 축제들은 주기적 생활 리듬의 일부이다. 터너가 이 장르를 "달력에 적힌 제의들"이라고 부르듯이, 그것들은 "해마다의 생산 주기 안에서 적절하게 구획된 시점에 열리며, 또한 (첫 번째 수확일이나 추수 축제들처럼) 식량 부족에서 풍요로, 또는 (겨울의 혹독함이 예상되어 그것을 주술로 피하려 할 때처럼) 풍요에서 부족으로 넘어가는 것을 증명한다."47) 인도의 촌락 주민은 그것들이 해마다의 공공 축제 일람표에 정해져 있는 것으로 생각한다. 농사 일정과 계절에 밀접하게 조응하는 축제들은 확정되어 변경할 수 없는 하나의 순서를 이룬다. 실제로 그것들은, 예컨대 벼농사를 짓는 벵골의 농민에게 몬순기에 벼를 옮겨 심고 겨울에 추수를 하는 것이 그러하듯이, 촌락 주민들에게는 거의 "자연적인" 일이다. 종교는 대부분의 민속 축제들의 이 "자연적인" 외양을 조장하는 데 기여하며, 그 축제들에 계절에 따른 땅 위에서의 노동 관행을 끼워 넣는다. 다른 어떤 수단들 중에서도 특히 종교는 대부분 축제 시즌에 익은 농작물을 직접 가리키는 표식들을 제의 절차에 삽입하는 방식으로 그렇게 한다. 그러므로 각 지역에서의 이러한 타입의 민중 제의와 몇몇 주요한 곡식과 과일 작물들 — 남부와 동부에서는 쌀과 코코넛, 우따르 쁘라데쉬 서부와 뻰잡에서는 밀과 보리, 비하르와 우따르 쁘라데쉬 동부에서는 사탕수수, 또 우따르 쁘라데쉬에서는 망고 등등 — 사이에는 연관이 존재한다. 바로 종교가 농민 노동의 자연적 조건과 그 생산물을 그렇게 매개하기에, 촌락 주민은 이 축제들을 미리 정해져 있는 것으로 간주하게 되는 것이다. 비가 오고 서리가 내리는 것이, 그리고 그런 것들에 의존하는 농사일이 미리 정해져 있듯이 말이다. 촌락 주민이 홀리 축제라든가 아니면 그 밖의 "달력에 적힌 제의들"에서 관례적 전도에 놀라지 않는 이유는 바로 그 때문이다. 그 인습들 모두가 낯익기에 오히려 촌락 주민은 그 전도를 모두 세세하게 예상한다. 인도 북부의 어느 촌락에서 목격한 "사랑의 축제"의 시작에 관한 매리어트의 극적인 설명은 저 운명적인 밤에 그가 느꼈던 두려움과 놀라움을 원주민들도 똑같이 느꼈다고 믿게 하지는 않을 것이다. 왜냐하면 매리어트 자신이 지적하고 있듯이, 원주민들은 상당한 시간 동안 이 성스러운 소동을 태연하게 준비해 왔기 때문이다.48) 또 다른 인류학자가 같은 문화지역에 대한 보고서에서 말하고 있듯이, 사실상 이 특정한 사건을 위한 준비는 최소한 한 달 전부터 시작된다.49) 달리 말하자면, 제의적 전도는 종교의 보호와 격려 속에 오랫동안 반복적으로 이용됨으로써 신성한 전통이 되어 버린 어떤 연속성을 나타낸다. 그것은 그 자체로 농민 봉기의 바로 그 안티테제를 표현한다.

왜냐하면 만일 관례적 전복의 기능이 사회의 정치적, 도덕적 질서의 **연속성**을 보장하고 그것을 **신성시하는** 것이라면, 농민 봉기의 기능은 그것을 **분쇄하고 모독하는** 것이기 때문이다. 권위에 대한 의심할 바 없는 복종의 규범이 지배하는 조건 아래서 서발턴의 반란은 그 상대적인 무질서로 충격을 준다. 그러하기에 돌발성은 그토록 자주 농민 봉기의 속성으로 간주되었고, 분출이라든가 폭발이라든가 대재앙과 같은 말로 떠올려지는 심상들이 농민 봉기를 묘사하기 위해 이용된 것이다. 여러 언어와 문화에서 그 같은 용어법이 의도하는 바는 뜻밖의 낭패감, 날카로운 단절감을 전달하려는 것이다. 왜냐하면 제의적 전도는 엄격히 제한된 기간 동안 촌락 사회의 위쪽과 아래쪽 구성 인자들이 규칙적인 간격을 두고 자리를 바꾸는 것을 허용함으로써 촌락 사회의 연속성을 보장하는 데 기여하는 반면, 농민 봉기의 목표는 촌락 사회를 급습하여 현존하는 권력관계를 뒤집고 또 영원히 뒤집어 놓으려는 것이기 때문이다. 크리스토퍼 힐이 지적했듯이, 고해의 화요일에 벌어지는 전통적인 어리석은 짓거리와 바보 축제는 긴장을 풀게 하고 또 사회질서를 "어쩌면 훨씬 더 견딜 만할 것"이 되게 만드는 중세 유럽 사회의 안전판으로 봉사하곤 했으나, "17세기에 새로워진 것은 세계가 **영구히 뒤집힐지 모른다는** 관념이었다."50) 농민반란을 위에서 검토한 모방적 격변과 구별시키는 것은 실재적인 것이든 상상적인 것이든 바로 이러한 위협, 현지의 권력 위계들의 항구적인 전복을 수반하는 위협인 것이다.

그 같은 철저한 전복, 사물들의 이 **실재적** 뒤집어엎기는 반란의 다른 이름일 뿐이다. 그것은 기호의 파괴로 이루어진다. 다시 말해 그것은 모든 특정한 사회에서 지배와 종속의 관계를 역사적으로 통제하고 있는 저 기본적인 코드를 침해한다. 실제로 모든 사회에서 정치는, 상부구조의 다른 모든 부분처럼, 그 같은 코드의 규제를 받는다. 왜냐하면 바르뜨가 말한 대로 인간은 사물을 기호로 바꾸는 것을 통해 그리고 감각으로 지각된 것을 기호화하는 것을 통해 실재에 의미를 부여하고 또 기호 체계를 세우느라 언제 어디서나 바쁘기 때문이다.51) 그러나 기호성(semioticity)의 정도는 한 사회의 지배 문화가 그 성격상 더 봉건적이냐 아니면 덜 봉건적이냐에 따라 다르다. 러시아 문화의 ("계몽적 타입"과 대비되는) "중세적 타입"에 관한 유리 로트먼의 언급은 이 차이를 파악하게 하는 데 도움을 줄 수 있다.

> "중세적 타입"의 특징은 고도의 기호성이다. 그것은 자연언어 상태로 의미를 갖고 있는 모든 것에 문화적 기호의 성격을 부여하는 경향을 지닐 뿐 아니라, 모든 것이 기호화된다는 가정에서 시작한다. 이러한 코드 타입에게 의미는 존재의 색인이다. 즉 문화적으로 의미 없는 것이란 없다.52)

다른 모든 지역의 중세적 문화 타입에 대해서도 똑같이 말할 수 있다. 후이징아는 중세에 기호의 권위가 어떻게 서구 사상의 모든 측면에 침투했는지를 보여 주었다. 종교적 표현에서 아이콘과 이미지가 현저하게 부각되었을 뿐 아니라, 정치 역시 고도로 기호화되었다는 것이다. 옷차림, 색깔, 배지, 집단적 소리 지르기 등은 공적인 논의 과정에서 눈에 띄게 과시되었고, 또한 권력과 서발터니티에 관한 통념들도 정교한 상징물들로 표현되었다. 왜냐하면 "봉건적 또는 위계적 사고는 위엄이 있다는 관념을 상징적 형태를 부여하는 가시적 기호들로, 무릎을 꿇고 하는 충성 맹세라든가 숭배 의식과 같은 가시적 기호들로 표현하기 때문이다."53)

인도 아대륙의 봉건 문화도 권위와 복종적 반응의 코드들로 체계화된 기호들 위에서 살쪘다. 대조적이면서도 보충적인 두 과정, 하나는 민중적이고 다른 하나는 엘리트적인 두 과정이 그 같은 코드들을 만들어 내기 시작했다. 첫째, 이 기호들이 굳어져서 어수룩한 전통이 된 것은 몇 세기 동안 민초 수준에서의 반복적인 실천을 통해서였다. 둘째, 식자층이, 특히 사제 계급이 실제로 이것들을 확고부동한 일단의 규정들로 개념화하고 정식화했는데, 그 규정들이 스므리띠(Smṛtis)라는 방대한 힌두 성전 문헌을 구성했다. 이러한 사제들의 개입은 이 코드들에 신성한 느낌을 덧붙이는 효과가 있었다. 이보다 훨씬 더 중요한 점은 이 개입이 그 코드들을 항구화하고 일반화하는 데 기여했다는 점일 것이다. 왜냐하면 인도의 봉건제가 성숙기에 접어들었을 때 더 중요한 어떤 권력관계들, 예컨대 부모와 자식의 관계라든가 구루(guru)*와 씨스야(śishya)**의 관계라든가 신과 인간의 관계 등은 다른 관계들이 그것들에서 유래하거나 그것들을 모델로 삼았다는 의미에서 본보기와 같은 것으로 등장했는

---

* 인도 종교 전통에서의 영적 스승.
** 인도 종교 전통에서의 영적 제자.

데, 이 발전을 기록하고 확증하는 것이 바로 스므리띠의 기능이었기 때문이다.

이 목적을 위해 이용된 두 가지 방안 중 첫 번째의 것은 문법적인 것, 즉 파생어와 그것의 패러다임 사이에 술어 기호에 해당하는 산스크리트 어구를 삽입하는 것이었다. 『마누 법전』에서 뽑은 다음과 같은 문장들에서 강조 표시가 된 계사(copulae)는 그 같은 용법의 적절한 사례를 보여 준다.

…… [10살 된 브라흐마나와 100살 된 크샤트리야] 사이에서는 브라흐마나가 **아버지이다**. (Ⅱ, 135쪽.)
…… 그[어린 왕]는 인간의 형상을 한 위대한 **신이다**. (Ⅶ, 8쪽.)
…… 형의 아내는 동생에게는 구루의 **아내이다**. (Ⅸ, 57쪽.)
이모, 외삼촌의 아내, 장모, 고모는 …… 선생의 아내와 **마찬가지이다**. (Ⅱ, 131쪽.)
…… (학생은) [베다를 가르치는 교사를] 아버지와 어머니로 **생각해야 한다**. (Ⅱ, 144쪽.)
아버지와 어머니의 여자 형제에 대해서는, 또한 자기 누나들에 대해서는 어머니를 대하는 것처럼 **행동해야만 한다**. …… (Ⅱ, 133쪽.)
…… 남편은 변함없이 충성스런 아내로부터 신으로 **존경받아야만 한다**. (Ⅴ, 154쪽.)

또 다른 방안은 구조적인 것이었는데, 그것은 두 가지 방식으로 작동했다. 한 가지는 관례에 따라 이 신성한 텍스트들 각각이 선행 텍스트들에 의해 이미 만들어져 있던 더 중요한 위계적 규정들을 재생산하는 방식이었다. 이 점은 그 같은 편찬물들 전체 중에서 가장 유명한 것 — 위에서 인용한 『마누 법전』 — 에 대해서조차 사실이었고, 그 저작의 상당히 많은 부분이 후기 스므리띠 안에 들어가게 되었다는 것은 『마누 법전』의 뷜러 편집본을 보더라도 분명하다.[54]

이렇게 간텍스트성(intertextuality)은 전통을 유지하는 데에 기여했다. 그러나 법 제정자들은 거기서 멈추지 않았다. 그들은 또한 혁신을 가했고, 나아가서는 거의 매번 교정본을 만들어 점점 더 많은 패러다임을 낡은 것으로 만들었다. 그리하여 구루/씨스야 패러다임은 『마누 법전』에 따르면 첫 번째 항목에 따라 (만일 같은 카스트에 속한다면) 구루의 아내를 둔 한 쌍과 다른 항목에 따라 (만일 교사라면) 구루의 아들을 둔 다른 쌍과 같이 각각 구루의 아내와 구루의 아들로 대표되는 이 두 개의 다른 쌍만을 포함했지만, 몇 세기 후 『비쉬누스므리띠(Viṣṇusmṛti)』에서는 60개나 될 만큼 많은 다른 관계들에도 적용되게 되었다.55) 그 같은 첨가는 결국 구성적인 패러다임들 사이에 봉건적 권위의 기호들을 분배함으로써 그 권위의 범위를 확장시키는 결과를 낳았다. 이는 점점 더 많은 관계들이 그 패러다임들 안에 들어와 쌓임에 따라 그 패러다임들의 경계가 겹쳐졌기 때문이며, 또 그것들이 사회 전반의 지배와 종속을 기호화하는 하나의 일반적 체계로 합쳐지는 경향이 있었기 때문이다. 식민주의가 아대륙에서 견고하게 확립되었을 때, 그 식민주의는 잘 발달한 기호 장치를 마음대로 사용할 수 있었다. 그 기호 장치는 부분적으로는 물려받은 것이었고 부분적으로는 식민주의가 고안한 것이었다. 그것은 식민주의의 권위와 토착 엘리트 협력자의 권위를 표현할 수 있을 만큼 포괄적인 것이었다. 그 장치가 주로 의도한 바대로, 서발턴 대중 역시 복종이 강요된 자들이라는 이유만으로도 그것에 익숙했고, 또 그것의 작동에 한두 번 훼방 놓는 것을 통해서 반란의 기초를 배웠던 것이다. 봉기가 식민 사회에서 권력관계의 기호(significata)로 작동했던 말들이나 제스처들이나 상징들에 대한 강력하고 체계적인 침해였다고 말한다면, 정말이지 그 말은 꽤 정확할 것이다.

봉기의 주인공들과 그들의 적들 모두 그렇게 인식했다. 적들은 한층 낯익은 어떤 복종의 신호들이 전파될 때 생겨나는 잡음으로서의 봉기에 대한 예감을 종종 재빨리 기록했다. 뮤티니 전야에 사하란뿌르의 한 주민은 당시 그곳 백인 사회의 불안감에 관해 이렇게 썼다. "5월 초, 이 주둔지에 근무하는 세포이들이 의례의 말없고 공손한 행동을 벗어던졌고 건방지게 된 것은 아니라 해도 주제를 넘어 버렸다는 것이 우리 사이에서 일반적인 화젯거리가 되었다. 그들은 떼 지어 대로를 행진했고, 자동차가 지날 때도 비켜서려고 하지 않았으며, 누가 듣는지 상관하지도 않고 귀에 거슬리는 소리로 목청껏 노래를 불렀다."56) 나중에 그 "붉은 해(Red Year)"가 이미 최고조에 달했을 때, 그왈리오르 지방 여기저기를 바삐 뛰어 다니던 한 군의관은 어떻게 "모든 촌락 주민이 불손하게 되었으며, 유럽인 관리가 받아 왔던 공손한 복종의 웃음이 지배권을 잃게 된 비열한 페링기(Feringhee)*를 향한 찌푸린 오만상과 도도한 태도로 바뀌었는지"를 알아채게 되었다.57) 영국인들은 인도인들이 공적인 행동에서 일련의 비굴한 제스처와 자발적 근신으로 지배 인종에게 복종심을 보여 주기를 아주 노골적으로 기대했다. 사힙의 차를 위해 길에서 비켜나기, 사힙이 들을 수 있는 거리에서는 목소리를 높이지 말기, 사힙의 눈앞에서는 유순하게 미소 짓기 등, 이 모든 것들은 "관습적인 것"으로, 즉 피지배자에 대한 지배자의 권력을 의미하는 기성 코드의 일부로 간주되고 있었다. 그러므로 혼잡스런 거리, 시끄러운 노래, "찌푸린 오만상과 도도한 태도" 등은 복종으로부터 가장 많은 것을 얻고 있던 자들의 눈에는 수상쩍은 것들이었다. 그들은 이 같은 전도에서, 고귀하게 간직되어 온 주인과 노예의 협력이 사라진 것만이 아니라 그것이 사실상 노예의 적대감으로 바뀐 것을 보았다. 이 이항관계에서 중립의 공간은 없었다. 비(非)적대는 적대로 바뀔 뿐이었다.

이런 종류의 증거는, 비록 대적하는 의식들 사이의 충돌을 표시하는 것으로 자주 읽혀 온 것은 아니지만, 결코 드문 것은 아니다. 엘리트 권위의 기호들은 정말 도처에 있었으며, 라즈 하에서의 인도인의 삶

---

* 인도인과 혼혈인 유럽인.

전체에 정말 완전히 퍼져 있었고, 모든 민중 소요의 과정에서 일어난 그것들의 훼손은 정말 일반적이었다. 그러므로 그 물증(matériel)에 대한 역사학자의 감각은, 그것이 넘쳐 나서인지, 마비되어 왔다. 하지만 지배와 종속이 지배 문화에서 어떻게 상징되었고 지배와 종속의 주체들이 어떻게 대중행동에 의해 위상을 변화시키게 되었는지를 상세히 밝히지 않고서는, 인도에서 서발턴 운동의 성격은 포착하기 어렵다.

봉기 참가자들이 가장 빈번하게 가장 본능적으로 전복시킨, 그렇기에 봉기 연구에서 가장 주목받지 못하는 부류의 기호는 부르디외에 따르면 "공식 언어"이다. 그에 따르면, 공식 언어의 기능 중의 하나는 "일정한 집단의 구성원들에게 자신들의 사회관계들의 어떤 표상(예컨대 혈통 모델이라든가 명예에 관한 어휘)을 갖게 해 주는 수단인 개념 체계"에 봉사하는 것이며, 이런 식으로 공식 언어는 "생각할 수 있는 것과 생각할 수 없는 것 사이를 분할하는 선을 암암리에 그으면서, 또 그렇게 하는 것을 통해 그 집단의 권위를 이끌어 내게 하는 상징 질서의 유지에 기여하면서, 그 집단이 말하는 바를 승인하고 또 부과한다."58) 바로 이것이 식민 인도에서 말로 하는 복종이 기능을 발휘했던 방식인데, 그것은 늙은이와 젊은이, 남성과 여성, 상층 카스트와 하층 카스트 사이의 반(牛)봉건적 관계를 지탱해 주었다. 왜냐하면 뒤르켐이 주목했듯이, "말은 사람들과의 관계 안으로 들어가는 [하나의] 방식"59)이기 때문이다. 그러므로 아랫사람에게 친족 어른들을 향해 형식상의 존경을 표하라고 명령했던 사회에서 그 같은 행위를 엄격히 지배하는 어떤 발화(發話) 규칙이 있어야만 했다는 것은 본질적인 것이었다. 많은 공동체에서 아랫사람이 어른들의 이름을 부르는 것은 금지되어 있다. 스리니와스가 쿠르그 부족의 경우를 언급하면서 말하듯, "그것은 어떤 사람의 이름을 부르는 것과 그를 존경받는 지위에 두는 것이 양립하지 않기 때문이다."60) 차티스가르 지역의 까마르 부족의 경우, 그 금지 범위에는 한 남자의 아버지, 어머니, 조부모, 삼촌, 고모, 장인과 형들이 포함되어 있었다. 여성에게 적용될 경우에는 금지령이 더 엄했다. 특히 여성의 남편과 남편 친척들 일부의 이름은 허락되지 않았다. 이를 어기고 남편을 향해 이름을 부른 여성은, 몇 십 년 전까지만 해도 마드야 쁘라데쉬의 단와르 부족의 관습이 그랬듯이,61) 최소한 얼마 동안이라도 카스트에서 추방될 수 있었다.

말로 하는 복종이 친족 관계와 성별 지위를 구별하는 데 상당히 중요했다면, 그 같은 복종은 가장 명백하고 유력한 형식의 봉건적 권위가 지배적이었던 카스트 관계와 계급 관계의 영역에서는 훨씬 더 중요했다. 여기에서 다시 멀리 과거로 돌아가 보면, 우리는 가장 오래된 몇몇 산스크리트 텍스트들 안에 카스트들 사이의 언어적 차별의 요소들이 확정되어 있음을 발견할 수 있다. 그래서 널리 알려진 빠니니 규칙 가운데 하나는 4개의 바르나(varna)*를 의미하는 단어들을 <u>드반드바사마사</u> 부류에 속하는 하나의 복합어로 만들어 그것으로 바르나 위계 그 자체를 복제하게 하고 그 단어들을 브라만에서 수드라로 내려오는 질서에 귀속되게끔 편집하는 것이라고 해석되었다.62) 또한 『마누 법전』(Ⅱ, 49쪽)은 카스트를 확인할 수 있도록, 걸인들이 구걸을 할 때 사용할 특정한 어순을 다음과 같이 규정해 두었다.

> 초보 브라흐마나는 부인이라는 (단어로부터 간청을) 시작하면서 구걸해야 한다. 크샤트리야는 부인이라는 (단어를) 중간에 두고서 구걸해야 하지만 바이샤는 그것을 (간청문의) 맨 끝에 두고서 그래야 한다.

이것은 요컨대, 만일 ABC가 브라만 걸인이 말한 "바바띠 빅샴 데히"라는 문장에서 세 단어들의 순서를 표현하는 것이라고 할 때, 크샤트리야

---

* 카스트.

의 구걸은 BAC로, 바이샤의 구걸은 BCA로 배열되어야 한다는 것을 의미했다.63) 어휘 역시 카스트를 표시하는 데에 소용될 수 있었다. 예컨대 지인들 사이에서 서로 건강을 묻는 사교적 발언들에는, 그것이 브라만에게 묻는 것이라면 꾸살라(kuśala)라는 단어가, 크샤트리야에게 라면 아나마야(anāmaya)라는 단어가, 바이샤에게라면 끄셰마(kshema) 라는 단어가, 수드라에게라면 아나로갸(anārogya)라는 단어가 반드시 들어가야 했다(『마누 법전』 II, 127쪽).

언어를 카스트 지위의 기록표로 사용하는 이 전통은 로건이 19세기 후반 말라바르에서 우연히 발견했을 때에도, 여전히 꽤 많이 남아 있었다. 어떤 사람이 자기보다 높은 지위에 있는 자들에게 복종하는 것은 자신의 열등함을 명백한 말로 인정하는 데에서 드러났다. 모든 대화에서 그 사람은 자기가 갖고 있는 것이라면 무엇이든지 흠집을 냄으로써 스스로를 하대해야만 했다. 인습에 따라 그는 자신의 음식을 단순히 밥이 아니라 "돌덩이 밥 또는 모래투성이 밥"이라고, 자신의 돈을 "쇠푼"이라고, 자신의 집을 "똥 더미"라고 불렀다.64) 한 세기 전 말라바르 사회에서의 구조적 분열들에 대한 토착민의 인식은 로건이 작성한 집에 관한 단어 목록에 표시되었다. 그는 이렇게 썼다.

> 집은 그 거주자의 카스트에 따라 다른 이름들로 불린다. 빠리아(Pariah, 천민)의 집은 체리이며, 촌락 노예 — 체라맨 — 는 찰라에서 산다. 대장장이, 금 세공장이, 목수, 직포공 등과 야자 수액 채취인(*Tiyan*)은 뿌라 또는 꾸디 풍의 집에 거주한다. 사원의 하인은 바리얌 또는 삐샤람 또는 뿌마탐에서 살며, 보통의 나야르 족은 비두 또는 바와남에서 사는데, 반면 이 카스트에서 권위를 지닌 자들은 이담에서 산다. 토후는 꼬빌라깜 또는 꼬따람에서 살며, 토착 브라만은 일람에서 살지만, 그보다 더 높은 서열에 있는 자는 자기 집을 마나 또는 마나깔이라고 부른다.65)

발화 공동체 내에서의 위계적 구분의 이러한 흔적은 아마도 디글로씨아

(diglossia)*에서 가장 분명하게 찾을 수 있을 것이다. 퍼거슨(우리가 이 용어를 영어로 처음 사용할 수 있게 한 사람)은 아랍어, 근대 그리스어, 스위스의 독일어, 아이티의 크레올어 등에 "고급" 이종(異種) 방언들과 "저급" 이종 방언들이 공존하고 있다는 것에서 이 현상을 알아냈다. 그 두 이종들 중에서 더 위신 있는 첫 번째의 것은 종교적인 설교, 학문적이거나 정치적인 강연, 개인들의 편지, 신문의 논설 등에서 사용되었고, 두 번째의 것은 하인과 웨이터와 노동자와 점원에 대한 지시, 친구와 동료와 가족 구성원 사이의 대화, 민간전승 문헌의 이용 등에 사용되었다.66) 자바의 토착민 발화자들에 대해서도 똑같이 말할 수 있는데, 기어츠에 따르면 그곳에서 "에티켓 체계 전체는 아마도 [그들이] 언어를 사용한 방식에서 가장 잘 요약되고 상징된다고 할 수 있다." 게다가 그에 따르면 "자바인들에게 지위와 친숙함을 보여 주는 용어들로 발화자와 청취자의 사회적 관계를 지시하지 않고서 무언가를 말한다는 것은 거의 불가능하다."67)

이런 종류의 디글로씨아는 정도는 달라도 인도의 수많은 언어공동체들의 전통적 특징이었다. 예컨대, 인도 남부의 여러 지역에서 브라만과 비(非)브라만 사이의 아주 견고한 카스트 구분은 따밀어와 깐나다어에서 브라만의 발화와 비브라만의 발화의 방언(方言)상의 차이와 일치하고,

---

* 일종의 이중 언어라고 할 수 있는 디글로씨아는 국내에서는 양층(兩層) 언어 또는 양층 언어 상황으로 번역된다. 그것은 일정한 사회에 서로 밀접히 연관된 두 언어들, 즉 대개 정부에 의해 또는 공식적인 문건에서 사용되는 높은 위신을 지닌 언어와 통상적으로 구어나 속어로 사용되는 낮은 위신의 언어가 존재하는 상황을 가리킨다. 이때 높은 위신의 언어는 더 공식화되는 경향이 있고, 그 형식과 어휘는 변형된 상태로 속어 안으로 여과되기도 한다. 또는 두 가지 또는 그 이상의 언어를 구사하는 사람이 한 언어에서 다른 언어로 바꾸어 말하는 상황이라든가, 한 언어 내에서 두 개의 지역 방언을 구사하는 사람이 방언을 바꾸어 가며 말하는 상황 등에서 발생하는 언어 현상도 디글로씨아라고 한다.

그 어휘와 그 음운론·어형론의 특징적 측면 두 가지 모두에서의 차이와 일치한다고 알려졌다.[68] 계급적 특징 역시 흔히 발화에 새겨져 있다. 따라서 굼페르츠는 북인도의 힌디어권 촌락에서, 모티 볼리(*moti boli*, 거친 발화)와 사프 볼리(*saf boli*, 세련된 발화)의 구별이 "육체노동으로 살아가는 더 가난한 라즈푸트 부족민들과 하층 카스트 구성원들"을 "더 부유한 라즈푸트 부족민들, 상인들, 숙련공들, 성직자 지위를 가진 자들, 특히 정치 지도자들"과 분리시키고 있는 사회적 거리를 의미한다는 것에 주목했다. 계급과 카스트 양쪽에서 가장 낮은 서열인 불가촉천민 청소부는 매일 많은 시간을 주인의 가정에서 허드렛일을 하면서 보내지만, 그의 발화는 상층 카스트 주인의 발화와는 현저히 달랐다.[69]

하지만 이런 종류의 차이들의 또 다른 측면이 있다. 같은 화자라 해도 말하는 때의 엄숙함이라든가 말을 듣는 사람의 중요성에 따라 "고급한" 방언 양식으로 발화하기도 하고 "저급한" 방언 양식으로 바꾸어 발화하기도 하는 일이 있곤 했다. 높은 지위에 있는 사람이라 해도 자신의 하인이나 나이 어린 친척에게 말할 때는 모티 볼리를 사용할 수 있었으나, 반면 고상한 정치 문제나 종교 문제에 관한 담화의 수단으로는 거의 변함없이 사프 볼리를 택하곤 했다.[70] 문어체 스타일은 공식적 스타일과 일치하고 구어체 스타일은 비공식적 스타일과 대체로 일치하는데, 그 두 스타일 사이의 그 같은 교체는 앞에서 드라비다어(Dravidian)의 두 개의 이종들*을 포함하여 수많은 인도의 언어들을 사용하는 화자들에게는 흔히 있는 일이다. 그러나 어느 하나를 다른 하나로 교체할 자유, 특히 저급한 것을 고급한 것으로 교체할 자유는 결코 절대적인 것이 아니다. 이러한 교체의 자유가 과연 허용되는지, 그리고 허용되면

---

* 드라비다어는 따밀 나두와 카르나타카와 같은 인도 남부 지역과 스리랑카에 살고 있는 비(非)아리안계 종족이 사용하는 언어이며, 두 개의 이종이란 따밀어와 깐나다어를 말한다.

어느 정도까지 허용되는지는 청자의 위치와 관련된 화자의 위치에 달려 있다. 어떤 사람이 자기보다 아래에 있거나 동등한 사람에게 말할 때는 교체해도 괜찮지만, 만일 청자가 공교롭게도 높은 지위에 있는 사람일 때 그렇게 하면 파문을 당한다. 왜냐하면 공식적 스타일 또는 고급한 스타일은 흔히 교육과 밀접하게 연관되어 있어서, 대부분의 사람이 문맹인 데다 어떤 종류의 학교 교육에도 학비를 내지 못할 만큼 너무도 가난한 땅에서 그런 스타일은 엘리트의 문화와 권위의 의심할 바 없는 표시로 나타나기 때문이다. 그러므로 저 고급한 발화 양식을 택하는 것은 엘리트의 지위를 주장하는 것인데, 물론 그 지위는 서발턴에게는 인정되지 않는다. 우따르 쁘라데쉬의 촌락에서 차마르가 "상층 카스트들의 불쾌함을 유발시키지 않기 위해"71) 라즈푸트의 발화를 모방해서는 안 되고, 벵골의 농민이 바드라록(bhadralok)* 엘리트에 특유한 발화인 사두브하사(*sadhubhasha*)를 말해서는 안 되는 이유도 바로 그 때문이다. 디나반두 미뜨라의 희곡 「닐-다르빤(Neel-Darpan)」에서 어느 인디고 농장주의 관리인이 잘못을 저지른 농부에게 그 점을 납득시키고 있듯이 말이다.72)

그러한 어법들이 일탈적인 것으로, 따라서 괘씸한 것으로 간주된다는 사실은 언어가 권위와 연루된다는 점을 그 무엇보다 더 설득력 있게 보여 준다. 또한 실재적인 반란에 대한 일종의 보험으로서 관례적 반란을 제공하듯, 정기적인 간격을 두고 제의적으로 연출되는 언어 에티켓의 파괴를 어느 정도 인가해 주는 것은 바로 그런 종류의 위반이 실생활에서는 발생하지 못하게 하기 위해서이다. 앞에서 소개했듯이 근대 초 유럽에서 민중 불만의 안전판의 기능을 수행했던 축제들에서 언어적 공격이 그토록 눈에 띄게 두드러졌던 이유도 이 때문이다.73) 이와 마찬가지로, 추수와 풀베기 과정에서 라이벌 남성 집단과 여성 집단이 "음란한 민요들

---

* 상급 카스트에 속하는 신사나 교양 있는 중간계급.

(*chants qui point pas la honte*)"을 부르면서 "카타르시스를 느끼는 모욕(*les insultes cathartiques*)"을 관례적으로 교환한 것은 서아프리카의 도곤족에게 긍정적으로 "해방을 느끼게 하는" 영향을 준 것으로 여겨졌다.74) 아프리카 대륙 남쪽에서 음탕한 노래를 부르는 것은 줄루족이 농사일 할 때의 관습의 일부였을 뿐 아니라, 송가족이 제의를 열고 촌락의 터를 바꿀 때의 관습의 일부이기도 했다. 후자의 경우, "촌락은 산산조각 났고, 일상의 법들도 그러하다. 이제 금기시된 모욕적 언사들이 허용된다."75) 인도 남부의 나야르 부족과 크루그 부족의 화해 축제에서는 이와 아주 비슷한 면죄부가 하층 카스트 출신 제관들에게 주어졌다. 그 축제에서 제관들은 말할 수 없는 것들을 말하면서 자신들의 상층 카스트 주인들을 향해 울분을 터뜨리거나 심지어 그들을 호되게 꾸짖을 수 있었다.76) 또 인도 북부 지역들에서 풍성한 언어상의 모욕은 언제나 모든 모의 반란들 중에서 가장 급진적인 반란 — 홀리 축제 — 의 고정적인 특징이었다.

그러나 이와 같은 면죄부 특권은 언어상의 에티켓 파괴가 특별히 허가된 제의적 전도의 영역을 넘어 딴 길로 새자마자 정지되었다. 그럴 때 그것은 고대 힌두 입법자인 나라다가 규정한 사하사의 형식, 즉 폭력 범죄가 되었다.77) 실제로 까우틸야*의 『실리론(Arthaśāstra)』에서 이런 타입의 "범죄"를 다루고 있는 장은 아주 적절하게도 도둑질과 폭행에 관한 장들 사이에 위치한다.78) 거기에서는 "비방, 모욕적 언사, 협박"들이 그 같은 범죄의 요소들로 언급되어 있는데, "고약한 브라만"과 같은 표현이 "모욕적"이고 처벌 가능한 것으로 간주되었다는 것은 월권적인 발화에 대한 엘리트의 민감함을 가늠케 한다.79) 처벌의 범위 역시 시사적이다. 범법자에게 부과된 벌금의 정확한 규모는 모든 텍스트들에서 똑같지 않지만, 그것들은 하나의 기본 원칙에서는 일치한다.

---

* 기원전 4세기경 마우리아 왕조 시대의 정치사상가.

화자의 지위가 그의 모욕 대상의 지위에 비해 더 낮을수록 처벌 수위는 더 높다는 원칙인데, 스므리띠에 익숙해진 독자들은 알 테지만 이것은 오염의 "범죄들"의 경우에 규정되어 있는 것과는 정반대이다. 언어와 사회적 위계가 일치하는 사례로 이것보다 더 나은 것은 없을 것이다. 따라서 『마누 법전』(VIII, 267쪽)이 말하고 있듯이, 브라만을 험담한 데에 대한 처벌은 브라만과 화자 사이의 위계적 거리에 따라 커졌다. 크샤트리야 범법자에게는 100빠나, 바이샤 범법자에게는 150~200빠나의 벌금이, 그리고 수드라 범법자에게는 체형(*vadham*)이 부과되었다. 체형에는 수드라의 범죄의 성격이 정확히 무엇인가에 따라 세 가지 방법 중 하나가 부과될 수 있었다. 수드라 범법자는 "혀를 잘릴" 수도 있었고, 아니면 "손가락 열 개 길이의 철로 된 못을 …… 벌겋게 달궈 그의 입 속으로 밀어 넣을" 수도 있었고, 아니면 "뜨거운 기름을 …… 그의 입과 귀로 쏟아 부을" 수도 있었다(『마누 법전』, VIII, 270~272쪽).

발화 기관을 파괴함으로써 말로 행해진 과오를 처리하는 (결코 고유하게 인도적인 것은 아닌[80]) 이 고대의 처벌 방법 권위적 사회에서의 언어 통제에 관한 어떤 관념을 제공한다. 그런데 발화된 말만이 아니라 발설의 영점(零點) 기호[81] — 즉 형식적으로, 그러나 아주 능란하게 발화의 "지시적 부재"로 이용된 침묵 — 도 통제되어야 한다고 여겨졌다. 마치 언어가 빠니니가 말하는 로빠 상태에서 작동하게 되고 또 오직 그 모음탈락에 의해서만 알려지게 되는 것처럼, 관습이 부과한 다양한 종류의 담론 금지령은 손아래 친족이 손위의 친족에, 아내가 남편에, 하층 카스트가 상층 카스트에 종속된다는 것을, 그리고 일반적으로는 낙오자가 엘리트에 종속된다는 것을 공표할 수 있었고 과시할 수 있었다. 구자라트에서 빠띠다르 부족의 청년은 자기보다 나이 많은 사람들의 회합에서 먼저 대화를 시작할 수 없었고,[82] 빌스가 어느 안드라 촌락에서 발견했듯이 어떤 젊은이라도 "어르신이 이야기할 때" 말참견을 할라치면 혹독하게 비난받곤 했다. 바로 이 촌락에서의 결혼 축가들은 "신랑 집에서 침묵하는 것"이 젊은 새댁의 신부 수업 중의 하나라는 것을 역설하곤 했다.83) 또한 침묵은 다른 영역에서도 권위에의 종속의 기호였다. 오릿사에서 불가촉천민인 바우리(Bauri)*는 상층 카스트 사람이 말을 걸기 전에는 그에게 말할 수 없었고84), 다른 한편 어느 우따르 쁘라데쉬 촌락에서는 "차마르가 대화 중에 있는 상층 집단과 약간 떨어진 곳에 앉거나 서서 그들이 말하는 것을 듣지만 끼어 들 수는 없는 그런 모습을 자주 보게 된다."85) 인도 남부의 여러 지역들에서는 하인이 주인의 명령을 받는 동안에 입을 다물고 있곤 했는데, 이는 자신에 대한 주인의 권력을 메타 언어적으로 용인하는 것과 같았다.86) 벵골에서 어느 지주는 농민이 그에게 말을 건네 올리면 그것을 모욕으로 느끼곤 했다. 미르 무샤라프 후세인의 연극 「자미다르-다르판(Jamidar-Darfan)」에 나오는 불운한 소작농 아부 몰라는 사악한 자민다르가 제멋대로 부과한 벌금을 납부할 능력이 안 된다고 항변하게 되는데, 그때 자민다르가 화난 것은 그 소작농이 말한 내용 때문이 아니라 아랫것이 말대꾸했기 때문이다. "입 닥쳐, 이 돼지 새끼야"라고 그는 소리친다. "어찌 감히 주둥이를 열고 내 앞에서 뭐라고 지껄이느냐! 저 놈을 즉시 쫓아내라. 쫓아내."87)

이 연극에서 그 불쌍한 농부는 말로 저항하지만, 억압자에 대한 어떠한 전투적인 저항 행동도 이어지지 않는다. 그러나 실제 봉기가 발생하고 세상이 뒤집어질 때, 말로 하는 복종의 규범 역시 그것과 일치하는 권위 구조와 더불어 무너진다. 자기 상급자에게 직접적인 욕설을 퍼붓지도 않고 상급자의 발화 양식을 택하여 엘리트 문화의 신성한 구역에 쳐들어가지도 않아서 농민이 언어를 모독하지 않았던 그런 경우는 결코 없었다. "폭동 집단이 사용한 폭력적이고 섬뜩하기조차 한 언어"는 1830년 영국에서 농업 노동자들의 반란의 뚜렷한 특징이었

---

* 세탁, 청소, 가마 끌기, 일용 노동 등 잡역에 종사한 최하층 카스트. Bathori라고도 한다.

다.88) 또한 마오쩌둥이 1927년에 말했듯이, 그 당시에 후난의 농민들이 "거칠고 냉혹한 위협적인 말들을 저 [사악한] 향신(鄕紳)의 귀에 못이 박히도록 하루도 빠짐없이 쏟아 부은 것"89)은 자신들이 반란을 일으켰음을 과시하는 것 중의 일부였을 뿐이다.

    여러 카스트들 또는 계급들로 이루어진 인도 촌락 주민들 간의 공개적이고 폭력적인 충돌은 언어 예법의 문턱을 낮추기도 하고 종종 넘어서기까지 한다. 프리먼이 기록한 어느 오리야 촌락에서 벌어진 언쟁의 용어들이 이 점을 밝혀 준다. 거기에서 바우리 카스트에 속하는 불가촉천민인 어느 농장 일꾼과 브라만에 속하는 그의 농장주 사이에서 무례한 말들이 오가다가 절정에 이르자, 농장주는 이렇게 외쳤다. "이 후레자식(wife's-brother) 같은 바우리 자식이 마치 왕이나 된 것처럼 말하네. 저 상판대기 좀 봐, 뻔뻔하기 짝이 없군, 뭐하자는 거야?"90) 말할 수 없는 것이 말해졌고, 말로 가늠되거나 말의 부재로 표시되는 사회적 거리가 침해되었던 것임이 분명하다. 하지만 이것은 단지 어떠한 육체적 공격도 전혀 가하지 않은 두 개인 사이의 언쟁이었다. 지방 주민 대다수가 가담한 격한 말다툼이 어느 특정한 촌락이나 지역에서 발생할 때에는 훨씬 더 많은 일이 일어날 수 있고 또 일어난다. 그 같은 경우에 욕설과 모욕, 그리고 일반적으로 말하자면 사회적 담론 규범의 파괴는 흔히 너무도 빈번하고 너무도 빠짐없이 나타나서 그것들 자체로 인지되거나 기록될 수 없을 정도이다. 이러한 때에는 "나쁜" 언어를 맘껏 즐기는 것이 당연시된다. 사실 이러한 종류의 사건들에서는 사람과 재산에 대한 폭력이 지배적이어서, 행정적 또는 사법적 개입의 목적에 비추어 볼 때 언어폭력은 상대적으로 중요하지 않았다. 공적 기록들은 그 같은 갈등에 관한 우리의 주요한 정보원이 되기 때문에, 까우틸야가 설정한 <u>와끄빠루삼</u>(언어폭력) 범주가 라즈 아래서의 농촌 범죄에 관한 역사적 증거와 별 관련이 없었다는 점은 쉽게 이해된다. 하지만 어쩌면 우리는 이 공백을 19세기 문학이 상상한 농민 폭력에 대한 묘사 중의 일부를 상기함으로써 어느 정도 메울 수 있을지 모른다. 예컨대 「닐 다르빤」의 제3막 3장을 보면, 백인 농장주와 충돌한 반란 농민인 토랍)이 그에게 후레자식이라든가 쌍놈의 개새끼 등 갖은 욕설 — 봉기가 아닌 조건에서는 반대로 농장주가 농민에게 가한 모욕들 — 을 쏟아 부으면서 그를 두들겨 팬다. 이 언어의 전도와 "블루 뮤티니"가 낳은 전복, 즉 당시까지 인디고 공장들과 그 공장의 지배를 받은 벵골 여러 농촌 지역의 대중 사이에서 존재해 왔던 관계의 전복은 같은 것이었다.

위의 희곡 텍스트를 잘 아는 사람이라면 알 수 있듯이, 이러한 말의 전도에서 두드러진 측면은 토랍이 그의 상급자인 적에게 말할 때 존경심을 표시하는 아쁘니(*apni*) 대신 허물없는 사이에 쓰는, 따라서 이 경우에는 상급자의 권위를 손상시키는 대명사 뚜이(*tui*)와 그 파생어들을 사용했다는 점이다. 각각 프랑스어의 '부(vous, V)'와 '뛰(tu, T)'에 해당하는 이 벵골어 단어들은 "비상호적인 권력의 의미론"으로 설명되어 온 것을 나타내 준다. 이 통념에 따르면, 두 대화자 중에서 언제나 권력이 더 많은 자가 '뛰'라고 말하고 '부'라는 소리를 듣는데, "누구보다 더 나이 많은" 관계, "누구의 부모인" 관계, "누구의 고용주인" 관계, "누구보다 힘 센" 관계, "누구보다 고귀한" 관계 등등의 모든 관계들과 이런 관계들에 포함될 수 있는 그 밖의 위계적 표현들은 일반화를 위해 "누구보다 더 권력이 많은"이라는 용어로 포괄된다. 과거와 현재의 수많은 문화들 안에 있는 권위의 '뛰-부' 지표를 조사하기 위해 상당히 애쓴 브라운과 길먼이 발견한 바에 따르면, 그 지표는 "권력이 생득적 권리에 의해 분배되지만 그다지 재분배되지는 않는, 상대적으로 정체된 사회와 연관이 있다."[91] 그들은 그것을 중세 유럽의 봉건제와 장원제 안에 역사적으로 위치시켰는가 하면, 프랑스령 아프리카의 흑인 원주민과 백인 식민주의자 간의 "카스트 차이"의 표지로도 보았다. 포스트 식민 인도에서 그들은 장구한 전통의 일부인 "정말로 봉건적인 이러한 대명사 패턴"[92] 이 구라자트어와 힌두어의 경우에 남편과 아내 사이뿐만 아니라 형과 동생 사이에도 비상호적으로 사용되는 뛰-부 표현들 안에 여전히 널리 활용되고 있음을 발견했다. 물론 그 관계 계열은 인도에 있는 그 밖의 언어 집단들 다수에 존재하는 카스트 관계나 계급 관계를 포함하여 모든 범위의 권력관계에까지 확장될 수 있다.

어떤 언어 집단이든 그 집단의 봉건적 또는 반(半)봉건적 권위 구조가 봉기에 의해 뒤집어지거나 심각하게 도전받을 때, 현존하는 권력관계를 가리키는 특별히 민감한 표시기로서의 '뛰-부'의 인습적인 사용도 동시에 공격받는다. 프랑스혁명은 그 같은 말의 전복(bouleversement)의 고전적 사례를 제공해 왔다. 1793년 새로운 의회가 열려 있을 때, 어느 연사는 이 대명사들의 비대칭적 구사를 "광신의, 거만함의, 봉건제의 정신"의 표현이라고 비난했고, 공안위원회는 "보편적인 상호적 뛰"를 명령했다. 한동안 상호적인 '뛰'는 혁명적 시민권의 일종의 언어적 휘장이 되었으며, 로베스삐에르가 이 대명사로 국민공회 의장에게 말을 건넸을 때 구질서는 정말 끝장났다는 것이 분명했다. 그러나 여기에서도, 다른 몇몇 측면에서와 마찬가지로, 승리한 부르주아 민주주의의 혁신들을 앞질렀던 것은 거칠고 미숙한 그 선임자 — 농민 봉기 — 였다. '부'를 '뛰'로 대체하는 것은 물론 자연 발생적인 것이지만, 그것은 1525년의 독일 농민전쟁의 확고한 특징이었으며, 이에 관해서는 흔히 반란자들은 그들이 제압한 귀족을 비난하고 조롱할 때 존칭 'Sie' 대신 더 버릇없는 'du'를 사용했다는 치머만의 권위 있는 전거가 있다.[93] 식민 인도에서는 벵골 농민들이 1860년의 경우와 같은 소요 사태들이 벌어지는 동안 존칭 대명사 규칙을 파괴한 적이 있는데, 그런 일이 1850년대 모쁠라 부족의 봉기 동안 말라야 어법에서도 발생했다. 권력을 쥔 나야르의 지주들은 농민들에게 '뛰'로 말하지만 농민들이 '부'로 대답한 것은 저 말라바르 농민들의 서발터니티의 기호였다. 그러나 티루랑가디의 탕갈은 1852년 모쁠라 저항을 촉구하려 한 일련의 지시들에서 자신의 추종자들에게 인습적인 '부'의 사용을 중단하라고, 젠미와 이야기할 때에는 젠미의 제왕적 지위에 도전하는 의지를 공개적으로 과시하기 위해 '뛰'에는 '뛰'로 되갚아버리라고 요구했다.94)

반란이 낳은 언어의 권위의 전도는 발화된 말에만 한정된 것이 아니라 그 말의 문자 표시 형식에까지 확장되었다. 식민 인도에서 벌어진 상당한 규모의 농민 봉기들 거의 모두는 소작료 장부, 권리증과 계약서, 온갖 종류의 공문서 등을 비롯하여 문자로 쓰였거나 인쇄된 많은 양의 문서들을 파괴했다. 데비 싱하에 대항한 봉기 과정에서 디나즈뿌르 농민들은 디히 줌따에 있는 데비 싱하의 까차리를 공격했을 때 그곳에서 발견한 문서들을 단호히 없애 버렸는데,95) 이것은 농민 봉기의 행로 안에 들어와 있던 모든 곳의 지주 토지를 관리하는 사무실들의 공통적인 운명이었다. 또한 민중 폭력은 흔히 농민 부채에 관해 글로 씌어진 모든 증거물들을 기민하게 선별했다. 준(準)관변지였던 『캘커타 가제트』조차 띠뚜 미르가 이끈 바라사뜨 봉기 동안에 인근 인디고 공장에 대한 습격은 "단순한 무차별 파괴"로 나가지 않았다고 지적했다. 왜냐하면 일부 가구들에 대한 약간의 손상을 별도로 한다면 오직 그 "문서들만 파괴되었고, [또한 그렇게 된 것은] 촌락 주민들이 자신들의 부채 기록을 없애 버리려 했기"96) 때문이다. 이와 아주 유사하게 1875년 뿌나와 아마드나가르 지구들에서의 꾼비 농민들의 폭동은 오로지 고리대 문서들을 집중적으로 겨냥했다는 특징을 보여 준다. 이 소요 사태를 조사하기 위해 설치된 위원회에 따르면, "폭도들의 목적은 어떤 경우든 그들의 채권자들의 수중에 있는 계약서와 권리증 따위를 탈취하여 없애 버리는 것이었다." 실제로 그 위원회가 믿게 된 바에 따르면, 그 사태는 "억압자에 대한 [일종의] 반란이라기보다는 제한적이고 실제적인 목적, 즉 적의 무기들 (계약서와 회계장부)을 빼앗아 적의 무장해제를 달성하려는 시도였다."97) 거대한 공문서 더미 역시 봉기 군중들에 의해 파괴되었다. 뮤티니가 유발시킨 대중 총봉기는, 현지의 행정관이 그 사건 직후에 침통하게 관찰했듯이, 우따르 쁘라데쉬의 하미르뿌르 지구에서 "모든 종류의 기록들"을 파괴하는 것으로 끝났다. 또한 무자파르나가르에서는 민사·형사·징세 기록을 보관하던 두프타르(Duftar)*들이 1857년 5월 14일 밤에 현지 주민들에 의해 불탔는데, 화가 난 현지 관리는 이 사건을 결코 "유일한 사례"로 간주하지 않고 "부드마쉬들"이 관공서를 불태운 "이 반란에서 시종일관" 나타난 패턴의 일부로 간주했다.98)

그러나 덜 적대적인 관점에서 본다면, 누구나 이 모든 것들에서 다소 상이한 패턴 — 씌어진 말에 대한 농민들의 증오의 대상화라는 패턴 — 을 볼 수 있을 것이다. 농민은 자신만의 대가를 치르면서 소작료 장부가 기만적일 수 있음을 배웠다. 즉 계약서가 그와 그의 가족을 거의 영원한 노예 상태로 묶어둘 수 있다는 것을, 그리고 공문서가 자신의 땅과 생계를 박탈하기 위해 관리, 재판관, 법률가, 지주 등에 의해 이용될 수 있다는 것을 배웠던 것이다. 따라서 그에게 글쓰기는 그의 적의 기호였고, "인간의 계몽을 위한 것이 아니라 인간의 착취를 위한 것이었다."99) 말들에 대한 이러한 감각은 그의 일상적 경험을 통해 그의 영혼 안에 스며들었다. 이런 공식을 만들어 낸 레비-스트로스에 의하면, 자신이 브라질 정글에서 어느 남비크와라족 추장이 브라질 정글에서 석기시대의 문화적 조건 속에서 살고 있는 문맹의 촌락 주민들을 상대로 자신의 권위를 유지하기 위해 (인류학자인 레비-스트로스 본인이 무심코 바람을 넣어) 글쓰기를 조야하게 흉내 내려 한 바로 그 최초의 시도들과 그 글쓰기 흉내가 만들어 낸 어법을 목격했을 때 그 공식의 진리는 대번에 분명해졌다고 한다.

글쓰기에 대한 남비크와라족의 반응은 솔직했고, 그런 만큼 부정적이었다. "글쓰기와 기만이 자신들 안으로 동시에 침투했다는 것을 어느 정도 어렴풋이 느꼈던" 그들은 자신들의 추장과 촌락을 버리고 먼 오지로

---

* 무굴제국 초부터 공식 기록물을 보관하는 사무실의 이름. 18세기 후반부터 영국의 식민 정부는 까차리라는 이름을 사용하게 되었다.

들어갔다.100) 자포자기 상태에 몰렸을 때 어디에도 숨을 곳이 없었던 인도 농민도 이와 똑같이 부정적인 태도로 자민다르와 <u>사후까르</u>와 <u>사르까르</u>의 지배 수단인 문서들 — 권리증, 계약서, <u>카따</u>, 각종 서류철 — 과 그것들의 보관소들 — <u>까차리</u>, <u>가디</u>, 관공서 — 을 불태웠다. 이 일은 그 자체만으로도 농촌에서 세상을 뒤집어엎는 일에 충분히 의미 있게 기여했고, 그것 자체가 잭 케이드로까지 거슬러 올라가는 오랜 봉기 전통을 따른 것이었다.101) 그러나 몇몇 경우, 글쓰기 기호를 자기 자신의 것으로 적극적으로 전유하고자 한 반란자는 그 과정을 한 걸음 더 진전시켰다.

이상적으로 볼 때 그 같은 전유에는 아무런 문제가 없었어야 했다. 농민은 바로 이러한 목적을 위해 있었던 제도적 수단들을 이용할 수 있었다. 그는 학교에, 최소한 가장 낮은 등급의 학교 단위인 촌락 <u>파트살라</u>에 갈 수 있었고, 읽기와 쓰기와 셈하기 등 세 가지를 배울 수 있었다. 그러나 불행하게도 농민은 이상 세계에 살고 있지 않았다. 행정 인력을 확보하기 위해 중간계급 교육에 민감했던 식민 정부는 땅을 일구는 사람들에게 문자를 전해 주는 일에는 거의 관심이 없었다. 그들을 위한 기초 교육은 현지 지주들의 연민과 관대함에 맡겨졌는데, 지주들은 자기 토지에 학교를 세우는 일에 자부심을 느꼈지만 농민들이 너무 많은 문자 해독 능력을 갖는 것을 조장하지 않도록 유념했다. 벵골 농촌에 관한 랄 베하리 데이의 유명한 이야기의 주인공인 고빈다 사만따가 자의적인 봉건적 부과금(<u>마토뜨</u>)를 납부할 능력이 없다고 항변할 때, 이것은 즉각 기초 교육이 길러낸 오만함으로 간주된다. 왜냐하면 그는 실제로 어린이였을 때 몇 년 간 촌락 <u>파트살라</u>에 다녔기 때문이다. 자민다르는 그에게 이렇게 소리쳤다. "그래, 네놈은 판디타[배운 사람]가 되어 눈을 떴길래 조세 납부를 거부하는 게다. 내 기필코 라마 루빼[교장]가 모든 농민 자식들을 가르치지 못하도록 하겠다."102) 이것은 라즈 하에서 농민 교육에 대한 농촌 엘리트의 태도를 여실히 표현한 것이었다.

차샤에게 읽기와 쓰기와 셈하기를 가르쳐라, 그러면 "그의 눈이 떠" 반항하는 것을 배울 것이다!

그러므로 농민은 결코 글쓰기를 실재 그대로, 즉 자연언어의 문자 형태적 재현으로 전유할 수 있는 위치에 있지 않았다. 문자 해독 능력의 결여는 농민이 기억과 학습과 이해를 위한 세속적, 지적 보조 수단으로서의 글쓰기에 접근하는 것을 가로막았다. 따라서 농민은 글쓰기를 봉기를 위해, 세상을 뒤집어엎겠다는 목적을 위해 이용하고자 상징적으로 전유했다. 농민은 그 자신의 서발터니티와 엘리트의 문화 독점에 의해 조건지어져 있었기에 글쓰기를 지배의 상징으로 간주했다. 레비-스트로스는 현재 방글라데시에 속해 있는 일부 촌락들에서 대금업자가 지방 서사(書士)의 역할도 했고, 또 그 두 역할의 결합이 대금업자에게 "타자들에 대한 영향력"을 부여했다는 점에 주목했다.103) 실제로 이자소득자이든 고리대업자이든 관리이든 상관없이, 농민에 대한 영향력을 행사한 자들 모두가 글쓰기를 권위의 직접적인 수단으로 다양하게 이용했다. 농민은 글쓰기를 사회적, 경험적 현상으로 본 것이 아니라, 반(半)봉건사회의 수많은 다른 권력의 표현들도 그렇게 보았듯이 유사 종교적, 마술적 현상으로 보았다. 다시 말해 글을 쓴다는 것은 기술의 문제가 아니라 영감의 문제였던 것이다. 농민은 위무 의식 동안 죽은 자의 영혼이 씌워진 제관의 발화된 언설에는 어떤 영매(靈媒)적이고 강신(降神)적인 성질이 있다고 관습적으로 생각했는데, 농민들에게는 씌어진 말에도 그것과 똑같은 성질이 있었다. 대중적 힌두교에서 글쓰기가 한편으로는 사제의 지위와 결합되고 다른 한편으로는 가네샤나 사라스와띠 같은 신들과 결합된 것은 글쓰기를 신성시하는 이러한 관념을 고양시켰다. 시도와 까누가 사힙과 디쿠에 대한 전쟁을 선포했을 때, 그들이 자진해서 전유한 것은 글쓰기의 이러한 신성하고도 마술적인 힘이었다.

글쓰기는 실제로 봉기에 대한 싼딸 지도자들의 고유한 인식에서 각별히 중요한 자리를 차지했으므로 역사학자가 그것을 무시하기란 불가능하다. 봉기의 전파를 위한 글쓰기의 사용법들은 나중에 제5장에서 논의될 것이다. 여기에서 우리의 관심사는 그들이 적대 행위를 하면서 글쓰기에서 도출했던 그 권위이다. 두 수바 모두, 돌이켜보건대 봉기를 시작하겠다는 자신들의 결정이 글쓰기에 의해 직접 자극받았다고 인정했다. 하지만 그것은 신의 개입으로 간주된 글쓰기였다. 시도가 체포된 후 뒤따른 심문에서 다음과 같이 설명했듯이 말이다.

> 타쿠르가 도래하기 전에 내 머리 위에는 종이 반쪽이 떨어졌고 반쪽은 나중에 떨어졌다. 나는 읽을 수 없지만 찬드와 세헤레와 돔이 그것을 읽고 이렇게 말했다. "타쿠르는 당신에게 '마하잔들과 싸우라, 그리하면 정의를 이룰 것이다'라고 썼다."104)

그는 이것이 "타쿠르의 명령"— 글쓰기로 주어진 명령 — 이었다고 말했다. 까누는 나중에, 이번에는 그가 체포되어 폭동에 이르게 된 상황을 말하게 되었을 때, 이 점을 확인해 주었다. "타쿠르는 무엇과 같은가?"라고 물었을 때 그는 이렇게 대답했다.

> 이슈와르[신]는 도띠와 츄데르(chudder)*만을 걸친 백인이었고 마치 사힙처럼 땅 위에 앉아서 이 종이조각 위에 글을 썼다. 이슈와르는 나에게 종이 4장을 주었지만, 나중에 16장을 더 주었다.105)

따라서 문자 표시 형식의 권위는 초자연적 존재, 백인 관리, 마루 위에서 책상다리를 하고 앉아 글을 휘갈겨 쓰는 원주민 서사(書士) 등의 이미지들을 섞어 버림으로써 더 한층 강화되었다. 분명히 중층 결정의 상황이었던 그 상황에서 식민주의자 사힙의 권력과 도띠 차림으로 글을 쓰는 바부(babu)**의 권력은 이제 일종의 합성 영상으로 압축되어 신성한

---

* 차도르.

권력으로 올라섰다. 봉기 참가자들이 타쿠르의 이름으로 세상을 뒤집어 엎는 것을 정당화하기 위해 글쓰기를 이용한 것, 이것보다 더 분명한 글쓰기의 신격화는 없었다.

모든 봉기에서 공격받게 된 비언어적 권위의 표현들 중에는 그 성격상 준(準)언어적인 것들도 있고, 제스처 기호와 몸동작 기호 및 시공간 상의 거리 기호 아래에서 동작 체계와 근접 체계로 작동하는 것들도 있다.106) 부르디외가 관찰했듯이, 모든 사회는 몸을 그 사회의 문화의 기본 원리들을 "압축적이고 실질적인 형식으로, 즉 연상적인 형식"으로 저장하는 일종의 기억으로 취급한다. 이것은 특히 "별다른 기록 수단과 대상화 수단이 없어서 전승된 지식이 오직 몸으로 체현된 상태로만 살아남을 수 있는" 문자 이전의 사회들에 대해서 사실이다.107) 그러므로 존경의 제스처가 힌두 다르마샤스뜨라(Dharmaśāstra)들 안에서 더 나은 삶의 열쇠로 아주 뚜렷이 나타나야 하는 것은 매우 당연한 일이다. 예컨대 젊은이는 왜 어른에게 자리를 내주고 인사해야만 하는가? 『마누 법전』(II, 120쪽)에 따르면, "왜냐하면 어른이 다가올 때 젊은이의 활기찬 기운이 상승하여 그의 몸을 떠나기 때문이다. 그러나 어른을 맞이하기 위해 일어나 예를 표함으로써 다시 활기를 회복한다." 이 『마누 법전』에는 종속적 지위를 지시하는 것들인 일어나는 것, 엎드리는 것, 다리를 오므리는 것 등등의 미덕들을 다루는 그 밖의 많은 구절들이 있다. 또한 이 몸의 언어의 권위는 사제의 처방에서만이 아니라 국가의 권력에서도 유래했다. 아부울 파즐에 따르면, 왕들은 "백성이 충성을 보여 줄 수 있는 매너에 관한 규정들을 만들었다." 이것은 "진정한 겸양"을 장려하겠다는 것을 의미했다. 예컨대, 무굴 황실에서 공인된

** 영어의 Mr., Sir 등에 해당하는 칭호. 영어를 쓸 줄 알거나 영국 물이 든 인도인.

경배 양식인 코르니쉬(*kornish*)는 경배자가 "자기의 머리를 …… (감각과 영혼의 자리를) 겸양의 손으로 감싸 안고 그것을 어전회의에 선물로 바침"을 의미했고, 타슬림(*taslim*)으로 알려진 또 하나의 양식은 경배자가 "언제라도 자신을 공물로 바칠 수 있음"을 뜻했다.108)

영국인이 무굴 황실을 대체했어도 그 같은 봉건적 동작 체계는 별로 달라지지 않았다. 그 동작 체계는 식민 인도에서도 여전히 지위 표시기로 작동했다. 스리니와스에 따르면, "크루그 부족민은 제의가 열렸을 때 어른을 만나면 상체를 굽히고 양손을 어른의 발에 세 번 대는 것으로 경의를 표해야만 한다. 한 번 댈 때마다 젊은이는 두 손을 자기 이마로 가져가서 포갠다." 이것은 신을 향해 취했던 경배의 형태와 크게 다르지 않았다고 그는 지적했다.109) 사실상 이런 종류의 "몸의 자동운동"의 변종들은 모든 유사한 관계들 — 부자, 부부, 지주와 소작농, 상하 카스트 등 사이의 관계들 — 의 특징이었다. 예컨대 마드야 쁘라데쉬 지방에서는 아내가 얼마간 떨어져 있는 남편 앞에서 몸을 굽혀 손가락을 땅에 댐으로써 복종심을 나타내는 관습이 있었다. 이 지역의 농촌 사회에서 가장 낮은 계층 중의 하나인 발라이는 이 동작을 본떠서, 브라만을 만나면 몸을 앞으로 숙여 땅을 만지고 나서는 손을 올려 손바닥을 자기 이마에 포개곤 했다. 그 밖에 오릿사에서 불가촉천민인 바우리는 그와 비슷한 상황에서 거의 똑같이 자기를 비하시키는 자세를 취해야만 했다. 그곳을 방문한 인류학자에게 물리가 전한 바에 따르면, "우리는 상층 카스트 사람을 지나칠 때에는 몸을 구부려 한 손을 땅에 댔다. 우리는 그런 자세로 걸어 지나갔고, 그래서 우리 얼굴은 땅을 향했다."110)

이렇게 오래전부터 제스처로 비굴함을 인정해 온 일을 때때로 중단시킨 것은 제국들의 부침(浮沈)이 아니라 오로지 대중의 폭력이었다. 그러나 뒤집어진 세상의 또 하나의 표지가 있다. "눈을 함부로 굴릴 수 없었던 (*jitakshah*)" 수드라들이 바르나 위계상의 상급자들과 똑같이 행동했을 때, 브라만의 지배 문화가 신화적인 "시대의 종말(*yugantah*)"을 특징짓는 뒤죽박죽된 수많은 형상들 중에서 그 수드라들을 떠올리면서 두려워했던 전복이 그 표지였을 것이다.111) 하지만 덜 환상적이긴 해도 우리가 다루는 시대의 농촌 소요 과정 중에는 모욕을 가하는 제스처가 물리적 공격 못지않게 농민의 적들에게 상처를 입힌 것처럼 보인 사례들이 실제로 있었다. 버사이트 봉기에 관한 설명이 이 점을 밝혀 줄 것이다. 1895년 8월 16일, 찰카드의 촌락 주민들은 그 촌락에서 약 일주일 동안 야영하면서 문다 부족 촌장을 잡으려고 했으나 실패했던 경찰 패거리를 쫓아냈다. 우세한 봉기군의 눈앞에서 수색대가 철수하기 시작했을 때, 일단 막다른 골목에 밀린다는 것이 따마르의 경찰 총수에게 어떤 기분이었는지를 말해 주는 다음과 같은 글이 있다.

> 그때 우리는 비르반끼로(路)를 따라 따마르 쪽으로 떠났는데, 약 800명에서 900명에 이르는 사람들이 우리를 따라오면서 [원문 그대로] 풍구질을 하고 수고양이를 때리고 활을 흔들면서 우리에게 모욕을 가했다. 그들은 또 우리가 누웠던 침대(*khatia*) 세 개를 운반하고 있었다. 그들은 이것들을 찰카드에서 약 1마일 떨어져 있는 강에 던져 넣었다. …… 침대를 강에 던질 때 군중은 이렇게 외쳤다. "사르까르의 라즈는 끝장났고, 저들의 부하들은 죽었고, 그래서 우리는 그자들의 침대를 강에 던진다." 그들은 수고양이와 풍구를 모욕을 주는 기호들로 본 것만이 아니라 매우 불길한 것으로도 보고 그것들을 두들겨 댔다. 비르사가 사람들에게 보트를 섬기거나 제물을 바치지 말고 자기를 따르라고 설교한다고 생각하면서.112)

위의 이야기에는 또한 물리적 폭력에 대한 — 뒤를 쫓는 문다 부족에 의해 압박을 당해 떠밀리고 창으로 찔린 법의 수호자들에 대한 — 언급이 있다. 이 시련에 관한 경찰 총수의 기억에서 아무래도 사라지지 않고 있는 것은 반란자들이 "모욕을 주는 기호들"을 사용한 일이다. 비굴한 몸짓이 몸에 밴 그 수호자들은 사르까르의 존엄한 대변자들로 취급되기는커녕 보트로, 즉 풍구질 세례와 시끄러운 북소리로 쫓겨나기 딱 알맞은 죽은 영혼들로 취급되었을 뿐이다. 그들은 촌락을 방문함으로써 촌락에 위신을 가져다준 고귀한 손님들로 간주되기는커녕 불결한 앞잡이들로 간주되어 무례하게 거부되었고, 그래서 그들이 잠을 잔 침대조차 모의 장례식에서 내버려져야만 했다. 그들은 국가의 강력한 무력으로 두려움을 주기는커녕 문다 부족에 의해 조롱 당하고 무시되었으며, 문다 부족은 그들이 자기들에게 머리를 숙였다고 자랑했다. 달리 말하면, 경찰 총수에게 충격을 준 것은 이 짓밟히고 만만했던 사람들이 (마오쩌둥이 후난의 농민들에 관해 말하게 되었듯이) "이제는 대담하게도 **머리를 들어 올렸다**" ─ 구부리고 엎드리는 것이 의미하는 바와는 정반대의 것을 의미하는 비유적 표현 ─ 는 점이었다.

거리의 측면에서 사회적 계층과 등급을 표현하는 또 한 부류의 준언어적 기호들이 있다. 그래서 권위의 정도를 지시하는 시간적 거리는 흔히 우선순위의 권한으로 표현되었다. 19세기 캘커타의 씨족 지도자들은 종교 음악회와 장례 연회에서, 의례에 따라 백단향 반죽과 꽃들이 분배되는 동안, 우선순위를 놓고 싸우곤 했다.113) 또한 마이어에 따르면, 말와 부족의 경우 남편 집안에서의 아내의 위치는 남편 집안의 다른 여성들과 같은 시간에 식사해도 되는지 나중에 해야 하는지에 따라 달랐다.114) 전통적으로 쿠르그 부족의 수장은 "우선권 보유"를 의미하는 무뻬안다 (*mūpayanda*)로 불렸는데, 스리니와스가 관찰하고 있듯이 "우선권 관념은 도처에 존재한다." 제의가 있을 때 과녁 맞추기 경기에서 처음으로 과녁을 겨눈 사람은 바로 수장이었고, 추수 축제 때 촌락의 춤을 이끈 것도 바로 그였으며, 대상(隊商)을 이끌 권한을 가진 것은 바로 짐을 싣는 그의 소들이었다.115) 이 같은 우선권은 카스트들 사이의 관계도 지배했다. 니마르 지역에서 상층 카스트 촌락 주민의 소달구지는 발라이 카스트의 소달구지를 훨씬 앞설 권한을 가졌고, 농사일에서도 상층 카스트 농장주들에게는 현지의 노동력이 먼저 조달될 권한이 있었다. "그들의 욕심을 채워준 후에야, 하인들은 자신들의 발라이 채권자 논으로 일하러 가게 될 것이다."116)

이러한 것들에 덧씌워진 것은 옆으로도 이용되고 위아래로도 이용된, 지위 표시기로서의 공간상의 거리였다. 악바르 황실에서의 「신하들의 등급 차이에 관한 규정」은 사실상 좌석과 입석의 배치 문제였던 것이 분명하다. 다시 말해 왕자나 귀족은 왕의 자리에 가까울수록 중요하게 여겨졌다.117) 몇 세기 후에도, 농촌 사회에서는 거리가 연령과 카스트에서의 손위임을 가리키는 지표라는 증거가 여전히 허다했다. 젊은이가 늙은이와 나란히 걷지 않고 그 몇 걸음 뒤에서 공손히 걷는 것이 크루그 부족 에티켓의 하나였다.118) 어느 우따르 쁘라데쉬 촌락에서 평상(平床) 주변의 일상적인 모임은 흔히 그 패턴을 똑같이 따랐다. "만일 모든 구성원이 같은 카스트라면, 제일 나이 많은 사람이 평상 머리에 앉고 …… 나머지는 신망을 받는 순서에 따라 옆에 앉는다. 만일 브라만이 참석하면 그에게는 상석이 제공될 것이다. 하층 카스트 사람들과 또한 때때로 가난한 라즈푸트들은 땅바닥에 앉을 것이고, 불가촉천민은 무리에서 약간 떨어져 앉을 것이다."119) 브라만이 평상에 앉아 있는 동안 더 가난한 라즈푸트들과 불가촉천민들은 땅바닥에 쭈그리고 있어야만 한다는 그 사실이 그들의 열등감을 어떻게 보여 줄지를 생각해 보라. 이것은 근접 체계의 또 하나의 측면, 즉 좌석 등급의 측면에서의 위계적 차이들의 표현이다. 종속민이 상급자 위에 앉아서는 안 된다. 어김없이 봉건적 통념인 이것 역시 그 기원이 스므리띠들에까지 소급된다. 학생은 "선생이 가까이 있을 때 자기의 침상이나 의자를 낮추도록" 해야만 한다고 『마누 법전』은 말했다(II 198). 그 원칙은 이슬람교 신도들에게도 해당되었다. 피르 파가로가 제의 행렬에 모습을 드러내자, 근처에 있는 집의 지붕 위에 자리 잡고 있던 어느 독실한 후르는 자신의 정신적 지도자가 그 길을 따라 지날 때 그보다 더 높은 곳에 위치하지 않도록 지붕에서 내려왔다는 이야기가 있다.120) 세속적 권위 역시 동일한 기호를 통해 작동했다. 고빨뿌르에서는 그 촌락의 비교적 유력한 사람들조차

지주를 방문할 때에는 지주가 자리 잡고 있던 좌대(座臺) 아래의 마당에 앉아야 했다고 빌즈는 지적했다.121)

따라서 거리는 위신의 척도였다. 비르사의 추종자들이 어떻게 "명예를 잃고 모욕을 당했는지"를 자기 부족민들에게 설명하면서 이 점을 기억한 것은 하등 이상할 것이 없으니, 그들은 문다 부족이 다른 많은 굴욕 중에서도 특히 토후와 자민다르에 의해 의자와 높은 자리를 차지하지 못하는 굴욕을 당했다고 말했던 것이다.122) 정말이지 그들의 반란은, 그 밖의 유사한 모든 행위들처럼, 전통적으로 묶인된 것이기에 겉보기에는 위해하지 않은 서발터니티의 기호들을, 그들에게 강제되어 온 관례적 거리들의 기호들과 같은 그 서발터니티의 기호들을 제거하거나 억압자 쪽으로 반전시킴으로써 자존심을 회복하려 한 농민의 충동으로 일어난 것이었다. 이러한 질서의 전도들은 그 같은 모든 대대적인 폭력 분출 과정에서 빈번하게 또한 대규모로 발생한다. 농민들이 폭동 중에 관습적인 금지령을 무시한 채 지주나 상위 카스트의 집 옆을 말 등에 올라타고 지나칠 때마다, 높이를 차별하는 그 규칙은 깨져 버린다. 카스트가 지배하는 사회, 더럽혀지는 것에 민감한 그런 사회에서, 농민들이 자민다르나 <u>바니아</u>의 주거지를 습격하거나 어느 권위 있는 자의 몸에 손을 올려놓을 때마다, 위반할 수 없게끔 정연하게 설정된 불가근(不可近)의 거리는 필연적으로 훼손된다.123) 이런 종류의 침해들은 정말이지 너무나 빈번해서 농촌 소요에 관한 기록이나 언급 속에서 거의 당연시될 정도이다. 그래서 오히려 관찰자의 눈길을 끄는 것은, 그리고 그의 이야기에서의 빈번함이 주는 밋밋한 영향력보다 더 오래 영향을 미치는 것은 반란자가 적(敵)의 권력의 더 한층 명백한 상징들을 파괴한 일이다.

그 같은 상징들은 농민의 불만의 주된 요소를 이룬다. 모든 곳에서 농촌 대중은 이 상징들을 자신들의 박탈의 척도로 이용하기도 하고, 또 싸우기로 작정할 때에는 싸워서 얻어 낼 만한 가치가 있는 목표로 이용하기도 한다. 그러므로 그것들은 모든 반란 담론에서 — 조상 대대로 전해져 온 봉기의 목소리에서, 존 볼(John Ball)*의 안식일 훈계에서, 또한 봉기 전야에 버사이트의 선동에서 — 뚜렷하게 나타난다. "머리가 돌아 버린 켄트 주의 사제"는 영주와 농노의 생활 방식을 비교하면서 이렇게 말했다. "그들은 다람쥐와 담비의 털로 짠 벨벳과 모피 옷을 입고 있지만, 우리는 거친 옷을 입고 있다. 그들에게는 와인과 향료와 좋은 빵이 있다. 우리에게는 호밀과 옥수수 껍데기와 지푸라기가 있고, 그리고 우리는 물을 마신다. 그들은 근사한 장원에서 안전하고 편안하게 살지만, 우리는 힘들게 고생하면서 들판에서 비바람을 맞으며 산다. 그리고 우리에게서, 우리의 노동에서 나오는 것들이 그들을 사치스럽게 살게 해 주는 것이 틀림없다."124) 옷, 음식, 저택 — 이런 것들과 그 밖에 "그들을 사치스럽게 살게 해 주는 것들"은 그 출처가 제각각인 모든 진정서(*cahiers de doléances*)에 꽉 차 있다. 물론 세부 사항에서는 약간 차이가 있지만, 문다 부족의 쁘라차라크들이 자신들의 종족이 당했던 악행들(이들 중 일부 요소는 앞에서 언급되었다)을 열거한 목록 안에서는 인도의 조건과 일치하는 그와 동일한 종류의 대조가 넌지시 이루어지고 있다.

    토후와 자민다르는 그들을 착취했고, 그들을 짐꾼(무보수 강제 노동자)과 하인의 지위로 강등시켰으며, "그들의 옷을, 그들의 도띠와 웃옷과 터번과 신발"을 빼앗았다. 그들은 양산조차 이용할 수 없었다. 그들에게는 의자에 앉거나 높은 곳에 앉는 것, 사원에 들어가는 것, 금이나 은이나 놋쇠로 만든 접시에서 음식을 덜어 먹는 것 등이 허락되지 않았다. ……125)
물론 그 목록은 더 많을 수 있다. 왜냐하면 농민에 대한 엘리트의 권위는 거의 전면적이었고 수많은 대상물들과 태도들이 그 권위를 상징했기

---

* 1381년 영국 남동부에서 와트 타일러와 함께 농민 봉기를 이끈 켄트 주의 사제.

때문이다. 실제로 농촌에서 현존하는 권력관계의 모든 중대한 변화를 가져오기 위한 투쟁은 흔히 그 같은 신분적 상징들의 전통적인 독점을 단호히 계속 유지하려는 자들과 그것들을 열심히 훔치려고 하는 자들 사이의 경쟁으로 — 즉 문화적 충돌로 — 나타난다. 아무리 미미하더라도 자신을 침탈하는 것처럼 보이는 일체의 것에 모든 지배 문화가 특히 민감하고 또 재빨리 범죄자들을 징벌하려는 것은 이 때문이다.

예컨대 몸의 일부로서 또는 장식과 외피로서 몸과 직접 연관된 일단의 상징들을 살펴보자. 육체적 특징들은 흔히 농민들과 그들의 적 모두에게 서열을 지시하는 것으로 간주되었다. 14세기 프랑스 중부에서의 튀생 반란 운동의 지도자들은 못이 박히지 않은 부드러운 손을 가진 모든 자들을 궁정을 드나들거나 고귀한 자들이 아닌가 하고 의심했고, 그래서 그들을 자기편으로 끌어들인 것이 아니라 골라내서 죽였다.126) 반대로, 『바유뿌라남(Vāyupurāṇam)』(58:59)이 상기시키고 있듯이, 대격변에 관한 브라만의 악몽에는 상층 바르나 구성원들의 치아처럼 하얀 치아를 가진 수드라의 이미지가 있었다. 심지어 그다지 신비스럽지도 않은 상황에서 농촌 엘리트들은 자신들보다 사회적으로 열등한 자들이 자신들만의 고유한 육체적 스타일 중 그 어느 것이라도 공유하는 것을 혐오했다고 알려져 있다. 인도의 많은 지역에서, 비틀려서 위로 치켜진 콧수염은 상층 카스트 상류계급 남성의 그 같은 스타일 중의 하나를 표현한다. 부유하고 정치적으로도 강력한 빠띠다르 부족이 지배하는 구자라트 촌락에서 전통적인 노동 공동체인 바레이아 족의 구성원 중 누군가가 그런 콧수염을 자랑하는 것이 발견되면, 그는 강제로 수염을 깎이고 두들겨 맞은 후 촌락 경계선 밖으로 추방되었다. 이 일화는 어느 인류학자에 의해 "과거의 카스트 질서에 대한 더욱 커진 우려"127)의 증거로 기록되었는데, 그가 말하는 과거란 아마도 식민 시기나 그 이전일 것이다. 그러나 엘라야페루말위원회의 보고서가 밝혀낸 사실들에 비추어 볼 때, 위로 치켜진 콧수염의 금지는 심지어 오늘날의 인도에서도 아웃카스

제2장 부정 87

트(outcaste)라는 서발터니티의 특징인 것으로 보인다.128)

부착물들 역시 신분 표시물로 여겨졌다. 마드야 쁘라데쉬의 바리아 카스트에 속하는 여성 농장 하인과 여성 농업 노동자들이 누구나 코걸이를 하지 않은 것은, 러셀과 랄이 지적했듯이, "상층 카스트에 대한 존경심 때문"이었다.129) 수십 년 후에도 우따르 쁘라데쉬에서는 아웃카스트들의 보석 사용을 제재함으로써 사회적 열등성을 여전히 매우 유사한 방식으로 표시하고 있었다. "예를 들면, 라즈푸트들은 여성 제화공들이 라즈푸트 여성이 걸치는 장신구나 옷과 비슷한 것을 착용하지 못하도록 했다고 한다."130) 양산과 신발 역시 노심초사 지키려 한 상징들이었다. 봉건 군주정의 표상 중의 하나인 양산은 더 이상 왕의 부속품이 아니게 된 후에도 오로지 "평민에게는 허용되지 않는 …… 고귀한 신분의 기호"로서 그 상당한 중요성을 유지했다.131) 식민 시기 내내 그것은, 특히 농촌 지역에서 지배자와 피지배민, 상층 카스트와 하층 카스트 등을 구분하면서, 지배와 종속의 일반적 지표로서 계속 작동했다. 참파란에서 인도인은 "그 신분이 어떠하든 간에" 백인 농장주의 면전에서는 양산을 쓸 수 없었고, 바니아도 사우고르의 분델라 라즈푸트 집을 지나칠 때에는 그렇게 할 수 없었다.132) 상급자의 면전에서 신발을 신고 있는 것 역시 무례한 짓일 수 있었다. 하층 카스트 사람들, 특히 그 여성들은 상층 카스트 남자와 만날 때, 심지어 어떤 촌락의 경우에는 상층 카스트의 거주지를 지날 때나 힌두 카스트 구역을 통과할 때, 반드시 신발을 벗어야 했다.133) 실제로 양산이나 신발은 권력을 시사할 수 있는 것이어서, 흔히 농민과 적들 사이의 적대감이 고조되는 상황에서는 양쪽 모두 그것들을 충돌의 상징적 장(場)들로 간주했다. 점차 정치화되어 갔던 문다 족은 외국인 지주들이 양말과 신발의 사용을 금지한 것을 참을 수 없는 폭정으로 느꼈다. 반대로, 킬벤마니 학살*이 있었을 때 농업

---

* 1969년 따밀 나두에서 약 42개의 달리뜨(Dalit: 불가촉천민) 카스트 촌락들의

노동자들이 신발을 신은 것을 반역성의 징후로 생각했던 따밀 나두 지방의 지주는 지주계급에게 실제로 모욕을 주는 짓거리에 대항하자고 이렇게 목청을 높였다. "몇 년 전에 이곳은 매우 평화로웠다. 일꾼들은 아주 열심히 일했고 공손했다. 그러나 지금 …… 나한테 말하기 위해 늘 내 집 뒤뜰에 서 있던 놈들이 슬리퍼 따위를 신고 베란다로 곧장 온다. …… 이 놈들은 공산주의자들 때문에 게을러지고 건방져졌다. 그자들에게는 더 이상 무서운 게 없다."134)

그러나 사람 몸에 걸칠 수 있는 모든 것 중에서 가장 잘 기호화되는 것은 옷이다. 왜냐하면 몸은 "순수하게 감각적일 때에는 지시성을 갖지 않으며"135), 또한 바르뜨가 헤겔의 견해를 뒤좇아서 말하고 있듯이 옷 입는 것은 "감각적인 것에서 의미 있는 것으로의 이동을 보증해 주기 때문이다. 요컨대 그것은 뛰어난 기의(記意)라고 말할 수 있다."136) 이것은 그 어느 곳에서보다 농민과 타자들 — 도시민, 관리, 젠트리 등 — 의 구별이 흔히 복장의 구별로 우선 인지되는 농촌에서 가장 명백하다. 그람시는 이탈리아에 관해 말하면서 "복장은 근본적인 구별 요소"라고 했다.137) 실제로 이는 대부분의 사회에 대해서, 특히 식민・반(半)봉건의 조건에서 오랫동안 생장해 온 사회에 대해서 사실이다. 예컨대 에스파냐가 지배하고 있었던 볼리비아에서 복장은 "인물의 신분을 공공연히 드러내는 수단"이며 "신분 질서를 위한 사회적 통제"의 수단이었다.138) 인도에서도 역시 카스트, 계급, 에스닉(ethnic) 집단 등은 흔히 그 구성원들이 입는 옷과 옷을 입는 방식에 의해 구분되었다. 벵골의 바드라록은 자기 복장에 관해 대단히 자의식적이었다. 『사다나(Sadhana)』라는 책에 전형적인 하층계급 의상이 분명히 언급되면서 씌어져 있듯이,

---

농민들이 임금 인상을 요구하면서 조직적으로 지주들에게 저항하자 지주들이 깡패를 동원하여 농민을 학살한 사건. 깡패들은 탄자부르 동쪽에 있는 킬벤마니 촌락의 한 오두막에 농민들을 몰아넣고 불에 태워 죽였다.

"자존심이 있다면 무릎까지 오는 더러운 감차로 자기 몸을 감싼 채 사회에서 일할 수 있는 사람은 없기" 때문이다.139) 인도 남부에서는 하층 카스트가 상급 카스트에게 다가서거나 하인이 주인에게 다가서려면, 존경의 표시로 먼저 허리까지 옷을 벗는 것이 의무였다.140) 구자라트의 경우, 이른바 불순한 마하르(Mahar)*에게는 "허리에 두르는 옷을 추켜올리는 것이 허락되지 않아 그것을 땅에 질질 끌어야만 했으며", 반면 인도 중부의 꾸르미(Kurmi)**들 사이에서는 겨우 엉덩이 위까지 몸통을 가리는 농민의 웃옷인 반디(*bandi*)와 무릎 아래까지 내려오는 지주의 긴 상의인 앙그라카(*angrakha*)의 길이 차이가 그들의 사회적 지위의 차이를 지시했다.141) 또한 싼딸족 사이에서 디쿠라는 말은 외지인 힌두 지주만을 가리킨 것이 아니라, 뵈딩이 말했듯이 "좋은 옷을 입은 모든 인도인"도 가리켰다.142)

그러므로 복장의 차별에 민감한 사회에서 권위의 모든 심각한 위기가 의복 관계로도 표현되기 마련이라는 것은 놀라운 일이 아니다. 실제로 복장은 더 광범하고 전투적인 모든 농민운동의 역사에 자신을 넌지시 드러내는 방법을 갖고 있다. 바로 그런 운동의 시기에 저 의복의 구별은 극도의 증오를 낳기 쉽고, 또 그 충돌에 특징적인 수많은 전복들은 농민들과 그 적들 사이에서의 의상과 옷 입는 스타일의 재배치를 통해 상징적으로 실행된다. 치머만은 1525년 독일 농민전쟁에 관한 설명에서 그 같은 수많은 사례들 — 봉기 농민이 귀족의 모자를 잡아채서 자기 머리에 쓴 것, 일부 백작들의 장갑이 농민에 의해 강제로 벗겨진 반면 농민은 모든 에티켓 규칙을 무시한 채 장갑을 끼고 있던 것 등등 — 을 언급했다.143) 1899년 볼리비아 농민 폭동 기간 중 바지(*pantalones*)를 입은 사람은,

---

* 주로 마하라슈트라 지역에 살면서 전통적으로 촌락의 외곽에서 촌락의 경계와 관련된 일을 수행하는 사회집단이나 카스트.
** 크샤트리아 카스트에 속하지만 행정 사무를 보다가 농업에도 종사하는 집단.

더 정확히 말하면 조잡하고 촌스런 수직물 옷을 입지 않은 사람은 반란자들에 의해 모조리 적으로 구분되었다. 그들의 지도자인 우이카*의 목표 중의 하나는 모든 사람에게 수직물 옷의 착용을 전파시킴으로써 신분들 간의 복장의 구분을 없애 버리는 것이었다. 또 몇몇 사례에서 반란자들은 18세기로 소급되는 봉기 전통에 따라 수직으로 된 농민의 옷을 입으라고 도시민에게 강요했다.144) 또한 탄자니아에서 마지 마지 반란**이 전개되는 동안, 기독교 선교사들은 응구니(Ngoni)들이 유럽 옷을 입은 자들을 모조리 죽일 것이라며 두려워했다.145)

인도 농촌에서도 엘리트와 서발턴을 분명하게 구별해 준 복장은, 그 둘 사이의 충돌의 시기에 양쪽 모두가 알았듯이, 부가적인 기호적 의미를 당연히 갖게 되었다. 예컨대, 1783년 랑뿌르 봉기가 발생했을 때는 벵골의 그 지역에 떼강도가 있었고 힌두교 행자와 탁발승과 동인도회사 군대에 있는 약탈적 군인 등의 습격들이 있었던 때라서 광범한 소요들이 특별한 일은 아니었다. 그래서 카다가온과 마구라로부터 거대한 무리에 관한 보고가 있었을 때, 그 무리의 정체가 반란 대중이라는 것은 바로 참가 군중이 입은 복장으로 확인되었던 것이다. 어느 관리의 목격담이 전하듯이, "농민들은 저마다 손에 막대기나 대나무를 쥐고 있으며, 그들의 복장은 농민이나 촌락 주민의 복장과 비슷하지만 세포이들이거나 행자거나 밤도둑은 결코 아니었다."146) 또 하나의 역사적 투쟁인 1873년 빠브나의 소작농 투쟁에서 당사자들 — 지주와 그들의 <u>쁘로자</u>와 행정관청 — 모두는 옷 입은 방식을 지대 문제와 관련된 적대감에

---

* 자유주의자들과 함께 원주민들을 이끌고 보수 정권에 맞서 싸웠으나 원주민들의 빼앗긴 토지를 돌려받기 위해 계속 싸우다 자유주의자 대통령에게 살해된 인물.
** 1905~1906년에 동아프리카의 독일 식민지 탕가니카에서 수출을 위해 면 경작을 강제한 독일의 식민정책에 대항하여 아프리카의 토착 공동체들이 벌인 폭력적인 저항운동.

의해 명확해진 계급 분할의 한 지표로 인식했다. 빠브나 봉기에 큰 영향을 미친 그 하급 지구 담당 관리는 상급 당국자에게 보낸 보고서에서 그 점을 분명하게 말했다.

> 이 계급 감정은 너무 보편적이어서 농업 문제에 관한 모든 원주민의 의견은 그들의 복장을 보면 확실하게 알 수 있을 것입니다. 만일 원주민이 어깨에 가벼운 차도르를 걸치고 신발을 신고 양산을 들었다면, 그는 자민다르의 사람임이 분명할 것입니다. 만일 원주민이 도띠와 감차만 입었다면, 그는 내심 봉기 가담자입니다.147)

복장은 싼딸 봉기에서도 역시 그 폭동의 관용어를 구성하는 한 요소로서의 위치를 가졌다. 시도는 체포된 후에 마헤쉬뿌르 전투에서 "수많은 마지들이 붉은 옷을 입었다"라고 말했다. 그나 그의 형제들은 그때까지는 붉은 옷을 입지 않았었다. 그러나 그가 죽은 후 반란이 절정에 이르렀을 때, 까누와 찬드와 바이랍은 상당히 눈에 띄는 이 의상을 권위의 표출물로148), 정말로 세상을 뒤집어엎겠다는 제스처로 삼았다. 그것은 홉스봄이 말한 바와 같은 것이었다. "보석 한 개가 박힌 줄리아노*의 반지가, 또는 1790년대 이탈리아 남부에서 프랑스에 대항한 산적들이 자신들의 몸을 장식하기 위해 이용한 사슬과 장식품 다발이 농민들에게 부자와 권세가들에 대한 승리의 상징물로 간주되었다."149) 이 반란 기간 중에는 복장 — 정확히는 터번(빠그리) — 을 전복의 수단으로 이용한 또 하나의 두드러진 사례가 있었다. 인도의 많은 농촌 지역에서 그런 형태의 모자는 상당한 비중을 지니는 상징이다. 발라이와 같은 일부 지방 공동체에서 그것을 쓸 수 있는 권리는 수장에게만 있었다. 구자라트에서 그것은 늘 빠띠다르 부족 중 지배 카스트의 독점적 특권이었고, 그래서 하층

---

* 1950년대 이탈리아 시칠리아 섬에서 활동한 산적인 살바토레 줄리아노를 말한다.

카스트 중에서 모자를 공개적으로 쓰고 싶은 사람은 혹독한 처벌을 각오해야 했다. 위에서 언급했듯이, 문다 부족은 자신들에게 터번을 쓸 권리를 인정하지 않은 디쿠들을 비난했다.150) 그리고 빠그리를 쓰는 것이 위신 문제였다면, 그것을 수여하는 것은 더더욱 그랬다. 싼딸의 최고사령관 까누가 반란이 그 절정에 이르렀을 때 했던 일이 바로 터번 수여였다. 1855년 11월 19일자 로이드 소장의 보고서에서 언급되었듯이, "형제들과 추종자들을 거느린 까누 마지는 수리아 하우트 마을 촌장이자 그왈라인 베추 라우트를 방문했다. …… 까누는 그를 수바로 만들어 그 서열에 부여되는 상징으로 그의 머리에 터번을 둘렀다."151) 따라서 터번은 역사적 전도를 의미하게 되었는데, 왜냐하면 서발턴이 반란 행위로 장악한 권력을 위임할 정도로 대담하게 굴 때보다 세상을 더 급진적으로 뒤집어엎는 경우는 없기 때문이다.

물론 어떤 사람의 몸에 착용된 물건 이외에도, 그와 마찬가지로 지위의 상징물로 작동하면서 반란 의식을 부정적으로 형성하는 데에 일정한 역할을 했던 다른 물건들도 있었다. 이것들 중 일부는 많은 봉건사회에서 신분과 동일시된 운송 수단들이었는데, 그것들 역시 봉건 사회와 마찬가지로 농촌 소요의 충격과 동요에서 자유로울 수 없었다. 독일 농민전쟁 중의 한 유명한 사건에서 반란자들은 이 상징을 특별히 극적인 전복 행위를 위해 이용했다. 그들은 악질적인 백작 부인을 강제로 거름마차에 태우고 나서, "너는 황금 마차를 타고 바인스베르크에 왔지만 이제 너는 거름 마차를 타고 나가는구나!"152)라고 조롱했던 것이다. 마오쩌둥이 전하는 후난 농민운동에서는 의자 가마들을 박살 내 버리는 일이 허다했다.153) 또 현상 유지에 가해진 수많은 위협들로 가득 찼던 영국의 내전 시기*에, "가장 눈치 빠른 사람들은 하인들이 말 위에 올라타는 것을 큰 재난으로, 지금 이 불행한 왕국에서 눈에 보이는

---

* 흔히 영국 시민혁명기라 부르는 1640~1660년의 기간.

동시에 느껴지는 그런 재난으로 간주했다."154)

태생이 미천한 촌락 주민이 말을 이용하는 것은 인도 엘리트에게도 용인될 수 없었다. 그 어떤 발라이도 상층 카스트의 사람이나 촌락을 지나칠 때, 그 어떤 바니아도 분델라 라즈푸트의 집을 지나칠 때, 그 어떤 하급자도 상급 관리 앞을 지나칠 때, 말을 탈 수 없었다.155) 너무 온순해서 상당히 괴롭힘을 당했던 싼딸들의 전통 안에서 말을 타는 모습은 순수한 힘의 이미지로 새겨져 있었다. 『마레 하프람 코 레악 까타(Mare Hapram Ko Reak Katha)』*에 따르면 "왕들과 부자들은 정복자로서 말을 타고 돌아다닌다."156) 인도에서 또 다른 위엄 있는 운송 형태는 일인용 가마(palanquin)였다. 아대륙에 지상기지를 획득한 외국 열강의 일부는 지배자로서의 자신들의 우월적 지위를 보여 주기 위해 이것을 이용했다. 예컨대 포르투갈 점령하의 뭄바이에서는 어떤 원주민도 총독의 허락을 받지 않고는 일인용 가마를 타지 못했는데, 이는 포르투갈에 이어 영국이 적어도 1788년까지 강제로 유지시킨 관행이었다.157) 인도 농촌에서 토착 엘리트들, 특히 대지주들은 오랫동안 계속해서 일인용 가마를 자신들의 권위를 상징하는 표지의 한 부분으로 취급했고, 열등한 지위에 있는 그 누구에게도 그것을 타고 자신들이 거주하는 촌락을 지나가지 못하게 했다. 만일 어느 자민다르가 실제로 권세가 있다면, 일부 백인 하급 관리조차 그 자민다르의 촌락에서 쫓겨날 위험을 무릅쓰고서야 이 규약을 어길 수 있었다.158) 그러므로 농민들이 공공연히 그러한 운송 수단들을 전유했다는 사실은 농촌 사회에서의 급진적 전도의 징후였다. 농민들은 랑뿌르 봉기 동안 그들의 지도자 데르예나라인을 일인용 가마에 태우고 돌아다녔을 때 그런 일을 해냈다. 그것보다 더

---

* 싼딸 부족의 고대 신화, 부족민들의 생활, 부족 내의 사회적 관계, 부족민의 종교의식과 종교 관념, 혼례 및 장례 의식, 범죄와 처벌 등을 싼딸 부족 언어로 기록한 문헌.

전복적인 일은 있을 수 없었다. 왜냐하면 이 사건을 노래한 라띠람의 민요에서 알 수 있듯이, 저 증오스런 데비 싱하의 빠이크들한테 두들겨 맞지 않고서는, 게다가 가장 모욕적인 방식으로 — 즉 발길질로 — 두들겨 맞지 않고서는, 누구든지 그 어떤 형태의 이동 수단으로도 이 지역에 있는 그의 토지를 지날 수 없었기 때문이다.159) 싼딸 봉기군 지도자들도 봉기 기간 중에는 말 뿐만 아니라 일인용 가마도 이용했다. 봉기 발생 직후에 체포된 한 반란 농민의 말에 따르면, "우리에게는 대여섯 개의 팔키(Palkees[palanquins])가 있다." "시도와 까누가 그것들을 탔다. 우리가 푸트구티아에서 발견한 말들은 어느 것이든 싼딸 다로가(시르다르[Sirdar]*)들이 올라탔다." 까누는 나중에 자기는 "말 위에 올라타서" 부하들이 파쿠르 라즈에 대한 약탈 같은 얼마간 더 극적인 행동에 나서도록 이끌었다고 직접 술회했다. 그것은 빈민이 토후들과 부자들의 권위의 상징을 그들을 파괴하려는 수단으로 변형시킨 산뜻한 전도였다.160)

모든 전(前)산업사회에서 농촌 엘리트의 권력은 아마 그들 주택의 크기와 근사함으로 가장 뚜렷하게 표출될 것이다. 농촌에서의 대립이 날카로워지고 있을 때, 주택은 농민대중 사이에서 상당한 적대감을 불러일으킬 수 있다. 영주와 농노의 생활조건들에 대한 존 볼의 통렬한 비교는 그로부터 5세기 후인 1893년의 봉기 동안에 팔레르모의 한 농민 여성의 다음과 같은 불만에서 되풀이되었다. "나에게는 어린 자식이 다섯 명이 있는데 방이라곤 겨우 작은 것 하나밖에 없어 거기에서 우리들은 먹고 자고 모든 일을 다 하지만, 수많은 영주들(*signori*)은 10개에서 12개까지 방을 갖고 있고 그 모두가 궁궐 같다."161) 그러므로 유럽에서 위엄 있는 집들이 — 자케리 동안에는 장원청들이, 독일 농민전쟁에서는 성과 대성당들이, 프랑스혁명에서는 대저택들이 — 수많은 주요한 농민폭동에서 흔히 폭력의 대상이었던 것은 놀라운 일이 아니다.

---

* 지도자를 뜻하는 사다르(Sardar)의 다른 표기.

인도 아대륙 전체에서 주택 형태의 차이는 신분 차이를 꽤 정확하게 표시했고 또 아직도 여전히 그러하다.162) 식민 시대에 이것은 지배자와 피지배민 사이의 구별에 대해서만이 아니라 토착 카스트들과 토착 계급들 사이의 구별에 대해서도 사실이었다. 앤서니 D. 킹이 자신의 연구에서 잘 보여 주었듯이, 그가 "방갈로 주택단지"라고 부르고 있는 그 주택단지가 식민 시기 내내 "식민 공동체의 기본적인 거주 단위"로서의 기능을 수행했다.163) 벵골에서 찾아 볼 수 있는 기존의 전통 주택 형태에서 기원하는 방갈로는 엘리트들의 충동, 즉 행정을 위해 매우 필수 불가결한 저 직접적인 물리적 접촉을 실제로 유지하면서도 정치적으로나 문화적으로는 토착민들과 자신들을 분리시키는 그런 공간으로 주택을 이용하려 했던 그런 충동에 부응했다. 물론 그 결과, 19세기 중반까지 "인도의 유럽인들이 보유한 가장 흔한 종류의 주택"인 방갈로가 백인과 라즈의 권위의 상징으로 간주되기에 이르렀다. 정부에 대항했던, 또는 정부와 한패인 농장주들과 철도 관리들 같은 유럽인들에 대항했던 모든 적대적인 시위들에서 방갈로는 거의 어김없이 민중의 분노의 표적으로 등장했다. 예컨대 싼딸 반란이 겨우 8일째 되었을 때, 주요 주둔지인 뿔사에 도착한 무르쉬다바드의 행정장관은 철도 기술자들이 그곳에 건설한 방갈로들이 "완전히 파괴된" 것을 발견했다. 그의 경험은 결코 특이한 것이 아니었다. 그의 동료 관리 중의 한 명도 3일 후에 보고할 바에 따르면, "라즈마할에서 뿔사에 이르는 길을 따라 서 있던 방갈로 전부가 불타고 약탈되었다."164)

주택의 크기와 성격 역시 인도인들의 신분 차이의 명백한 지표로 간주되었다. 위에서 언급했듯이 이 점은, 말라바르 언어에서 카스트 명칭과 위계적으로 배열된 카스트 집들의 명칭이 직접 일치하는 것을 통해 알 수 있을 정도로, 말라바르 문화의 필수적 요소였다. 농장주였던 제임스 파롱이 1860년 인디고위원회에서 벵골에 관해 증언하는 가운데 말했듯이, 일반적으로 벽돌로 지은 집은 농촌 지역에서 유복함과 높은 지위의 결정적 상징이었다.165) 이 점은 마드야 쁘라데쉬 지역에서도 마찬가지였던 것으로 보이는데, 그곳에서 19세기 말까지 뿌카 건물은 대다수 차지농들의 수준을 확연히 넘어서 있던 말구자르(malguzar)*들의 호사와 권력의 증거로 인식되기에 이르렀다. "그들은 거의 예외 없이 공들여 만든 현관(darwaza)이 있는 근사한 뿌카 집을 갖고 있고, 그 현관으로 인해 그들의 집은 차지농들의 집과 쉽게 구별되며, 또 집 주변에는 소 우리와 곡식 창고가 모여 있다."166) 대지주의 집은 그 스케일은 제쳐두고라도 흔히 그 크기와 우아함 모두에서 정말 눈에 띄었다. 데이는 자신의 『벵골 농민의 생활』에서 이런 집들 중 하나를 언급하면서, 그 집은 단단한 석재로 된 바깥문, 목재로 된 위압적인 방 문, 복잡한 내실들, 까차리-바디와 달란-바디와 안다르-마할 등으로 이루어진 거실 및 방 등등을 갖고 있는 "촌락에서 가장 거대하고 가장 잘 지은 건물"이라고 말했다.167) 삶의 모습을 똑똑히 보여 주는 그 같은 건축물들은 재물과 권력 양 측면에서 거대 자민다르와 나머지 농촌 주민들 사이의 차별을 입증했다. 벵골의 전통적 서사시 일부는 (흔히 천국에 있는 인드라 신의 왕궁을 지상에서 복제한 것으로 여겨진) 지주들의 집을 이상적으로 묘사하고 있는데, 그런 묘사는 재능은 있으나 가난한 서사시 작가들이 그 집의 보유자들을 찬양한 것만이 아니라 질시하기도 했다는 것을 나타내 준다.

이런 이유로 농민이 느낀 분한 감정은 때때로 농민의 억압자들을 비난하는 원(原)사료에서 그런 분함과는 달리 잔잔한 산문으로 표출되기도 했다.

> 와니는 지금 대저택을 사용한다. 우리는 집을 빌릴 수 없다. 나는 기꺼이 모든 것을 포기하고 자유로워지고 싶지만, 그러면서도 촌락 어딘가에 작은

---

* 말구자리를 징수하는 관리.

오두막 집 한 채가 있었으면 좋겠다.168)

자신의 촌락 수빠에서 와니에 대항하여 폭동을 일으켰다고 유죄가 선고된 도자기공 따띠야 살루가 데칸폭동대책위원회 앞에서 위와 같이 증언했을 때, 그는 농촌 빈민으로 하여금 지방의 지주들과 대금업자들의 권력의 그 뚜렷한 상징물들을 향해 그토록 자주 분노를 터뜨리게 만든 저 비참함과 절망감을 토로했던 것이다. 너무나 많고 또 너무나 잘 기록되어 있기에 여기에서 다시 말할 필요는 없지만, 1783년의 봉기 동안의 데비 싱하의 궁정에 대한 공격뿐만 아니라 보다, 살 울라, 알란처리, 디 핫, 바라강, 잠타, 딤라 등지에 있었던 까차리들에 대한 공격, 1830년 바라사뜨 반란 동안의 띠뚜 미르의 부하들에 의한 뿌라의 자민다르 끄리슈나뎁 레이의 저택에 대한 공격, 1832년의 꼴 봉기 지역 내의 "촌락들에 있던, 근사하게 보이는 모든 집들"에 대한 공격, 1855년 지카라띠에 있던 암바르 빠르가나의 자민다르 사무소와 마에쉬뿌르에 있는 토후의 저택에 대한 싼딸들의 공격, 1873년 빠브나 봉기 동안 미르뿌르, 빠수리아 바리, 치툴리아, 우두니아 등지에 있던 까차리와 고빨나가르에 있던 마줌다르의 집들에 대한 공격, 1857~58년 내내 우따르 쁘라데쉬 전역에서 그리고 1875년 마하라슈트라의 뿌나와 아마드나가르 지구들에서 벌어진 상인들과 대금업자들의 주택과 사무실에 대한 공격 등등은 쉽게 상기되는 사례들 중의 일부이다.169)

봉기 농민들은 정부와 지주의 권위의 물질적 상징물들을 공격하는 것으로만 기존 질서를 뒤엎은 것이 아니었다. 그들은 그 지배적인 반(半)봉건 문화를 훼손시키는 것을 통해서도 역시 그렇게 했다. 종교가 수많은 본질적 측면에서 그 문화를 가장 잘 표현하는 기호인 한, 농촌 엘리트에 대한 농민들의 도전에는 흔히 지배적 종교를 전유하거나 그것을 파괴하려는 시도가 포함되어 있었다. 사회의 높은 곳에 있는 자들이 볼 때

하층민이 자신들의 문화를 흉내 내는 일에는 항상 위험이 내포되어 있었다. 영국의 식민정책이 카스트 제도에 가한 자극 덕분에 하층 카스트들이 상급자들의 제의와 종교적 관용어들을 채용하여 자신들을 높이고자 한 산스크리트화 운동이 벌어졌으나, 그 운동이 상급자들의 저항에 부딪혀 상당한 사회적 긴장을, 심지어는 얼마간 실제의 폭력을 낳았던 경우들이 있었다. 사회적으로 평화로운 상황 하에서도 이런 일이 발생할 수 있는 것이라면, 농촌 지역에서 현존하는 권위 구조가 대중 봉기의 충격을 받고 무너지기 시작한 상황에서 자신의 문화와 관련해서가 아니라 자신의 적의 문화와 관련해서 자신의 정체성을 주장하려 한 서발턴의 충동 — 부정적 의식의 특징적인 표시 — 이 고조되었다는 것은 충분히 이해할 만하다.

  1855년의 싼딸 봉기는 이 현상을 분명히 보여 주었다. 힌두 지주들과 대금업자들에 맞선 격렬한 유혈 전쟁에 가담한 반란자들은 복수심을 갖고 힌두의 종교 행위에 몰두했다. 힌두교도들은 숭배 의식(뿌자)가 정신적 공덕에 기여한다고 생각하고 있었는데, 봉기 농민들도 그 뿌자의 어떤 형식들을 채택했다. 실제로 우리가 기록으로 갖고 있는 농민운동에 관한 바로 그 최초의 정보 보고서는 라즈마할로 가기 전에 "뿌자를 행하고 갠지스 강에서의 목욕 수행을 하게 될 장소"인 바니아그람으로 행진하려 했던 그들의 "의도"에 대해 말하고 있다.[170] 위기 덕분에 어느 정도 정신적 권위까지 부여된 그들의 지도자들의 행동에서 이러한 힌두 관용어는 뚜렷하게 또 상당히 일관성 있게 나타났다. 그래서 지방 지도자, 즉 람으로 불린 한 수령이 "뿌자를 거행하는 일에 빠져 있는 동안" 포로가 되었던 이유는 봉기 진압군이 그의 촌락에 접근해 들어와 포위했을 때 "그의 추종자들이 제지하거나 경고를 …… 전할 수 없었기" 때문이다.[171] 기록에 따르면, 까누 본인이 말했듯이 자신의 파우즈에게 유리한 결과를 가져다줄지 모른다는 생각에서 마헤쉬뿌르 전투가 벌어지고 있는 동안의 어려운 순간에도 "뿌자를 행했다."[172] 봉기의 공동

지도자인 그의 동생 시도는, 벵골의 힌두 젠트리가 그래 왔듯이, 거창한 방법으로 두르가 뿌자(Durga Puja)를 거행하려는 계획을 세웠다고 알려져 있는데, 그 가을 축제의 화려함과 규모는 힌두 젠트리들의 종교성뿐만 아니라 사회적 권위도 관습적으로 확인시켜주는 데 기여해 왔다. 또한 봉기 참가자들은 그 의식의 진정으로 힌두적인 성격을 확실히 보여주기 위해, 두 명의 브라만을 차출하여 그들로 하여금 정해져 있는 의식 절차들을 정확하게 그리고 최고로 순수하게 집행하도록 했다. 비르붐의 행정장관이 자신의 상관에게 말했듯이, "텔라보니에서 싼딸들은 시도 마지를 수바 타쿠르라고 부르는데, 그 시도 마지가 이끄는 5,000명에서 7,000명에 이르는 싼딸 무리는 그곳에서 세속적인 사업으로 자신들의 입지를 강화했으며, 또 그곳에 저수지를 파서 두르가 뿌자를 거행하기 위한 준비도 했는데, 이런 일들을 위해 그들은 그들이 약탈했던 타나 나굴리아의 촌락 중 한 군데에서 두 명의 브라만을 차출하여 억류했다."173) 힌두 엘리트들은 비천하고 "불결한" 부족 농민들이 그같이 공개적이고 열정적으로 힌두이즘을 인정한 것을 전복적인 것으로밖에는 생각할 수 없었다. 왜냐하면 지배 문화에 무단으로 가입하는 것은 모조리 힌두이즘에 위협적이라고 생각하는 것이 정말이지 그들의 지배의 필수적 측면이었기 때문이다. 뿌라나 문헌에서 상층 바르나처럼 다르마를 실행하는 수드라들의 모습이 깔리의 재앙적 도래에 대한 하나의 조짐으로 그려진 이유는, 또한 「라마야나(Ramayana)」에서 브라만들이 이 서사시의 기원이 되고 있는 영웅을 편들면서 삼부카(Śambūka)의 살해를 선동하고 여러 신들 역시 그것을 위대한 행위로 찬양한 이유는 바로 그 때문이다.174)

봉기 농민들은 지배 문화를 모방하는 것을 통해서만이 아니라, 더 직접적이고 극적으로는 모욕을 가하는 행위를 통해서 그 가장 중요한 측면에서, 즉 종교적 측면에서 지배 문화를 훼손시켰다. 독일에서의 농민전쟁은 이 특수한 형식의 전복에 관한 고전적 사례들을 제공했다.

독일에서는 1525년까지도 여전히 가톨릭교회가 으레 주요한 봉건 권력이었으며 대성당과 수도원을 통해서 부와 정치적 권위를 광범하게 누리고 있었다. 농민들에게 교회는 여느 세속적인 영주들 못지않은 적이었고, 그래서 1525년 봄 무기를 들고일어난 그들이 교회가 신성시한 관습에 도전하고 성물들을 모독하는 것을 거의 말릴 수 없었다. 그때는 사순절 단식 기간이었지만, 그들은 프로테스탄트처럼 행동했고 단식은 그들의 관심사가 아니었다. 그들은 거리낌 없이 먹고 마셨다. 로겐부르크에서는 술 취한 농민들이 교회 오르간을 파괴했고, 몽둥이로 성합(聖盒)을 때려 부쉈고, 성배와 그 밖의 성물들을 없애 버렸으며, 성의(聖衣)와 깃발을 찢어서 바지의 허리띠로 사용했다. 켐텐에서는 무장한 농민 부대가 장엄미사를 드리던 교회의 옆을 웃고 조롱하면서 행진했다. 그들은 성자들의 그림을 끌어내렸고, 아름다운 성모마리아 상의 머리를 톱으로 잘랐으며, 마리아의 팔에 안겨 있는 아이의 조각상을 박살 냈다. 정말이지 그들은 "신성시된 모든 것"을 엉망진창으로 만들었다(übten den grössten Unfug an allem aus, was man für heilig hielt).175)

인도에서 사원은 힌두교의 눈에 띄는 상징이었고, 또한 그 사원이 마침 현지의 힌두 지주 가족에게서 후원을 받거나 그의 거주 구역 안에 자리 잡았다면 흔히 그 지주의 위신을 드러내는 눈에 띄는 상징이었다. 사원 그 자체가 흔히 힌두 지주들과 힌두가 아닌 농민들의 갈등의 중심에 있었다. 사원에 들어갈 권리가 없던 것은 버사이트 <u>쁘라차라크</u>들이 자민다르에 대항하는 자신들의 선전 활동에서 중요하게 생각한 불만 사항의 하나였다. 그리고 문다 촌장이 자기 부하들을 출입이 금지된 추티아 사원 안으로 끌고 들어가 거기에서 무도회를 열고 성상들을 내던지고 모독한 것은, 요컨대 외지인들이 신성시한 이 예배 장소를 더럽힌 것은 봉기를 향한 결정적인 한 걸음을 내딛은 것이었다. 이 신성모독의 폭력은 당국자들에게도 효과를 발휘하여, 비르사에 대해 체포 영장을 즉시 발부하고 그의 체포에 현상금을 내걸게 했다.176)

이런 종류의 공격들은 그 행동에 가담한 농민이 마침 무슬림이었을 때에는 매우 특별한 의미를 가졌다. 왜냐하면 그 공격들은 농촌에서의 권력관계들에 영향을 미쳐 어떤 경우에는 그 권력관계들을 전도시키기조차 할 정도였지만, 이와는 별개로 흔히 계급투쟁을 종파적 충돌로 중층 결정하게 되었고, 또 그런 일은 식민 지배 아래의 인도 정치에서 다반사였기 때문이다. 사례들은 풍부하다. 말라바르에서는 젠미 지주들의 권위가 독점 상태에 가까운 그들의 토지 자산에서만이 아니라, 로건이 관찰했듯이 촌락 사원의 수탁자로서의 그들의 기능에서도 유래했고, 그래서 그곳에서는 19세기 내내 수많은 모쁠라 봉기들이 발생했을 때마다 사원들에 대한 공격과 모독이 나타났다.[177] 또한 벵골 동부의 일부 지역에서는 샤리아뚤라가 시작한 파라찌 운동이 힌두 자민다르의 폭정에 대한 소작인들의 저항 투쟁과 합쳐졌는데, 무슬림이 압도적 다수였던 그 소작인들은 소를 도살했다는 혐의로, 강제로 지주에게 소가죽 띠로 묶은 옷을 입고 집에 들어가게 했다는 혐의로 고발되었고, 하여간 어떤 경우에는 시바 신의 전통적 표상인 남근상(linga)들을 파괴함으로써 지주들의 집안에 있는 사적인 성소를 모독했다는 혐의로도 고발되었다.[178] 1837년 당시 다카 지구와 파리드뿌르 지구의 힌두 젠트리들 사이에서 확산된 놀라움을 전하고 있던 한 무슬림계 정기간행물에 이러한 능욕 행위들을 보도했던 어느 통신원은 겨우 몇 년 전 바라사뜨 봉기 동안 그가 목격했던 것과 크게 다르지 않은 폭력의 패턴을 떠올렸다. 두 신앙의 신성한 경배 장소들이 저 역사적 투쟁 중에 모두 공격을 당했던 것이다. 띠뚜의 이슬람 복벽주의에서 자극을 받았고 자민다르들의 억압에 저항하도록 띠뚜에 의해 추동되고 조직된 저 농민대중에게 테러를 가하기 위해, 강력한 힌두 지주 끄리슈나뎁 레이는 한 무슬림 마을을 습격하여 가옥 일부와 모스크를 불태웠다. 봉기 참가자들은 레이 본인이 거주하고 있던 촌락인 뿐라를 침공하는 것으로 앙갚음했다. 이 사건에 관한 공식 보고서는 이렇게 적고 있다. "자민다르들이 그들의 종교적 감정을 멸시했고 그들의 소를 빼앗아 보복했는데, 촌락의 공설 시장 터에서 소를 죽여 힌두 사원의 벽에 그 피를 뿌렸고 그 동물을 넷으로 잘라 사원 앞에 내걸고 조롱했다." 또한 그 보고서는 마치 그런 행동의 순수하게 상징적인 성격을 강조하려는 듯, "이때 그들은 곧바로 시장터의 상점에 진열되어 있던 물건들을 발견하여 그것들을 빼앗아온 것 이외에는 어떤 약탈도 저지르지 않았다"라고도 적고 있다.179). 이렇게 신성모독은 양쪽에서 각자의 상대방의 위신을 — 힌두 자민다르는 반란의 위신과 반란을 추동한 새로운 신앙의 위신을, 무슬림 농민들은 지주들과 그들의 상징과 낡은 기성종교의 위신을 — 훼손시키기 위해 이용되었다.

봉기의 바로 그 핵심에 있었던 것은 위신을 위한 이러한 싸움이었다. 전도는 그것의 주요한 양상이었다. 그것은 하나의 정치투쟁이었거니와, 거기에서 반란자는 자신의 적의 권력의 표지들을 전유했고 그리고/또는 파괴했고, 또한 그렇게 해서 자신의 서발터니티의 표식들을 폐지시키고자 했다. 그러므로 농민은 반란을 일으킴으로써 바로 그 성격상 부정적으로 구성된 프로젝트에 불가피하게 연루되었다. 농민이 반란을 수행하기 위해 꾸며 낸 "이름들, 구호들, 복장들"은 모두 그 적들에게서 가져온 것들이었다. 그것은 의심할 바 없이 권력을 향한 프로젝트였으나, 그 용어들은 농민이 뛰어든 봉기의 대상인 바로 그 권위 구조에서 유래된 것이었다. 따라서 농민은 "빌려온 언어" — 그 밖에는 알지 못했으므로 적의 언어 — 로 이야기했다. 맑스는 근대 유럽 최초의 부르주아 민주주의 혁명의 역설들을 언어와 유비시켰을 때, "이와 마찬가지로, 새 언어를 배운 초보자는 항상 그것을 모국어로 되돌려 번역했다"라고 말했다.180) 식민 인도의 반란 농민, 아대륙 민주주의혁명의 아직 어리고 서툴고 또 슬프게도 항상 패배한 선구자인 그 농민은 최초로 권력에 관한 바로 그 과목을 학습하기 시작했지만, 근대 부르주아와 공업 프롤레타리아와 진보적인 민주주의 이념이 출현하기 전인 이 시기에 그는 오직 그 과목을 그가 태어나서 경험했던 반(半)봉건적 정치 언어로 되돌려 번역함으로써 만 학습할 수 있었다. 역사적으로 필연적인 이 부정적 의식의 발휘는 그 일반적 형식에서는, 마누가 경고했듯이, 하층(아다라)를 상층(우따라) 로 바꾸는 전도의 과정으로 나타났다.

제3장 모호성

"세상을 뒤집어엎는 것"은 농민 봉기 폭력의 필요조건이지만 결코 충분조건은 아니다. 모든 봉건적 형태의 사회에는 기아와 굴욕에 내몰려 세상을 뒤집어엎으려는 듯이 폭력 행위를 저지르게 되는 개인들과 소집단들이 언제나 존재해 왔다. 이 행위들은 거의 항상 그 사회의 지배자들에 의해 "범죄"로 명명되었다. 예컨대 스므리띠(Smrtis) 문헌에서 처벌(단다)을 받아야 한다고 규정된 많은 위반 행위들은 현존하는 복종의 규범들을 전복하는 것인 한에서 범죄가 되었다. 심지어 영국이 아대륙에 상대적으로 더 근대적인 법제도를 도입한 후에도 촌락 차원의 정치적 배치들은 많은 경우 예전처럼 존속했고, 그래서 지방 엘리트들은 상급자의 언어, 옷, 운송 수단, 그리고 그 밖의 신분적 상징들을 이용했다는 이유로 하층계급과 하층 카스트의 구성원들을 징벌할 수 있는 자신들의 전통적 권리를 아무 탈 없이 계속 행사할 수 있었다. 차마르가 라즈푸트처럼 말한 것, 바레이아가 빠띠다르 부족처럼 터번을 자랑한 것, 발라이가 분델라 촌락을 말을 타고 지나간 것, 농민이 자신의 지주를 보고서도 평상에서 일어나 내려오지 않은 것[1] — 이 모든 것들은 전도 행위로 간주되어 가혹한 처벌을 받았다. 이와 마찬가지로, "사냥감이 고형(固形)

의 토지 재산 본위제에 기초하고 있던 계급의 특수한 통화였던" 18세기 잉글랜드에서 밀렵은, 토지 귀족의 눈으로 볼 때, "특별히 가치 있는 종류의 사회적 자본을 훔치는 것일 뿐만 아니라 그 화폐가치를 저하시키는 것"이었다. 왜냐하면 그것은 하층계급이 특권 신분의 독점적 상징물로 간주되었던 음식과 스포츠를 젠트리와 공유할 수 있게 되는 것이었기 때문이다.2) 따라서 자신들의 이해관계에 맞춰 "법의 지배"를 휘두를 만큼 여전히 강력했던 토지 귀족은 신들의 음식이 낙오한 개들에 의해 더럽혀지지 않도록 하기 위해 자신들의 권위를 행사할 필요가 있다고 여겼다. 1723년의 가혹한 깜둥이 처벌법(Black Act)* (조지 1세 9년, c. 22)은 비상사태를 구실로 밀렵이라는 "오래된 위반 행위"와 그것이 초래한 "권위의 전위(轉位)"에 동시에 대처하기 위해 제정된 법률이었다.3)

따라서 처벌 수단을 지배하는 자들은 자신들의 권력의 물질적 기초만이 아니라 자신들의 위신까지도 방어할 수 있을 만큼 범죄 규정을 넓히려는 경향이 있는 반면, 이와는 반대로 인도와 그 밖의 다른 곳에서 더 대담한 범법자들은 법을 위반하는 것은 물론 모욕까지 가하면서 권위에 도전했다고 알려져 왔다. 19세기 벽두에 나디아의 유명한 강도단 단원인 시베이샤니는 한 촌락 주민이 그를 급습해 정체를 밝히라고 요구하자 "니 애비다!" — 인도어법으로 "이 호래자식아!"를 완곡하게 표현한 것 — 라고 대답했다. 체포된 그는 그가 벌인 강도질에다 그를 체포한 상급 카스트 지주를 모욕한 죄 — 말로 하는 복종의 코드를 심각하게 위반한 죄 — 가 덧붙여져 대가를 치렀다. 그는 양팔의 앞쪽이 잘려 피를 많이

---

* 18세기 초반 조지 1세가 통치하던 시기에 윈저 숲과 햄프셔 동쪽 및 동남쪽 삼림 지역에 출몰하던 사슴 밀렵꾼들을 처벌하기 위해 만들어진 법. 주로 밤에 변장하고 무장한 채 밀렵하거나 산적질을 했고 때로는 낮에 공원 같은 곳에 나타나 사람들을 위협하기도 했던 밀렵꾼들은 얼굴에 검은 칠을 했기 때문에 "깜둥이들"이라고 불렸다.

흘리다 죽었다.4)

그러나 범죄가 낳은 전도의 모든 경우에 복종의 코드들에 대한 그같은 노골적인 정면 공격이 포함되어 있었던 것은 아니다. 알려져 있다시피 더 강력한 범죄자들 중 일부는 법과 질서를 수호하는 세력들을 고귀하신 적들로 취급하는 기사도의 방책을 통해 그런 일을 실행했다. 우따르 쁘라데쉬의 전설적인 산적 술타나는 당국자들을 냉정하게 무시하면서도, 자신과 자신의 일당을 분쇄하기 위해 설치된 강도소탕특수경찰대가 시작한 군사행동에 대해 처지가 비슷한 자들끼리의 전투라는 수사를 갖다 붙일 만큼 유머와 친절함과 심지어 기사도 정신까지 갖고 있었다. 그는 결국 붙잡혀 교수형에 처해졌다. 그를 잡기 위해 벌인 경찰의 전쟁을 계획하고 이끌었던 작은 지휘부의 일원인 짐 코벳은 술타나의 경력에 관한 자신의 설명을 다음과 같은 대단한 찬사로 끝맺었다.

사회는 범죄자들로부터 보호 받기를 요구하는데, 술타나는 범죄자였다. 그는 이 나라의 법으로 재판을 받았고 유죄가 선고되어 처형되었다. 그런데도 나는 3년이라는 긴 시간 동안 정부의 힘을 무기력하게 만든, 그리고 그의 용맹스런 태도로 인해 사형수 감방의 간수들로부터 존경을 받은 그 작은 사나이를 크게 칭송하지 않을 수 없다. 나는 재판부가 술타나에게 수갑과 족쇄를 채워 사람들에게 공개함으로써 그가 잡히지 않았을 때 그의 이름을 듣는 것만으로도 몸을 떨었던 자들에게 조롱거리가 되게 하라고 요구하지 않기를 바랐을지도 모른다. 나는 또한 그가 더 관대한 판결을 받기를 바랐는지도 모른다. 그가 태어날 때부터 범죄자라는 오명을 뒤집어썼고 그에게는 공정한 기회가 없었다는 것 이외에, 권력을 손에 쥐었을 때도 가난한 사람들을 억압하지 않았다는 것 이외에, 내가 보리수나무까지 그를 추적했을 때 그가 나와 내 동료들의 목숨을 살려 주었다는 것 이외에 다른 아무런 이유도 없다. 그는 칼이나 권총으로 무장하지 않고 수박을 손에 든 채 프레디[강도소탕특수경찰대 대장 프레디 영]을 만나러 갔다는 것을 마지막 이유로 말해 두자.5)

이 이야기보다 범죄가 지닌 전도 기능을 더 웅변적으로 말해 주는 것은 없을 것이다. 이 사례에서 범죄자는 반란의 궁극적인 목표를 아주 완전히 달성했고 세상을 철저하게 뒤집었으므로, 질서의 수호자들이 보기에도 그는 범법자에서 자태를 전환하여 영웅이 된 자였고, 그래서 그의 경력은 더 이상 범죄의 경력이 아니라 용기와 인간성의 경력으로 기억된 것이다.

이런 종류의 전도 기능은 농민 봉기에, 그리고 (전부는 아니더라도) 어떤 부류의 범죄들에 공통적이다. 그러나 이 두 가지 타입의 폭력은 한 가지 중요한 점에서 분명히 구별된다. 범죄와 달리 농민반란은 필연적으로, 또한 변함없이, 공적이며 공동체적인 사건이다. 일반화해서 말하면, 범죄자와 봉기 참가자는 그 성격상 음모적인 (또는 비밀스런) 것과 공적인 (또는 공개적인) 것의 관계, 또는 개별적인 (또는 소집단적인) 것과 공동체적인 (또는 대중적인) 것의 관계와 똑같은 관계에 있다고 할 수 있다. 달리 말하자면, 범죄와 봉기는 두 가지 아주 다른 폭력의 코드에서 나오는 것이다.

농민 봉기의 초기 단계에서 관찰자들이 두 코드의 차이를 언제나 쉽게 감지하는 것은 아니다. 관찰자들은 "정상적" 조건 하에 있는 사회에 대항하는 모든 폭력의 기호들을 범죄로 읽는 것에 익숙하고, 그래서 처음에는 이미 하나의 코드에서 또 하나의 코드로 전환해 버린 폭력에서 일련의 동일한 기호들을 읽는 경향이 있다. 범죄에서 반란으로의 이동이 아직 완전히 이해되는 것은 아니기 때문에, 폭력의 강도와 빈도의 증가를 법에 대항하는 개별 범법자들의 주도권에서 비롯되는 것이 아니라 소수 범인들의 음모에서 비롯되는 것으로 보고 그 증가 현상을 오로지 양적인 측면에서만 해석하는 경향 — 봉기가 발생했을 때 당국자들에게서 거의 보편적으로 나타나는 경향 — 이 존재하는 것이다. 따라서 봉기는 음모가 낳은 더 큰 타입의 범죄로 오인된다.

음모 이론은 수많은 인도 농민 봉기에 대한 관변의 반응에서 두드러지게 나타난다. 대부분의 경우, 농민은 스스로 주도권을 갖지 못하며 그저 주인의 도구일 뿐이라는 단순한 가정 위에서, 이런저런 농촌 엘리트 집단의 구성원들에게 음모가의 혐의가 씌워진다. 알려져 있다시피, 적어도 악명 높은 폭군 한 명은 바로 그 같은 엘리트적인 가정을 교묘하게 이용하여 모든 법적 처벌 규정에서 벗어났다. 동인도회사의 수세(收稅) 도급인 데비 싱하의 압박은 1783년에 벵골 북부 농민들을 폭동에 나서도록 내몰았지만, 그자는 "이 해에 자민다르들이 고의적으로 자기들의 수입을 감췄기 때문에 그들이 농민들의 봉기를 부추겼던 것"이라고 자신을 변호했다.6) 그는 가볍게 풀려났다. 날카롭고 예민한 관료 집단이 어떻게 이런 종류의 사건을 조사하고 음모 탓으로 돌릴 수 있었는지에 관해서는 어느 관료 한 명이 띠뿌 미르의 최종적인 패배와 반란 요새의 함락을 가져온 1831년 11월 19일의 군사행동에서 그 자신이 한 역할에 관해 쓴 보고서를 보면 알 수 있다. "이 달[즉 1831년 11월] 20일에 나는 혹시 음모 같은 것이 있겠다 싶어서 정부가 그런 음모를 밝히는 데 유용할지 모를 서류들을 찾으러 요새로 갔다."7)

"음모를 밝히는 것"은 또한 주요 관리들이 1831~32년 꼴 반란에 보인 본능적 반응이었다. 그들은 그 반란에서 지역 수장의 처사(處事)를 알아챘다. 관리들 중 하나가 기록한 바에 따르면, 초따 낙뿌르의 마하라자 (maharaja)*는 "마하잔들을 즉시 추방하고 그들의 집과 서류와 재산을 파괴하는 것이 그들을 청산하는 가장 손쉬운 방법이라고 생각했을 것인데, 알려지기로 그는 그 마하잔들 중 다수에게 상당한 부채를 지고 있다고 한다."8) 정부도 나그밤시**가 자신들의 적들 — 쏘드들 — 의

---

* 토후국의 왕 또는 토후.
** 초따 낙뿌르를 지배한 힌두 마하라자 가문.

적인 꼴에 대해 (공모한 것은 아니지만) 동정심을 가졌다는 것을 의심하지는 않았지만, 꽤 철저하게 이루어진 정부의 조사로도 그 같은 엘리트의 개입에 관한 어떤 직접적인 증거는 내놓을 수 없었다.9) 1855년 7월 싼딸 반란의 발생은 어떻게 지배 체제가 일이 터질 때마다 흔히 음모이론을 잡으려고 손을 뻗치는 경향이 있었는지를 다시 한 번 보여 준다. 반란이 발생한 지 처음 2주일 동안 현장에 있었던 첩자들로부터 캘커다 당국자들이 받은 보고들은 숨어 있는 손들이 잡아당기는 보이지 않는 끈들을 암암리에 — 아니 그보다는 오히려 히스테리컬하게 — 시사했다. 보고에 의하면, 반란은 "분명히 계획되고 협의된 것"이었고 또 "오랫동안 구상되고 잘 조직된 것"처럼 보였기 때문에, 그리고 "싼딸들은 대개 세상에서 가장 겁이 많은 인간들인 데다 경찰을 지독히 두려워했기 때문에", "이 모든 일은 다른 누군가가 부추긴 것"이고 "그들은 거기에 말려들었다"는 것이다.10) 심지어 확인 가능한 음모가의 이름이 한 군데에서 등장했다. 그 모든 혼란의 근저에는 이전에 신드의 아미르(Amir of Sind)*로 불린 미르 압바스 알리가 있는 것으로 의심받았다. 그러나 공식 조사가 곧 확인한 바와 같이, 봉기 직후인 1855년 봄에 그가 봉기의 영향권 하에 있는 지역에서 수많은 싼딸들을 몰이꾼으로 소집한 것은 반란을 위해서가 아니라 사냥에 대한 열정 때문이었다. 정부는 "미르 압바스 알리 칸이 이 봉기와 무관하다는 것"에 대해 만족했다.11)

반란을 범죄로 오인하는 것은 음모 이론의 특징적 형식인데, 이를 정신적 습관의 문제라고 할 수만은 없다. 첫눈에 봐도 폭력의 모습이 변했는데도 그 변화된 모습을 인정하지 않으려는 사고의 무력증은 농민 폭동을 낳게 되는 범죄행위의 가파른 증가로 인해 심해지는 경우가 흔하다. 양이 다시 한 번 질을 속이는 것이다. 알려져 있다시피, 농촌 폭력 발생의 급작스런 증가는 인도에서의 가장 대규모적인 어떤 봉기들

---

* 무함마드의 자손, 또는 아랍이나 아프리카의 토후, 족장, 총사령관.

을 예고하는 것이었다. 싼딸 봉기와 그에 앞선 범죄의 파고 사이의 연관은 벵골 부총독이 봉기 발발 3개월 후에 1855년 10월 19일자 자신의 비망록에서 다음과 같이 언급했을 만큼 충분히 명백했다. "나는 의심할 여지없이 현재의 소요가 이른바 1854년의 강도 행각들과 **밀접한 연관을 갖고 있거나**, 더 정확히 말하면 그 강도 행각이 **사실상 현재의 봉기의 출발**이었다고 생각한다."12) 우리는 여기에서 범죄에서 반란으로의 이동에 대한 분명한 인식을, 폭력의 코드를 바꾸게 만든 과정에 대한 농민의 적의 통찰을 보게 된다. 애석하게도 관료적 관점에서 나온 그 통찰은 충분히 빠른 것은 아니었다. 왜냐하면 그 과정은 실제로 1852년 이래 진전되어 갔고, 그 한 해에만 비르붐과 반쿠라 두 지구에서의 강도 행각은 각각 89퍼센트와 58퍼센트까지 증가했으며, 그 직후 두 지구 모두 봉기에 휩쓸렸기 때문이다.13) 1855년에 불타오르게 될 또 다른 지구인 바갈뿌르에서는 그 이전 해에 12건의 집단 강도 행각이 저질러져 123명이 체포되고 74명이 유죄판결을 받았다. "몇 년 동안 그 같은 폭력 행위들을 전혀 알지 못했던 관할구역 안에서 그토록 많은 강도 행각들이 급속하게 잇달아 발생했다는 것은 놀라움과 두려움을 촉발했다"14) 1854년 바갈뿌르의 경찰 보고서에서 인용한 이 발언은, 말하자면 애매하게 겹치는 코드들을 모호하게 횡단하는 그 폭력의 정체를 확인하는 일이 당시의 관찰자들에게 대단히 어려웠다는 것을 보여준다고 할 수 있다. 현재 진행되고 있는 사건들에 너무 근접해 있던 경찰 감독관은 저 부총독으로 하여금 범죄를 반란의 전조로 이해하게 만든 뒤늦은 지혜의 이점을 누리지 못했던 것이다.

얼마간 비슷한 패턴의 "예비적 소요"는 20년 후 마하라슈트라에 있는 뿌나 지구와 아마드나가르 지구의 농민 봉기에서도 볼 수 있었다. 그곳에서는 1875년에 실제로 폭동이 일어났고, 그 전의 한 해 동안에는 농촌 폭력이 잇따랐다. 줄기차게 마르와리 대금업자들을 겨냥한 이 폭력은 데칸폭동대책위원회가 명백한 "사회적 무법 행위"라든가 "사소한 괴롭힘"이라고 불렸던 것들에서부터 뿌나와 나가르 서쪽의 구릉지에서 꼴리 무법자들이 벌인 강도 행각에 이르기까지 광범한 것이었다.15) 이러한 인도의 경험들과 1830년 잉글랜드 농업 노동자의 운동 — "스윙"으로 널리 알려져 있는 — 은 여기에서 약간 언급해도 될 만큼 밀접한 유사성을 보여 준다. 홉스봄은 노퍼크라는 특정한 주(州)에서는 1830년 이전의 6년 동안 최소한 30퍼센트까지 범죄율이 증가했고, 스윙 운동이 벌어진 거의 모든 지역인 22개 주에서는 운동이 발생하기 전인 1829년에 엄청나게 범죄가 증가했으며, 또한 모든 농촌 범죄 중에서 가장 고약한 밀렵의 발생률은 "1830년 봉기 직전의 몇 년 간 특별히 가파른 증가"를 보여 주었다.16)

이와 같은 통계는 대개 자신의 생존 조건에 대한 농민의 인내심이 한계에 도달했음을 지시한다. 빈곤은 인도의 정부 기관 모두가 인정하지 않을 수 없는 — 비록 그것을 법과 질서의 문제로 인정하는 것이지만 — 사항이다. 영국은 식민 시기의 그 처음부터 빈곤에 주목하지 않을 수 없었다. 벵골의 어느 지방 관리는 1771년 봄에 소작인들 중에서 가장 정직한 사람조차 배고픔을 못 이겨 산적질에 나서는 것을 보고 이렇게 말했다. "이제까지 이웃들 사이에서 가장 평판이 좋았던 농민들 다수가 생계를 확보하기 위해 이 최후의 수단을 따르고 있다."17) 뒤이은 벵골 대기근은 굶어 죽는 촌락 주민의 수만이 아니라 산적의 수도 극적으로 늘렸다.18) 또한 1792년에 또 다른 지방행정관은 자신의 관할 지구에서 "강도질이 증가한" 원인 중의 하나로 "지난해의 식량 부족"을 언급했다.19) 그 이후에 남아 있는 식민 지배 150년과 그 뒤를 이은 상속 정권 아래서의 30년 이상 동안, 농촌에서의 굶주림과 폭력 사이의 이러한 인과관계에는 의미 있는 변화가 거의 없었다. 그러므로 독립국 인도의 한 고위 경찰관이 이 나라 내무장관의 서문을 달아 공표한, 반자라 싱의 험난한 삶과 총격 사망에 관한 보고서는 여전히 오늘날의 역사의 빠뜨릴 수 없는,

또한 거짓 없는 일부인 것이다.

반자라 싱은 참발 강 지역의 유력한 강도단의 지도자로 성장하게 된 양치기 소년이었다. 그의 아버지는 가난한 농부였는데, 작은 땅뙈기의 반을 저당 잡히고 양 떼를 팔고 사후까르에게서 돈을 빌려 — 모두 딸의 결혼 비용을 위해 — 더욱더 가난해졌다. 그 뒤 그는 죽었다. 반자라 싱의 적과 그의 전기 작가의 증언에서 알 수 있듯이,

> 반자라 싱의 생애의 전환점은 그의 아버지의 죽음이었다. 그는 망자의 장례식과 관련하여 효자로서의 의무를 다하기 위해 땅을 처분했다. 사후까르는 빌린 돈을 갚으라고 강력하게 요구했다. 반자라 싱은 갚을 돈이 없었다. 사후까르는 욕을 해 대며 질책했다. 그 젊은이는 처음에는 말을 안 했으나 나중에는 똑같이 욕을 해 대며 대꾸했다. 이때 사후까르는 막대기로 반자라 싱을 때렸다. 막대기로 처음 한 대를 맞자마자 반자라 싱은 거칠어졌고 곤봉으로 그를 폭행했다. 사후까르는 도망쳤다. 그날 밤 반자라 싱은 몰락한 자기 집과 반쯤 황폐해진 촌락을 떠나기로 결심했다.[20]

범법자들 다수의 이력은 인도의 모든 농촌에 펼쳐져 있던 거의 동일한 상황 속에서 시작된다. 반자라 싱이 살고 있던 지구처럼 만성적 빈곤에 시달리던 지역들이 있고, 그 지역들에서는 수백 년 동안 농촌 젊은이들이 하나의 직업으로서 강도질을 하기 위해 황폐해진 촌락과 굶주림과 예속 노동에서 빠져나오고 있었다. 현재도 식민 입법이 "범죄 부족"(1952년 이후 명목상으로는 없어졌으나 사회적 관습으로는 여전히 남아 있는 오명)로 낙인 찍은 인구 통계학상의 대중이 존재하는데, 그렇게 분류되어 왔다는 바로 그 사실 이 범죄를 그들에게 남아 있는 유일한 생계 수단으로 만들어 온 것이다. 로다들은 벵골 서부에 있는 그 같은 농촌 빈민 집단이다.[21] 숲 속에서 거주하는 그들은 전통적으로 사냥을 하거나 덫을 놓거나 정글에서 먹을 것과 땔감을 모아 생계를 유지해 왔다. 그러나 토지 욕심과 출생률 증가가 결합되어 미드나뿌르의 삼림이 점점 더 논과

촌락으로 바뀌게 되면서, 자민다르와 사르까르는 그들의 생계의 원천인 정글을 그들에게서 빼앗아 버렸다. 그렇게 자신들 생계의 주요한 원천이 박탈된 로다들은 19세기가 끝날 무렵 강도와 도적질을 거의 부업으로 삼았다. 그러자 1916년에 그들을 공식적으로 "범죄 부족"으로 명명함으로써 그들에게 새로운 정체성을 덧씌운 법의 조치가 있었다.

    로다들은 농사를 짓기보다는 죄를 짓게 되었다. 농사일에서는 그들이 할 일이 아무것도 없었기 때문이다. 그들에게는 토지가 거의 없었다. 다섯 군데의 미드나뿌르 촌락에 거주하는 100가구의 토지 보유에 관한 연구가 보여 주는 바에 따르면, 평균 4.8명의 식구가 있는 로다 한 가구가 0.65에이커, 즉 일인당 0.134에이커의 토지를 소유했다. 조사 대상 가구 중 57퍼센트에게는 토지가 없었고, 20퍼센트는 1에이커 이하의 토지를 소유했고, 17퍼센트는 1에이커 이상 4에이커 미만의 토지를 소유했다. 로다 농민이 일생의 대부분을 굶주려 지냈다는 것은 놀랄 일이 아니다. "쌀 한 톨 없이 7, 8일을 계속 굶은 …… 몇몇 가구가 조사 과정에서 발견되었는데, 그들은 …… 야생초 줄기에 …… 전적으로 의존했다." 또한 어느 촌락에서는 "수많은 가구들이 …… 하루 종일 굶거나 전혀 먹을 것이 없었다. 이는 이곳의 로다의 삶에 공통적인 현상이다. 어린아이들조차 계속 굶주리고 있다. 때때로 어린아이들이 먹을 수 있는 크고 작은 과일과 잎사귀들을 얼마간 모아서 굶주림의 시기를 이겨나가는 것을 볼 수 있다. 필자는 어느 여자가 배고픔을 이기지 못해 한 줌의 흙을 삼키는 것을 보았다." 바로 이 여성이 결국 범죄에 빠졌는지 우리는 알 길이 없다. 그러나 이 사실들이 실린 음울한 논문의 필자는 체포되어 처벌된 또 다른 여성에 대해 우리에게 이야기한다. 그녀는 4명의 자식이 달린 과부였고 그 자식들을 먹여 살릴 유일한 길은 음식을 훔치는 것, 아니면 팔 수 있거나 음식과 바꿀 수 있는 물건들을 훔치는 것이었다. 어린아이들 역시 똑같은 방법으로 스스로 먹을 것을 구해야 했다. 10살짜리 소녀는 절도죄로 경찰에 체포되었다.

그 여자 아이는 "이틀을 굶주렸기에 [한 개의] 놋쇠 컵을 훔쳐 시장에서 팔아 얻은 약간의 돈으로 얼마간 먹을 것을 구할 수 있으리라는 유혹에 빠졌던 것이다."

홉스봄은 1830년의 잉글랜드 농업 노동자는 빈곤에서 탈출하기 위해 저지른 두 가지 종류의 범죄를 구별했다고 지적한 적이 있다. 노동자는 "범죄에서 — 노동자 스스로 범죄라고 생각한 범법 행위의 대부분을 차지했던 행위, 즉 감자나 순무 따위를 단순히 훔치는 행위에서, 그리고 범죄라고 생각하지 않은 밀렵과 밀수 행위에서 — 빈곤의 구제 방법을 찾을 수 있었다."[22] 배고픔은 미드나뿌르의 로다들에게 그 같은 섬세한 도덕적 구별을 치워 버리게 했다. 부모들은 가족을 먹여 살려야만 하고, 그런데 범죄가 일상적인 소비품을 얻을 수 있는 유일한 수단이라면, 도덕성은 범죄자가 결정할 일인 것이다. 법정에서 처벌받은 로다는 친족들로부터 범법 행위를 했다고 질책당하기는커녕 흔히 훌륭한 사람으로 간주되었다. 위에서 언급한 보고서를 다시 인용하자면, "몇몇 경우에 범죄자들의 아내들은 자기 남편들을 순진하고 흠 없는 사람들이라고 옹호했다. 그녀들은 남편들이 무엇을 잘못했는지 도무지 모르겠다고 강하게 주장했다." 실제로 로다의 범죄 통계에서 가난한 가장들의 수가 압도적이다. 범죄자 명단에 오른 이들 중 180명을 뽑아서 만든 표본에서 82.2퍼센트에게는 전혀 토지가 없었고, 12.2퍼센트에게는 1에이커 이하, 5.6퍼센트에게는 2에이커 이상의 토지가 있었다. 한편 바로 이 사람들 중 9.4퍼센트는 가구당 1~3명의 소가족에 속해 있었고, 46.7퍼센트는 가구당 4~6명의 중가족에, 31.1퍼센트는 7~9명의 대가족에, 그리고 12.8퍼센트는 가구당 10명 이상의 거대 가족에 속해 있었다. 이렇듯 대다수의 로다 범죄자들은 부양해야 할 식구 수는 최대한이었으나 먹을 것은 최소한이었던 사람들이다. 배고픔과 범죄 사이의 연관을 아주 분명하게 보여주는 것은 자신들이 침입한 집에서 손에 움켜쥘 수 있는 것이라면 무엇이든지 빼앗아 가능한 빨리 먹을 것과 교환한 로다들의 관행이다. 게다가

제3장 모호성 115

그들에게는 집을 터는 동안에 곧바로 먹을 수 있는 음식이 나오면 무엇이든 그 자리에서 먹어 버리는 관행도 있었다.

필사적으로 먹을거리를 찾기 위해 저질러진 이러한 성격의 범법 행위들은 미드나뿌르의 로다들에게만 한정된 것은 아니다. 이런 행위에는 그들의 문화에 또는 그들이 속한 지역에 특유한 것이 전혀 없다. 그 같은 법의 무시는 도처에서 찾아볼 수 있는, 빈곤에 대한 저항의 전통에서 비롯된다. 그 전통은 적어도 식민 시기 동안 당국자들 스스로 인정한 것이었다. 이는 1852년 저지대 지방에 관한 경찰 보고서의 내용에서 전형적으로 드러나는데, 보고서 내용은 심각한 가뭄에 뒤이은 곤궁의 직접적인 결과로 비르붐 지구의 강도단 수가 지난해보다 100퍼센트가량 급증했음을 말해 주고 있다.

> 강도들의 범법이 현저히 증가한 것으로 보인다. 그러나 여기가 1851년의 강우 부족으로 인해 주민들이 고통을 가장 크게 받은 지역들 중 하나라는 점, 그리고 이 농촌은 본래 이러한 범법 행위와 범법자들의 도주를 위해 방대한 편의를 제공하는 곳이라는 점을 유념했다면, 그런 결과는 예견될 수 있었을 것이다.[23]

식량 결핍을 범죄의 원인으로 인정하는 것은 아대륙의 많은 다른 지역들에 관한 행정 문서들에서도 나타난다. 예컨대 우따르 쁘라데쉬의 일부 지구들의 경우, 행정 당국은 강도 행위를 "분델라 라즈푸트가 곤궁기에 힘들 때 항상 되돌아가는 범죄 유형"으로 보았다.[24] 1860년대 말 가뭄과 식량 결핍의 시기 동안에 나타난 우따르 쁘라데쉬의 기근 상황과 범죄 발생 증가 사이의 연관은 프레데릭 헨비가 기록해 놓았다. 그는 "기근 시기에 재산에 대한 범죄 수의 증가는 대개 예상할 수 있는 일"이며, 나아가 1867년을 기준 연도로 삼을 때 1868년과 1869년에 강도 행각은 각각 175퍼센트와 214퍼센트, 약탈은 각각 158퍼센트와

185퍼센트, 가옥 무단 침입은 각각 124퍼센트와 170퍼센트, (가축이 아닌 다른 물건의) 도둑질은 각각 118퍼센트와 171퍼센트 증가했음을 보여 주었다.[25]

또한 남부의 경우, 데이빗 아널드는 이 주제에 관한 탁월한 연구에서 기근과 결핍과 고물가가 19세기 말과 20세기 초 마드라스 관구에서 "가장 손쉽게 확인할 수 있는 강도 발생 요인"이 되었음을 보여 주었다. 그 상관관계는 정말 명백한 것이어서 행정 당국은 그것을 "재난 상태의 진정한 지표" — 궁핍의 일반적 정도를 가늠하는 일종의 지역적 척도 — 로 믿게 되었고, "경찰의 감찰총감은 자신 연간 범죄 보고서를 언제나 당해 연도의 강우와 곡가 일람표로 시작했다."[26] 서부에서도 역시, 19세기에서 20세기로 넘어갈 때 발생한 기근으로 인해 황폐해진 구자라트에서 구휼 활동을 책임졌던 어느 젊은 인도 문관이 다음과 같이 목격했듯이, 굶주림은 흔히 농민을 강도단 단원으로 만들었다.

나는 가장 가까이에 있는 철도에서 몇 마일 떨어진 어느 작은 촌락의 변두리에 며칠간 캠프를 설치했다. 식량은 지역 본부들에서 기차 편으로 보냈다. 어느 날 보급품 전체(사실은 빵 여덟 덩어리)가 나의 캠프로 오는 도중 약탈되는 일이 벌어졌다. …… 경찰은 그 일을 도가 지나치게 부풀렸다. 3일 후, 하나같이 피골이 상접한 다섯 명의 꼴리들이 강도죄로 재판을 받기 위해 내 법정으로 송치되었다! 그들은 전혀 뉘우치는 기색 없이 말했다. "우리는 3일 연속 아무것도 먹지 못했다. 우리의 위는 배고픔으로 타 들어가고 있었다. 우리가 온갖 먹을 것을 보고서도 먹지 말았어야 한단 말인가?" 정말이지 어떻게 그들이 저 온갖 먹을 것을 내버려 둘 수 있었겠는가? 하지만 어떻게 내가 그들을 처벌하지 않고 보낼 수 있겠는가? 그래서 나는 경찰이 제시한 증거에 약간 손질을 가해 그 범법 행위를 강도질이 아니라 절도로 규정했다. 그런 후 나는 그들에게 1일간의 구류와 1인당 반 루삐의 벌금형을 선고했다. 이것이 내가 재판 기록부에 등록한 판결이었지만, 나는 이 일 전체에 관해 매우 당혹감을 느껴 그들에게 말했다. "자

가거라. 너희들은 석방이다. 다시는 훔치지 마라." 벌금은 내가 냈다.27)

이 일화에는 앞에서 언급한, 기아로 인한 다양한 범죄 사례들의 유사성 그 이상의 것이 있다. 그것은 분명히 동정심이 있었던 그 젊은 관리가 판결을 내려야 했던 그 행위의 양가성(ambivalence)을 규정하는 데 도움을 준다. 그 행위는 인도의 형법 코드에 따라 해석되고 처벌되어야 할 범법 행위였는가, 아니면 최소한의 생계유지를 가장 중요한 권리로 인정하는 사회적 도덕성의 코드에 의해 정당화될 수 있는 것이었는가? 재산에 대한 폭력이 법정에 회부되어 젊은 관리로 하여금 이 질문에 대해 반쯤은 이런 코드와 관련하여 대답하게 만들고 반쯤은 저런 코드와 관련하여 대답하게 만들었을 때, 그 같은 폭력의 형식은 명백히 코드들을 바꾸고 있었다.

물론 법과 질서의 수호자들 모두가 구자라트의 젊은 관리처럼 양심적이지는 않을 테지만, 농촌 빈민의 저항은 농민이 주민의 대다수를 차지하는 모든 사회에서 이런 종류의 딜레마를 지배자들에게 가져다주기 마련이다. 깜둥이들로 널리 알려진, 신비스러운 존 왕*의 "규율 잡힌 사회적 반란자" 무리는 1723년 잉글랜드의 한 지역을 지나면서 사악한 젠트리들을 상대로 "인민재판을 집행했는데", 이들은 불가피하게 자신들과는 직접 관계가 없었던 밀렵이나 밀수 등의 수많은 "자유행동들"을 촉진하게 되었다. 그러나 톰슨이 지적하듯이, "하나같이 희미한 시야 안에 있던 당국자들이 보기에 이 행동들 모두는 당연히 깜둥이들의 불법행위였다."28) 이 희미함이 재현하는 것은 낯익고 편리한 코드에 따른 분류법이다. 권력을 가진 자들이 깜둥이들의 행위와 다른 사람들의 행위를 구분하지 않는 것은, 또한 두 종류의 폭력을 모두 범죄 — 권력자들이 어떻게 다루어야 하는지를 알았던 그런 코드 — 로 한데 뭉뚱그리는 것은

---

* '깜둥이들'이 자신들의 지도자를 부르던 이름.

분명 편리한 일이었다.

그러나 의미심장하게도, 폭력에 대한 농민 자신의 인식을 특징짓는 것 역시 차이에 대한 "희미함"일 수 있고 또 흔히 그러하다. 그 희미함은 농민에 의해 거꾸로 작동한다. 농민의 적들 — 지주, 대금업자, 관리 — 에게는 법에 대한 모든 형식의 도전들을 범죄로 뭉뚱그리는 경향이 있는 반면, 농민에게는 그것들을 완벽하게 정의로운 — 심지어는 명예스런 — 사회적 저항 행동으로 한데 뭉뚱그리는 경향이 있다. 두 관점 모두가 이런 종류의 폭력의 기호들을 저런 종류의 폭력의 기호들로 해석하는 한, 그 둘 모두는 아띠데쌰의 지배를 받는다. 그러나 그 두 관점들은 반대 방향에서 그렇게 해석한다. 따라서 그 둘은 극단적으로 대립적인 조건 아래서 너무 광범하고 너무 일반적인 범주상의 대립을 낳게 되어 두 개의 양립 불가능한 이론들 간의 충돌에 이르게 된다. 1927년 후난 봉기에 대한 묘사에서 모순적으로 사용된, "끔찍하다(terrible)"와 "근사하다(fine)"라는 반의어에 관한 마오쩌둥의 성찰은 농민 폭동의 결과로 그같이 상호 적대적인 이론적 전망들이 출현하게 되는 것을 이해하는 데 도움을 준다.

    사실을 말하자면, 거대한 대중이 자신들의 역사적 사명을 완수하기 위해 일어났고 또한 농촌의 민주주의 세력이 농촌 봉건세력을 전복하기 위해 일어났다는 것이다. …… 근사하다. 그것은 결코 "끔찍하지" 않다. 그것은 조금도 "끔찍한" 일이 아니다. "그것이 끔찍하다!"라는 것은 명백히 지주들의 이해관계 안에서 농민들의 봉기와 싸우려는 이론이다. 그것은 명백히 낡은 봉건제 질서를 보존하고 새로운 민주주의 질서의 수립을 방해하려는 지주계급의 이론이며, 명백히 반혁명적인 이론이다. …… 만일 여러분의 혁명적 관점이 견고하게 확립되어 있다면, 또한 만일 여러분이 촌락에 가서 주변을 둘러보게 된다면, 여러분은 틀림없이 이전에는 결코 느끼지 못한 전율을 느낄 것이다. 무수히 많은 노예들 — 농민들 — 이 자신들의 노동으로 살찐 자들을 때려눕히고 있다. 농민들이 하고 있는 일은 절대적으로 옳다. 즉 그들이 하고 있는 일은 근사하다! "근사하다!"라는 것은 농민과 그 밖의 모든 혁명가들의 이론이다.29)

실제로 농민반란의 폭력을 바라보는 두 개의 상이하고 모순적인 방식 — 반란자의 방식과 그의 적의 방식 — 이 있게 마련이며, 그것들은 그 폭력의 경험을 해석하고 일반화하는 두 개의 상이하고 화해 불가능한 방식 — 두 개의 이론들 — 을 낳는다. 그러나 농촌 사회의 적대감이 봉기의 순간에 도달하기 전일지라도, 그 대안 이론의 요소들은 이미 자기 자신과 적들 사이의 갈등에 대한 농민의 인식의 일부를 구성한다. 그 요소들은 법을 무시하는 일정한 행위들에 대한, 특히 참기 어려울 정도의 경제적 박탈이라든가 사회적 모멸에 대항하기 위해 취해진 행동들에 대한 농민의 태도에서 가장 일반적으로 표현된다. 피아나 데이 그레치 출신의 이탈리아 여성은 1893년 농민 봉기 동안에 작은 범죄를 저지른 자들이 파쇼에 가담하는 것을 "만일 그들이 한 움큼의 곡식을 훔쳤다면 오직 빈곤 때문에 그랬을 것"30)이라는 이유로 정당화했는데, 그녀가 표현하고자 한 것은 사실 모든 농민 사회에서 기아로 인한 범죄는 거의 보편적으로 용인된다는 점이었다. 18세기 서식스 지방의 많은 농촌공동체들이 모여서 "평민 갱단"인 밀매업자들을 도와주었을 뿐만 아니라 방어하기까지 한 이유는 "보통사람들에게는 그들이 확실히 범죄자로 보이지 않았기"31) 때문이었는데, 농촌공동체들을 그렇게 만든 것 역시 앞에서 말한 바와 같은 밀매와 빈곤의 연관성이었다. "수십 년간의 분노"를 지닌 빈곤한 촌락 주민들이 전설적인 깜둥이들의 "존 왕"을 햄프셔의 로빈 후드로 만들고 "그와 그의 단원들을 숨겨 준" 것은 전형적인 게릴라 방식으로 인정되어 왔다. 그래서 "그의 지지자들은, 베트콩이 그랬듯이, 민중의 은폐막 안으로 쉽게 사라질 수 있는 것처럼 보였다."32) "인도의 로빈 후드"인 술타나도 아주 오랫동안 어떻게든 법을 피할 수 있었다. 왜냐하면 "진짜 가난이 어떤 것인지 알고 있었기에 …… 그는 빈민에게서 절대로 동전 한 닢 빼앗지 않았고, 자선을 베풀어 달라는 요구도 결코 거절하지 않았기" 때문이다. 그 결과, 코벳이 말하고 있듯이, "그의 정보원들의 수는 수백 명에 이르렀다."33) 강도 반자라 싱에 관해서도 똑같이 말할 수 있는데, 그는 "아무나 강과 참발 강 사이에 있는 그리고 그 너머에 있는 지역 일대를 약탈하면서 부자들에게는 무자비하게, 가난한 자들에게는 자비롭게 대했다." 그도 역시 경찰에게는 가장 잡기 힘든 사냥감이었다. 왜냐하면 마지막에 그를 궁지로 몰아 죽인 관리에 따르면, 그의 강인함은 "수많은 사람들 — 흙집에 살던 수많은 사람들 — 의 지원에, …… 부자에 대한 그의 투쟁을 도와주고 경찰에 대한 그의 사무친 복수를 도와준 민중의 자발성에"34) 근거하는 것이었기 때문이다.

    따라서 농민은 빈곤으로 야기된 매우 다양한 범죄들을 견뎌 내고 또한 종종 적극적으로 그것들을 승인할 채비를 갖춘 것처럼 보인다. 이 범죄들에는 굶주린 로다족 어린이가 놋쇠 잔을 훔친 것이나 시칠리아 섬의 빈민이 한 줌의 곡식을 훔친 것에 해당하는 사소한 절도죄에서부터 존 왕 무리나 술타나 무리 같은 강도단이 펼친 더욱 광대하고 대중적인 저항 행위들에 이르기까지, 크고 작은 것들이 있을 수 있다. 홉스봄이 "사회적 산적질" 개념을 선구적으로 정식화한 이래, 역사학자들은 점점 더 그 같은 위법행위들을 그것들의 사회적 내용과 관련시켜 구별하고자 애쓰고 있다. 서식스의 밀매업자들에 대해 "흔히 농촌의 반란자들이었다"라고들 하는데, 비록 그 밖의 몇몇 측면에서는 홉스봄의 범주들과 일치하지 않지만 "여론에 의해 단순한 범죄자들로 간주되지 않았다"라는 의미에서 그들은 "사회적 산적들"을 닮았다. 톰슨은 깜둥이들 — 18세기 잉글랜드의 "무장한 숲 속 사람들" — 을 "사회적 산적들"과 "농촌 반란자들" 사이에 있는, 양쪽의 성격 중 어떤 것을 공유하지만 그 어느 한쪽과 동일시되지는 않는 일종의 중간적 타입으로 규정한다.35) 그러나 이런 종류의 행위가 그 스펙트럼 내에서 어떤 지점을 차지하든, 그것의 핵심에는 계급 갈등의 요소가 있다.

이것이 어느 특정 사례에서 어느 정도까지 명백한가 하는 것은 당연히 그것의 상대적인 엔트로피의 정도에 달려 있다. 앞에서 말한 유형의 산발적인 저항 행위들은 농촌 주민이 인지하게 될 계급적 성격을 지니는 것 같지는 않다. 달리 말하면, 그 행위들은 잡음이나 모호함 때문에 또는 그 둘의 결합 때문에 전달 신호들이 되기는 어렵다. 또한 그 밖의 모든 메시지들처럼 농촌 범죄 역시 그것의 계급적 내용이 그것의 여분의 의미와 더불어 분명하게 이해되려면 적절한 수준의 과잉이나 코드 체계의 중복이 필요하다. 이로부터, 데칸폭동대책위원회가 조사 대상 사건들을 "농민 계급과 대금업자 계급의 관계에서 발생한 소요"36)라고 손쉽게 규정한 이유가 설명될 것이다. 일반적으로 1875년 이전의 30년 동안, 그리고 특히 5년 동안, 대금업자들을 상대로 저질러진 범죄행위의 발생률은 농촌 주민에게만이 아니라 관리에게도 1875년의 농민 봉기의 계급적 성격을 명백하게 드러낼 만큼 매우 높았다. 그 범죄행위들은 분명히 인식 가능한 패턴을 따랐다. 같은 계급의 범죄자들과 같은 계급의 희생자들이 연루된 같은 종류의 사건들이 너무도 많아서 농촌 사회에서 누가 누구한테 묵은 원한을 풀고 있는지에 관해서는 모르는 사람이 아무도 없었던 것이다.

일찍이 1845년에 라구 방그리아가 이끄는 빌족의 대부대는 마르와리 사후까르들의 귀와 코를 잘라내고 재산을 약탈함으로써 그들 사이에 공포심을 확산시켰다. 뿌나 지구와 타나 지구 사이의 구릉지에 살던 꼴리 부족의 무리들은 때때로 대금업자들을 살해하고, 불구로 만들고, 재산을 강탈했다. 1852년 중에 대금업자 두 명은 멀리 떨어져 있는 뭄바이 관구 지역에서 대중이 끝까지 보고 있는 가운데 대낮에 살해되었다. 어느 관리는 이 일을 농촌 빈민들이 고리대업자들에 대한 폭력을 찬성한 것은 아닐지라도 묵인한 증거로 인용되었다. 또한 이 기간 동안 뭄바이 관구 7개 지구에서 대금업자들을 상대로 저질러진 범죄의 통계 — 살인 14건, 강도와 약탈 16건, 절도 34건, 방화 8건, 상해 39건 등에다 1875년 폭동 이전의 5년 반 동안에 있었던 총 170건의 범법 행위를 덧붙이면 해마다 약 31건의 발생률 — 는 농민 채무자들의 적개심의 초점이 계급의 적들에게 맞춰져 있음을 남김없이 보여 준다.37) 이와 같은 집중은 일종의 동의어38)를 낳게 되는데, 그것은 최소한 이 특정한 타입의 농촌 범죄의 어떤 모호성을 일소하는 데 도움을 준다. 주민 중에서 단 하나의 집단에 가해진 폭력의 다양성 — 오로지 대금업자들을 겨냥한 살해, 방화, 절도, 폭행 등 — 은 그 같은 폭력의 대상들의 사악함을 강조하는 효과가 있을 뿐만 아니라, 농촌공동체 안에서 의무를 다해 온 구성원의 눈에 정당한 응징 수단으로서의 폭력의 도덕성을 강조하는 효과도 있다. 이러한 인식 안에서 농민들은 자신들을 공통의 불만을 갖고 있을 뿐만 아니라 전투적이고 집단적인 행위를 통해 처지를 개선할 수 있는 가능성도 갖고 있다고 여겨지는 하나의 사회적 대중으로 깨닫기 시작한다 — 겨우 시작이긴 하지만, 대자적 계급으로서의 자신들의 정체성을 인식하기 시작한다.

봉기 발생이 대단히 빈번하다는 점과 코드 체계가 중복된다는 점, 바로 이 두 가지의 결합은 더 강력하고 더 대중적인 농민 봉기들의 계급적 성격을 매우 분명하게 — 최소한 농촌 대중에게는 분명하게 — 만든다. 왜냐하면 봉기는 위에서 말한 것과 같은 범죄를 통합하면서, 또한 하나의 사회적 저항 형식으로서의 그 범죄를 폐지하기 때문이다. 다시 말해 권위에 대한 최선의 도전인 봉기는 강도가 약한 그 밖의 도전 행위들에 하나의 총체적이고도 새로운 맥락을 부여함으로써 그것들을 포괄하는 것이다. 그것은 계급 전쟁 — 즉 대립적인 계급들이 화해 불가능한 목표들 사이에서 의식적으로 힘겨루기를 하는 그런 투쟁 — 의 맥락이다. 그리고

"상황 속에서의 언어 사용에 의해 의미가 통제된다."39) 바로 그와 마찬가지로 범죄도 새로운 사회적 맥락 안에서 포괄적인 도전 체계의 필수적인 부분 — 새로운 언어 체계(langue) 안에서의 하나의 발화(parole)— 을 의미하는 것이 된다. 요컨대 그것은 코드를 변화시킨다.

농민들은 이러한 코드 전환을 좀처럼 간과하지 않는다. 전통적으로 빈곤으로 인한 범죄를 긍정적인 미덕은 아니더라도 필연적인 일탈로 묵인해 온40) 농민들은 이제 반란 속에서 범죄자들이 봉기 참가자들로 전환하는 통과의례의 작동을 본다. 이것은 수많은 농업 사회들이 공유하는 경험이다. 중국에서 봉건적 억압으로 인해 범죄로 내몰린 빈농들은 『수호전(水滸傳)』의 영웅이 황제에 반대하는 폭동을 일으키자 그의 깃발 아래 결집했다. 16세기 독일에서는 몇몇 유명한 "악당들"이 농민전쟁의 중요한 현지 지도자로 변신했다.41) 뤼데는 잉글랜드 남동부 지역에서 농업 노동자들의 스윙 운동이 어떻게 때때로 밀매업자들 — "이쪽 세계에서는 자연스러운 '활동가' 집단" — 에 의해 이끌렸는지에 관해 말한 적이 있다. 봉기를 이끌 때에는 범법자가 다른 사람들보다 실제로 상당히 유리하다. 그는 이미 한참 동안 당국자들과 싸워 왔기 때문에 그자들에 대한 복종에 덜 얽매인다. 게다가 당연히 그는 이미 상당량의 능숙한 도전 기술을 획득해 왔다. 홉스봄이 주장하듯이, 폭동이 발생했을 때 현존하는 산적단들이 폭동의 "돌격 전문 부대"로 행동하기에 더 적합할 수 있는 이유는 그 때문이다. 그가 인용하고 있는 러시아의 경험은 이 견해를 뒷받침해 주고 있고, 이와 동시에 실제로 농민들은 범죄자가 봉기 참가자로 변신한 것을 공식적으로 인정했다는 사실을 매우 간결하게 예증해 준다. 우크라이나의 한 촌락공동체에서 범죄자로 추방된 후 산적질에 나선 두 사람이 1905년 어느 지방 봉기의 지도자로 등장했을 때, 공동체는 그들을 다시 받아들였던 것이다.

영국 지배 아래의 인도의 역사에는 개인적으로건 아니면 소범죄단의 일원으로건 한때 법을 위반했다가 농촌 폭동의 주동자와 조직가로서 다시 한 번 거대하게 법을 위반한 사람들에 관한 사례들이 많이 있다. 1875년 마하라슈트라에서 반(反)고리대 투쟁이 벌어지는 동안 핌팔가온 촌락의 한 대금업자에 맞서 폭동을 이끈 시두 시투바라는 인물에 관한 조서가 있는데, 거기에서 그는 "상습범"으로 묘사되고 있다.42) 특별히 어떤 범죄가 뿌나 지구의 부(副)경찰국장으로 하여금 시투바의 이름에 그런 오명을 씌우게 했는지 우리는 알지 못한다. 그러나 우리는 범죄로부터 봉기로의 이동이 얼마나 급진적이었는지를 보여 주는, 띠뚜 미르의 이력에 관한 흥미 있고 상세한 기록을 갖고 있다. 그는 겉보기에 전문 씨름꾼 같았고, 정보에 밝은 한 관리에 따르면 "소동을 피우고 싶거나 농민들을 쥐어짜고 싶은 자민다르는 누구나 그를 고용했다." "나디아 지구에서 발생한 난투극에서의 맹활약"으로 유죄판결을 받은 그는 한동안 구속된 후에 메카로 순례를 떠났는데, 그곳에서 돌아왔을 때는 시예드 아메드의 제자이자 개혁가가 되어 있었다. 마침내 바라사뜨 봉기의 지도자로 명성을 날렸을 때에도 그는 여전히 공식 문서에서 "석방된 죄수"로 언급되었다.43) 농민을 억압하는 폭군 지주의 도구로 자신을 빌려주었던 적이 있는 용병이 지주들에 저항하는 민중 폭력의 도구로 공헌하기 위해 자신의 의식을 분명히 거꾸로 뒤집었던 것 — 진정한 번신(翻身)의 사례 — 이다.

그 같은 극적인 방향 전환이 어느 경우든 농민 의식의 궤적의 특징이었던 것은 아니다. 반드시 그렇지는 않지만, 방향 전환은 대개 강도가 반란자로 바뀌는 것이었다. 굿래드는 1783년 딪의 조직가들 중에는 카지라트 지역의 핵심 강도단 단원 두 명이 포함되어 있었다고 언급했다. 또한 우리는 메라이 싱을 알고 있는데, 그는 "일찍이 절도죄 등으로 재판을 받아 아그라 감옥에 갇혔으나 [뮤티니가] 발생하자 탈출하여 그 이후 굉장히 많은 분란을 일으키고 있었다." 그가 빼와얀 인근에서 데 칸초우에 의해 생포되어 1859년 여름에 다시 아그라로 보내졌을 때, 그는 이제 영국계 인도 언론에서 "재판에 회부된 또 한 명의 반란 지도자"로 묘사되었다.44) 하지만 이들의 공적보다 더 충실하게 그 같은 전환을 증명해 주는 것은 두 명의 싼딸 산적의 경력이다. 우리가 살펴보았듯이, 싼딸 봉기에 앞서 집단 절도가 족출(簇出)했다. 그것이 절망으로 내몰린 굶주린 자들의 행위였다는 것은 당국자들에게조차 분명했다. 주(州) 경찰청장이 말했듯이, "강도 약탈로 신고된 사건에서 음식물이 아닌 것은 거의 빼앗기지 않았고, 또 죄수들은 자신들의 유일한 목적은 음식물을 손에 넣는 것이었다고 증언했다. 많은 사람들이 감옥에 들어가기 위해, 즉 그렇게 함으로써 기아에서 벗어나기 위해 재산을 침해했다."45) 하지만 이 같은 사정도 법이 그들을 가장 가혹하게 다루는 것을 막지 못했다. 바갈뿌르에서 유죄가 선고된 그 같은 "강도단 단원" 중 42명의 작은 표본 집단에 관한 세부 사항들은 그들 중 13명에게 차꼬를 차고 일하는 16년 중노동형, 나머지는 역시 차꼬를 차고 일하는 10년 중노동형 ─ 두 부류의 죄수들은 그 기간 동안 고향 지구에서 떨어져 나와 형을 살아야 했다 ─ 이 각각 선고되었다는 것을 알려 준다. 또한 그들의 연령 분포 ─ 85.7퍼센트가 25~40세였다 ─ 는, 굶주림과 식민 재판의 손아귀가 결합해서 처음에는 공동체의 가장 성숙한 어른 남성들을 범죄자로 만들고, 그 다음에는 그들을 가족들에게서 떼 내는 것으로 공동체의 중심에 타격을 가했음을 밝혀 준다. 1854년에 이 "강도단 단원" 중에는 신드리의 케왈라 파라마니크와 핫반다의 도몬 마지가 있었는데, 이 두 사람 모두 반란에서 현저히 두각을 나타냈다.46) 체포된 후에 "지난해 싼딸의 강도 행각에 주로 관련되었고 그때에는 붙잡히지 않았던 인물"로 묘사된 케왈라 파라마니크는 1855년에 봉기의 주요 지도자로 등장했다. 누구에게 들어 봐도 드물게 유능한 조직가였던 그는 대부분의 반란 기간 동안 관리의 눈을 피하는 데 성공했다 ─ 사실상, 정부는 자기들이 수감한 (그동안 가명을 사용해 온) 그 남자가 실제로는 "현재의 봉기를 선동하고 계획한 주요 인물 중 한 사람"이라는 것을 봉기 진압 작전의 바로 그 끝 무렵에 그가 체포되었을 때에야 비로소 깨달았다. 그가 싼딸들을 동원하고 봉기를 준비하게 만든 두 가지 핵심적인 움직임 — 1855년 봄에 있었던 부로 쿤디에서의 공동 사냥과 하자리바까지의 행진 — 을 배후에서 지휘한 것은 분명하다. 이때 그는 서부 방면에서 봉기를 이끌었다. 도몬 마지 역시 봉기 진압 작전 보고서에 등장하고 있지만, 도몬 다로가라는 이름으로 등장한다. 그 새로운 호칭은 촌락의 수장에서 반란의 두령으로의 그의 역할의 변화 — 강도 행각이 매개한 변화, 싼딸의 고위 지휘관이 인정했을 뿐만 아니라 모든 부관급 전투 지도자들을 "다로가들"로, 즉 일반 병사들인 "세포이들"의 두령들로 불렀던 대중도 인정한 변화 — 를 가리킨다. 그는 케왈라와 함께 당국에 시도를 밀고한 배신자를 응징하는 위험한 — 또한 그 특별한 정세에서는 정치적으로 중대한 — 임무를 맡게 될 만큼 까누의 확실한 측근이었다. 용맹스런 투사인 그의 죽음은 어떤 이들을 정말로 행복하게 만들었다. 참수된 도몬의 머리를 한 협력자에게서 건네받고 즐거워한 어느 관리는 "나는 이 인간의 죽음에 환호한다"라며 "그의 죽음은 봉기 참가자들에게는 재앙일 것"이라고 했다.

강도가 반란자로 변하는 것을 싼딸들은 이해할 수 있었다. 1854년의 강도 행각 대부분은 다민-아-코의 농민들이 가장 사악한 압제자로 여겼던 뱅골 대금업자들을 상대로 벌어졌다. 1855년 봄에 씌어진 어느 편지에서 바갈뿌르의 판사가 "그해 말 뱅골의 마하잔들에 대한 싼딸들의 불만 때문에 발생한 몇몇 강도 행각에 관한 사실"[47]을 언급한 데에서 알 수 있듯이, 관리들 역시 그것이 사실임을 알고 있었다. 따라서 범죄라는 것이 너무 많이 처먹은 착취자들을 희생시켜 배고픔을 구제하려는 빈민의 필사적인 시도를 표현하는 것인 한, 농민의 관점에서 볼 때는 범죄조차 도덕적으로 정당화될 수 있는 요소를 내포하고 있었던 것이다. 하지만 법은 싼딸을 찾아내서 처벌했고, 반면 마하잔은 용서되었을 뿐 아니라 경찰과 법정으로부터 확실한 배려를 받았다. 봉기의 지도자들은 진술할 때마다 그 같은 불공정에 대해 항의를 표시했다. 시도는 폰테트라고 불린 다민-이-코의 관리가 자신을 다루었던 방식에 관해 이렇게 말했다. "나는 폰테트에게 이 점[에 관해] 자주 불만을 터뜨렸다. 그러나 그는 결코 귀를 기울이지 않았다. 나는 그에게 부리수아고르와 바레트와 구차리에서 탄원서들을 건넸지만, 그는 들으려 하지 않았다. 나는 라즈메할에서도 그에게 탄원했다. 그는 고작, 먼저 마하잔에게 '반추트 살라'라고 욕을 먹더니 이젠 '살라 반추트'라고 불평하느냐고 말했다."48) 봉기의 가장 중요한 원인 중의 하나가 바로 그 같은 이중적인 기준의 적용이었다. 반란자들이 무기를 집어든 목적은 "지난해의 강도 행각에 연루된 동지들에 가해진 처벌에 복수하는 것"이라는 내용의 루머가 봉기 발발 직후에 퍼져 나가 그 루머를 경계하게 되었을 때, 근시안적인 관료 집단조차 비록 시기적으로 늦긴 했어도 이 점을 저절로 깨닫게 되었다. "그 강도질은 자신들을 억압한 벵골의 마하잔들을 상대로 저질러졌다. 자신들의 동료들은 처벌받은 반면에 그들이 법을 유린할 수밖에 없도록 가혹한 수탈을 가했던 마하잔들에게는 아무 일도 없었다는 것이 그들에게는 불만이었던 것이다."49) 그러므로 싼딸들이 반란을 사회적 정의를 위한 집단적 시도로 생각하기란 쉬운 일이었다. 그 같은 시도는, 약간 일탈적인 방식이긴 하지만, 이미 그 전해의 강도 행각에 의해 소소한 방식으로 시작되었다. 훌은 하나의 컨텍스트를 제공했고, 그 컨텍스트 안에서 저 제한적이고 어느 정도는 오염되어 있던 1854년의 폭력은 더 순수하고 일반적이고 정의로운 전쟁으로, 그 과정에서 그 전해의 행위 주체들을 정화하고 변화시키는 그런 전쟁으로 바뀌었다.

물론 당국자들은 이 과정을 즉시 인지하지 못했다. 봉기의 초기 국면 동안에 관료적 관점에는, 비록 멀리서 통제하는 당국자들과 현장에 있는 당국자들 사이에 약간의 차이는 있었지만, 전반적으로 낯익은 형벌 코드에 매달리는 경향이 있었다. 촌락에서 한 발 떨어져 있던 행정관들에게 싼딸들은 "반란자적인 강도단 단원"50)이었다 — 적어도 이 모호한 표현의 형용사에는, 물론 그 형용사가 정의로운 대의를 결코 승인하는 것은 아니지만, 그 특수한 "범죄"에 공개적이고 집단적인 도전 행위라는 예외적 성격이 있다는 것을 마지못해 인정한다는 의미가 담겨져 있다. 그러나 그들의 부하들은 사건에 너무 가까이 있었고 또 너무 틀에 박혀 있어서 어떤 차이도 감지할 수 없었다. 윌리엄 헌터는 현장에 있는 자들에게 있었던 저 둔감함과 무력증의 결합에 관해 언급한 바 있다. 헌터가 지적한 바에 따르면, 그들 중 일부는 불과 몇 달 전만 해도 민중들의 물질적 조건이 크게 향상되었고 이에 따라 범죄가 줄고 있었다고 보고했기에, "2월에 그런 투로 글을 쓴 사람이 7월에 그들의 관할 지역이 반란의 온상이 된 것을 깨닫는 데에는 시간이 걸렸다." 게다가 그들은 막 분출한 폭력이 어떤 외관상의 유사성에도 불구하고 그들에게 낯익은 집단강도질과는 아주 다르다는 것을, 적어도 그 초기 단계에서는, 포착하지 못했다.

> 5명에서 50명에 이르는 무리들이 야간에 집을 공격하는 일은 벵골에서는 언제나 흔했으므로, 그런 작업이 민사상의 범죄에서 공공연한 봉기로 넘어가는 정확한 경계선을 밝혀내는 것은 어려운 문제였다. 단 한 가지 예로도 충분할 것이다. 비르붐의 행정장관은 벵골의 어느 작은 마을의 약탈에 관해 이렇게 썼다. "조사 내용 전체는, 그 약탈이 강도단 단원들은 대담하고 모험적이고 단호하며 벵골인들은 비겁하고 무기력하며 촌락 감시자들은 모두 제자리에 없을 때 벵골에서 흔히 발생하는 그런 일들 중의 하나였음을 증명하는 데 기여하고 있을 뿐이다." 이 개별 사례의 경우에는 행정장관의 추측이 옳았을지 모르지만, 수많은 유사 사례들의 경우에는 **그가 반란을 강도질로 잘못 보았다는 것은 의심할 여지가 없다**.[51]

지방 관리들 중에서 유일하게 비르붐의 행정장관만이 반란을 강도질로 잘못 본 것은 아니었다. 디기의 <u>다로가</u>인 마에쉬 랄 다따에게도 그해 7월 초에 그를 에워싼 음울한 농민대중은 강도단 단원들인 것처럼 보였다. 20년 동안 그 지역의 범죄(또는 그가 폭넓게 범죄라고 간주한

제3장 모호성 129

것 덕분에 출세한52) 그는 법과 질서에 관한, 전혀 세련되지 못한 자신의 통념에 따라 범죄를 다루었다. 고정관념으로 눈이 가려진 그는 자신이 잘 안다고 생각한 싼딸들에게 몰아닥친 변화를 인지하지 못했고, 그 대가로 결국에는 자신의 목숨을 지불했다. 시도가 칼을 뽑아 마에쉬 다로가를 살해하고 봉기를 시작했을 때, 곧 그 섬광이 번쩍 빛난 순간에 무슨 일이 일어났는지는 모든 면에서 분명하지 않다. 섬광이 번쩍 빛난 수많은 다른 순간에도 그렇듯이, 이 경우에도 역시 역사학자는 노출과다로 인해 대부분의 세세한 부분들이 허옇게 되어 버린 그런 인화 내용에 만족할 것임이 틀림없다. 하지만 주인공들 중 한 사람의 회고담53)에서 나온 조각들을 이어 맞춰 그려낸 잔여 윤곽은 너무도 분명한 것이어서, 스스로를 반란자로 간주한 농민들의 관점과 그들을 범죄자로 취급한 다로가의 주장 간의 충돌이 봉기를 유발시켰던 것이라고 말할 수 있다.

싼딸들을 괴롭히고, 체포하고, 그들을 인근 지역의 본부로 보내 무고한 강도 혐의를 씌워 구속시키고 재판하기 위해서 마하잔들로부터 뇌물을 처먹는 것은 오랫동안 마에쉬 다로가의 관행이었다. 그는 닥치는 대로 그런 일을 벌였고, 그래서 좀 더 유복한 싼딸들조차 그에게 등을 돌렸다. 그들 중 어느 부유한 싼딸은 마하잔들의 질시(아마도 마하잔들이 그를 쉽게 착취할 수 없었기 때문일 것이다)와 다로가가 행한 억압의 주된 표적이었는데, 그는 다로가에게 시달린 후 이렇게 욕했다. "모든 평화로운 싼딸들을 감옥에 보내고 싶은 악질 다로가 놈이 싼딸들을 묶기 위한 동아줄을 얼마나 많이 구할 수 있을지 두고 볼 게다."54)

죄 없는 다만-이-코의 농민들이 가옥 파괴와 강도라는 무고한 죄명으로 경찰의 호위 아래 바갈뿌르로 줄지어 끌려갈 때, 그들의 손을 등 뒤로 묶었던 동아줄이 증오스런 관료적 정의의 상징으로 간주된 것은 두말할 나위가 없다. 실제로 "마차 분량의 밧줄"이라는 표현이 까누의 진술에 여러 번 등장한다. 그에 따르면, 한 경찰관이 1855년 7월 6일에 그의 집을 찾아와 그곳에서 열린 싼딸 수장들의 모임을 염탐하고는,

"수장들을 묶을 두 마차 분량의 밧줄을 갖고서 다로가와 함께 100명의 병력을 데리고 다음날 다시 오겠다고 말하면서 떠났다." 그 경찰관은 약속을 지켰는데, 양쪽의 모습을 모두 전하고 있는 까누의 이야기를 계속 들어 보면 다음과 같다.[55]

다음날 아침 쉬까르(Shikar)*을 하러 가기로 되어 있었다. 까누, 시도, 수많은 마지들, 그리고 40~50명에 이르는 그 밖의 사람들은 여느 때처럼 공동 사냥을 위해 무장하고 떠났다. 가는 도중 그들은 두 명의 경찰 세포이와 몇 명의 마하잔들과 함께 두 마차 분량의 밧줄을 갖고 온 경찰서의 <u>다로가</u> 마에쉬 랄을 만났으며, 이들이 어디 가느냐고 물었을 때 공동 사냥을 간다고 대답했다. 다로가는 그들이 강도질을 저지를 생각이었고 또한 동행한 마하잔들에게 고소되었다고 말했다. …… 마하잔들은 다로가에게 시도와 까누가 강도질을 저지르기 위해 사람들을 모으고 있다고 고소했다. 마하잔들은 우리를 와서 잡으라고 그에게 100루삐를 주었다. …… 나는 당신은 왜 왔느냐고 물었고 …… 그가 말했다. "<u>모이라</u>들이 네가 강도질을 하기 위해 사람들을 모으고 있다고 고소했다." 나는 내가 도둑질을 했거나 강도질을 했는지 증명해 보라고 말했으며 …… 마하잔들은 무고죄로 각자 5루삐의 벌금을 물어야만 할 것이라고 말했다. …… "너희 5명에게 1,000루삐의 비용이 들더라도 너희들을 잡아넣을 수 있다면 그렇게 하겠다." 마하잔이 한 말이었다. …… [까누는] 마차 분량의 밧줄을 보았고, 다로가에게 그들을 묶기 위한 밧줄이 아니라면 무엇이겠느냐고 하면서 그가 그들을 이미 심판해 버렸다고 말했다. 언쟁은 계속됐다. …… 마하잔들은 내 형제 시도를 묶기 시작했다. 그때 나는 칼을 뽑아 들었다. 그러자 그들은 내 형제를 묶는 것을 멈추었고, 나는 마닉 모디의 목을 베었고, 시도는 다로가를 죽였고, 나의 군대는 5명을 죽였다. ……

이렇듯 마에쉬 다로가는 그 자신의 몰이해로 인한 순교자였다. 싼딸

---

* 공동 사냥.

들이 기아에 굴복하거나 집단 강도 행각에서 구호책을 찾는 것을 거부함으로써 스스로를 반란자로 전환시켰다는 점과 그들의 의식이 코드를 변화시켰다는 점을 그는 이해할 수 없었던 것이다. 강도단 단원을 협박하려 했던 그리고 낡은 형벌 코드와 관련해서만 의미가 있었던 일종의 징벌 메시지인 "마차 분량의 밧줄"이 방금 자신들을 "군대"로 구성하여 라즈 자체에 대항하는 전쟁을 막 선포하게 된 사람들을 위협하는 데 실패했던 이유는 그 때문이다. 판치카티아에서 있었던 저 최초의 운명적인 목 자르기는 분명 대화 당사자들 모두가 타자의 언어를 이해하지 못했던 그런 대화의 결과였다.

그 같은 오인은 또한 뮤티니 시기의 농민 봉기들에 대한 수많은 관료적 대응의 특징이기도 했다. 이것은 우리가 갖고 있는 1857~58년 우따르쁘라데쉬 지역에서의 소요들에 관한 당시의 지구 행정관들의 보고서들에 더할 나위 없이 충분히 기록되어 있다. 이 방대한 문헌에서 나타나는 것은 농촌 폭력에 관한 단 하나의 상투적 관념에 꽁꽁 묶여 있던 어떤 인식이다. 반란과 강도 행각을 구별할 수 없었던 그 인식에는 모든 "반란자들"을 "강도단 단원들"로 분류하는 경향이 있었다. 마치 그 두 단어가 같은 것을 의미하는 것처럼 말이다. 쿠마운의 판무관은 이렇게 말했다. "랑뿌르 지구와 모라다바드 지구에서 온 거대한 **강도단**이 꼬따 저지대의 바부르 촌락들을 뒤덮었다. 나는 별달리 효과적으로 저항할 수 없었고, **반란자들**이 며칠 만에 촌락들을 약탈했기 때문에, 그 농촌은 폐허로 남았다."56) 아니면 무자파르나가르의 실무 담당 행정관인 에드워즈가 그 지역에서 봉기가 발생하기 전에 쓴 「사건 경위서」에서 다음과 같은 인용문들을 뽑아 보도록 하자.

[1857년 5월] 15일 아니면 다음날, 인근 촌락 사람들이 도시 주변에 대규모로 모여들고 있고 도시를 공격하고 약탈할 것을 꾀하고 있다는 정보를 받았다.

이에 따라 코테왈과 두파다르의 인도인 기병대들이 …… 일단의 지구 기병대들과 함께 가서 **강도들**을 공격하고 완전히 해산시켜 15명 내지 20명 정도를 포로로 잡았다. ……

[그 전날 봉기 참가자들이 파괴하여] 감옥이 사라졌기에 이 **강도들**에게는 채찍질을 가하고 석방하라는 명령이 내려졌다. …… 포로들은 **정부의 권위에 공개적으로 저항**하면서 손에 무기를 든 채 잡혔으므로, 모조리 즉석에서 교수형에 처해져야 할 것이었다.

…… 우리는 몇몇 지구 기병대가 어떻게 이 거대한 강도단을 물리치고 완전히 해산시켰는지를 알고 있다. ……

에드워즈가 맞닥뜨린 것이 무자파르나가르 읍 주변에 살던 농촌 주민의 봉기였음은 전혀 의심의 여지가 없다. 그가 봉기 참가자들을 "정부의 권위에 공개적으로 저항하면서 손에 무기를 든" 촌락 주민들이라고 언급했을 때, 실제로 그는 이 일이 그런 것임을 거의 인정했던 것이다. 그러나 농촌의 모든 심각한 폭력을 강도 행각과 동일시하는 습성이 결국 이겼고, 타나와 파우즈다리 아달라트의 어휘 목록에서 뽑은 너무도 낯익은 용어가 너무도 낯선 유형의 소요를 묘사하는 데에 사용되었다.

이 폭동들의 현지 지도자들에게도 흔히 똑같은 이름표가 붙여졌다. 그 폭동들이 농촌 지역에서 대거 출현한 것은 인근의 주둔지에서 벌어진 세포이들의 뮤티니가 대금업자, 지주, 관리, 촌락의 많은 폭군 등을 향해 억눌린 분노를 폭발시켰을 때였다. 그렇게 분출한 농민 폭동은 민초들과 연결된 사람들이 이끌었다. 그들 중에 오직 약탈물을 기대하고 폭력에 가담하려 했거나, 아니면 앞에서 언급했듯이 봉기의 바로 그 힘과 규모로 인해 농업공동체 안에 재통합되어 버린 소수의 전문 강도들이 있었던 것은 어쩔 수가 없었다. 그러나 심지어 정부가 갖고 있던 정보를 보더라도 그들 중 대다수가 범죄자들이 아니었음은 분명하다. 꼭 그런 것은 아니지만, 대개 현지의 몇몇 서발턴 집단의 구성원들이었던 그들은 현존하는 권력 구조에서 탈구(dislocation)들이 발생한 결과로 일정한 권위를 얻게 되었다. 또는 그들이 대토지 소유 가문 출신인 경우도 있는데, 그들이 무기를 든 이유는 더 많은 토지를 가로채거나, 추종자를 얻거나, 경쟁자들을 상대로 묵은 원한을 풀거나, 아니면 특권 상실에 관해 사르까르에게 무언가 특별한 불만이 있어 직접 사르까르를 상대로 묵은 원한을 풀기 위함이었다. 그들의 지위가 무엇이든, 그들은 정말이지 강도 행각과는 분명히 차이가 있는 방식과 규모로 농민들을 동원할 수 있었다. 하지만 그 차이가 항상 지구 당국자들과 더 하급의 당국자들에게 포착된 것은 아니었다. 이 급작스런 폭발의 트라우마는 당국자들로 하여금 그 주인공들을 무차별적으로 강도단 단원들로 낙인 찍게 했다.

그러한 "희미함"을 보여 주는 꽤 대표적인 어떤 본보기들을 알아보려면 1858년에 에타와 지구에서 발생했던 소요들에 관한 당시의 보고서들을 참조하면 될 것이다.57) 이곳에서 당국자들은 벤쿠트 싱의 행위들을 처리하느라 상당히 어려움을 겪었다. 그는 정부에 대항하여 대규모 병력의 세포이들과 무장 농민들을 이끌었고, 행정장관인 앨런 흄이 지휘한 부대의 일부 대원과 충돌하여 그들을 살해했고, 아지뜨말로 불린 곳을 약탈했다. 흄이 직접 평가한 바에 따르면, 평판 높은 현지 지도자인 그는 "샤뽀르와 라즈뿌라와 람누거와 아야나의 촌락들 주민 전체로부터의 도움"을 받았다. 행정장관이 이 촌락 중의 한 곳을 급습했을 때, 그는 그곳에서 "여성들과 어린이들까지도 완전히 떠나 버린" 것을 발견했다. 게다가 굴복하지 않고 있던 촌락을 그와 그의 부하들이 불태운 후 막 철수하려고 했을 때, 다른 촌락에서 "대부대의 세포이들[즉 뮤티니 가담자들]과 무장 농민이 나타났다." 공식 자료에서 뽑아낸 이 세부 묘사가 그리는 상은 고전적인 게릴라 전술을 통해 우세한 적과 교전할 수 있을 만큼 대대적인 추종 세력을 거느린 어느 민중 지도자에 관한 그림임이 틀림없다. 하지만 행정장관은 자기 앞에 있던 이 모든 증거를 갖고서도 자신의 「경위서」 안의 연속적인 두 문단에서 벤쿠트 싱을 강도단 두목이면서 반란자라고 거의 동시에 말했다. 관료의 정신은 이 두 가지 종류 중에서 어디에 초점을 맞춰야 하는지 아직 미결정 상태인 것처럼 보였다. 한쪽에서는 봉기라는 의심의 여지없는 사실이 그것을 떠밀었고, 동시에 다른 한쪽에서는 교과서에 따라 농촌 폭력의 집단적 행동을 강도질로 분류하는 관습이 그것을 당긴 것이다.

두 개의 호칭이 매우 유사한 방식으로 호환되어 사용된 또 다른 에타와의 지구 지도자들도 몇 명 있었다. 그들 중 한 명인 강가 싱은 "에타와의 나집으로 지명되었다"라고 주장했다. 비록 성공하지는 못했으나 그는 "야무나 강과 참발 강 사이에 있는 주요한 반란 본거지들 중의 하나"인 님리를 탈환하고자 시도하며 정부군을 상대로 "잘 조직된 공격"을 이끌었다. 그의 이름은 당시의 보고서에서 니란잔 싱이라든가 룹 싱과 같은 이름들과 함께 자주 언급된다. 그 지역의 유력한 토지 소유 가문의 일원들이었던 그들이 전문적인 범죄자들과 혼동될 리는 거의 없었다. 니란잔 싱은 차까르나가르의 토후였고, 룹 싱은 부레이의 소(小)토후의 삼촌이었다. 그들은 뮤티니 기간 중 이 지역에서 영국 지배에 대한 가장 끈질긴 저항을 나란히 전개했고, 당국자들은 그들이 1858년 9월까지도 "에타와 지구에서 유일하게 남아 있는 적대적인 부대를 거느리고 있다"라고 인정했다. 니란잔 싱은 오랫동안 법망을 교묘히 피해 다니다 1861년 5월에 결국 체포되었다. 대반란이 끝난 지 3년이 된 그때가 되자, 준(準)관변지인 『프렌드 오브 인디아(Friend of India)』조차 그를 "1857년에 독립적인 권력을 차지하고 그 지구의 세입(歲入)을 장악한" 반란자로 인정할 만큼 충분히 균형 감각을 되찾았다. 그러나 1858년의 공식 보고서들에서는 그가 여전히 강도 두목으로 분류되어 있었다.

영국이 다루어야만 했던 에타와의 모든 반란자들 중에서 가장 만만찮은 인물은 아마 룹 싱이었을 것이다.58) 그는 벤쿠트 싱, 강가 싱, 피탐 싱, 니란잔 싱 등이 이끈 반란 부대들을 포함하여 그 지역에 있던 다른 수많은 반란 부대의 구심점이었고, 무장 농민대중에게서 그리고 폭동을 벌인 요새를 떠나 귀향 중이었던 무장 군인 대중에게서 한동안 강력한 지지를 받았다. 기록에 따르면, 1857년 10월에 약 1,000명의 인원을 모은 그는 "뮤티니 가담자들의 요청에 따라 그들이 야무나 강을 건널 수 있도록 셰레구르에 다리를 놓기 시작했다." 아우라이야 따실의 다랄나가르 빠르가나가 그의 수중에 떨어졌다. 그의 요새, 즉 흄에 따르면 "엄청나게 강력한 것이 될 가망이 있었던", 그리고 식민주의 언론의 주장에 따르면 "인근의 공포"였던 아야나의 진흙 성채는 1858년 4월까지 계속 영국에 도전했다. 룹 싱과 그의 부하들이 우따르 쁘라데쉬의 그 지역에서 적극적으로 계속 라즈와 협력하던 자들을 상대로 테러를 가했다는 점에는 사실 의심의 여지가 없을 것이다. 에타와에 나와 있던 어느 통신원은 1858년 6월 9일자 『벵골 후르까루 앤드 인디아 가제트』에 이렇게 썼다.

>아지뜨말의 타나다르(Thannadar)*는 줌나에 있는 반란 촌락 보와인을 지날 때 부르히 반란자 일당으로부터 공격을 받았다. 그와 그의 일행은 도망쳤으나 뒤에 처져 있던 그의 바르칸다즈 중 두 명은 잡혀서 무장해제를 당하고 그 촌락에서 살해되었고 모가지가 잘려 부르히에 있는 룹 싱에게 보내졌다.
>
>…… 랜스 씨는 즉시 쳐들어갔다. …… 그러나 보와인에 도착하기 전에 반란자들은 줌나를 다시 가로질러 그들의 요새인 부르히 성채에 안전하게 자리 잡았다.59)

---

* 타나의 책임자, 곧 경찰서장.

반란자들이 부르히 요새를 점령하고 있는 상태가 한동안 계속되면서 영국인들에게 상당한 불안감을 가져다주었다. 참발 강과 야무나 강이 합류하는 지점에 자리 잡은 그 요새에서는 강의 수로가 한눈에 내려다보였고, 따라서 어느 편이 그곳을 장악하든지 커다란 전략적 이점이 있는 거점이었다. 결국 1858년 9월에 그곳은 진압되었고, 신중하게 계획된 현지 군대와 마드라스 공병대의 합동작전으로 사실상 폭파되었다. 자신의 본거지에서 쫓겨난 룹 싱은 추종자들을 데리고 일부 동맹 세력과 함께 참발 강의 기슭에 있는 그왈리오르로 퇴각했다. 법망을 빠져나가 도망친 자들의 이 전통적인 은신처에서 그에 대한 민중의 지지는 여전히 전폭적이었고, 그래서 영국 당국은 그와 그의 부하들을 숨겨 준 적이 있던 현지의 자민다르들에게 "만일 그런 일이 또 있다면 당신들의 행위는 처벌받을 것이다"라고 경고할 정도였다. 또한 영국 당국은 그왈리오르 지역의 토후에게 "그왈리오르에 있는 참발 강과 코와리 강 계곡의 촌락들은 룹 싱은 물론 대부분 에타와 원주민인 그 밖의 반란 약탈자들을 숨겼거나 부추긴 적이 있는데, 에타와 행정장관이 자신의 재량으로 그 촌락들을 처벌할 사실상의 권리를 가져야 한다고 제안한 바, 그의 제안에 동의를 얻고자 한다는 견해"를 표명했다. 영국 정부와 그왈리오르 토후국 정부는 "그왈리오르 영토 중에서 오염된 부분을 청소하기 위해" 합동 토벌대를 구상했고, 룹 싱이 만 싱과 제휴하는 것을 막기 위해 유럽인과 토후의 군사들로 구성된 분견대를 한 곳에 파견했다. 기록을 통해 그에 관해서 들을 수 있는 마지막 소식에 따르면, 포브스 대위가 이끈 보안대가 참발 강의 기슭에 있는 바이스와라 인근의 마니끄뿌르라 불리는 촌락에서 그를 급습했지만 그는 그들을 속이고 달아났다고 한다.

그에 관해서는 더 이상 알려진 것이 없다. 그러나 전적으로 공식 자료에 근거한 이 짧은 스케치에서조차 분명한 것은, 룹 싱의 배경이건 저 폭풍의 시절 동안의 그의 이력이건, 그를 통상적인 강도로 규정하는 것이 정당하다고 할 만한 것이 그 어디에도 없었다는 점이다. 토지 소유 가문의 자손인 그는 한 지역 전체에서 반란 동원의 결집점으로 — 말하자면 에타와 지구의 쿤와르 싱으로 — 등장했다. 심지어 라즈에 맞선 전투에서 처음으로 패배한 이후에도, 심지어 참발 계곡으로 퇴각한 시기에도, 그는 식민 군대와 토후의 군대가 전개한 합동 봉기 진압 작전에 맞서 자신을 보호할 수 있을 만큼 농민들 사이에서 근거지를 확보했고 또 유지했던 것으로 보인다. 그가 이 민중의 지원을 얼마간이라도 잃은 일이 있고, 그 때문에 범죄 생활로 들어갈 수밖에 없었다는 증거는 전혀 없다. 하지만 "강도"와 "반란자"라는 말은 당시 관리의 진술에서 그를 묘사하기 위해 거의 번갈아 사용되었다. 이 사실은 행정 권력이 봉기의 조건 속에서 근원적으로 변화된 농촌 폭력의 성격에 대해 얼마나 더디게 반응했는지를 다시 한 번 보여 준다.

물론 이러한 종류의 인식의 실패는 라즈 하에서 농촌 소요가 벌어지고 있는 동안 어느 정도는 불가피한 것이었다. 그것은 늘 말 잘 듣던 농민대중의 급속한 기질 변화의 의미를 이방인의 권위적 지배 체제가 제법 기민하게 포착하는 것을 어렵게 만든 저 관성을 표현하는 것이었다. 왜냐하면 그 정체된, 반(半)봉건적인 사회질서의 안정성은 서로 수용 가능한 지배와 종속의 코드에 대한 지배자와 피지배민들의 동의에서, 비록 암묵적이긴 하지만 견고하고 전통적인 그 동의에서 유래했기 때문이다. 서발턴 대중이 이 코드로부터 어떤 식으로든 돌연히 그리고 광범하게 일탈하자 당국자들은 놀라지 않을 수 없었고, 그래서 이 질서의 전환에 자신들을 적응시키려 할 때 그들 쪽에서의 지체는 거의 불가피했던 것이고 그 지체는 막대한 대가를 치러야만 했던 것이다. 실제로, 앞에서 언급했듯이, 다로가인 마에쉬 랄 다따가 두 개의 코드 사이에서 덫에 걸렸던 것은 그 때문이었다. 그 하나의 코드는 알려져 있긴 하지만 소멸해 가던 것이었고, 다른 하나는 막 등장하고 있던, 따라서 낯선 것이었다. 결국 그는 새로운 반란 언어로 제시된 메시지를 범죄행위에 관한 낡은 언어의 용어들로 해독하고자 함으로써 저 운명적인 폭발의 방아쇠를 당겼던 것이다. 하지만 그의 몰이해를 설명하기란 어렵지 않다. 그것은 싼딸의 의식에 실제로 변화가 발생하고 있었던 그때에 — 그런 종류의 오류가 충돌을 낳을 수밖에 없었던 저 위급한 순간에 — 그 변화의 기호를 정확하게 읽어 내지 못한 그의 실패에서 비롯된 것이다.

그러나 내가 알기로는 역사학자들도 더 온당치 못한 이유로 똑같은 잘못을 저지르고 있고, 게다가 그것에 대해 비판도 받지 않고 있다. 다수의 역사학자들이, 거의 항상 관변적 성격을 갖는 그들의 원(原)자료가 사실과 판단 양쪽에서 농민반란에 관한 자신들의 견해를 지배하도록 내버려두고 있다는 것은 여전히 매우 흔한 일이다. 관변 증거에 의존하는 것은, 무언가 다른 종류의 정보가 부재하거나 부적절하기 때문에, 대부분의 경우 어쩔 수 없는 일이다. 그러나 금일의 학자가 법과 질서를 수호하는 자들의 주관성으로 자신의 작업을 더럽히는 것은 어떤 사건을 목격한 당대의 목격자에 비해 그가 갖고 있는 유리한 이점 — 그 사건을 하나의 과거사로 바라보는 이점, 그리고 이를 통해 즉각적인 반응이 만들어 낸 편견을 교정할 수 있는 힘 — 을 포기하는 것이라고 할 수 있다. 물론 식민주의 역사학은 이런 종류의 사례들로 가득 차 있지만, 역사 쓰기와 식민 권력 행사하기 사이에 존재했던 밀접한 관계를 보면 그것은 그다지 놀랄 만한 일이 아니다. 기묘한 것은 포스트-식민 인도에서도 이 작풍이 지속적으로 모방되고 있다는 점이다. 그래서, 1873년의 빠브나 소요 사건 발생 100년 후 그에 관한 연구서를 출간한 역사학자60)가 "악당들" 과 "흥분에 편승한 범죄자 분파들"에 관해 말할 때, 그의 목소리는 지방의 하급 행정지역 관리의 목소리와 그대로 합쳐져 버린 것이다. 이것은, 윌리엄 헌터가 그 농민 투쟁을 통해 "농촌 주민은 영국의 지배가 부자와 가난한 자에게 보장하고 있는 권리들을 즉시 고맙게 여기고 그 권리들에 따라 행동했음을 스스로 입증했으며 …… 우리의 눈앞에서 정당한 법 절차에 따라 농업혁명을 수행하고 있다"61)라고 말하면서 명료하게 정식화한 식민주의적 주장에 동의하는 것이 된다. 그러므로 모든 무법 행동은 "자기들만의 이득을 추구하기 위해 그들[농민들]에게 가담한 것이 분명했던, 그리고 수많은 경우에 그들의 원래 의도를 훨씬 넘어서도록 그들을 유인했던 악당들"이 야기한 하나의 탈선으로 해석되게 마련이다. 그리고 이 견해를 보강하기 위해 그 저자는 이 운동 기간 중의 모든 폭력 사례들을 "더 어리석고 더 무지한 촌락 주민들과 결합한 수많은 전문 폭력단 단원들과 도적들의 행동"62)으로 낙인 찍은 당시의 정기간행물을 인용한다. 이는 완고한 지주제에 대한 모든 비판이 농촌 대중의 "무기에 의한 비판"으로 전환해가는 것에 관한 지배 체제의 우려를 되풀이하는 것이다. 그 사건이 있기 40년 전에 어느 지구의 관리가 띠뚜 미르의 군사들의 영향으로 "모든 강도단 단원들과 시골 악당들이 자발적으로 그들의 대열에 합류하는 것"을 보았을 때 그 관리를 오싹하게 만든 것도 바로 그것이었다.63)

보통 때는 그토록 평화롭고 범죄를 싫어하며, 어떤 때에는 종종 폭력단 단원과 강도단 단원과 "시골 악당들"의 밥이 되는 저 "어리석고 무지한 촌락 주민들"이 어째서 그 같은 반란 사건의 경우에는 그런 자들에게 합세하게 되는가? 그 이유는 바라싸뜨 농민이나 빠브나 농민들의 저항과 같은 강력하고 지속적인 계급투쟁에는 재산과 사람에 대한 갖가지 공격들에 새로운 의미들을 부여하고 그 의미들을 하나의 일반적인 반란 담론의 일부로 개정하는 경향이 있기 때문이다. 그 결과, 이러한 행동들 모두 저마다 양가성을 획득한다. 두 개의 다른 코드 — 그 행동의 기원이 되는, 법으로부터의 개별적이거나 소집단적인 일탈의 코드와 그 일탈을 차용하는 집단적이고 사회적인 저항의 코드 — 에 동시에 묶여 있는 그 행동은 출생과 형성이라는 한 쌍의 기호를 갖고 있는 것이다. 바로 이러한 이중적인 특징으로 인해 그 행동은 해석자의 관점에 따라 이렇게도 저렇게도 해석될 수 있게 되는 것이다. 다로가는 또는 다로가처럼 생각하는 역사학자에게는 그 행동을 그것의 과거와 관련하여 해석하면서 비난하는 경향이 있을 것이다. 반면에 반란자는 또는 반란자의 관점을 받아들이는 역사학자에게는 그 행동의 현재적 의미를 최고의 사회적 저항 형태로 포착하면서 그것을 정당화하려는 경향이 있을 것이다. 달리 말하자면 그것을 바라보는 두 가지 방식 ― "끔찍하다!"/"근사하다!" ― 의 충돌, 두 이론들 사이의 충돌이 있게 마련이다.

제4장 양상

농민반란을 농촌 범죄와 구별해 주는 것은 반란의 전복적 기능이 아니다. 그 기능은 두 가지 모두에 공통적이며, 종종 그 둘을 서로 혼동케 만든다. 앞 장에서 언급했듯이, 봉기의 실제적인 발생을 그것에 앞선 행위 — 관리들의 언어로 말하자면 고조되는 "예비적인 불법행위" — 와 분리시키는 저 여명의 국면 동안, 그 혼동은 특히 뚜렷하다. 그러나 봉기는 그것이 처음에 빠져 들어갈 수도 있었을 일반적인 범죄의 태반에서 곧 분리되며, 공적이고 집단적이고 파괴적이고 전면적인 양상을 지닌 폭력으로서의 정체성을 확립한다. 이 양상들 각각에 해당하는 반(反)정립적 양상들은 범죄에도 있으며, 그런 점에서 각각의 양상들은 저마다 차별적 특징을 보여 준다. 그래서 두 가지 타입의 폭력의 대조는 공적인(public)/비밀스런(secretive), 집단적인(collective)/개별적인(individualistic), 파괴적인(destructive)/노략질하는(appropriative), 전면적인(total)/부분적인(partial) 등과 같은 일련의 이항 대립(二項對立)들로 상징될 수 있다.

이 양상들 중 첫 번째 것부터 말하자면, 반란은 바로 그 성격상 공개적이고 공적인 사건이다. 그렇기에 반란은 비밀에 의존해서만 효과를 보려는 범죄와 분명히 대조적이다. 공개적으로 또한 공적으로 단언하는 경향이 농촌 폭력의 어떤 중간 타입들에서, 가령 미처 반란에는 이르지 못하지만 더 진보적인 사회적 산적질의 형식들에서 이미 분명히 나타난다고 말한다면, 그것은 아마 틀린 말이 아닐 것이다. 알려져 있다시피, 많은 나라의 로빈 후드들은 흔히 일종의 블랙 유머가 가미된 태연스러움 속에서 그 경향을 표현한다. 이는 술타나에 관한 짐 코벳의 설명 안에 있는 유쾌하고도 믿을 만한 어떤 일화로 예증된다.[1] 테라이의 정글에서 나무를 벌채하기 위해 대량의 노동자들을 고용한 어느 도급업자는 경찰의 권유대로 강도단 두목과 그 일당을 춤으로 시작해서 연회로 끝나게 될 야간 축제에 초대했다. "수백 명의 정보원을 거느린" 술타나는 그 초대가 강도소탕특수경찰대 대장이 생각해 낸 함정이라는 것을 알았지만 거기에 응했다. 숲의 한가운데에 위치한 도급업자의 캠프에는 저녁 행사를 위해 최고의 여성 춤꾼들과 악사들이 고용되어 있었고 뒤에 이어질 향연을 위해 풍성한 음식과 술이 쌓여져 있었는데, 거기에 도착한 술타나는 도급업자를 설득하여 예정된 순서를 뒤집어 향연부터 시작하도록 했다. 그가 "내 부하들은 배가 비어 있을 때보다 가득 차 있을 때 더 춤을 잘 출 것이다"라고 말했기 때문이다. 잘 먹고 마신 후에 그는 부하들을 불러 모아 초청인에게 환대에 대한 감사를 표시하게 했고, 아주 먼 길을 가야하므로 계속 머물러 나머지 여흥을 즐길 수 없게 된 것을 유감스럽게 여긴다는 말을 남기고 떠났다. 춤이 시작되는 것과 경찰대가 사냥감을 덮치는 것을 동시에 알리는 북소리가 들렸을 때, 술타나와 그의 부하들은 이미 어둠 속으로 사라졌다.

그러나 공적인 사회적 산적질 모두가 그 같은 재치로 채워져 있는 것은 아니다. 햄프셔 깜둥이들의 전설적인 두목 "존 왕"의 경우가 그랬듯이, 공적인 산적질은 음침한 선언조(調)의 형식을 취할 수도 있다. 존 왕은 자신이 자코바이트(Jacobite)*로 오인되고 있는 것에 놀라 자신의 입장을 공개적으로 밝히기로 결심했다. 톰슨이 말하고 있듯이, 그는

"자신이 무슨 일을 하고 있는지 잘 알았고, 그래서 그 일을 공적인 것으로 만드는 데 주의를 기울였다."2) 그는 자신이 자코비티즘의 혐의를 받고 있는 것에 대해 정해진 시간과 장소에서 공적으로 대답할 의사가 있음을 알렸다. 그날 그는 몇 명의 무장 호위 병사와 함께 말을 타고 지정된 장소에 가서 미리 그곳에 모여 있던 300여 명의 청중 앞에서 하노버가의 왕위 계승자에게 충성하겠다고 선언했고, 이와 동시에 다음과 같이 밝혔다. "정의를 집행하는 것 이외에, 부자가 가난한 자들을 모욕하거나 억압하지 못하게 되는 것을 보려는 것 이외에 다른 목적이 없다. 다시 말해, 원래 가축을 방목하도록 되어 있는 곳이 분명한 저 사냥터에 사슴을 풀어 놓지는 않고 성직자들을 위해 사슴들을 살찌우지는 않겠다고 결심했다."3)

물론 의도의 공개적인 확언은 사회적 산적들보다는 반란자들에게 더 특징적인 것이다. 범죄자들과 달리 반란자들은 법과 질서를 따르는 척 함으로써 폭력을 감추려고 하지는 않는다. 그 어떤 범죄자도, 1905년 러시아의 봉기 참가자들이 어느 지주의 영지를 공격하고 있는 동안에 그랬던 것처럼, 자신이 의도한 범죄의 장소를 찾은 목적에 관해 사무적이거나 노골적인 태도를 보일 수는 없다. 그 러시아 지주는 이렇게 회상했다.

"왜 왔는가?" 나는 그들에게 물었다. "곡식을 원해서, 당신이 우리에게 곡식을 주게 하기 위해서"라고 몇 명이 동시에 외쳤다. "말하자면 약탈하러 왔는가?" 군중 속에서 한 젊은이가 말했다. "오냐, 약탈하러 왔다." ……4)

이런 말들은 어둠의 장막 아래에서 움직이는 도적들의 목소리가 아니다. 알려져 있듯이 초따 낙뿌르의 꼴 부족이 식민 당국이나 지역

---

* 영국에서 명예혁명으로 왕위에서 쫓겨난 스튜어트 왕가의 제임스를 2세를 잉글랜드와 스코틀랜드와 아일랜드의 왕으로 복귀시키려 했던 정파. 그 명칭은 제임스의 라틴어 이름인 자코부스(Jacobus)에서 유래한다.

유지들에게서 공정함을 구해 보겠다는 소망을 마침내 포기했을 때, 그리하여 모든 조세 징수자(thikadar)들을 절멸시키고 고빈드뿌르를 비롯한 모든 촌락들과 도읍들을 파괴하고 "자신들의 무기를 고빈뿌르 옆을 흐르는 까루 강에서 씻겠다"5)라고 맹세했을 때, 그들이 단호하게 공언했던 것이기도 하다. 봉기에 가담한 싼딸들은 파쿠르와 마헤쉬뿌르의 토후들뿐만 아니라 자신들의 손에 걸리는 그 밖의 모든 지주들, 마하잔들, 경찰들, 백인 농장주들, 철도 기술자들과 관리들을 살해하겠다는 의도를 전혀 숨기지 않았다.6) 정보에 밝은 셔윌 대위가 콜공 지역에서 알아냈듯이, 그들은 미리 자신들이 공격할 모든 촌락들에게 분명하고도 충분하게 경고했다. 셔윌이 1855년 7월 19일과 21일에 반란자들이 파괴한 수많은 촌락들을 언급하면서 말한 대로, "싼딸들은 이미 4일 전 날짜와 시간까지 언급하면서 이 촌락들에 불을 지를 것이라고 자민다르들에게 통보했다." 그는 또한 그곳의 남쪽에 있는 7개 촌락을 거명했는데, 그 촌락들은 "7월 26일이나 27일 경에 약탈과 방화를 당할 것이라고 똑같은 방식으로 경고를 받았다." 하지만 때마침 도착한 군대 덕분에 한 곳을 제외하고는 모두 구제되었다. 싼딸들이 틀림없이 바갈뿌르와 몽기르를 향해 "거침없이 진격하여" 이 읍들을 차례로 강탈할 것이라는 계획 "역시 싼딸들에 의해 콜공으로 전해져 자민다르들과 유럽인들에게 통고되었다."7) 그 후 같은 해 9월, 싼딸들은 세 개의 잎이 달린 큰 나뭇가지를 비르붐 수세관구의 본청이 있는 수리 읍으로 보내 3일 안에 그 읍을 공격하겠다는 것을 알렸다.8)

봉기의 공개적이고 공적인 성격을 더 분명히 입증해 준 것은 시도와 까누가 공표한 빠르와나였는데, 그 빠르와나는 무기를 들겠다는 그들의 결심을 알리고 있었다. "타쿠르의 빠르와나"로 알려져 있는 그것은 영험한 두 봉기 지도자를 통해 전달된 하늘이 내린 최후통첩과 같은 것이라 할 수 있다. 그것의 일부는 다음과 같았다.

사힙들과 백인 군사들은 싸울 것이다. 까누 마지와 시도 마지가 싸우려는 것이 아니다. 타쿠르 자신이 싸울 것이다. 그러므로 너희들 사힙들과 군사들은 타쿠르와 직접 싸우는 셈이다. 위대한 어머니 갠지스 강이 타쿠르(를 도울) 것이다. 하늘에서 불의 비가 퍼부어질 것이다. …… 나는 불의 비를 내릴 것이며, 모든 사힙들은 신에 의해 직접 죽음을 당할 것이며, 사힙들 너희들이 소총을 갖고 싸운다 해도 싼딸은 총에 맞지 않을 것이며, 타쿠르는 너희들의 코끼리와 그가 갖고 있는 말들을 싼딸들에게 줄 것이다. 이 빠르와 나를 보면 너희들은 모든 것을 알게 될 것이고 응답하게 될 것이다. 그런데도 너희들이 싼딸과 싸운다면 이틀은 하루가 되고 두 밤은 한 밤이 될 것이다. 이것이 타쿠르의 명령이다.9)

라즈와의 전쟁을 선언했을 때, 봉기 지도자들은 신으로부터 직접 승인을 받았다는 것을 분명히 느꼈다. 그들의 적들이 신속히 깨닫게 되었듯이, 봉기는 그 추진력과 격정의 상당 부분을 이 영적인 정당화에서 이끌어 냈다. 바갈뿌르의 행정장관이 관찰했듯이, "그것은 신들이 명령한 전쟁이라고 싼딸들은 말한다."10) 그 같은 신념이 함축하는 것 중의 일부는 이 책에서 나중에 논의할 것이다. 여기에서는, 싼딸들이 "타쿠르의 명령"에 따라 행동한다고 주장할 때 그들은 그저 자신들의 반란의 공적 성격을 확언하고 있었을 뿐이라고 말하는 것만으로도 충분할 것이다.

알다시피 다른 반란자들과 사회적 산적들 역시 더 높은 권위들이 자신들을 지지한다고 주장했다. 마페는 부르봉 산적들에 관한 글을 썼는데, 그 산적들은 신의 권위에 호소할 정도까지 나간 것은 아니었지만, "우리는 신앙을 위해 싸우고 있고 교황의 축복을 받고 있다"라고 말했을 때의 그들은 교황의 권위에 호소함으로써 거기에 상당히 근접해 있었던 것이다. 또한 그들은 자신들이 프랑수아 2세를 위해 행동한다고 믿었고, 그래서 세속적으로도 적법하다고 주장했다. 이 점에서 그들은 반란 행동의 훨씬 더 광범한 패턴을 따랐다. 왜냐하면 농민반란이 군주의 것일 수밖에 없는 어떤 세속적이고 공적인 권위의 이름으로 자신을 표명하는 일은 정말이지 아주 흔했기 때문이다. 1905년 체르니고프 구베르니야*의 농민들은 차르가 약탈을 승인했다고 믿었다. 스윙 반란자들은 왕과 의회의 지지를 얻고 있다는 확신에 따라 행동했다. 벵골의 인디고 재배 지구 농장주들에 대항한 봉기 농민들은 당시에 농촌 대중 사이에 널리 퍼진 믿음, 즉 잉글랜드 여왕이 몸소 자신들을 지지한다는 믿음으로부터 놀라운 투쟁력의 일부를 이끌어 냈다. 빠브나에서 지대 저항에 가담한 농민들은 1873년 7월 4일에 포고문 형식으로 표출된, 상대적으로 우호적이었던 관청의 제스처의 의미를 "정부가 저항운동에 동정적"임을 암시하는 것으로 확대하여 해석했다. 상급에 있는 더 공정한 권위가 직접적인 농민의 억압자들에게 개입하고 있으리라는 믿음은 1875년 데칸 폭동의 열기에도 기름을 부었다. 이 소요들을 조사한 위원회에 보고된 것처럼, 그런 믿음을 보여 준 두 사례 모두에서 일치했던 점은 농민들이 마르와리들에게 채권을 포기하게 하라는 "명령이 잉글랜드에서 내려졌다"라는 확신을 갖고 행동했다는 점이다.11)

따라서 많은 경우에 공적 권위의 이름을 빌린 반란의 자기 확인이 독특한 자기 승인을 수반했다는 것은 충분히 그럴 만했다. 최고의 공적 권위로부터 얻어 냈다고 여겨지는 승인, 축복, 격려, 또는 지지로 무장한 봉기의 폭력은 그 주인공들의 눈으로 볼 때 공적 서비스의 자격을 갖는 것이었다. 바로 그런 자격으로 봉기의 폭력은 보상을 받아야 할 필요가 있었다. 그래서 반란자들은 그들만의 **공적인** 방식으로 음식, 술, 분담금을 할당한 것이다. 이는 그 밖의 수많은 상이한 민족적 경험들에 공통적인 특징이다. 르페브르가 말하고 있듯이, 1789년의 농민 봉기에 가담한 프랑스 농민들은 "종종 돈을 요구했는데, 왜냐하면 요컨대 자기들은 왕을 위해 일하고 있으므로, 아무것도 받지 않으면 일할 수 없다고,

---

* 러시아의 가장 광역의 행정단위.

제4장 양상

또는 어떤 대가도 없으면 일에 착수하지 않겠다고 생각하고 있었기 때문이다. 누구든 먹어야 하고, 무엇보다 술을 마셔야 하지 않겠느냐, 공기만으로는 살 수 없지 않겠느냐는 것이었다."12) 이와 아주 비슷하게, 스윙 운동에 가담한 잉글랜드 농촌 노동자들은, 특히 버크셔와 햄프셔의 노동자들은 "음식과 술을 사기 위해서라기보다는 서비스 제공에 대한 직접적인 대가로 고정된 분담금을 요구했다."13)

데비 싱하에 대항하는 봉기의 지도자들이 농민에게 부과한 딩-카르차(*dhing-kharcha*, 문자 그대로 하면 봉기의 비용으로 거두는 돈)도 똑같은 이치에 따른 징세였던 것으로 보인다.14) 하지만 굉장히 많은 의미를 드러내고 있지만 아직도 역사가의 시야에 포착되지 못한 하나의 에피소드가 이 특정한 봉기의 공적 성격을 훨씬 더 명백하게 설명해 주고 있으므로, 「1789년 랑뿌르 봉기의 원인에 관한 랑뿌르위원회 보고서」의 케케묵은 서사로부터 그것을 다시 끄집어내는 것도 괜찮을 것이다. 랑뿌르 농민들은 데르예나라인을 자신들의 수장 ― 그들이 부르는 바에 따르면 "나왑" ― 으로 선출하고는 상급자에게 충성을 다하겠다는 공식적인 표시로 그에게 나자르를 바쳤으며, 그를 가마에 태워 발라간지로 모셨는데, 거기에서 현지 지도자인 바라 박시의 조언에 따라 뎀라까지 행진하기로 하고 그 준비에 착수했다. 그곳에는 "30만 루삐의 말구자리를 긁어모은",15) 그래서 농민들에게 수많은 원한을 사고 있던 대지주 가우르모한 차우두리의 까차리가 자리 잡고 있었다.

봉기 참가자들은 다음날 뎀라로 가기로 결정했다. 그 다음날 바라 박시는 데르예나라인에게 이렇게 말했다. "뎀라에 머물고 있는 기마병들과 무장 정찰병들이 공격할지 모르므로 거기에 갈 이유는 별로 없습니다. …… 하지만 나는 봉기를 일으킨 여러분들이 뎀라에 가야한다고 제안했습니다. 만일 여러분들이 보상을 얻는다면 정말 좋겠습니다. 그러나 만일 가우르모한이 여러분들을 공격한다면 여러분은 그자를 무찌를 것입니다." 또 그는 데르예나라인에게 이렇게도 말했다. "당신은 나왑이므로 봉기 참가자들이 과도한 짓들(전리품에 손상 입히기)이나 약탈이나 살인을 저지르더라도 용서해 주어야 합니다." 데르예나라인은 잠시 생각하더니 이렇게 대답했다. "봉기 참가자들은 싸우기 위해 가는 것이 아니라 정의를 위해 갈 것입니다. 만일 가우르모한이 우리들의 정의를 거부하고 공격한다면 …… 우리들은 틀림없이 모든 힘을 다해 맞설 것이며, 나는 모든 과도한 짓(전리품에 손상 입히기)과 약탈과 살인을 용서하겠습니다." 이 말에 민중들은 모두 환호하고 뎀라를 향해 진격했다. …….16)

우리는 이 에피소드에서 반란에 공적 권위를 부여하는 서임식에 관한 드문 기록을 보게 된다. 그 에피소드는 우리에게, 대안적인 권위의 원천으로 반란자 "나왑"이 선출되었고, 봉기 참가자 전체가 나자라나 봉헌 의식을 통해 그것을 공식화했다는 것을 말해 준다. 훨씬 더 중요한 정보는 그 에피소드가 전해 주는 권위화의 특수한 방식, 말하자면 그 권위화가 나왑으로 추정되는 자에게서 유래하고 그 나왑은 "과도한 짓(전리품에 손상 입히기)과 약탈과 살인이 행해지는 것에 대해 그들[주체가 된 봉기 참가자들]을 용서해 주는" 그 방식이다. 면죄를 비는 것, 그것이 엄숙하게 접수되고 고려되는 것, 면죄를 비는 일이 누구에게나 놀라운 것이 아니라 즐거운 일이 되게 하라는 조언이 진중하게 공표되는 것 등은 소망의 발화와 신의 은총에 의한 필연적인 소망 충족이 은총을 베푸는 신에 대한 경배 의식으로 매개되어야 하는 힌두 브라따의 고전적인 3단계 목적론과 일치한다. 위에서 언급한 의식은 정당화의 의식이다. 거의 신성화라고 말해도 좋을 그 정당화란 반란의 폭력을 일종의 공적 서비스로, 공동체의 우두머리가 정식으로 승인하고 공동체 구성원들이 자신들의 이익을 위해 수행하는 그런 공적 서비스로 정당화하는 것을 말한다.

따라서 반란자의 폭력의 대중적, 공동체적 측면은 그것의 공개적이고 공적인 성격에서 나오는 것이며, 그 측면에서 반란자의 폭력은 전형적으로 개별적이거나 소집단적인 범죄행위와 구별된다. 반란은 (1789년 프랑스의 농민반란을 묘사한 르페브르의 말을 빌리자면) 정말이지 일종의 "집단적 사업"이다.17) 반란은 공동체적 과정들과 형식들을 이용하며, 대중을 동원하며, 공동체 노동의 관용어로 대중 폭력을 표현하며, 많은 경우에 약탈의 열매들이 공동체적으로 전유되는 것을 고취한다. 공동체적 동원 과정은 회의와 집회에서 가장 잘 목격되는데, 그것들은 어디에서건 대개 농민 봉기를 발진시킨다. 1525년에 독일의 농민전쟁은 그렇게 시작되었다.

…… 그때 울름 인근에 있는 발트링겐이라 불리는 한 촌락에서 6~7명의 농민들이 모였다. 그들은 당시의 농촌 관습대로 여기저기 촌락들을 돌아다니는 동안에, 이웃들과 만나는 동안에, 함께 먹고 마시는 동안에, 많은 것을 논의했다. [그들과 함께 먹거나 다른 일을 했던] 농민들은 그들과 함께 [다른 촌락으로] 갔다. 만일 누군가가 그들에게 무엇을 원하고 있고 무슨 일을 하고 있느냐고 물으면, 그들은 "사육제 케이크를 모으고 있는 중"이라고 대답했다. 이런 식으로 그들은 목요일마다 여행했고, 그들의 수는 날마다 늘어 400명이 되었다. 진짜 사육제가 되기 8일 전 …… 그들은 발트링겐에 함께 모였다. 자신들이 얼마나 큰 무리를 이루었는지를 알게 되었을 때, 그들은 서로에게 말했다. "우리가 이렇게 많아졌다." ……18)

우리는 1783년 봉기 전야에 랑쀠르의 농촌 대중이 이와 매우 비슷한 논의와 집회 과정을 거쳐 봉기를 위한 동원을 이루어 냈다는 것을 알고 있다. 사건들에 대한 관변 기록을 인용하면 아래와 같다.

…… 농민들은 처음에는 바만당가 빠르가나에 있는 비달뚜르와 떼빠 빠르가나에 있는 코르나모나에서 만났던 것으로 보인다. 당시 그들 간에 협의된

계획에 따라 그들은 모였고 거기에서부터 떼빠의 키네리로 행진했다. 거기에서 …… 데르예나라인은 그들의 수장이 되겠다고 말했다. …… 이 일이 있은 후 봉기 참가자들은 25명 내지 30명을 다깔리간지로 보냈는데, 그들은 그곳에서 조세 때문에 감금되어 있던 사람들을 석방했다. 이웃 딸룩들의 수많은 농민들이 모여 그들에게로 왔다. …… 데르예나라인은 가마에 올라탔고 그들은 발라간지로 행진했는데, 거기에서는 바라 박시의 조언에 따라 뎀라로 가기로 했다. …… 그때 봉기 참가자들은 농부들이 모여 합류하기를 지시하는 편지들을 여러 딸룩에 돌렸다. ……19)

상의(相議), 계획, 집회, 공격. 많은 인도의 봉기들에서는 이 순서대로 일이 전개된다. 종종 봉기 공동체 지도자들의 확대 **빤차야트** 형식을 취하는 최초의 회의는 불만들을 정식화하고 행동 방향을 결정하는 데에서, 그리고 대개 구성원 대중이 곧 이어질 전쟁을 준비하는 데에서 중요한 역할을 했다. 무슬림 직포공들(졸라[jola]들)이 적극적인 군사적 역할을 수행했던 띠뚜 미르 봉기 전야에 열린 그 같은 회의의 기록이 남아 있다. 바시라트의 경찰은 사르푸라즈뿌르(뒤따른 소요에서 이내 악명을 떨치게 된 촌락)의 한 딸룩다르(talukdar)*에게서 다음과 같은 요지의 보고서를 받았다. "20~30명 쯤 되는 사람들이 줄라(Joolha)**인 어느 발라이의 집에 모였다. …… 그래서 나는 그들이 모인 이유를 확인하기 위해 3명을 보냈다. 하지만 내가 보낸 사람들은 험한 꼴을 당했고, **삐아다** 한 명은 심하게 얻어맞았다."20) 알려져 있듯이 버사이트 봉기를 앞두고도 그런 회의들이 많이 열렸다. 문다 부족의 고장에서 라즈의 눈과 귀 노릇을 했을 뿐만 아니라 진정한 기독교 대변자였던 것으로 보이는 호프만 목사는 이 회의들 중 일부를 기록해 놓았다. "나는 심부아 촌락의 새 신도에게서 사건이 일어나기 전의 3주 동안에 일요일마다 열린 세 번의 **빤차야트**에서 공격이 계획되었다는 소식을 들었다. 이

---

* 딸룩을 지배하면서 주민들에게 세금을 걷어 국가에 바쳤던 지주나 관리.
** 졸라(jola)의 다른 표기.

빤차야트 중 첫 번째와 두 번째 회의에는 뿌라나크들만 참석했다. 그 회의에서 날짜가 결정되었는데, 3명으로 구성되거나 때로는 4명으로 구성된 공격조들이 제각기 가옥을 선별하여 대개 크리스마스이브에 열리는 기독교도들의 모임 한가운데로 화살을 쏘아 댈 것이었다. 일반 군사들이나 신참들은 공격이 있으리라는 것을 마지막 회의에서 알게 되었다."21)

    1831년의 꼴 반란 역시 이런 종류의 협의 모임에서 시작되었다. 그 지도자 중의 한 명인 빈드라이 만키는 나중에 이렇게 회고했다. "우리는 집으로 돌아와 모든 꼴들(우리의 카스트 형제들)에게 우리가 협의 모임을 가질 따마르의 상카 촌락에 모이도록 초대했다. …… 생각해 보면 우리의 삶은 아무 가치가 없었다. 그래서 하나의 카스트 형제인 우리는 베고, 빼앗고, 죽이고, 먹기 시작해야만 한다는 데 동의했다."22) 싼딸 반란의 경우, 시도와 까누 두 사람의 이야기 모두 실제로 일이 발생하기 전에 사전의 심사숙고가 상당했음을 입증해 준다. 체포된 후에 시도가 말한 바에 따르면, "그때 마지들과 빠르가나이트(Purgunnait)*들이 나의 베란다에 모여 두 달 동안 협의했다."23) 그의 진술 중에는 여러 차례 이에 관한 정보가 담겨 있다. "타쿠르가 오기 두 달 전의 차이트(Chait) 달** 이후 계속해서, 마지들은 마하잔들을 죽이기 위해 함께 협의했다." 또 다른 정보 "마지들와 빠르가나이트들이 자이트 달에 나의 집에서 이 일에 관해 협의했다." 시도는 빈번한 공동체적 협의라는 이 사실을 확인함으로써 본인에게는 의심할 바 없었던 봉기 폭력의 그 정당성을 확고히 굳히려고 애썼던 것 같다. 실제로 그는 정말 수많은 말을 하는 가운데 이런 말까지 하게 되었다. "모든

---

* 빠르가나의 감독자이자 행정 수장. 싼딸 부족민 중에서 사법권을 갖고 외부인들을 상대로 촌락 연맹을 대표하던 인물.
** 네팔의 공식 달력에서는 12월이고, 서구의 달력에서는 3월 중순에서 4월 중순에 해당하는 음력 달. 자이트(Jait)라고도 한다.

빠르가나이트들과 마지들이 협의하여 나에게 싸우라고 조언했다."

협의와 조언은 1857~58년의 농민반란 동안 우따르 쁘라데쉬에서 전개된 대중 동원의 바로 그 첫 단계에서도 자주 나타났다.24) 공동체나 촌락의 대표들은 빤차야트에 모여, 현지 대중이 무기를 들었을 때 따라야만 하는 행동 방침을 결정하곤 했다. 1857년 5월 "치티, 데오타, 띨베감뿌르, 다드리 등의 촌락에서 빤차야트가 열려, 대들보와 서까래가 남아나지 않을 만큼 세쿤드라바드를 약탈하기로 한 것"도 그런 것이었다. 이런 일은 주로 구자르(Gujar)가 했다. 그러나 띨베감뿌르에서 빤차야트가 열렸을 때 기루아들과 갈로트 라즈푸트들이 이들에게 합류함으로써 불란드샤르 지구의 그 쪽에서는 엄청나게 많은 농민들의 광범한 동맹이 봉기를 만들어 냈다. 또한, "메와티들이 세포이 반란과 리살라 반란*의 진짜 주동자들이었던 지역"인 알라바드에서는 저 공동체 지도자들의 빤차야트가 1857년 6월 5일 사마다바드 마우자에 있는 사이프 칸의 집에서 열렸는데, "사이프 칸을 제외하고는 모두가 같은 날 반란을 일으키기로 결정했다." 아잠가르에서의 폭동이 그 읍 남쪽에 있는 치리아코트 빠르가나의 "모든 마을 게으름뱅이와 마을 부랑자들" — 관료들이 관용적으로 농민들을 가리키는 말 — 에게 반란의 신호탄이 되었을 때와 거의 비슷한 시기에, "반란자들은 7월 4일 밤 내내 약탈 문제를 협의했고 7월 5일부터 전면적인 폭동과 봉기를 선언했다." 그리고 더 동쪽으로 가서 가지뿌르에서는, 나중에 알게 되겠지만25), 모든 부분을 대표하는 현지 주민들이 까르마나사에 인접한 비란지에 모이는 것으로 이듬해 가마르의 메가르 싱이 이끈 반란을 시작했다.

하지만 1857~58년의 봉기들의 또 하나의 특징은 대개 실제 폭력이

---

* 1857년에 아마둘라 샤가 이끈 "이슬람 승리의 메시지"라 불린 집단이 일으킨 반란. "리살라(Risala)"는 메시지 또는 영송을 뜻한다.

발생하기 전에 현지 주민들의 광범한 집회가 있었다는 점이다. 그것은 마치 습관적인 유순함과 비굴함에서 깨어난 농민들이 수천 명씩 모여, 보이지도 않고 말해지지도 않았지만 보편적으로 이해된 어떤 신호에 호응하여 그들의 적에 무장투쟁으로 맞서려는 것 같았다. 우리는 그 같은 자율적인 동원의 실제적인 역학들 — 친족과 공동체와 공동 거주에서 나오는 원초적 유대의 견인력, 루머의 힘, 관습과 종교의 강제력 — 에 관해 거의 알지 못하는데, 정도에서는 차이가 있었겠지만 그것들은 모두 결합되어 농촌공동체의 외부와 상부에서 지속되어 온 공식적인 동원 기제의 절대적 부재(不在)를 벌충했을 것이다. 식민 인도에서의 봉기에 대한 실질적인 이해는 이 현상에 대한 제대로 된 연구 없이는 결코 이루어질 수 없을 것이다. 그러나 현재의 연구 상황에서 분명히 말할 수 있는 것은 뮤티니 시기의 농민 봉기 대부분이 무장 농민들의 거대한 예비 모임을 거쳤다는 점이다. 데오타 촌락과 틸 촌락의 구자르들은 불란드샤르의 감옥을 공격하여 죄수들을 구출하기 위해 치티에 모였고, 구자르들과 그 밖의 부족민들의 회합은 사하란뿌르 지구에서 반란이 거세지자 점점 더 빈번하게 열렸으며, 구자르들과 랑구르들로 이루어진 대군중은 지구 행정 본부와 재무 관서 인근의 촌락을 약탈하기 전에 사아란뿌르 빠르가나의 남부와 남서부에 집결했고, 구자르들은 미루트 지구에서 "공인된 지도자들 아래로 수천 명씩 모였으며", 만다와르 지구의 "시골뜨기들"의 대집회는 비즈나우르 지구의 부유한 로 촌락을 습격하기로 했다, 기타 등등. 우따르 프라데쉬 서부에서만 임의로 골라낸 사례들을 인용해 보면 이런 것들이 있었다.26)

싼딸 반란의 경우에도 부족장들의 회합은, 까누가 체포 진술서에서 확인해 주었듯이, 결국 "바그나디히에서 수많은 마지들, 수바, 빠르가나 이트들이 참가한 집회"가 되었다.27) 마하잔들과 경찰을 크게 놀라게 한 것도 바그나디히의 이 집회였는데, 그들은 기가 죽기도 했지만 농민의 투쟁력을 과소평가함으로써 반란의 기폭제 노릇을 했다. 그 같은 동원이 얼마나 당국의 기를 꺾어 놓았는지에 관해서는 아마 다음과 같은 우스운 사건에서 가장 잘 알 수 있을 것이다. 바라사뜨의 봉기(그 자체는 거대한 농촌 빈민 집회의 기회였다[28])는 제소르 지구 북부에서 수많은 "물라비들" — 어느 보고서에 따르면 600명에서 700명의 빈민 —이 다시 모이고 있다는 루머가 돌던 바로 그때 진압되었다. 캘커타 정부의 육군성은 즉시 이렇게 명령했다. "바락포르 출신의 원주민 보병 1개 대대 및 반드시 둠 둠에 있는 병력들로부터 보충되는 유럽인들로 분견대를 구성하여 통상적으로 병기국에서 탄약을 공급 받는 6파운드 야포 기마대 2개 부대와 함께 야전 사령관의 총지휘 아래 제소르를 향해 가능한 가장 빠른 지름길로 …… 진격하기로 …… 결정한다." 이와 동시에 『인디아 가제트(India Gazette)』는 "물라비들이 부타이와 뿌라아띠에[서] 다시 들고일어났다고 말하고 있는" 어느 통신원의 근황 보고를 공표했다. 패닉(panic)이 엄습했다. 빠브나의 공동 행정장관은 꾸마르칼리 주둔지를 방문한 동안 "그곳의 모든 신사들이 크게 놀라고 있다는 것을 알았다. 지사는 소총을 모두 꺼내 손질했고 그 부하들은 바쁘게 총알을 만들고 있었다." 그러나 이 모든 일은 어느 현지 농장주가 친구를 유인하여 이웃 주둔지에서 "건너와 자기를 찾아오도록" 하기 위해 재미 삼아 만들어 낸 장난이었다는 것이 곧 밝혀졌다![29]

그 같은 경우에 법과 질서의 수호자들의 개입은 그들이 자신들의 보호를 받는 농촌 엘리트들과 공유했던 두려움을, 상당히 큰 농민 집단이 모여서 아무리 평화적일지라도 자신들의 불만들을 서로 이야기하고 내뱉는 것에 대한 그 두려움을 가늠케 한다. 비록 약탈이나 방화, 살인 같은 공공연한 폭력 행위가 발생하지 않았더라도, 불만에 찬 농민들의 집회는 라즈 아래서는 곧잘 행정에 대한 잠재적 위협으로 간주되었다. 실제로 1873년 빠브나 농민들의 운동은 이 점을 매우 잘 설명해 준다. 그것은 공식적으로는 당연히 법을 존중하면서 진행된 운동으로 칭송되었다. 하지만 소작권 문제에 관해서는 지주들과 차이가 있었던 식민 당국은 자신들의 권리를 위한 농민들의 모든 동원 움직임을 불신했다는 점에서는 지주들과 똑같았고, 그 동원 움직임이 대규모 집회의 형식을 취할 때는 특히 그랬다. 인도 형법에서는 자민다르들의 착취와 과도한 지대에 항의하기 위해 농민들이 완전하게 법을 준수하는 단체를 결성하여 그 단체의 목적을 선전하려고 10명 이상 무리를 지어 촌락을 방문하는 것을 예사로 금지했다. 현지 행정관이 구속된 6명을 증거 부족으로 석방시킨 경찰을 무시하면서까지 그들을 "불법 집회"를 열었다는 이유로 고발한 경우도 있었다.[30]

농민들이, 농촌 엘리트나 엘리트 관리의 도움 없이 또는 흔히 그들을 무시하고, 자신들의 불만을 알리기 위해 **주도적으로** 만든 모든 대규모의 **자율적인** 모임은 그 모임을 억압하는 것이 통치의 진정한 원칙이라고 생각한 식민 당국에 의해 "불법적"인 것으로 간주될 위험이 있었다. 이는 1852년 칸데쉬에서 세금 조사 반대 폭동들이 발생한 후 이 문제를 논의한 관리들의 토의 과정에서 분명해졌다. 그해 겨울, 정부가 사브다, 라베르, 촙다에서 세금 조사를 실시하고자 한 시도는 꾼비 농민들의 완강하고 광범한 저항에 봉착했다. 이 저항은 대규모 집회의 형식을 띠었고, 그런 집회들을 통해 땁띠 강 양편에서 온 농민들은 조사에 반대한다는 것을 보여 주었다. 야왈, 사브다, 파이즈뿌르, 에란돌 등지에서의 집회가 가장 대규모적이고 위협적이었다. 집회는 처음에는 평화적이었으나, 지역들마다 점점 더 많은 사람들이 몰려들면서 폭력적이 되었다. 결국 군대가 소집되었고, 그 운동은 몇몇 원주민 보병 대대와 일부 빌 군단 보병 중대의 합동작전으로 제압되었다. 나중에 이 사건을 되돌아본 당국자들은 그 사건이 현지의 엘리트에 의해 유발되지 않았다고 확신했다. 칸데쉬의 수세관 맨스필드와 세금 조사 위원 윈게이트는 공동 보고서에 따르면, "처음부터 끝까지 그 소요의 주인공들은 거의 꾼비 카스트에 한정되어 있었고, 이들 중에서 가장 눈에 띈 것은 소우다의 경작자 대부분을 차지했던 빠즈나 꾼비와 띨롤레 꾼비 두 부족과 야왈

마할들이었다." 그들이 지적한 바에 따르면, 그 같은 동원은 사실 지방의 농민 저항 전통의 일부여서 이번 일이 "청원을 목적으로 그리고 자신들의 수와 결심을 과시함으로써 자신들이 주장하는 바를 밀고 나갈 셈으로 꾼비들이 모인 첫 번째 사례는 아니었다." 그들은 이전에도, 즉 1849년에 다람가온에서 "그들의 농토 구역을 표시하기 위해 경계 표지를 세우는 것"에 항의했을 때에도, 분명히 똑같은 일을 벌였고 꽤 성공을 거두었다.31) "조사에 반대하는 청원을 위해 수많은 농민들을 모으는" 그 같은 시위는 법을 위반한 것인가? 칸데쉬의 행정장관에 따르면 그렇지 않다. "공격적으로 행동하지 않는 한, 청원을 목적으로 많은 수의 사람들을 모으는 것을 금지하는 법은 없는 것으로 안다." 그러나 행정 수뇌부를 지배한 생각은 더 엄격했다. 뭄바이 총독은 1853년 6월 14일의 비망록에 다음과 같이 명확하게 말했다.

> 여기에서는 잉글랜드에서보다 더 가혹한 처벌을 가해 그 같은 범죄행위를 견제할 필요가 있을지 모른다. 그리고 수천 명의 소란스러운 집회가 이 나라의 지배 권력에 가하는 위험은 확실히 **더 크므로** 그것에 대응하기 위해 필요한 조치들이 수반하게 될 비용이나 폐해는 본국에서 그와 똑같은 군중 소요가 야기할 될 비용이나 폐해보다 훨씬 더 크다.32)

자율적인 농민 집회의 이 특수한 형식이 유발시킨 두려움을 이보다 더 분명하게 인정한 것은 없을 것이다. 그리 대단치 않은 합법성을 고려하는 것과 식민 국가의 안보에 관심을 갖는 것이 충돌할 경우 어느 쪽을 선택해야 하는지를 알고 있는 최상급 관료들이 볼 때, 그런 집회는 "이 나라의 지배 권력에 가하는 위험"이었다. 그들은 옳았다. 그들의 관점에서는. 왜냐하면 반란이 지배 체제에 대한 전쟁을 위해 농촌 대중을 의식적으로 동원하기 시작했을 때, 그 같은 **결집들**은 실제로 라즈에 대한 가장 강력한 도전일 수 있었기 때문이다. 1900년 문다 봉기에 앞선 버사이트 집회들은 이러한 의미에서 농민전쟁의 기관들이었다. 1897년 11월 감옥에서 석방된 직후, 비르사와 그의 주요 부하들은 협의를 위해 보르또디에서 만났고, 이 집회들이 "그들의 잃어버린 권리들을 회복하고 그들의 적들을 몰아내는 데 필요한 조직의 일부"가 되도록 계획했다.33) 이 주제에 관한 수레쉬 싱의 권위 있는 논문은, 앞에서 언급한 집회부터 1899년 12월 말까지, 즉 화살이 날아가기 바로 며칠 전 싱붐에서 열린 60여 명의 버사이트 구루들의 모임까지 2년 동안에 있었던 — 공식적으로 추정된 16개 사례34)보다 훨씬 많은 — 무수한 사례들을 언급하고 있다.35) 이 사례들 중 다수의 집회에서는 문다 수장이 직접 연설했다. 순회 선전이 아대륙 엘리트 정치의 표준적인 특징으로 등장하기 훨씬 전에, 비르사는 넓은 지역에 걸쳐 있던 촌락들을 돌면서 자기 사람들을 동원했다. 그는 매번 자기 뜻대로 하지는 못했다. 때때로 문다들은 자신들의 지도자를 제압하고는 그에게 자신들의 집단적 의지를 강제하곤 했다. 마치 1898년 3월 심부아 언덕에서의 유명한 집회에서 종교적이면서 개혁적인 선전전을 옹호하는 비르사의 의견에 완강하고 일관되게 저항했던 것처럼 말이다. 사실 이런 집회들이 누적된 결과, "비르사가 처음에 옹호한 평화적인 투쟁 수단에 대한 새로운 사르다르들의 반란 전략의 승리"가 있을 수 있었다.36) 그들은 대중적 사건으로서의 반란의 진정한 도구인 라즈와의 한판 전쟁에 문다들을 동원했던 것이다.

이런 종류의 동원은 종종 종교적 형식을 띨 수 있었다. 전(前)산업시대 유럽에서의 대중 봉기가 기독교 달력의 금식일과 축제일에 맞춰지곤 했다는 것은 잘 알려져 있다. 와트 타일러의 부하들은 1381년 6월 13일에 런던에 입성했는데, 그날은 성체축일이었다.37) 독일 농민전쟁은 1525년 사육제에 시작되었다. 요한네스 케슬러는 자신의 연대기에 이렇게 썼다. "횃불을 들 시간이 되었다. 지금은 …… 사람들이 함께 모이게 되는 …… 사육제이다."38) 르페브르는 군중이 축제일에 모여 봉기를 일으키는 이러한 경향을 프랑스혁명 과정 내내 거듭 반복해서 되풀이된

"고전적인" 패턴으로 간주했다. "사태는 일요일에 들끓기 시작하곤 했다. 그 시기 내내 언제나 이 날은 지방의 성자들을 기념하기 위한 축제일과 발라돠르(*baladoire*)*처럼 결정적인 날이었다. 당시 농민들은 미사에 참가하곤 했고, 달리 할 것이 없을 때에는 그 지방의 카페를 무작정 돌아다니곤 했다. 봉기가 이렇게 시작되지 않은 적이 없었다."39) 인도에서 뿌자와 빠랍의 달력과 농촌 소요의 연대기는 그렇게까지 직접적으로 연관되지는 않았다. 비록 영국 당국이 뮤티니 기간 동안 그런 일이 벌어지리라는 두려움에 끊임없이 사로잡혀 있었지만 말이다. 사아란뿌르의 행정장관의 기록을 보자. "'로자'의 끝이 다가오고 있다. 나는 심각한 소요를 예상한다." 그 지역의 또 다른 관리의 생각에 따르면, 현지의 무슬림들은 "[1857년 5월] 26일에 있게 될 이드(Edd [Id])**를 이용하여 소요를 일으킬 수 있다." 역시 그해 7월 말, 나이니탈에 있는 모든 유럽인 여성과 아이들이 그곳에서 소개(疏開)된 것은 람뿌르에서 바크르-이드가 시작됨과 동시에 봉기 사건이 벌어져 그 휴양지까지 확산될 것에 대비하여 그들의 안전을 확보하기 위한 것이었다. 그리고 또 다른 휴양지인 무수리에서는 "바크르 이드 등과 같은 원주민 이드 축제일에 이따금씩 놀라는"40) 그런 날들을 제외한다면 백인 사회는 모든 것이 평온했던 것으로 보인다. 이 모든 곳에서 마호메트 축제일들은 아무런 폭력 없이 지나갔다. 그러나 종교 집회와 반란 집회가 중첩되었다고 알려져 있는 다른 경우들이 있다. 가령 봉기 전야에 바그나디히의 싼딸들이 큰 무리를 지어 판치카티아에 있는 시장으로 간 것은 그곳에서 그 지방의 신에 제사를 드리고 앞으로 있을 거사에 신의 축복을 얻기 위해서였다.41) 비르사의 조언에 따라 그의 추종자들은 집단적으로 "선향

---

* 사제나 성직자들이 금지한 육감적인 춤을 추면서 해마다 1월 1일과 5월 1일에 벌인 축제.
** 이슬람의 축제일.

(先鄕)"을 방문했는데, 그 방문은 사르다르*의 복벽주의의 한계를 벗어나 신중하게 계획된, 그리고 (정부가 이 일들을 알게 되자마자) 위험스러운 것이 된 일련의 제의 행진들로 발전했고, 이 행진들은 문다들을 독려하여 다가올 봉기를 준비하게 했다. 봉기 때까지 성지순례는 2년의 기간에 걸쳐 진행되었고, 성지에서는 "조상 전래의 재산들"이 — 추티아에서는 뚤시 나무의 잎들이, 자가르나트뿌르 사원에서는 샌들의 장신구가, 나우 라탄에서는 성수와 성사(聖絲)가 — 복구되어 "반란을 위한 심리적인 준비가 완료되었다."42) 위급했던 크리스마스이브 바로 몇 주 전인 1899년 11월에 이미 봉기의 시작은 예정되어 있었다.

그러나 식민 인도에서 봉기 농민들의 동원이 그처럼 명백하게 종교적 형식을 취한 일은 아주 드물었다. 물론 촌락 사회에서 발생한 거의 모든 일에는 그 밑에 종교성이 깔려 있었다. 하지만 그런 일반화의 차원을 넘어서 보면, 다른 무엇보다도 공동체 축제라든가 협동 노동과 관련된 꽤 세속적인 관용어가 그 시기 농촌 봉기의 특징을 보여 주었다고 말하는 것이 아마 더 사실일 것이다. 이 점에서 다시 한 번 인도의 경험은 유럽의 경험과 공통점이 아주 많았다. 르페브르는 1789년의 일부 봉기 농민들의 "매우 강렬한 대중적 풍류"를 언급한다. 농민들이 즐겼다는 것은 분명하다. "그들이 마치 상설 시장이나 정기 시장으로 갈 것처럼 연장들을 그 자리에 내려놓고 하루 소풍 길에 나서는 일을 기뻐했다는 것은 쉽게 알 수 있다." "촌락 전체가 움직이곤 했다. 촌락 대표(syndic)는 가장 유력한 주민들의 선두에서 길을 인도했고, 때로는 북이 울렸다. 총은 없었겠지만 화기(火器) 대신에 수많은 농기구와 막대기들이 있었다. 늙은이보다 젊은이들이 더 많았다. …… 귀가 터지도록 '제3신분 만세!'를 외쳤다."43) 뤼데 역시 잉글랜드의 스윙 운동의 제의적

---

* 봉기 지도자 비르사를 말한다.

측면에 관해 말하고 있는데, 그 운동이 힘을 얻게 됨에 따라 그 측면은 점점 더 뚜렷해지는 경향이 있었다고 한다. "초기에 (또한 나중에), 농민 전사들이 발각되는 것을 점점 더 두려워하게 되었을 때, 공격대 대원들은 얼굴을 시커멓게 칠하고 밤에 활동하기도 했다. 그러나 운동이 발전하자, 폭동은 대낮에 벌어졌고, 공적(公的)인 퍼포먼스가 되었으며, 때로는 축제 분위기였다."44)

따라서 제의적 성격은 스윙 폭동의 공적이고 공동체적인 성격의 부속물로 등장한 것이었다. 이는 인도에서의 반란들 중 일부에 대해서도 역시 사실이었다. 빠브나에서 농민들은 각기 다른 사자(使者)들을 통해 구두 메시지를 전달함으로써 대의를 위한 지지를 이끌어내는 일부터 시작했지만, 운동이 여세를 얻고 자신감을 획득하게 되자 이 일은 더 강력하고 공적인 시위로 곧 대체되었다. 이때 농민들이 택한 방법은 뿔피리를 불어 큰 무리의 사람들을 불러내고, 그들을 곤봉으로 (또한 우리가 지금 말하게 되겠지만, 뿔로로) 무장시키고, 그들로 하여금 위풍 당당하게 열을 지어 일정한 길을 따라 촌락을 누비게 함으로써, 현지 주민에게 농민들의 동맹에 합류하라고 호소하거나, 필요하다면 합류를 강제하는 것이었다.45) 한편 헌터가 말하고 있듯이, 싼딸의 봉기는 "처음 에는 재래의 북과 피리를 앞세운 거대한 민족적 행진들 중의 하나인 것처럼 보였다."46) 스윙 운동의 지도자들과 마찬가지로 싼딸 봉기의 지도자들도 공격대 대원들의 선두에서 눈에 잘 띄는 운송 수단에 올라탔 다. 수바들은 말에 올라탔고, 최고사령관 시도와 까누는 가마와 코끼리에 올라탔다.47) 1789년의 프랑스 반란자들과 1830년의 영국 반란자들은 제각기 독특한 공격 복장 스타일을 보여 주었다.48) 싼딸들도 그랬다. 시도가 제 입으로 직접 증언한 바에 따르면, 마헤쉬뿌르를 공격하는 동안 "많은 마지들이 붉은색 옷을 입었다." 그 밖의 무장 싼딸들은 붉은 살루(saloo, 대개 축제일에 치장을 하기 위해 사용된 다양한 면직물 옷), 하얀 렁기, 하얀 도띠와 빠그리 등을 착용한 것으로 보고되었다.49)

경찰서를 공격하기 위해 쿤띠까지 행진한 버사이트의 행렬 역시 제의적 행진의 모든 특징을 보여 주었다. "몸에 먼지를 뒤집어쓰고, 찬와르(*chanwar*)*로 팔을 장식하고, 터번을 두르고 눈처럼 흰 도띠를 입은" 봉기 참가자들은 "춤추고 펄쩍펄쩍 뛰고 칼을 휘두르면서" 쿤띠에 도착했다.50)

인도에서의 반란 동원에 가장 특징적인 공동체적 관용어는 협동 노동의 관용어였다. 흔히 반란 담론에서의 비유는 봉기 참가자들에게는 농민 봉기가 단지 함께 일하는 또 하나의 방식이었음을 설명해 준다. 버사이트들은 쿤띠의 경찰서로 행진하며 이렇게 외쳤다. "Khunti be rahar jaromakana, dolabu maea"("쿤띠에서는 콩이 익었으니 가서 거두자").51) 또는 강고한 가야 문다는 경찰 수색대를 보았을 때 이렇게 외쳤다. "Samare hijulenako mar goekope"("삼바르 사슴이 왔으니 죽이자").52) 이 발언들에서 일차적 지시 대상과 이차적 지시 대상 사이의 전위는 공격에 나선 농민들에게 특징적인 저 거침없는 블랙 유머53)를 낳는다. "fricasser ce poulet."** 이 말은 뽈레의 시골집으로 가던 마코네 반란자들이 자신들의 임무를 자신들의 희생자가 될 자의 이름을 갖고서 재치를 부려 말한 것이었다.54) 그리고 앞에서 말한 문다어로 된 문장들 각각에 담겨진 메시지는 두 극단 — 적을 상대로 한 집단 폭력과 추수나 사냥 같은 공동체 노동의 임무를 수행하는 데에서의 협동 — 사이의 조응을 가늠케 한다. 우리가 봉기를 연구하는 역사가에게서 배우고 있듯이, 문다들은 직접 자신들만의 수사법을 사용했고, 진지하다고 할 만큼 그 수사법의 전통적 의미에 따라 행동했다. 왜냐하면 위에 언급한 사건에서 가야의 무리가 에트케디에 있던 경찰과 싸워 이긴 후 집으로 돌아왔을 때, "남자들이 사냥 노래를 부르는 동안 여자들은 집 밖에 나와 남자들을

---

* 짤막한 자루가 달리고 말총 따위로 만든 총채인 장신구.
** "저 닭을 흰 소스로 삶아 버리자."

환영했고 물로 남자들의 발을 씻겼다."55) 이 모든 것이 운수 좋은 날의 쉬까르를 마무리하는 전통적인 방식이었다.

또는 1873년 자민다르들에 대한 투쟁에서 지지를 얻기 위해 빠브나 농민들이 돌린 전단을 보자.

> 아무개 아무개 쁘로자들이여! 이 전단을 보자마자, 서둘러 봉기군 편으로 건너오라. 오늘 안에 오지 못하면, 우리가 가서 당신들의 촌락에 인접한 빌에서 물고기를 잡겠다는 점을 명심하라. 우리는 이미 여러 촌락의 빌에서 물고기를 잡았다. 이 명령이 절대적인 줄 알라.56)

이 통고문의 어두운 메시지를 감추고 있는 이미지, 감춤으로써 그 메시지를 납득시키려 하는 그 이미지는, 초따 낙뿌르의 문다들에게 사냥이 그러하듯이, 빠브나 농민들에게 절대적으로 필요한 어떤 집단 작업의 양식과 관련이 있다. 빌이란 그 지역 대부분을 덮고 있는 소택지와 늪을 말한다. 『빠브나 디스트릭트 가제티어(Pabna District Gazetteer)』의 불완전한 목록에 따르면, 그 빌 중 9개는 215제곱마일이나 되는 면적에 펼쳐져 있었다.57) 빌은 신선한 물고기를 풍부하게 담고 있는 저수지 역할을 했고, 그래서 주로 쌀농사를 짓는 주민들에게는 생계의 이차 원천이 될 정도였다. 그러므로 촌락들의 공동생활 대부분은 빌의 이용과 연관되어 있었는데, 이웃한 수많은 부락의 모든 농민들이 참가하여 매우 즐겁게 생산적 노동을 함께하는 작업인 뽈로 어로 형식의 경우에는 특히 그랬다. "일상적인 어로 이외에 뽈로 어로는 여름에 촌락 주민들이 탐닉하는 오래 된 소일거리이다"라고 오말리는 쓰고 있다.

> 뽈피리 소리가 울리자 촌락 주민들은 물고기를 잡으러 나선다. 때로 수백 명에 이르는 남자와 여자와 어린이들이 뽈로를 손에 들고 무리를 지어 가장 가까운 빌로 간다. 뽈로는 대나무로 만든 종 모양의 올가미이다. 맨 위에는 작은 입구가 있고 아래는 닫혀 있다. 물고기잡이꾼은 물 안으로

걸어 들어가 몸 앞쪽에서 뽈로를 내리누른 다음에 몸을 구부려 맨 위에 있는 입구 안으로 손을 집어넣어 올가미에 걸린 물고기를 진흙 속에서 더듬어 찾아낸다. 이리저리 휘저어 이내 흙탕물이 된 얕은 물에서 모두가 물고기 잡느라 바쁘다. 몇 시간 안에 빌의 물고기는 씨가 마른다.58)

우리는 1873년의 봉기에 빠브나 농민을 동원할 때 이 특정한 공동체 노동 형식의 관용어가 아주 비슷하게 반복되었다는 것을 보여 주기 위해 위의 글을 길게 인용했다. 빌 고기잡이의 경우처럼, 몇 가닥의 날카로운 뿔피리 선율이 몇몇 이웃 마을의 농민들을 집회에 참가시켰을 것이다. 그 집회는 종종 밤늦은 시간에 열렸고, 그 시간은 또한 늪에서 물고기를 풍성하게 잡을 수 있는 제일 좋은 시간이었다. 이렇게 밤에 뿔피리를 부는 것은 그 운동의 무서운 상징이어서, 일부 지역에서는 지역 당국이 인도 형법 제518조를 들어 "공포 유발을 노리고 농민들이 밤에 뿔피리 소리를 내는 것을 금지한다"라는 명령을 내릴 정도였다.59) 또한 빌을 향해 갔던 무리들이 가장 중요한 도구인 뽈로를 갖고 갔듯이, 농민 선전원들 역시 자신들의 대의를 선전하고 적들을 위협하기 위해 여기저기 촌락을 돌아다닐 때 뽈로를 씌운 곤봉으로 무장하곤 했다. 이렇게 되자 뽈로는 봉기의 휘장으로 간주되었다. 그 운동과 그 운동 참가자들도 각각 ― "뽈로 비드로하"와 "뽈로왈라(Polowallah)들"이라는 ― 토속적인 이름을 갖게 되었다. "뽈로왈라들이 오고 있다!"라는 소리가 들리면 정말이지 그 적들은, 한밤중에 물소 뿔로 만든 피리의 소리가 들릴 때처럼, 패닉 상태에 빠졌다.60) 이런 맥락에서 보자면, 위에서 인용한 전단을 읽은 사람 모두는 "당신들의 촌락에 인접한 빌에서 물고기를 잡겠다"라고 말할 때의 농민들의 의도는 으스스한 완곡어법으로 표현된 것임을, 즉 투쟁에 따르지 않으면 약탈될 것이라고 경고한 것임을 잘 알았다. 이렇듯 공동체적 노동 양식을 위한 동원에 특징적인 일련의 기호들은 농민 투쟁을 위한 동원과 결합하게 되었다. 그 기호들을 하나의 지형에서 또 하나의 지형으로 확장시켰던 아띠데쌰는 농민 고기잡이꾼을 비드로히로 지시하는 데에 도움을 주었을 뿐만 아니라 — 그들은 사실상 그렇게 알려졌다 — 반란(비드로하)을 농촌 대중의 협동 사업으로 통합시키는 데에도 기여했다.

공동 어로도 싼딸 전통의 일부였다.61) 그러나 봉기에서 작동한 관용어는 또 다른 협동 행위 — 공동 사냥 — 의 관용어였다. 디리(*dihri*), 즉 사냥 고수로서의 기능과 사제로서의 기능을 함께 갖고 있는 남성이 특정한 날에 대개 정글이나 언덕과 같은 정해진 장소로 인근 촌락의 모든 건장한 남성들을 소집하는 것은 싼딸의 관습이었다.62) 사르미의 란지쁘 빠르가나이트에 따르면, 싼딸의 두 지도자 초쁘바자르의 문카 마지와 신드리의 코울레아 마지가 1855년 봄에 자신들의 공동체를 봉기에 동원한 방법도 바로 그런 것이었다. 그들은 "부로 쿤디에서 공동 사냥을 하기 위한 목적으로 수없이 많은 싼딸들을 광범하게 [원문 그대로] 소집했다. 그들이 모인 곳에서 [원문 그대로] 이들 두 마지들은 다른 싼딸들에게 초쁘바자르에 모여 거기에서 하자리바로 가서 불만을 수바와 상의해 보라고 말했다."63) 란지쁘 자신은 바라쿤디에 있었다. 그의 증언은 『마레 하쁘람 꼬 레악 까타』에 기록된, 그 사건에 관한 다소 신비화된 설명으로 확인된다. 그 문헌에서 늙은 싼딸 주기아는 어느 숫처녀에게서 태어난 수바의 탄생을 축하하기 위해 모든 사람들이 라요가르에 쉬까르를 위해 모였다는 이야기가 퍼졌었다는 것을 이렇게 상기하고 있다. "라요가르는 하자리바의 구릉지에 위치하고 있다. 일부는 그곳에 가서 수바를 보았고, 칸찬 숲에서 사냥이 벌여졌을 때 그에게 합류했다." 수바는 데오가르 근처의 띠르빠아르에서 이어질 공동 사냥을 위해 또 다른 모임을 지시한 것이 분명하지만, 이 모임은 열리지 않았고 그 이유는 모르겠다고 주기아는 말한다.64)

공동 사냥을 위한 동원이 이런 식으로 훌을 위한 동원과 합쳐지게 된 것은 정말이지 적절한 것이었다. 싼딸 본인들은 하나의 동음이의어로 그 결합을 분명하게 나타냈다. 그들은 "파우즈"(그대로 번역하면, "군대")라는 말을 수바들이 이끄는 봉기 대중과 공동 사냥에서 디리가 이끄는 무장한 무리들 양쪽 모두에 사용했다.65) 왜냐하면 어느 경우든 공동체 사업을 위해 성년 남자 주민 전체를 무장시키는 것이 중요했기 때문이다. 디리가 추격하라고 말하면 촌락 주민들은 준비에 들어가곤 했다. "그들은 활시위를 팽팽하게 했고, 뾰족하게 끝을 간 화살을 마련했고, 도끼(tangis)의 날을 갈고 도끼에 손잡이도 달았고, 긴 막대기에 창끝을 단단히 묶었고, 칼은 번쩍번쩍 빛나도록 닦았다." 그런 다음 그들은 정해진 날 동틀 무렵에 연이어 들리는 북소리에 따라 집결지로 모이기 시작했다.66) 이것은 싼딸들이 전쟁을 준비했던 방식이기도 했다. 때가 되자, 그들의 적은 사냥 도구가 다른 기능을 한다는 것을 재빨리 알아차리고 그 도구가 반란의 표식이 되지 못하도록 했다. 진압 작전이 최고조에 달했을 때, 디나뿌르 사단 및 싼딸 진압 야전군을 지휘한 로이드 소장의 명령은 이런 것이었다. "그 부족의 모든 촌락 주민들에게서 …… 반드시 무기들을 빼앗아야만 한다. 즉, 활, 화살, 칼, 전부(戰斧), 살상용 식칼뿐만 아니라 싼딸들을 불러 모아 무리 짓게 하는 데 사용된 이른바 딕디기라는 북까지 빼앗으란 말이다."67) 그 명령은 예하 부대에 잘 전달된 듯이 보이며, 부하들을 이끌고 정글 안의 싼딸 촌락이나 반란 캠프를 공격한 여러 용맹스런 관리들은 약간의 활과 화살, 도끼, 칼, 북 등을 그날의 전리품으로 획득했다고 자랑스럽게 보고했다.68)

하지만 봉기의 공동체성은 한 가지 중요한 점에서 사냥의 공동체성을 능가했다. 물론 관습에 따라 싼딸 여성들은 남자들을 위해 정글에 갖고 갈 것들을 준비했고,69) 쉬까르가 끝난 후 집에 돌아온 남자들을 환영하기 위해 문 앞에서 예를 갖춰 맞이하고 남자들의 발을 씻겼지만, 싼딸들에게 사냥은 남자들만이 할 수 있는 일이었다.70) 그러나 나무 베기, 나뭇잎 모으기, 추수 등과 같이 그들의 생계에 필수적인 수많은 다른 형식의 노동에는 남자들과 여자들이 함께 참가했다. 『레악 까타』에 따르면, 그런 경우에 "싼딸 남자와 여자는 함께 일하는 것을 매우 즐거워했다."71) 그들은 봉기에서도 함께 일했다. 약탈하러 나갔을 때, 남자들은 적의 재산을 때려 부수는 거칠고 힘든 일을 하느라 바빴던 반면, 여자들은 전리품을 챙겼다. 이는 의심할 여지없이 추수 시기의 기본적인 성별 분업의 되풀이였다.

봉기 첫째 주에 이미 농장주 찰스 마시크는 몬까빠라 촌락을 공격하고 불태워 버린 10명의 남자 무리가 "약탈한 물건들을 수많은 여자들과 함께 챙기는 것"을 보았다.72) 모두 부상 당한 것으로 알려져 있는 라다와 히라라는 이름의 두 여자가 봉기 발발 2주일 후인 7월 20일에 무르쉬다바드의 행정장관 앞에 제출된 19명의 싼딸 죄수 명단에 등장한다.73) 또한 1855년 가을, 봉기가 막바지에 다다랐을 때, 반란자들의 체포와 투옥과 즉결재판에 관한 공식적인 통신문에 여성들이 여러 번 언급된다. 이에 따르면, 4명의 싼딸 무리가 1855년 9월 15일 모하마드바자르 근처에서 질란 하사에게 체포되었다. "약탈을 목적으로 공격 무기들을 소지한 채, 불법적으로 또한 폭동을 일으킬 듯이 모여서 평화를 깨뜨린" 죄를 범한 지도자 두나 마지에게는 7년간 "차꼬를 차고 지내는 징역" 형이 선고되었다. 그의 동반자들은 모두 여성이었고 그중 2명은 14살짜리 소녀들이었는데, 이 여성들은 "곡물을 챙겨 가기 위해 바구니와 가방을 들고 반란자들을 따라다녔다." 이 때문에 나이 많은 여성에게는 1년간의 징역형에다 50루삐의 벌금형이 추가되었고, 나이 어린 여성들에게는 각각 6개월 징역형과 25루삐의 벌금이 부과되었다. 세 명의 여성들이 비르붐에 구금되어 있는 동안, 두나 마지는 그 지방의 다른 쪽 끝에 있는 치따공 감옥으로 이송되어 형을 살았다.74) 봉기를 함께했던, 남자와 아내와 딸들로 이루어진 반란 가족은 이렇게 체포되어 처벌을 받고 흩어졌다.

그해 10월과 11월 사이에 비르붐 감옥에는 적어도 45명의 싼딸 여성들이 갇혀 있었다.75) 일부는 아이들을 데리고 있었다. 상당수의 아이들이 아직도 모유를 먹었는데, 이 아이들은 사람들이 들끓고 불결하기 짝이 없는 감옥에서 전신부종과 이질로 죽어 가고 있었다. 이 일은 민간인 의사에게 동정심을 불러일으켜 이들의 즉각 석방을 촉구하게 만들었으나, 실무 담당 행정관에게 그 일은 "그저 저들이 스스로 초래한 인과응보"였다. 이 여자들 중 20명이 재판에 회부되었고 13명은 석방되었다. 남아 있는 7명의 여자들 중 한 명은 8월에 "데오차 촌락을 약탈하러 간 어느 싼딸 군을 따라다녔는데" 진압군이 쏜 총에 왼쪽 다리를 두 번씩이나 맞았다. 체포되어 구속된 이후 그녀는 너무 아파서 법정에 나갈 수조차 없었지만, 석방되지 않은 것을 보면 너무 위험하다고 간주된 것이 분명했다. 주 재판관에 의해 판결에 처해진 5명의 여자들 — 세 명은 각각 1년 형, 두 명은 6개월 형 — 에게는 "봉기 참가자들이 이 지구(비르붐)의 여러 촌락들을 약탈하고 물건을 뺏을 때 하나같이 적극적으로 도와주었다는 아주 명백한 증거에 입각해서 유죄가 선고되었다." 그리고 마지막 한 명은 행정장관이 직접 명령하여 구속되었는데, 그 이유는 그녀에게 요구된 선행(善行) 보증을 얻어 내지 못했기 때문이다. "그녀는 봉기 참가자들의 첩자로 행동했을 뿐만 아니라, 이 읍[수리]과 다른 곳에서 구입한 담배, 소금, 독한 술, 그 밖의 필수품들과 식량들을 봉기 참가자들에게 공급해 주는 노릇을 했다는 이유로 고발되었다." 그녀가 결코 예외적이지 않았다는 것은 분명하다. 그리고 1855년 싼딸 지구 내의 모든 여자들은 바로 그렇게 반란군들의 공급책이자 눈과 귀가 되어 행동했다는 이유로 고소되었을 것이다.

구속과 즉결재판의 기록들은 싼딸의 집단성의 또 다른 측면 — 같은 촌락 주민들 간의 협동 — 을 비춰 준다. 『레악 까타』에 따르면, 같은 촌락 주민들 사이의 상호 협력과 협동 노동은 싼딸 전통의 중요한 일부였다.76) 집을 짓는 일처럼 꽤 여러 기술들이 한데 모여야만 할 때, 또는 농사일 중에서 쟁기질, 파종, 추수와 같은 더 힘든 일에 단일 가구의 작업이 발휘하는 노동력보다 더 많은 노동력이 요구될 때, 그 같은 협동이 필요했고 또 이루어졌다. 이는 분명히 반란이 있을 때까지 공통적인 관행이었다. 게다가 그 관행이 봉기를 위한 동원에서 어느 정도 중요한 역할을 했음을 시사해 주는 증거가 있다. 나는 싼딸 반란자들의 목록 세 개를 조사했는데, 그것들은 반란자 개개인의 거주지를 확인해 주고 있다. 이들은 모두 군사 법정과 민간 법정에 세워졌고 유죄판결을 받았다.77) 19개 촌락 출신 75명 중에서 혼자 봉기에 참가한 사람, 즉 함께 참가한 같은 촌락의 주민 한 명이 한 명도 없는 겨우 6명이었다. 4개 촌락에서는 각기 2명이 참가했고 또 다른 그룹의 4개 촌락에서는 각각 3명이 참가했다. 그 밖에 5개 촌락의 참가자 수는 아래에서 보듯이 4명에서 16명까지 다양했다.

표1. 이웃과 함께 체포된 반란자들의 분포

참가자 수에 따라 그룹별로 분류한 촌락들의 수	한 촌락당 참가자 수	그룹 당 참가자 총수
6	1	6
4	2	8
4	3	12
1	4	4
1	5	5
1	11	11
1	13	13
1	16	16
총계 : 19	-	75

다른 목록 2개는 또한 37명의 반란자들의 출신지로 알려진 10개 촌락 각각이 어느 경찰서의 관할구역인지를 확인해 준다. 반란자들을 경찰서별로 묶어보면 — 10명은 아프잘뿌르 경찰서, 23명은 날하띠 경찰서,

4명은 눈골리아 경찰서 — 하나의 경찰서 관할구역 안에서 이웃하고 있는 작은 마을들 간에 국지적인 협동이 이루어졌다는 생각을 얼마간 가질 수 있다. 참가자들의 거주지에 관해 우리가 알고 있는 바에 의해, 국지적인 협력이 반란에 특유한 하나의 행동임이 다시 한 번 확인된다. 비르붐의 까뜨나 촌락은 16명 — 이들 중 5명은 날하띠 경찰서 관내에 있는 3개 촌락 출신, 10명은 아프잘뿌르 경찰서 관내에 있는 5개 촌락 출신(경찰서가 없는 촌락에서 온 1명은 계산에서 제외) — 에 의해 공격을 받고 약탈되었다.78) 그리고 그 지역에서 페스터 대위가 벌인 군사작전의 압력으로 싼딸들이 아프잘뿌르 앞까지 후퇴할 수밖에 없었을 때, 그들은 잠따라에 주둔한 부대를 공격하기 위해 잠조리에 다시 모였다. — 이 움직임의 공동체적 성격을 그들의 적은 간과하지 않았다. 깜짝 놀란 비르붐과 반쿠라 지역 야전군 지휘관은 육군성의 상관에게 이렇게 보고했다. "거의 모든 싼딸 촌락이 각각에게 할당된 인원들을 잠따라에 보내고 있습니다."79)

협동 행위의 성과는 공동체 차원에서 공유된다. 그 몫은 결코 공평하지 않아, 수장들과 사제들과 북치는 자들과 그 밖의 특수 기능 보유자들에게는 다소 큰 몫을 차지할 권리가 있고, 나머지에게는 똑같이 분배된다. 그러나 전통적인 싼딸의 규칙이 밝히고 있듯이, 보상의 배분은 자의적이지 않다. 공동 어로건 공동 사냥이건, 누가 얼마나 가져야 하는가에 관해서는 잘 규정되고 보편적으로 합의된 규칙들이 있다.80) 싼딸들은 이러한 관행을 봉기에서도 실천한 것으로 보인다. 1851년 1월 라즈마할 구릉지를 여행했던 셔월 대위는 부르와라 불린 촌락 근처의 정글에서 이상한 신호를 감지했다. 그의 일기를 보자. "나는 정글 안의 나무에 묶여 있는 짚 오라기를 보고 그 의미나 용법에 관해 마지에게 물었다. 그는, 촌락 주민들의 도끼질로부터 한 조각의 정글이라도 보호하려 할 때마다, 한 조각의 풀밭이라도 뜯기지 않도록 할 때마다, 새로 씨를 뿌린 땅이 빼앗기지 않도록 할 때마다, 싼딸들은 누구나 자기의 풀밭이나 땅에 대나무를 심고 거기에 짚 오라기를 묶거나 정글의 경우에는 눈에 띄는 커다란 나무에 보호 표지를 다는데, 그 표지는 모든 이해 당사자들에게 잘 알려져 있고 또 엄격히 지켜진다고 나에게 알려 주었다."81) 4년 뒤 반란자들은 약탈물이 공동체적으로 전유된다는 것을 가리키기 위해 방금 말한 그 기호를 변형하여 사용했다. 그들은 봉기 기간 중 비르붐의 오페르반다에 있는 34개 촌락을 약탈했는데, 그 지역의 수세관인 리처드슨이 말했듯이, "약탈된 마을마다 한 가닥의 가죽 끈으로 묶여진 대나무가 땅에 박혔는데, 이는 싼딸들이 그 토지를 소유했다는 것을 가리키는 것이다."82)

이렇게 공동체의 이름으로 촌락들이 접수된 후, 전리품은 침입자들 사이에서 반드시 분배되었다. 발라이 싼딸이 체포된 후에 말한 바에 따르면, "우리가 촌락을 공격했을 때, 사람들은 도망쳤고 약탈자들은 모든 것을 차지했다."83) 이때 현금은 공격한 무리들 각자가 나누어 가졌고 다른 모든 재산은 수바들에게 넘겨졌는데, 수바들은 그 재산들 중 일부는 자신들을 위해 간수했고 나머지는 공동으로 이용하기 위해 남겨 두었다. 까누 역시 자신의 진술 속에서 "약탈한 보물들은 …… 마지들과 싼딸들이 나눠 가졌으며", 자기는 전리품 중 일부를 받았다고 확인했다.84) 물론 최고 지휘권자로서 그에게 양도된 몫은 발라이와 같은 평범한 "세포이"가 받기로 되어 있던 것보다 훨씬 컸다. 발라이는 체포된 후 말한 바에 따르면, "나에게는 3루삐가 [있는데], 그것은 아구네르자 인근의 어느 토후의 집을 약탈했을 때 빼앗은 것이다."85) 반면에 까누가 말한 바에 따르면, 파쿠르의 대토지를 약탈한 후 "어느 마지가 나에게 두 개의 쿨시[Kulsie, 놋쇠 그릇]를 채운 루삐화, 코끼리 2마리, 2개 내지 4개의 가마[palkie(palanquin)]와 2벌의 옷을 가져왔다."86) 이런 일들이 평등하지 않은 것은 촌락 지도자들과 보통의 싼딸들 사이에 있었던 사냥감과 물고기의 할당이 불평등한 것과 매한가지였다. 하지만 주목해야 할 중요한 점은 반란자들이 약탈물의 공동체적 분배 원칙을 강조함으로써 봉기를 공동 사냥이나 공동 어로와 똑같은 질서를 보여주는 집단적 사업의 기호 아래에 배치했다는 점이다.

이러한 협동 폭력의 기능은 농민의 적들이 지닌 권위의 표지들과 도구들을 구성하고 있는 그 원천들을 파괴함으로써 그들의 권위를 손상시키는 데에 있다. 이러한 목적을 위해 반란자들이 채택하는 수단은 흔히 사건과 지역에 따라 다르다. 하지만 그 다양성에도 불구하고 이러한 폭력에는 강조점과 패턴에서 일정한 규칙성이 존재하며, 이 주제를 연구한 가장 통찰력 있는 연구자들 중의 일부는 이 점을 주목해 왔다. 예를 들면 트로츠키는 1905년에 휘몰아친 러시아 농민 폭동들에서 "다양하게 결합된 채 전국으로 확대되고 각 지역의 경제적 조건에 맞게 각색된" 4가지 주요 "타입들" 또는 "투쟁 형식들"을 추출해 냈다.87) 마오쩌둥 역시, 1927년 후난 농민운동 기간 중의 농민의 행동을 조사하면서 "그들이 실제로 한 일을 알려면 그들의 행동 모두를 하나하나 정밀하게 검토해야 한다"라는 점을 강조했고, 또 이들의 행동을 "분류하고 요약한" 그의 유명한 보고서에서 "지주들에게 정치적으로 타격을 가하기 위해 농민들이 사용했던" 무수히 많은 제재 수단들과 강제 수단들을 결정한 9가지 "방법들"을 밝혀냈다.88) 농민 폭력의 이러한 "방법들"과 "형식들"을 조사하고 구별하지 못하는 역사가는 봉기에서 그저 혼돈과 혼란과 무질서만을 보게 되는 관점에 따르게 되리라는 것, 이것이 저 탁월한 실천들로부터 얻을 수 있는 교훈이다. 금일의 어느 학자가 꼴 봉기를 진압하기 위해 파견된 식민 관리들의 정서를 그대로 드러내면서 그 봉기를 "일종의 맹목이자 광기"라고 썼듯이 말이다.89) 이런 관점이 놓치고 있는 것은 이 명백한 "광기"에 상당한 질서가 있다는 점, 순수한 자연 발생성처럼 보이는 것 안에 굉장한 규율이 있다는 점이다. 바로 이 문제에 관해 르페브르가 언급한 기억할 만한 글을 인용해 보자. "이런 일들은 그토록 흔히 생각되어온 것처럼 집단적 광기에 사로잡힌 행동들이 아니다. 민중은 항상 일을 처리하는 자신들만의 방식을 갖고 있다."[90]

만일 누군가가 라즈 하에서 벌어진 거대한 농촌 소요의 기간 중의 농민 행동에 관한 기록들을 아주 조심스럽게 검토하고, 또 일차 사료 더미 안에 쌓인 채 아직 분석되지 않은 자잘한 편린들을 샅샅이 훑어보고 나서 폭력의 수단과 목적에 관한 이른바 분류표를 작성한다면, 그는 아마 가장 눈에 띌 만큼 돋보이고 우세했던 네 가지 **투쟁 방법** 또는 형식이 있었다는 결론에 어렵지 않게 도달할 것이다. 그것들은 **때려 부수기**(wrecking), **불 지르기**(burning), **먹기**(eating), **빼앗기**(looting)이다. 이것들 각각이 모든 사건에서 동일한 정도로 나타난 것은 아니다. 오히려 봉기들을 서로 구별하는 데 도움을 주거나 각각의 봉기에 개별성을 부여한 것은 그것들의 결합이 단일하지 않으며 그것들의 상대적 비중이 불균등하게 분포되었다는 바로 그 점이었다. 그러나 봉기를 그 성격상 아주 뚜렷하게 **파괴적**이고 **정치적인** 것으로 만들고 또 범죄와 구별되는 부류로 만든 것은 이 형식들의 결합이었다.

첫 번째로 때려 부수기부터 말해 보자면, 적의 권위의 상징들에 대한 파괴가 모든 농민 봉기들에 공통적이었다는 점은 잘 알려져 있다. 근대 초 유럽에서, 농촌 빈민이 보건대 자신들의 삶의 물질적 조건들과 상층계급들의 삶의 물질적 조건들의 차이를 가장 뚜렷하게 표현해 준 것은 상층계급들이 거주하는 저택의 웅장함이었고 또 자신들은 거기에 접근할 수 없다는 점이었다. 그러므로 그들의 서발터니티의 이러한 척도를 제거하는 일은 당연하게도 봉기 참가자들이 세상을 뒤집어엎기 위해 취하는 첫 번째 단계였다. 1358년의 자케리를 기록한 연대기 편자들 중의 한 사람인 장 드 베네트는 농민들이 얼마나 열심히 장원의 저택들을 파괴했는지를 말해 주었다.[91] 그리고 트로츠키는 1905년 러시아 농민 봉기들에 관한 설명에서, 이 특정한 형식의 폭력이 너무도 광범하게 행사되어서 "어떤 지역의 경우 그대로 남아 있는 지주들의 가옥들이 한 손으로 꼽을 정도이다"라고 언급한다.92) 1525년 독일에서는 수도원과 성들이, 그리고 1789년 프랑스에서는 작은 수도원과 성채들이 파괴되었다고 그 당시를 다룬 치머만과 르페브르의 역사책은 저마다 여러 차례 언급하는데, 이 언급들이 증명하듯이 저 앞의 두 해 사이의 500년 동안 유럽에서 발생했던 또 다른 농민 폭동 중의 일부에서도 똑같은 타입의 폭력을 볼 수 있다. 봉기는 인도에서도 역시 동일한 방법으로 작동했다. 그래서 봉기 중에 랑뿌르에 있는 데비 싱하의 대저택을 때려 부순 일은 어느 민요 안에서 일종의 대중적 이벤트로 다음과 같이 찬양되었다.

> 수천 명의 농민들이 함께 행진했다네. 그들은 몽둥이와 곡괭이와 낫과 도끼를 들었다네. 빠진 사람은 아무도 없었다네. 그들은 갈아엎을 때 사용할 무거운 들것과 멍에를 어깨에 짊어졌다네. 빈민들은 묵힌 채 놀고 있는 밭 위를 건너갔다네. 정말이지 랑뿌르의 농민들은 사방에서 왔다네. 반면에 젠트리(*bhadragula*)들은 거기에 모여 그저 놀이를 구경했다네. 그들[농민들]은 수많은 돌과 벽돌 조각을 던졌다네. 그것들은 온 사방에 쿵쿵 소리를 내며 떨어졌다네. 어떤 이들은 날아가는 무기를 맞고 뼈가 부러졌다네. 그리고 데비 싱하의 대저택은 돌무더기로 변했다네.93)

몇몇 봉기의 경우, 봉기 참가자들은 때려 부수기를 적의 영토 안에 들어가 전쟁을 수행하기 위한 무기로 활용했다. 초따 낙뿌르의 꼴들은 "우리는 소네뿌르 빠르가나의 모든 촌락들을 파괴할 것이다"94)라고 선언하는 것으로 봉기를 시작했고, 자신들이 한 말을 거의 실천에 옮겼다. 또한 1899년의 휘뚜리 과정에서 간잠 에이전시(Ganjam Agency)*가

---

* 식민 시기 인도에서 인디고 생산을 지배하던 몇 개의 거대 에이전시 하우스 가운데 하나. 간잠은 뱅골 아래에 있는 오릿사 주의 한 지역이다. 에이전시 하

통할하던 어느 딸룩의 사오라 부족은 대략 15개 촌락에 걸쳐 있었던, 그들이 증오하던 착취자들인 돔 부족의 집들을 "가장 고의적인 방식으로" 공격하여 완전히 파괴했다.95) 우리가 다루고 있는 시기의 더욱더 장엄한 파괴 행위들이 목표로 삼았던 것은 아대륙에서의 영국의 현존을 알리는 낯익은 상징물들이었다. 인디고 농장의 폭압적인 체제에 맞선 폭동이 공장 파괴로 절정에 달한 사례도 있었다. 예컨대 띠뚜 미르의 추종자들은 아침 내내 이차마띠에 있는 부르구레아 공장을 파괴했는데, 그 파괴는 아주 철저한 것이어서 나디아의 행정장관은 "해변의 텅 빈 방갈로보다 더 완전하게 약탈되고 더 무자비하게 파괴된 건물을 결코 본 적이 없다"라고 고백할 수밖에 없었다.96) 또한 잘 알려진 사례이지만, 파리드뿌르의 파라찌 부족은 1846년 12월에 판치 차르에 있는 농장주 던롭의 공장을 파괴했다.97) 뮤티니 기간 중에도 농장주들은 공격을 받았다. 공격을 받은 바로 그 농장주들 중의 한 사람은 나중에 우따르 쁘라데쉬 동쪽 가지뿌르 지구의 한 곳에 있는 자신의 공장들이 뮤티니들과 현지 촌락 주민들의 합동 공격을 받아 이틀 밤 동안의 파괴 작업으로 결딴났다고 회고했다.98) 싼딸들은 봉기 중에 우연히 철도와 철도 기술자들의 방갈로를 만나게 되면 그것들을 때려 부셨다.99) 그리고 농민들이 읍내로 행진해 들어왔을 때, 방갈로와 행정 관서가 딸린, 인도 농촌에 있는 저 명명백백한 식민 권위의 상징인 지구 행정 본부 청사는 1857~58년의 소요 기간 중에 흔히 맞이했던 것과 똑같은 운명을 맞이했다. 구자르 봉기 참가자들에 의한 불란드샤르의 파괴는 이 점에서 꽤 전형적인 경험을 우리에게 제공한다.

 구자르들이 청사 부지로 들어왔을 때, 이들은 역참(驛站) 방갈로부터 시작하여 모든 건물에 불을 질렀다. 그리고 우리가 없었던 4일 동안 청사는

우스는 관할 지역의 촌락들에 대한 조세 행정까지 관장하기도 했다.

완전히 파괴되었고 모든 공적, 사적 재산은 강탈되었고 불탔다. 도시민들과 이웃 촌락 주민들이 이 파괴 작업에서 아주 적극적인 역할을 했다.100)

어느 관리의 이야기에서 뽑아낸 이러한 묘사는 마투라의 약탈에 관한 마크 손힐의 설명과 잘 어울린다. 그는 이렇게 썼다. "[세무서] 사무실 약탈에 뒤이어 영국인 집들에 대한 약탈이 있었다. 촌락 주민들은 이런 즐거움 속에서 하루를 남김없이 보냈다. 그 집들에는 값나가는 것이 별로 없었다. 그들은 그 별로 안 되는 것마저 빼앗았고 나머지는 부셔 버렸다. 아침에 그들은 다시 와서 파괴 작업을 계속했다. 그들은 집들에 불을 지르는 것으로 작업을 마무리했다."101)

파괴의 주요한 도구로 불을 사용한 것 역시 결코 예외적인 일은 아니었다. 오히려 때려 부수기와 불 지르기는 인도뿐만 아니라 외국의 모든 대규모 농민 폭동에서 거의 항상 동행했다. 트로츠키는 1905년 러시아 농촌의 봉기 과정에서 이러한 결합이 발휘한 힘을 지적했다. 그는 당시의 한 신문을 인용하여 밤중에 지주의 영지에서 타오른 횃불이 어떻게 종종 농민 봉기의 시작을 알리곤 했는지를 보여 주었다. 1830년 잉글랜드의 스윙 운동 과정에서 이루어진 농장과 볏가리와 헛간에 대한 공격에서 방화의 빈도는 아주 높았고, 그래서 뤼데는 가장 공격을 많이 받은 지역 일부를 "방화주(放火州)"라고 규정해도 그럴 듯하다고 느낄 정도였다.102) 르페브르는 이 모든 방화에는 하나의 논리가 있다고 생각했다. 농민들이 흔히 "매우 조직적인 방법으로 파괴와 방화에 착수했다"라는 것을 보여 주는 사례들이 있다는 것이다. 그리고 과도하게 일반화하는 일이 거의 없는 역사가인 그의 말에 따르면, "모든 농민 폭동은 이 패턴을 따랐다." 그가 주장하듯이, 반란자들은 마치 플랑드르 지방의 부르주아들이 "자기들을 위해하거나 자기들의 특권을 공격한 자의 집을 불태우는 것으로 그자를 처벌하기 위해"103) 중세 말까지 누려왔던 일종의 "방화의 권리"와 같은 것을 행사한 것처럼 보였다.

인도 농촌에서 민중들로 하여금 반란의 주요한 수단으로 방화를 채택하게 만든 것은 어떤 권리 의식이라기보다는 자연과 가깝게 살고 있던 그들이 불의 파괴력에 대해 갖고 있었던 믿음에 의해 뒷받침되던 전통이었다. 방화의 사용은 ― 거의 보편적일 정도로 ― 꼴 봉기에서 빈번했다. 우리가 그 봉기에 관해 알고 있는 가장 최근의 상세한 설명에서 방화가 언급되지 않고 있는 약탈 사례는 거의 없다.104) 초따 낙뿌르의 4개 구역들(건물이 가장 밀집된 지역들에 포함되지 않은 구역들)에 관한 유용한 통계들은 총 4,086채의 집이 불타버렸다는 것을 보여 준다.105) 이 숫자는 경찰서와 마하잔들의 가디뿐만 아니라 디쿠 촌락과 읍내에 있는 모든 주거 단지들까지 포함한 것이다. 이 경우에 꼴의 방화 규모는 1855년 다민-이-코에서의 싼딸들의 그것과 똑같았다. 싼딸들 역시 모든 곳에서 마하잔과 자민다르의 집들을 불태웠다. 그들은 발밧다에 있는 인디고 공장을 잿더미로 만들었고,106) 스리쿤드와 빠꾸르에 있는 철도 방갈로들 ― 사실상 브라마니 강 북쪽의 모든 철도 방갈로들 ― 도 그렇게 만들었다.107) 빠꾸르의 방화는 특히 굉장해서 멀리서도 불길을 볼 수 있을 정도였다.108) 정말이지 봉기는 결코 방화를 멈춘 적이 없었던 것처럼 보였다. 몇몇 부대의 선두에서 바아람뿌르에서 아우랑가바드까지 채 일주일도 안 되는 동안 행진했던 한 장교는 길을 가는 도중에 거의 30개 촌락이 전소했다는 것을 알게 되었다.109) 그리고 다음날 그는 카담사르에서 자신이 아우랑가바드를 떠난 이후에 목격한 봉기 행위들에 관해 이렇게 보고했다. "앞으로 행진하고 있을 때, 우리는 우리에게서 약 8~10마일 떨어진 7, 8개의 촌락에서 연기가 나는 것을 볼 수 있었다."110) 또한 셔월 대위는 정확히 봉기 발생 두 번째 주의 마지막 날인 1855년 7월 21일에 쓴 비망록에 라즈마할까지의 왕복 여정에서 본 것들을 이렇게 적어 놓았다. "콜공 주변의 촌락들 모두가 싼딸들의 약탈과 방화로 결단이 났다는 이야기를 들었다. …… 버로우 시장은 오늘(7월 21일) 오후에 나서서 불을 *끄*기 위해 힘써 노력해 보겠노라고 말한다. 불타는 촌락들은 동쪽과 동남쪽인 것 같다. 그리고 내가 글을 쓰고 있는 동안 더 번지고 있다."[111] 또한 9주 후인 1855년 9월 24일, 비르붐의 행정장관은 지난 2주일간 오페르반다의 경찰서를 포함하여 낭굴리아와 오페르반다에 있는 30개 이상의 촌락이 불탔다고 말한다.[112]

방화는 1857~58년의 반란이 시작되고 확산되는 데에서 중요한 역할을 했다. 캐리는 1857년 1월의 마지막 주에 라니간즈와 바락포르에 있는 군 숙영지, 장교 숙소, 전신국 사무실을 파괴한 일련의 화재에서 앞으로 닥칠 사태의 조짐을 포착했다. 그가 이때를 뒤돌아보면서 썼던 것에 따르면, "그리고 이런 식으로 불의 제왕은 북서 지방의 거의 모든 주둔지에 닥쳐오고 있는 것이 무엇인지를 암시하기 시작했다."[113] 그 후 같은 해 여름, 불의 제왕은 정말이지 아주 분명하게 눈에 띄었다. 예컨대 알리가르에서의 어느 방갈로의 전소는 미루트에서의 폭동 소식이 그 지역에 야기한 명백하고도 즉각적인 긴장의 표시였으며, 그로부터 일주일도 안 돼서 현지 수비대의 세포이들이 직접 폭동을 일으켰을 때 수세관의 카차리와 우체국 역시 화염에 휩싸였던 것이다. 거의 동시에 에타와에서는 하나같이 라즈의 명백한 상징물들이었던 일단의 비슷한 건물들 ─ 까차리, 형사 법정, 우체국, 두 채의 방갈로 ─ 이 방화범들의 수중에서 같은 운명을 겪었다. 나중에 6월 잔시에서 온 뮤티니 가담자들이 그곳에 도착했을 때, 메와티들은 남아 있는 방갈로들을 불지를 만큼 대담해져 있었다. 하미르뿌르의 경우, 고한드 마우자의 자민다르들은 그 따실과 그곳의 건물들 및 기록들이 불타는 것을 보았다.[114] 모든 행정관청과 유럽인이 거주하는 방갈로를 불태운 봉기 참가자들의 이야기는 우따르 쁘라데쉬 지역 어디에서나 똑같다.

농민들은 이 나라의 다른 지역에서 벌인 투쟁에서도 똑같은 파괴 수단을 사용했다. 예를 들어 꾼비는 1875년 뿌나와 아마드나가르에서 폭동이 벌어지던 중에 마르와리 대금업자들의 차용증서, 상점, 집, 사료용 건초 더미 등을 불태워 버렸다. 모쁠라는 19세기 동안 말라바르에서 벌인 수많은 봉기의 과정에서 지주들의 집과 사원들을 반복해서 불태웠다.115) 19세기 최후의 대반란인 버사이트 봉기 역시, 특히 그 초기 국면에서, "방화와 화살 쏘기라는 풍토병"의 특징을 보여 주었다.116) 차크라다르뿌르에서의 33건, 따마르에서의 45건, 쿤띠에서의 39건, 바시아에서의 4건 — 총 121건 — 등을 언급한 공식적인 통계에 수많은 미기록 사건들이 포함되어 있지 않은 것은 분명하며, 게다가 이 통계는 화살 쏘기를 포함시키고 있어 방화 연구에 걸맞는 통계의 가치는 어쨌든 감소된다. 그러나 폭력의 두 가지 형식들은 종종 동시에 발생했으므로, 이 통계 수치는 아마 그래도 방화의 발생 빈도가 꽤 높다는 점에 관해 얼마가 생각하게 하는 데에는 도움이 될 수 있을 것이다. 이 사례들 중에는, 침입자들이 경찰서를 성공적으로 공격한 후 경찰과 현지 대금업자들이 소유한 몇 개의 헛간과 초가집에 불을 지르고 나서 승리를 축하하기 위해 불타는 건물 주위에서 춤을 춘 사례가 있었다. 이 사건은 상대적으로 사소한 것이었지만, 그 사건을 목격한 벨기에 선교사가 받은 충격은 방화가 야기한 두려움의 정도를 가늠케 한다. "끔찍한 밤이었다. 이렇게 훨훨 타는 큰 불길 속에서 저 수백 명의 분노에 가득 찬 야만적인 문다들이 큰 소리로 외치거나 고함을 지르면서 춤을 추고, 여기저기 뛰어다니고, 무서운 도끼(들)를 휘둘러대는 것을 보게 되다니." 문다들로 하여금 즐겁게 봉기의 춤을 추게 만든 것이 제수이트교단 소속의 벨기에 선교사 반 데어 슈에렌으로 하여금 진저리를 치게 만들었던 것이다. 대립적 관점에서 반란의 시나리오를 해석하는 상호 적대적인 두 이론들의 사례가 분명하게 다시 반복된다. — "근사하다!"/ "끔찍하다!"

여기에서 강조되어야 할 것은 때려 부수기와 불 지르기에 의한 파괴가 어느 경우든 결코 사치품과 과시적인 소비재 같은 "쓸모없는" 물건들에만 한정되지는 않았다는 점일 것이다. 만일 그렇게 한정되었다면, 수많은 경우에 반란자들이 어째서 자신들에게 경제적으로 가치가 큰 것이 분명한 그런 물자들을 파괴하기로 결정했는지는 설명하기 어려울 것이다. 예컨대 봉기 중에 싼딸들이 철도 설비들을 파괴한 고전적인 사례를 살펴보자. 철도의 도입이 싼딸의 거주 지역에 수입과 고용의 현저한 증대를 가져다주었다는 사실에는 의심의 여지가 없다. "높은 철둑, 대대적인 굴삭, 수많은 아치교 등은 인도사에서 전대미문의 노동자 수요를 창출했다."117) 행정적으로 조장된 현지 인구의 증가 — 어느 전거에 따르면 15년이 채 안 되어 30배 증가118) — 와 라즈의 보호 하에 이루어진 <u>마하잔</u>들과 자민다르들의 냉혹한 착취, 이 둘이 결합됨에 따라 무토지와 저임금과 예속 노동 상태에 빠져들게 된 싼딸들에게, 철도의 도입은 그런 상태에서 벗어날 수 있는 기회를 제공했다. 실제로 경제는 그들에게 유리하게 매우 급진적으로 개선될 전망이었기에, 헌터는 『벵골 농촌 연보』에서 이와 관련된 자신의 설명 부분에 "철도는 노예제를 폐지한다"라는 황홀한 캡션을 달았다.119) 하지만 1855년 7월에 폭력이 실제로 발생하자, 그 수혜자들은 자신들을 위해 황금 알을 낳는 거위를 죽여 버리는 데 망설임이 없었다.

    이 점에 관해서는 기록들이 아주 분명하다. 실제로 봉기 첫 주 안에 소요 지역에서 올라온 보고서들에는 철도 설비들이 바로 그 첫 번째 목표물이자 가장 빈번히 파괴된 목표물 중의 하나로 언급되어 있었다. 이 중요한 보고서들 중의 하나에서 리처드슨은 봉기의 이러한 특별한 성향을 확인하고는, 자신의 상급자들도 충분히 수긍할 만한 말로 그것을 설명했다. 그가 7월 14일에 수리에서 쓴 바에 따르면, "구릉지 주민들의 목적은 철도 설비와 관련된 모든 것을 파괴하는 데에 있는 것으로 보인다. 노동자들을 들볶고 있을 뿐 아니라 그들의 여자와 통정하고 있던 철도 관리들이 그들을 분노케 했다는 것은 의심할 수 없다." 이 점은 이 보고서를 캘커타 당국에 제출한 부르드완 구역 실무 담당 판무관에 의해 뒷받침되었다. "싼딸 여성들이 모욕을 당했고, 이러한 가해행위가 그들에게 복수심을 불러일으키고 있다."120) 싼딸들이 정말로 분명히 생각하기에, 강간하고 들볶는 철도 사힙들에 맞서 부족 여성들의 명예와 노동자로서의 위엄을 지켜 낼 수 없다면 철길에서 번 돈을 모두 싸들고 — 헌터가 말했듯이, "'힌두교도들과 똑같이', 복대에 동전을 가득 담고 보석으로 치장한 부족 여성들과 함께"121) — 자신의 고향으로 돌아온다는 것은 그럴 만한 가치가 없는 일이었다. 달리 말하자면, 의식의 저 예측 불가능한 어떤 도약 속에서 갑자기 그들에게는 위신이 돈보다 더 중요해졌고, 정치가 경제를 능가했던 것이다.

이는 결코 유일하게 인용할 만한 사례는 아니었다. 그 후에 싼딸들이 비르붐 지구 내의 잠조리 인접 지역에서 자신들에게 적대적인 벵골의 촌락 주민들의 청과물을 모조리 파괴했던 또 다른 사례가 있다.122) 이는 그들이 봉기를 하나의 전쟁으로 간주했음을 다시 한 번 보여 주는 것으로서, 그 전쟁에서는 순전히 경제적인 고려보다는 정치적인 고려가, 즉 파괴로부터 경제적 자원들을 보호할 필요보다는 적을 파괴할 필요가 분명히 더 우선했다. 꼴들은 1831~32년의 봉기 과정 중에 초따 낙뿌르의 4개 구역에서 29,859톤을 약간 상회하는 이집트 콩을 "약탈하거나 불태웠다"라고 알려져 있다.123) 또한 뮤티니가 일어난 해의 경험으로 돌아가 보면, 꼬따에서 반란자들이 광산에 입힌 손해, 그다지 성공적이진 못했지만 레와의 광산을 때려 부수려 한 그들의 시도, 레이드 소령의 대대가 배편으로 불란드샤르에 도착하는 것을 막기 위해 농민들이 감행한 운하 수문 파괴, 이 당시 우따르 쁘라데쉬의 여러 곳에서 자신들을 먹여 살리고 있던 철도와 공장들에 대한 농촌 빈민들의 빈번한 공격 등등은 모두 우리가 다루고 있는 시기의 인도 농민반란들에서 정치의 우선성을 입증해 주는 증거들이다.124)

물론 이 모든 것들이 특별히 인도에만 해당된다고 말할 수는 없다. 유사한 사례들은 풍부하다. 1525년 독일 농민전쟁 중에 반란자들은 들판과 헛간에 있는 곡식들에 해를 입혔고, 어떤 호수에서는 물고기를 모조리 죽였으며, 숲을 불태웠고, 그리고 자기를 건드리지 않으면 포도주, 고기, 빵과 돈을 주겠다는 포도나무 주인의 회유를 무시하고 포도나무들을 잘라 버렸다.125) 1789년 프랑스의 봉기 농민들도 이 패턴을 되풀이했다. 사냥감들은 죽었고, 숲은 황폐화되었으며, 수도원 토지는 못 쓰게 되었고, 비둘기와 비둘기장은 망가졌고, 염전들은 화를 입었고, 제분소와 대장간과 제재소는 파괴되었다.126) 마지 마지 반란 전야에 탕가니카의 농민들은 독일 식민주의자들을 위해 면화 재배를 계속하라는 지도자의 충고를 안 듣고 이렇게 자문했다. "우리는 어떻게 전쟁을 시작할 것인가? 우리는 어떻게 독일인들을 화나게 할 것인가? 우리 모두 가서 면화를 뽑아 버리면 전쟁이 벌어질지 모른다." 그들은 면화를 뽑았고, 그렇게 함으로써 폭동을 시작했다.127) 1927년 중국에서 후난 농민들은 "현지의 폭군들과 사악한 향신들"의 돼지와 양을 죽여 버림으로써 "억압자들에 대한 반감의 배출구"를 찾았다.128) 수많은 나라들에서 그리고 대단히 상이한 환경 하에서 활동했던 봉기 참가자들이 그토록 자주 저 많은 생산적 자원들을 파괴한 것을 오로지, 심지어는 근본적으로, 경제적인 이해관계의 측면에서 설명하는 것은 정말로 불가능하다.

반란 행위들에서 순수하게 경제적인 동기를 읽어 내는 오류를 피하기 위해 우리는 그 행위들의 이러한 파괴적 측면을 강조하는 것이 타당하다고 생각했다. 왜냐하면 그렇게 잘못 읽게 되면 질적으로 다른 두 가지 타입의 폭력들 간의 차이 — 세상을 뒤집어엎으려는 의도를 갖고 있고 본질적으로 정치적인 행동으로 표현되는 반란 폭력과 경제적 자원들을 폭력의 희생자들에게서 폭력의 주인공들에게로 이전하는 것을 목표로 하는 재산을 침해하는 범죄 폭력 — 를 흐리게 할지 모르기 때문이다. 이것은 일종의 기능적 차이인데, 이 차이는 농민 봉기에 대한 해석이 협애하게 경제주의적인 것으로 귀착되는 것을 강조하지 않는다. 1905년 러시아 농촌 소요들에 관한 라브리의 설명은 그 같은 해석의 표본을 제공함으로써 우리에게 교훈을 준다. 체르니고프 구베르니야에서의 농가 약탈을 묘사하면서 그는 이렇게 쓰고 있다.

> 이러한 공격에 가담한 수많은 사람들은 자신들의 행동이 조금이라도 **범죄로** 간주되는 것을 거부했다. 왜냐하면 그들이 주장했듯이 그들에게는 **권리가** 부여되어 있었기 때문이다. 그들은 심지어 자신들이 그런 행동을 함으로써 지주의 토지가 자신들의 수중으로 이전되는 것을 돕고 있다고 믿었고, 그렇게 되는 것이 그들에게 부여된 **권리의** 자연스런 귀결이라고 믿었던 것이다. 오직 이것만이 왜 그들이 영지에 있는 — 그들에게는 쓸모없는 — 오렌지 밭과 화원을 특히 광포하게 파괴했으며, 집으로 들어가서는 그림과 가구들을 파괴했는지, 한마디로 왜 그들이 **필수품**이 아니라 **안락**과 **사치의 기호로** 간주한 모든 것을 파괴했는지를 설명해 준다. 그랬기에 다른 한편으로 그들은 가축을 남겨 두었고 곡물 더미는 파괴되지 않도록 조심했던 것이다.129)

이 폭력에서 정치적 의미와 경제적 의미 두 가지 모두를 읽으려는 것이 저자의 의도임은 아주 분명하다. 그는 전자를 강조하는 것으로 시작한다. 그는 농민들의 행동은 자신들의 권리에 대한 의식에서 즉 정치의식에서 나온 것이라고 말하는데, 만일 그것이 진짜라면 그 정치의식은 정치적인 것이라고 말할 수 있는 목표들을 가졌음이 틀림없다. 농민들이 자신들은 범죄에 가담한 것이 아니라 지주가 지닌 권위의 표지를 파괴하는 것을 목표로 한 정치 행동에 가담한 것이라고 생각하게 된 것도 그래서이다. 그렇다면 이 약탈을 단지 "쓸모없는" 그리고 경제적으로 비생산적인 사치품들을 겨냥한 "계산된" 선택적 공격으로 간주하는 것은, 그리고 홉스봄이 이러한 서술에 기초하여 주장하고 있듯이 "파괴는 결코 무차별적인 것이 아니며 빈민들에게 쓸모 있는 것은 남겨진다"130)라고 주장하는 것은 이 폭력을 탈정치화하는 것이고, 경제주의에 빠뜨리는 것이며, 결국 왜 "이러한 공격에 가담한 사람들은 자신들의

제4장 양상 183

행동이 조금이라도 범죄로 간주되는 것을 거부했는지"를 이해하지 못하게 만드는 것이다.

정말이지 이 경험을 정확한 독해했다면, 농민이 지주의 권위를 나타내는 것과 그렇지 않은 것을 구별했다는 의미에서만 파괴가 "결코 무차별인 것이 아니다"라고 말해야 하는 것이지, 농민이 협애한 경제적 의미에서 "쓸모 있는" 것과 "쓸모없는" 것을 구별했다고 말해서는 안 된다. 아마 누구나 여기에서 더 나아가, 이런 타입의 폭력이 범죄로부터 멀어져 점점 더 반란을 향해 갈수록 그 폭력은 점점 더 경제보다는 정치의 지배를 받게 되고, 또 그 역도 마찬가지라고 일반화할 수 있을 것이다. 농민 폭력의 스펙트럼에서 반란과 아주 가깝지만 그것에 약간 미달하는 더 급진적인 일부 사회적 산적질의 형식들조차 딱 부러지는 경제적 동기에서 비롯된다고 하기가 어려운 이유는 종종 이 때문이다. 예컨대, 18세기 잉글랜드의 많은 지역에서 있었던 얼굴에 검댕 칠하기는 밀렵꾼들이 불법적인 사슴 고기 거래에 가담했음을 보여 주는 것이라는 측면에서는 거의 설명될 수 없다. 톰슨은 "다른 동기들이 **지배적이었다**"라고 말한다. "사냥꾼들은 종종 그들이 죽인 사슴을 먹거나 그 시체를 사냥터에 남겨 두었다. 한여름에는 수사슴을 골라 먹고 한겨울에는 암사슴을 골라 먹는 식으로 사슴 고기를 먹는 시즌이 구별되어 있었지만, 깜둥이들의 공격은 일 년 내내 계속되었고, 때로는 사슴 고기가 귀했을 경우뿐만 아니라 사슴 고기를 파는 일이 감시되었을 경우에도 그랬다. 무엇보다도 깜둥이들의 행동 패턴 전체 — 협박 편지 쓰기, 묘목 쓰러뜨리기, 산림 감시관에게 공갈하기 — 는 단순한 경제적 설명을 허락하지 않는다."131) 여기에서 지배적 동기는 분명히 정치적인 것 — 젠트리의 권위를 그 권위의 상징물들에 대한 파괴를 통해 손상시키겠다는 것 — 이다. 이 민중 폭력의 전복적 기능은 봉기에 의해 최고조에 오르며, 그런 맥락에서 파괴는 그 지향에서는 부정적이지만 그 내용에서는 정치적인 어떤 의식의 기표가 된다.

협애한 경제적 해석은 먹기나 빼앗기와 같은 다른 형식의 반란 행위들을 얼마간이라도 설명해 주지 못한다. 이런 행위들에는 저축한다거나 투자한다는 계산법이 전혀 없었다. 그것들은 합쳐져서 다른 쌍의 행위 — 때려 부수기와 불 지르기 — 를 돋보이게 하는 역할을 했고, 때려 부수기와 불 지르기가 파괴를 통해 이룬 것을 몰수를 통해 보충했다. 그 두 행위의 기능은 봉기의 파괴를 거드는 것이었다.

이런 맥락에서 먹기는 정치적 과정의 필수적 구성 요소로 이해되어야 한다. 흔히 농민들이 조직한 거대한 규모의 농민 봉기 성공 축하연이라든가 그에 따른 막대한 낭비는 그 어느 것이라도 단순히 배고픔을 채우는 수단으로 이해되어서는 안 된다. 그런 것이 아니라, 반란자들은 먹기를 일종의 전복의 도구로, 그리고/또는 그들이 봉기의 대의를 위해 제공했던 "공적 봉사"에 대해 보상을 받고자 적들에게 부과한 일종의 형벌로 활용했던 것이며, 이것이 먹기의 정치적 성격을 입증해 준다. 마오쩌둥이 이 먹기를 후난 농민운동 기간 중에 "농민들이 **정치적으로** 지주를 타격하기 위해 사용한 방법 중의 하나"로 보고, 그래서 그것을 일종의 정치적 시위로 특징지었을 때, 그는 바로 앞에서 말한 먹기의 그런 의미를 강조하고 있는 것이다.

> **주요한 시위들.** 대군중이 [농민] 연합의 적인 어느 현지의 폭군 다시 말해 사악한 향신 중의 한 명에 맞서 시위를 하기 위해 모인다. 시위자들은 당연히 그 범죄자의 집에서 먹고 그의 돼지를 잡고 그의 곡식을 없애 버린다. 그런 일들은 꽤 많이 일어났다. 최근에는 상담현의 마가하라는 곳에서 만 오천 명이나 되는 농민 군중이 6명의 사악한 젠트리들의 집에 가서 시위를 벌인 일이 있었는데, 모든 일은 4일 동안 벌어졌고, 그동안 그들은 130마리 이상의 돼지를 잡아먹었다. 그 같은 시위를 벌인 후 농민들은 대개 벌금을 부과한다.[132]

이런 종류의 시위는 1525년에 독일에서도, 1789년에 프랑스에서도, 1830년에 잉글랜드에서도 자주 발생했다. 내가 알게 된 그와 유사한 인도의 사례들은 오히려 적은 편이다. 사존 가지의 민요에서는 라우가띠 전투 전야에 띠뚜 미르의 추종자들이 벌인 잔치가 언급된다. 또한 꼴 지도자 빈드라이의 언급에 따르면, "우리 사이에는 베어 내고, 약탈하고, 죽이고, 먹기 시작해야 한다는 합의가 있었다."[133] 그들은 확실히 베어 내고, 약탈하고, 죽였지만, 그런 결정들 중에 먹는 것이 "주요한 시위 행위"로 행해졌다는 증거는 거의 없다. 까누 역시 기록으로 남아 있는 진술에서 밝힌 바에 따르면, 자신과 부하들이 뿔사에서 "사힙의 방갈로를 약탈하고 불 질렀으며 다량의 포도주를 빼앗았다."[134] 또한 우리는 한때 우무르뿌르에서 까누 무리들이 이웃의 두 촌락을 성공적으로 습격한 후, 누가 보더라도 잔치라고 할 수 있는 그런 일을 진행하던 중에 군대의 기습 공격을 받았다는 사실을 알고 있다. 이 싼딸들은 "자신들이 방금 요리하고 있던 곳에 반쯤 먹다 남은 수소 한 마리, 다량의 곡식, 요리용 항아리들, 수많은 화톳불 등 풍성한 잔치의 잔여물들"[135]을 그대로 남겨둔 채 도주했다. 또한 거의 그 무렵에 씌어진 끄리슈나다스 레이의 시에 따르면, 그들은 다른 촌락에 있는 어느 가야람의 집에 멈춰서 "거기에서 호사스런 잔치를 벌였다."[136] 얼윈은 간잠에서의 봉기들을 설명하는 가운데 어느 빠노 촌락을 습격하는 과정에서 사오라 들이 "돼지와 염소들을 빼앗아 죽이고 나서 그 자리에서 먹어 치운 것 — 특유의 수법 — 을" 보여 주는 사건 하나를 언급한다.[137]

이 몇 안 되는 사례들에서도 분명한 것은, 다른 곳에서처럼 인도에서도, 봉기에 가담한 농민들이 자신들의 적에게 — 정말이지 자신들과는 아주 다르게 — 부와 권세를 가져다준 자원들의 일부를 파괴하는 하나의 방법으로 때로는 적에게서 탈취한 다량의 음식을 소비하려고 했다는 점이다. 그러나 현재의 연구 상태에서는 이런 일이 어느 정도까지 광범했는지 결정하기 어렵고, 또한 이에 관한 우리의 정보 부족이 단순히 기록의 공백 때문인지, 아니면 역사가들이 그것의 의미를 포착하지 못해서 이에 관한 자세한 사항들을 일차 사료에서 추출할 수 없었기 때문인지, 그것도 아니면 꿀과 쌀딸과 같이 힌두 카스트 관습의 영향을 오랫동안 받아온 비(非)힌두 농민들에게도 먹는 것을 통한 종교적 오염의 두려움이 있어 그 두려움으로 인해 공통적이고 민중적인 투쟁 형식으로서의 그런 일의 출현이 진짜 방해를 받았다는 그 사실 때문인지, 그 이유를 결정하기 어렵다.

하지만 그러한 의구심은 그 같은 파괴 행위의 또 하나의 주요한 타입, 즉 빼앗기의 경우에는 일어날 수 없다. 정말로 도처에서, 모든 땅에서 일어난 거의 모든 봉기들에서, 빼앗기의 존재는 감지된다고 할 수 있다. 인도에서 빼앗기는 1873년 빠브나 투쟁과 같은 가장 "평화로운" 농민 투쟁에서조차 두드러졌던 특징이었는데, 그 투쟁의 경우 따실에서 발생한 53개 사례들 중 (허위라서 기각된 5개 사례를 제외하고) 30개나 되는 사례에서 약탈이 있었다고 기록되었다.138) 게다가 문서에 온건하다고 기록되어 있는 다른 일련의 사건들 — 1875년 데칸 폭동들 — 의 경우에도 수많은 지구에서 마르와리와 구자르 사호까르들의 집과 가게와 곡물 창고들이 빼앗겼다.139) 더 폭력적인 농민 봉기들에서는 약탈과 파괴가 대개 함께 진행되었다. 1783년 벵골 북부에서 데비 싱하에 대항하여 일어난 농민들은 몇몇 빠르가나에서 까차리들을 약탈하고 불태워 버렸으며, 번창하고 있던 쌀 무역 중심지 바바니간즈에서는 동인도회사의 곡물 창고들을 빼앗았다.140)

때려 부수기(wrecking)와 불 지르기(burning)에 의해 뒷받침되는 빼앗기(looting) — 이 복합적인 반란 행위들이 합쳐진 이름으로 부른다면, 약탈(pillage) — 는 역시 꼴 봉기 중에 대규모로 발생했다. 그것의 연대기를 빠르게 통독하면 이 점은 분명해진다. 그 봉기는 초따 낙뿌르의 소네뿌르 빠르가나에 있는 4개 촌락에서 시작되었는데, 그 촌락들은 1831년 12월

20일에 700명의 봉기 참가자 무리에 의해 습격을 받고 약탈되고 불탔다. 이 일이 있은 후 12월 25일에 300명의 반란자들이 2개 촌락을 약탈했고, 1832년 1월 2~3일에는 1,000명이 3개 촌락을 노략질했다. 1월 12일에는 벨쿠드라 빠르가나 전체가 강탈되었고 불탔으며, 1월 13일까지 바르까가르 빠르가나와 그곳의 경찰서 관할구역은 물론 고빈드뿌르 경찰서 관할구역 내에 있는 모든 촌락도 마찬가지로 당했다. 다음 3일 동안에는 지꾸차띠 경찰서가 통할하는 몇 백 개 촌락들이 똑같은 방법으로 끝장났으며, 1월 16일에는 전 지역이 반란자들에게 넘어갔다. 1월 24일까지 아르마이 경찰서 전부가 공격을 받고 약탈되었으며, 26일 — 꼴들이 남부와 북동부 변두리 지역의 일부 하찮은 제외하고 "[초따] 낙뿌르 전체를 완전히 장악했다"라는 것이 공식적으로 확인된 날141) — 까지는 바르와 빠르가나 전체가 그랬다. 우리는 토리와 로하르다가와 소네뿌르와 빨꼬테 등 4개 구역에서 약탈된 재산과 재화의 가치에 관해서만 완전한 통계를 갖고 있는데, 그 가치는 약탈된 현금 32,494루삐를 계산에 넣지 않고서도 203,722루삐로 추산되었다.142)

    약탈은 1855년 싼딸 폭동에서도 중심적 양상으로 나타났다. 발라이 마지는 봉기한 지 7일째 되는 날 수천 명의 농민들이 찰스 마시크의 인디고 공장을 습격하고 있던 중에 부상을 입고 체포되었는데, 그에게 반란은 약탈이었다. 그는 심문관에게 간단명료하게 "나는 약탈하러 왔다"라고 말하고 나서 다음과 같이 자세하게 알려 주었다.

> 꾸둠샤를 약탈한 후, 우리는 마헤쉬뿌르 토후의 집을 빼앗았다. 그런 다음 돌아와 북쪽으로 가서 강 뒤편에 줄지어 있던 촌락들을 모조리 약탈했다. 우리는 바갈뿌르까지 가기로 결정했다. …… 나는 수많은 촌락들을 빼앗을 때 가담했고, 나에게는 3루삐가 (있는데), 그것은 아구네르자 인근에 있는 어느 토후의 집을 약탈했을 때 빼앗은 것이다. 우리는 돈을 모두 나눠 가졌다. 다른 모든 재산은 타쿠르 시도와 깔루의 집으로 갖고 갔다. ……

우리가 촌락들을 공격했을 때 사람들은 도망갔고 약탈자들은 모든 것을 차지했다. …… 앞에서 말한 시도와 까누는 자기들이 왕이라고 선언했고, 자기들은 나라 전체를 약탈하여 가질 것이라고 [말했다]. 그들은 그것이 타쿠르의 명령이므로 아무도 우리를 막을 수 없을 것이라고도 말했다. 이런 말을 듣고 우리 모두는 그들과 함께했다.143)

모든 지방 관리들 역시 봉기를 대대적인 약탈 원정으로 보고 있던 봉기 참가자의 이런 생각을 공유했다. 관리들이 파악한 신상명세서에 "발라이 싼딸, 마지, 부쉬예의 아들, …… 직업 — 경작자, 카스트 — 싼딸, 바후 또는 바라 마시알의 주민, 질레아구르 빠르가나"로 적혀 있는 발라이 마지에게 그랬듯이, 관리들에게도 반란은 약탈이었다. 아우랑가바드의 따실 담당 행정관이 봉기 발생 이틀 후에 숨 가쁘게 올린 최초의 "반(半)공식적" 보고서에 따르면, "그들은 매일 4, 5차례씩 약탈하러 간다. 그들은 그 일이 신의 명령이라고 말한다."144) 그리고 그때부터 관리들의 보고는 전혀 주저함이 없이 이 문제를 그렇게 보게 된다. 그 지역에서 올라온 급보들 중에 약탈을 언급하지 않은 것은 거의 없다. 약탈은 봉기의 절정기에 비르붐의 수세관이 쓴 일기에 다음과 같이 빈번히 등장한다.

> 1855년 9월 19일. 사루트와 오페르반다에서 올라온 보고서들이 가장 불만스럽다 —
> 싼딸들이 쉼 없이 전진해 나가면서 모든 촌락들을 빼앗고 있는 것이 분명하다.
> 1855년 9월 20일. 나가르 서쪽 8마일 가량 떨어져 있는 촌락인 비르춘데르가 빼앗겼다.
> 1855년 9월 21일. 싼딸들이 사루트와 오페르반다 관할 지역에서 마음대로 빼앗고 있다. …… 엄청난 수의 싼딸들이 빈다본에 있으며 …… 빌칸두를 빼앗았다는 보고서가 막 도착했다.145)

이 수세관에 따르면, 2주일 사이에 "오페르반다와 낭굴리아 경찰서 관할구역에서는 30개 이상의 촌락들이 봉기 참가자들에 의해 약탈되고 불탔다."146) 약탈 과정에 관한 이 설명은 특임 판무관의 급보들과도 일치한다. "엄청난 수의 싼딸들이 모여 비르붐 지방의 바갈뿌르 북부 지구와 북서 지구의 남쪽을 따라, 그리고 구릉지의 아래쪽을 따라 행진하면서 닥치는 대로 모조리 약탈하고 있다."147) 봉기 참가자들이 이미 비르붐의 그쪽 지역에서 철저하게 작업한 것은 분명했고, 그래서 그가 기록했듯이 "이곳[즉 수리 읍]과 랑뿌르 하우트 사이에서 벌어지고 있는 모든 약탈이 대체 왜 일어나고 있는지 아무래도 이해할 수 없고, 이 지점과 저 지점 사이에 그어진 선의 북쪽 지방 전체가 약탈되었으므로 지금은 싼딸들이 공격한들 얻을 것이 아무것도 없다."148)

정말이지 농민의 적들이 가장 두려워한 것은 약탈의 이러한 범위와 힘이었다. 싼딸 봉기 2주일 이내에 부르드완에서 나타난 패닉 상태에 관한 다음과 같은 묘사는 그 봉기가 야기한 놀라움의 범위와 강도를 가늠케 했다. 『솜쁘라까쉬(Somprakash)』(1855년 7월 23일자)의 현지 통신원은 이렇게 썼다.

> 부르드완의 빈민들뿐만 아니라 부자들도 모두 이때 패닉 상태에 사로잡혔다. …… 부자들은 구릉지의 싼딸 반란자들이 벌이는 약탈 소식을 들었고, 자신들의 재산과 명예와 생명을 구할 수 있는 여러 가지 방법을 생각하고 있는 중이다. 그래서 이들 부자들 중 일부는 자기 집의 경호원을 열 배로 늘렸다. 또 다른 부자들은 땅에 구덩이를 파서 갖고 있는 돈을 그 안에 모두 숨겼으며, 계속해서 이렇게 외쳐대고 있다. "오 하느님! 살려 주세요!" "오 하느님! 살려 주세요!" 또 다른 부자들은 신문에서 눈을 떼지 않고 있었다. 그리고 또 다른 부자들은 철도역에 모여 동인도회사 정부가 파견한 군대의 규모에 관한 소식들을 주워 모으느라 바빴다. 전체적으로 그렇게 거대한 소동이 벌어지고 있다.149)

위의 글에서는 반란 폭력으로 잃을 것이 많은 자들이 느꼈던 재산에 대한 위협이 분명히 확인된다. 그러나 주목해야 할 것은, 그들의 반응이 도적질 위협을 받은 유복한 촌락들의 반응 — 인도 농촌에서 돈과 보석을 땅에 파묻는 것은 강도질에 대한 전통적인 방어 수단이었다 — 과 대단히 유사하긴 하지만 또한 봉기 중에 실제로 행해진 빼앗기와는 별다른 연관이 없다는 점이다. 왜냐하면 약탈된 것의 대부분은 돈이 아니었기 때문이다. 까누는 체포된 후에 "곡물이 우리의 주요한 약탈물이었고 가축도 마찬가지였다"라고 말하면서, "진압군이 많은 것들을 압수했는데, 나머지는 정글 안에 있다"라고 덧붙였다.150) 이는 봉기 진압 작전 기록들로 충분히 입증된다. 반란자들을 추격하고 돌아온 관리들은 곡물과 가축 무리들로 가득 찬 숲 속의 은신처에 관해 이야기하곤 했다. 필립스 대위는 1855년 10월 30일에 꾸르운 캠프에서 올린 보고서에서, 금일의 도우르 과정에서 "매우 울창한 정글 한가운데에 있던 숙영지"를 만나게 되었고 그래서 "그 숙영지를 모조리 불 질러" 거기에 있던 다량의 곡식과 그 밖의 비축 물자들을 파괴했다고 말한다.151) 피스터 대위는 다음날 잠따라 캠프에서 자기의 부대가 어떻게 "대규모 숙영지 두 곳과 엄청난 분량의 곡식"을 파괴했는지에 관해 보고한다.152) 같은 날 깐드라 캠프에서 햄튼 소령의 보고에 따르면, 자신은 커다란 싼딸 촌락인 러쿤포르 근처에서 두 개의 구릉지를 발견했는데, 거기에는 "부라쿠르를 가로질러 내 부대를 추격한 300~400명 가량의 사내들이 빼앗아온 엄청난 분량의 곡물이 그득 차 있었고, 그래서 남아 있는 그것들을 가능한 한 모조리 파괴했다."153) 언급되고 있는 분량들은 굉장하다. 진압군은 비르붐의 23개 싼딸 촌락에 있던 1,950채의 오두막집을 불태워 버렸으며, 벵골인들은 (진압군의 부추김과 묵인 하에 진압군이 간 길을 따라다니며 조직적으로 뒤져낸) 4,000~5,000몬드*의 곡물을 망가뜨리거나 빼앗았

---

* 인도, 이란, 터키에서 사용된 무게의 단위. 지역에 따라 1몬드(maund)는 9.5킬

고 650마리의 가축을 탈취했다.154) 또한 진압군은 잠따라 서쪽에 있는 수부르뿌르에서 5,000 마리의 가축을 몰수했고, "니콜스 대위의 보고에 따르면 적어도 2년 [동안] 대규모 병력을 먹여 살리기에 충분한 다량의 곡물을" 파괴했다.155) 싼딸 봉기가 일어나기 24년 전, 꼴 봉기에서도 빼앗기는 똑같은 패턴을 따랐다. 꼴 봉기는 가축 도둑질에서 시작되었는데, 이 경우에도 반란 진압 작전이 증명하게 되었듯이 곡물과 가축은 대부분 약탈 대상이었다. 정글 마할의 행정장관 러셀은 한 군데에서의 군사작전 과정에서만 1,200마리의 가축과 6,000몬드 분량의 곡물을 찾아냈다.156)

따라서 약탈의 패턴은 유산자들이 예상하면서 두려워 한 것과 반드시 일치하지는 않았다. 농촌에서의 총동원에 대한 유산자들의 최초의 반응은 농민들이 강도단이라는 판에 박힌 생각에 너무나 꽉 들러붙어 있었다. 그들 쪽에서는 (우리가 앞에서 보았듯이) 코드 전환이 일어났다는 것을 알 수 없었다. 왜냐하면 반란자로서의 농민들은 강도짓을 하러 나선 것이 아니라 적들의 소유물을 빼앗음으로써 그 적들의 권위를 파괴하려고 나선 것이기 때문이다. 르페브르가 이 중요한 차이를 강조하고 있는 것은 그 차이가 지시하고 있는 특수한 경험보다 훨씬 더 유효하다. 그는 1789년 프랑스 농촌에서의 봉기 행위들의 특징을 언급하면서 이렇게 쓰고 있다.

> 이 농민들은 **도둑질하려고** 결집한 것이 아니었다. 그들이 온 목적은 **파괴하는** 것이고, 이 하나의 **기본적인 목표**에 최대의 관심을 쏟았다.157)

그가 보기에 당시에 그토록 대규모로 벌어진 농민 봉기들은 범죄와는

로그램에서부터 36.3킬로그램까지 다양하다.

거의 관계가 없었다. 당시에는 도적질조차 드물었다. 물론 귀족의 성을 공격하는 동안 사소하거나 악의 없는 약간의 좀도둑질은 거의 불가피하게 일어났고, 일부 농민들은 "자신들이 마음에 둔, 흔히 아주 가치 없는 물건들"을 착복하곤 했다.158) 하지만 대체로 프랑스 반란자들은 절대로 범죄자가 아니었다.

그들과 비슷한 인도 농민들의 경우에도 마찬가지였다고 할 수 있다. 쿤띠에 있는 경찰서에 대한 급습은 버사이트 폭동에서 주요한 사건이었지만, 라라까(Laraka)*들은 "바로 그날 경찰서가 거두어들인 돈에 손을 대지 않았고, 그 읍의 집들을 털지도 않았다."159) 봉기 기간 중 싼딸 일부가 취득한 재물의 성격과 양에 관해 우리가 갖고 있는 증거는 저 방대하고 폭력적인 사업의 규모와 개별적인 획득물들의 크기는 정말로 어울리지 않는다는 것을 보여 준다. 발라이 마지가 약탈로 차지한 몫은 3루삐였다.160) 자따의 몫은 약간의 "은 장신구와 그가 어느 한 촌락에서 마하잔의 집을 약탈하고 얻은 녹색 주석 상자 [하나]"였다. 또 까누 수바의 몫은 다음과 같았다.

1. 놋쇠 케이스 안의 거울.
2. 전직 육군 중령의 것이었던 금박 허리띠.
3. 약간의 은 장신구.
4. 3권의 문고판 책, 기관차에 관한 낡은 책 한 권, 기술자 번 씨의 명함 몇 개, 일부 찢겨진 종이들과 봉투 몇 장 그리고 얇은 영어 신문 조각들.
5.와 6. 각각 12루삐와 금화 1모후르와 17루삐가 들어 있는 돈지갑 두 개와 약간의 동전.
7. 비단 몇 조각과 차도르 등 원주민의 옷들.

* 부족 내 전사.

생생하게 묘사된 이 모든 것들이 "테이블 위의 재산", 즉 라니간즈 캠프에 있는 버드 여단장의 사령부에서 신속한 조사를 위해 탁자 위에 펼쳐진 물건들이었다. 심문을 받는 동안에 까누가 "집에서 갖고 온 …… 나의" 저금이라고 주장한 20루삐를 그 목록에서 제하면, 그 나머지 것들은 세 지구에 걸쳐 1,000제곱마일이 넘게 펼쳐져 있는 지역에서 10주 동안 라즈를 내몰았던 반란군 최고사령관이 보여 준 것으로는 정말이지 별 볼일 없는 것들이었다.161)

그렇다. 르페브르가 올바르게 말했듯이, "이 농민들은 도둑질하려고 결집한 것이 아니었다." 시시하게 재물들을 빼앗는 범죄를 저지르는 것이 그들의 목적은 아니었다. 그들의 "기본적인 목표"는 특수한 대중 행위 형식을 통해 그들의 적의 자원들을, 그리고 그 자원들과 함께 적의 권위를 "파괴하는 것"이었다. 그들은 이 행위를 문다어로는 "울굴란"으로, 싼딸어로는 "훌"로, 벵골 북부의 지방어로는 "덩"으로 부르는 등 명칭의 면에서도 다른 타입의 폭력과 구별했을 뿐만 아니라, 그 행위에 약탈 형식을 띠는 전쟁의 수사학을 덧붙임으로써 실천의 면에서도 구별했다. 인도에서의 약탈은 1525년 독일에서와 같은 중세적인 전투 관행에 따라 조직되지는 않았다.162) 그러나 그것이 전쟁을 닮았다는 것은 아주 분명했다. 제일 먼저 꼴 부족의 봉기를 조사한 장교인 서덜랜드 소령은 "그들은 모든 외국인을 자신들의 적으로 간주하면서 그 적들에게서 뺏은 전리품으로 부자가 되었다"라고 말했다.163) 이렇듯 봉기 참가자들이 생각하기에 약탈물은 범죄로 얻은 획득물이라기보다는 전리품과 같은 것이었다.

전쟁의 한 외연으로서의 빼앗기는 싼딸들의 움직임에서도 뚜렷이 나타났다. 그들은 빼앗기를 그때그때 상황에 맞춰 공격의, 또는 보복의, 또는 자기 방어의 직접적인 도구로 활용했다. 디나뿌르 사단 및 싼딸 진압 야전군을 지휘한 로이드 소장은 봉기 진압 전술에 불리함이 있는지를 신중하게 고려하라고 정부에 요청했을 때 이 점을 강조했다. "우리가 촌락이나 약탈물 저장소를 파괴할 때마다, 그들은 매번 적어도 그 다섯 배를 불태우고 약탈한다."164) 그 뒤 1855년 가을에 봉기가 정점을 지난 후, 반란자들은 빼앗기를 자기 방어의 수단으로 점점 더 많이 이용했다. 그들은 동인도회사 군대에 의해 자신들의 촌락들이 불타고 또 자신들이 정글 안으로 점점 더 멀리 밀려들어 가게 되자, 분명히 전쟁이 오래 가리라고 예상하고는 식량을 비축하기 위해 약탈했다. 벵골 정부의 장관이 말했듯, "지금 반란자들에 의해 저질러지는 강탈은 주로 생필품을 공급하기 위한 것이라는 보고가 있다. 왜냐하면 그들에게 돈이 있어도 그들이 접근하면 벵골인들이 대들고 있어 보급품을 살 수 없기 때문이다. 이런 사태로 인해 반란은 새로운 모습을 띠게 되었는데, 지금 반란자들은 밤중에 몰려와 막 익어가고 있는 곡물을 휩쓸고 간다고 한다."165) 정글에서의 군대의 도우르 과정에서 거대한 곡물 더미와 수많은 가축 떼를 만나게 된 — 그리고 돌아 나오면서 그것들을 약탈하고 파괴하게 된 — 이유는 그 때문이다. 또한 적의 강력한 압력을 받았던 바로 이 기간 중에 싼딸들은 협력자들에 대한 처벌의 한 형식으로 약탈을 이용했다. 봉기의 지도자가 되었던 산적 케왈라가 체포된 후, 까누는 약 1,000명의 부하들을 데리고 그의 체포 사건이 벌어진 론디하 촌락을 공격하여 일종의 응징 수단으로 그 촌락의 물건들을 노략질했다.166)

바로 약탈의 이러한 준(準)군사적인, 그리고 정치적인 성격 때문에, 봉기 참가자들의 수중에 떨어진 현금과 그 밖의 과시적인 소비재들은 장물이 아니라 모든 이들에게 분배되거나 봉기를 위한 작업에 지도부가 이용하게 될 전리품으로 취급되곤 했다. 봉기가 시작되자마자 체포된 평범한 봉기 참가자 발라이의 진술과 봉기 끝 무렵에 체포된 봉기의 최고사령관 까누의 진술 모두는 빼앗은 현금이 모조리 "마지들과 싼딸들 사이에서 분배되었다"라는 사실을 입증해 준다.167) 적에게서 빼앗은 운송 수단들은 사령관들이 이용하도록 — 중간급 다로가들에게는 말이, 수바들에게는 가마들이 — 넘겨졌다. 그리고 즉시 분배되지 않았거나 분배를 하려 해도 부분 단위로 쪼갤 수 없는 것들은 일종의 공동 비축 물자로 한데 모여져 최고사령관 — 시도와 까누 — 의 관리 아래 놓인 것이 분명하다. 가장 중요한 교전 중의 하나가 벌어진 저 촌락에서 싼딸들을 패퇴시킨 후, 진압군의 수중에 들어온 것은 반란자들이 마헤쉬뿌르에서 약탈했으나 아직 분배할 시간이 없었던 7,000루삐 이상의 현금뿐만 아니라 "가마들, 이륜마차 한 대, 황동 용기들, 비단, 옷, 잡다한 물건들로 이루어진" 4,000루삐어치의 한 무더기 전리품들이었다.[168]

이러한 관찰로부터 분명히 알 수 있는 것은 더 넓은 의미에서의 약탈이 되어 버린 빼앗기는 그것의 파괴력, 그것의 대중적 성격, 투쟁의 한 형식으로서 그것이 거의 보편적으로 이용되는 것 등등의 점에서 봉기의 전형적인 측면이었다는 점이다. 그것의 힘은 <u>사르까르</u>와 <u>사후까르</u>와 자민다르에 보복하기 위해 함께 행동한 농촌 주민 다수의 집단적 의지에서 나왔다. 꼴들과 싼딸들의 약탈 원정은 그 하나하나가 수많은 민중의 작품이었다. 숫자를 들어 말하자면, 상대적으로 덜 폭발적인 빠브나 운동에서조차 22,130명이나 되는 농민들이 25번의 약탈 사건에 — 평균해서 건당 885명 — 가담했다. 이 25개 사건들 중 11개 사건에서는 가담 농민들의 수가 100명에서 500명 사이였고, 10개 사건에서는 1,000명에서 7,000명 사이였다.[169] 또한, 앞에서 보여 주었듯이, 약탈은 빠르게 퍼졌다. 꼴과 싼딸 봉기의 칼날은, 아무리 얇은 것이었어도, 약 5주만에 초따 낙뿌르 전체를, 약 10주만에 다민-이-코를 반란군으로 뒤덮었다. 이러한 폭력을 범죄와 분명히 구별시킨 것은 바로 그 폭력의 성격, 규모, 또는 속도였다.

봉기의 차별적 특징들에 관한 논의를 마무리하려면, 이러한 투쟁 형식들이 하나의 **총체적이고 통합된 폭력**을 구성한다는 점을 강조할 필요가 있을 것이다. 이것들 각각은 따로따로 놓고 볼 때 특정한 범죄 유형을 나타낼 수 있다. 하지만 반란에서는 이 4가지 타입의 파괴 행위들이 그 개별적 정체성을 잃고 하나의 단일한 복합체의 상호 연관된 요소들로서 기능을 수행한다. 이러한 층위에서 범죄와 봉기의 구별은 두 가지 타입의 폭력의 구별과 일치한다. 즉 그것은 부분적인 것과 총체적인 것의 구별인데, 전자는 어느 사회에서나 있는 단일한 개별 집단 또는 소집단의 의지의 표현이고, 후자는 다수의 의지의 표현이다.

이 구별은 그것들 각각의 패턴들에서 분명하게 드러난다. 앞에서 말했듯이, 범죄는 다른 두 가지 방식으로 표현된다. 그것은 하나의 특정한 대상을 겨냥한 단일한 폭력일 수 있다. 아니면 흔히 첨예한 사회적 갈등의 조건 아래서 나타나듯이 다양한 대상들을 향한 하나의 특정한 타입의 폭력일 수 있고 하나의 특정한 부류의 대상들을 향한 매우 다양한 종류의 폭력일 수 있다. 하지만 반란 폭력의 특징은 두 가지 측면 — 그것이 취하는 형식만이 아니라 그것이 선택하는 대상 — 에서의 복수성(plurality)이다. 정말이지 봉기의 범위를 그토록 광범하게 만들고 봉기의 표명을 그토록 매우 강력하게 만듦으로써 초기 단계에서 봉기가 가질 수 있는 일체의 모호성을 궁극적으로 극복하게 만드는 것은 바로 이 수직성의 수직적이고 수평적인 결합이다. 이 총체성은 너무도 명백한 것이어서 진지한 농촌 봉기 연구자라면 누구라도 간과할 수 없다. 뤼데는 스윙 운동의 이 측면에 관해 이렇게 언급했다. "1830년 노동자들의 운동을 같은 종류의 다른 많은 운동들과 구별해 주는 두드러진 특징은 그 운동의 다형성(multyformity)이었다. …… 방화, 협박 편지, '선동적인' 전단과 포스터, '강도짓', 보복 집회, 민생 감독관과 교구 목사와 지주들에 대한 공격, 다양한 타입의 기계들에 대한 파괴 등, 이 모든 것들이 제 역할을 다했다."170)

이 "다형성"은 분명 앞에서 정의한 것과 같은 총체성의 또 다른 이름이다. 즉 봉기 행동의 수많은 여러 형식들과 그 행동의 다양한 목표들의 결합의 이름이다. 인도의 반란에 관한 가장 개략적인 설명조차, 그 세부 사항들의 차이에도 불구하고, 패턴의 동일성은 아닐지라도 매우 근접한 유사성을 보여 준다. 가장 덜 조직화된 것에서부터 가장 잘 조직화된 것까지 분포되어 있는, 또한 꽤 규칙적인 간격으로 식민지배의 거의 전 기간에 걸쳐 있는 3개의 농민반란들의 경험들을 비교하면, 이 점은 분명해진다. 데비 싱하에 대항하여 1783년 랑뿌르와 디나즈뿌르에서 발생한 봉기의 표적들 중에는 지주들과 그들의 사무관의 신체와 재산, 동인도회사의 군대, 그 회사의 곡물 창고, 까차리가 있던 건물과 거기에서 봉기 참가자들이 발견한 돈과 서류 등이 포함되어 있었다. 반란자들이 사용한 폭력의 수단은 방화, 살해, 무장 공격, 약탈, 적들에 대한 물리적이고 관례적인 능멸, 강도질, 체포와 강제 구금, 죄수들의 석방, 곡물 저장소 빼앗기 등등이었다. 또한 1873년 대단히 규율 잡힌 빠브나 농민들의 운동이 폭력의 대상으로 삼은 것은 까차리와 토지들, 자민다르에 속하는 관리들과 농촌 젠트리들의 집, 식료품점, 경찰관들, 농민 동맹에 반대하고 자민다르와 협력한 자들의 신체와 집 등등이었다. 폭력 행동은 집과 경찰서를 습격하고, 죄수를 석방하고, 돈을 훔치고 빼앗는 것에서부터, 소동을 벌이고, 불법적으로 집회를 열고, 뿔피리를 불어 협박하고, 욕을 해 대고, 도둑질하고, 훼방을 놓는 일 등등에까지 걸쳐 있었다. 사실 하급 행정구역 딱 한 군데에서만 저질러진 이런 것들은 인도 형법상 20개나 되는 항목들에 각각 해당되는 범행들이다. 또한 라즈 말기에 텔렝가나에서 공산주의자들이 이끈 농민반란의 폭력은 지주들, 그들의 사병들, 정부군, 대금업자들, 협력자들을 겨냥했다. 그리고 그 폭력은 지주들의 과수원과 농기구의 파괴, 사회적 보이콧, 자민다르들과 사후까르들과 데스무크들의 살해, 이들의 집에 대한 약탈과 파괴, 이들의 곡물 저장소와 생장 중에 있던 농작물과 그 밖의 소비재들의 탈취, 고리대업자들이 갖고 있던 증서들의 파괴 등으로 표출되었다.[171]

    그 같은 봉기들 중에서 가장 대규모적이고 가장 강력했던 경우 — 농민전쟁에 근접했던 꼴 봉기와 싼딸 봉기와 버사이트 봉기와 같은 것들 —

에 반란 공격의 범위는 매우 광범했고, 그 형식은 대단히 다양했고, 그 표적은 무수히 많았다. 그 수평적이고 수직적인 복수성들은 실제로 아주 잘 통합된 것이어서, 식민 당국의 인식 속에서 폭력 행동들은 종종 그 개별적인 정체성을 잃고 흐릿하게 합쳐졌으며, 그래서 법은 그것에 획일적으로 한 가지의 범죄 이름을 붙였고 즉결재판의 법규에 따라 그것을 처리하곤 했다. 1855년 11월에 비르붐 재판소의 재판관 앞에 끌려 나와 한 주일 동안 재판을 받은 42명의 봉기 참가자 집단 중 한 명을 제외한 나머지 모두가 유죄판결을 받게 되었는데, 그들의 범죄가 거의 똑같은 문구들로 묘사되었던 이유는 바로 이 때문이다. 11월 9일에 판결이 내려진 20명의 봉기 참가자들에게는 모두 같은 죄목으로 유죄가 선고되었다. "살인을 목적으로 공격용 무기를 들고 불법적이고 폭력적으로 집회를 열어 평화를 깨뜨렸다." 1855년 11월 12일에는 두 명이 같은 이유로 유죄판결을 받았다. "약탈을 목적으로 무기를 들고 불법적이고 폭력적으로 집회를 열어 평화를 깨뜨렸다." 11월 14일에는 세 명이 유죄판결을 받았다. "익명의 피해자들의 재산의 약탈을 위해 무기를 들고 불법적이고 폭력적으로 집회를 가졌다." 그리고 11월 17일에는 16명 모두가 같은 이유로 유죄판결을 받았다. "무기를 들고 불법적이고 폭력적으로 집회를 열고 비르붐에 있는 까뜨나 촌락을 강탈했다."172)

이 같은 구별의 결여는 의심할 바 없이 저 관리들의 사고의 빈약함의 징후였는데, 이것의 몇몇 측면에 관해서는 헌터가 싼딸 봉기를 다룬 자신의 글에서 약간 비틀어서 언급한 적이 있다.173) 하지만 불분명하고 상투적인 그런 허튼소리에는 단지 행정관들의 인식의 무력증만이 아닌 그 이상의 무엇이 있었다. 그것은 재판을 받기 위해 기소된 위법행위가 범죄 혐의들의 총합보다 더 큰 하나의 총체성을 이루고 있다는 것을 법정이 인정했음을 의미하는 것이기도 했다. 물론 더듬대거나 머뭇거리면서 인정했지만 말이다. 실제로 식민 당국자들 중 다수는, 특히 단

한 개의 국지적인 봉기가 아니라 그보다 더 큰 규모의 봉기를 처리하라는 위임을 받은 자들은 봉기의 포괄적 성격을 오인하지 않았다. 그들의 눈에 봉기는 그 집단 폭력의 상호작용 과정, 그 규모와 속도 등으로 인해 일종의 "체계"와 비슷한 것으로 보였다. 그래서 1832년 꼴 반란의 진압에 참가한 두 명의 고위 관리였던 니이브와 러셀은, 비슷한 시기에 잉글랜드에서 스윙 운동을 진압하고 있던 관리들이 농민들을 기소하면서 농민들이 "강탈 체계"를 확립하고 있다고 했듯이, 그 반란을 각각 "불 지르기와 약탈과 살해의 체계", "약탈과 분노의 체계"라고 말했다.174) 봉기의 대상이 된 자들이 봉기의 체계적이고 총체적인 성격을 그렇게 인식하고 있었다는 것보다 농촌 범죄와 봉기의 구별을 더 잘 입증해 주는 것은 없다. 그것은 이제 폭력이 일회성 전투에서 농민과 그들의 적이 부딪치는 저 회색 지대에 국한되지 않고 계급들 간의 전쟁으로 공공연하게 등장했음을 보여 준다.

이미 독자들이 눈치 챘겠지만, 앞에서의 논의에는 투쟁의 주요한 형식 또는 방법으로서 살인은 포함되어 있지 않았다. 이 누락을 강조하면서 우리는 우리의 증거 안에 있는 피와 칼에 관한 많은 언급들에 주의를 기울여 왔고, 또 그러한 언급들은 꽤 많던 살생을 입증해 주는 것이라기 보다는 봉기 발발 당시 농민들의 적을 사로잡고 있는 공포를 입증해 주는 것이라고 확신하게 되었다. 왜냐하면 봉기의 갑작스럽고도 전복적인 성격은 봉기에 의해 가장 심각하게 위협을 받은 자들에게서 과장된 그리고 흔히 히스테리컬한 반응을 유발시키는 경향이 있기 때문이다. 우리의 정보의 주된 원천이 상당한 정도까지 바로 이런 종류의 반응으로 이루어져 있는 것인 한, 지금 논의하는 폭력의 장르 안에서 두 가지 양식들을 구별하는 것으로 시작하는 것이 아마 유용할 것이다. 그 두 양식은 흔히 엘리트의 인식에서는, 따라서 엘리트의 담론에서는 하나로 합쳐져 유혈이 낭자한 혼란 상태로 등장한다.

두 양식 중 첫 번째는 농민들이 라즈의 군사들을, 또는 (예컨대 뮤티니 반란과 쌀말 반란 중에 각각 정부 편에서 싸웠던 자들인) 백인 문관과 농촌 젠트리 같은 라즈의 비공식적인 피보호자들을 죽인 일이다. 이런 죽음들은 랑뿌르 봉기 동안 만달가프와 빠뜨공에서 있었던, 바라사트 폭동 중에 나르껠베리아에서 있었던, 1855년의 봉기 중에 마헤쉬뿌르와 빠꾸르에서 있었던, 버사이트 봉기 동안 사일 라깝에서 있었던, 뮤티니가 발발한 해에 우따르 쁘라데쉬 전역에 걸쳐 많은 곳에서 있었던 전쟁과 같은 충돌 과정에서 발생했다. 이 전투들 대부분은 반란자들에게는 방어전이었고 또 우세한 화력을 지닌 정부 측이 자신에게 유리하도록 밀어붙인 것들이었지만, 그렇게 되기 전까지는 몇몇 경우에 약간의 군인들이 화살로 죽거나 아니면 반란자의 소총 사격으로 죽는 일이 드물게 있었을 뿐이다. 하지만 평소에는 수동적이고 평화로웠던 농민들이 완전히 예상을 뒤엎고 <u>사르까르</u>의 군대에 저항했을 뿐 아니라 심지어 얼마간 상해를 가했다는 바로 그 사실은 당황한 관리들과 겁에 질린 세포이들과 제정신이 아닌 통신원들이 현지 신문이나 영어 신문에 글을 써 대면서 대량 학살로 부풀려졌다. 이런 경우 살인을 주요한 양상으로 만든 것은 봉기 쪽이 아니라 반(反)봉기 쪽이었다. 철면피한 인도 정부조차 약간이나마 후회하도록 만든, 사일 라깝에서의 문다족 여성들에 대한 무차별 살해가 증명하고 있듯이 말이다.[175]

하지만 살인을 봉기의 고유한 속성이라고 말하는 것은 농민대중이 군대에 맞서 또는 식민 국가를 대리하여 행동하던 다른 몇몇 무장 조직에 맞서 스스로를 보호하기 위해 끌려 들어간 전쟁 같은 상황에 주로 근거하고 있는 것이 아니다. 거기에서 문제가 되는 것은 폭력이 반란자들에 대해 적대적인 집단이나 계급들에 속하는 개인들을 절멸시키기에 이른다는 그 통념이다. 이 통념에 대해 우리가 갖고 있는 증거는 부정적이지만, 그런 만큼 그 증거는 정말로 인상적이다. 농민의 야만성과 반란군의 영웅주의라는 극단적인 신화들과는 반대로, 살인의 중대성이라는 측면에서 볼 때 어느 경우든 실제 살인의 빈도는 무시할 수 있을 만큼 매우 낮았던 것으로 보인다. 이는 인도의 농민반란 중에서 가장 폭력적이고 가장 광범했던 반란에 대해서조차 사실이다. 봉기의 바로 그 절정기에 비르붐의 수세관은 바갈뿌르의 싼딸들이 벌인 습격의 충격을 기록한 자신의 일기에 "오페르반다의 경찰서와 촌락이 약탈되고 불탄" 그 습격 과정에서 "살인은 **일반적이지 않았다**"라고 써 놓았다.176)

약탈과 방화에서 가장 파괴적인 형식을 드러내지만 살인 직전에 멈춰 버리는 폭력의 이러한 패턴은 꼴 반란 동안에도 역시 유지된다. 반란자들이 가장 증오한 자들, 즉 대금업자들 다수가 거주했던 어느 작은 읍에서 꼴 반란이 야기한 대대적인 파괴를 기록하고 있는 공식 보고서를 인용해 보자.

> 분두누게르는 [1832년 1월] 18일에 봉기 참가자들의 수중에 떨어졌다. 그 읍은 넓었고 거기에는 부유한 <u>마하잔</u>들이 살고 있었는데, 봉기 참가자들은 4일 동안 그곳을 점령하고 약탈한 다음 깡그리 불태웠다. …… 꼴 부류에 속하지 않은, 그 빠르가나의 모든 지체 높은 자들의 집들 역시 며칠 사이에 파괴되었지만, 분두 읍에서 발생한 유일한 살인 사건은 영국군 기병대 장교(Patton) 3명과 그 밖의 2명이 사망한 사건이었다.177)

4일간 약탈된 읍에서의 5건의 살인이라는 빈도는 다른 투쟁 형식들에서의 살인 발생 빈도와 비교해 보더라도 아마 거의 비슷한 수준일 것이다. 이는 우리가 갖고 있는 (힌두와 무슬림 남녀로 밝혀져 있는) 비부족민들에 관한 통계에서도 역시 확인된다. 초따 낙뿌르의 5개 구역에서 벌어진 꼴 봉기의 전 과정 중에 살해된 이들 중 3명은 토리에서, 244명은 로하르다가에서, 47명은 소네뿌르에서, 12명은 빨꼬테에서, 9명은 따마르 및 5개 <u>빠르가나</u>에서 살해되었다. 모든 농촌 소요들 가운데 가장 폭력적인 소요 중의 하나였고 몇 주일 동안 초따 낙뿌르에서 라즈를 쓸어 냈던 그 소요에 비추어 볼 때, 총 315명이란 수는 유혈 참사의 면에서 그다지 심한 것이 아니다. 이러한 현상이 상대적으로 적었다는 점은 이 기간 동안 앞에서 말한 5개 구역들 중 마지막 것을 제외한 4개 구역에서 불탄 (아마도 같은 부류의 집단들이 소유하고 있던) 가옥의 총수가 4,086채였다는 사실로 다시 한 번 입증된다. 즉 살인은 14건의 방화당 1건 미만이었다.178)

누구든 이 점에서 인도의 경험은 전적으로 독특한 것이 아닐까 하고 생각한다. 그렇지 않다. 1789년 대공포 시기의 프랑스 농민 봉기들에 관해 우리가 알고 있는 것으로 판단해 보자. 르페브르는 "일반적으로 폭력이 현저했고 그 폭력이 사물보다는 대부분 사람을 겨냥했던" 프랑슈 꽁떼에서의 농민 봉기 기간 중에 저질러진 것으로 추정되는 잔학한 범죄행위를 늘 그렇듯이 조심성 있게 조사하고는, 명백히 극단적인 이 사례에서조차 "공격과 괴롭히기는 많았지만 전체적으로 살인은 없었다"라고 결론을 내렸다.179) 또한 뤼데는 모든 지역에서 농민들이 살해한 사람들의 수는 전부 합쳐 3명이라고 계산한다. 그는 르페브르의 탁월한 저작에 붙인 서문에서 "오직 3명의 지주들만이 살해되었던 것으로 보인다"라고 쓰고 있다.180)

마오쩌둥 역시 후난 농민운동 기간 중에 이 같은 폭력은 "가장 고약한 현지의 폭군들과 사악한 향신들에 한정되었다"라고 말하면서, 그 폭력에 있던 얼마간의 예외적인 성격을 지적한다.181) 이 말에는 이러한 폭력의 제한된 사용만이 아니라 그것의 논리 — 처벌과 복수의 논리 — 도 암시되어 있다. 인도의 반란자들이 범한 살인의 대부분 역시 변별적이었던 것으로 보인다. 기록되어 있는 사례들을 보면 두 가지의 지배적 원칙들이, 즉 처벌적 원칙과 보복적인 원칙이 작동하고 있음을 알 수 있다. 당연히 현실에서는 그 두 가지가 상당히 겹쳐 있었기 때문에, 이 구별은 단지 관념적이며 또한 분석의 목적에만 유용하다.

처벌적 살인의 존재 이유는 진행 중인 봉기의 절박함에 있었고,

그것의 희생자들은 농민의 적들에 협력함으로써 간접적으로 봉기에 저항했거나 무기를 들고 직접적으로 저항한 자들이었다. 그러므로 밀고자들의 처형은 우리가 조사하고 있는 많은 사건들에 공통적인 특징이었다. 평소대로라면 꼴들이 아무런 위해도 가하지 않았겠지만 공격 계획을 주인에게 누설했기 때문에 결국은 살해된 저 그왈라처럼, 본래 자기편인 사람이라도 다른 편을 위해 일한다면 살아남지 못할 것이었다.182) 또한 거의 똑같은 이유로, 배신자들은 선별적으로 암살되었다. 이 문제는 다음 장에서 다시 다루게 될 것이다. 물론 목숨을 빼앗는 것은 개인적으로 건 또는 정규군이나 사병의 일원으로건 반란군과 무력으로 맞서려 한 자들에 대한 반란자들의 처리 방법이기는 했다. 전해지는 바에 따르면 싼딸의 지도자 까누는 "싸우려는 자들은 모두 죽이고, 싸우지 않으려는 자는 살려주라고 명령했다."183) 그는 이 특정한 타입의 폭력을 농민전쟁 그 자체의 연장으로, 또한 반란을 훼손하려는 시도들에 맞서 대항 폭력에 의지하여 반란을 수호하려는 데에서의 필수적인 수단으로 간주했던 것으로 보인다.

  이와는 대조적으로 보복적 살인의 존재 이유는 반란의 현재성(actuality)에 있었던 것이 아니라 그 맥락에 있었다. 그것의 지시 대상은 농촌 사회를 전복시키려는 현재의 프로젝트가 아니라 오로지 봉기 참가자들의 과거, 어떠한 엄청난 억압이라도 견뎌 내 왔던 서발턴으로서의 그들의 과거였다. 따라서 살인은 부당하게 당했던 일들에 대한 기억으로 차 있었다. 반드시 그런 것은 아니지만, 대개 죽인 자들과 죽은 자들은 농촌 사회의 권력 구조 안에서 정반대 요소들의 관계, 말하자면 그 윗돌과 아랫돌의 ― 지주와 소작농, 고리대업자와 채무자, 상층 카스트와 불가촉천민 등등의 ― 관계에 있었다. 주인을 죽인 하인은 이 폭력이 가리키는 전복의 축약판이었다. 이 모티프는 거듭되었다. 어느 종의 주인은 한 무리의 꼴들이 촌락을 습격하는 동안 자신의 은신처에 숨어 있다 발견되자 그 종에게 참수되었다.184) 자가나트 시르다르가 봉기에 합세하여 전(前)주인인 저 유명한 파쿠르의 딘다얄 라이를 살해한 일 등도 있었다.185) 이 처형들 다수가 보여 준 과도한 잔인함은 그것들을 초래한 가혹함을 가늠케 했다. 진정한 복수인 폭력은 몇몇 사례들에서는 거의 법처럼 되었다. — 싼딸들은 수족을 도구로 삼아 저지른 특정한 죄악에 대한 처벌로 지주나 대금업자의 죄 많은 수족을 하나씩 잘랐고 ("너는 저 죄 많은 손가락으로 이자를 계산했고 사악하게 번 돈을 계산했다!"), 꼴들이 모든 억압적인 쏘드들에게 가한 일곱 차례의 자르기는 그 하나하나가 "자신들에게 부과된 어떤 특정한 세금 또는 의무에 대한 불만"을 의미했다.186)

만일 억압이 농민들로 하여금 살인으로 보복하게 만들었다면, 그리고 실제로 수많은 억압이 도처에 있었다면, 그들은 어째서 이러한 타입의 폭력 사용을 그토록 삼갔던 것일까? 그 대답은 반란 의식의 두 측면 — 즉 그것의 관성과 부정성 — 에서 찾아져야 할 것이다. 반란 의식은 해방된 의식이 아니었다. 오히려 그것은, 예전의 권력관계를 전복하려는 시도에도 불구하고, 여전히 예전의 문화에 사로잡혀 있었다. 그 문화는 모든 상급자들의 몸에 대한 존경심으로 농민을 물들였다. 왜냐하면 헤겔이 말했듯이 인간의 몸의 형식은 하나의 상징이며,187) 고도로 기호화된 전통적인 인도 세계에서 그 상징주의는 실제로 대단히 강력했기 때문이다. 우리는 맑스를 본받아 그곳에서 "궁극적으로 또한 확고하게" 사람들을 서로 구별하도록 하는 것이 무엇인지를 물을 수 있고, 또 맑스와 더불어 "바로 그 몸"이라고 대답할 수 있다. 모든 반봉건사회에서처럼 인도에서도 "일정한 위엄, 실제로 최고의 사회적 위엄"은, 맑스가 주장했듯이, "태어날 때부터 정해진 일정한 몸들의 위엄"이었다.188) 그러므로 우따라(우월한 자)와 아다라(열등한 자) 간의 모든 관계에서 우따라에 속하는 인간의 위엄에 대한, 거의 신성하기까지 한 그의 위엄에 대한 인정은 아다라의 서발터니티의 한 조건이었다.

이것은 악바르 왕실이 날마다 벌이는 다르샨(*darsan*)* 의식에서 황제 폐하가 "등장하는 양식"으로 공식화되었는데, 『아인(Ain)』 73에 따르면 "그때에 모든 부류의 인민은 황제 폐하의 용안에서 나오는 빛으로 자신들의 눈과 마음을 충만케 할 수 있다."189) 이것은 또한 어느 작은 안드라 촌락의 지주 겸 촌장(가우다[Gauda])에 의해 독자적 방식으로 공식화되기도 했는데, 그 촌락에서 촌장의 어린 아들이 "등장하는 양식"은 촌장인 아버지의 권위에 대한 확인일 뿐만 아니라 그 권위를 계승하기 위한 준비 과정의 일부이기도 했다. 이곳을 방문한 어느 인류학자는 이렇게 썼다. "촌장의 아들은 생후 18개월 되었다. 매일 아침, 촌장이 데리고 있는 한 소년이 고빨뿌르 거리로 촌장의 아들을 모시고 나온다. 그 소년이 이런 일을 수행하기에 적당하지 않을 때, 그 일을 위해 고빨뿌르에 데려온 가난한 친척이 그 아이를 모시고 나온다. …… 촌장 아들이 수행을 받으면서 거리를 죽 지날 때면, 쉼 없이 곡물을 갈고 빻던 늙은 여인들은 일손을 멈추고 주변으로 모여 든다. 목수는 연장을 내려놓는다. ……"190) 무굴 황제나 다름없는 촌장의 아들에게 "그의 **몸**은 그의 **사회적** 권리이다."191) 이 몸은 농민이 분노하여 무기를 들었을 때조차 농민에게는 여전히 신성불가침한 것이었다. 그의 몸에 손을 대는 것은 죄였다. 이는 농민과 농민의 억압자들이 공유한 통념이었다. 자신의 타쿠르에게 얻어맞은 어느 차마르가 콘에게 말한 것은 이랬다. "어떻게 내가 그 분을 되받아 칠 수 있단 말인가? 그 분은 나의 타쿠르이며, 타쿠르는 아버지처럼 존경받는다."192) 이렇듯, 모든 상급 권위는 왕과 브라만과 아버지와 구루 등의 권위와 동일하다는 다르마샤스뜨라의 저 패러다임에 따라, 문맹인 데다 불가촉천민인 한 촌락 주민은 신성한 힌두 경전에 근거하고 있는 믿음직한 목소리로 자신의 지주의 권위와 자신의 아버지의 권위가 동일하다고 말했던 것이다. 그것은 지배 문화의

---

* 신이나 성자의 출현.

목소리였고, 봉기 참가자조차 아직은 그것을 무시할 준비가 되어 있지 않았다. 봉기 참가자의 폭력이 살인에까지 나가지 못하고 멈춘 것은 동정심 때문에서가 아니라 봉기 참가자가 자신의 서발터니티의 정신적 조건을 충분히 극복하지 못했기 때문이다.

그러나 이것이 전적으로 살인에 제동을 건 낡은 문화의 관성의 문제였던 것은 아니다. 살인이 주요한 투쟁 양상으로 드러나지 않았던 것은 봉기가 그 보편적 목적을 성취하려고 할 때 살인을 필요로 하지 않았기 때문이기도 하다. 봉기는 아직 성숙하고 긍정적인 권력 개념을, 따라서 대안적 국가 개념과 거기에 수반되는 일단의 처벌 법과 법전을 갖추지 못했다. 물론 그렇다고 해서 우리가 다루는 시기의 농촌 폭동 중에서 더 급진적인 몇몇 폭동들이 어쨌든 어느 정도까지는 실제로 권력을 전망했다는 것을, 또한 비록 나약하고 조야했어도 투박한 정의와 복수를 담은 처벌적 폭력으로 그것을 표현했다는 것을 부인할 수는 없다. 하지만 반란자들이 가담한 프로젝트에서 이런 것보다 더 중요했던 것은 그 지향성에서 현저하게 부정적이었다는 점이다. 그 프로젝트의 목적은 세계를 재구성하려는 것이라기보다는 전복하려는 것이었다. 실제로 이 일은, 엘리트의 몸을 그렇게 했듯이, 엘리트의 권위를 재현한 모든 부류의 사물들과 규범들을 무엇이든 파괴하고 공격함으로써 아주 효과적으로 실행될 수 있었다. 농민이 그저 양산을 쓰고 상급자의 집을 지나가는 것으로도 또는 상급자와 말할 때 '부(vous)'가 아니라 '뛰(tu)'라고 말하는 것으로도 자신의 상급자인 적의 위신을 깨부술 수 있는 그런 나라에서, 전투가 벌어진 경우가 아니라면 봉기의 주장을 펼치기 위해 왜 사람을 죽일 필요가 있겠는가?

제5장 연대

개개의 경우 봉기의 양상이 어떻든지 간에, 봉기의 형식과 정신을 좌우하는 것은 밀접하게 연관된 두 가지 패턴의 협동 행위, 즉 모방과 연대이다. 이 두 가지는 거의 모든 농민반란의 연보들에서 예증된다. 초기 단계에서는 "거의 백 명도 안 되던" 보베 지역의 이름 없는 봉기 농민들이 6,000명의 군중으로 늘어나고, 드디어는 10만 명의 군중으로 늘어난 것을 알게 된 프로사르는1) 앞에서 말한 모방의 고전적 사례를 전해주었다. "그들[농민들]에게 왜 너희들은 이런 [폭력적인] 일을 저질렀느냐고 물었을 때, 그들은 **몰랐**다고 대답했다. 왜냐하면 그들은 다른 사람들이 그런 일을 하는 것을 **보았고** 그것을 **본떴기** 때문이다. 그들은 그런 방법으로 세계의 모든 귀족들과 젠트리들을 무너뜨릴 수 있고, 그러면 더 이상 그자들은 존재하지 않을 것이라고 생각했다."2) 1832년 꼴 봉기 동안에 초따 낙뿌르의 토리 빠르가나에 살던 보그타(Bhogta)와 가시(Ghasi)*는 다른 사람들이 반란에 가담하는 것을 보고 반란에 나섰는데,

---

* '보그타'는 카스트의 명칭이고, '가시'는 무슬림에 대한 경칭이다.

현지 관리들에 따르면 그때 그들은 "낙뿌르의 꼴들의 사례를 **모방하면서**" 무장봉기에 돌입했다. 또한 꼴 자신들 사이에서도 저항은 이와 똑같은 방식으로 이곳저곳의 공동체들로 확산되었다. 왜냐하면 "그들로 하여금 박탈된 권리를 회복하기 위해 투쟁하면 많은 것을 얻을 수 있다고 믿게 하기에 부족함이 없는 **사례들**이 가까운 이웃에 있었기" 때문이다.3)

특임 판무관 워드는 바갈뿌르에서 비르붐 지역까지 봉기가 급속히 확산된 것에 관해 "비르붐의 싼딸 주민 전체가 반란에 가담하도록 다소간 압력을 받은" 것처럼 보였다고 터무니없게 추측하는 것 이외에는 설명할 수 없었는데, 이때 그는 다음과 같이 말함으로써 바로 이 모방의 힘에 일종의 간접적인 찬사를 바쳤다. "나는 시도의 첫 번째 행위[즉 마헤쉬 다로가의 살해]에 앞서 언제 또는 어떻게 커뮤니케이션이 이루어졌는지 확인할 수 없었다. 실제로 나는 바갈뿌르의 싼딸들이 무장하게 되었을 때까지 그들과 비르붐에 있는 그들의 추종자들 사이에 통상적인 교류 이상의 무엇이 있었다는 것을 발견할 수 없다." 게다가 그는 권위에 대한 그 같은 모방적 도전에 다시 한 번 두려움을 느껴, 대(大)간선로 남쪽의 싼딸들과 "하층 카스트 벵골인들, 특히 그 지방의 다무다와 빠차떼 구릉지 사이에 살고 있는 하층 카스트 벵골인들"에게서 감지되는 "상당한 동요와 망설임"이 공개적인 봉기로 전환되지 않도록 봉기 발생 3달 후에 계엄령 발포를 요청했다.4) 물론 이런 종류의 모방은 범죄를 고무하거나 봉기를 고무할 수 있었고, 아니면 흔히 그랬듯이 그 두 가지 모두를 고무할 수도 있었다. 후자의 경우, 보편화된 폭력은 범죄행위들을 자극했고 — 비르붐의 싼딸들은 바갈뿌르에 있는 형제들의 선례에 따라 현지 행정장관을 더 괴롭힌 것이 분명하며, 그래서 "살인, 강도질, 노상강도는 훨씬 더 증가하여 수사 기록철은 아주 무거워졌다"5) — 그와 동시에 그 범죄행위들 중의 일부에게 새로운 의미들을 부여하게 될 어떤 맥락을 제공할 수 있었다. 그 새로운 의미들은, 우리가 이미 지적했듯이, 상당한 모호성을 낳게 되고 반란 그 자체의 전 과정에 결정적으로 영향을 미치게

된다.6)

봉기 참가자의 관점에서 볼 때 아마도 그 현상의 가장 본질적인 측면은 흔히 봉기 참가자의 적들에 의해 전염으로 묘사되는 연대일 것이다. 연대는 두 가지 면에서 의식의 중요한 기표이다. 첫째, 그것은 자신의 행위에 관한 반란자의 의식을 상징한다. 달리 말하자면 연대는 반란자의 자기의식의 형상이다. 둘째, 그것은 이 행위에 관한 반란자 자신의 의식을 그 행위에 관한 적들의 인식과 완전하고 명료하게 분리시킨다. 물론 두 번째에 말한 반란자 자신의 의식과 적들의 의식은 가차 없이 대립적이다. 한쪽에게는 질병과 부도덕과 이성에 대한 부정의 징후로 보이는 것이 다른 쪽에게는 피억압자들의 당연한 저항권에 기초하고 있는 건강함과 영적 재활의 긍정적 기호가 된다.

따라서 연대는 농민 의식의 하나의 범주적 요소이며, 그것 없는 반란은 거의 없다. 그러나 연대의 성질은 그 내용이 동일한 계급 소속감인지 아니면 다른 연계 의식인지 여하에 따라 사건마다 다르고, 동일한 사건 내에서도 국면마다 다르다. 물론 계급 연대와 그 밖의 다른 연대들은 서로 배타적이지 않다. 비록 어느 요소가 **우세한가**에 따라 운동의 **기본 성격**이 결정되곤 하지만, 그것들의 경계는 대개의 경우 겹친다. 물론 공산주의자가 이끈 1946~47년 벵골 소작농들의 테바가 운동(Tebhaga movement)*이라든가 1947~51년의 텔렝가나 봉기 — 가장 유명한 이런 부류의 사건들 중에서 그저 두 가지만 언급하자면 — 와 같은 인도의 몇몇 농민 봉기들의 특징은 하나의 계급으로서의, 또는 더 정확하게는 계급들의 덩어리로서의 농민의 연대였다. 그러나 그 경우에조차 하나의

---

* 1946년에 벵골에서 '키산 사바'가 주도한 전투적인 농민운동. 당시 생산물의 절반을 소작료로 납부했던 농민들은 소작료를 3분의 1로 줄이라는 요구를 내걸었다. 키산 사바는 (맑스주의)인도공산당 내의 농민 전선 조직의 이름이며, 테바가는 3분의 1의 몫을 뜻한다. 키산 사바는 아쇼카 로드라고도 불린다.

계급으로서 또는 가까운 계급들로서 함께 싸운다는 생각은 어느 정도까지는 다른 충성심들에 의해 중층 결정되었다. 소작농들의 투쟁을 연구한 역사가는 그 모든 것이 현지에서의 아무런 준비 없이 또는 사전의 조직 작업 없이 시작된 것에 놀랐다. "두아르스에는 키산 사바가 없었다. 그 운동은 정말이지 너무 갑자기 자연 발생적으로 시작되었다."7) 그것이 활기를 띠고, 형태를 갖추고, 두아르스 전역으로 퍼져 나가고, 이웃의 차(茶) 농장 노동자들에게서 곧바로 호응을 얻는 데는 공산주의자들의 최소한의 개입만 있으면 되었다. 이 모든 것이 농촌 빈민의 일부가 대자적 계급으로 행동했다는, 그리고 철저하게 착취 당하던 프롤레타리아트와 동맹했다는 증거였다.

그러나 여기에는 계급의식만 있었던 것이 아니라 그 이상의 것이 있었다. 그렇지 않았다면 그것은 그처럼 자생적으로 분출하지 않았을 것이다. 이 명백한 자생성은 다름 아니라 에스닉한 연대가 계급적 연대를 전위(displacement)했음을 가늠케 해 주는 하나의 척도였다. 저 벵골 북부 지역에서 "테바가를 위한 전투"를 시작하게 만든 것은 부족 농민들 — 싼딸들과 오라온들 — 의 전투성이었고, 그들과 결합한 농장 노동자들 역시 주로 싼딸과 오라온이었다.8) 물론 이 전위는 에스니시티를 그 사건의 전반적인 계급적 성격보다 더 우세하게 만들 만큼 근원적인 것은 아니었지만, 이 전위의 중요성을 쉽게 간과한다면 그 전위를 고려하지 않고는 설명할 수 없는 이 투쟁의 일부 측면들, 가령 그 투쟁이 놀라울 정도로 급속히 확산되었다든가 타고난 전투성을 보여 주었다든가 신속하게 무장했다든가 — 이 모든 것들이 아대륙에서의 대규모 부족 농민 폭동의 두드러진 특징이었다 — 하는 측면들을 이해할 수 없을 것이다. 어떤 이들에 의해 혁명 조직과 혁명 의식의 놀라운 성취를 보여 준 것으로 간주되는 텔렝가나 봉기에서조차 에스닉한 연대는 일정한 역할을 수행했다. 순다라야의 믿을 만한 설명에 따르면, 그 봉기가 고다와리 강변의 삼림지대로 확산되었을 때, 공산주의자들이 꼬야인들을 봉기에

동원하는 데에 적지 않게 힘을 보탠 것은 분명히 전통적인 부족 지도자들로부터의 지원이었다.9)

물론, 테바가와 텔렝가나 투쟁에서 목격되는 것과 같은 계급 연대와 그것과는 다른 연계 의식의 공존은 정치적으로 덜 정교했던 1900년 이전 시기의 농민 봉기들에서는 더욱더 분명했다. 전통문화의 색조는 아직 농민의 의식에서 씻겨지지 않았으며, 전통문화의 바로 그 기반들에 대항한 봉기 폭력과 전통문화의 절합은 얼마간 모호함을 낳을 수밖에 없었다. 그러므로 방금 전에 말한 농민 봉기의 사례들 다수는 본질적으로 농민의 계급적인 적들에 대한 저항이었지만, 제각기 분파적인 태도 또는 에스닉한 태도에 기초하는 공동체적이거나 인종적인 항의들에 불과한 것으로 오해될 만했다. 반동적인 경향의 역사 서술에서 흔히 발견되듯이, 이러한 타입의 설명이 수반하는 잘못은 그러한 설명이 그 같은 농촌 대중의 결합에서 얼마간 공동체적이고 에스닉한 요소들을 강조한다는 점이 아니라 그 결합의 계급적 성격을 과소평가하거나 심지어 무시한다는 점이다. 게다가 다소간 좌파적인 경향의 또 다른 역사학파는 종종 반대 방향에서 잘못을 범한다. 그런 경향은 봉기의 계급적 성격은 열렬히 강조하면서도 봉기 동원 과정에 기여한 그 밖의 유대들은 과소평가하거나 심지어 완전히 간과하곤 한다.

이 현상의 이중적 성격10)은 19세기에 있었던 힌두 지주들과 무슬림 농민들 간의 수많은 갈등에서 거듭 드러난다. 그러한 사건들에서, 한 계급의 또는 인접 계급들의 구성원으로서의 무슬림 농민들의 연대는 흔히 종교적 형제애의 표현이기도 했다. 흔히 모스크, 종교 집회, 사제 등과 같은 이슬람의 기본적인 제도들이 이런 부류의 농민 소요와 상당한 연관이 있는 것은 그 때문이다. 와하비들은 1831년 바라사뜨에서 발생한 역사적인 띠뚜 미르 반란의 배후 추동력이었고 그 후 북서부 변경 지역에서 또다시 50년 동안 라즈에 맞선 전쟁을 오랫동안 벌였으나 패배했는데, 이들에 대한 재판은 벵골 농촌의 초라한 마스지드들이 어떻게 성전(jihad)

을 위한 선동과 충원에서 신경중추의 역할을 했는지를 보여 주었다.11) 또한 우리는, 19세기 무슬림 사회에 관한 가장 식견 있는 관찰자의 한 사람인 제임스 와이즈가 말한 바대로, 벵골 동부의 전투적 개혁파인 따아이유니에게 금요일, 즉 기도일은 "자민다르들에 맞서 대중 시위를 벌이고 단결해야 하는 날"이기도 했다는 것을 알고 있다.12) 그 지방의 또 다른 변경인 말라바르에서 젠미라 불린 지주들에 대항하는 모쁠라 농민들의 봉기가 점점 더 빈발했고(1836년부터 1854년 사이의 18년 동안 24차례나 발생) 본질적으로 농촌 빈민의 전투적 운동이었던 것이 점점 더 분명히 종교 공동체적 성격을 띠게 된 것은 모스크 수가 놀랍게 (1831년 637개에서 1851년 1,058개로) 증가하고 당시까지 눈길을 끌지 않았던 탕갈(모쁠라의 사제들은 이렇게 불렸다)들이 현지에서 영향력 있는 핵심적 지위에 등장한 것과 조응했다. 모스크와 탕갈들에 의한 이러한 매개는 결과적으로 모쁠라 빈민들과 더 부유한 무슬림 신자들 간의 수직적 동맹을 촉진했고, 따라서 이슬람 이데올로기에 의한 농민의 계급 적대를 수정하는 것에도 기여했다.13)

물론 반란 의식에 종교성이 그토록 분명하게 침투하지 않은 또 다른 경우들도 있었다. 그런 경우에라도 농민 연대의 성격을 순수하게 세속적인 것으로 간주하기에 앞서, 주어져 있는 모든 경험의 종별적인 결정 요소들을 최대한 주의 깊게 검토해야만 한다. 1873년 빠브나 소요들에 관한 역사 서술은 이 점에서 우리에게 부정적이긴 하지만 흥미 있는 사례를 다시 한 번 제공한다. 이 지역에서는 지주들을 비롯해 이들에게 경제적으로 의존한 농촌 젠트리 대부분이 힌두교도였는데, 이들은 주민의 약 9퍼센트만을 차지했다. 그 밖의 주민들 대부분은 농민이었고 그들 중 거의 70퍼센트가 무슬림이었다.14) 그래서 1873년 사건들은 농촌 사회의 수직적 분할과 수평적 분할이 생산자들의 잉여를 둘러싼 경쟁으로 수렴되는 양상을 보였다. 이 두 적대들 — 계급적 적대와 종교 공동체 적대 — 중에서 어느 것이 우세했고 어느 것이 그 전체적 성격을 규정했을까? 의심할 여지없이 계급적 적대였다. 그 운동에 기본적인 정체성을 부여한 것은 분명코 농민들 동맹의 반(反)지주적인 목적과 행동이었다. 그 동맹의 규모와 권위, 그 동맹이 힌두교도는 물론 봉기를 반대한 이슬람교도까지 처벌한 공평성,15) 사원 모독과 이슬람으로의 강제 개종 등과 같은 공공연한 반(反)힌두적 폭력 제스처의 부재 — 이 모든 것들은 그 봉기에 종교 공동체의 대소동이라는 오명을 씌우던 유언비어들이 거짓임을 입증해 주었다.16) 그러나 전체적으로 볼 때 봉기가 계급투쟁으로 발전했다는 사실이, 그 사건에 관한 센 굽타의 설명이 시사하는 것처럼, 봉기를 위한 농민대중의 동원에서 종교성은 아무런 역할도 하지 않았다는 것을 반드시 의미하지는 않는다. 오히려, 굽타 자신의 사료 독해로부터 분명히 알 수 있듯이, "결합의 정신은, …… 수없이 많은 변종 카스트들로 분리된 데다가 서로를 질시하고 불신한 힌두들보다는 무슬림들의 사회적 결합이 더 쉬웠기 때문에, 빠브나 지역 중에서 압도적으로 이슬람적인 그 지구에서 신속히 발전해 나갔다."17) 실제로 이 결합의 정신이 파라찌 종파주의에서 영향을 받았다는 것은 거의 의심할 여지가 없다. 굽타는 그 종파주의가 1873년에는 이미 빠브나에서 쇠퇴했다고 주장하면서 이 요인을 소극적으로 다룬다.18) 이런 견해는 그로부터 50년 후인 1923년에 『디스트릭트 가제티어』에 기고한 오말리가 "시라즈간즈의 이슬람교도들 중에 강력한 …… 파라찌 분파들"19)을 여전히 발견했다는 사실에 비추어 보더라도 받아들이기 어려운데, 하급 행정구역인 시라즈간즈는 사실상 봉기가 처음 시작된 곳이었다.20) 반란자 연대의 종교적 측면을 직시하지 않고 그 연대가 가짜 세속주의에서 비롯되었다고 보는 것은 농민의 지성사를 왜곡하는 것이고, 계급투쟁의 일정한 단계에서 필연적으로 존재하는 계급투쟁의 객관적인 표출 층위와 계급투쟁 주체의 의식 층위 사이의 불일치를 그저 펜을 한 번 휘둘러 제거해 버리는 것이다.

에스니시티 역시 19세기의 농민반란 일부에서 계급 연대와 상관이 있었다. 한 극단에서 보자면, 에스니시티는 봉기에 가담한 농민의 부족적 정체성을 제의적(祭儀的)으로 확인해 주는 것이라고 긍정적으로 표현될 수 있을 것이다. 이를 테면, 비르사는 봉기 시작 전 일 년 내내 자신의 추종자들을 이끌고 "조상들의" 다양한 유적지들을 순례했으며, 조상들의 영광스런 과거를 보여 준다고들 믿었던 유물들을 수집했다. 그리고 순례자들이 나우 라탄이라고 불린 특별하게 성스러운 장소에서 하룻밤 머물렀을 때, "가운데층에서 자고 있던 사람들은 '준비가 되었느냐?'고 묻는 목소리를 들었고, '네, 준비 되었습니다'는 대답이 있었다." 이는 "우리 종족의 조상들이 비르사의 임무를 축복했다"라는 것을 가리키는 것이라고 문다들은 믿었다.21) 스펙트럼의 다른 쪽 끝에서 보자면, 에스니시티는 봉기 집단이 자신의 정체성을 부정적으로 정의하는 것을 도와주는 기능을 발휘할 수 있었고 흔히 발휘해야 했다. 디쿠는 봉기 집단에서 배제되었을 뿐만 아니라 주요 공격 대상으로 명확히 구별되었다. 부족민과 비부족민 가구들이 나란히 살았던 촌락들을 공격했을 때, 꼴 반란자들이 보여 주었던 구분의 논리는 실제로 그런 것이었다. 부족민들은 항상 목숨을 건졌고 비부족민들만이 폭력에 당했다. 이 모든 것을 목격한 어느 관리가 봉기 직후에 썼듯이, "이 참화를 통틀어서 단 한 명의 꼴도 죽지 않았고 우연인 경우를 제외하고는 단 한 채의 꼴의 집도 파괴되지 않았다."22)

이 양 극단 사이에서 에스닉한 연대는 흔히 반란 지역 내의 다양한 부족민들의 무장 협력이라는 형식으로 표현되었다. 1832년에 소네뿌르 지역에서 제일 먼저 당가르 꼴들이 봉기하자 아직 소요와 무관했던 지구인 싱붐의 라르까 꼴들이 신속히 합세하는 식이었다. 그리고 이때의 행동이 우호적인 것이라고 믿을 만한가 하는 의심은 빈드라이 만키와 수이 문다 같은 가장 걸출한 몇몇 수장들이 라르까들을 이끌었다는 점으로 해소된다.23) 봉기가 더 진전되자 초따 낙뿌르와 빨라마우의 다른 부족 농민들 다수 — 토리의 보그타와 가시, 그리고 초따 낙뿌르의 여러 곳에 살던 호와 문다와 오라온[24], 또한 빨라마우의 케로와 까르와르, 뽈리아르[25] — 가 꼴들에게 합류했다. 마지막에 거론된 집단들의 연대는 특별히 자의식적인 협력 행위로 인정되어야 한다. 왜냐하면 영국의 식민 당국은 원주민 경찰들만이 아니라 지주 젠트리들에게도 자신들의 관할 지역 안에 있는 부족 농민들을 분견대로 무장시켜 이 부대들을 이용하여 꼴들에 맞서라고 충고했기 때문이다. 어쨌든 기록에 남아 있는 한 사례에서는 당국이 이 목적을 위해 현지의 한 토후에게 거금 500루삐 — 당시로서는 굉장한 액수 — 를 지원하기까지 했다. 하지만 때가 되자 그 부족민 징발 부대는 꼴들에게 총 쏘기를 거부하고 토후에 대항하는 쪽으로 돌아서서, 토후가 징발한 비부족민들 중 당시까지 토후의 부대에 남아 있던 자들을 상당수 살해했다. 다로가들과 가뜨왈(ghatwal)*들이 케로, 까르와르, 뽈리아르들을 동원하려 했던 공식적인 캠페인 역시 실패했고, 꼴들과 빨라마우의 온갖 다양한 부족민들로 이루어진 동맹군은 1832년 2월 7일에 이 지역에서 대대적인 공세를 시작했다. "부족 봉기에 대항하여 부족민들을 이용하려던 시도는 이렇게 실패했다."[26]

앞에서 언급했듯이, 1832년 꼴들을 지원하기 위해 행동에 돌입한 에스닉 공동체들 중의 하나가 문다였다. 그 후 19세기의 마지막 10년 동안, 이번에는 문다들이 반란 상태에 있게 되었을 때, 꼴들은 일종의 군사적 연대로 보답했다. 1895년 8월 비르사 문다를 체포하기 위해 어느 경찰관에게 배치된 200명이나 되는 꼴들의 부대 거의 모두가 "통째로 비르사 편으로 넘어갔고", 그래서 그를 사로잡으려 한 이 특별한 시도는 좌절되었다.[27] 이 일이 있은 지 일주일 후, 결국 당국자들이 그 반란 지도자를 그의 고향까지 뒤쫓아 가서 체포했을 때, 이웃 촌락들에

---

* 토후의 군사.

서 머슴(*dhanger*)으로 일하던 꼴들은 항의의 표시로 일손을 놓아 버렸다.28) 그리고 비르사의 체포에 대한 분노가 농촌 주민 대중 사이에 널리 퍼져 폭발 가능성이 있는 그들이 모두 비르사의 고향 촌락인 찰카드를 향해 모여들기 시작하자, 정부는 두 부족의 결합으로 봉기가 발화할까 봐 꼴들이 절대로 문다들과 접촉하지 못하도록 무척 애를 썼다. 그 지역의 토지 귀족들에게는, 즉 사르줌디의 타쿠르와 따라이의 만키는 물론 카르사완의 타쿠르에게는, 그리고 싱붐의 부(副)판무관에게는 각자 자신들의 토지와 관할구역 내의 꼴들이 찰카드의 집회에 가담하는 것을 막으라는 지시가 공식적으로 내려졌다.29)

그 뒤에 비르사가 감옥에서 풀려난 후 본격적으로 봉기를 준비하기 시작했을 때, 1832년에 있었던 문다들과 꼴들의 협력에 관한 기억은 신성한 전통의 역할을 했다. 그가 투쟁의 본부를 찰카드에서 돔바리로 옮기기로 결정한 것은 돔바리가 꼴 반란과 연계되었던 장소라는 사실에서 영향을 받은 것이 분명했다. 버사이트 반란을 다룬 어느 근대사가가 주장했듯이, "민중의 상상력 안에서 이차 후랑, 랑고 로르, 돔바 가뜨의 계곡들과 지킬라따의 고지대는, 문다 부족의 민요에서 자랑스럽게 기억되듯이, 일찍이 영국에 대항한 문다들과 라라까 호들의 강력한 결합이 가져다준 (비록 가상적인 것이긴 하지만) 승리의 함성으로 널리 알려져 있다."30) 이 노래들 다수는 1898~99년 버사이트 집회들에서 연대와 반란의 테마를 환기시키는 데에 기여했다. 그런 집회 하나가 1898년 3월 심부아 언덕에서 열렸을 때, 당시에 독자적인 봉기를 준비하고 있었던 문다들은 66년 전에 있었던 저 예전의 사건을 이런 식으로 노래했다.

    오 그들이 작은 개미처럼 무기를 메고서 싸우던 곳은 어디?
    오 그들이 큰 개미처럼 무기를 지니고 활을 쏘아 댄 곳은 어디?
    오 그들이 싸우는 곳은 분두.

오 그들이 활을 쏘는 곳은 따마르.31)

하지만 지금까지 말한 것으로 에스닉한 연계만이 꼴 봉기와 버사이트 봉기에서 반란 연대의 모든 것이었다고 주장하려는 것은 결코 아니다. 두 경우 모두, 부족민 봉기 참가자들은 농촌공동체 안에서 자신들의 이웃으로 살면서 늘상 경제적으로나 사회적으로 교류했던 다수의 비부족 빈민 계급들에게는 폭력을 가하지 않으려고 의식적으로 신중을 기했다. 대장장이, 소 치는 이, 옹기장이 등은 봉기가 최고조에 달했을 때조차 꼴들에게서 전혀 공포를 느끼지 않았다.32) 이들과는 별도로 비부족 촌락 주민들 가운데 가장 억압 받고 있던 저당 잡힌 노동자들이나 가내 하인들과 같은 이들은 자기들의 주인에게 적극적으로 대항하면서 반란자들을 도왔다.33) 현지 관리들은 이런 일이 농촌 빈민 사이의 에스닉한 분리를 가로지르는 계급적 연대의 표현임을 재빨리 알아챘다. 영국인 행정관 중의 하나가 썼듯이, "하층계급들은 분명히 꼴들과의 연합에 들어섰다."34) 알려진 바에 따르면, 버사이트 봉기에서도 눈에 띄는 점은 이발하거나 빨래하거나 북을 치거나 옷을 짜거나 대장장이 일을 하거나 목수 일을 하는 자들과 같이 "사회적으로나 경제적으로 문다들에게 예속되어 있던 일부 비부족민들에 대해 공격하거나 여하한의 악감정을 갖는 일이 없었다는 것"이었다.35)

이 두 사례 모두에서 에스니시티는 오직 부분적으로만 계급의식에 의해 수정되었음이 분명하다. 계급의식은 결코 반란 연대의 제1의 구성요소로 나타나지 않았다. 객관적으로 볼 때, 일부 잡역 카스트들에게 보여 준 봉기 참가자들의 관대함은 농촌 빈민 중에서 가장 심하게 착취 당하는 부분들의 수평적 협력으로 귀결되었지만, 봉기 참가자들의 주된 관심은 자기들의 공동체의 경제와 제의를 위해 그 잡역 카스트들에게 계속 일을 시키는 것이었고, 이것이 꼴들과 문다들로 하여금 자신들에게 매우 쓸모 있는 이들 비부족민 집단들을 보호하도록 만든 것이다. 계급의식은 명백히 인종의식에 싸여 있었다. 이는 이들 두 부족의 농민 봉기의 힘과 한계 모두를 충분히 포착하기 위해 기억해 둘 만한 사실이다.

우리가 곧 알게 되듯이, 1855년의 싼딸 반란에서의 부족주의와 계급의식의 혼합은, 결정적인 질적 차이에 이르렀던 한 가지 특별한 측면을 제외하고는, 앞에서 말한 반란의 경우와 아주 똑같았다. 에스닉한 연대는 공동 사냥, 대중 집회, 부족 원로들의 모임 등을 통한 초기의 봉기 동원에 현저하게 기여했다. 이런 일은 대중의 기억 속에 조상 전래의 전통으로 저장되어 왔을 만큼 중요했다. 『마레 하쁘람 코 레악 까타』에 기록되어 있듯이36), 봉기 전야에 싼딸 지방에는 락 신과 라긴 여신, 즉 남자 뱀 신과 여자 뱀 신이 모든 민중을 먹어 치우기 시작했다는 것을 알리는 경고가 확산되었다. 그 같은 고통스런 결과를 피하기 위해 채택된 의식 절차는 수많은 촌락의 싼딸들이 밤에 함께 모여 인근에 있는 일단의 오두막집들을 방문하는 것이었다. 싼딸들은 바로 그 맨 끝의 오두막집에 도착했을 때 락 신과 라긴 여신에게 공물을 바쳤고, 현지의 총각 두 명에게는 포이따(*poita*, 성스런 실)를 몸에 두르게 하고 이 의식을 위해 특별히 처방된 몇몇 전통 민요들의 가사와 곡조를 전수한 다음에 한 쌍의 모형 쟁기를 건네주곤 했다. 그런 다음, 이번에는 그 두 총각이 똑같이 야간 순례를 하고 뱀 숭배 의식과 두 명의 또 다른 젊은 총각에 대한 서임과 전수 절차를 마친 후, 자신들이 받은 한 쌍의 쟁기를 다른 촌락 주민들에게 건네게 된다. 다가오는 투쟁을 위해 천년왕국설이라는 주사 한 대로 힘을 얻고 또 재가를 받은 부족의 연대는 이렇듯 이웃에서 이웃으로 이어진 제의 절차에 의해 구축되었다.

부족 간 연대 역시 이 봉기의 현저한 특징이었다. 부얀과 말은 봉기에 연루되었다고 공식적으로 인정된 두 부족민들이었는데, 싼딸의 구전에는 이 두 부족민 모두가 그 지역의 토착 지배자들로 언급되어 있다.37) 말 부족의 협력은 특히 중요했다. 왜냐하면 1851년의 셔윌 대위의 조사가 보여 주었듯이, 그가 "라즈마할 언덕의 부족"이라고 이름 붙인 말 부족은 다민-이-코 주민의 거의 29퍼센트를 차지했고, 또 그들이 살고 있던 촌락은 거주 가능한 지역 중 18퍼센트를 약간 상회하는 지역에 걸쳐 있던 촌락들 가운데 38.5퍼센트를 차지했기 때문이다.38) 말의 봉기 참여는 주민 전체를 봉기에 나서게 하는 데에 기여했다. 또한 이것은 질적인 면에서도 반란의 권위를 고양시켰다. 그 두 부족의 관계가 항상 최선이었던 것은 아니었기 때문이다. 봉기 전의 20년 동안 말들은 싼딸이 진입해 들어와 식민화하기 전까지 자신들의 영역이었던 계곡에서 점차 밀려났다. 셔월이 1851년에 말했듯, "몇몇 예외가 있긴 해도 언덕 사람들은 자신들이 멸시하는 싼딸과 이웃하기를 꺼려했기 때문에, 또는 개간된 평지에서는 누릴 수 없는 은둔을 얻으려 했기 때문에, 언덕으로 물러났고, 더 근면하고 활기찬 이웃에게 비옥한 평지를 내주게 되었다."39) 따라서 과거에 이들의 공존은 항상 아주 평화로웠던 것은 아니었는데, 이것이야 말로 1855년의 그들의 연대를 훨씬 더 인상적으로 만들었던 것이다.

이러한 부족 간 협력은 수많은 증거들에 의해 입증된다. 봉기 발생 2주일이 못 돼서 이미 다수의 부얀들은 폭동과 약탈을 벌이려는 의도를 갖고 무장 불법 집회를 열었다는 이유로 바갈뿌르 경찰에 의해 체포되었다.40) 그러자 말은 훨씬 더 대규모로 싼딸들에 가담했다. 우리가 갖고 있는 바로 그 최초의 반란자 진술 기록 중 하나가 봉기 7일째 되는 날 진압군에 의해 부상을 당해 체포된 어느 싼딸의 것인데, 그는 자신이 속한 특공대에는 "우리만이 아니라 2,000~3,000명의 빠하리아들(Pahareeaahs)*이 있었고 우리들 중 싼딸은 7,000~8,000명"이었다고 말했다.41) 이 발언이 가리키고 있듯이, 봉기 세력 중 말과 싼딸의 비율이 다민-이-코 전체 주민 중에서 그 둘이 차지하는 비율과 아주 비슷하다는

---

* 주로 구릉지에서 둔덕을 개간해 소규모 경작을 하고 살았던 인도의 토착 부족민(아디바시)들을 말하며, 여기에서는 말 부족을 가리킨다.

점은 정말 주목할 만하다.42) 아마 이들의 협력은 전적으로 순조롭지는 않았을 것이며, 1855년 9월 컴퍼니 바자르 지역에서의 이들 간의 알력을 보여 주는 어느 기록에는 얼마간 진실이 담겨 있었을 것이다.43) 그 무렵 싼딸 봉기는 이미 그 추진력을 상실했고, 그래서 그들의 과거 관계에 비추어 볼 때 말이 퇴각과 집단 투항이 벌어지고 있던 시기에 자신의 동맹 세력과 절연하고자 했다는 것은 놀라운 일이 아니다.44) 하지만 이렇게 말한다고 해서 그들의 참여의 정도나 성질이 갖는 가치가 떨어지는 것은 결코 아니다. 정말 핵심이 되어야 하는 것은, 당국자에 따르더라도 말이 전리품에서 한몫을 차지하려는 욕심 이상의 것에 의해 움직였던 것으로 보인다는 점이다. 물론 그들은 약탈에 가담했지만, 반란의 조직화에도 마찬가지로 기여했다. 특임 판무관 워드는 어느 말의 체포에 관해 벵골 정부에 보고하면서 그자가 싼딸들에게 식량을 공급하는 중요한 일을 했다고 말했다. 또한 우리는 바로 이 관리가 그 말의 교란작전에 분노를 터뜨린 덕분에 그들의 연대의 정신에 관해 많은 것을 이야기해 주는 한 일화를 알게 된다.

제63 원주민 보병 부대의 필립스 대위가 베와에 왔을 때 …… 그는 싼딸들이 자신이 도착했다는 것을 알지 못한 채 촌락의 다른 쪽 끝에서 약탈하고 있다는 정보를 들었다. 그는 부대원 75명을 데리고 신속히 진격하여 호화스런 대저택에 당도했는데, 어떤 사내가 그 저택의 현관 계단에 앉아서 말없이 물 담배를 피우고 있었다. 필립스 대위는 그에게 싼딸들이 어디 있느냐고 물었고, 그들이 촌락에 전혀 오지 않았다는 대답을 들었다. 하지만 그가 100야드도 채 못 갔을 때, 약 40~50명의 싼딸들이 바로 그 저택에서 몰려나와 부대의 후미를 공격하여 한 명의 세포이에게 부상을 입혔다. 하지만 싼딸들은 쉽게 격퇴되어 들판에 8구의 시신을 남겨둔 채 물러갔다. …… 필립스 대위로 하여금 오판하게 만든 그자는 유감스럽게도 죽지도 않고 체포되어 라니간즈에 있는 나에게 보내졌다. 교수형을 받을 만한 자가 있다면 이런 악질일 것이다. 하지만 그자를 어떻게 처분해야 하나?

그자는 집 안에 누군가가 있다는 것을 몰랐다고 강변한다. 그리고 그자에게 살인을 하거나 반란을 일으키려는 일에 공모했다는 혐의를 씌우려면, 나는 반드시 범행 의도를 입증해야 한다. 왜냐하면 그자는 비록 나쁜 놈이고 5개의 번외 카스트들 중의 하나에 속하지만, 싼딸은 아니기 때문이다.[45]

말을 "5개의 번외 카스트들 중의 하나"로 간주한 것은 물론 잘못이었다. 사실 "5개의 번외 카스트들"이란 용어 자체가 다소 의심스러운 것이다. 그 용어는 싼딸 봉기의 영향을 받은 지역에서 활동한 문관과 무관들의 서신에서 몇 번이고 등장한다. 하지만 희한하게도 그 용어는 반란자들 본인의 몇몇 진술 기록들에서는 어디에서도 한 번도 나타나지 않는다. 비록 그들이 여러 비(非)싼딸 집단의 협력을 긍정적으로 인정하고 있지만 말이다. 이 역설을 해결할 수 있을 하나의 방법은 그 문구를 범주적으로 상이한 두 가지 공식적인 인식들이 압축된 것으로 읽는 것일 수 있다.

첫째로, 그 문구는 리슬리의 인도에 관한 인류학적 조사에 앞서 이미 수십 년 전에 행정 사회학이 아대륙의 농촌 계급들을 거의 똑같이 불행한 결말을 겪은 일련의 카스트들로 단순하게 개념화했다는 것을 보여 준다. 봉기 소식을 들은 순간, 식민 당국은 봉기를 오로지 부족적인 움직임으로 보았다. 바그나디히에서 소동이 벌어진 지 48시간이 안 되어 씌어진 바갈뿌르 행정장관의 편지는 기록으로 남아 있는 바로 그 최초의 공식적인 반응인데, 거기에는 이렇게 씌어져 있었다. "나는 이 지구의 싼딸들이 싱붐뿐만 아니라 다른 지역들에서도 온 수많은 자들의 지원을 받고 봉기하여 이 지방을 장악했다는 것을 알리기 위해 아주 급히 몇 자 적는다."[46] 숨 가쁘게 보이는 이 언어는 봉기의 성격에 관한 정부 측의 견해를 진솔히 표현하고 있다. 그래서 최초의 패닉 상태가 진정되고, 훗날 헌터가 "싼딸과 힌두의 중간에 있는 반(半)원주민 부류들이자 사실상 아주 하급에 속하는 몇몇 카스트들"[47]이라고 분류하게 된 사람들로 대부분 구성된 대다수 비부족민에게는 싼딸들이 폭력을 자행하지 않으려고 조심했다는 것이 알려졌을 때, 인도 사회에 대한 도식적인 접근에 기초하고 있는 거칠고도 편리한 하나의 설명이 토피(topee)* 안에서 성급하게 끌려 나왔던 것이다. 어느 공식 문서에 관한 다타의 부연 설명에 나와 있듯이[48], 이 문제에 관해 라즈마할 전선에서 올라온 거의 모든 통신문은 봉기 참가자들이 "싼딸들에 순종하고 여러모로 그들을 지원한" "카스트들"을 해치려 하지 않았다고 언급했다. 둘째로, 싼딸들과의 전쟁 기간 중 당국자들의 뇌리에서 결코 떠나지 않았던 1832년의 꼴 반란의 기억[49] 역시 이 통념을 상당한 정도로 고무했을 것이다. 왜냐하면 실제로 꼴들은 자신들의 촌락에서 자신들과 일종의 자즈마니 관계를 맺고 있던 몇몇 비부족 농민 집단과 숙련공 집단을 살려 주었기 때문이다. 그러므로 부족 봉기가 비부족 빈민 대중에 대해 일관되게 적대감을 갖고 있지 않았다는 것을 설명하기 위해 그 유서 깊은 힌두 모델이 제멋대로 사용되었던 것이다. 해당 농촌 사회 안의 모든 피착취민들의 수평적 연대가 부족 봉기라는 현상과 모종의 관계가 있었을 것이라는 생각이 당국자들에게는 떠오르지 않은 것 같다.

 그 당시 공식적인 서신이 보여 준 사회학적 가정들은 실제로 봉기 직후 『캘커타 리뷰』에 게재된 한 기사에서 아주 분명하게 표명되었다. 벵골 정부가 수령한 급보들을 볼 수 있었던 누군가가 쓴 것이 분명한 그 기사 — 몇몇 구절들은 직접 인용문처럼 읽혀진다 — 는 "5개의 번외 카스트들"로 로하르(Lohar, 대장장이), 꾸마르(Kumar, 옹기장이), 뗄리(Telee, 기름장수), 그왈라(Gwala, 밀크 장수, 소 치는 이), 카펜터(carpenter, 목수) 등을 거론하고 있는데, "왜냐하면 이들이 싼딸 병참부에 유용했기 때문이다."[50] 이러한 식별이 겉보기에 그럴 듯했던 이유는 이 카스트들

---

* 솔라 나무의 심으로 만든 인도의 가벼운 헬멧을 말하는데, 주로 백인들이 썼다.

에 속하는 현지 주민들이 주로 싼딸 공동체라고 할 수 있는 곳에서 숙련공과 전문가로 살았다는 사실 때문이다. 하지만 바로 그 공식 자료를 면밀히 읽어 보면 이러한 식별이 아주 부정확하다는 사실도 알게 된다. 왜냐하면 벵골 정부의 사법부가 철해 놓은, 1855~56년의 봉기 참가자들의 체포, 즉결재판, 처벌 등에 관한 기록들 대부분은 싼딸과 그 밖의 죄수들을 아주 엄밀하게 구별했을 뿐만 아니라 그 밖의 죄수들도 여러 카스트들로 아주 엄밀하게 구별했기 때문이다. 이 기록 내의 진술들은 거의 모든 판무관들과 지휘관들이 "번외 카스트들"을 구성하는 자들의 정체에 관해 제각기 독자적인 관념을 갖고 있었음을 충분히 확인해 준다.

실제로 그 범주는 누군가가 "번외"라고 말하고 싶은 그 어떤 사회집단이나 에스닉 집단도 포괄할 만큼 대단히 탄력적이었다. 앞의 기록철들에서 뽑아낼 수 있는 "번외 카스트들"의 이름들만 해도 최소한 13개나 된다. 이 이름들은 바이라기(Bairagi)*, 바우리(Bauri), 보야(Boya), 카펜터(Carpenter), 당가르(Dhangar), 돔(Dom), 그왈라(Gwala), 하리(Hari), 졸라하(Jolaha), 꿀와르(Kulwar), 꾸마르(Kumar), 로하르(Lohar), 뗄리(Telee) 등이다.51) 만일 여기에 워드가 그랬듯이 말을 추가하면, 전체 번외 카스트는 자민다르들과 마하잔들로 구성되는 한 줌의 엘리트들을 제외한 다민-이-코의 비싼딸 주민들 거의 전부가 될 것이다. 따라서 "5개의 번외 카스트들"이라는 용어는 증거에 비추어 볼 때 무력해진다. 그 용어는 모든 에스닉 집단들에 속하는 농민들과 농촌 숙련공들의 광범한 동맹으로서의 봉기라는 정확한 묘사를 제시해 주기는커녕, 이 역사적인 사건에 관한 우리의 시야를 좁히고 오도한다. 그것은 선험적으로 카스트 범주들에 기대어 인도 사회를 인식하고 있던 관리들의 사고방식이 농민 행동의 계급적 성격에 관한 가장 명백한 증거조차 이해하지

---

* 힌두교 비쉬누 학파의 수도승.

못하고 결국 행위자들을 잘못 식별하게 되었다는 것을 보여 준다는 점에서만 유일하게 쓸모가 있다고 할 수 있다. 이것이 식민주의가 다음 세기의 사회인류학 분과에 남겨준 인식론적 유산이었다.

"5개의 번외 카스트들"이란 용어는 봉기를 위한 동원을 양적인 의미에서만 잘못 재현하고 있는 것이 아니다. 그것은 또한 동원의 성질에 관한 당국자들의 인식상의 오류를 의미하기도 한다. 그 용어는 비부족 농민들은 반란자들이 농촌 여기저기에 불과 칼을 전하는 것을 수동적으로 가만히 지켜보았다는 것을 시사하고 있는데, 이는 꼴 봉기에 관해서는 어느 정도 사실일 수 있겠지만 싼딸 봉기에 관해서는 그렇지 않다. 싼딸 봉기의 경우, 봉기의 대중 폭력을 자제했거나 아니면 봉기의 제창자들이자 지도자들인 싼딸들과의 적극적인 협력을 자제했다고 말할 수 있는 농촌 빈민 집단은 부족민이건 아니건 간에 없었다. 그들 **모두가** 반란자들이었다. 물론 그들 중에서 어떤 식으로든 두 개의 표본을 뽑아본다면, 그 둘 사이의 에스닉한 분포는 아주 다양할 수 있었다. 그 분포는 전적으로 그들의 출신지에 달려 있었다. 1855년 11월 2일, 인근의 두 촌락인 루드나와 뚤베리가를 습격하다가 피스터 대위에 잡힌 60명의 죄수 중 24명이나 되는 자들이 비싼딸이었는데, 대위가 쓴 보고서에 따르면 "이들 모두는 각자가 만든 여러 물건들을 온갖 방법으로 공급하면서 반란자들을 도왔다."52) 이들 비싼딸들의 비율은 40퍼센트였는데, 이와 달리 날하띠 경찰서 관내의 2개 촌락 출신 20명 중 비부족민들은 단지 10퍼센트였고, 그들은 1855년 12월 3일 비르붐의 특별재판소에서 즉결 처분을 받았다.53)

반란 무리들의 구성에서의 통일성의 결여는 그들 간의 협력의 불균등한 성질과 일치했다. 때때로 그때까지 시종일관 충성심을 보여 왔던 현지 농민공동체나 숙련공 공동체가 싼딸들을 무시하고 있다는 보고서들이 올라왔다. 말과 연관된 그 같은 사례 하나는 이미 앞에서 언급했다.54) 또한, 시도가 싼딸에게 가장 우호적인 숙련공 집단 중의 하나는 꾸마르들(다른 한 집단은 뗄리들)이라고 직접 언급했고, 이 점은 그들이 반란군 포로 및 죄수들의 공식 명단에 거의 모두 포함됨으로써 입증되었는데, 그 꾸마르들이 1855년 9월에 비르붐의 일부 지역에서 동맹을 그만두었다고 한다.55) 협력의 수준은 같은 카스트나 같은 공동체에 속하는 현지 집단들 사이에서만이 아니라 카스트들 사이에서도 다양했던 것 같다. 증거자료에서는 그왈라, 로하르, 돔 등이 봉기에서 가장 능동적인 비부족민 가담자들로 등장한다. 이들 중 첫 번째인 그왈라는 수많은 급송 공문서에서 "5개의 번외 카스트들" 중 하나로 분류되어 있다. 둠카 경찰서에 보낸 바갈뿌르의 경찰 보고서 하나는 1855년 9월에 그왈라들이 벨뿌따에 있는 싼딸들을 지원하기 위해 나서서 "비르붐의 경계선을 향했다"라고 말해 준다.56) 그러나 우리가 이들의 연대에 관해 갖고 있는 가장 볼 만한 정보는 디나뿌르 사단 및 싼딸 진압 야전군을 지휘한 로이드 소장이 베추 라우트의 체포에 관해 제출한 보고서에 나온다. 그 보고서는 상세히 인용할 만한 가치가 있다.

    그저께 하스디하에 도착했을 때, 내가 들은 정보는 이런 것이었다. 겨우 3,4일 전에 까누 마지가 자신의 형제들과 추종자들을 이끌고 우리 캠프에서 약 3코스 정도 떨어져 있는 수리아 하우트 촌락에 가서 촌장이자 그왈라인 베추 라우트를 방문했다. 그들은 환대를 받고 그의 집에 머물렀다. 까누는 그를 수바로 만들었고, 그 지위의 상징으로 그의 머리에 터번을 둘러 주었다. 그런 다음 싼딸 반란자들은 남쪽으로 약간 떨어져 있던 두 촌락을 약탈하러 갔으며, 약탈물을 갖고 베추의 촌락으로 돌아왔다. …… 이런 정보를 받았을 때, 나는 즉시 제40원주민 보병대의 브릭스 중위가 지휘하는 소부대를 파견하여 수바가 된 그왈라를 체포했다. 그의 타쿠르 뷰로에서만이 아니라 그의 집과 이웃집에서도 수많은 무기가 발견되었고, 아주 운 좋게도 그자를 체포했을 때, 그자는 시장에서 수많은 군중에 둘러싸여 한껏 뽐을 내고 오만하게 수바의 직무를 수행하면서 일종의 왕 행세를 하고 있었다.57)

베추 라우트는 체포된 지 며칠 후 노니 핫 캠프에서 열린 군법 재판에 회부되었고, "공공연한 반국가 행위"의 죄를 범한 것으로 판명되어 "로이드 소장이 마음대로 지시하는 시간과 장소에서 목숨이 끊어질 때까지 목이 매달리는" 형이 선고되었다. 로이드 소장은 "그[베추 라우트의]의 촌락과 가까운 이웃 촌락에서" 목을 매달라고 명령했다. 바로 그 군법 재판소에서는 "그왈라인 베추 라우트를 체포하기 위해 파견된 일단의 군사들에게 무력으로 저항했던" 같은 촌락 농민 주뚜 라이에게도 사형이 선고되었는데, 그는 결국 7년 중노동으로 감형되었다.58)

로하르 미스뜨리(Lohar Mistree)들이라고도 불린 로하르(대장장이)들은 그왈라들과 마찬가지로 이른바 "번외 카스트들"이 언급될 때마다 매번 등장한다. 하지만 기록들을 보면 싼딸들이 어느 동맹 집단보다도 그들에게 더 의지했다는 것이 밝혀진다. 분명히 그 이유는 평화로운 시기에 농기구와 가내 도구의 제조를 이들의 기술에 대폭 맡기고 있었던 싼딸들에게 싼딸 파우즈를 구성하고 있는 수만 명의 농민들을 위해 안정적인 무기 공급이 필요했던 전시 상황에서는 이들이 훨씬 더 쓸모 있었기 때문이다. 그런 전사 중에서 적의 손에 사로잡힌 한 명은 이렇게 증언했다. "우리 모두는 칼을 갖고 있고, 일부는 새 칼도 만들었다."59) 이는 로하르가 가담한 지역에서는 사실이었다. 그들은 도처에 산재하는 수많은 병기창 역할을 하면서 반란군과 함께 여기저기로 이동했다. "싼딸들은 분바띠를 비롯한 여러 곳에서 무기를 만드느라 아주 바쁘다. 그들의 수장은 람 마지와 굴루 마지인데, 그들에게는 분주히 일하는 대장장이들이 있다."60) 1855년 10월 2일자 비르붐 수세관의 일기에 써 있는 이 내용은 싼딸의 기동전의 특징을 보여 주고 있고, 그 기동전에 당국자들이 특히 민감했던 것은 이해할 만하다. 몇 주일 후, 원주민 보병대를 지휘한 어느 장교가 3명의 로하르 미스뜨리들을 체포했다고 보고했을 때, 그는 "이 자들이 수분뿌르에 모인 싼딸들이 사용하게 될 무기들을 만들었음을 입증할 증거"가 있다고 주장했다.61) 그는 또한 이들 중 한 명은 며칠 전 밤에 그의 캠프를 공격하던 중 허벅지에 부상을 입었다고 덧붙였다. 이 세세한 내용은 이들 숙련공들에게는 필요에 따라 게릴라 부대의 보조 요원 역할도 맡겨질 수 있었다는 것을 보여 준다.

사실 민간 당국이든 군 당국이든 대장장이들을 오로지 봉기 참가자들로 취급했다. 게리아빠니의 촌락에서 온 대장장이들 중 두 명은 이웃의 싼딸들과 함께 체포되었는데, 그들에게는 싼딸과 마찬가지로 1855년 12월 3일에 "공격 무기를 지닌 채 불법적이고 폭력적인 집회에 참가했다"라는 이유로 즉결재판에서 비르붐의 특별 판사로부터 중노동 형이 선고되었다.62) 같은 날, 풀주리 힐스 근처에서 봉기 진압 작전을 벌인 후 부대와 함께 귀환하는 중이었던 어느 장교는 식구들과 가축들을 데리고 꾸미라바드로 이동하고 있던 20명의 로하르 미스뜨리 무리와 우연히 만나게 되었다. "그들은 작업 도구들과 몇 개의 화살촉도 지니고 있었다. 그래서 나는 그들이 모종의 싼딸 집회에 가서 무기 만드는 일을 한 것이 틀림없다고 생각했다." 그의 이 말은 증명이 되어야만 하는 것이었지만, 그가 보낸 전보는 다음과 같은 말로 끝나고 있다. "나는 모든 가축을 빼앗았고 그것들을 경매로 팔 생각이다."63) 따라서 가능한 한 최대로 신속하게 또한 최고로 가혹하게 반란을 진압하려고 서둘렀던 현지 행정관들과 군 부대장들이 잠시라도 멈춰 싼딸과 로하르를 구별하는 일은 거의 없었다. 실제로 봉기 참가자들의 폭력은 숙련공들의 기술과 상당히 뒤섞여 있었고, 이것은 고위 행정관들에게 싼딸의 무장해제를 가로막는 가장 심각한 장애물로 간주되었다. 그 특임 판무관은 벵골 정부의 장관에게 이렇게 보고했다. "본인에게는 싼딸들을 무장해제 시키는 것이 항복을 받아낸 뒤에 취해야 할 조치인 것으로 보이나, 그들이 진압될 때까지는 어떻게 할 도리가 없습니다." 그리고 이렇게 덧붙였다. "새로운 무기를 조달할 수 있는 솜씨 역시 대단합니다. 그들에게는 구릉지에 있는 아주 영리한 일꾼들이 있고 수많은 재료들도 있습니다. 다양한 종류의 장식을 걸치지 않은 싼딸 여성은 거의 없습니다. 이것은 금속이 풍부하고 노동자들이 능숙하다는 증거입니다."64) 이러한 말이야말로, 비록 의도한 것은 아니겠지만, 자잘한 장신구 주조 기술을 봉기 제조 기예에 연결시켰던 피억압자들의 연대에 대한 더할 나위 없는 찬사가 아니던가!

하지만 돔의 동맹은, 로하르의 동맹과 달리, (힘은 수에서 나온다는 명백한 사실을 제외한다면) 어떤 식으로든 싼딸에게 가져다주었을지 모를 특별한 군사적 효능 또는 경제적 효능이라는 면에서는 설명되지 않는다. 돔들 역시 앞에서 언급한 다른 집단의 구성원들처럼 공식적인 포로와 죄수 명단에 등장한다. 그러나 반란의 주요 지도자들인 시도와 까누 두 사람 모두 한 가지 두드러진(그런데도 잘 알려져 있지 않은) 측면에서 그들의 협력을 긍정적으로 인정했다. 그들은 봉기가 시작되었을 때 자신들이 신의 명령에 따라 행동하고 있다고 믿었다. 시도는 신이 하늘에서 마차 바퀴의 형상을 하고 내려와 자기에게 무기를 들라는 명령을 내렸다고 주장했다. 그 명령은 그의 머리 위에 떨어진 한 조각의 종이에 씌어졌다. 그는 "까막눈"임을 인정했다. "그러나 찬드와 세헤리와 돔 한 명이 그것을 읽고 이렇게 말했다. '타쿠르는 당신에게 마하잔들과 싸워라고, 그러면 정의를 세울 것이라고 썼다.'"65) 그 후, 이번에는 까누가 어느 돔을 "나를 대신해서 캘커타에 있는 부라 사힙"에게, 그리고 비르붐과 라즈마할의 관리들이나 대지주들에게 보낸 빠르와나들을 써 준 세 명의 필생(筆生) 중 한 명이라고 언급했다. 그에 따르면, "이 명령서들은 수끄리굴리의 레흐라와 끄리뚜, 그리고 수나 돔이 썼다."66) 이 봉기에 관해 정말로 눈에 띄는 사실은 봉기의 최고사령관이 그런 식으로 돔을 주로 일종의 반란 지식인으로 간주하고 있다는 점이다. 힌두 사회에서 가장 뒤처지고 억압 받고 불결한 카스트로서의 돔들의 지위가 이보다 더 완전하게 전복된 적은 없었다. 시도와 까누에게는 미안한 일이지만, 1855년 사건들에 대한 싼딸의 집단 기억의 일부로『레악 까타』에 기록되어 있는 돔들의 이미지는 그런 것이었다. 반란 당시에 널리 퍼진 루머에 따르면, 불가촉천민으로서 학대를 받았던 돔은 떼를 지어 정글로 도망가서, 거기에서 "싼딸처럼 옷을 입고 싼딸의 집에서 살았다."[67] 이는 농촌 주민 중 가장 심하게 착취 당하던 두 집단이 에스닉한 차이에 상관없이 연합하여 공통의 저항을 벌였다는 것을 통쾌하게 재현해 주는 상상적 형상이리라.

정말이지 싼딸 봉기를 19세기에 있었던 일련의 다른 부족 농민반란들과 ― 심지어 꼴 봉기와도 또한 버사이트 봉기와도 ― 구별해 주는 것은 다른 어떤 봉기들의 경우에서보다 이 싼딸 봉기의 경우에 계급 연대가 에스니시티를 더 결정적으로 이겨 냈다는 바로 그 사실이다. 일찍이 이러한 특징에 대해서 쏟아진 훌륭한 찬사는 폭동을 진압하기 위해 파견된 식민 군대 지휘관 중의 한 명에게서 나왔다. 로이드 소장에게 봉기 참가자만을 상대하는 계엄령은 충분하지 않았다. 그는 계엄령을 동맹 세력에게까지 적용해야 한다고 요청하면서 벵골 정부에 이렇게 보고했다. "고위 당국의 의견을 마땅히 존중하지만, 그럼에도 나로서는 계엄령의 이점은 더 확충되고 더 증대될 것이라고 생각한다. 만일 …… 계엄령의 집행이 어떤 식으로든 실제 공공연한 반란 행위를 벌이는 자들에게만 국한되는 것이 아니라, 은신처를 제공하거나 도움을 주거나 선동하거나 반란자들의 전리품을 나눠 갖거나 하는 등등 어떤 식으로든 최근에 은밀한 반란 행위를 벌였다는 증거가 제시될 수 있는 자들에게까지 처벌권을 행사하는 것으로 확대된다면 말이다. 그런 자들 중에 그같은 행위를 벌인 죄가 있다고 잘 알려져 있는 수많은 부족들, 그왈라들 등등이 있지만, 그들의 **실제 범행**을 파악하기란 거의 불가능하다."[68] 봉기가 이미 절정을 지났던 1855년 11월 후반에 씌어진 이 보고서는 여전히 강력한 반란 의식의 힘이 부족 의식과 카스트 의식을 거뜬히 넘어서 분출되고 있음을 보여 준다.

연대는 하나의 윤리를 만들어 낸다. 즉 반란을 하는 것은 좋은 일이고, 반란을 하지 않는 것은 나쁜 일이라는 윤리 말이다. 이것은 반란의 공동체적 성격에서 직접 유래한다. 반란이 다수의 의지의 표현인 한, 반란 연대는 공동체적 권위의 표현이자 도구로서의 기능 — 그것의 기준으로서의 기능뿐만 아니라 그것의 칼로서의 기능도 — 을 수행한다. 이슬람의 도덕성이 반란 연대의 도덕성과 동일시되었음을 보여 주는 하나의 사례는 1860년 인디고 위원회에 제출된 어느 농장주의 증언이다. 그는 현지 농민들이 자신의 공장에 대항하여 결합하게 되었다고 증언했다. 어느 무슬림 농민 지도자는 그 결합을 재고하기 시작했고 또 취소하길 원했지만 그렇게 할 수 없었다. 왜냐하면 다른 농민들과 마찬가지로 그도 코란에 입맞춤으로써 지지를 맹세했기 때문이다.69) 공통의 신앙에 의해 영감을 받은 민중 저항은 1857~58년 반영(反英) 운동의 특징이기도 했다. 사하란뿌르의 행정장관에 따르면, "이슬람교도 주민들은 항상 우리에게 적대적이다." 그리고 그는 이렇게 덧붙였다. "나는 그들이 이곳과 무자파르나가르 지구에서 서로에게 불리한 결정적인 증언을 하지 않기로 맹세하면서 단결했다는 말을 들었다."70) 그러나 저 위대한 투쟁에서 민중을 함께 묶은 것은 종교만이 아니었다. 왜냐하면 당시 친(親)정부 언론이 매우 분개하면서 보도했듯이, "이전에 주요한 힌두 주민"이었던 바레일리 지역의 꾸르미들은 칸 바하두르 칸의 반란 세력에게 불리한 정보로 당국을 도와주는 것을 거부했을 뿐만 아니라, 심지어는 정부의 봉기 진압 작전으로부터 반란 세력을 보호해 주었기 때문이다.71)

이 같은 연대가 심한 압박을 견딜 수 있었던 것은 바로 그것이 민중 의식의 표현이었기 때문이다. 비나이 차우두리는 1873년 빠브나 <u>비드로히</u>들의 단결이 관리들의 가혹한 억압을 견뎌 냈을 뿐만 아니라, 농민들을 유인하여 개별적인 합의를 통해 문제를 처리함으로써 운동을 분열시키고자 한 지주들의 수많은 시도들도 견뎌 냈음을 보여 주었다. 하지만 비록 이 당시 농민들 동맹의 중앙 조직은 일체의 실용적인 목적

때문에 행동을 하지 않고 있었음에도 불구하고, "어느 촌락의 농민들은 여전히" 그런 식의 합의를 하지 않겠다는 "일종의 서약에 얽매어 있었던 것 같다." 앞에서 언급한 저 행정장관은 소작인들 중에 개인적으로는 "정말로 불평 거리를 전혀 갖고 있지 않은" 사람들조차 "그저 농민들 다수가 지대 납부를 거부하는 한 자신들도 그렇게 하기로 결심했다"라는 것을 알았다. 이는 정말이지, 특히 농민들 대다수가 "반란의 대의에 굳게 헌신하지는 않았다"라는 사실에 비추어 볼 때, 눈에 띄는 연대의 증거였고, 이것을 차우두리는 "농민들의 신념의 힘"으로 설명하고 있다.72) 달리 말하자면, 정치가 경제를 압도한 결과, 지대 문제의 특정한 측면들에 관한 차이들보다 농민들이 자신들을 억압자들 즉 자민다르들의 공동체에 적극적으로 대항하는 하나의 공동체로 인식한 데에서 생겨난 일반적 합의가 우세했던 것이다.

이 같은 통일은 두 가지 타입 — 문화적인 것과 물리적인 것 — 의 공동체적 제재에 의존하여 그 강력한 힘을 얻어 냈다. 이것들 중 첫 번째는 대개 모독이나 사회적 보이콧을 통해 공동체 내에서의 누군가의 지위를 위협하는 것으로 실행되었다. 칸데쉬에서 벌어진 세금 조사 반대 운동의 지도자들은 꾼비들을 파이즈뿌르에 불러 모아 거대한 시위를 벌이게 하면서, 그 촌락의 마하르들에게는 "복종하기를 거부하는 모든 자들의 집 문 앞에 뼈를 던져서 그자의 가족들에게 모욕을 줄 것"을 명령했다.73) 하지만 더 흔한 경우는 공동 행동에서의 이탈의 대가로 동료 촌락 주민들이 협조를 거부한 일일 것이다. 이는 농민을 경제적으로뿐만 아니라 사회적으로도 파멸시킬 수 있었다. 이 특정한 제재 형식의 효력을 실제로 아주 분명하게 보여 주고 있는 것은 데칸 폭동 기간 중 뿌나 지구의 깔라스 주민들이 작성한 어느 「사마 빠뜨라 (Sama Patra)」에 있던 몇몇 합의 조항들이다. 거기에는 남녀 촌락 주민 누구라도 어떤 형식으로든 구자르, 즉 대금업자에게 봉사해서는 안 된다는 것이 다음과 같이 결정되어 있었다. "구자르들이 소유한 밭을 경작하거나 구자르들에게 봉사하는 모든 이는 촌락의 이발사와 세탁부, 목수와 대장장이, 제화공과 그 외의 다른 발루따(Balluta, 촌락 하인)들로부터 봉사를 받지 못할 것이다." 이 결정을 어긴다면, 그 촌락 주민은 밥줄을 놓아야 할 것이었다. 만일 마하르가 어긴다면 관습적으로 자신의 몫으로 받아 온 빵과 짚이 몰수될 것이며, 만일 제관이 어긴다면 그의 선조들이 주민들을 위해 수행해 온 전통적인 예배 의식 집행권이 몰수될 것이며, 모카담 빠뗄(Mokadam Patel)*조차 어긴다면 유산(遺産) 과 관련된 모든 특권이 몰수될 것이었다. 그리고 궁극적으로는 모든 이탈자들을 카스트에서 추방시키겠다는 형벌이 약속되어 있었다. "반대 행동을 하는 모든 자들은 카스트-정찬(caste-dinner)에 낄 수도 없고 자신의 집단 내에서 결혼할 수도 없을 것이다. 그런 자는 마땅히 카스트에서 추방된 자로 간주되어야 한다."74)

하지만 연대의 파괴에 대한 제재가 순전히 비폭력적인 사회적 보이콧을 행사하는 데 그치는 경우는 드물었다. 보이콧에는 보통 물리적 폭력의 위협 또한 수반되었다. 현지 주민들의 반대에도 불구하고 깔라스에 와서 구자르들을 위해 일한 아꼴라 출신의 촌락 주민 두 명은 이것을 곧 알아차렸다. 그들은 이렇게 설명한다. "빠뗄과 꿀까르니들은 우리가 구자르들을 위해 계속 일한다면 우리를 쫓아낼 뿐 아니라 두들겨 패겠다고 위협한다." "그 공동체가 우리를 카스트 밖으로 추방할 것이라는 경고도 받았다."75)

연대를 해치고 있다는 혐의를 받은 모든 이의 신체나 재산에 대한 폭력의 위협은 눈에 보이는 것으로도 가해질 수 있었고 말로도 가해질 수 있었다. 1872~73년 엄청난 지대에 저항하기 위해 동맹을 결성한 뜨리뿌라 소작농들의 투쟁은 우리에게 눈에 보이는 위협의 두드러진 사례를 제공한다. 센 굽타에 따르면, "동맹원들에게는 소수파를 동맹에 가담하도록

---

* 아꼴라 촌락공동체의 수장.

위협하는 특수한 방법이 있었다." "만일 동맹에 반항할 만큼 대담한 농민이 있다면, 그는 엄숙한 경고를 받았다. 그의 집 앞에는 횃불 모양의 짚 더미가 놓였는데, 이것은 그자가 계속해서 대들 경우 그자의 집을 불 질러버릴 것임을 의미하는 행동이었다."76) 누구든 저 유명한 1525년 독일 반란자들의 실천을 상기해 보기만 하면, 이러한 측면에서의 인도의 경험이 몇몇 다른 나라의 경험과 매우 비슷하다는 것을 깨닫게 될 것이다. 그 당시 독일에서는 성과 수도원에 대항하는 전쟁을 지원하는 일에 망설였던 모든 농민의 집 앞에 봉기 참가자들이 막대기를 꽂는 관습이 있었다.77)

이 유사성은 말로 하는 위협에도 해당된다. 독일의 농민전쟁 기간 중, 주저하지 말고 이미 무기를 집어 든 형제들에게 합세하도록 농촌공동체를 설득하기 위해 흔히 사용된 그런 부류의 언어에 관한 사례가 있다. 코체르의 오텐도르프에 있는 할의 농민들에게 전해진 어느 경고문은 이렇게 말하고 있었다. "너희들은 우리 [반란]군에게 와야 한다. 그렇게 하겠다고 하면 우리는 매우 기쁠 것이다. 만일 그렇게 하지 않는다면, 우리가 너희들에게 전혀 이롭지 않을지도 모를 그런 방법으로 너희들을 찾아가게 되지 않을까 걱정된다."78) 동참하라, 그렇게 하지 않는다면 그 결과를 감수하라. 이 메시지의 구조 — 위협으로 뒷받침된 공동 행동에의 호소 — 는 1783년에 랑뿌르 봉기에 대한 지지를 동원하기 위해 벵골 북부의 봉기 참가자들이 발표한 몇몇 성명서들의 구조와 동일하다. 또한 그 텍스트들(틀림없이 18세기 벵골어로 된 생생한 산문이었을 테지만, 안타깝게도 공식적인 영어 번역 문장으로만 남아 있는) 중에서 위협을 말하고 있는 문구들은 위에서 인용한 독일의 전단을 거의 바꿔서 쓴 것처럼 읽힌다. 그래서 반란 주체들이 문화적으로나 시대적으로 상당한 차이가 있을 때조차, 반란 의식에는 연대의 통념이 정말 핵심적이라는 것을 누구든 알 수 있게 된다. 봉기의 현지 지도자(sardar)였던 이스라엘 칸이라는 인물은 한 명령서에서 이렇게 말했다.

이 점은 아주 중요하다. 우리는 모두 가담했고 자르바나에 모였다. 너희들은 우리의 형제들이다. 너희들은 신속히 가담하겠느냐? 만일 우리가 도착할 때 가담하지 않으면, 너희들은 후회할 것이다. 너희들이 우리에게 가담하면, 우리는 어떻게 하는 것이 최선인지 의견을 들어 보겠다. 만일 너희들이 오지 않으면, 우리는 너희들의 집을 불 지를 것이다. 너희들에게 경고한다.

또한 랑뿌르에서 카지라트 농민들은 디나즈뿌르에 있는 핀지라 농민들에게 이렇게 썼다.

우리는 봉기를 일으켰다… 모든 쿠츠와나(랑뿌르)들이 나서고 있다. 너희들도 똑같이 우리에게 가담하겠느냐. 우리는 나지르 사람들과 함께 랑뿌르에서 토후를 포위했다. 나머지 일은 잘 될 것이다. 너희들은 더 이상 세금을 안 내지 않느냐. 우리는 이 편지에서 너희들에게 정보를 주고 있다. 만일 너희가 온다면, 잘하는 일이다. 만일 오지 않는다면, 너희는 후회할 것이고, 후회한 후에는 결코 우리를 욕하면 안 될 것이다.[79]

인도의 봉기 전통에서 이러한 형태의 말로 하는 위협의 보편성을 확인해 주는 것은 그런 위협이 벵골 관구의 바로 그 다른 쪽 변방에서 매우 다른 부류의 농민들, 즉 싼딸들이 벌인 또 하나의 농민 폭동에서 반복되었다는 점이다. 똑같은 이분법적인 말투로 정식화된 요구, 즉 수신자들이 호응하지 않을 경우에는 위협이 뒤따를 것이니 지지하라는 요구는 싼딸 봉기 지도자들이 공표한 몇몇 <u>후쿰나마</u>들에 등장한다. 예를 들어, 모나바리의 어느 쇼바 <u>마지</u>를 소환하고 있는 이 서신 명령들 중의 하나는 이렇게 말한다. "빠르와나를 보는 즉시 너희들 모두는 반드시 참석해야 한다. 만일 참석하지 않으면 너희들 머리가 잘릴 것이다."[80]

이러한 위협 형식과 벵골의 스와데쉬 강도단이나 18세기 영국의 밀수꾼과 밀렵꾼 등이 예정된 피해자들에게 보낸 익명의 편지에서 사용한 위협 형식, 이 두 형식 사이에는 외견상 얼마간 닮은 점이 있다.

하지만 여기에서의 논의를 위해 우리가 "봉기 농민의 커뮤니케이션 (insurgent peasant communication)"과 "익명의 위협 편지(anonymous threatening letter)" — 이하에서 각각 IPC와 ATL로 약칭 — 라고 부르게 될 그 두 가지 종류의 담론 사이에는 중요한 어떤 차이들이 있는데, 만일 그 점을 간과한다면 그건 잘못일 것이다. ATL을 매우 상세히 연구한 톰슨은 그것을 "문자 해독 능력의 일정한 문턱을 넘어선 사회, 조직적인 집단 방어 형식들이 취약한 사회, 항의의 조직자라고도 할 수 있는 개인들이 툭하면 직접적인 희생양이 되는 사회 등, 이 모든 사회들에서의 특징적인 사회적 항의 형식"이라고 설명했다.81) 우리는 이러한 정의를 ATL과 IPC를 비교하는 기초로 사용할 수 있고, 또 적어도 두 가지 측면에서 그것들을 구별할 수 있다.

첫째, ATL은 그 형식에서 비밀스럽고 사적인 반면, IPC는 공개적이고 공적이다. 이것은 우리가 앞에서 이미 말했던 범죄와 반란의 기본적인 차이점들과 일치하며,82) 또한 그 두 타입이 얼마간 일시적으로 겹쳐짐에도 불구하고 대체로 별개의 영역에서 작동하는 이유를 설명해 준다. 그리고 이것은, 어떤 식으로든 개인들 사이의 사적인 메시지 교환을 떠올리게 하는 "편지"라는 용어를 IPC에 붙일 경우, IPC의 독특한 성격이 매우 부적절하게 재현되는 이유가 되기도 한다. 왜냐하면 IPC의 형식은 본질적으로 공적인 통고, 회람, 빠르와나의 형식이기 때문이다. 그런 형식을 취하는 IPC는 기존의 낡은 질서가 비워 놓은 장에서, 즉 그 자체로 반란의 현존을 입증하고 또 반란 가담자들을 쉽사리 "직접적인 희생양"으로 만들지 않게 하는 어떤 빈틈에서 반란자들이 장악하고 행사하는 권위의 이름으로 발화하게 된다. 그것은 "조직적인 집단 방어"의 취약함의 징후이기는커녕, 모든 부류의 동요하거나 관망하는 자들을 단호하게 그리고 필요하다면 강제적으로라도 밀어붙이겠다는 무장 농민 대중의 의지의 공적인 표출이다. IPC의 힘을 보여 주는 것은 그것이 항상 칙서의 형식을 취한다는 점, 그리고 명령문들을 자유롭게 이용한다는 점이며, 다른 한편 그것의 집단적 성격을 명백히 밝혀 주는 것은 그것의 주어가 다음과 같이 1인칭 복수로 표기된다는 점이다. "우리는 모두 가담했고, 자르바나에 모였다." "우리는 봉기를 일으켰다."

하지만 이 두 타입의 담론들은 저자의 성격에서만 다른 것이 아니다. 그것들은 그 저자들과 수신인들 사이의 꽤 상이한, 거의 대조적인 관계를 표현한다. ATL은 오로지 적들에게만 발화된다. 이 점에서 불만이 "사적"이냐 "사회적"이냐 하는 것은 문제 되지 않는다.83) 톰슨이 작성한 ATL 수취자들의 명단에는 젠트리와 귀족에 속하는 자들, 상인, 제분업자, 시장, 치안판사, 농장주, 성직자, 세리, 파업 탈퇴자 등이 포함되어 있다. 이들에게 가해진 위협들은 살해와 수족 절단에서부터 방화와 가옥 파괴와 물건 훼손과 나무 베기 등등 ― 요컨대 생명과 재산의 파괴 ― 에 이르기까지 광범하다.84) 분명히 수취자들은 적들로 구분된 자들이며, ATL의 기능은 다양한 방법으로 그들을 처벌하겠다는 저자의 의도를 그들에게 전해 주는 것이다. 처벌이 일정액의 돈으로 경감될 때조차, 즉 일종의 벌금으로 부과될 때조차, 커뮤니케이션의 본질적으로 징벌적인 성격은 거의 바뀌지 않는다. 수신인에게는 어떠한 선택권도 주어지지 않는다. 수신인은 어떻게 해서든 묵은 원한을 풀어내야만 하는 원수이다. 이와 대조적으로 IPC의 수신자들은 발신자들과 비적대적인 관계에 있다. 실제로 양쪽은 잠재적인 협력자들이다. IPC의 목표는 아직 가담하지 않은 농촌공동체의 성원들을 반란의 대의에 동원하는 것이지 그들을 응징하는 것이 아니다. 물론 처벌의 위협이 그 메시지의 일부를 차지하지만, ATL의 경우와는 달리 IPC는 지지 요청을 앞세운다. 그리고 이 점이 그 두 타입의 기본적인 차별점이다. 반란 전단은 무언가 잘못한 일에 대한 판결문으로 또한 위반자에게 벌을 가하겠다는 결정문으로 발행되지는 않는다. 이와는 반대로 그것의 목적은 이미 무기를 든 자들과 아직 들지 않은 자들 사이의 공통의 이익에 호소함으로써 지지를 획득하려는 것이다. 랑뿌르의 빠르와나가 "너희들은 우리의 형제들이다. 너희들은 신속히 가담하겠느냐?"라고 말하고 있듯이. 또는, 깔라스 촌락 주민들이 1875년의 데칸 폭동 중에 아꼴라 촌락 주민들은 공통의 적인 대금업자에 맞서 투쟁을 진전시킬 만한 일을 하지 않고 있다고 완곡하게 비난하면서 그들에게 다음과 같이 말했듯이.

> 경의를 표하면서. 여러분이 이 촌락의 공동체에서 추방될 것으로 보이는 자들과 계속 관계를 맺는 것은 매우 잘못된 일입니다. 이 시점에서 통일은 매우 중요합니다. …… 여러분은 우리 촌락에 와서 사태의 전모를 알아보고 여러분의 촌락 주민에게 전해 주는 것이 더 좋을 것입니다. 제발 망설이지 말고 그렇게 하십시오. 시간이 매우 급박합니다. …… 우리 모두에게 좋으려면 우리가 서로 협력해야 하는 것이 필수적입니다. 우리는 깔라스와 아꼴라를 하나의 촌락으로 여기기에 여러분에게 이런 제안을 하는 것입니다. …… 이번에는 팔라스데오의 촌락 주민들이 우리를 돕고 있는데, 여러분이 우리를 다르게 대하고 있다는 생각이 들어 내일이라도 우리를 만나 달라고 여러분에게 부탁하는 것입니다. …… 제발 실망시키지 않기를 …….[85]

이런 종류의 코뮤니케(communiqué)들의 기능이 통일, 협력, 공동행동의 필요성을 강조하려는 것임은, 반대자를 징계하려는 것이 아니라 연대를 호소하려는 것임은 명백하다.

IPC의 경우보다 훨씬 더 분명한 방식으로 위협과 설득이 혼합된 상태에서 작동하는 또 하나의 연대의 도구가 있다. 압력 가하기 — 봉기 참가자들이 자신들의 존재가 대규모인 점을 이용하여 공동체 내에서 반항하거나 망설이는 자들을 자기들 편으로 끌어들이는 형식 — 로 알려져 있는 것이 바로 그것이다. 이 관행은 거의 보편적이다. 그것은 독일 농민전쟁의 역사를 쓴 치머만이라든가 잉글랜드의 스윙 폭동에 관해 쓴 뤼데 등등에 의해 언급되어 왔다.[86] 연대의 도덕적 위엄과 그 중요한 시기에 봉기 참가자들에게 생겨나는 공적 권위의 요소들의 결합은 모든 곳에서 봉기 참가자들로 하여금 자기들보다 용기가 덜 한 형제들을 위해 반란의 힘을 인상 깊게 펼쳐 보이도록 용기를 북돋아 준다. 실제로 모든 곳에서 봉기 참가자들은 그 관행을 동원의 "본질적 수단"으로, 즉 뤼데가 1830년의 영국 농업 노동자들에 관해 말했듯이 "충분히 위압적인 기세를 이끌어 내기 위한"87) 것으로 이용한다. 따라서 카지라트와 까끼나, 떼빠의 농민들이 데비 싱하에 저항하여 무장봉기했을 때, "주변의 모든 촌락 주민들에게 자신들 편에 가담하라고 압력을 가했고 [또한] 아주 큰 무리로 모였다." 우리가 그 봉기에 관한 랑뿌르 수세관의 보고서를 모아 보면 알 수 있듯이, 그 후에 "그들은 그 지구의 여러 곳에 다양한 무리들로 모였다. 한 무리는 쿠츠-베하르로 가서 그곳의 농민들에게 자기들 편에 가담할 것을 요구했다. 또 다른 무리는 보다를 지나 서쪽 변경 근처에 있는 디나즈뿌르로 갔다. 또 다른 무리는 북쪽에 있는 안데와를 비롯한 여러 <u>빠르가나</u>로 갔는데 …… 거기에는 그들에게 기꺼이 가담하지 않으려는 농민들은 거의 없었고, 조금이라도 저항하는 자들에게는 가담할 것이 강제되었다."88) 압력 가하기는 1831~32년의 꼴 봉기의 대중 동원에도 기여했다. 『벵골 후르까루』의 한 통신원에 따르면, 반란자들은 "촌락들을 돌아다니면서 불을 질렀고, 지체 높으신 분들과 외국인들을 모조리 살해했으며, 모든 꼴들에게 즉결 처분을 하겠다고 위협하면서 자기들의 모범을 따를 것을 강제했다."89) 싼딸들 역시 똑같은 유인 방법을 사용했다. 이에 관해서 비르붐의 수세관은 자신의 일기에 다음과 같이 기록하고 있다.

> 1855년 9월 30일. 테리 대위의 보고에 따르면, 랑뿌르 하우트의 북동쪽으로 약 14마일 떨어진 지점에 있는 대규모 싼딸 무리는 두 개의 큰 촌락을 에워싸고는 촌락 주민들에게 자기들과 함께 약탈과 불 지르기 등을 벌이자고 강요하고 있다.
> 1855년 10월 2일. …… 7월 23일 이래 싼딸들은 주구트포르를 점령하고

있다. 시도는 9월 23일에 가담했는데, 그날부터 그곳의 촌락 주민들은 꼼짝없이 붙들려 촌락 약탈을 돕고 있다.90)

잉글랜드의 스윙 운동을 "전파하는 전형적인 행위자"는 "이 농장 저 농장을 돌아다니면서 들판에서 일하거나 밤에 자기 오두막집에 있는 노동자들에게 '압력을 가함'으로써 인원수를 늘린 순회단"이었다고 한다.91) 1873년의 빠브나 봉기도 거의 같은 방식으로 농민 유랑단들에 의해 전파되었는데, 이들은 촌락을 순회하면서 물소 뿔로 만든 피리를 불어대며 동료 농민들에게 자기들 편에 가담하라고 요구했던 것이다. 가담하겠다고 동의한 사람들에게는 아무 일도 없었다. 동의하지 않은 사람들은 시달렸다. 농민 동맹을 추진한 사람들은 공식적인 집회 금지령을 무시한 채 살롭에서 대규모 집회를 열고 "지금까지 가담하지 않은 몇몇 촌락을 향해 위협적인 태도로" 행진해 간 경우가 있었다고 놀런은 말했다.92) 이듬해 농민들은 다카에 있는 우따르샤푸르 성의 영지에서 동맹을 결성하여 막 그 영지의 땅을 구입한 지주에게 저항했으며, 또 "많은 경우 일부 다른 농민들에게는 그들의 의사를 무시하고 동맹에 가담할 것을 강제하기조차 했다."93)

연대를 이루기 위해 강제력을 사용하는 것. 이 명백한 형용모순으로 인해, 압력 가하기는 가장 많은 오해를 받는 봉기의 형상이 되기가 쉽다. 농민의 적들은 그것이 지닌 단결하게 만드는 기능을 전적으로 무시하는 경향이 있다. 그들은 그것을 반란의 강제적 성격을 나타내는 기호에 불과한 것으로 간주한다. 그 같은 해석은, 농민들이란 애정과 충성의 "자연스런" 유대로 묶여 있는 자신들의 상급자에게 등 돌리는 것을 "자연히" 싫어하는 자들이라고 보는 그들의 관점과 일치하는데, 그래서 농민이 실제로 반란을 벌일 경우 그 반란은 협박을 당해 발생한 아주 "부자연스런" 사건이라고 설명하는 것이 마음 편한 것이다. 지주들, 행정관들, 봉기 진압의 사명을 띠고 나선 장교들, 정보원들, 농민 봉기에 위협을 받은 백인 정착민들 — 이 모든 자들이 **오로지** 농민들은 "강제되었고", "붙들렸고", "강요되었다"라는 이야기만을, 요컨대 그들의 의지에 반해서 반란군에 징발되었다는 이야기만을 계속하는 것은 그 때문이다. 이것은 일면적이기 때문에 압력 가하기의 성격에 관한 그릇된 재현이다. 이것이 포착하지 못하고 있는 것은 바로 이 현상의 이중성, 그리고 농민 의식에서의 통일성의 결여의 징후인 그것의 내재적 모순이다. 왜냐하면 반란에 대한 그 구성원들의 반응에서 지체나 불일치가 불가능할 만큼 완전하게 일원적인 계급 또는 공동체는 결코 없기 때문이다. 그 구성 집단이나 개인들 중의 일부는 다른 집단이나 개인들보다 더 기꺼이 봉기의 부름에 몸을 일으키게 마련이다. 그들은 또한 그들보다 덜 전투적인 형제들을 공동의 대의에 동원하기 위해 강제로 전유된 공적 권위의 일부를 가장 잘 이용하는 집단이나 개인이기도 하다. 만일 이것이 (예컨대, 10월혁명 전야의 러시아 프롤레타리아트의 경우처럼, 무장봉기에 대한 준비의 면에서 모스크바의 노동자들과 페트로그라드의 노동자들 간에 차이가 있었고 페트로그라드 노동자들 간에도 차이가 있었듯이) 가장 선진적인 혁명 계급들에 대해서도 사실이라면, 느슨하게 조직되고 그렇게까지 계급의식적이라고 할 수 없는 전(前)산업사회의 농민의 경우에는 훨씬 더 그럴 것이다.

이러한 농민들 중 상대적으로 선진적인 부분과 상대적으로 후진적인 부분 사이에서 드러나는 전투성의 수준의 차이는 반란을 위한 연대가 어느 정도까지 자발적일 것인지를 결정한다. 물론 봉기가 발생하는 경우에 제일 먼저 나서는 사람들은 급진적인 인자들이다. 뤼데에 따르면, 잉글랜드의 촌락에서는 "모든 다양한 '스윙' 활동들의 중심이자 출발점이 되는 핵심적 전사들이 행동을 선도했고 설득이나 위협을 통해 지지를 구축했다."[94] 또한 촌락들 사이에서도 더 전투적인 인자들은 "설득이나 위협을 통해" 다른 이들을 반란의 기치 아래로 불러 모으려고 애쓰곤 했다. — 카지라트 농민은 핀지라 농민에게 다음과 같이 요구했다.

"우리는 봉기를 일으켰다. …… 모든 쿠츠와나 농민이 나서고 있다. 당신들도 나서서 우리에게 가담하라. …… 당신들이 온다면, 그건 좋은 일이다. 만일 오지 않는다면, 후회할 것이다. …… 그러므로 당신들에게 사람들을 보낸다."95) 이 맥락에서는 압력 가하기가 주로 연대의 도구, 즉 처벌이 아니라 통일의 도구가 된다. 1830년 11월에 농장들을 돌아다녔던 서식스의 농업 노동자들은 아직 파업하지 않고 있던 노동자들에게 압력을 가하면서 "하나같이, 하나같이, 우리는 서로를 지켜 주리라!"라고 소리쳤다.96) 앞에서 인용한 다른 사례에서처럼, 그곳에서도 그들은 민중과 그들의 적 사이의 모순이 아니라 민중 자신들 내의 모순을 해결하고자 그들의 세와 전투성을 그렇게 이용하고 있었다.

하지만 민중들 사이의 관계가 늘 비적대적일 뿐인 농민반란은 없다. 농민은 반란자만이 아니라 협력자, 밀고자, 배신자들도 배출한다. 후자의 인물들은 봉기의 힘으로도 완전히 씻어 내지 못해 줄일 수 없는 후진적 의식의 찌꺼기를 체현한다. 이들은 노예근성, 변화에 대한 두려움, 숙명론, 무슨 일이 있어도 자기를 보호하려는 충동 등을 보여 주는데, 이런 것들은 어디에서나 쇼(小)소유자의 멘탈리티와 어울린다. 농민들 스스로가 결정적인 순간에 자신들의 계급과 공동체에 등을 돌리고 자신들을 억압하는 자들의 도구로 행동한다. 또한 그렇기 때문에 민중들 사이의 모순은 민중과 그들의 적들 간의 모순으로 전환한다. 봉기 참가자들은 이 점을 굉장히 빨리 알아챈다. 독일 농민전쟁에서는 봉기 참가자들이 막대 기둥으로 적의 집**뿐만 아니라** 적의 협력자의 집도 표시하는 것 ― 말하자면 둘 다 똑같다는 표시 ― 이 통상적인 일이었다. 치머만이 썼듯이, "봉기 참가자들과 함께하지 않은 자들은 공동의 대의의 **배신자들**로 취급되었고, 그들의 집 앞에는 **그들이 마치 적인 것처럼** 막대 기둥이 세워졌다."97) 이러한 태도 변화는 연대가 배신으로 역전되는 것과 직접 일치하는데, 싼딸의 봉기 전통이 시사하듯이 연대/배신의 이율배반은 반란 의식의 분명한 구성 요소가 된다.

당시에는 또 다른 소문이 있었다. 이 소문에 따르면, 두 여자의 자식의 수가 같으면 그 두 여자는 서로를 제의상의 친구로 삼아야 했다. 이들은 또한 의복과 저녁식사 초대 같은 선물들을 교환해야 했다. 왜 그래야 하는지는 아무도 몰랐다. 아마 제의상의 친족 관계를 통해 연대를 확보하려고 행해졌을 것이다. 그래서 아무도 봉기 사건에서 배신자로 돌아서지 않았을 테고 모든 메시지의 비밀이 유지될 수 있었을 것이다.98)

여기에서도, 인도 문화의 수많은 다른 영역에서처럼, 사회적으로 바람직한 것이 제의를 통해 유사 종교적인 성질을 얻고 있다. 이는, 간디의 말을 빌리자면, 일종의 "정치의 영성화(靈性化)"인데, 그 정치의 영성화는 모든 위반을 사회적 윤리성의 면에서뿐만 아니라 종교성이 혼합된 사회적 윤리성의 면에서도 비난받아야 하는 것으로 만든다. 따라서 배신은 가장 혹독한 제재를 받아 마땅한 "죄"가 된다.

그러므로 우리가 다루는 시기의 농민 봉기들 대부분에서 배신자들에 대한 징벌은 두드러진다. 누가 배신자인가? 사실 배신이라는 통념은, 농민 봉기가 절정에 올라 관용의 통상적인 한계점이 현저히 낮아지고, 또 첨예하게 양극화된 입장들 사이에서 모든 중립적인 표지들이 지워질 때, 어느 정도 자의성을 보이는 경향이 있다. 그 같은 조건에서 봉기 참가자들은 이견, 불복종, 노골적인 배반 등의 다양한 차이들을 그다지 신중하게 구별하려고 하지 않는다. 이런저런 방식으로 그들과 협력하지 않은 자들은 한결같이 배신자들로 취급된다. 하지만 내가 알게 된 사례들로 판단해 보건대, 배신은 반란자들의 인식 안에서 적과의 협력의 두 가지 형식 — 수동적인 것과 능동적인 것 — 을 가리켰던 것으로 보인다. 봉기 참가자들은 거의 항상 수동적 협력을 집단 내의 다른 구성원들과 함께 공동의 투쟁에 참여해야 할 의무를 가진다고 여겨지는 사람들

쪽에서 드러내는 부정적인 반응으로 여긴다. 무관심, 동요, 관망 등은 모두 적개심이나 다름없는 것으로 간주된다. 충돌은 정말 격렬한 것이어서, 봉기에 능동적으로 찬성하지는 않는 사람들은 누구나 적으로 분류되는 위험을 안게 된다. 이 점은 뮤티니 전야에 러크나우에 나타났던 힌두어, 우르두어, 페르시아어로 된 어느 포스터에서 명확히 드러났다. 그 포스터는 "힌두들과 무슬림들에게 서로 단결하여 모든 유럽인들을 절멸시키라고 권하면서 — 그들[힌두들이나 무슬림들] 중의 일부를 격노케 할 만한 어조로 — 여전히 수동적인 자들은 모두 유럽인들의 돼지 새끼나 까마귀 새끼들이라고, 신들이 경멸하는 자들이자 마하비르 지와 마호메드의 모든 진정한 자손들이 증오하고 침을 내뱉는 자들이라고 힐난하고" 있었다.99) 『벵골 후루까루 앤드 인디아 가제트』의 적개심 가득 찬 통신원은 이 "선언"을 단지 수사적인 것이라고 생각했지만, 사실상 그것은 반란자들이 동지와 배신자를 구별하는 원칙에 대한 진술이었다.

    수동적 협력은 적에 대한 저항의 거부로 또는 반란자들에 합세하는 것의 거부로 나타난다. 봉기 참가자들은 마땅히 적에 대항해야 할 때 대항하지 않는 것을 자신들의 "집단적 사업"에 대한 협력의 철회로, 따라서 처벌을 면할 수 없는 것으로 간주한다. 봉기의 최고 지휘관 까누는 자신의 형제인 바이랍과 찬드를 포함하여 천여 명을 이끌고 두 곳의 촌락을 공격했다고 하는데, 그 두 촌락은 원래 강도였으나 반란의 수장으로 돌아선 꼬울레아가 진압군에 체포될 때 이를 막으려는 노력을 전혀 하지 않았다. 싼딸 파우즈는 이 촌락들을 약탈했고 약 30명의 주민들을 "죄수"라는 이유로 잡아갔다. 이때 반란자들을 추격하러 나섰으나 찾는 데 실패했던 (비록 게릴라 군대가 성급하게 달아나면서 뒤에 남겨 둔 포로들을 발견하고는 그들을 석방시켰지만) 보병대의 활동을 기록한 반(半)공식적인 보고서는 까누의 군사작전이 엄격하게 징벌적인 성격을 갖고 있었다는 것을 입증해 준다. 이 부대를 지휘한 영국인 장교에 따르면, "나는 수바[즉 까누]가 이곳에서 12코스 떨어진 곳인

삐드라에 왔다는 정보를 여러 진영으로부터 접수했다. 어제는 그가 약 천여 명의 부하들과 함께 론디하와 그 인근의 꾸뚜리아로 행진해 간 것 같은데, 그는 그 두 곳의 촌락을 모두 약탈했고, 꼬왈레야가 체포되는 것을 내버려두었다는 이유로 처벌하기 위해 30~40명의 주민들을 포박하여 끌고 갔다."100)

하지만 수동적 협력의 더 통상적 형식은 불복종 — 즉 농민들이 개인으로서든 집단으로서든 봉기에 가담하는 것을 거부하는 것 — 이었다. 이와 관련하여 배신자로 판명된 자는 그 누구든 당연히 적이 당하는 것과 아주 똑같은 방식으로 폭력을 당했다. 그 같은 경우에 봉기 참가자들이 적으로 분류된 자들과 진짜 적을 섬세하게 구별하지 않았다는 것은 뮤티니의 여파로 발발한 농민 봉기들의 과정에서 누구나 분명히 알 수 있었다. 우따르 쁘라데쉬의 하미르뿌르 지구에 있는 고한드의 촌락 주민들이 그 지역의 다른 촌락 주민들에게 정부에 바쳐야 할 세금을 일체 지불하지 말라는 자기들의 충고에 복종하지 않으면 약탈하겠다고 위협을 가한 것은 그래서였다.101) 또한 가야 지역에서는 쿤와르 싱이 "그에게 가담하지 않은 모든 촌락을 불 지르고 있다"라는 말이 있었다.102) 벵골의 한 촌락에서 벌어진, 인디고 재배자들이 연루된 어느 폭동에 관한 다음과 같은 진상 조사서는 이 점을 더 명확히 하는 데 도움을 줄 것이다.

> 1858년 5월 11일, 약 80명의 [나디아 지구] 베따이 촌락 주민들이 그 촌락 안에 있는 힐 씨의 까차리를 공격하여 몇 장의 서류를 탈취했고, 정부의 뻬아다이자 초끼다르인 자에게 상해를 입혔으며, 그런 다음에는 촌락의 또 다른 쪽으로 가서 그곳을 약탈하고 6명에게 심각한 상해를 입혔다. 이 나중의 공격은 상해를 입은 자들이 공장에 대항하는 공격자들 편에 가담하지 않으려 했기 때문에 일어났다.103)

반대자들에 대한 처벌 또한 빠브나 봉기의 경험의 일부였다. 봉기 과정을 주목하게 만드는 가장 폭력적인 사건들 중의 하나는 전투적인 촌락인 나깔리아의 주민들이 봉기를 유보한 촌락인 삭톨라의 주민들에게 가한 징벌적 공격이었다. 그 공격은 "협박하기 위해 동맹이 오용된 보기 드문 사례"104)라고 말해져 왔다. 그렇다면 누구에 의해 오용되었나? 정보에 밝은 시라즈간즈의 부행정장관이 당시에 썼듯이, "그들[삭톨라의 촌락 주민들]이 동맹에 가담하지 않으려 했기 때문에 그 계획을 실행한 농민들"에 의해서 오용된 것이 아니라, 아마 소동을 일으켜 무언가 얻을 계획이 있었던 몇 명의 이자라다르들에 의해서 오용되었을 것이다.105) 사실 나깔리아 농민들이 그렇게 행동했을 때는 현지의 기존 관습을 따르고 있었던 것이라고 믿을 만한 충분한 이유가 있다. 왜냐하면 봉기와 관련하여 재판에 회부되었던 사건들 중 일부는 동맹 추진자들에 반대하고 자민다르들을 편들었던 자들의 신체와 재산에 대해 가해진 것으로 추정되는 공격들에서 비롯된 것들이기 때문이다.106) 농민들이 내부의 수동적 협력자들을 처리할 때 어떠한 분파적 고려도 그들을 방해하지 못했다는 것을 그들의 적이 모를 리 없었다. 『암리따 바자르 빠뜨리까(Amrita Bazar Patrika)』에 따르면, "어떤 촌락에서든 힌두 농민이 반란자들에 가담하는 것을 거절하면 그의 집은 약탈된다. 말 안 듣는 농민이 무슬림이라도 그의 집은 약탈된다."107) 정말이지 그들은 자신들의 동맹에서 유래하는 힘을 "오용하기"는커녕 그 힘을 수동적 협력자들에 대한 억제책으로 활용한 것이 틀림없고, 그래서 빠브나 농민들은 전 세계적인 농민 봉기의 전통에 합류하게 된 것으로 보인다. 독일 농민전쟁을 쓴 역사가가 썼듯이, "오스트하임에 있는 베트바륵[베트베르크]에서는 어떤 이들이 반란자들에게 가담하기를 거부했다. 그들의 집은 약탈된다." 그리고 다른 몇몇 지역에서 "민중의 동맹[Volksbund]에 가담하지 않은 자들은 무거운 벌금을 물어야만 했다."108)

능동적 협력에도 두 종류가 있는데, 그 두 가지 모두에서 능동적 협력은 농민의 서발터니티의 복제(replication)로 나타난다. 이 중 첫 번째 종류에서 그 복제는 농민과 그의 적 사이의 전통적인 정치적 관계 — 하인과 주인의 관계 — 를 지속시키는 것으로 보인다. 바로 이 관계를 파괴하는 것이 반란의 목표, 사실상 근본적인 목표이므로, 그 같은 서발터니티 안에 계속 머물기를 선택하는 봉기 공동체 내의 모든 구성원들은 투쟁으로 시작된 전복의 과정에 대해 적대적인 자들로, 따라서 적의 편에 선 자들로 간주된다. 19세기 벵골의 촌락들에서 지주의 권위를 가장 특징적으로 표현해 준 것은 쁘로자에게서 지대를 수취하는 권력이었다. 그래서 1870년대와 1880년대에 벵골 남부 지역에서 고율의 지대가 반(反)자민다르 투쟁의 중심적 이슈가 되어 지대 거부 투쟁이 그 주요한 형식으로 등장했을 때, 계속해서 지대를 납부한 모든 농민들은 협력자들로 규정되어 폭력에 시달리곤 했다. "피고인 30명은 고소인의 집을

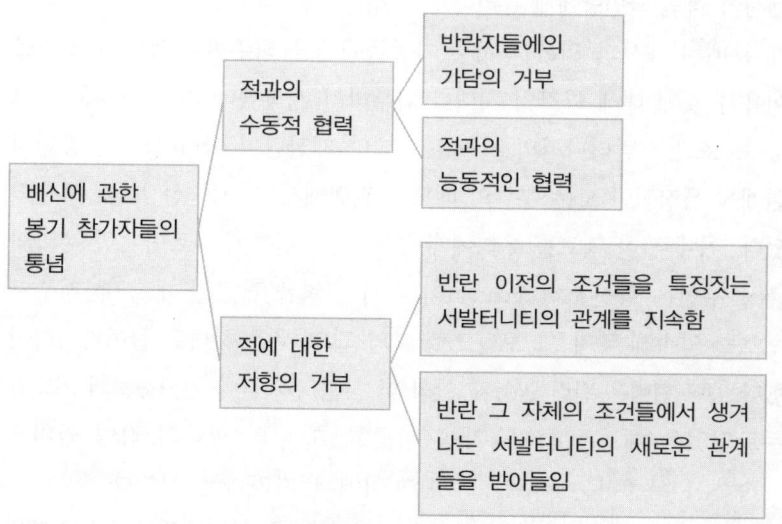

그림 1. 배신에 관한 봉기 참가자들의 통념

급습했고 [그리고] 자민다르들에게 지대를 납부했다는 이유로 그를 공격했다." 이것은 차께아 촌락의 소작농인 샤분 쁘라마닉의 신체와 재산에 대해 빠브나 봉기 참가자들이 가한 공격과 관련하여 하급 행정구역의 법정 앞에 제출된 간결한 사건 요약문이다.109) 또한 1881년 미멘싱에 있는 호샤인뿌르의 농민들은, 어떻게든 두 가지 협력 행동을 구별하기 위해 일부러 애쓰지는 않은 채, "동맹을 결성하여 **지주 편에 서거나 얼마간이라도 지대를 납부한** 모든 자들을 심하게 괴롭혔다."110)

이런 식의 협력자 확인은 서발터니티의 조건들을 감내하고 싶지 않은 반란자들이 넘어서고자 하는 그 한계를 표현해 준다. 이러한 확인은 그 같은 봉기의 시기에 차별적인 의식 수준들의 지표 역할을 하는 중대한 경계로서, 농민들은 그 경계를 넘어서고자 하는 자발성의 정도에 따라 상대적으로 선진적인 인자들과 상대적으로 후진적인 인자들로 분류된다. 우리는 1946년 중국의 내전 시기에 공산주의자들에 의해 이미 해방되어 토지 분배 운동을 경험한 바로 그 촌락의 일부 농민들이 어느 국면에서 전쟁이 돌연 국민당에게 유리하게 돌아선 것을 보고 기겁하여 "자신들에게 분배된 재산과 의복을 지주 가족들에게 돌려주거나 몰수된 토지를 이용한 것에 대해 약간의 지대를 납부하기 시작했다"라는 기록을 갖고 있다. 또한 서발터니티의 전통은 지대나 재산만이 아니라 낡은 봉건적 관계에 특징적인 모든 부류의 태도와 관련해서도 거듭 심각하게 표출되었다. 이에 관한 정보를 우리에게 주고 있는 힌트에 따르면, "한 촌락의 촌장 부인은 향신(鄕紳, gentry)이 다시 권력을 잡았을 때 전(前)지주가 보호를 약속해 주자 그 보답으로 그의 집의 무급 하녀로 들어가기까지 했다."111) 협력은 반란 공동체 안의 더 약한 인자들이 **번신**(飜身)의 기회가 무르익었을 때조차도 지주제를 비롯한 그 밖의 형식의 적의 권위에 계속해서 복종하는 바로 그 경향 위에서 자라나는 것이다.

능동적 협력의 또 하나의 타입은 얼마간 상이한 서발터니티 유형을 수반한다. 이것은 이전의 전통적 굴종 형식들이 지속되는 것으로 나타나는 것이 아니라, 반란으로 인해 등장한 굴종 형식들을 통해 나타난다. 반란 공동체 안에서 적의 대리인 노릇을 하는 자들이 이 타입의 가장 전형적이고 두드러진 대표자들이다. 이렇게 능동적 협력은 반란 연대 그것과 마찬가지로 봉기에 의해 생겨나는 것이며, 또한 반란 연대의 쌍둥이이자 그것의 역(逆)으로서 반란 연대와 공존한다. 실제로 그 둘 사이에는 필연적인 연관이 존재한다. 봉기 참가자들이 자신들의 연대를 더 강하게 느낄수록, 그 적들은 반란자 대열에서 협력자들을 끌어내야 한다는 압박을 점점 더 받는다. 라즈 아래서의 가장 강경한 몇몇 평정 작전에서 다양한 종류의 첩자들, 찬동자들, 대리인들이 그토록 눈에 띄게 등장했던 것은 그 때문이다. 만 싱을 이용하여 그의 막역한 친구이자 뮤티니의 위대한 지도자인 따띠야 또프를 체포하려 했던, 대단히 세심하게 구상된 그 계획은 관변 쪽에서의 배반 행위 조장이 얼마나 비틀린 것이었고 또 실제로 얼마나 효과적인 것이었는지를 보여 준다.112) 하지만 1855년 싼딸들을 상대로 식민 정권이 벌인 전쟁은, 많은 다른 점에서와 마찬가지로 그 점에서도, 2년 후에 벌어질 더 거대한 또 다른 전쟁의 총연습이었다. 이때 전쟁에서 패배하여 사기가 저하된 반란자들에게 이 정책이 미친 영향은 봉기 지도자인 주기아 사르다르가 봉기의 최종 국면에 관해 말한 이야기 속에 이렇게 기록되어 있다.

> 우리 모든 남성 싼딸들, 즉 이미 포로가 된 우리는 감옥에 수감되었고 한 사람씩 다스니아 라즈그람으로 이송되었다. …… 그 당시에 유럽인 관리들은 우리에게 온갖 종류의 보장을 허위로 제안했다. 그들은 "어째서 너희들이 고생해야만 하나?"라고 물었다. "너희 수바들의 이름을 대면 너희들을 즉시 석방해줄 것이다." 그래서 우리 쪽의 많은 자들이 밀고했고, 사힙들은 수바들을 체포했다. 그렇게 체포된 수바들 중의 일부는 즉석에서 교수형에 처해졌다. 다른 일부는 유형지로 보내졌다.113)

물론, 1855년에 관리들의 변절 유인책은 위에서 말한 순박한 농민이 상상했던 것보다 훨씬 더 정교하게 실행되었다. 그것은 확산되고 있는 봉기의 공세에 맞서려 했던 현지의 민간 당국과 군 당국의 절박한 필요에서 조금씩 생겨났고, 종국에는 반란을 제압하기 위한 정부의 전략의 일부로 일반화되었다. 이 과정에서 착수된 수많은 시도들이란 결국 세 가지 범주의 능동적 협력자들을 찾는 것이었다. 첫째, 첩자들이 있었다. 봉기 지역에서 올라온 천편일률적인 급보들은 때때로 이 끄나풀들의 활동 흔적들을 엿보게 해 준다. 10월 1일에 첩자들을 파견하여 "어제 라니베할에서 열린 …… 싼딸 두목들의 중대한 집회에서" 무슨 일이 일어났는지를 알아보게 했고, 질란 하사의 첩자들은 반란자들이 비르붐에 있는 "라니가온, 예하나바드, 자이포르 등을 약탈하려는 의도"를 정말로 실행할 것인지 감시했고, 첩자들은 싼딸의 대군이 대간선로를 건너고 있다고 보고했고, 10월 27일 꾸니라바드의 중대한 집회에 까누가 참석한 일에 관해 어느 첩자로부터 정보를 받았고, 차모아빠라에서 반란군 캠프의 설치에 관해 몇몇 첩자들에게서 받은 정보를 확인 중이고,114) 기타 등등.

이들 정보원들은 바로 가난한 촌락 주민들이었다. "싼딸 봉기와 연관되어 비르붐의 수세관이 감당한 첩보 부대 비용 계산서"는 "말 부족의 께나람과 25명의 다른 정보원들의 식비로" 총 1루삐가 지급되었음을 보여 준다.115) 가장 가난한 자들이 아니고서야 대체 그 누가 1855년에 하루 두 끼를 26분의 1루삐 상당의 음식으로 연명했을 것이라고 믿을 수 있겠는가? 하지만 그 자료들 안에서 실제 이름이 언급된 사람들이 거의 없었다는 점으로 판단하건대 — 그 이름들은 그저 비르붐 지역 담당 관리들이 작성한 비용 계정상의 항목들로 표기되어 있다 — 정부를 위해 일한 첩자들은 모두 싼딸이 아닌 자들(예컨대 나비 박쉬, 찬드 말릭, 아보이 수락, 께나람 말* 등등)이었다.116) 반란 공동체 자체 안에서 정보원을 충원하려 한 당국자들의 시도를 좌절시킬 만큼 에스닉한 연대가 견고했다는 것을 입증하는 것은 (물론 결코 확실하지는 않지만) 가능한 일이며, 이것은 당국자들이 받은 정보의 상당량이 질적으로 빈약했던 이유를, 그리고 그들이 초기 단계에 적시에 개입하여 봉기를 제압하지 못했던 이유를 부분적으로 설명해 줄 것이다. 공식적인 커뮤니케이션들에서 "싼딸 첩자들"에 대한 언급이 떠나질 않았고 봉기 참가자들을 위해 첩자 노릇을 했다고 수많은 죄수들이 고발된 것은 사실 그 당시 소요 지역에서 군대의 작전에 대한 민중의 역정보의 승리를 가늠케 해 주는 것은 아닐까 하는 생각이 든다.117) 2년 후 뮤티니가 촉발시킨 봉기들을 라즈가 제압하려 했을 때, 그 같은 역정보가 라즈에게 심각한 장애물이 되었다는 것은 의심의 여지가 없다. 사하란뿌르의 행정장관의 경험은 이 점에서 아주 전형적이었다. 그는 마눅뿌르 촌락에 대한 공격을 지휘하여 촌장인 움라오 싱을 체포하려 했는데, 그 촌장은 "대단히 주제넘어서 자기를 왕이라고 부르면서 주변 촌락들에게서 돈을 거두어들인 적이 있었다." 정부는 그의 체포를 위해 "거액의 포상금"을 내걸었지만, 체포에 실패한 어느 장교의 증언에 따르면 "그자의 정보력은 우리가 감당할 수 없을 정도로 너무 뛰어나서, 우리가 도착했을 때 그 촌락은 이미 텅 비어 있었다."118) 소액의 은화를 받고 봉기 참가자들의 우두머리를 스판키*에게 기꺼이 팔아넘길 사람은 분명코 아무도 없었던 것이다.

정부가 조장한 능동적 협력의 두 번째 범주는 체포되지 않았거나 체포된 다른 반란자들을 고발하기 위해 반란자 죄수들을 밀고자로 활용하는 것이다. 바이라기로 기재된 구루차란 다스가 싼딸이 아닌데도 관리들의 서신에서 한자리를 차지했던 것은 그래서였다. 그는 봉기에 가담한 바 있으나 체포되어 죄수가 되었다. 특임 판무관 워드는 그에 대해 이렇게 말했다. "그를 밀고자로 만드는 것이 바람직할지도 모른다.

---

* 앞의 것은 사람의 이름, 뒤의 것은 부족의 이름이다.
* 사하란뿌르의 행정장관.

물론 그렇게 할 만한 아주 그럴듯한 이유를 찾지 않는 한, 내가 그 방법을 추천하지는 않겠지만 말이다."[119] 그 바이라기가 결국 워드의 기대에 부응하여 동료 봉기 참가자들을 배반했는지 여부는 전혀 알 수 없다. 그러나 바로 그 관리가 또 다른 밀고자를 찾으려 애쓴 일은 더 충실하게 기록으로 남아 있다. 1855년 9월 15일 마호메드 바자르 근처에서 군대와 싼딸들 간의 전초전이 벌어진 후, 4명의 어느 농민 가족 — 도나(Dhona)* 마지, 전투 중에 무릎에 총상을 당한 부인 쏘나, 어린 두 딸 쑤미와 딜지 — 이 체포되었다. 벵골 정부에게 그 사건을 보고하면서 워드는 이렇게 썼다.

> 도나는 자백하리라고 봅니다. 내 명령으로 그는 독방에 갇혔는데, 나는 그가 동료들과 지도자들을 고발하기로 마음먹는다면 24시간 안에 석방되는 것을 얼마간 기대할 수 있게 해 보겠다고 그에게 알려 주었습니다.[120]

도나 마지는 말을 듣지 않았다. 한 달 후인 10월 15일, 그와 그의 가족에게는 "약탈을 목적으로 공격 무기들을 소지한 채 불법적으로 또한 폭동을 일으킬 듯이 모여서 평화를 깨뜨린" 혐의가 씌워졌고, 비르붐의 특별 법정은 "두나 마지 싼딸에게는 7년간 차꼬를 차고 노역하는 징역형을, 쏘나 마지 싼딸에게는 1년간의 징역형 및 노역을 대신하는 50루삐의 벌금형을, 쑤미 마지과 딜지 마지 싼딸들에게는 각각 6개월의 구금형 및 노역을 대신하는 25루삐의 벌금형을" 선고했다. 이 판결을 보고받은 부총독은 도나를 가족에게서 분리시키라고 명령하고 그를 치따공 감옥으로, 즉 그의 부족 거주지에서 가능한 한 동쪽으로 멀리 떨어진 (관할구역 내에 있는) 곳으로 이감시켰다.[121] 하지만 밀고자로 변절하여 자유를 사는 것을 거절했던 한 반란자에게 가해진 이 징계

---

* 두나(Dhuna)의 다른 표기.

처벌에서 우리는 싼딸들이 자신들의 공동체 안에서 협력자들을 모집하려 한 시도들에 대항하면서 연대했던 사례를 다시 한 번 보게 된다.

능동적 협력의 이러한 형식들 중에서 당국자들에게 가장 유익했던 것은 미끼들의 활약이었다. 1855년 8월 중순쯤에는 이미 반란 대오 안에서 몇몇 변절자들이 생겨났고, 또 현지 군 지휘관들은 여전히 완강한 봉기 가담자들 중의 일부를 체포하기 위해 이 이탈 분자들을 이용하겠다는 생각을 갖게 되었다. 기록에 따르면 "파쿠르에서는 반란자들 중 4명의 우두머리들이 투항하여 다른 자들을 데려오겠다고 약속했다."122) 또한 우리가 알고 있듯이, 버치 대위라는 자는 "암라빠라에 주둔하면서 일부 싼딸들과 반란자들을 손에 넣기 위해 협상을 벌였다."123) 그러나 이 특수한 전략의 이점은 시도가 배신을 당해서 당국자들이 힘 들이지 않고 그를 수중에 넣게 된 후에야 비로소 당국자들에게 아주 분명해졌다. 그 사건은 1855년 8월 20일에 구티아리 캠프의 원주민 보병 연대 지휘관 셔크버 소령에 의해 이렇게 보고되었다.

> 우리가 어제 여기로 오는 도중, 이곳에서 약 3마일 정도 떨어진 곳에서, 푸시예 빠르가나에 있는 푼데라 촌락의 룬주니트 부군 마지라는 어느 싼딸이 제 발로 나에게 걸어와, 자기는 결코 봉기 집단에 가담한 적이 없으며 봉기 진압을 도와주겠다고 말했다. ……
> 우리가 캠프에 도착한 직후, 한 사내가 와서 자기가 총 두목 시도 마지를 잡아 인근 촌락 안에 동아줄로 묶어 두었으며, 만일 그자를 데려오라고 명령하면 그렇게 하겠다고 말했다. 일은 그대로 되었고 그 유명한 강도 두목이자 반란자는 지금 캠프 안에 죄수로 잡혀 있고 바갈뿌르로 이송될 것이다. ……
> 시도를 캠프로 데려온 자의 이름은 나제아 만지였는데, 그자와 (도중에 우리 편에 합류한) 부군 만지는 까누 만지, 춘다이 만지, 바이주 만지 등과 타쿠르 같은 다른 두목들도 잡아올 수 없는지 알아보려고 나섰다.124)

미끼를 이용하는 관행은 이러한 변절 행위에서 직접 유래했다. 왜냐하면 위에서 언급한 긴급 보고서에서 셔크버 소령은 자기와 자기의 수행 문관인 머니 "두 사람 모두 지금 더 전진하는 것은 별 쓸모가 없고, 이 싼딸들이 바로 그들의 두목들을 잡을 수 있도록 그들에게 기다릴 시간을 주는 것이 더 나을 것이라고 생각한다"라고 말을 이어가고 있기 때문이다.

그 구상은 채택되었다. 군대의 최고위층은 물론 민간 행정의 최고위층에 의해서도 강력하게 옹호된 그 구상은 곧 봉기 진압 전략 안으로 흡수되었다. 그 형식은 충분히 발전하여 이중의 보상을 주고 미끼들의 협력을 확보하는 정책으로 가동되었다. 첫째, 봉기 지도자들을 체포할 때 당국을 도와준 일에 대해서는 다소간의 돈이 제공되었다. 로이드 소장은 반란자들이 "비협조적이어서 항복하려고 하지 않는" 것은 그들의 근처에 까누와 바이랍과 찬드와 같은 주요한 지도자들이 있기 때문이라는 것을 알아챘는데, 이때 그는 "혹시 그 세 명의 지도자들의 체포에 많은 포상금을 내걸고 유인하면 그들의 부하들이 그자들을 넘겨주지 않을까"하고 생각했다.125) 처음에 정부가 공시한 포상금은 실제로 아주 높았다. 주동자 중 누구든지 체포하면 5,000루삐였는데, "하지만 이것이 과하다고 여겨지자 특임 판무관은 포상금을 줄여서" 까누를 체포하면 그래도 상당한 액수인 500루삐를, 그의 두 동생 중 누구라도 체포하면 200루삐를 주기로 했다.126)

성공한 미끼들에게 줄 다른 포상은 공식적인 사면이었다. 사면의 조건은 엄격히 규정되었다. 1855년 10월에 뗄아부니 지역에서 활약한 반란군 지도자와 몇 명의 다른 만지들이 비르붐의 행정장관에게 항복했을 때, 특임 판무관은 행정장관에게 관대하게 처리하지 말라고 경고했다. 이 반란자들은 2주 안에 자신들의 지휘관인 까누를 잡아서 넘기겠다는 데에 동의하지 않으면 "항복했다고 해서 사면될 자격이 없었다." "그들이 잘 알고 있는 까누 만지나 타쿠르의 신병을 반드시 확보해야만 한다.

그리고 귀관은 그자가 귀관에게 양도되어야 한다는 것을 강조해야만 한다." 그 행정장관에게 보낸 엄격한 훈령은 이렇게 되어 있고, 게다가 거기에는 정부가 요구하고 있는 배신행위 처리 지침이 아래와 같이 세세하게 상술되어 있다.

> 물론 귀관은 까누를 잡아들일 목적으로, 항복한 자들 중 일부를 석방할 필요가 있을 것이다. 하지만 귀관은 우선 그자들을 모두 신중히 조사해야 할 것이고, 만일 귀관이 그 목적을 위해 석방시켜 줄지도 모를 그들에 관해 조사를 다 마쳤는데도 그들이 아무것도 아는 바가 없다면, 그 후에는 그들이 자신들에 관해 말한 것과 그들의 주거 등등을 근거로 그들을 추궁해서 신뢰할 수 없다고 처벌하는 것도 어렵지 않을 것이다. 만일 그들이 자신들의 석방 조건에 매달리지 않는다면 그것은 반드시 기록되어야 하고, 귀관은 지도자 까누를 인수할 시간을 정해야 하는데, 15일이면 충분할 것이다. 그러나 귀관은 그자의 현재의 거주지와의 거리를 고려해서 판단해야 할 것이다.[127]

평정의 도구로 배신행위를 이용하는 것에 관한 이 공식적인 조언에서의 세심한 배려는 사실상 식민 정부가 "자유주의적 제국주의"의 시기 이래 얼마나 달라졌는지를 가늠케 한다. 1832년 꼴 봉기의 지도자인 부두 바갓뜨는 배신자의 계략에 의해서가 아니라 호각세의 전투(비록 그 전투는 부족민의 도끼와 활과 화살을 한편으로 하고, 영국 식민 군대의 총검을 다른 한편으로 하는 불평등한 충돌이었지만)를 벌이던 중에 죽었다. 하지만 바갓뜨의 목을 잘라 당국자들에게 가져온 대가로 수많은 하사관들과 병졸들에게 천 루삐의 돈이 분배되었을 때, 당국자들은 불쾌한 나머지 "부두 바갓뜨의 경우에서처럼, 봉기 지도자들을 죽여서 갖고 오건 산 채로 잡아 오건, 그에 대한 보상을 지급하는 관행"을 즉시 종결시켰다.[128] 이는 그 후 25년 동안의 비정상적이지 않은 행정과는 아주 판판이었다. 그 25년 후에, 봉기 지도자의 체포에 관한 이야기를 들은 부총독은 "체포할 수 있게 정보를 준 자는 누구며, 체포를 완수하는 데 직접 도움을 준 것 같은 바부는 누구이며, 그 사람은 자신이 한 일에 대해 보상 받을 만한가"129)를 우선 확인해야 한다고 생각하게 되었고, 자신의 친구인 뮤티니 지도자를 배신하여 그를 즉결재판에 넘겨 처형하게 만든 어느 협력자는 그 대가로 라즈에게서 소왕국 규모의 토지를 상으로 받게 되었던 것이다.130)

1855년에 미끼를 공식적으로 활용한 것은 군사작전 자체의 연장이었을 뿐만 아니라 그것의 실패를 부분적으로 인정하는 것이었다. 로이드 소장은, 거대한 싼딸 무리가 "분명히 …… 그들의 수바들인 까누와 그 형제들의 명령에 따라 움직이면서" 그해 11월 말까지도 여전히 저항하고 있는 것을 얼마간 비통한 심정으로 바라보았을 때, 이 점을 거의 명백히 인정했다. "나는 군대라는 수단으로 이 지도자들을 잡을 수 있다고는 거의 기대하지 않는다." 그는 이렇게 인정하면서, 더 나아가서는 자신이 협력자들에게 의지한다는 것을 다음과 같이 확인했다. "우리는 일부 죄수들의 도움으로 그자들을 손에 넣으려 애쓰고 있다."131) 하지만 이는 별 쓸모가 없음이 드러났다. 그 후에 곧 까누는 체포되었는데, 그의 체포는 군대에 의한 것도, 속임수에 의한 것도 아니었다. (까누와 몇 명의 동지들이 그들을 당국에 넘긴 몇몇 가쁘왈들의 수중에 떨어진 것은 순전히 우연이었다.132)) 8월 19일에 시도가 체포된 직후, 머니는 "다른 두목들도 2~3주일 안에 잡힐 수 있을 것이다"133)라고 예언했는데, 이 예언을 확증해 줄 일은 사실상 전혀 일어나지 않았다.

이것을 단순히 개인 차원의 판단 착오로 간주하는 것은 잘못일 것이다. 왜냐하면 전반적으로 행정 당국은, 심지어 그 고위층에서조차, 봉기의 힘을 대체로 과소평가했던 것 같고, 또한 부총독 본인을 포함하여 수많은 관리들에게 봉기는 단명한 국지적 소요처럼 보였기 때문이다.134) 한 달도 지나지 않아 싼딸들은 "그들을 진압하기 위해 보낸 군대에 능동적으로 저항하기를 대부분 포기한"135) 것처럼 보였다. 정부가 1855

년 8월 초에 10일 이내에 항복하는 모든 자들을 용서하겠다고 약속하는 포고문을 발표한 것은 그 때문이었다. 봉기 지도자들과 실제 살인 행위에 가담한 자들만 겨냥한 것이 아닌 이 포고문은 그 같은 약속과 동시에 한층 더 극렬한 저항은 제압해 버리겠다는 협박도 담고 있었다.136) 이 당근과 채찍 정책의 목표는, 부총독의 말을 빌리자면, "잘못 이끌리고 있던 싼딸 대중에게 그 잘난 선동가들과 지도자들에게서 떨어져 나올 수 있는 모든 기회를 열어주는 것"137) — 즉 봉기 대열에서의 이반과 배신을 부추기는 것 — 이었다. 그러므로 당국자들에게 이 포고 직후에 일어난 어느 봉기 지휘관의 배신은 그 정책의 성공의 신호로 보였을 뿐만 아니라 싼딸의 저항이 종식되기 시작하는 것으로도 보였던 것이다.

하지만 그들은 중요한 점을 빠뜨리고 결론을 내려 버렸다. 왜냐하면 반란 지도자들은 이 정책이 자신들의 병사들의 사기와 연대를 심각하게 위협한다는 것을 재빨리 간파했고, 또 시도의 체포는 그들이 가장 우려하던 것들을 확인해 주었기 때문이다. 그러므로 까누는 그 포고문에 대한 일체의 긍정적인 반응을 배신으로 간주할 것이며 따라서 처벌을 면할 수 없을 것임을 알렸다. 그 포고문을 모한뿌르와 노니 핫 인근에 널리 알리고자 무진 애를 썼지만 "그 포고문에 설득되어 항복하러 온 자가 아직 아무도 없다"라는 사실로 인해 이미 기가 꺾여 있었던 저 머니는 9월 10일에 이렇게 썼다. "그자는 이 포고문들을 간파했고 그래서 우리에게 도움을 주거나 심지어 항복하겠다는 의사를 넌지시 비치는 사람들까지 모조리 죽인다."138) 그 후 몇 주일 안에 몇몇 다른 문관들에게서도 — 심지어 싼딸들이 군대와 싸우려 하지 않고 그 포고문에 응답하여 막 항복하려 한다는 이야기가 있었던 지역인 비르붐의 문관들에게서도 — 똑같은 우려의 목소리가 나왔다.139) 그 지구의 행정장관이 얼마 후에 쓴 편지에는 눈골리아의 경찰서장에게서 온 몇 개의 "최신 보고서들"이 언급되었는데, 그 보고서들에 따르면 "이달 18일에 공표된 정부 포고문들이 반란자들에게서 거의 능멸을 당하고 있는바, 그자들은 자신들을 두려워하기 때문에 포고문들이 배포되는 것이라고 하면서 전혀 항복할 의사를 갖고 있지 않다."140) 비르붐 수세관의 10월 2일자 일기는 이 점을 확인해 준다. "싼딸들은 포고문을 집어 들고서 굴복하느니 칼을 맞겠다고 말했다. …… 포고문은 모든 지역에서 더없는 조롱거리가 된 것처럼 보이며, 싼딸들은 여러 장의 포고문을 가져온 이들의 면전에서 그 종이들을 찢어서 내던졌다."141)

이런 식의 현지 정보로 인해 행정 당국의 최고위층은 머지않아 이 정책을 재검토하지 않을 수 없었다. 인도 정부의 육군성 대변인은, 포고문이 관대한 처리를 약속했어도 거기에 응한 봉기 참가자들의 수는 정말이지 "매우 보잘것없다"라는 점을, 또한 "가장 최근의 보고에 따르면 반란이 예전처럼 대단한 기세로 계속되고 있다"라는 점을 알게 되었다.142) 이러한 견해는 부총독이 직접 쓴 다음과 같은 10월 19일자 비망록에 의해 확증된다. "이것들[포고문들]이 그들[반란자들] 사이에 널리 배포되었다고 알려지지만[알려졌지만] 어떠한 효과도 거의 낳지 못했고, 사실상 그들은 이것들을 대개 정부의 허약함의 증거이자 반란의 성공을 고취하는 징표로 간주했다."143) 이렇게 실패를 인정하고 나서 3일 후에 이 부총독이 또 다른 비망록에 계엄 포고령 초안을 동봉해 넣었을 때,144) 반란자들을 유인하여 항복하게 하거나 협력하게 만들려 했던 정부의 시도를 누르고 반란자들의 연대가 승리했다는 사실은 의심할 바 없이 증명되었다.

뮤티니의 역사 또한 연대의 힘에 관한 꽤 두드러진 사례들을 전해 준다. 알라바드 지역에 있던 마울비 리아캇 알리의 반란 정부가 붕괴한 1857년 6월 16일은 그가 영국군과의 전투에서 패한 바로 다음날이다. 그러나 다시 돌아온 식민 당국자들이 그의 유죄를 입증하기 위해 증거를 모으려 했던 ― "실제의 사실들과 피의자들의 이름들을 수집하려 한" ― 모든 시도들은 현지 민중들의 조직적인 방해에 부딪혔다. 차일의 관리들은 이렇게 불평했다. "이 빠르가나의 주민들은 워낙 똘똘 뭉쳐 있었기에 조사가 있었을 때 아무도 사실들을 밝히려 하지 않았다. …… 의심할 여지없이 촌락의 주민들은 …… 반란자 리아캇 알리의 공범자들이었지만, 그들 모두 사실들을 감추기로 작당했다." 알라하바드 시의 주민만이 아니라 차일 빠르가나의 주민들까지 "사실 은폐에 따른 벌금형"으로 처벌되어야 한다는 결정이 내려진 것은 순전히 궁여지책이었다.145) 1859년의 북서부 주정부 의사록에는 거액의 보상금으로 배신을 유도하려던 정책이 실패했음을 대단히 솔직하게 인정하는 내용이 담겨 있다.

> …… 부총독은 반란 주도자들에게 거액의 보상금을 제공하는 것에 반대했다. 반란 기간 중 범죄자들에게 막대한 금액이 제공되었음에도 불구하고, 부총독 각하는 그런 방법으로 법정에 끌려온 사람의 기록에 관한 사례가 단 하나도 없다고 믿고 있다. 다른 한편, 거액의 보상금 제공은 해당 반란자에게 자기가 중요한 인물이라는 과장된 생각을 갖게 했고, 그의 추종자들과 그 주변에 있는 모든 자들의 눈에 그자를 의기양양하게 보이도록 하는 경향이 있었다. 게다가 쓸데없는 보상금 제공은 정부의 허약함을 표시하는 것이었는데, 아무튼 신민들의 공감을 얻지 못했다.146)

그 누구도 반란 연대에 대한 이보다 더 훌륭한 찬사를 생각해낼 수 없을 것이다!

봉기 참가자들이 연대를 수호하려 한 것은 온갖 종류의 능동적인 협력에 대한 그들의 폭력에서 가장 극적으로 표현되었다. 이 점에서 인도의 농민반란자들은 다른 나라의 농민반란자들과 다르지 않았다. 18세기 영국에서도 밀수업자와 밀렵자를 밀고한 사람은 누구든지 전혀 안심할 수 없었다.147) "밀고를 적대시하는 압력은 굉장했다." 사형이 선고된 서식스 지방의 어느 밀수업자는 "밀고자를 죽이는 것이 죄라고는 생각하지 않았다고 종종 말했고", 또 다른 밀수업자는 교수형에 처해지기 위해 나무로 끌려가고 있던 중에도 "자신에게 들씌운 살인죄를 범하지 않았고 …… 설령 그랬다 해도 그따위로 고자질하는 악당을 없애 버린 것은 전혀 죄라고 생각하지 않는다"라고 주장했다. 밀렵자들 역시 "밀고자들을 적대시했다." 월덤 체이스 인근의 어느 농장주가 깜둥이들과 "사냥꾼" 부대의 지도자인 "존 왕"을 밀고하자, 그의 농장 울타리는 파괴되었고, 밭으로 들어가는 문들은 열렸고, 가축들은 아직 베지 않은 그의 밀밭 안으로 몰려 들어갔다. 그 같은 보복 행위들은 결코 이들 농촌 "범죄자들"만의 작품은 아니었다. "밀고자는 밀수업자들의 직접적인 앙갚음만이 아니라 공동체 전체의 공개적인 분노에도 직면했다." "몇몇 사람들을 밀고했기 때문에" 헤이스팅스의 거리 여기저기를 쫓겨 다닌 사람도 있었고, 켄트 주에서는 어느 세무 관리와 그의 끄나풀이 투척 무기들로 무장하고 다음과 같이 외쳐대는 성난 군중에게 쫓겼다. "밀고자들아, 너희들을 틀림없이 목매달 것이다. 너희들을 죽이는 것은 죄가 아니다."

"너희들을 죽이는 것은 죄가 아니다." 인도의 농민반란자들 역시 첩자들과 그 밖의 모든 능동적인 협력자들에 대해 이렇게 느꼈던 것으로 보인다. 견고한 동맹자들로 간주된 집단들 중의 한 집단에 속해 있던 어느 그왈라(소 치는 이이자 밀크 장수)조차 꼴들을 밀고했다는 이유로 꼴들에게 살해되었다.148) 또한 1857~58년 대반란의 바로 그 마지막 국면 동안, 파스가완에서 영국을 위해 첩자 노릇을 한 것으로 밝혀진 4명의 사내는 코가 잘렸고, 그들 중 한 명은 칸 알리 칸을 추종하는 봉기 참가자들에게 총살되었다.149) 때로는 촌락 전체가 적에 협력했다는 이유로 민중의 분노의 표적이 되는 경우도 있었다. 이 시기 바레일리 지역의 지도자인 니잠 알리는 "이슈르뿌르에 대한 츄빠(*Chupa*)[즉 차빠(*chhapa*), 공격]를 단행하여, 그곳 주민들이 푸트쿠니아에서 있었던 몇몇 반란자들의 체포에 도움을 준 데 대한 보복으로 그곳을 불태웠다."150) 싼딸들의 경우, 그들 역시 협력자들에게 최대한의 폭력을 가했다. 까누가

"정보를 제공한 대가로 복수할 것이라는 말을 전했을" 때, 협력자들 중 한 명은 너무 무서운 나머지 재빨리 어느 봉기 진압군 캠프 안에 은신처를 구했다.151) 반란자들은 또한 명백한 협력자인 "두루가 만지 가문에 대한 복수를 맹세했다."152) 항복한 후에 "다른 두목들을 잡아 오기 위해 파견된" 시따쌀의 하르마 마지는 미끼들이 감당해야 할 신속한 응징을 받았다. 그는 "반란자들에게 공격을 당했고, 그의 촌락은 파괴되었고, 그의 재산은 약탈되었으며, 본인은 가까스로 도망쳤다. 왜냐하면 그자는 그토록 나쁜 사례를 만들었기 때문이다."153) 하르마는 평생 도망 다녔다. 또 다른 배신자 바그나 마지는 그렇지 않았다. 그의 이야기는 단지 하나의 봉기 에피소드이지만 변절과 테러와 역(逆)테러라는 그 드라마 전부를 재현하고 있다는 이유만으로도 좀 자세히 들을 만하다.154)

푸시예 빠르가나 안에 있는 뻰데아라는 어느 촌락의 싼딸인 바그나 마지는 봉기가 시작된 지 약 3주일 후 보우시의 경찰서장에게 첩보원으로 고용되었고, 그 경찰서장은 저 앞에서 언급한 머니라는 문관에게 그를 소개했다. 머니의 회고에 따르면, "[당신은] 어떤 공격도 받지 않을 테니 두려워 할 필요가 없고, 당신이 제공할 수 있는 어떤 도움에 대해서도 감사하게 생각할 것이라는 편지를 써서 그를 안심시켰다." 그가 제공한 도움은 굉장한 것이었던 만큼 당국자들에게는 소중한 것이었다. 8월 19일에 바그나는 구티아리로부터 멀리 떨어지지 않은 곳에서 원주민 보병 1개 연대를 이끌고 있던 셔크버 소령에게 접근하여 "봉기를 제압하는 데 도움을 주겠다"라고 말했다. 그날 늦게 그와 또 한 명의 공범자 마지아 마지는 시도를 "끈으로 묶어" 소령의 캠프로 데려왔다. 셔크버는 다음날 이 믿기 어려운 횡재를 급히 이렇게 보고했다. "그 유명한 강도 두목이자 반역자가 지금 캠프 안에 죄수로 잡혀 있다. 그자를 즉시 바갈뿌르로 보내겠다." 한편, 자신들이 벌인 체포 행각이 손쉽게 이루어진 것에 고무된 두 배신자들은 더 큰 것을 낚겠다는 기대감을 갖고 또 다른 먹이 감을 찾아 나섰다 — "우리가 다른 두목들" 즉 까누와 찬드와 바이랍까지 "데려올 수 있을지 없을지 두고 봐라." 그러나 그들은 행운을 두 번씩 잡지는 못했다. 오히려 그 어떤 다른 행위보다 저 한 번의 배신행위로 인해 바그나를 비롯한 그 밖의 협력자들은 까누의 가차없는 보복 대상이 되었다.155) 까누는 체포된 후 "나는 시도를 잡은 그자를 죽여버리라고 지시했다"라고 말하고는, "도몬 다로가가 그자와 시도의 체포 행각을 도운 또 다른 자들의 목을 베었다는 소식을 구리아빠니 사람들이 알려 줬다"라고 덧붙였다. 이 사건을 자세히 알려면 그 후에 작성된 관리들의 통신문 일부에 들어 있는 그 사건에 관한 단편들을 이어서 맞춰 보면 된다. 당국자들을 위해 "바그나 마지가 제공한 도움들"에 관한 이야기를 듣고서 반란 지도자들은 곧 그자를 체포하기로 결심했던 것 같다. 지도자들은 "그자의 아들을 잡아 애비가 올 때까지 볼모로 삼았다." 오래지 않아 바그나는 까누의 캠프 안으로 "유인되었고", 거기에서 도몬 다로가의 명령에 따라 "그자는 천천히 오그라지면서 살해되었다."

본때를 보여 주기 위한 이 폭력 행위에 못지않게 도몬 자신도 똑같이 잔인한 결과를 맞이했다. 라크미뿌르에 있는 핫반다의 주민인 도몬은 1854년에 사산의 빠르가나이트인 비르 싱이 몇몇 유복한 외지인의 집들에 대한 일련의 약탈 과정을 이끌었을 때 적극적으로 행동했다고 알려졌다.156) 같은 사회적 산적단에 속했던 코울레아와 마찬가지로 도몬 역시 봉기에서 두각을 나타냈고, 그가 얻은 "다로가"라는 호칭은 그가 까누의 파우즈에서 상대적으로 상급자의 지위를 차지했음을 보여 준다. 머니는 그를 살해한 후, "그의 이름은 반란자건 반란자가 아니건 모든 싼딸들의 마음에 공포를 불러일으켰고, 그의 죽음은 봉기 참가자들에게 타격이 될 것이다"라고 말함으로써, 비록 그의 죽음이 반란자들에게는 정말 큰 손실이었다 해도, 그가 반란자들보다는 협력자들에게 더 큰 위협이었음이 틀림없었다는 것을 무심코 드러냈다. 어쨌든, 도몬의 생명을 앗아가게 만들었던 행동은 바그나의 의붓아들인 비즈나트 마지라는 이름의 싼딸 협력자에 대한 보복 공격이었다. 그자가 까누의 군사들에게 체포된 이유는 봉기 가담을 거부했기 때문인 데다, 즉 수동적 협력자인 데다, 단지 어느 유명한 배신자의 인척이라는 이유만으로 본인도 배신자로 분류되었기 때문이다.157) 도몬 다로가 이끈 한 무리가 그자의 집을 공격했을 때, 그자는 친구들에 의해 구출되어 머니 앞으로 보내졌고, 머니는 그자가 고향으로 돌아가 가족에게 갈 수 있도록 허락했다. 머니가 그 사건에 관해 쓴 보고서에 따르면, "놀랍게도 다음날 아침, 그자[비즈나트 마지]는 도몬 다로가의 목을 갖고 …… 돌아왔다." 협력자는 반란자에게 목이 잘리고 반란자는 협력자에게 목이 잘렸다. 따라서 연대와 배신의 충돌이라는 그 두 개의 날카로운 움직임은 완전한 대칭 구도 안에서 서로 대치하고 있었던 것이다.

이것은 아이러니의 구도 — "대립물에 의한 재현"158) — 이다. 반란자의 파괴 방식과 협력자의 파괴 방식의 동일성을 드러내는 것처럼 보이는 그것은 대체로 그 둘의 상호 대립을 밝히는 데 도움을 준다. 이 대립을 단순히 농민 의식의 정도의 차이로 간주한다면 농민 의식의 독특함을 놓치게 될 것이다. 왜냐하면 반란자와 협력자의 대조는 이중적 전위의 함수이기 때문이다. 농민이 주인의 위치에 있는 누군가에 적대하여 반란을 일으킬 때, 그리고 그 같은 전복에 힘입어 지배와 종속이라는 전통적인 결합 관계에서 벗어난 농민-노예가 농민-반란자로 변형될 때, 그때 어떤 전위가 발생한다. 이 변형은 한 공동체의 전투적인 구성원들에게만이 아니라 상대적으로 후진적인 구성원들에게도 효과를 미친다. 그러므로 후진적 구성원 중에서 누군가가 이탈하여 적과 협력하게 될 때, 새로운 전위가 발생한다. 농민-반란자는 농민-노예로 복귀한다. 달리 말하자면, 반란이 농민과 그 주인의 관계의 긍정적인 파괴를 의미하므로, 봉기의 자식이자 그 안티테제인 협력은 오직 변형의 등비(等比)로서만, 즉 전위된 전위(diaplacement displaced)로서만 의미를 지니게 된다.

이러한 이중적 전위에 대한 인식만이 배신자에 대한 반란자들의 적대감의 일반적 성격과 그 적대감의 특별난 강도, 이 두 가지 모두를 이해하는 데 도움을 준다. 저 적대감은 그 일반적 성격에서 볼 때 계급의식의 표명이다. 그것은 이 의식이 농민의 적을 확인할 때에는 단지 농민의 적의 권위를 보여 주는 표지를 통해서만 확인하는 것이 아니라는 것을 보여 준다. 왜냐하면 농민-협력자는 농민-반란자처럼 가난하고 무력하기 때문이다. 농민-협력자는 농토, 가축, 곡물 창고, 살찐 유한부인들, 저택, 비단, 보석 등 상급 지배자의 지위를 나타내 주는 그런 자원들을 갖고 있지 않다. 빠브나 봉기 중에 그랬듯이, 협력자의 집이 약탈될 때 박살나는 것은 고작 그의 가내 소유물의 전부였던 값싼 토기 몇 점뿐이다.159) 봉기 참가자들이 협력자를 적의 부류로 간주하는 것은 그자의 부나 권위 때문이 아니라 그자가 자신이 속한 부류 안에서 타락한 의식을 전달하는 자이기 때문이다. 그러므로 반란 폭력은 계급의식의 타락에 맞서 계급의식을 지키는 방어선의 기능, 연대를 위해 어느 형제가 희생되어야만 하는 일종의 필요불가결한 정신적 형제 살해 행위의 기능을 수행한다. 그 자체로 반란 폭력은 농민-반란자가 자신의 계급 내에서 자신의 알터-에고(alter-ego)에 대항하여 소외와 벌이는 전쟁을 상징한다. 여전히 미숙하긴 해도 급진적인 의식인 그것은, 카인의 기호 아래에서, 자기-증오의 요소를 지닌 계급 증오로 작동한다. 그것은 달콤하거나 너그러울 수가 없다.

제6장 전파

농민들은 반란을 집단적 사업(collective enterprise)의 한 형식으로 간주하지만, 그들의 적들은 반란을 일종의 전염(contation)으로 묘사하고 또 그렇게 취급한다. 이렇게 말하는 것은 반란 폭력이 그 가해자들과 희생자들에게서 모순적인 해석들을 낳게 하는 경향이 있다는 것을 다시 한 번 보여 주는 데 도움이 된다. "전염." 이 단어는 지역과 시기를 달리하는 수많은 농민 봉기에 대한 관료적이고 친(親)지주적인 설명들에서 아주 빈번하게 그리고 아주 일관되게 등장하며, 이로 인해 그것은 거의 인습으로, 즉 그런 종류의 소요에 전혀 공감하지 않는 자들의 의식 안에 하나의 판에 박힌 형상으로 자리 잡아 왔다. 전염은 "성직자들, 빈민 감독관들, 그리고 분명히 노동자들 편이 아닌 그 밖의 다른 자들"에 의해 1830년 잉글랜드 농촌 폭동의 원인들 중의 하나로 간주되었다.[1]

식민 인도의 당국자들은 전염의 힘을 확실하게 인식했다. 1857~58년에 있었던 세포이 반란과 농민반란의 확산은 관리들의 진술 안에서 흔히 전염과 감염(infection)의 기능으로 묘사되었다. 육군 중장 맥러드 이니스가 아와드에서의 사건들을 설명하면서 말한 바에 따르면, "아잠가르와 자운뿌르와 베나레스에서 온 뮤티니 가담자들 대부분은 …… 계속해서 파이자바드로 이동하여 그곳에 **전염병**을 퍼뜨렸다." 아니면 어느 법정에 제출된 한 사건의 기록을 인용해 보자. "뮤티니는 1857년 6월 4일이나 5일경에 바라나스와 알라바드와 자운뿌르에서 발발했다. 이들 세 지구 옆에 붙어 있는 부르도히 빠르가나는 7일이나 8일에 **감염**되었다." 싸따라 지구의 행정장관 역시 똑같은 말로 자신의 두려움을 표현했다. "우리 지구의 경계선은 수많은 이슬람 주민이 거주하는 비자포르와 가까우므로 잘 감시해야 한다. **감염**이 신속히 확산될지도 모른다." 거의 모든 광범한 소요가, 특히 농촌 지역에서의 소요가 당국자들을 이 특별한 상상태(imagery)에 도달하게 만들었다. 당국자들은 1832년에 꼴 봉기가 발생했을 때 "토리 사람들도 …… (그들 자신은 꼴들이 아닌데도) 감염되어 무기를 들고일어났다"라고 말했다. 싼딸 봉기의 잠재력 또한 다음과 같은 말들로 묘사되었다. "폭동은 **전염성**이 있으며 그 해악이 어디까지 전파될지 예상하는 것은 불가능하다." 이때 벵골 부총독은 1855년 10월 19일자 자신의 메모에서 여전히 거침없이 진행 중인 봉기와 관련하여 "이 지방 봉기의 **전염병적 성격**"을 직접 언급했다.[2]

이 말들의 용법은 자명하다. 반란 — 모든 반란 — 은 그 적들의 눈에는 하나의 질병(a disease)이다. 어느 지방 헌병 대장의 말은 일종의 병리학으로 간주될 수 있는 이러한 정치관을 입증한다. 그는 뮤티니 사건이 있은 지 1년쯤 후에 "[1857년의] 뮤티니는 오염된 대기 중의 모든 **돌림병**(infectious disease)처럼 (이미 극도로 흥분되고 불만스런 상태에 있었던) 벵골 군대에 확산되었다"라고 말하면서 이렇게 덧붙였다. "그 **전염병**은 미루트에서부터 확산되었지만 방치되었고, 사안의 긴급성이 요구하는 신속하고도 단호한 보복이 없었던 데다 **병든** 병사들에 대한 철저한 격리조차 없었기에, 부대들은 연이어 **감염**되었다."[3] 제압 불가능한 바이러스가 좀먹는 **육신**이라는 그 유비는 더할 나위 없이 적절할 것이다. 그러므로 바이러스가 농촌에 침투했을 때, 젠트리들은 거의 항상 그것을 주인에 대한 농민의 건강한 충성심을 파괴하는, 따라서 주인의 도덕적 권위 체계를 반드시 훼손시키는 섬뜩한 독약으로 간주했던 것이다. 부르드완 지구의 실무 담당 판무관은 싼딸 봉기 농민들이 1855년 7월의 두 번째 주에 벵골의 서부 지구들을 포위해버린 것에 관해 이렇게 언급했다. "이는 싼딸들이 거주하는 지방의 저 **멀리 떨어진 곳**들까지 이미 **물들었다**(tainted)는 것을 보여 준다. 나로서는 그 재앙이 거기까지 확산되지 않기를 바랬지만."4) 여기에서 굵은 글씨로 강조되어 있는 단어들 ― 강조는 원문의 것 ― 은 그 행위 주체의 외부성만이 아니라 정신적 오염도 분명하게 시사해 준다. 거기에는 농민들이, 심지어 가장 멀리 떨어진 곳의 농민들조차, 외부인들의 난입 때문에 그들의 순결을 상실했다는 생각이 넌지시 드러난다. ―그런 생각은 일종의 음모 이론과 지주 지배에 더 없이 만족하는 순수한 소작농의 이미지라는 두 가지 모두가 쉽게 매달리는 그런 관념이다.

또한 분명히 그 메타포에는 불합리성이라는 통념이 수반되어 있다. 여기에는 두 가지 계기가 있다. 우선 그것은 공통의 불만으로 연결되지 않아서 서로 상관이 없는 농촌 주민 구성원들이 전염병에 걸린다는 것을 함축한다. 로건은 1897~98년 뭄바이 대관구의 타나 지구에서 발생했던 폭동을 회고하고 있는데, 그의 회고는 외견상 서로 무관한 농촌 사회의 구성 분자들이 공통의 봉기 안에서 통합되는 과정에 대해 엘리트가 지닌 몰이해의 전형적인 사례를 보여 준다. 폭동을 진압하라는 위임을 받은 장교로서 그 사건이 있은 지 한참 후에 쓴 글에서 그는 시간이 흘렀음에도 거의 변함없이 당혹스러워하면서 이렇게 회상한다. "분란을 촉발시킨 불만은 숲에 사는 몇 백 명의 주민들에게 국한된 것이었다." 숲에 사는 주민들은 숲에서 땔나무를 모아 바세인을 비롯한 여러 해안 촌락에 파는 관습적 권리에 의존하여 생계를 유지했다. 행정관이 이 거래를 금지하자, 그들은 "그 금지령을 무시한 채, 삼림 감시원을 제압하고는, 소란스런 시위를 벌이면서 그들의 짐을 바세인으로 실어

날랐다." 하지만 로건에 따르면, 당국은 이 소요에 즉시 징벌로 대응하지 못함으로써 "곧 그 지구 전체를 감염시킨 무법이라는 전염병"을 낳게 했다. 그리고 저 "전염병"이 그 지역의 다른 서발턴 집단들에게 확산된 것도 이 때문이다.

…… 숲에 사는 부족들은 앞서 말한 특수한 거래와 대체로 무관했어도 모든 곳에서 들고일어났으며 잠시 동안 삼림성(森林省)의 사법권을 탈취했다. 심지어 유럽인 관리들까지 습격을 당해 본부로 퇴각해야만 했다. 숲과 전혀 상관없이 뭄바이에서 장사한 덕분에 드물게 부유층이 된 꼴리 어부들은 주세(酒稅)와 염세(鹽稅)를 폐지하라는 외침에 응하여 일어섰고, 어느 부(副) 수세관의 캠프에 몰려가 술집 주인들에게 면세 술을 팔도록 지시하라고 요구(하여 그것을 쟁취)했다. 아그리(Agri)들, 즉 경작자들은 거칠고 위협적인 자들이 되어 갖가지 양보 사항들을 요구했다. 그래서 하급 지구 관리들은 신변의 안전을 확보하기 위해 모든 경비병들을 배치해야 했다. 그러는 동안, 의심할 바 없이 능숙한 지도에 따른 어떤 음모, 즉 여러 방면에서 온 세 무리의 군중들을 읍사무소 소재지로 전진시키려는 어떤 음모가 무르익고 있었다. …… 이 군중들 중 한 무리는 수 천 명으로 이루어졌는데, 이들은 때가 되기도 전에 들고일어나 금고를 약탈할 셈으로 마힘 읍을 공격했다.5)

하나의 정치체(a body politic)를 막 파괴하기 시작한 일종의 유행성 전염병으로 간주되었던 것에 대한 그들의 반응은 이 글에서 가장 전형적으로 드러난다. 이 글은 폭동들이 아주 미약하게 시작되었음을 강조하는 것에서부터 "의심할 바 없이 능숙한 지도에 따른 어떤 음모"의 존재를 믿는 것까지, 엘리트주의적 인식의 특징적 표지들을 모두 보여 준다. 하지만 로건을 가장 당황하게 만든 것은 애초에는 이 소요들을 유발시킨 계기와는 거의 연관이 없었던 여러 집단들과 여러 불만들이 상황이 발전함에 따라 서로 연관을 맺게 된 그 방식인 것으로 보인다.

그의 몰이해는 이해 가능하다. 왜냐하면 그는 이전까지 이와 비슷한 그 어떤 것도 결코 본 적이 없었던 것이 분명하니까. 그러나 사실 1897~98년에 타나 지구에서 발생한 것 모두는 하나의 낯익은 패턴과 너무도 훌륭하게 일치한다. 왜냐하면 그곳의 경우처럼 어느 농촌 사회가 아주 날카롭게 양극화되어 있을 때, 흔히 그 농촌 사회는 각기 다른 지역 갈등들을 서발턴 계급들과 그 적들 간의 전면적 충돌로 수렴시키게 되는 폭력의 일반화로 나아가기 때문이다. 그 같은 상황에서는 이전에 있었던 그 어떤 긴장이나 다툼도 더 이상 봉기의 범위 바깥에 있지 않게 되며, 모든 적대들은 마치 전혀 새로운 맥락 속에 있는 것처럼 기능을 수행하기 시작한다. 1830년의 잉글랜드 농업 노동자들의 운동과 직접 관계가 없었던 빈민 폭동, 십일조 폭동, 임금 폭동, 식량 폭동 등이 농업 노동자 운동이 절정에 달했을 때 모조리 거기에 흡수된 것은 그 때문이다.6) 또한 빠브나에서 "[농민들] 동맹의 형성에 관한 소식"이 "농민운동과 조금치도 관계가 없었던" 예전의 수많은 대립들을 "부활시켜" "그것들을 공공연하게 만든" 것도 그 때문이다.7) 달리 말하자면, 그것들 각각은 봉기에 선행하는 것들이었지만, 그것들 모두는 1873년의 봉기로 결집되었던 것이다. 농민에게 적대적인 자들은 바로 이 **결집의 과정**을 "전염"으로 규정하는 것이다.

이러한 메타포에서는 불합리성이 시사되고 있는데, 여기에는 매우 밀접하게 연관된 통념들인 돌발성, 속도, 동시성 등으로 구성되는 또 하나의 계기가 있다. 선량한 자크들(Jacques Bonhomme)*과 와트 타일러의 시대에서부터 까누 싼딸과 비르사 문다의 시대에 이르기까지, 돌연한 시작과 신속한 돌진으로 당시의 상층계급에게 충격을 가하지 않은 농민 폭동은 결코 없었다. 엘리트의 자료에서 기원하고 엘리트의 관점을 재현하는 증거(흔히 이용 가능한 유일한 증거)에 기록되어 있는 저 트라우마(trauma) 중의 일부는 역사가의 담론 안으로도 스며들곤

---

* 1358년 프랑스의 자케리 봉기 당시의 봉기 농민들.

한다. 또한, 그래서인지 자연의 파괴력에 의지하는 상상태들이 농촌 봉기를 묘사하기 위한 공통의 문학적 도구로 이용된다. 버사이트 봉기는 "마치 화산 폭발처럼 자발적, 돌발적으로 분출했고, 성격상 원초적"이었다고 하거나, 꼴 봉기는 "마치 들불처럼" 확산되었다고 하는 식으로 말이다.8)

자발성과 속도의 통념에서 동시성의 통념으로는 단번에 넘어가게 된다. 모든 경우가 그런 것은 결코 아니겠지만, 많은 경우 반란들은 정말로 아주 신속히 각각의 반란 영토들을 넘어섰다. 초따 낙뿌르와 빨라마우의 상당 부분이 꼴들에 의해, 그리고 다민-이-코와 비르붐의 대부분이 싼딸들에 의해 점령된 것은 고작 3~4주가 걸렸을 뿐이다. 상대적으로 느린 커뮤니케이션의 시절에 서둘지 않고 살았던 사람들 사이에서 이루어진 그 같은 놀라운 확산은 반란 공동체 외부의 관찰자들에게 해당 지역 내의 모든 곳에서 일제히 총동원이 이루어졌다는 환상을 불러일으켰다. 따라서 공통의 영토성(co-territoriality)은 동시간성(contemporaneity)과 유사한 모습을 띠게 되었다. 그 오류에 착목한 것은 그람시였다. 그가 시칠리아의 만과*의 성격에 관한 역사가들의 논의를 언급하는 가운데 말한 바에 따르면, "프로방스 출신 지배자들에 맞선 시칠리아 민중의 자발적 봉기는 너무나 신속히 확산되어 동시성의 인상을 가져다주었다."9) 르페브르 역시 대공포에 관한 연구에서 거의 같은 관점으로 이 통념을 다룬다. "공포는 몇 개 안 되는 물길을 따라 왕국을 가로질러 흘러갔지만 프랑스 대부분에 영향을 미쳤다. 이는 대공포가 보편적이었음을 시사한다. 물길들은 굉장한 속도로 움직였다.

---

* 1282년 3월 31일, 프랑스의 지배를 받고 있던 시칠리아 섬의 팔레르모 민중들이 앙주 가의 샤를르의 통치에 반대하여 일으킨 봉기. 이 봉기는 순식간에 섬 전체로 확산되어, 한 달도 안 돼서 프랑스인들은 쫓겨났고, 왕위는 아라공 가의 프리데릭에게 넘어 갔다. 만과(晩課, Vespers)란 기독교회에서 행하는 저녁 성찬, 저녁 성체성사, 저녁 기도 등을 말한다.

그래서 대공포가 '거의 같은 시간에' 모든 곳에서 발생했다는 인상이 생겼다. 이 두 가지 생각 모두 잘못이다. 그것들은 당시의 세론을 대변하는 것이기에 의심의 여지없이 받아들여졌던 것이다."10)

이들이 공히 지적하고 있는 동시성은 음모 이론이 붙잡고 늘어진 하나의 편리한 구실이었다. 르페브르는, "일단 대공포가 모든 곳에서 동시에 발생했다는 것으로 정해지면, 그 논리적 귀결은 그것을 총체적 음모를 함께 꾸민 비밀 요원들의 작품으로 생각해야 한다는 것이다"라고 말한다. 이런 생각의 원천이 충성을 바칠 것이 당연하게 여겨졌던 사람들의 반란에 갑자기 부딪힌 지배적 사회집단들의 정신병적 상태라는 것을 알기란 어렵지 않다. 하지만 그람시가 "사전 협약"의 판타지라고 부르는 그것에는 아마 어떤 진리의 요소가 있을 것이다. 그것은 세계가 전복되고 있는 듯한 모습 뒤에 있는 어떤 조직 원리에 대한 직관적 인식을 반영한다. 하지만 이 직관은 엘리트주의적 사고방식의 제약을 극복할 수 있는 직관이 아니라, 어김없이 원인을 잘못 찾아가는 — 즉 전도의 원인을 이미 존재하는 음모 탓으로 돌리는 — 것으로 끝나는 그런 직관이다.

사회의 중추 세력들이 포착하지 못하는 것은 그들 자신의 지배에 그러한 조직 원리가 존재한다는 점, 바로 그것이다. 왜냐하면 농촌 대중이 착취와 억압의 공통적인 원천에 종속되어 있다는 사실 바로 그것이, 그들이 농민 결사체로 결합할 수 있는 방법을 배우기도 전에 그들을 반란에 나서도록 만들기 때문이다. 그리고 일단 투쟁이 시작되면 농민들이 지역주의를 넘어 자신들의 공통의 적들에 대항하여 통일을 이룰 수 있게 만드는 것 또한, 그 어떤 혁명적 의식이라기보다는 바로 그들의 그 같은 부정적인 사회적 존재 조건이다. 1928년에 공산주의자의 통제 하에 있는 후난[湖南]성과 장시[江西]성의 경계 지역 상황을 숙고하고 있었던 마오쩌둥은 이렇게 썼다. "지역주의를 제거하려 할 때, 합리성은 기껏해야 제한된 결과만을 가져다줄 뿐이므로, 더 많은 것을 얻으려면 결코 지역적이지 않은 보수 반동의 억압이 필요하다. 예컨대 두 지역의 반(反)혁명적인 '공동 진압' 작전이 민중들로 하여금 같은 운명을 공유케 하면서 투쟁하게 만들 때, 오직 그때라야만 민중들의 지역주의는 점진적으로 분쇄되는 것이다."[11]

식민 인도에서도 착취와 억압은 농촌에 정당정치가 도래하기 오래전부터 농민들의 저항을 조장했다. 이들의 투쟁 중의 몇몇은 신속히 진행되었지만, 거기에 라즈가 대응하지 못하자 흔히 음모 이론들이 속출했다. 어느 관리가 꼴이 소요를 일으키고 있는 동안 쇼크 상태에 있던 다른 관리에게 썼듯이, "봉기 참가자들이 [초따 낙뿌르의 토후와 같은] [한 명의] 영향력 있는 개인에 의해 이끌리거나 지원을 받지 않은 것이 확실하다면, 봉기가 그토록 광범하고 동시적이라는 점을 설명하기란 어려운 일이다."[12] 이런 식의 추측은 그 정도 규모의 봉기를 자극하기 위해서는 비밀 음모가 아니라 식민 권력의 공개적이고도 위압적인 현존만으로 충분하다는 사실을 받아들이지 못하는 그 관리의 정신 상태를 나타내 준다. 왜냐하면 영국은 아대륙에 고도로 중앙 집중적인 국가를 건설함으로써 인도사에서는 유례없는 방식으로 농촌에 있던 반(半)봉건제의 굴절된 계기들을 통합시켰고 또 집중시켰기 때문이다. 그리고 그것의 직접적인 결과 중의 하나가, 즉 지주 및 대금업자의 권위와 사르까르의 권위의 융합이 봉기의 발전과 전파의 객관적 조건들을 제공했기 때문이다.

그 같은 조건 속에서 농민 폭력의 확산은 전적으로 문자 사용 이전의 문화에 특유한, 또는 더 정확히 말하면 문자 사용 상태로 천천히 ― 정말이지 아주 천천히 ― 이동 중인 문자 사용 이전의 문화에 특유한 다양한 수단들을 통해 이루어졌다. 이는 반란자의 메시지가 글쓰기보다는 발화된 언설을 통해 더 많이 전달되었다는 것을 의미하는데, 곧 알게 되겠지만 이는 인도 농촌에서의 그 같은 갈등 양상의 차별적 특징을 보여 주는 현상이었다. 또한 거기에서는 상당히 전통적이고 상대적으로 고졸(古拙)적인 커뮤니케이션 형식들도 이용되었는데, 그 형식들은 식민 당국이 잘 모르는 문화에 뿌리박고 있었기에 그저 식민 당국과 원주민 대중 간의 거리를 더 두드러지게 하는 데 기여했을 뿐이다. 그러므로 영국인 관리들은 봉기의 속도만큼이나 봉기의 전파 양식에 대해서도 자주 당혹감과 신비감을 느꼈다. 그래서 그들 중 누군가가 거의 기어 들어가는 목소리로 1860년의 인디고 폭동 과정에서 "신호들이 만들어져서 전달되었다"라고 말했던 것인데, 이는 저 앞에서 언급된 사건들이 벌어진 동안 타나 지구에서 "신비로운 상징들이 촌락들을 떠돌아다녔다"라고 로건이 말한 것과 똑같다.[13] 그런 식의 발언들은 농민들이 통치 체제의 가부장적인 품에서 빠져나가려고 할 때마다 통치 체제 쪽에서 느끼는 일종의 심각한 소외감을 보여 주고 있는 기록들 안에 많이 있다. 다음으로, 이 문제를 연구할 때에는 모든 메시지들이, 그 전파 수단이 무엇이었든, 정보 전달과 동원이라는 이중적 기능을 동시에 수행했다는 점을 유념하는 것이 상당한 도움이 될 것이다. 폭동에 가담한 어느 지역공동체가 이웃의 공동체들에게 지원과 동참을 동시에 요청하지 않은 채 공적으로 폭동을 알리는 경우는 드물었다. "우리는 봉기를 일으켰다. 우리와 함께하자." 반란자들이 자신들의 빠르와나에서 사용한 이 관례적인 공식, 즉 호소를 수반한 선언은 그들의 또 다른 커뮤니케이션 형식들 대부분을 지배했다.

말로 된 수단과 그렇지 않은 수단에 의한 봉기의 확산. 말이 아닌 수단에는 두 종류 — 청각적인 것과 시각적인 것 — 가 있었다. 물론 그러한 구별은 순전히 도식적이긴 하지만, 여기서는 다만 분석을 위해 그렇게 구별했다. 왜냐하면 실생활과는 다른 상황인 반란 상황에서는 인간들의 커뮤니케이션이 기호들의 혼합물을 통해 폭넓게 이루어지기 때문이다. 따라서 초쁘르 데스만지에 따르면, 싼딸 봉기 전야에 "어느 촌락 주민들이 엉덩이와 발목에 종을 매달고 춤을 추면서 다른 촌락으로 갔을 때"[14], 또는 싼딸들이 북과 뿔피리 소리를 울리며 나라인뿌르와

군뿌라에서 시장을 약탈했을 때, 거기에는 하둔(hadun)*이라 불린 춤동작에서와 같이 시각과 소리로 동시에 전달된, 말로 되어 있지 않은 메시지들이 있었다. 이는 1873년 빠브나 소작농들의 행진에서도 마찬가지였는데, 이때 그들은 어깨에 곤봉과 뽈로를 걸치고 물소 뿔로 만든 피리를 불면서 눈에 보이고 귀에 들리는 방법으로 자신들의 봉기를 알렸다. 또는 선향(先鄕)으로 향했던 버사이트들의 순례 행각을, 또는 쿤띠를 공격할 때 모두가 성장(盛裝)을 하고 "춤을 추고, 껑충껑충 뛰고, 칼을 머리 위로 휘둘렀던" 장관을 떠올려 보라. 이 시위들 모두는 겉으로는 말을 사용하지 않았지만 그 시위의 의미를 밝히기 위해서는 적잖게 말들에 — 어떤 경우에는 지도자의 경구들과 교시들에, 또 어떤 경우에는 교전 구호들(예컨대 "라하르 곡물이 무르익었다 등등")에 — 의존했다. 실제로 반란 집회는, 그것이 1855년 뻬알라뿌르와 마헤쉬뿌르에서의 싼딸 집회와 같은 일종의 전투 대형이건, 또는 1858년 가지뿌르 동쪽의 데왈에서 메가르 싱이 조직했던 것과 같은 봉기의 시작을 위한 집회이건, 아니면 1898~99년에 돔바리 언덕에서 있었던 문다들의 기도 모임과 같은 준(準)종교적 집회이건, 그 메시지를 말로 된 기호들과 말로 되지 않은 기호들을 결합시켜 전달했고, 말이 아닌 경우라면 청각적 기호들과 시각적 기호들을 결합시켜 전달했다. 하지만 그 같은 결합물들의 힘과 뒤엉킴을 충분히 평가하려면 실제의 역사적 사례들에서 이 기호 체계들 각각이 어떻게 작동했는가를 연구하는 것보다 더 좋은 방법은 없을 것이다.

북과 플루트와 뿔피리는 봉기를 청각으로 전파할 때 가장 많이 사용된 도구들이었다. 그것들은 야콥슨이 변용이라고 부른 것, 즉 "말로 되지

---

* 나무로 만든 카우 벨(cow bell), 즉 소의 목에 매다는 종을 허리에 매달고 이 촌락에서 저 촌락으로 옮겨 다니면서 추는 몽환적인 춤.

않은 기호 체계들의 기호들을 이용하여 말로 된 기호들을 해석하는 것"15)의 실현에 기여했다는 점에서 말로 된 매체와는 다른 부류였다. 다른 부류의 매체인 그것들은 사람들의 발화의 대용물로 기능을 수행했고, 언어적 상징주의를 통하지 않고 직접 메시지들을 해독할 수 있게 할 만큼 발화로부터 독립적이었다. 메시지들의 양이나 다양성의 면에서 볼 때, 아마 인도에서 그 같은 "대용 체계"의 작동은 결코 아프리카에서만큼이나 정교하지는 않았을 것이다.16) 하지만 그것은 똑같이 그 두 지역 모두에서 투쟁과 투쟁이 아닌 다른 공동체적 노동 형식들 간의 동종적 유사성을 강조하는 역할을 했다. 우리는 나델 덕분에 나이지리아의 누페 왕국에서 사람들을 불러 모으는 데 이용된 북이라든가 트럼펫이나 플루트 같은 관악기가 에그베* 타입의 집단적인 농업 노동이라든가 공동체 전체에 필요한 그 밖의 대규모적인 협동 작업 형식들을 위해서만이 아니라 전쟁을 위해서도 이용되었다는 것을 알게 되었다.17) 아프리카 대륙의 다른 쪽 끝에서는 "족장의 거처에서 긴급한 사안이 생겼다는 것을 사람들에게 알리는" 키간다 북이 왕실의 전고(戰鼓)로 이용되어 세차게 두들겨졌는데, 그 북소리들은 왕국 전체에 전달되어 4일 안에 무장 촌락 주민을 소집시켜 전쟁에 나서게 했다. 또한 콩고 강 동쪽 편에 살았던 툼바족 사이에서는 부족원들을 싸움에 불러 모으기 위한 메시지를, "고무 전쟁(rubber war)** 기간 동안에 군사들이 올 때" 이를 부족원들에게 경고하기 위한 메시지를, 사냥이라든가 그 외에 집의

---

* 나이지리아에서 '에그베 아로'로 불린 농민들 사이에서 실행되었던 집단적인 노동 시스템. '에그베(egbe)'는 '결사(結社)'라는 뜻이다.
** 유럽 제국들이 아프리카의 자원들을 약탈하기 위해 각축을 벌였던 1883년 무렵에 벌어진 콩고인들과 유럽인의 전쟁. 콩고를 장악하려 한 벨기에의 왕 레오폴드 2세는 당시 수요가 급증하고 있던 고무의 생산을 늘리기 위해 콩고 부족민들을 잡아다가 강제로 노동을 시켰다. 유럽인은 일정한 양의 고무가 생산될 때까지 그들의 가족들을 인질로 잡았고, 할당량을 채우지 못하면 손을 자르는 등으로 수많은 아프리카 흑인들의 목숨을 빼앗았다.

지붕을 잇는 일과 같은 집단 노동에 부족원들을 소환하기 위한 메시지를 북을 쳐서 전달하는 관습이 있었다.[18]

인도에서도 노동과 봉기 사이에는 그와 똑같은 종류의 기호학적 일치가 있었다. 우리가 이미 살펴보았듯이, 빠브나 늪에서의 뽈로 낚시에 촌락 주민들을 불러 모은 물소 뿔로 만든 피리 소리는 그 지구의 소작농들이 1873년의 봉기에 민중을 불러내기 위해 사용한 청각적 기호이기도 했다. 싼딸들은 공동 사냥을 위해 그랬던 것과 똑같이 1855년의 반란을 위해서도 북, 피리, 플루트 소리로 촌락 주민들을 동원했다. 공동 사냥의 조직화는 『마레 하프람 코 레악 까타』에 이렇게 묘사되어 있다.

> 사냥이 예정된 날의 동틀 무렵, 몇몇 사람이 먼저 공터로 가서 거기에 촌락의 모든 남자들을 불러 모으게 된다. 그들은 상당히 큰 나그라와 플루트와 피리를 갖고 가서 …… 모든 촌락 주민들이 그곳에 올 때까지 …… 북을 둡둡 치고, 플루트를 쇼롱쇼롱 연주하고, 피리를 뚜뚜뚜뚜 불어 댄다. 촌락 주민들이 거기에 모두 모이면, 함성을 크게 지르고 나서, 공동 사냥을 위한 공식적인 집회 장소로 지정된 곳을 향해 나간다.[19]

봉기가 일어난 지 나흘도 되지 않아 버로우 소령이 알아챘듯이, 바로 이 도구들은 싼딸들을 봉기에 불러낼 때에도 똑같은 역할을 했다. 그는 콜공에서의 작전에 군대를 투입해 병력 손실을 보려 하지 않은 것을 변명하면서 1855년 7월 11일에 바갈뿌르의 판무관에게 이렇게 말했다. "봉기 참가자들은 아주 적은 무리로 돌아다니고 있지만, 그들의 북소리를 듣고 1만 명에 달하는 무리들이 저마다 약탈하기 위해 모여들고 있다는 이야기가 들린다."[20] 그해 말, 봉기의 힘이 거의 소진되었고 진압군이 싼딸들을 쉴 새 없이 몰아치면서 괴롭히고 있을 무렵, 때때로 싼딸들은 적과의 소규모 전투를 위해 북을 쳐서 정글에 흩어져 있던 자신들의 부대를 불러 모았다. 끊임없이 북을 치는 것을 "상시적인 골칫거리"라고 불평한 비르붐의 민요 가수들의 말을 믿든지, 아니면 바그나디히에 있는 싼딸 지도자들의 집회장에서 150개가 넘는 북을 발견했다고 주장한 어느 반란군 포로의 말을 믿든지 간에[21], 그 변변찮은 도구가 중요하다고 보는 것은 조금도 과대평가일 수 없다.

정말로 커뮤니케이션이 보잘것없었고 농촌 지역 거의 모두가 문맹이던 시기에, 동원에 대한 절박한 필요성은 그 같은 청각적 기호들의 사용을, 부족적인 봉기건 비부족적인 봉기건, 대부분의 농민 봉기에서 거의 불가피한 것으로 만들었다. 1783년 데비 싱하에 대항하는 봉기에 딸룩의 농민들을 잇달아 불러낸 것도 봉기의 북이었다.[22] 나그라 소리는 1832년 초따 낙뿌르와 빨라마우 전 지역에 꼴 봉기의 메시지를 전달했다.[23] 1857년 우따르 쁘라데쉬의 농촌 봉기들 역시 바로 그 도구에 부분적으로 의존했다. 카끼 레쌀라의 던롭에 따르면, 진압군이 미루트 지역의 한 촌락에 접근했을 때 "절멸하게 될지 모른다고 생각한 주민들은 돌(dhôl), 즉 인도식 전고를 치면서 운집하기 시작했다."[24] 또한 1860년 인디고 농민 폭동을 조사하기 위해 부총독이 임명한 특별 조사관이 알게 되었듯이, "상시적인 동맹이 …… 인디고 경작을 방해하기 위해 결성되었다. …… 북소리에 따라 모인 한 촌락의 농민들은 …… 북소리를 듣고 출동한 …… 다른 …… 촌락 주민들을 지원하면서 …… 대부대를 이루어 …… 위협받고 있다고 여겨진 곳이라면 어디든 몰려갔다."[25]

식민 정부로서는 이 조야한 전파 수단들의 힘을 결코 무시할 수 없었다. 소요의 시기에 그것들이 저항의 메시지를 퍼뜨려서만이 아니라, 그것들의 "언어"는 오직 그 언어를 만들어 낸 공동체의 구성원들만 알고 있는 것이었기에 그 언어 자체가 외부의 당국자들로 하여금 그들이 지배하는 원주민들을 완전히 이해하는 데, 따라서 통제하는 데 실패했음을 알게 해 주는 증거였기 때문이다. 배럿지는 오스트레일리아의 지배 아래 있던 뉴기니의 한 지역에서 갈라진 징을 사용하는 관행에 대해 관리들이 적대감을 보여 주었던 사례 하나를 인용한 바 있는데, 이 사례는 모든 곳의 식민주의자들의 태도를 설명해 준다. 그곳에서 탕구로 알려진 어느 카나카 족 공동체의 구성원들은 관습적으로 이 도구를 이용하여 외부인들이 도통 이해할 수 없는 소리 신호들로 자기들끼리 의사소통했다. 그 지역이 오스트레일리아의 행정권 아래로 들어간 후, 카나카족에게는 백인 관리가 특히 어느 이웃 촌락에 접근할 때 갈라진 징 소리를 내는 것이 한동안 금지되었다. "이런 방법으로 [그 지론에 따르면] 백인 관리는 본인이 거기에 없을 때라도 촌락 주민들이 어떻게 하는지 알 수 있었다. 촌락 주민들은 그가 접근할 때 어떤 경고도 받지 못했을 테니까."26) 달리 말하자면, 대단히 중요한 토착적인 커뮤니케이션 매체에 대한 금지령은 그 토착 사회에 관한 행정 당국자들의 지식의 본질적 조건이었고, 따라서 청각적 기호 체계는 즉시 지배자들과 피지배자들 간의 인식론적, 정치적 대립을 상징하게 되었다. 흔히 라즈 아래서 그랬듯이, 그 같은 대립이 농민대중의 폭력을 불러일으키는 데까지 무르익었을 때, 정권의 눈에는 민중들이 사용한 가장 무해한 청각적 전파 수단들조차 반란 도구로서의 위상을 갖는 것으로 보였고 또 그렇게 취급되었다.

북과 물소의 뿔로 만든 피리가, 특히 후자가 빠브나 봉기 동안 관리들의 적대감의 표적이 된 것은 그래서였다. 그 지구의 몇몇 곳에서는 현지 행정관들이 인도 형법에 따라 "사람들을 불러 모으거나 화합을 위협하거나 공포를 야기할 목적으로 악기를 사용하는 것"을 금지시켰다. 적어도 6명의 농민이 가스갈리에서 "피리를 불어 시위를 일으키고 동맹에 가담하지 않은 촌락을 위협하려 했던 불법 집회"를 꾸렸다는 죄목으로 모두 3개월 구속이라는 엄한 형벌을 받았다.27) 마찬가지로, 싼딸의 북과 플루트의 사용 금지 및 파괴는 벵골 정부가 채택한 봉기 진압 정책의 필수적인 일부가 되었다. 그런 물건들은, 봉기 진압 작전의 임무를 띤 특임 판무관 비드월이 활과 화살, 칼과 전부(戰斧), 제물용 칼(*chhora*) 등을 소지하는 사람"뿐만 아니라 싼딸들을 무리지어 모이게 할 때 사용하는 딕디기라 불리는 북"을 소지하는 사람도 형사범으로 규정하는 법이 도입되어야만 한다고 촉구했을 때, 반란의 도구들로 규정되었다.28) 또한 사람의 고위 관리인 워드는 이에 반대하면서 이렇게 말했다. "싼딸 종족에게서 그 물건들을 버리게 하는 것은 잔인한 일이 되기 십상이다. 그들이 이웃 부족들과 소통하거나 그들끼리 소통하는 것에 간섭하는 그런 일은 장차 그들의 번영에 확실히 더 크게 영향을 끼칠[원문 그대로] 것이다. 많은 이들에게 그것들은 유일한 생계 수단이고, 게다가 이 무기들에는 정부가 두려워할 만한 성질도 없다." 그가 옹호한 자비로운 대안은 계엄령을 도입해서 까다로운 민법에 구애받지 않는 즉결재판 집행권을 군대에게 부여하자는 것이었다.29)

결국 싼딸들에게는 계엄령이 떨어졌다. 하지만 계엄령은 그들의 원시적인 청각적 전파 수단들을 덜어 내지 못했고, 당연히 그들의 조야한 농민 무기들도 덜어 내지 못했다. 이는 1855년 11월 10일자로 계엄령이 선포된 후 한 주일도 채 되지 않아서 로이드 소장은 일찍이 비드윌이 추천한 것과 거의 똑같은 방침에 입각한, 게다가 거의 똑같은 말로 된 다음과 같은 명령문을 디나뿌르 사단 및 싼딸 진압 야전군에게 공표한 사실로 알 수 있다. "부족의 모든 촌락 주민들은 무기들을, 즉 활과 화살과 칼[들]과 전부와 제물용 칼뿐만 아니라 싼딸들을 무리 지어 모이게 하는데 이용되는 딕디기라 부르는 북들을 넘겨줘야만 한다."30) 그 후, 북(두 가지 종류로 된 것 모두, 즉 큰 북인 나그라와 작은 북인 딕디기 또는 둑두기)과 플루트 — 비록 플루트는 그 명령문에 전혀 언급되지 않았지만 — 는 싼딸에 대한 모든 군사작전에서 고정된 목표물의 자리를 차지하게 되었다. 장교들이 보낸 보고서들은 이에 관한 소식을 거듭해서 반복한다. 저 사단장 명령이 있은 지 2주 동안의 보고서 요약문을 보면 식민 군대가 그 같은 목표물을 놓고 벌인 이따위 전쟁을 얼마간 파악할 수 있을 것이다.31)

1855년 11월 17일. 할리데이 대위가 자가디쉬뿌르의 싼딸들에게 모든 무기와 약탈물과 딕디기를 버리라고 명령하다.

1855년 11월 19일. 위의 명령에 대한 농민들의 반응에 불만을 품은 할리데이가 토착민 보병으로 구성된 일개 분견대와 함께 자가디쉬뿌르를 침공하여 그 무엇보다도 특히 몇 개의 플루트와 북을 찾아내다.

1855년 11월 20일. 리스터 대위가 우쁘르반다 동쪽의 몇 개 마을을 공격하지만 거기에서 어떤 약탈물도 발견하지 못하자 "얼마간의 활과 화살, 북과 딕디기들을" 가져가다. 또 한 명의 장교가 이끈 일단의 세포이들이 우쁘르반다에서 서쪽으로 6마일 떨어진 여러 촌락들을 공격하여 "꽤 많은" 금지품들과 "얼마간의 북과 딕디기들"을 찾아내다.

1855년 11월 25일. 할리데이 대위가 르구트홀과 암자리에 모인 대규모 봉기 참가자들에 놀라 상당량의 무기와 가축들은 물론 몇 개의 딕디기들을 압수하다.

1855년 11월 27일. 호위스 중위가 풀주리 힐스의 정글 안에 있던 싼딸 캠프 하나를 공격하고 다량의 쌀과 무기와 4개의 북을 압수하다. 보병 연대를 지휘하는 리알 중위가 잠따라 지역에 있는 수툴뿌르라 불리는 촌락을 수색하여 "많은 활과 화살, 작은 북(fulsa)들과 북들"을 압수하다.

1855년 11월 28일. 해군 소위 해링턴이 이끄는 부대가 빌미 빠하르의 정글에 있는 일단의 반란자들을 추격하고 딕디기 하나와 얼마간의 무기를 확보하다. 루비 중위의 보병 분견대가 빨라시로 가는 도중 암다하라 불리는 어느 촌락에 멈춰서 그날 아침 촌락을 떠난 것으로 보고된 어느 싼딸 두목의 집에서 얼마간의 곡식과 무기와 북들을 찾아내 망가뜨리다.

1855년 11월 29일. 호위스 중위가 지휘하는 군대가 기지 주변과 풀주리 힐스 동쪽 편에 있는 몇 개의 능선 위를 수색한 덕분에 상당량의 은폐된 무기들뿐만 아니라 나그라 한 개와 딕디기 두 개를 찾아내다. 바그마라 인근의 정글에 있는 반란자들에 대한 도우르의 결과, 무기들은 물론 부족이 사용하는 13개의 북을 빼앗다.

이런 식으로 진압군은 봉기가 끝날 때까지 계속해서 이 원시적인 청각적 전파 도구들을 반란자들이 사용하는 또 하나의 무기들인 것처럼 다루었다.

봉기의 선전을 위해 이용된, 말로 되어 있지 않은 또 다른 부류의 전파 매체로는 수많은 시각적 기호들 — 아이콘과 심벌 — 이 있었다. 아이콘 중에서 가장 유명한 본보기는 꼴이 사용한 전쟁용 화살이었다. 반란 동원 수단으로서의 그것의 역할은 꼴 봉기가 벌어진 지 40년 후에 발간된 달턴의 『벵골의 인종학 소묘』에서 널리 알려지게 되었다. "촌락에서 촌락으로 전해진 화살은 무장 호출을 의미하며, 그것이 당국의 누군가에게 전해지면 공개적인 선전포고를 의미한다." 1832년 봉기 전야에 그 같은 화살들이 벵골 지역에서 "마치 혈화(血火)의 십자가(the fiery cross)*"처럼 전달되었고, 그래서 봉기가 실행에 옮겨진 그해 1월 중순 때까지 "문다 부족과 오라온 부족은 모두 열렬하게 봉기의 정신을 갖게 되었다."32) 일차 사료를 참조하는 것은 이 커뮤니케이션 양식을 새로운 각도에서 통찰하는 데 도움이 될 수 있다. 봉기가 완전히 진압되기도 전에 봉기의 원인과 과정을 조사한 서더랜드 소령은 마하라자를 비롯한 그 밖의 정보통들에게서 다음과 같은 말을 듣게 되었다고 언급한다. "이러한 시스템은 싱붐의 라르까 꼴들 사이에서 지배적이긴 했지만 그 전까지만 해도 낙뿌르와 그 속지의 당가르 꼴들에게는 전혀 퍼져 있지 않았다." 그는 군사작전 회의 부의장 맷칼프를 위해 준비한 상세한 보고서에서 거듭 그 점을 지적했다. "그것은 라르카 꼴들의 관습으로서 이전까지는 당가르 꼴들에게 결코 보편적으로 받아들여지지 않았다." 그리고 이렇게 덧붙였다. "현 단계에서는 그것이 당가르 지방 전체로 퍼진 것으로 보인다."33) 달리 말하자면, 당가르 꼴들은 그것을 싱붐의 라르카 꼴들에게서 빌려와 소네뿌르 빠르가나에서 시작된 이번의 봉기

---

* 옛날 스코틀랜드와 북유럽에서 전쟁을 선언하거나 임박한 위험을 알리기 위해 씨족들의 무장 소집 신호로 이용된 불을 붙인 나무 십자가.

과정에서 처음 사용했고, 그런 다음 초따 낙뿌르와 빨라마우의 어딘가에서도 사용한 것이다. 봉기 동원의 압박은 이런 식으로 하나의 기호가 전통적인 경계를 넘어 영역을 확장하도록 도와준 것으로 보인다. 그 기호가 1857년에도 그 지역에서 여전히 통용되고 있었다는 사실은, 달턴에 따르면[34], 그것을 받아들인 공동체에 뿌리박았다는 것을, 그리고 계속해서 그 공동체의 "어휘"의 필수적 일부로 기능을 수행했다는 것을 보여 준다.

봉기가 이 특수한 기호와 관련하여 그 영토적 범위를 더 늘렸다면, 같은 부류에 속하는 다른 기호들, 즉 아이콘들이 아닌 심벌들과 관련하여서는 그것들의 의미론적 범위를 넓히는 데에 기여했다. 꼴 봉기 덕분에 관습의 모호함에서 벗어나 역사로 진입한 그 같은 기호 중의 하나는 메신저 나뭇가지였다. 다우리 또는 데오리로 알려진 그것은 "꼴들의 한 무리가 다른 무리에게 보내는 것으로서, 신속히 가담하여 예정된 모든 위업에 참여하라는 기호"였다. 그러면 그러한 전달을 받은 무리는 "나뭇가지의 잎들이 시들기 전에 호출 명령을 발송한 무리와 결합하기로 되어 있었다."[35] 그들이 이 목적을 위해 선호한 것은 망고나무였다. 이와 대조적으로 비르붐의 싼딸들과 간잠 에이전시의 관할 하에 있는 자이뿌르 딸룩의 사오라들은 19세기 후반에 사라수(sāl, 紗羅樹)와 빵나무의 가지를 이용하여 동료 부족민들을 반란에 동원했다. 하지만 이와 같은 다양성은 그것들 모두에게 공통적인 심벌리즘을 전혀 약화시키지 않았다. 베리어 얼윈은 사오라의 빵나무 가지를 "정해진 시간과 장소에서 집회를 갖기 위해 …… 촌락 주민들을 호출하는, 널리 알려진 형식의 일종의 혈화의 십자가"라고 확인했고, 『캘커타 리뷰』(1856년)의 익명의 필자는 그 봉기에 관한 기사에서 사라수의 가지를 "일반적인 고대 관습에 의해서건, 아니면 더 틀림없게는 사전에 협의된 인지에 의해서건, 오래전 스코틀랜드 고지대 집회에서의 불타는 횃불처럼 어떤 비밀스런 의미를 지닌 것으로 보이는 하나의 심벌"이라고 설명했다.[36] 두 가지 사례 모두에서 그 기호는 인습이 부여한 의미를 지닌 것, 즉 하나의 심벌로 범주화되었고, 하나의 심벌로서의 그 기호는 모든 영국인 관찰자들에게 자신들의 전통 안에 있던 그러한 종류의 심벌 중에서 가장 유명한 것을 상기하게 했던 것이다.

낯선 나라의 수없이 다양한 봉기의 신호들을 혈화의 십자가라는 단 한 가지의 고정관념과 연결시키는, 이 상상력이 빈곤한 동일시는 낯설고 혼란스런 메시지를 자신들이 알고 있는 코드로 번역하여 이해하고자 했던 그들의 방식이었다. 그 시도가 모든 경우에 아주 성공적인 것은 아니었다. 적어도 『캘커타 리뷰』의 그 통신원의 경우, 싼딸의 메시지에 담긴 "비밀스런 의미"를 밝히려 한 시도는 실패한 듯이 보인다. 이 때문에 그는 "사전에 협의된 인지"에 관해 추측하게 되었는데, 그렇게 함으로써 농민 봉기의 언어와 기제를 꿰뚫어 볼 수 없을 때마다 관료 정신은 음모 이론으로 후퇴한다는 것을 다시 한 번 보여 주었다. 그의 몰이해와 관련해서 흥미로운 것은, 현지 행정관이 문제가 되는 봉기의 특수한 전파물이 무엇인지를 포착하고 난 후에도, 중앙의 당국자 ― 그의 정보원(源) ― 들은 한참 동안 이 전파물을 놓고 계속해서 어리둥절했다는 점이다. 이는 캘커타건 델리건 수도는 언제나 한참 멀리 떨어져 있다(dur ast)는 것을 상기하게 해 주는 것이 아닐까?

메신저 나뭇가지가 싼딸 봉기에 관한 기록의 형식으로 처음 등장하는 것은 1855년 9월 20일자 비르붐의 수세관의 다음과 같은 일기였다.

> 방금 사라수 가지 하나가 나가르 경찰 제마다르로부터 나에게 전해졌는데, 그는 그것을 아프잘뿌르의 <u>초끼다르</u>인 골룩에게서 받았다. 그자는 그 나뭇가지를 싼딸들이 당국자들과 회합을 갖기 위해 곧 수리 읍으로 갈 것이라는 메시지와 함께 참푸라의 쉬부 고프 문들에게서 받았다고 말한다. 쉬부 고푸는 누가 그 나뭇가지를 보냈는지 알 수 없지만 그것을 갖고 온 메신저는 <u>수바</u>가 접근할 때 소작농들이 자신들의 촌락에서 도망치지 않았으면 하는

희망을 표현했다고 말한다.37)

반란자들은 "데오가르에서 수리로 가는 다크(Dak)*를 정지시켰고", 즉 농촌 우편을 방해했고, "배달부들을 부정하게 이용했던" 것으로 보인다. 바로 위의 인용문은 그들이 군대의 연락병 중 한 명을 잡아서 오히려 그자를 자신들을 위해 강제로 심부름하게 했다는 사실의 완곡한 표현이었다.38) 그런데 "나뭇잎 세 개가 달린 사라수 가지"는 그것의 수신자인 그 지역 지배자에게 무엇을 의미했을까? 리처드슨은 싼딸 죄수들에게서 "나뭇잎 세 개는 셋째 날에 오겠다는 발신자의 의도를 표현한다는 것 말고는" 거의 아무 답변도 얻어 낼 수 없었다. 분명히 그는 "스스로를 수바 바부로 부른 자"와의 불가피한 조우 가능성을 달가워하지 않았고, 그래서 필요한 군사적 예비책을 남김없이 취할 것을 지구 행정 본부의 지휘관에게 요청했다. "나로서는 그 메시지에 답장을 보낼 생각이 없다. 수바가 도착하면 수갑을 …… 채우겠다는 것이 내 생각이다. 그가 곧 조용히 와서 항복할 것인가 아니면 우리에게 자신의 힘을 시험할 것인가 하는 문제는 지금으로서는 여전히 불확실한 것임이 틀림없다."39)

사실 그 질문은 끝내 대답을 얻어 내지 못한 상태로 남아 있는 것이 분명하다. 왜냐하면 수바는 아예 오지 않았고 우리에게는 그 이유를 알 방법이 없기 때문이다. 싼딸 지도부는 저 지구 행정 본부로 장엄하게 행진할 계획을 세웠을 수도 있지만, 사정상 또는 다시 생각해 보고 그 계획을 포기했을 수도 있다. 아니면 그것은 전능하신 사힙들을 조롱하려는 대사기극이었을지도 모른다. 알려져 있다시피 대담무쌍함과 블랙 유머 두 가지 모두는 저마다 전복의 도구로서 그 나름대로 고도의 효과를 발휘할 수 있기 때문에 농민전쟁에서 제 역할을 다해 왔다. 봉기 참가자들

---

* 우편, 우편물, 파발꾼을 말하며, dawk나 dauk로도 표기한다.

이 최후통첩의 전달 매체로 세 개의 잎사귀가 달린 작은 나뭇가지를 사용한 것은 관습상 공동체 회의에 호출하는 것을 의미했던 전통적인 심벌을 아이콘 형식으로 개작한 — "잎사귀 하나하나로 그들이 도착하기 전의 날짜 수를 의미"[40] — 것임이 분명하다. 수세관인 리처드슨은 수리읍의 감옥 안에 있는 싼딸들이 "그 문제에 관해 어떤 정보도 주지 않으려 했고 줄 수도 없었다"라고 생각했지만, 그들은 그 아이콘에서 모든 건강한 남성들을 집단 어로와 집단 사냥에 불러내기 위해 사용되었던, 정말이지 너무도 낯익은 그 데오라를 어김없이 인지할 수 있었던 것이다. 『레악 까타』는 이렇게 말한다.

> 어로 역시 우리가 즐기는 일이다. …… 어장이 있는 촌락의 마지는 데오라를 전하는 (즉 통고를 하기 위해 나뭇가지를 들고서 순회하는) 임무를 갖고 있다. 그리고 예정된 날 정오에 우리 이웃 주민들은 그곳에 모인다.
> 원래 공동 사냥에 호출하기 위해 촌락마다 메신저 나뭇가지가 전달되는 것이 관습이었다. 그러나 처음 공동 사냥을 하기로 결정한 시절부터, 우리는 그 메시지를 나뭇잎 축제(*Pata Parob*) 때 전달해 왔다. …… 각각의 지역(*desh*)에는 디리(*dihri*, 사냥 의식을 주재하는 제관)가 있다. 그가 나뭇잎 축제 때 나뭇가지를 들고 순회할 때면 사람들은 묻는다. "그 데오라는 무슨 뜻입니까?" 그러면 그는 어느 숲의 이름을 대면서 우리가 이러이러한 숲의 이러이러한 장소에 모여야 한다고 말함과 동시에 사람들이 잠자기 위해 잠시 머무를 수 있는 곳을 알려 준다. 그러면 우리 공동체 남성들은 집으로 가서 이러이러한 숲이나 언덕에서 이러이러한 날에 시작되기로 예정된 사냥의 준비물들에 관해 이야기한다.[41]

따라서 나뭇가지의 전달은 누구나 알 수 있는 공동체 행동의 신호였다. 봉기 과정에서의 그것의 사용은 협력 행동의 한 형식이라는 봉기의 성격을 다시 한 번 강조하는 것이었다. 시도가 말했듯이, 어로나 사냥이라는 큰일에 남자들을 모으기 위해 데오라가 전해진 것과 똑같이, "타쿠르가 왔을 때 싼딸들을 한데 모으기 위해 사라수 가지 하나를 그들에게 보냈고, 그러면 모든 싼딸들이 바그나디히에 있는 나의 집에 모였다."42) 또한 데오라는 이처럼 반란 동원의 초기 단계에 매우 유용했지만, 반란의 절정기에도 계속해서 다양한 반란 집단들 간의 주요한 커뮤니케이션 수단으로 기능을 수행했다. 리차드슨이 1855년 9월 26일자 일기에 썼듯이, "뗄로보니의 마지들과 오페르반다 방면에서 약탈하고 있던 마지들 사이에는 날마다 메시지들이 오가고 있다. 작은 나뭇가지들을 든 메신저들에 의해 커뮤니케이션이 이루어진다."43)

따라서 봉기 덕분에 기존의 오래 된 기호 하나가 그 의미론적 범위를 확장시킬 수 있었다. 싼딸 봉기 전야에 뗄과 신두르의 즉흥적인 이용은 우리에게 이러한 종류의 또 다른 사례를 제공한다. 데오라와는 달리, 그 봉기 사건 전에는 뗄(*tel*, 기름)이나 신두르(*sindu*, 진사[辰砂] 분말)에 전파의 기능이 있다고 알려져 있지 않았다. 힌두의 경우와 마찬가지로 싼딸들에게도 그것들은 모두 제의를 위해 사용된 위무용 선물이었다. 갓 결혼한 소녀가 자신의 결혼 생활을 축복해 주길 바라면서 신들에게 바치든지, 아니면 병자가 주술사(*jan*)를 매개로 하여 영혼들을 달래기 위해 바치든지, 아니면 농민이 자기의 소 떼에 대한 신의 보호를 확인하려고 소의 뿔에 바르든지, 아니면 소라이 바하와 카롬 축제들이 열리는 동안에 갖가지 신들을 향한 탄원의 제스처로 전달되든지44), 아무튼 어느 경우든 그 선물은 초자연적인 힘들의 악의를 누그러뜨리고, 가능하다면 그 힘들로부터 은덕을 얻어 내고자 하는 뜻을 담고 있었다. 싼딸 봉기의 준비에 관한 초프르 데스만지의 설명에서 알 수 있듯이, 봉기 지도자들의 의도 역시 분명히 그런 것이었다. "반란이 시작되기 전, 시도와 까누는 봉가들을 위무해서 그들이 전투를 도와줄 수 있도록 나뭇잎으로 만든 잔 안에 기름과 진사를 넣어 보냈고 그것들을 촌락마다 돌렸다."45) 전투의 결과를 고려해 보건대, 신들이 충분히 위무되었는지는 결코 확실하지 않다. 하지만 의심의 여지가 없는 것은 그렇게 전달된 이 물체들이 신들에게 보내는 위무의 메시지만이 아니라 저항을 준비하라고 싼딸들에게 보내는 군사적 메시지도 담고 있는 것으로 이해되었다는 점이다. 이런 식으로 전통적인 심벌 하나에 새로운 의미가 붙게 되었다. 이러한 동형이의(homonymy, 同形異義)는 봉기의 선전을 도왔을 뿐만 아니라, 그 심벌의 원래 기능 안에 함축되어 있던 제의적 신성함의 기운을 봉기에 선사했다.

싼딸 지구들이 겨우 평정될 무렵, 그 지방의 다른 쪽에서는 봉기 기간 중에 목격된 것들 중에서 가장 광범하고 가장 이해 불가능한 어떤 신호가 등장했고, 정부는 그것에 경계심을 품게 되었다. 그 신호란 이스트를 넣지 않고 밀과 옥수수 또는 보리 가루로 만든 납작한 빵인 차빠띠(chapati), 아대륙의 많은 지역에서 민중의 주식인 그 차빠띠였다. 1856~57년의 겨울, 그 후 2년 동안에 벌어질 대소요의 무대였던 당시의 북서부 지방에서는, 인도의 그 어떤 반란 기호보다 더 공공연하게 차빠띠가 유포되었는데, 그 이유는 그것이 지닌 고유한 중요성 때문이기도 했지만 역사에 남을 만한 오인 때문이기도 했다. 일부 사람들은 폭력적으로 전복되기 직전의 상태에 처해 있던 농촌 사회에서 집단적인 걱정과 불안의 징후였던 그 차빠띠를 뮤티니의 배후에 있는 음모의 지표로 간주했다. 하지만 이 오류는 그 나름의 쓸모가 있었다. 그 오류는 농민들 사이에서 확산되는 불안의 기호를 세포이 반란의 기호로 오인케 함으로써 그 기호들의 겹침이 만들어 낸 모호성을 강조하는 데 기여했던 것이다.

이 현상의 본질적으로 농민적인 성격은 모든 설명들에서 인정되고 있다. 그중 한 설명에 따르면, "어느 초끼다르가 자신의 촌락과 인접한 촌락에 작은 차빠띠 두 개를 들고 나타나 그것들을 동료 초끼다르에게 나눠 주면서 6개로 다시 만들라고 명령한다. 그런 다음, 인근 촌락의 초끼다르들에게 두 개씩 나눠 주면서 똑같은 식으로 하라고 지시한다. 초끼다르들 각자는 하킴(hakim)*에게 주거나 하킴이 '달라고 할 때'를 대비해 두 개씩 가졌다. 지시에는 복종이 따랐고, 빵들은 촌락에서 촌락으로 신속히 건네졌다."46) 전달될 때마다 임자가 바뀌는 차빠띠의 수에 관해서는 모든 관찰자들의 의견이 일치하지 않지만, 그 수가 기하급수적으로 증가했고 인도 북부의 수많은 지역을 전속력으로 돌아다녔다는 사실은 결코 의심을 받지 않았다.

하지만 그 당시의 증거는 돌아다니는 차빠띠가 무엇을 의미하는지에 관해 전혀 말해 주지 않는다. **바로 그때의** 그것에 관한 농민들의 해석을 기록해 놓은 것들 안에는 아무 흔적도 남아 있지 않다. 당국자들 쪽에서는 그것이 등장하자마자 그것을 하나의 신호로 간주했지만, 그 메시지를 어떻게 읽어야 하는지는 알지 못했다. 구르가온의 행정장관의 반응은 현지 행정관들이 처음에 느꼈던 당혹감을 전형적으로 드러내는 것이었다. 그는 1857년 2월 19일에 델리의 판무관에게 관리들의 초기 관찰 사례들 중 하나를 보고하면서 이렇게 썼다. "어떤 신호가 이 지구에 있는 많은 촌락들 곳곳에 전달되었지만, 그 의도는 아직 밝혀지지 않았음을 삼가 알려 드립니다."47) 2주일 후, 인도에 거주하는 영국인들의 저 충실한 나팔수인 『프렌드 오브 인디아』는 "그것이 무슨 뜻일까?" 하고 물으면서 여전히 의아히 여기고 있었다. 그리고 차빠띠가 이미 아와드까지 유포된 지 한 주가 지난 후에도, 그 잡지는 분명히 아는 바가 없어서 그 문제를 "여전한 미스테리"로 부르고 있었다.48)

이 모든 것은 차빠띠가 1857년의 봉기들과 연관이 있었는지를 알 수 있는 방법이 전혀 없다는 것을 밝혀 주고 있다. 하지만 봉기 사건 이후 그것을 해독하려 한 일부 관료들과 학자들의 시도와 그 같은 시도가 만들어 낸 문헌들의 부피는 봉기를 그 전파 과정의 측면에서 이해하고자 했던 그 갈망을 가늠케 한다. 모름지기 관료들의 수준에서 이 갈망은 봉기의 주요 원인을 탐색하는 것으로 표출되었고 명백한 편견에 힘입어

---

* 부족 내의 결정권자.

음모 이론을 낳았다. 그러자 지금까지 설명할 수 없었던 차빠띠 전달을 저 음모 이론에 들어맞는 의미를 붙여 해석하기 쉬워졌고, 방금 겪은 혼란들의 신호였다는 딱지를 사후(事後)에 붙이기도 쉬워졌다. 뮤티니 이전, 당시 정부 쪽 인사들은 대개 "십자가 무늬가 찍힌 과자(hot-cross bun)*의 현지 대용물이랄 수 있는 그것들에서 혈화의 십자가를 찾아내려는 유혹"을 떨쳐 버리려 했던 것 같다.49) 그러나 일단 사후 검토가 시작되자, 그 유비는 그 주제에 관한 가장 영향력 있는 저술들의 전부는 결코 아니라 해도 그 일부 안으로, 예컨대 차빠띠를 "로데릭의 씨족 구성원들을 전투에 호출한 혈화의 십자가처럼 이 촌락에서 저 촌락으로 북서부 지방 전체를 구석구석" 돌아다니고 있는 것으로 묘사한 홀름스의 고전적인 설명 안으로 재빨리 침투해 들어갔다.50)

　이것은 단순한 문학적 호기심을 넘어 성찰해 볼 만한 가치가 있다. 그것은 **심벌**을 **지표**로 오독하는 것의 표본이다. 피어스를 좇아서 야콥슨은 "지표는 주로 기표(signans)와 기의(signatum) 사이의 사실적, 실존적 인접성에 따르는 것인 반면, 심벌은 주로 기표와 기의 사이의 귀속적, 학습적 인접성에 따르는" 것, 즉 인습적 규칙에 따르는 것이라고 말하면서 그 두 가지 기호 타입을 구분하고 있다. "이 인습적 규칙에 관한 지식은 주어져 있는 모든 심벌들의 해석자들에게 강제적이며, 오로지 그리고 단지 이 규칙 때문에 기호는 실제로 해석된다."51) 식민행정가들이나 이들과 가까운 영국인 저술가들은 유포되는 차빠띠라는 그 심벌을 밝혀 줄 수 있는 규칙을 잘 알지 못했다. 그러므로 이들 중 일부는 자신들의 문화에 적합한, 자신들의 역사에 뿌리박은 어떤 인습과 연관시켜 그것의 의미를 추출해 내고자 했고, 그래서 결국 그것을 라즈를 무너뜨리기 위해 사전에 협의된 어떤 구상의 한 지표인 것으로 확인했다. "혈화의 십자가"는 바로 이러한 오인의 징후로 그들의 담론에 출몰하는

---

* 예수 수난일인 부활절 전 금요일에 먹는 과자.

것이다.

하지만 이런 취지의 모든 관료적 또는 준(準)관료적 언술에 반해, 그러한 통념 전체를 터무니없는 것이라 보고 기각했던 다른 언술들이 있었다. 그 언술들은 현지의 관리들에게서 나왔는데, 이들은 이 현상의 의미는 거의 알지 못했지만 그것이 뮤티니의 한 원인으로 지적된 것은 사후적인 성격을 갖는 것임을 아주 명민하게 꿰뚫어 보았다. 그 같은 언술 중의 하나가 반란이 있던 해에 공표된 행정관 던롭의 언술인데, 그는 1857년 2~3월 사이에 차빠띠가 자신의 담당 지구인 미루트에서 배포되는 것을 보고 "이 빵의 유포를 우리가 다루는 소요들과 연관시키려는" 시도들은 "충분한 근거가 전혀 없는" 것이라고 논평했다. 그의 견해에 따르면, "만일 어떤 연관이 있다 해도 그것은 우연일 것이며, 선견지명이 있는 사람이건 무지한 사람이건 그들이 인정하고 있는 관계란 유포의 결과인 것이지 유포의 원인이거나 유포에 선행한 것은 아니다." 또 다른 지구 행정관 — 부다온의 행정관 — 의 논점은 더 강력하고 선명했다. 그는 1857년 7월에 이렇게 말했다. "정말로 나는 이 빵들을 배포하고 있는 모든 부류의 농촌 주민들이 자신들의 진짜 목적이 무엇인지를 나와 마찬가지로 알지 못했다고 믿고 있다. 하지만 그 빵들이 방심하지 말고 있으라는 하나의 비밀 기호였다는 점, 그리고 그 빵들로 인해 주민들의 정신 상태가 조심스러워졌고 격앙되었다는 점은 분명하다. 미루트와 델리에서 소요가 발생하자마자 그 빵들의 뜻은 분명해졌고, 주민들은 자신들에게 기대하는 것이 무엇인지를 즉시 알아챘다."[52] 그 같은 회의론은 그 후의 모든 연구에 의해 충분히 그 타당성이 입증되었고, 마줌다르와 센 같은 역사학자들은 차빠띠가 혈화의 십자가라기보다는 주의를 분산시키기 위한 것(a red herring)이었음을 분명히 확인했다.

하지만 차빠띠 전달과 반란 발발 사이에 인과적 연관이 없었다는 점이 증명되고 그런 것은 인도에 거주하는 일부 영국인 인사들이 몽상적으로 만들어 낸 것이라고 하더라도, 그것들의 상호 결합 문제가 온전히 해결되는 것은 아니다. 왜냐하면 그 시절을 살았던 많은 다른 이들 역시 배포와 소요를 연결시켰고, 또 사후적으로도 그렇게 연결시켰기 때문이다. 그러나 그들의 인식은 두 가지 중요한 면에서 달랐다. 첫째, 영국인들은 그 기호에 과거형의 기능을 부여했다. 그들이 이해한 바에 따르면, 그것은 이미 존재하고 있던 어떤 음모의 지표였다. 이와 대조적으로, 다른 관찰자들은 그것을 예보적인 것으로, 사실상 하나의 전조로 간주했다. 토포로프에 따르면, 전조의 목적은 "사건들의 언어에서 엔트로피를 감소시키는 것" — 즉 미래를 예견하는 것 — 이며, 그래서 "유능할 뿐만 아니라 가장 유력한 기호 분석가의 관점에서 볼 때, 절대로 예상할 수 없거나 거기에서 벗어날 수 있다고 여겨지는 사건은 없게 된다."53) 달리 말하자면, 그것의 "존재 양식"은 심벌의 존재 양식이었고, 피어스의 말을 빌리자면 그 심벌의 존재 양식은 "현재적 경험 존재를 포함하고 있는" 지표와는 반대로 "미래를 예견할 수 있게 한다."54) 둘째, 이 충돌하는 해석들이 서로 간에 공통점이 거의 없는, 완전히 다른 문화적 코드들에서 유래했다는 점을 인식하는 것이 중요하다. 그 기호를 해석하기 위해 영국인들이 사용한 "인습적 규칙"은 스코틀랜드 농촌에서의 민중 동원 전통에 토대를 둔 것이었다. 이들과 달리, 같은 시기에 주로 인도인들이 사용한 그 규칙은 전염병에 걸리지 않도록 면역성을 부여하는 제의에 토대를 둔 것이었다.

콜레라 전염은 뮤티니 직전 해에 인도의 근대적인 주(州)들인 우따르 쁘라데쉬와 마드야 쁘라데쉬에 해당하는 지역의 상당 부분을 휩쓸었다. 그 전염병은 일부 지역에서는 거의 그 위세를 잃어버렸지만, 다른 지역에서는 여전히 맹위를 떨치고 있었거나 정말 오래 끌고 있었고, 그래서 차빠띠가 유포되기 시작했을 때 그 병이 재발할지도 모른다는 공포는 정말이지 아주 강력하게 살아 있었다.55) 이러한 맥락에서 차빠띠가 유포되었기에 차빠띠 유포는 바로 그때 많은 이들에 의해 인도 북부에 꽤 널리 퍼져 있던 전통적인 질병 예방 기술로 해석되었다. 던롭에 따르면, "그것의 진짜 기원은 콜레라 전염병의 무시무시한 재발을 어떻게든 막아보려 한 미신적인 시도였다."56) 미신은 인도에만 독특한 것이 아니었고, 알다시피 다른 수많은 전(前)산업사회에도 존재했다. 윌리엄 크룩이 아주 상세히 묘사했듯이57), 인도 북부의 미신 관행 중의 하나는 어떤 물체나 동물을 제의용으로 신성하게 만들어 심벌로 사용하는 것이었는데, 그것들은 어느 지방에서 발생했거나 막 발생하려고 하는 전염병의 매개체 역할을 하기도 했고 또 그 전염병을 그 지방의 경계 바깥으로 내몰기 위해 사용되기도 했다. 사람들은 이렇게 전염병을 그 감염자들에게서 이웃의 공동체로 이전시킴으로써 실제의 질병에서 회복되거나 잠재적 질병으로부터 보호받을 수 있다고 확신했다.

이 기술은 아주 적절하게도 찰라와(chalawa)로 알려졌는데, 크룩에 따르면 "이는 질병을 전한다는 것을 의미한다." 그것의 구조 안에서는 그 희생자가 사람이든 가축이든 상관없이 동일한 악질(惡疾)을 전하기 위해 다양한 전달체들을 이용할 수도 있었고, 또한 역으로 수많은 상이한 유행병을 전하기 위해 동일한 전달체를 이용할 수도 있었다.58) 그래서 그 지역 전체로 보자면, 콜레라 이전을 위한 도구들의 범위에는 콜레라 여신의 이미지들, 즉 현지 거주민들에게서 모은 시주 쌀, 감염된 촌락에서 찾아낸 오물과 쓰레기, 염소와 물소와 닭과 같은 가축, 또는 예컨대 뻰잡 지방에 있다고 알려진 유례없이 잔인한 관습에서처럼 "엉덩이에 낙인이 찍힌 채 촌락에서 추방된" 차마르 등등이 포함될 수 있었다.59) 분명한 것은, 사람과 동물과 생명 없는 물체가 동일한 메시지를 나타내는 신호로서 서로 대역을 할 수 있는 이 어형변화의 대체 기제 안에서, 차빠띠가 1856년 무렵까지 또 하나의 찰라와 수단이라는 자기 위치를 얻게 되었다는 점이다. 실제로 당시 인도 북부의 한 목격자는 그것을 바로 그 찰라와라는 이름으로, 바로 찰라와와 똑같은 것으로 확인했는데, 센이 이 목격자를 인용한 바에 따르면 "차빠띠는 어떤 질병들의 진행을 막기 위한 찰라와에 불과했을 뿐이었다."60)

하지만 그 과정에서 다른 쪽 방향으로의 대체 가능성도 생겨났다. 동일한 매개체가 한 가지 질병 이상의 것 — 물소의 경우에는 인플루엔자와 콜레라와 가축병, 닭의 경우에는 콜레라와 우역(牛疫), 촌락의 오물의 경우에는 천연두와 콜레라 등등 — 을 이전하는 일이 가능해졌던 것이다. 이는 일정한 맥락 안에서 이 수단들의 상징적 의미가 확장되는 데에 기여했다. 차빠띠 역시 이 무렵까지는 일종의 마법적 전달체로 통용되었는데, 그런 차빠띠에 어째서 이런 일이 일어났는지에 관해서는 델리 시 근교에 있는 빠하르간즈의 인도인 경찰서장의 증언을 통해 알 수 있을 것이다. 이런 부류의 다른 언술처럼 뮤티니 사건 이후에 기록된 그의 증언에는 다음과 같은 부분이 있다.

> 나는 당시 델리에 있던 공동 행정장관 테오필루스 맷칼프 경에게서 그 사태[즉 차빠띠의 배포의 기원이 어디에 있다고 생각하는지 내밀히 보고하라는 명령을 받았다. 나는 나의 부친에게서 마라타 세력이 몰락했을 때 멀구슬나무(또는 기장)의 어린 가지 하나와 빵 한 조각이 촌락에서 촌락으로 전해졌다는 이야기를 들은 적이 있어서 이 빵의 배포는 곧 뒤따르게 될 모종의 거대한 소요를 확실히 지시하는 것이라고 말했다.61)

단어들의 "활용 변화"와 비유법은 자연어들에서 다의성을 낳기 쉬운 법인데, 우리는 분명히 여기에서 그와 똑같은 방식으로 새로운 의미를 얻게 되는 시각적인 기호에 관한 하나의 예를 보게 된다.62) 유비의 힘은 배포되는 차빠띠의 의미를 병리학에서 정치학으로 이동시키는 데 기여한 듯이 보인다. 다시 말해서 어느 한 종류의 재앙 매개체는 이제 의미론적 미끄러짐을 통해 전혀 다른 종류의 재앙을 상징하게 되었고, 마라타 제국을 전복시킨 재난이 이제 막 영국인들도 덮치려 한다고 믿겼던 것이다. 따라서 그 기호에는 예견 기능 — 불길한 징조를 드러내고 있는 예언의 기능 — 이 부여되었다. 하지만 이 경우, "모종의 거대한 소요"와 같은 불특정한 것 이외에 어떤 것이 예견되고 있었는지는 결코 분명하지 않다. 하나의 기호가 지닌 여러 측면들의 다중성에서 생겨나고 또한 다의성을 조장하기도 하는 그 같은 의미의 모호함이야말로63) 전조의 본질적 성격이다. 토포로프가 정의하듯이, 전조는 "어떤 기호이기는 하되 …… " 무엇보다도 그 기호에 관한 "불명확성"을 낳는 "소음에 의해 …… 그 안에 진짜 기호가 …… 숨겨져 있고, 가려 있고, 뒤틀려 있는 …… 그런 기호"인 것이다.64) 일반적으로 수용되어 온 어떤 사회질서의 기호화 또는 정치질서의 기호화가 의심을 받게 되고 또 예상치 못한 대안들이 열리게 되는 순간에, 예컨대 16세기 농민전쟁으로 독일과 오스트리아의 군주정이 그랬고65) 또는 1857년의 폭동으로 라즈가 그랬듯이, 지배 권력의 기반이 심각하게 위협을 당하는 그 격돌의 순간에 전조들이 나타나는 이유는 그 때문이다.

전조들이 서로 다르거나 흔히 상호 충돌하는 해석들을 이끌어 내는 경향이 있는 것도 그것들의 신호체계에서 생겨나는 소음의 기능 때문이다. 이 점에서 전조들은, 마줌다르의 독창적인 주장과는 반대로, 인도의 많은 지역에서 유통된 이른바 "연쇄 편지들"과는 정말이지 아주 다르다.66) 대개 청탁을 받지 않은, 그 출처를 알 수 없는, 보통 종교적인 (또는 경우에 따라서는 종교-정치적인) 메시지를 담고 있는 그 같은 편지들 중 하나가 우편으로 수신자에게 보내지곤 했는데, 거기에는 무서운 결말을 보지 않으려면 정해진 수만큼 편지를 베껴서 친구나 친지에게 하나씩 보내라는 명령이 들어 있었다. 이 기묘한, 그리고 마줌다르가 말하고 있듯이, 이 강력한 고안물의 경우에 "연쇄"는 뮤티니 전야에 차빠띠가 그랬던 것과 아주 똑같은 방식으로, 즉 기하급수적으로 이어진다. 그러나 유사성은 거기까지이다. 두 가지 전달물에서 의미 체계가 작동하는 방식은 전혀 다르다. "연쇄 편지"의 필사본적 성격은 그것의 의미를 원문에 견고히 묶어 버린다. 사실 그 수신자는 익명의 통신자로부터 특히 메시지를 조금치도 바꾸지 말라는 경고를 받는데, 바로 이것이 연쇄 편지를 전조의 정반대가 되는 것으로 만든다. 전조에 담겨진 메시지의 모호하고 불명확한 성격은 메시지가 전달자들을 거쳐 가는 순간마다 그 의미의 다양한 수정을 폭넓게 허용한다.

그러므로 바하두르 샤의 재판에 참석한 어느 목격자가 증언했듯이, 배포되는 차빠띠가 "여러 사람들에게 다른 의미를 가졌다"라는 사실은 놀라운 일이 아니다.67) 치머만 역시 중앙 유럽에서 벌어진 1525년의 농민 폭동 기간 중에 민중이 흥분하게 된 것은 "하늘과 땅에서의 범상치 않은 현상들" — 해와 달 주변의 고리들, 하늘에 있는 이러한 물체들의 표면에 나타난 횃불과 십자가의 표시, 기형 동물의 출산, 새 떼들의 공중전 등등 — 을 보았다는 소문 때문이기도 했지만, 그에 못지않게 그것들에 관한 혼란스러운 해석들 때문이기도 했다고 언급한 적이 있다.68) 마찬가지로, 차빠띠의 전달에서 읽혀진 의미의 뒤범벅 또한 빛과 같은 명료함보다는 연기 같은 애매함을 낳았고, 모종의 임박한 재난의 전조로서 사람들의 마음을 어둡게 하는 데 일조했다. 빠하르간즈의 경찰서장은 그것을 "분명히 힌두스탄(Hindoostan)* 전역에 걸쳐 토착민들의 마음속에 커다란 경각심을 낳게 했던 사건"으로 기억했다.69) 그 시절을 살았던 셰러 역시 확실히 그런 느낌을 받았다. "만일 이 빵들의 전파가 알 수 없는 불안감을 조성하기 위한 것일 뿐이었다면 목적은 달성된 셈이었다."70) 물론 차빠띠가 1857~58년에 있었던 소요의 원인은 결코 아니지만, 그렇다고 해서 그 소요와 전혀 무관하지는 않다는 점도 분명하다. 농촌 유행병의 상징적 대리물로서의 차빠띠는 임박한 그러나 불확정적인 어떤 정치적 홀로코스트의 매개체라는 부가적 의미를 갖게 되었다. 차빠띠는 그 어떤 음모의 지표도 아니었고, 과거와도 현재와도 연관되지 않았다. 전조로서의 차빠띠는 사건들의 앞을 내다보았다. 그리고 농촌공

---

* 페르시아어로 인도를 가리키거나 인도의 힌두교 지역을 의미하는 Hindustan의 다른 표기. 참고로 인도의 이슬람교 지역은 파키스탄이라 한다.

동체와 병영이 점점 더 불안감으로 채워지는 분위기 속에서 모든 이들이 들을 수 있는, 하지만 여전히 누구도 그 이유를 알지 못하는 그런 경종을 울림으로써 반란을 앞질러 전파했다.

물론 봉기를 말로 전파하는 것은 청각적으로 전파하거나 시각적으로 전파하는 것과 사실상 분리되지 않았다. 하지만 그 자체가 하나의 부류를 구성할 만큼 차별적인 것이었다. 말로 된 전파의 양상들 중에서, 즉 문자적 양상과 비문자적 양상 중에서, 전자는 그 구성 메시지들이 얼마나 불투명한가에 따라, 그리고 의미론적 변화에 얼마나 상응하는가에 따라 다양한 접합을 보여 주었다. 반란을 선전하기 위해 때로는 분명한 동기를 갖는 글쓰기 같은 것이 시도되었다. 1783년에 랑뿌르 봉기 참가자들이 배포한 편지들이 이런 범주에 속했는데, 그 편지들은 "농민들에게 한데 모여 가담할 것을 명령하면서, 이를 거절하거나 미루면 집을 불태우고 곡식을 망가뜨리겠다"라고 위협하고 있었다.71) 그런가 하면 1855년 9월 22일에 싼딸 밀사 한 명이 바라카르 강을 건너다 식민 당국자들에게 체포되었을 때 그의 몸속에서 발견된 "반역 문서"만큼 투명한 글쓰기는 없을 것이다. "어느 타쿠르가 다른 타쿠르에게 보내는 빠르와나 또는 지령문"으로 지칭된 그 문서를 번역해 보면 이렇게 되어 있었다. "문서 소지자가 당신에게 자세한 사항들을 알려 줄 것이다. 그자가 여기에 왔고 흠씬 두들겨 맞았다. 두 사람을 보내라. 권력은 지금 우리 것이다. 과거는 어찌되었건, 미래에는 두려움이 없다. 조심하라."72)

물론 이렇게 글자로 된 메시지들을 통한 반란 커뮤니케이션은 라즈 하의 인도 농촌처럼 문맹률이 높은 지방에서는 널리 통용되지 않았다. 글쓰기는 사회적으로 특권적인 것이었다. 봉기를 위해 문자 형식의 말로 된 메시지를 생산하는 일은 엘리트 출신의 개인들이 상황이나 양심에 이끌려 또는 그 두 가지 모두에 이끌려 농민들과 함께 공동의 대의를 내세울 때에만, 아니면 소수의 농민들이 난관을 무릅쓰고 성취한 기초적인 문자 해독 능력을 봉기를 위해 활용할 때에만 실행 가능했다. 우리는 간혹 인도의 농민운동사에서 그 두 종류의 사례들과 뜻밖에 마주치게 된다. 몰락한 농촌 젠트리 중의 일부는 실제로 랑뿌르 봉기, 인디고 반란, 빠브나 봉기 등등에 가담했고, 다른 한편 몇몇은 — 이들 중 하나는 돔(Dom)이고 다른 하나는 '줄라(Joolha)'이다 — 싼딸들에게 읽기와 글쓰기로 도움을 주었다고 봉기 기록에 언급되어 있다.73) 그러나 이 같은 엘리트의 참여의 정도 또는 서발턴의 문자 해독 능력의 정도는 그다지 높은 것이 아니어서 문자를 통한 반란 선전은 예외적인 것일 뿐이었다.

하지만 문맹이 봉기를 위한 글쓰기 생산에 불리하게 작용한 것만은 아니었다. 문자 해독 능력이 없어도 농민들을 때때로 글자로 된 언설과 일정한 방식으로 연결되었다. 농민들이 글자로 된 언설을 탈언어화시킴으로써 그 본래의 동기를 파괴하는, 그리고 그 결과로 생겨나는 불투명성을 이용하여 저 문자적 재현에 새로운 "기의들"을 부여하는 그런 방식으로 말이다. 르페브르는 이러한 부류의 고전적 사례 몇 가지를 인용한 적이 있다. 그가 말했듯, 프랑스혁명기 동안에 "반란자들은 읽을 줄 모르는 농민들에게 인쇄되어 있거나 육필로 된 포스터들을 보여 줌으로써 자신들의 주장을 뒷받침하고자 했다." 어떤 경우에는 70여 년 전의 몇몇 관공서 포고령들을 훔쳐서 "경청하는 군중들을 고무시키기 위해" 그것들을 내걸기도 했고, 또 어떤 경우에는 개인 재산에 관한 법적 문제들을 다루는 소책자 인쇄물을 "봉기의 정당성을 인정하는 왕의 명령문"이랍시고 내세우기도 했다.74)

1855년의 싼딸 반란에도 그런 식으로 말로 된 메시지의 내용과 그 문자 표현들이 분리되었던, 그리고 봉기의 전파를 위해 문자 표현을 사용했던 사례가 있다. 왜냐하면 글로 씌어진 몇몇 문서들, 즉 봉기를 시작하라는 타쿠르의 명령을 전하고 있고 또 까누가 권위의 표상 겸 동원의 수단으로서 직접 전달하기로 되어 있었던 그 문서들을 자세히 조사해 보면, 그 안에는 다른 것들과 함께 "기관차[들]에 관한 오래된 서적, 토목 기사 번 씨의 명함 몇 개"가 포함되어 있었고, 만일 반(半)관변 신문 『캘커타 리뷰』(1856)에 실린 기사의 증언이 믿을 만하다면 모종의 인도어로 번역된 「요한복음」도 포함되어 있었기 때문이다.75) 훨씬 더 놀라운 것은 하늘에서 떨어졌다고 하는, 그리고 싼딸 지도자들에 의해 신이 봉기를 돕는다는 증거로 여겨진 그 문서들의 나머지에는, 손으로 씌어진 것이건 인쇄된 것이건 간에, 아무것도 적혀 있지 않다는 점이다. 까누가 말한 바에 따르면, "백지 문서들 모두 하늘에서 떨어졌고, 모든 면이 백지로 된 그 책 역시 하늘에서 떨어졌다."76) 따라서 문자 이전의 문화의 조건들 하에서는 언설의 내용과 상관없는 문자 형식의 언설에 의해서만이 아니라, 문자소(文字素, grapheme)들로 기록되지는 않았지만 그 나름대로 기능을 수행했던 글쓰기 재료에 의해서도 봉기가 전파될 수 있었던 것이 분명하다. 그 같은 확장을 지배하는 원리는 아프리카 내의 이슬람화된 지역 일부에 있는 것으로 알려진 "말의 음복(飮福)" 원리와 본질적으로 동일한 것이었다. 그 지역에서는 종이나 파피루스, 석판이나 피부 위에 신성하거나 주술적인 문구를 새겨 넣기 위해 사용된, 또한 메시지 그 자체의 신성함이 스며 있다고 여겨진 잉크나 물감이 어떤 질병의 치료를 위해 세척에 사용되거나 들이켜지곤 했다.77) 하지만 차이가 있었다. 이슬람권 아프리카의 경우, 초자연적 능력을 씌어진 말에서 글쓰기 재료로 환유적으로 투사하는 것은 육신의 질병 치료를 알라의 은총에 맡기기 위한 것이었지만, 싼딸들은 그것을 단지 무력으로 세계의 질병을 고치려는 자신들의 시도를 정당화하기 위해 활용했을 뿐이다.

이러한 확장의 한 가지 역설적인 결과는 말로 된 신호가 순전히 시각적인 신호로 전환했다는 점이다. 이것이 가능했던 이유는 글자로 된 언설의 두 가지 차원의 성격 때문인데, 바첵이 주장했듯이 그 같은 성격은 글자로 된 언설을 발화된 언설과 명백히 구별하게 한다.78) 그러나 비록 발화된 언설을 구성하는 음향 물질이 완전히 같은 방식으로 의미를 조작하는 것을 허용하지 않는다 해도, 발화에 의한 봉기의 선전 또한 그것 나름대로 인식상의 위험에 빠지기 쉽다. 이것은 앞에서 말한 언설 범주의 두 가지 타입처럼 투명성의 정도에 따라 차이가 나는 봉기 선전 담론의 두 가지 타입을 비교해 보면 알 수 있다.

그런 종류의 발화된 언설 중에서 더 투명한 것으로는 농민들이 봉기 동원에 이용하여 널리 통용되었던 수많은 비문자적 구두 전달이 있다. 그것은 대개 현지 주민에게 경보를 발하고, 정보를 주고, 명령을 내리는 것을 목표로 한 다양한 종류의 선언적이고 의무 규정적인 진술들로 이루어졌다. 그것은 1831년과 1855년에 각각 봉기의 시작을 알렸던 꼴 부족 회의와 싼딸 부족 회의의 발표처럼, 또는 반란자들이 그들의 지도자들에게 전달했던 적군의 동태에 관한 순전히 사실적인 메시지처럼 냉정하고 신중한 것일 수도 있다. 그런가 하면, 그것은 1860년 벵골의 인디고 지구에서의 "블루 뮤티니" 기간 중에 촌락 주민들에게 경고를 내리고 그들을 모이게 한 전통적인 야간 외침 소리처럼 열띠고 격앙된 것일 수도 있다. 야간 외침 소리의 전달 기능은 1873년의 빠브나 봉기 기간 중에 어느 저널의 칼럼에서 역사적 비교의 방식으로 다음과 같이 소개되었다.

> 인디고 소요 기간 중에 인도에 있던 사람들은 농장주에 대항하는 촌락들에서 있었던 야간 외침 소리의 독특한 효과를 자주 언급했다. 그것은 야간에 한 촌락의 모든 주민들이 일제히 질러대고 …… 부락들이 잇달아 …… 호응한 고함이다. 농업 문제가 가장 심각한 몇몇 곳에서는 이제 이 고함 소리를 야간에 듣게 될지 모르겠는데, 그것이 발휘하는 매우 인상적인 효과는 다른 무엇보다도 농민들의 수와 단결의 면에서 더 분명하게 나타난다.[79]

어조와 관용어의 변주에도 불구하고 이 같은 담론들 모두의 공통점은 그것들이 봉기의 이러저러한 실천적 측면과 관련되어 있었다는 점, 그리고 명백한 동기를 지닌 메시지를 통해 농촌 대중을 동원하려 했다는 점이다. 이 특정한 타입의 반란 커뮤니케이션이 조금이라도 과도한 의미론적 미끄러짐에 빠지지 않게 만든 것은 이 견고한 경험주의였다.

이와는 대조적으로, 봉기 확산을 도와준 또 다른 발화 타입의 특징은 상대적으로 높은 수준의 불투명성이었다. 농민대중의 폭력의 번식을 위해 전산업사회 어디에서나 사용되었던 온갖 수단들 중에서 가장 통상적인 그 타입은 표현과 내용 양쪽에서 서발턴 정치를 구현하는 특별히 강력한 수단이 되기에 적합한 것이었다. 흔히 실천 안에서 겹쳐지는 두 가지 종류의 언설로 구성된 이 타입은 설명의 편의를 위해 저자가 있는 것과 익명의 것으로 넓게 분류될 수 있다. 전자의 특징은 그 기원을 이미 알려져 있는 한 명 이상의 개인에게서 찾을 수 있다는 사실이다. 모든 대륙과 모든 시대의 수많은 카리스마적인 농민반란 지도자들 덕분에 이런 유형에 속하는 발화된 언설의 역사적 목록이 다양해졌다. 흔히 그들의 카리스마의 가장 효과적인 구성 요소가 된 것은 정말이지 이러한 종류의 발화였다. 왜냐하면 다른 타입의 비문자적 담론과 달리, 발화된 언설과 봉기의 관계는 엄격히 경험적인 관계가 아니었기 때문이다. 그 언설을 구성한 말과 표현들은 봉기의 체험적이고 실천적인 영역 너머에 있는 어떤 세계를 지시했고, 현 세계의 조건들을 변화시키려는 욕구를 일종의 다른 세속성(世俗性)으로 재현했다. 따라서 그것의 기능은 반란의 맥락을 현실적인 것과 경험적인 것에서 초현실적인 것과 신비한 것으로 이전하는 것이었다. 이는 야콥슨과 레비-스트로스 덕분에 거듭 유명해진 저 보들레르의 널리 알려진 소네트의 주인공 고양이*가 비유

---

* 보들레르의 시집 『악의 꽃』에 수록되어 있는 「고양이」라는 제목의 소네트에 대한 언급이다.

적 표현에 의해 집 안에서 끌려나와 우주론적, 성좌(星座)적 틀에 맞춰지게 되는 것과 똑같다.80) 그 같은 담론에 특징적인 지시적 불투명성 덕분에 신화에 의한 봉기의 실천적, 사회적 측면들의 매개는 종교에 의한 계급투쟁 이데올로기의 매개로 표현되었다. 그러므로 다른 곳에서처럼 인도에서도, 가장 강력했던 몇몇 농민 폭동의 지도자들은 예언자와 개혁가의 영감 어린 언어로 — 띠뚜 미르는 이슬람 왕국이 도래하리라고, 시도와 까누는 봉기는 천상에서 계획된 기획이라고, 비르사는 라즈와의 전쟁은 새로운 윤리의 실험이자 진리의 시대(사뜨 주그)의 전조라고 — 말했던 것이다. 우리가 다루고 있는 농민반란의 정치가 어째서 거의 항상 신성한 관용어로 표현되었는지, 그리고 사쁘나미들과 파라찌들과 버사이트들의 경우와 같은 가장 전투적인 몇몇 농촌 대중의 운동이 어째서 마지막에는 신격화되어 교파 운동이나 종파 운동이 되어 버렸는지, 그 한 가지 이유는 바로 이것이다.

지금까지 논의한 신호들 중에서 그 고전적 형식의 익명의 발화 — 루머 — 보다 봉기의 확산에 더 기여한 것은 없었다. 물론 이것은 인도만의 경험은 결코 아니었다. 아마도 루머는 모든 전(前)산업, 전(前)문자의 사회에서 **보편적**이면서 동시에 **필수적**인 봉기의 전달체라고 말하는 것이 지극히 합당할 것이다. 그 같은 사회 어디에서건 반란으로 인해 대부분을 잃게 되는 자들이 루머의 봉쇄와 통제에 대해 관심이 있었다는 것은 역사적으로 알려진 사실이며, 비록 간접적으로라도 그런 사실에서 루머의 힘은 명백히 인정되는 것이다. 로마 황제들은 간부급 관공리들 — 델라토레(delatore)*들 — 전체에게 루머를 수집하고 보고하는 일에 나서게 할 만큼 루머에 민감했고, 그런가 하면 1789년에 프랑스 농장주들은 "시장에서 하급 신분의 루머와 흥분과 선동적 수다를 중지시키도록"

---

* 고대 로마에서 범죄를 고발하거나 밀고하던 사람.

하는 것이 자신들에게 이익이 된다는 것을 알았다. 인도의 경우, 정부 차원에서의 루머에 대한 우려를 추적해 보면 까우틸야 시대의 국가로까지 소급될 수 있다. 『실리론』의 지시에 따르면, "첩자들은 국가에 널리 퍼진 루머들도 알아내야 한다."[81] 그로부터 여러 세기가 지난 후에도 루머 수집은 여전히 식민 관료들의 일상적인 업무였고, 인도국립 문서고에 소장된 『국내 (정세) 시리즈(Home (Political) Series)』 안에 있는 주간이나 격주간 정보 보고서 중의 저 낯익은 붉은 글씨들이 증명하듯이, 전시와 정치적 불안기에 특히 그러했다.

물론 당국자들 쪽에서의 이 같은 경계심은 **그들의 관점에서는** 충분히 타당한 것이었다. 왜냐하면 문맹 인구가 압도적인 나라에서 얼마간 강력했던 서발턴 항의는 그 어느 것이든 루머가 그 장약(裝藥)을 광대한 지역들에 전해 주지 않고서는 결코 폭발한 적이 없기 때문이다. 그 현상은 실제로 매우 일반적이었고, 그 빈도는 일부 학자들에게 "하나의 사회심리학 법칙"처럼 보일 만큼 매우 높았다. 그 주제를 다룬 올포트와 포스트만이 유명한 연구서에서 주장했듯이, "**폭력을 유발하고, 수반하고, 강화하는 루머들 없이는 어떠한 폭동도 결코 발생하지 않는다.**"[82] 리비우스의 설명에서 르페브르의 설명에 이르기까지 폭력적인 군중행동에 관한 모든 설명은 이 점을 확인해 주는 데 도움이 될 것이다. 리비는 고대 로마의 귀족들과 평민들 간의 수많은 충돌 과정에서 루머가 대중의 정념에 미친 영향에 관해 상당히 기억할 만한 증거를 우리에게 남겼다.[83] 또한 중세의 경우, 프롸사르는 루머 덕분에 "[켄트에서] 그[존 볼]가 행하고 말한 것들이 귀족과 부자를 질시했던 런던 민중들의 귀에 들어가" 그들이 와트 타일러가 이끈 1381년의 농민 폭동에 동원되었다고 지적한다. 블럼은 루머가 어떤 식으로 1773~75년에 러시아 농노들을 푸가초프의 깃발 아래로 모이게 하는 데 기여했는지를 언급한 적이 있다. 뤼데가 보여 주었듯이, 프랑스에서는 프랑스대혁명 이전의 십년간에 벌어진 수많은 곡물 폭동이 루머에 의해 자극을 받았고, 다른 한편

1830년에 있었던 잉글랜드 농업 노동자들의 스윙 운동 역시 바로 그 말로 된 수단을 통해 규모가 커졌다. 탄자니아에서는 "마법 약"에 관한 그리고 그 약의 조제사인 응가람베 부족의 킨지키틸레가 지니고 있는 비범한 위력에 관한 엄청나게 많은 루머가 1905년 마지 마지 반란의 토대를 미리 마련했다.84) 우리는 여러 시기의 수많은 곳에서 정말로 널리 퍼져 있던 이러한 형식의 봉기 커뮤니케이션에 관한 사례들을 계속 수집할 수 있을 것이다. 그러나 현재 우리의 목적을 위해서는 1789년 프랑스 농촌 봉기에서 드러났던 루머의 힘을 연구한 르페브르의 탁월한 저작 중에서 한 부분을 발췌하여 그 모든 사례들의 정수를 재현하는 것만으로도 충분할 것이다.

> 프랑스인 대다수는 구전 전통에 전적으로 의지하여 뉴스를 전파했다. …… 그러나 정부와 귀족들에게 이 전파 수단은 언론의 자유보다 훨씬 더 위험한 것이었다. 그것이 잘못된 소문의 확산, 사실의 왜곡과 과장, 전설의 증폭 등에 유리했다는 것은 말할 나위도 없다. …… 지방이 텅 빈 침묵 속에 있을 때, 모든 말들은 엄청난 반향을 불러일으켰고 성가처럼 간주되었다. 머지않아 루머는 저널리스트의 귀에 도달할 것이며, 그는 그 내용을 인쇄하여 거기에 새로운 힘을 부여할 것이다. …… 정말이지 대공포란 것이 엄청나게 거대한 하나의 루머가 아니라면 무엇이었겠는가?85)

많은 점에서 볼 때 식민 인도에서 벌어진 몇몇 농촌 봉기들의 결과로 확산된 패닉 상태 역시 엄청나게 거대한 일련의 루머들이 만든 작품이었다. 1832년의 봉기에서 꼴이 야기한 불안감은 빨라마우 지구 중에서 반란에 전혀 휩쓸리지 않은 곳들에서조차 촌락 주민들을 도망치게 만들었다. 정글 마할에서는 많은 부자들이 최악의 상황에 대비하여 재산을 땅에 묻었다. 미르자뿌르와 바나라스와 같이 봉기의 영향권에서 멀리 떨어져 있던 읍들도 패닉 상태에 사로 잡혔다. 미르자뿌르가 약탈을 당했고, 아짐가르에서 봉기가 일어났으며, 심지어 마라타 증원군이 반란군을 보강했다는 등등, 전적으로 사실무근인 이 소식들 — 모두 언론에서 지체 없이 되풀이되었고 그로 인해 가공의 권위를 얻게 되었다 — 은 농촌에서 날아온 거품과 비약으로 가득 차 있던 놀라움을 한층 부풀렸다.[86]

싼딸 봉기가 발생했을 때 파쿠르를 사로잡은 그 같은 패닉 상태는 어린 시절에 그 봉기를 온전히 체험했던 어느 동시대인에 의해 다음과 같이 생생하게 묘사되었다.

[그는 회상했다] 그때 여자들이 시끄럽게 울어대는 소리가 들렸고, 어린아이들은 비명을 지르며 울부짖었고, 사내들은 헛소리를 해 대며 아무데나 여기저기 달려들었다. 아버지들은 울어 대는 자식들을 돌보지 않고 내팽개쳤다. 노인들이나 병약자들을 돌보는 사람은 아무도 없다. 보따리들을 묶기도 하고 풀기도 한다. 모든 것이 뒤집어졌고 뒤죽박죽 뒤섞여 엉망진창이 되어 버렸다. 요컨대, 말로 하기보다는 상상하는 편이 더 나을 정도로 혼란스럽고 비통한 광경이 잇달아 벌어졌던 것이다. …… 끔찍스럽게 길었던 지난밤을 가득 채운 공포와 불안은 할 말을 잃게 한다. 하지만 날이 밝기도 한참 전에 촌락 전체가 거의 비어 버렸다. …… 이 비참한 상태에서 촌락 주민들은 어디로 가야 할지, 자식들이 배고파 울 때 무얼 먹여야 할지 알지도 못한 채 집을 떠났다. 먹을 수 있는 모든 것, 모든 돈, 세간, 가재도구, 요컨대 그들이 소유했던 모든 것이 버려졌다. 그들의 유일한 소망과 유일한 목표는 가능한 한 싼딸들에게서 멀리 떨어져 있는 것이었다.[87]

또한 바로 그 "형언할 수 없는 패닉 상태"와 비슷한 것이 1900년 버사이트 폭동 기간 중에 쿤띠와 란치를 휩쓸었다.[88] 그리고 이 모든 것이 단지 부족민들의 폭력에 대한 디쿠들의 대응이었다고 손쉽게 오해될 수 있으므로, 이를 피하려면 바라사뜨 봉기와 빠브나 봉기가 야기했던 비슷한 공포의 사례들을 언급해야만 할 것이다. 바라사뜨 봉기의 경우에 당국자들은 "이제 그 같은 패닉 상태가 넓게 퍼져 버렸으므로" 모든 경찰 다로가들이 인근에 있는 근무지를 이탈했을 것이라고 생각했다. 한편 빠브나 봉기의 경우에 현지의 젠트리들은 "인명이나 재산은 물론 가문의 명예도 안전하지 않으며 촌락에 퍼져 있는 불안감은 엄청난 것이어서 때와 장소를 가리지 않고 위험이 느껴지고 있다"라고, 또 "지역 유지들이 가족을 보호하고 명예를 지키기가 더 이상 어렵게 되었다"라고 불평하면서 자신들이 거느린 벵골의 쁘로자들의 공격에 대처하기 위해 경찰의 보호를 요청했다.[89] 어떤 식으로든 농민의 무장투쟁이 전개되는 동안, 루머가 야기한 패닉 상태는 에스닉한 구분선을 넘어섰던 것이 분명하다.

하지만 루머를 공포의 측면에서만 강조한다면 반란 동원에서 루머가 발휘하는 긍정적인 기능, 정말로 더 중요한 그 기능을 간과하게 될 것이다. 앞에서 언급한 모든 사례들에서 말로 된 익명의 신호는 각각의 봉기가 겨냥했거나 봉기 농민들이 겨냥했던 자들을 위협하는 데 기여했을 뿐만 아니라, 무엇보다도 폭동의 메시지를 민중에게 전파하는 데에도 기여했다. 이것은 1857년 반란의 경우에 분명한 사실인데, 당시의 많은 사람들에게 그 반란은 반란에 앞서 인도 북부 전역에 퍼졌던 루머들의 직접적인 결과일 뿐이었다. 정말로 복합적인 것을 과도하게 단순화시켜서 보는 그 같은 관점 중에서 전형적인 것은 아래의 인용문에서와 같은 인과적 설명이었다.

> 사건 발발 전에 다음과 같은 식의 루머들이 아주 널리 퍼졌다.
> 첫째. 세포이들이 2,000벌의 총을 마련하고 있었다.
> 둘째. 정부의 명령으로 뼈가 섞인 아따가 팔렸다.
> 셋째. 그 세포이들은 갖고 있던 무기와 탄약을 빼앗겼다.
> 이러한 소문들이 소요를 야기했다.[90]

그 단순함에도 불구하고 미루트의 부(副)수세관 모후르 싱이 남긴 이 증언은 누가 보더라도 저 봉기 사건에서 서발턴 대중 동원의 가장 강력한 요인들 중의 하나를 확인해 주는 것이나 다름없었다. 돼지기름을 바른 탄약과 뼈로 오염된 밀가루와 기독교로의 개종 강요에 관한, 원주민 병사들의 무장해제와 농사일의 공식적인 금지에 관한, 영국인 지배의 임박한 종식과 구원자의 도래에 관한 — 심원한 곳에서 토착민의 감성을 자극하고 있던 것들에 관한 — 저 사실무근의 입증 불가능한 소문들이 (르페브르의 물의 비유를 인용하자면) 잇달아 거센 물살을 타고 만들어 낸 조류는 "엄청나게 거대한 하나의 루머"로 모아져 민중들이 따로따로 갖고 있던 라즈에 대한 수많은 불만 요소들을 하나의 전쟁으로, 즉 세포이와 농민이 라즈에 대해 벌인 전쟁으로 변형시켰다.

이 점에서 1857년도 예외는 아니었다. 1857년에 현지의 대금업자에 대항하는 폭동으로 유죄가 선고된 몇몇 마라타 농민의 진술들은 봉기 농민들을 자극한 루머의 역할을 보여 준다. 여기에 몇 구절을 발췌한다.

와니들에 맞선 폭동 소식이 알리가온으로부터 들려왔다. [수빠의] 주민들은 우리가 와니들에게 가면 그들이 우리의 차용증을 돌려줄 것이라고 말했다. 첫 번째 루머는 와니들이 100루삐짜리 차용증 하나를 돌려주고 한 사람당 50루삐를 줄 것이라는 것이었다. ……

[고쉬뿌리의] 촌락 주민들은 이웃 촌락의 주민들이 사후까르들에게서 강제로 차용증을 돌려받았다는 이야기를 듣고, 어느 날 한데 모여 물찬드 하꿈찬드의 가게로 몰려가 그에게 모든 차용증을 내놓으라고 요구했다. ……

내가 사는 촌락[손상위]에서 소동이 벌어지기 5, 6일 전에 촌락 주민들은 쿠르디 니몬의 주민들이 바니아들에게서 강제로 차용증을 돌려받았다는 이야기를 들었고, 그래서 그 후부터 우리 촌락의 주민들 역시 같은 일을 하자고 생각하고 있다가, 결국 그 일을 했다…

"거의 모든 경우에 폭동은 어느 이웃 촌락에서 차용증을 빼앗았다는 뉴스와 정부가 폭도들의 행동을 승인했다는 흔한 이야기가 함께 전해졌을 때 시작되었다고 말할 수 있다."91) 이 소요들을 조사하기 위해 임명된 데칸폭동대책위원회가 이러한 결론을 내리게 된 것은 놀랄 만한 일이 아니다. 우리가 다루고 있는 시기의 또 다른 대부분의 농촌 봉기에서도 루머는 희망과 공포의, 최후의 심판일과 황금시대에 관한 전망의, 세속적인 목표와 종교적 열망의 강력한 전달 수단, 사람들의 마음에 불을 지핀 저 모든 것들의 전달 수단이 되었던 것이다.

루머는 바로 이러한 방아쇠 겸 동원기 역할로 반란을 전파하는 데 필연적인 도구가 된다. 물론 그 필연성은 그것이 작동하는 문화적 조건에서 유래한다. 왜냐하면 전자본주의 사회에서의 문자 해독 능력의 결핍은 그 사회의 서발턴 주민으로 하여금 자신들끼리의 커뮤니케이션을 위해 시각적인 신호들과 말로 된 비문자적인 신호들에 거의 전적으로 의존하게 만들며, 그 둘 중에서도 상대적으로 융통성과 가해성(可解性)의 정도가 높은 후자에 더 의존하게 만들기 때문이다. 그러나 루머가 가장 "자연스러운" 그리고 정말로 필수 불가결한 봉기의 전달 수단으로 기여하게 되는 것은 발화의 한 타입으로서의 그 성격 덕분이기도 하다. 이 점은 상당히 강조될 필요가 있는데, 왜냐하면 농민 소요와 관련된 루머의 함축적 의미를 알아야지만 그 소요를 대중적 사건으로 발전시키는 데에서 또한 그 사건의 이데올로기에 영향을 미치는 데에서 루머가 공헌한 바를 충분히 평가할 수 있게 되기 때문이다.

루머는 대표적인 발화된 언설이다. 그리고 언어학자들이 말하듯이 발화는, 말하자면 그것이 문자적 실현이 아니라 음성적 실현이라는 그 사실 때문에, 질료면에서 글쓰기와 다를 뿐만 아니라 기능면에서도 글쓰기와 다르다. 바첵에 따르면 "가장 심원하고 가장 본질적인" 것은 바로 이러한 차이점이다. 그는, 발화는 모든 주어진 자극에 대해 글로 된 언설보다 더 긴급하게, 더 감정적으로, 더 역동적으로 반응한다고 말한다.92) 바로 루머의 기능인 이 즉시성이 사회적 긴장의 시기에 중요한 문제들을 포착케 하고, 루머 특유의 추동력을 발전시키는 것이며93), 또 그 문제들에 귀 기울이는 대규모 공적 청중을 만들어 내는 것이다. 쁘라사드는 1934년의 비하르 지진에 대한 반응을 다룬 유명한 연구에서, 당시에 루머를 들은 사람 모두가 "그 루머를 다른 이에게 전해 주고 싶은 거의 통제 불가능한 충동"을 갖게 되었다는 것에 주목했고, 미국의 자료로 연구한 샤흐터와 버딕도 루머란 "커뮤니케이션의 연쇄 패턴"이며 거기에서는 한 개인에 의한 "정보 거리의 소유"가 "커뮤니케이션을 확장시키는 어떤 힘을 만들어 내는 것처럼 보인다"라는 것을 알았다.94) 이러한 힘 또는 이러한 자극이 루머로 하여금 사람들을 함께 모으게 한다. "루머의 전달에는 다른 이의 행동에 영향을 미치려는, 다른 이의 사고방식을 루머 전파자의 그것과 일치시키려는, 또는 최소한 약간의 귀중한 정보라도 공유하려는 그 전파자의 욕망이 포함되어 있다."95) 즉 "어떤 소문을 집단 내의 다른 구성원들에게 소통시키는 것에는 그 구성원들 간의 기초적인 공동체 유대가 함축되어 있는 것이다." 그것은 일종의 "동료적 반응"을 불러일으키는 데에 기여한다. 그 동료적 반응은, 비하르의 재난 기간 중에 관찰된 바와 같이, "상급자들과 하급자들이 충돌하는 것이 아니라 모든 이들이 훨씬 더 평등하게 되는" 공동체를 만들었다.96)

따라서 루머의 "통제 불가능한" 전파력이 낳은 연대는 시간과 공간에서 실현되는 두 가지 특징적 경향을 루머에 부여한다. 첫째, 루머가 굉장한 속도를 갖게 되는 것은 바로 이러한 사회화 과정 덕분이다. 쁘라사드에 따르면 이것은 적어도 비하르의 지진에 뒤이어 "재난에 관한 이야기와 예언들이 신속하게 전파된 것을 설명해 줄 수 있는 하나의 요소"였다. 인위적인 격변에 관한 루머들 역시 마찬가지로 신속하게 돌아다녔다. 알려져 있다시피 1875년 9월 뿌나 지구에서의 반(反)고리대 폭동 소식은 100마일 이상 떨어져 있는 싸따라 수세관구 내의 쿠크루르에서 거의 시간차 없이 그와 유사한 소요를 일으키게 했다.97) 세포이 전쟁을 연구한 역사학자로서 그 사건이 생산한 방대한 루머 퇴적물 가운데 일부를 다뤄야 했던 케이는 얼마간 절망하면서 "모종의 뉴스 묘사"에 관해 언급했다. 그 묘사는 "거의 전기로 움직이는 것처럼 이 주둔지에서 저 주둔지로 인도를 떠돌고 있으며," 영국인 장교들은 그것을 손쉽게 무시했지만 "백인 신사들이 의심스럽다는 듯 시장(Bazaar, 市場)의 거짓말들에 덤덤히 머리를 가로 젓고 있는 동안에 또다시 100마일을 떠돌았다."98)

루머를 "시장의 거짓말들"이라고 묘사하는 것은 루머에는 민중이 대규모로 모이는 장소에서 발원하는 또 다른 경향이 있다는 진리를 경멸스러운 말로 덮어 버리는 것이다. 전산업사회에서 민중이 거래나 일정한 형식의 민간전승 오락을 위해 정규적으로 빈번하게 그리고 집단적으로(*en masse*) 모이는 곳은 아마도 다른 어느 곳보다 시장일 것이기 때문에, 루머의 사회화 과정 역시 그곳에서 가장 능동적으로 작동하는 경향이 있다. 따라서 앞에서 논의한 것처럼, 루머의 전이 기능을 만들어 내는 언어적 교환은 민중의 삶에 매우 본질적인 경제적 교환과 밀접히 결합되는 까닭에 하나의 민중 담론 타입으로서의 고유한 정체성을 확보하게 된다. 프랑스대혁명의 해에 봉기 농민들을 자극한 의미 있는 것들 중 어느 것 하나 놓치지 않을 만큼 예리한 눈을 가진 르페브르는 이러한 결합의 중요성을 강조했다. 그는 농촌 노동자들이 시장에서 자기 동네로 다시 가지고 간, 특히 그곳에서 폭동이 발발한 후에 다시 가지고 간 이야기들과 그들의 촌락에서 오갔던 이야기들은 흔히 "그들의 동료들에게는 폭동을, 농장주들에게는 공포를 확산"시키곤 했다고 썼다.99)

인도에서는 시장이 식민주의적 사고 안에서 루머의 발원지와 전파지로 간주되었음이 분명하다. 라즈의 정보 보고서가 아주 풍부하게 입증하듯이, 관리의 첩자들은 그들의 귀를 인도 전역에 걸쳐 촌락 단위 이상의 모든 지역에 있는 시장들을 향해 꼭 붙들어 맸다. 왜냐하면 정부가 "외국인 지배자들의 행동을 바라보는 그들[대중]의 관점에 대한 견해"100)를 얻을 수 있는 곳으로는 엘리트의 목소리가 울려 퍼지는 위원회 방이나 강연회장보다 시장이 훨씬 더 좋았기 때문이다. 물론, 관료들이 "시장의 소문"에 가장 민감했을 때는 지배 체제가 전시에는 외국의 적으로부터, 민중 폭동의 시기에는 내부의 적으로부터 심각하게 위협받을 때였다. 그러므로 제국주의자의 이해관계와 동일한 관점에서 씌어진, 1857년의 반란에 관한 케이의 유명한 역사책 안에 이런 소문이 매우 자주 그리고 사실상 매우 강박적일 정도로 언급되고 있는 것은 놀라운 일이 아니다. 그는 시장의 이야기는 엄청나게 많은 가장 유용한 정보들의 믿을 만한 등기부였고, "그 뉴스가 영국인에게 재앙을 가져다줄 수 있는 것일 경우에는 특히" 그러했다고 주장한다.101) 그래서 그가 자신의 서사에서 푸짐하게 이용하고 있는 자료는 그의 저 기념비적 저작 곳곳에서 울려 퍼지고 있는 일련의 — 바락포르와 미루트와 깐뿌르와 그 외 또 다른 곳에서의 — 대중적 폭발음들이 만들어지기 전마다 세포이 "대열"에서 확산되고 있었던 불만을 현지의 시장에서 떠돌던 루머들과 연결시키고 있는 그런 자료였던 것이다.102) 따라서 우리는 저 거대한 반란의 생애에서만이 아니라 그것을 구성한 역사학에서도 공적 담론으로서의 루머와 민중의 봉기 행동 사이의 조응을, 즉 민중의 공통 의지에서 유래하는 말과 행위의 병행을 분명히 인지하게 된다.

루머를 거짓말로 간주하는 것은 전형적인 집단적 담론의 장과 관념적인 관료적 진리의 자리 사이의 — 말하자면 시장과 방갈로 사이의 — 거리를 가늠케 해 주는 것에 그치지 않는다. 루머를 그렇게 간주하는 것은 루머를 뉴스와 동일시하는 잘못된 착상의 결과이기도 하다. 케이가 루머를 "모종의 뉴스 묘사"로 규정했을 때, 그는 그 밖의 엘리트주의적 저술가들과 마찬가지로 그 둘을 한 묶음으로 취급하고 어느 하나를 다른 하나의 타락한 버전으로 간주하는 아주 일반적인 오류를 범했다. 하지만 사실상 그 두 가지 종류의 말로 된 커뮤니케이션만큼 상이한 것은 없다. 그것들은 두 가지 중요한 면에서 다르다.103) 첫째, 뉴스의 출처는 반드시 확인할 수 있다. 그것의 메시지는 그 발원지를 추적하면 쉽게 확인되며, 그것의 정확성은 대개의 경우 그것을 발설한 사람이 책임을 져야 하는 것으로 간주된다. 이와 대조적으로, 루머는 반드시 익명적이며 그 출처를 (물론, 우리가 곧 보게 될 것처럼, 때로는 거기에 가공의 정보원[情報源]이 배당될 수는 있어도) 알 수 없다. 그런 까닭에 아무리 출처를 조회해 보더라도 루머의 메시지가 믿을 만한 것인지는 입증될 수 없고, 또 그 전달자에게 그것의 정확성을 보증하라거나 어떤 식으로든 그것의 효과에 대해 책임을 지라고 요구할 수도 없다. 둘째, 뉴스의 경우에 그 전파의 과정은 뉴스를 통보하는 사람과 청중 사이의 필수적인 구분을 수반한다. "화자로부터 그 자신 화자가 되는 청자에게" 전해지는 — 이것이 절대적 전이성(轉移性)의 한 예이다 — 루머의 경우에는 그 같은 구분이 존재하지 않는다. 달리 말하자면, 뉴스와 달리 루머의 코드화와 탈코드화는 그것이 전달되는 지점마다 한데 뭉개진다.

분명히 루머는 뉴스와는 다른 부류에 속한다. 익명적 타입의 민중 담론인 루머는 레비-스트로스가 말하는 이야기와 신화 양 극단 사이에 있는 "매개 형식들" 중의 하나로 간주되는 것이 더 적절할 수 있다.104) 그 매개 형식들 모두의 공통적인 특징은 모호성이다. 이것은 루머의 형성에서 본질적인 것이라고들 한다.105) 이 일반화는 식민 세계에서의 거대한 봉기 운동의 몇몇 경험을 통해 충분히 확인된다. 예컨대 마지막 반란 전야에, 뱀을 닮은 영혼이 응가람베의 어느 주술사에게 신비한 약을 전했다는 이야기가 있는데, 분명히 그 이야기는 "그 주술사에게 참예하러 간 다수에 의해 다소 모호한 방식으로 이해되었다."106) 뮤티니 직전과 도중에 그리고 그것이 작렬시킨 농민 폭동 도중에 인도 북부에서 떠돌았던, "아무도 단정할 수 없는 모종의 임박한 위험에 관한 모호한 소문들"에도 대단히 비슷한 종류의 "인식적 불명확성"이 있었다. 케이는 어느 지방에서건 "~라더라"라고 말하는 그 "표현" 방법은 알아내기는 어렵지만 불타기는 쉬운 그런 모호함의 한 지표라고 언급했다. "어떤 불안감 — 물론 '그 모습은 알 수 없지만', 무언가 일어났다는 인상 — 으로 인해 사람들의 마음이 흔들리는 일이 자주 일어났다."107) 정말이지 이와 같은 모호성이 루머를 봉기의 한 동인(動因, agent)으로, 기동력 있고 폭발적인 그런 작인으로 만드는 것이며, 바로 그러한 차별적 특징들의 기능이 루머의 고유성 — 즉 그 익명성과 전이성 — 을 만들어 내는 것이다.

익명성은 루머에 개방성을 부여하고, 전이성은 루머에 자유를 부여한다. 어떤 계통을 가진 담론은 흔히 주어진 의미에 갇혀 항구적으로 옴짝달싹 못하지만, 그 기원을 알 수 없는 루머는 그렇지 않다. "텍스트에 저자를 부여하는 것은 그 텍스트에 한계를 부과하는 것, 그 텍스트에 최종적인 기의를 설치하는 것, 글쓰기를 폐쇄하는 것이다." 우리가 롤랑 바르뜨에 빚지고 있는 이 통찰력 있는 논평은108) 당연히 발화된 언설에도 해당된다. 그 논평은 어째서 루머가 그런 담론과는 대조적으로 최초의 원천에서 유래하는 어떤 "최종적인 기의"에 의해 봉인되지 않고 오히려 새롭게 입력되는 의미들의 저장소로서 계속 열려 있게 되는지를 설명해 준다. 이 개방성이야말로 저 자생성의 기초이며, 발화는 그것을 아주 자연스럽게 잘 이용한다. 왜냐하면 뷔고스키가 말했듯이, "구두 발화의 속도는 복잡한 공식화 과정에는 걸맞지 않기 때문이다. 그것은 심사숙고와 선택을 위한 시간을 남겨 두지 않는다. 대화는 미리 계획되지 않은 즉각적인 언설을 의미한다. 그것은 응답들, 즉답들로 이루어진다. 그것은 반응들의 연쇄이다."109) 이는 루머의 경우에도 마찬가지라고 할 수 있다. 실제로 루머는 속도, 직접성, 자극에 대해 숙고하지 않고 반응하는 경향 등의 성질들을 모두 지니는데, 이런 것들은 아마 또 다른 모든 자생적 담론 타입에서보다는 루머 안에서 더 충분하게 발전할 것이다.

또한 루머는 루머를 주고받는 모든 이들로 하여금 그 루머를 다음 사람에게 잇달아 전해 주도록 몰아대는 "통제 불가능한 충동"으로 인해 가장 완벽한 "반응들의 연쇄"가 된다.

루머는 사회적 긴장 상태 속에서 작동하는데, 그러한 긴장 상태와 루머의 전이성 덕분에 루머는 혀에서 혀로 건너뛸 때마다 고도의 즉흥성에 빠지기 쉬운 자유로운 형식으로 움직인다. 익명성이 루머 안에 만들어 놓은 그 틈은 루머의 메시지가 개개의 발화자들의 주관성으로 물드는 것을 허용하며, 모든 발화자들이 전파 과정에서 루머를 윤색하고 개정하기 원할 때마다 그 메시지가 수정되는 것을 허용한다. 이 모든 것은 루머로 하여금 변형들을 경험할 수 있게 하는 유연성을 낳는데, 물론 정도의 차이는 있을 수 있겠지만 그 변형들은 프로프가 말한 민담에서 생겨나는 변형들과 유사하다.110) 이러한 것들이 대중소요의 확산에서 중요하다는 것은 조금도 과장이 아니다. 루머의 순환과정에서 루머 안으로 들어오는 첨가, 삭제, 비틀기 등은 주어진 이데올로기나 민중적 표현양식 내에서의 변주들에 루머가 적응할 수 있을 만큼 (종종 아주 최소한도로) 루머의 메시지를 변형하며, 또 그렇게 함으로써 루머의 소통 범위를 넓힌다. 달리 말하자면, 즉흥성은 반란 동원에서 루머의 효력을 높이는 데에 직접 기여하는 것이다.

루머는 (뷔고스키를 다시 한 번 인용하여 말하자면) "미리 계획되지 않은 즉각적인 언설"이므로, 봉기 참가자들인 경우에 관한 한 그것은 민중을 모으려는 의식적인 고안물로서가 아니라 자생적으로, 심사숙고 없이, 즉 오직 이데올로기의 힘에 의해서만 반란 공동체 내에서 즉흥적으로 변형된다. 하지만 다른 면에서 볼 때, 즉 그들의 적의 관점에서 볼 때, 이 변형 과정은 상당히 의도가 있는 것처럼 보일 수 있다. 그러한 관점을 어지간히 대표하고 있는 것이 1857년의 일단의 오염 루머들에 관해 케이가 쓴 글이다.111) 그런 루머들 중에서 가장 유명한 것이 돼지기름칠을 한 탄약통에 관한 루머였는데, 그 루머는 뮤티니를 촉발시킨 것이 되어 역사 안에 들어왔다. 그러나 우리가 들은 바에 따르면, 관리들이 유발한 오염과 그에 따른 신앙의 상실에 관한 공포는 "병사들에게만 한정된 것이 아니라 공동체 전체까지 동요시켰다." 케이는 "영국인들이 누구나 매일 먹는 음식을 불순물로 오염시켜 힌두교도와 이슬람교도 모두를 모독하려고 획책했다는 어떤 확신"이 널리 퍼져 있었다고 말한다. 하지만 그 두 부분 — 군인의 탄약통과 민간인의 음식 — 에서 사용된 것으로 추정되는 오염 매체의 형식적인 차이에도 불구하고, 세포이들과 대중 모두에게 의심을 불러일으켜 그들을 뮤티니와 농민 봉기에 각각 동원시킨 것은 결코 두 개의 서로 다른 루머가 아니라 **동일한 루머의 변종들**이었다. 다음 글을 인용해 보자.

> 바야흐로 교활하게 유포되면서 소요를 일으키고 있는 루머는 **여러 가지 불길한 형상**을 띠었다. 이런 말들이 있었다. 동인도회사와 여왕의 명령을 받고 있는 영국 정부의 관리들이 **분쇄한 뼈**를 시장에서 팔리는 밀가루와 소금에 섞었다. 그들은 모든 **버터기름**(*ghi*)에 동물성기름을 섞었다. 이 나라에서 널리 사용되는 설탕을 넣어 뼈들을 태웠다. 뼈로 더럽혀진 밀가루만이 아니라 소와 돼지의 살점도 우물에 처넣어 사람들이 **마시는 물**을 오염시켰다. 이 거대한 가상의 오염 기획 중에서 돼지기름칠을 한 탄약통 문제는 특히 공동체의 어느 한 부분만을 겨냥한 하나의 단편에 불과했다. 모든 계급들이 동시에 더럽혀졌다고 생각되었다. "위대한 나리들(bara sahibs)들" 즉 영국인 우두머리들이 모든 토후들, 귀족들, 지주들, 상인들, 토지 경작자들에게 전적으로 **영국식 빵**만 먹을 것을 명령했다는 이야기도 돌았다.

이렇듯 더럽히기라는 저 단 한 가지 테마의 여러 변종들이 토착민의 모든 부분에 전해진 것인데(아래의 표 2 참조), 당국자들의 눈에 그것들은 영악한 통합 술책으로 보였다. 한 가지 공통적인 의심 — 동물성기름은 먹을 수 없는 것임에도, 세포이들은 탄약통에 바른 그것을, 민간인들은 식용 버터에 바른 그것을 입에 댐으로써 오염되었다는 의심— 이 세포이들과

표2. 1857년 오염에 관한 루머의 내용들

오염원으로 간주된 동물의 추출물	입을 통한 오염 매체		불순물로 오염된 집단들
	식용	비식용	
기름	탄약통		세포이들
기름		버터기름	전부
살점		물	전부
태운 뼈		인도 설탕	전부
분쇄한 뼈		밀가루와 소금	전부
위의 모든 것		영국식 빵	전부

민간인들을 한데 묶었다. 그렇게 되자 불순물의 폭은 더 한층 확장되었다. 동물에서 추출된 또 다른 전달 물질 두 개가 또 다른 네 가지 음식물과 섞였다. 고기가 마실 물에 첨가되었고, 뼈들은 불에 타서 인도의 설탕에 섞여 들어갔을 뿐만 아니라 분쇄되어 밀가루와 소금 안으로 섞여 들어갔다. 따라서 모든 계급의 사람들이 공통적으로 먹는 다섯 가지 음식 모두가 힌두교와 이슬람교의 섭생 규칙에서 가장 금기시되고 있던 두 가지 동물들 각각에서 추출된 세 가지 물질에 의해 오염에 노출된 것으로 여겨졌다. "공동체 전체"에 대해 이보다 더 광범위한 위협은 없었다. 하지만 모든 음식물 중에서 가장 불순한 음식, 즉 다섯 가지의 더러운 재료들인 밀가루, 소금, 설탕, 지방, 물이 모두 포함되어 있다고 여겨졌고, 그랬기에 최적 상태로 더럽혀져 있는 "영국식 빵"이 토착 사회의 맨 꼭대기에서부터 맨 아래까지 모든 이들에게 강제된 공식적인 "오염 기획"의 궁극적인 도구로 언급된 것은 우연이 아니었다. 그래서 모든 인도인들의 통합 그리고 그들과 그들의 외국인 지배자들의 대립은 단 하나의 테마 — 제의적 오염이라는 테마 — 와 관련하여 표현되었는데, 그 테마는 "여러 가지 불길한 형상"을 띤 루머라고 말할 수 있다. 작은 공포가 단순한 — 6개의 짧은 문장들로 모든 것을 말할 수 있을 만큼 — 언어 조작을 통해 꽤 널리 퍼질 수 있었다는 사실로 인해 이러한 타입의

민중 담론은 봉기의 반대편에 있는 자들에게 위협적인 것이 되었다.

이와 같은 즉흥성은 루머의 진행 과정이 지닌 자유를 입증한다. 하지만 이 자유가 무제한적인 것은 아니다. 일정한 문화 안에서 작동하는 루머는 그것과 연관된 문화의 코드들이 허용하는 정도까지만 즉흥성을 띤다. 이 점에서 루머는 바틀렛이 인간의 모든 인식적 반응의 특징으로 언급한 "의미 모방 작용"의 논리를 따른다. 바틀렛은 이 용어를 설명하면서 이렇게 말했다. "주체는 자신이 대처해야 하는 상황 안에 어떤 경향들을 끌어들여 그것들을 주체의 반응이 '가장 편안한 것', 또는 가장 반대가 적은 것, 또는 가장 신속하고 가장 덜 방해 받는 것이 되게 하는 데에, 그래서 주체의 반응이 바로 그 순간에 가능하도록 만드는 데에 이용한다." 따라서 특정한 지각 행위에 관한 한, "구조적으로 대단히 단순하거나, 구조적으로 규칙성이 있거나, 극도로 친연성이 있는 어떤 경우, 즉각적인 데이터는 이미 존재하는 것으로 보이는 지각 패턴에 적응하게 되거나 적합하게 된다. 이 기성의 장치, 기성의 기획, 기성의 패턴은 아무런 성찰 없이, 어떠한 분석 없이, 부지불식간에 이용된다. 그렇게 이용되기 때문에 즉각적인 지각 데이터는 의미를 갖는 것이고, 처리되는 것이고, 동화되는 것이다."[112]

올포트와 포스트만이 보여 주었듯이, 루머는 바로 그 같은 의미 모방 작용을 재현한다.[113] 물론 즉각적으로 또한 어떠한 성찰도 없이 구성되는 이러한 타입의 발화된 언설은 이미 존재하는 이데올로기적 패턴들에 "어떠한 분석 없이, 부지불식간에" 동화되기 쉬운 전형적인 타입이다. 봉기의 조건 속에서 루머는 그 루머를 발설한 사람의 시도, 즉 봉기 무렵까지 필연적으로 뒤틀려져 있거나 이미 수정된 권력관계에 대한 자신들의 지각을 "기성의 기획"이나 기성의 정치적 사고의 코드와 조화시키는 것을 통해 기존의 권위에 대한 도전의 의미를 만들어 내려고 하는 시도를 표현한다.

식민 지배의 처음 150년 동안 그리고 정말이지 그 후로도 오랫동안, 그 코드는 농민들이 갖고 있는 정치관, 여전히 상대적으로 미성숙한, 반쯤은 현실적이고 반쯤은 환상적인 그런 정치관의 한 척도였다. 그것은 부분적으로는 그들이 살고 있던 세계 내의 가치들과 권력관계에 대한 그들의 지식에 기초하는 것이었다. 예컨대 1857년 로힐칸드에서는 "영국 정부가 농사일을 금지했다는 취지의"114) 루머들이 떠돌았는데, 물론 그것들은 근거가 없는 어리석은 소리였다. 그러나 그 루머들이 들려준 경고는 바로 그때 라즈의 농업정책이 농민들에게 전혀 도움이 안 되는 것으로 간주되고 있었다는 그 엄연한 사실을 지시하는 것이었다. 또한 뮤티니 기간 중 페르시아만에서의 영국의 패배에 관해, 또는 볼란 고개를 거쳐 인도로 행진하고 있는 페르시아 군대에 관해 델리에 있는 "환전업자들의 가게와 왕궁의 객실에" 퍼져 있던 말은115), 희망적인 관측에 특유한 과장이 있긴 했어도, 국제적인 정쟁의 어떤 현실성을 전제하는 것이었다.

하지만 농민의 반(牛)봉건적 존재 조건과 일치하는 이 시기 농민의 정치적 사고 코드에는 왕들, 지주들, 사제들, 원로들, 남성들 등등의 권위와 같은 모든 상급 권위를 거의 신성하게 생각한다는 것도 포함되어 있었다. 그렇기 때문에 농민은 인간에 대한 인간의 지배를 이 세상의 법들에 의해 통치되는 과정이 아니라 저 세상의 법들에 의해 통치되는 과정으로 보곤 했다. 농민은 그 과정 안에서 인간 의지의 작동을 보는 대신 신의 의지의 표현을 보았다. 그러므로 정치는 신의 섭리라는 외양을 띠었고, 그것의 일상적인 과정은 의식(儀式)이라는 외양을, 그것의 시간 접합들은 시간을 초월한 신의 역사라는 외양을 띠었다. 달리 말하자면, 권력의 관계와 제도와 과정에 대한 농민의 이해는 종교적인 것과 다름없거나 또는 적어도 종교에 의해 현저히 과잉결정된 것이었다. 모든 사건들 중에서 가장 정치적인 사건인 저 봉기의 기간 중에, 농민은 자진해서 이 준(準)종교적인 코드로 봉기의 흥망성쇠를 해석하게 되었고, 그 해석은 농민의 물질적인 사회적 존재 조건과 정신적인 사회적 존재 조건이 더 후진적일수록 더 몽매한 것이 되곤 했다. 그 같은 시기에 떠돈 루머들은 흔히 종교성으로 가득 찬 이러한 정치의식의 등기부로도 기능을 수행했고, 동시에 농촌의 서발턴 대중 사이에서의 전파 매체로도 기능을 수행했다.

싼딸 반란과 문다 반란 전야에 떠돈 루머들의 일부는 본질적으로 정치적인 행동에 제의적인 외양을 부여한 것이 이러한 의식(意識)이었음을 알게 해 준다. 봉기 발생 이전, 싼딸 어머니들 간의 친교 제의를 촉진하는 데에 기여했던 어느 루머에 관해서는 이미 언급한 바 있다. 명백히 정치적인 동기를 가졌던 그 루머는 자식 수가 같은 두 어머니들끼리는 누구나 서로 저녁을 차려 주거나 선물을 교환함으로써 앞으로 있을 반란 공동체 내에서 가족 간 연대의 윤리를 구축하는 것을 목표로 했다. 루머가 기여한 정치적 과정의 그 같은 제의화(祭儀化) 중에서 훨씬 더 설득력 있는 사례가 『레악 까타』에 기록되어 있다. 그 기록을 보자. "당시 수바 타쿠르가 빠르 지방의 바그나디히에서 태어났다는 이야기가 있었다. 이 이야기를 듣고 민중들은 각자 한 빠이[도량단위]의 아땁과 소젖을 들고 출발했다. 그들은 거기에서 사방이 난간으로 둘러싸인 제단 하나가 세워져 있는 것을 보았다. 그 가운데에 앉아 있는 타쿠르의 모습은 그 촌락에 살던 시도 자신이었다. 민중들은 그의 면전에 엎드림으로써 그를 숭배했고, 그에게 공물로 바칠 쌀과 젖을 한곳에 모았다."116) 이렇게 농민전쟁을 위한 동원은 반란 지도자의 강림과 신격화에 관한 루머들로 시작되었고 순례와 제의 숭배라는 형식을 띠었다.

45년 후 문다들의 역사적인 봉기 역시 아주 유사한 방식으로 시작되었다. S. 싱이 말하는 바에 따르면, "치료사이자 기적의 연출가이자 설교자로서의 비르사의 이야기들은 전혀 사실과 다르게 과장된 상태로 퍼졌다."117) 그래서 문다들과 오라온들과 카리아들의 거대한 무리는 새로운 예언자가 등장한, 저 멀리 떨어져 있어 거의 접근할 수 없었던 작은 마을 찰카드로 향했다. 그들은 순례자들이었고 또 당시의 많은 이들에게 그렇게 간주되었다. 다라띠 아바(Dharati Aba)*의 대좌(臺座)를 향한 그 여행의 먼 거리와 위험스러움, 그런데도 거부할 수 없는 그 여행의 매력 등에 관한 그들의 노래들에는 인도의 전통적인 열성 신도들이 지닌 열망이 담겨 있었다.118) 하지만 적개심이 잠재되어 있던 부족들의 대규모 회합이 낳게 될 결과들을 가장 두려워한 자들에게 저 순례의 정치는 이내 명백한 것이 되었다. 호프만 목사는 아래의 글에서 이 모든 것을 보여 주었다.

> 나는 알 만한 부족 지도자들이 어떻게 평범한 이들을 다그쳐서 "비르사 바그완(Birsa Bhagwan)**"에게로 가는 순례길에 나서게 했는지 분명히 기억한다. …… 신비로운 처방들과 죽은 자의 소생에 관한 루머들은 부지런히 퍼져 나갔다. …… 문다 군중들, 특히 알 만한 지도자들이 있는 촌락들의 군중들은 끊임없이 무장하고 있었다. 나는 또한 찰카드의 종교적 색채가 더욱더 희미해지고 있었다는, 그리고 찰카드가 점점 더 무장 세력들로 가득 차게 되고 그들이 수일 분의 식량을 준비해서 그곳에 상주하게 됨에 따라 진짜 정치적 목표가 더 분명해지고 있었다는 어떤 뉴스를 들었다.119)

루머가 부채질한 종교적 열광이 문다 농민들의 대중적이고 무장한 동원을 위한 토대를 놓았다는 것은 아주 확실하며, 이교도들의 집회일지라도 신성했던 어느 집회가 그토록 불경스럽고 그토록 분명하게 정치적인 집회로 변하는 것을 보고 식민주의의 정신적 헌병 역할을 한 그 성부께서 깜짝 놀랐다는 것도 아주 이해할 만하다!

정치적 행동이 이렇게 신성화되었다면, 정치적 사고(思考)도 마찬가지였다. 이것은 1807년의 벨로르 뮤티니(Vellore mutiny)*** 시기에 널리

---

* '지상의 아버지', '세계의 아버지'라는 뜻으로 비르사 문다에게 붙여진 경칭.
** 신성한 비르사.
*** 영국인들이 동인도회사에 고용되어 있던 세포이들에게 힌두교와 이슬람과

퍼졌고 50년 후 세포이 반란 기간 중에 다시 한 번 널리 퍼진 몇몇 루머들, 즉 정부가 모든 인도인들을 기독교도로 개종시키려 하는 계획을 갖고 있다는 식의 루머들에서 아주 명백하게 드러났다. 벨로르 뮤티니의 경우, 인도 남부의 시장들에 퍼졌던 이야기에 따르면, 동인도회사의 관리들이 돼지와 소의 피를 모든 신제품 소금에 뿌렸고, "그러고 나서 이슬람교도들과 힌두교도들을 오염시키고 모독할 셈으로 그 소금을 이 나라 전체에 팔려고 내보냈는데, 그렇게 되면 모두가 영국인들처럼 하나의 카스트와 하나의 종교를 갖게 될지 모른다."120) 그 이야기의 1857년 버전은 이 제6장의 앞에서 말한 바 있다. 또한 1807년 남부 지방에서는, 정부가 교회를 "이 나라의 모든 읍과 모든 촌락에 세우라"라고 명령했다는 루머가 돌았다. 이것이 야기한 패닉 상태는 1857년 북서부 지방의 일부에서 할례를 받지 않은 무슬림 아이들에게 강제로 세례를 주겠다는 당국의 정책이 보도됨으로써 발생한, 바레일리와 람뿌르에서 "선교사들의 수중으로부터 수백 명의 무슬림 아이들을 구하기"121) 위해 그 아이들을 저 할례 의식에 몰아넣게 한 그 패닉 상태에 상응하는 것이었다.

봉기가 루머에 미친 영향을 대부분의 저술가들보다 더 민감하게 느낀 케이는 "정부쪽에서 기독교의 이익에 대해 어떠한 특별한 관심도 보여 주지 않았을" 무렵에 퍼진 벨로르의 이야기들은 터무니없는 것이었다고 언급하면서, 그것들을 "패닉 상태에 빠진 인간들은 이성 앞에서도 멈추지 않는다"라는 사실로 설명한다. 물론 이것은 설명이랄 것도 없다. 왜냐하면 그것은 어째서 패닉 상태에 빠진 사람들은 그 같은 특정한 말들로 자신들의 경각심을 표현하는가라는 질문을 여전히 회피하기 때문이다. 하지만 그 저자가 "영국의 젠틀맨들이 자신들의 사병들과

관련된 종교 표시를 금지하며 체벌하자 이에 분개하여 세포이들이 1806년 7월에 베로르에서 벌인 뮤티니.

하인들을 원하는 대로 부려먹기 위해 이 나라의 종교를 파괴하고 이 나라 국민 모두를 하나의 카스트로 만들거나 카스트 없는 국민으로 만드는 데에만 관심이 있었다"라는 믿음에 의해 그 루머들이 고무되었을지 모른다고 주장할 때, 그는 앞의 질문의 함의를 인식하고 있는 것은 분명코 아니지만 어떤 대답을 제시하는 데에는 근접하고 있는 셈이다.122) 달리 말해서, 대중의 불안을 가속화시키고 있는 시기에 저 민중의 상상력이 꾸며 낸 이야기들은 본능적으로 정치를 종교적 코드로 번역했고, 라즈에 대한 적대감을 기독교 지배자들의 문화적 헤게모니에 대한 두려움으로, 자유의 상실감을 신앙의 상실에 대한 우려로 표현했던 것이다.

모종의 소외를 낳은 것도 이러한 의식, 만일 허위의식이란 것이 있다면, 의심할 바 없는 일종의 허위의식이었다. 그 의식은 주체로 하여금 자신의 운명을 자기 의지와 자기 행동의 작용으로 보게 하는 것이 아니라 자신의 외부에 있고 자신으로부터 독립해 있는 힘들의 작용으로 보게 한다. 이렇게 주체의 탈구(dislocation)가 만들어 낸 그 빈 공간을 채운 사고는 가장 일반적 의미에서 종교적인 것 — 즉 맑스의 말을 빌리자면 "자기소외의 산물"123) — 이었다. 이것은 소외된 의지가 (흔히 그렇듯이) 신들에게서, 즉 지방 신들과 신령들 또는 신비한 영웅들과 괴물들에게서 기인할 때만이 아니라, 초인간적이고 초자연적인 힘의 담지자(擔持者)로 간주되는 현실의 경험적 인간들에게서 기인할 때에도 마찬가지로 사실이었다. 따라서 정치적인 것은 종교적인 것으로 간주되었다. 루머는 또 이 의식의 전달체로서의 기능을 수행했다. 비록 루머가 전파한 메시지들은 흔히 앞에서 인용된 것과 같은 본의 아닌 모욕과 강제 개종에 관한 메시지들보다 더 불투명한 음영일 수도 있었지만 말이다.

알려져 있듯이 18세기와 19세기의 인도 농민반란 기간 중에 공포와 희망을 이야기한 민간전승이 널리 퍼졌는데, 그 민간전승 중에서 소수의 사례만을 뽑아 보더라도 이 점은 명확해질 것이다. 흔히 봉기의 정치적 결과 — 농민에 의해서가 아니라 항상 다른 힘에 의해서 매개된 결과 — 에 대한 농민들의 기대를 담았던 것은 바로 이런 장르의 담론이었다. 그 같은 매개물들은 순전히 신화적인 것일 수도 있었고, 신화적인 기능이 부여된 경험적인 것일 수도 있었다. 전자는 싼딸 봉기 당시 일부 루머에 등장했다. 우리가 살펴보았듯이, 락과 라긴의 계시들과 연관된 루머들 중의 하나는 일단의 위무 의식을 고취했다. 그런데 싼딸 지방으로 갔다고 알려진 한 마리의 물소에 관한 또 하나의 천년왕국 루머도 떠돌아다녔다. 주기아 하롬의 회상에 따르면, "그 물소는 어느 집 앞의 공터에서 자라고 있는 풀을 발견할 때마다 멈춰 서서 풀을 뜯어 먹고는 거기에서 휴식을 취하곤 했는데, 그 집 가족 전부가 죽기 전까지 떠나려 하지 않았다."124) 이 두 사례에 나오는 운명의 전령사들은 싼딸의 판타지와 힌두의 판타지가 동등한 비율로 구성된 어느 동물 우화집에서 따온 것인데 반해서, 바로 그때 강림하리라고 알려졌던 해방의 전령사 수바는 비록 적잖이 신화적이긴 했어도 인간이라고 믿겼다. 루머가 말한 바에 따르면, 수바는 하자리바 너머 어딘가에 있는 라요가르라고 하는 곳에 살았던 어느 처녀의 소생이었다. 까누는 사실과 환상을 구별하지 않은 채 그것이 실제 사실인 것처럼 이렇게 말했다.

> 싼딸들은 공동 사냥을 위해 챠리추나로로 갔다. …… 남자 한 명과 여자 한 명과 소녀/처녀/ 한 명이 거기에 있었고, 리요/일종의 풀/를 잘라 낸 다음 그것을 비벼서 뿌렸고, 그것은 리요 성(城) 또는 리구르가 되었고, 그 소녀는 아들 하나를 낳았고 그 아들은 단번에 커서 말을 하기 시작했고, 수바가 되었다.125)

반란자의 정신 안에는 그 같은 신화적인 정치적 변화의 도구들과는 별도로 경험적인 도구들을 위한, 즉 현실의 인간들과 제도들을 위한 자리도 있었다. 하지만 그렇다고 해서 경험적인 도구들이 신화적 기능들을 지니게 됨으로써 다른 범주의 매개물들에 속하는 도구들과 공존하는 것이 불가능해졌다는 말은 아니다. 물론 이 신화적 기능들은 사건들에 따라, 그리고 해당 서발턴 주민들의 특유한 문화에 따라 다르다. 하지만 그 기능들 모두에 공통적인 요소들을 한데 모은다면, 그것들은 사실상으로는 겹쳐지지만 통념상으로는 구별되는 4가지 타입 — 신적인 것, 군사적인 것, 군주적인 것, 사제적인 것 — 에 속한다고 할 수 있다. 이것들 중 첫 번째와 관련 있는 루머들은 시도와 비르사가 이끈 폭동 전야에 그들의 신격화와 연결시켜 이미 언급한 바 있다. 첫 번째 타입의 것들과 마찬가지로 군사적 타입의 매개물들 역시 실제 인간들이었지만, 첫 번째 것들과 달리 신성(神性)들로 변형되지는 않았다. 반란자들의 신화 구성적 상상력은 군사적 타입의 매개물들에게 특별한, 실로 마술적인 힘을 부여했다. 무기가 빈약한 농민들은 이 서글픈 고안물을 통해 그들에게 결핍되어 있는 군사적 장비와 조직을 판타지로 보상 받았다. 루머는 싼딸 지도자들과 문다 지도자들이 영국군의 총탄을 물로 바꿀 수 있는 능력을 가졌다는 믿음을 만들어 냈는데, 그 믿음은 각각 마헤쉬뿌르와 사일 라깝에서 벌어진 결정적인 전투 기간 중에 그 말을 곧이곧대로 받아들인 수많은 병사들의 목숨을 앗아갔다.126)

그러나 적의 힘을 능가하는 놀라운 힘의 소유자로서의 구원자 이미지를 마법으로 불러내는 경향이 부족 농민들에게만 있었던 것은 아니다. 타격을 입은 식민행정부가 1858년 6월에 바레일리 "지구 전체로 부지런히 퍼져" "사람들의 마음을 동요시키고 우리 정부에 대한 신뢰를 파괴한 것이 분명한" "근거 없는 소문들" 중의 하나로 꼽은 것 중에는 "칸 바하두르 칸이 신기한 모래 폭풍의 보호를 받으면서 바레일리로 다시 들어와 적들을 섬멸할 것"이라는 내용의 소문이 있었다.127) 사실 적의 적의 힘을 과장하여 그를 잠재적 해방자로 만들려 했던 이 소망에 가득 찬 경향은, "페르시아의 샤(Shar)가 5대 동안이나 군수품을 비축하고 있었고, 인도를 정복하기 위해 재물을 쌓아 놓고 있었으며, 이제 행동

개시의 시간이 되었다"라는 루머가 돌았을 때, 또한 샤가 그 모험에 차르와 아미르의 지원만이 아니라 프랑스와 터키 황제들의 지원을 얻어 냈다는 루머가 돌았을 때, 영국과 페르시아 간의 적대감에 기초하고 있던 상대적으로 명료한 추론들마저 신화의 색조를 띠게 만들었다. 케이는 이 모든 것들의 커뮤니케이션에는 "모호하고 불가해한 언어가 제격이었고," 1857년 봄의 델리에서는 "무언가가 다가오고 있다는 소문이 여전했다"라고 말했다.128)

이렇게 대중은, 비록 반란에 실천적으로 가담했어도, 여전히 허위의식에 속아 자신들에게 승리를 가져다줄 전쟁 영웅들의 마술적 능력을 믿었던 것이다. 이 대체 치환 과정은 흔히 루머로 인해 이러한 준(準)종교적 매개물의 또 다른 부류에 속하게 된 왕의 기능에서 훨씬 적절하게 예증되었다. 이 매개물들 역시, 앞에서 언급한 타입들과 마찬가지로, 인간과 제도라는 현실적이고 경험적인 존재의 형상을 지녔다. 그것들은 사실상 농민의 삶의 바로 그 조건들을 지배했던, 또한 실제로 농민 폭동의 목표였던 그 정치 체계를 대표하는 것들이었다. 하지만 자기-소외라는 기묘한 전환에 의해, 농민들은 자신들의 필사적인 저항 행동의 정당성을 자신들의 의지와 주도권으로부터 얻어낸 것이 아니라 그 매개물들로부터 얻어 냈다. 반란자들은 다양한 수준에서 라즈를 대표하던 이 매개물들을, 현실의 삶에서는 명령의 수탁자이자 지주들과 대금업자들과 온갖 종류의 촌락 폭군들의 보호자였던 그 매개물들을 더 정의롭고 더 농민에 치우친 주권적 권위의 원천으로 간주하게 되었다. 모든 나라에서의 농민 봉기의 경험은 이러한 심성(mentality)을 충분히 보여 준다. 혁명 전의 러시아에서, 적어도 푸가초프 시절 이후부터 무지크*들은 차르의 이름을 빌어 거듭 폭동에 나섰다. 프랑스의 경우, 1789년 농민 봉기 기간 동안 농민들은 자신들이 한 일에 대해 왕이 지지했다고 믿으면

---

* 제정 러시아 시대의 농민.

서 불을 지르고 약탈했다. 1830년 잉글랜드에서 농촌 노동자들은 자신들의 폭동이 왕의 윤허를 받은 것이라고 주장했다.129)

인도에서도 역시 1860년의 "블루 뮤티니", 1873년의 빠브나 봉기, 1880년대에 벵골 동부에서 광범위하게 벌어진 고율 지대에 반대하는 투쟁 등에 가담한 농민들 모두 마하라니(Maharani), 라트 사힙(Lat Sahib), 사르까르, "신법(New Law)" 등등의 이름을 빌어 행동했다. 이 각각의 사례들 모두에서 환상을 퍼뜨리는 데 가장 큰 힘을 발휘한 것은 바로 루머였다. "더 나은 시절을 향한 농민들의 열망과 일치했던 온갖 종류의 루머들이, 가령 자민다르들의 전제적 권력은 곧 영원히 사라질 것이며 …… 지대율은 모든 곳에서 낮아질 것이며, 정부의 법은 자민다르에게서 지대율을 올릴 수 있는 모든 권한을 빼앗을 것이며 등등의 루머들이 돌아다니고 있었다."130) 1880년대 동부의 여러 지구에서 벵골 소작농들이 고율 지대 지주제에 저항한 일을 개관하면서 소문의 역할을 이렇게 설명한 것은 정말이지 농촌에서의 수많은 다른 갈등 상황들에 대한 전형적인 설명이었다. 그 같은 사건들에서 지금 말한 것과 같은 구두 커뮤니케이션들은, 데칸폭동대책위원회의 보고서에서 발췌한 아래의 인용문이 보여 주듯이, 이데올로기를 확산시키는 데에도 기여했고 군사 행동을 촉발시키는 데에도 기여했다.

다른 무엇보다도 가장 무지한 자들조차 믿을 수 없을 만큼 어처구니없어 보였던 이야기가 떠돌았던 상황이 봉기 발발을 촉진했을 것이다. …… 어느 마르와리 채권자에 의해 재산이 매각된 한 영국인 사힙이 그 문제에 관해 영국 여왕 폐하에게 청원했고 여왕은 마르와리들에게 채권을 포기하라는 명령을 내렸다는 식의 이야기가 가장 널리 알려져 있었다. 그 촌락에서 제법 교육을 받은 이들조차 잠깐 듣고서 대부분 믿었던 그 이야기는 인도에서 온 보고에 따라 마르와리들의 채권을 박탈하라는 명령이 영국에서 내려왔다는 식으로 단순하게 압축되었다. 이 소문은 이런 식 저런 식으로 떠돌았고, 영국에서 온 명령에 따라 행동하는 정부 관리들에게는 사후까리들의 채권을 강탈하는 것을 묵인할 것이라는 확신이 생겨났다.131)

이렇게 마라타 농민은 자기소외로 인해 역설에 빠지게 되었다. 그 농민이 한 일은 자신이 하고 있다고 생각한 것과는 정반대의 것이었다. 인도 농촌에서 식민주의의 한 중추를, 즉 대금업자의 권위를 폭력적으로 손상시키는 일에 가담한 그는 식민 정부의 최고위층에 기대어 그 파괴적인 기획의 바로 그 정당성을 주장했던 것이다. 종교적인 성격을 갖는 모든 사고방식의 경우처럼, 그 농민은 "자신의 행위를 자신으로부터 소외시켰고", 자신의 의지와 주도권에 속해야 마땅한 속성들을 "자신이 아닌, 자신과 구별되는"132) 사람들과 제도들에 — 즉 매개물들에 — 부여하게 되었다. 사실 비슷한 상황 속에서 행동했던 다른 곳의 농민들처럼, 그 농민은 이 특정한 매개물들을 선한 왕(a Good King) — 정확히 말하자면 왕이 아니라 여왕인데, 젠더는 거기에 그럴듯한 권위의 색조만이 아니라 얼마간 모성적인 성스러움의 색조도 빌려준다 — 에 관한 자신의 생각에 따라 추상적이고 보편적인 정의의 바로 그 원천으로, 주권적 지배자의 신성성에 관한 인도인들의 봉건적 사고(알다시피 다른 문화들에게도 역시 있는)에 토대를 두고 있는 것이 분명한 그런 이미지로 주조했다. 반란자들이 자신들의 직접적인 적보다 더 높은 권위를 지녔다고 믿은 모든 것들은 이러한 이미지를 떠맡게 되었다. 바로 그런 매개물은 영국 의회에서부터 지구 수준의 행정기관까지, 여왕에서부터 수세관까지 펼쳐져 있었던 영국 권력의 모든 도구들일 수 있었다. 이렇게 펼쳐진 과정을 (학문적 담론에서 통상 그러하듯이) 일종의 합법화 장치로 설명하는 것은, 그 주체 즉 봉기 참가자 본인이 자신의 행동을 캘커타나 런던의 관청 거리(Whitehall)에 있는 모든 경험적인 정부 기관의 긍정적인 법과 제도와 인사 등에 의해서가 아니라, 그 밖의 다른 모든 권위들을 포괄한다고 여겨지는 저 천상의 왕권의 윤허에 의해서 합법화시킨다는 점이 절대적으로 분명해질 때, 오직 그럴 때야만 타당할 것이다.

알려져 있다시피, 루머는 또한 반란자로 하여금 저 앞에서 넓은 의미에서의 사제적인 것이라고 규정했던 그 매개 타입에 의존케 하는 그런 심성을 확산시킨다. 그 타입에는 사제, 성자, 치료사, 설교자 등의 기능들이 포함되는데, 봉기 참가자들은 그들의 지도자들이 실제의 봉기 과정 직전이나 그 중간의 결정적인 순간에 그 기능들의 전부는 아니라도 일부를 발휘한다고 생각한다. 이런 생각 또한 고유한 기획을 해결해 나가기에는 너무나 허약해서 그 기획의 완성을 우월한 지혜의 개입에 맡겨 버린 어떤 의식의 징후였다. 아프리카 대륙의 여러 지역에서 외국의 지배에 맞서 아프리카인들이 벌인 투쟁들은 그 같은 매개에 관한 눈에 띄는 몇몇 사례들을 제공한다. 아이삭맨은 모잠비크 농민들의 저항 전통에서는 영매(靈媒)들이 결정적으로 중요하다는 것을 증명한 적이 있다. 많은 경우, 그 농민들이 만들어 낸 기적들, 주술들, 예언들은 포르투갈인들에 대항하는 농민 투쟁을 고취하고 지속시키는 데에서 가장 강력한 영향력을 발휘했다. 또한 탄자니아에서도 킨지키틸레의 예언들과 그의 이름을 딴 약물이 반(反)독일 감정을 마지 마지 봉기로 전환시키는 데에 그 어느 것 못지않게 기여했다.133)

식민 인도에서는 이 특정한 타입의 매개가 반란 동원에서 상대적으로 눈에 덜 띄는 역할을 했지만, 그렇다고 해서 아예 없었던 것은 아니다. 봉기를 이끈 싼딸 형제 두 사람 모두 다소간의 신성과 예언적 비전(vision)을 갖고 있다는 루머가 돌았다. 그러나 예언자, 성자, 치료사, 설교자의 기능들이 명백하고도 포괄적으로 모두 결합되어 있었음을 보여 준 것은 바로 비르사 문다의 이력이었다.134) 1895년 한여름의 어느 날의 그 순간부터, 즉 어느 문다의 노래 말에 있는 것처럼, "불타 버려 깨끗해진 [어느] 싱봉가 고산지대의 [그] 황량한 숲 저 깊은 곳 안에서 [그의] 심령이 나타났을" 때부터, 비르사 문다가 계시적 지혜의 보고이며, 물 위를 걸을 수 있고 주술로 치료할 수 있는 기적의 인물이며, 새로운 예배 메시지를 지닌 설교자이며, 악의 여신 만도다리의 멍에로부터 백성들을 곧 구원하겠다고 말한 예언자라는 이야기가 떠돌았다. 우리가 다루는 시대에 부족 봉기가 아닌 봉기에서 이런 타입의 매개물들이 발휘한 기능은 기적을 행하는 자의 것이었다기보다는 성자의 것이었는데, 아마 그 기능은 힌두교 전통의 경우에는 사두(sadhu)*의 중요성과 관계가 있었을 것이고 이슬람 전통의 경우에는 고행자(fakir)의 중요성과 관계가 있었을 것이다. 1857년 2월에, 파이자바드에서는 "나는 이슬람교도와 힌두교도의 도움으로 영국에 맞서 성전을 벌일 준비가 되어 있다"라고 말한 마울비 아마둘라 샤라는 이름의 고행자와 군 당국 간의 싸움이 있었다. 그해 봄에는 미루트와 암발라 사이를 오간 어느 사두 — "지방을 여기저기 돌아다니던 수많은 사자들 중의 하나" — 의 편력들은 후일에 언급된 바와 같이 그 지역들에서의 뮤티니 발발과 민간인들의 소요에 영향을 미칠 수 있었다.135)

이 성자들 중 한 명이자 델리 게이트 근처에 살았던 "이슬람 세습 사제단의 한 사제"인 핫산 아스카리는 1857년에 페르시아의 샤가 인도를 정복할 것이며 무굴인들에게 권력을 회복시켜 줄 것이라고 예언함으로써 이름을 떨쳤다. 그는 심지어 "페르시아인들의 도착과 기독교도들의 추방을 촉구하는 위무 의식"을 거행하기도 했다. 이 이야기의 한 변종은 샤 마마트-울라라고 불린 어느 성자에 관한 것이었는데, 거기에서는 가상의 해방자가 페르시아인이 아니라 아랍인이었다. "배화교도(拜火敎徒)들과 기독교도들이 백 년 동안 힌두교도 지역 전체를 지배하고 나서 불의와 억압이 그들의 정부에 만연할 때, 어느 아랍 왕자가 태어나

---

* 힌두교에서 모든 물질적, 성적 집착을 뒤로하고 주로 동굴, 삼림, 사원 등지에서 생활하면서 신에 대한 명상을 통해 해방을 성취하고자 하는 금욕주의적인 수행자. '바바'라 부르기도 한다.

의기양양하게 말을 타고 밖으로 나와 그들을 죽일 것이다."136) 하지만 백 년째 되는 해에 라즈의 종말이 온다고 예언하는 것은 이슬람만의 판타지는 아니었다. 뮤티니가 일어나기 전과 일어나고 있는 동안에 그런 식의 힌두교도들의 예측들도 유포되었다. 아그라의 판무관 하비는 "영국의 지배가 100년으로 끝난다는 힌두의 예언"을 언급했다.137) 또한 알려져 있다시피, 일부 신격화된 싼딸 반란 지도자들과 문다 반란 지도자들의 매개 기능 중에는 라즈와의 임박한 충돌을 천년왕국설로 예언하는 것이 포함되어 있었다. 시도와 까누는 명령문에서 이렇게 선언했다. "하늘에서 불의 비가 쏟아질 것이다." 또한 비르사가 정해진 날에 불과 황(黃)이 하늘에서 쏟아져 내릴 것이며 그날 자기와 함께 있고 또 자기가 조언한 대로 그 경우를 대비하여 새 옷을 입어야 한다는 것을 기억하는 사람들을 제외하고는 지상의 모든 자들이 파멸될 것이라고 공표하자, 그의 촌락인 찰카드로 사람들이 쇄도해 들어왔고 현지 시장에서는 옷이 엄청나게 많이 팔렸다.138)

성자들이나 신관들이나 성자에 준하는 지도자들이 실제로 말한 것에 근거하는 것이건, 아니면 (흔히 그랬듯이) 반란 공동체의 집단적 상상력에 의해 주조된 것이건, 이런 종류의 예언들은 그 밖의 수많은 전산업사회들에서도 민중 봉기의 부속물이었다. 아프리카 동부에서 발생한 마지마지 반란 전야에, 운명과 구원에 대한 전조들로 가득한 다음과 같은 예언들이 수십 개씩 퍼져 나갔다 — 대홍수가 모든 것을 파괴할 것이다, 바다가 넘쳐 "해안에 있는 모든 백인들을 휩쓸어버릴 것이다," 땅이 열려 "모든 백인들을 그 안으로 삼켜버릴 것이고" 그들에게 협력한 원주민들도 그렇게 될 것이다, 메시아가 원숭이나 닭의 모습으로 또는 개를 탄 사람의 모습으로 곧 나타날 것이다, 또는 "마네로망고에서 8시간 거리에 떨어져 있는" 키상기르에 어떤 신 — 사라모의 신 — 이 강림하여 독일 식민 정권을 대체할, 또한 증오스런 외국인들의 지배에서 모든 이들을 벗어날 수 있게 하는 피난처가 될 하나의 제국을 확실히

건설할 것이다 등등.139)

유럽 역시 이러한 담론 장르에 익숙한 곳이었다. 키스 토머스는 사회적 긴장이 고조된 중세와 근대 초의 양 시기에 잉글랜드에 예언들이 들끓었다는 것을 보여 주었다. 이 예언들은 너무나 강력한 것들이어서, 중세 웨일스의 음유시인들과 롤라드파(Lollards)*에게서 나온 언설들이 유포되는 것을 여러 왕실의 내각이 형사상의 범죄로 삼을 정도였다. 나중에 튜더 왕조는 모든 종류의 정치적 예언들을 억압하기 위해 의회의 법령, 추밀원 명령, 치안판사들에 대한 훈령 등으로 끊임없이 감시하게 되었다. 왜냐하면 "튜더 왕조를 혼란스럽게 만든 모든 반란이나 대중 봉기에 이런 저런 종류의 예언들이 실제로 활용되었기" 때문이다. 사실상 예언과 봉기의 결합은 16세기의 모든 일련의 반란들 — 요크셔의 노스 앤 이스트 라이딩스에서의 봉기**, 노퍼크에서 로버트 케트가 이끈 봉기*** 등등 — 에서부터 내전****에 이르기까지 지속되었다. "공허한 예언"과 "선동적이고 그릇되고 사실이 아닌 루머들"을 "모든 반란의 바로 그 근본"으로 설명한 당국자들은 결코 진리에서 멀리 벗어나 있지 않았다.140)

물론 루머는 매개물들의 사제적 기능을 대중에게 알릴 수 있는 이상적인 도구였다. 왜냐하면 기적, 영혼 치료, 계시 등은 현실 생활에서 경험되기보다는 이야기되기가 더 쉬운 것들이었기 때문이다. 초자연적이고 불가사의한 현상인 그것들은 오직 말 안에서만 생명을 가졌다. 그것들은

---

* 14~15세기 존 위클리프를 추종한 개혁적인 기독교 교파.
** 1536년 10월 영국 왕 헨리 8세가 강제한 수도원 해산과 종교개혁을 빌미로 하여 돈캐스터의 로버트 애스키가 주도하여 일어난 반란. 흔히 "은총의 순례"로 불리며, 이 반란을 이끈 애스키는 이듬해 처형되었다.
*** 1549년 7월에 위먼덤에서 일어난 봉기. 제혁공이었고 작은 장원을 소유했던 케트는 영국 왕 에드워드 6세에게 인클로저의 폐기 및 토지 보유와 지대 등의 문제와 관련된 29개의 요구 사항을 내걸고 농민들을 이끌었다.
**** 1640~60년에 전개된 이른바 영국의 시민혁명.

봉기의 기호학의 일부로서 상상력이 부여한 가시성의 면에서 실현된 것이 아니라 **오직 언어상으로만** 실현되었다. 하지만 한 가지 특별한 경우, 즉 예언의 경우, 사제적 기능의 기호는 어떤 의미에서는 형질전환을 겪지 않았다. 다시 말해 그 기호를 구성한 재질은 확산 과정에서도 변하지 않았던 것이다. 황금시대, 임박한 세계 종말, 메시아의 도래, 계시 등을 예언한 매개자의 말들은 정확히 원래대로, 즉 언어적 메시지들로 입에서 입으로 전해졌다.

그 같은 언설들은 전파 과정에서 어떠한 재질의 변화도 거치지 않았지만, 그것들 역시 또 다른 방식으로 수정되긴 하였다. 루머는 그 언설들을 반란 공동체를 순회하고 있는 또 다른 모든 언어적 메시지들과 분리시켰으며, 발화자의 드높은 지위에서 유래하는 권위성을 그 언설들에 귀속시켰고, 또 진리의 의미를 그 언설들에 부여했다. 요컨대 그것들을 **텍스트화했다**.[141] 따라서 저 집단 내에서 유통되는 모든 다른 담론들 전체 — 비(非)텍스트들 — 와 구별되는 이 언설들은 "그 문화 체계 안에서 보충적인, 그리고 의미로 가득 차 [있는] 어떤 표현성의 여러 특징을 펼쳐 보이는" 것으로 재현되었다. 로트먼과 피야티고르스키에 따르면, 텍스트와 비텍스트 간의 이러한 차이는 "폐쇄적" 문화와 "개방적" 문화의 차이와 일치한다. 텍스트는 개방적 문화에서 의미를 획득하는데, "왜냐하면 그 텍스트는 그것의 기능적 가치를 규정짓는 어떤 규정적 의미를 지니기 때문이며" 또한 "역사적 경험의 절대화"로 귀결되기 때문이다. 이와는 대조적으로 "폐쇄적" 문화에서 텍스트는 "의미로 가득 찬" 것, "신성한 것"이 되기 십상인데, 왜냐하면 그것은 하나의 텍스트이기 때문이며, 따라서 "예언의 절대화, 그렇기에 종말론의 절대화"라는 특징을 갖기 때문이다. 어떤 문화가 "폐쇄적" 상태에서 "개방적" 상태로 이행함에 따라 순환적 시간 통념이 점점 더 선형적 시간 통념에 굴복하게 될 때, 그리고 17세기 말 잉글랜드에서 그랬듯이 예언이 역사적 비평의 성장과 함께 쇠퇴할 때, 실제로 그 대비는 아주 분명해진다.[142] 따라서 예언은 그 초역사적 성격 때문에 전형적으로 종교적 사고에 적합하다. 그 종교적 사고 안에서 인간의 운명은 있는 그대로가 아니라, 즉 인간 자신의 행위의 산물이 아니라, 역사 바깥에 있는 힘들이 인간을 위해 결정해 주는 것으로 나타난다. 다시 말해 인간의 운명은 인간 자신 지배할 수 없는, 그러나 인간을 위해 매개해 주는 성자들과 예언자들의 예지 안에서 기획되는 그런 미래로 나타나는 것이다. 따라서 앞에서 설명한 사건들의 과정에서 예언적 루머들이 유포된 것은 우리가 다루는 시기에 있었던 전형적인 농민반란자의 자기소외의 징후였다. 그것은 농민으로 하여금 자기 자신의 저항 행동을 다른 이의 의지의 표명으로 간주하게 만든 저 허위의식을 입증하는 것이었다.

제7장 영토성

봉기는 얼마나 멀리 확산될 수 있는가? 봉기의 속도와 그 전파 수단의 다양성에도 불구하고 봉기가 넘어설 수 없는 자연적 한계는 있는가? 이는 역사상 중요한 몇몇 반란을 이끌었던 지도자들이 대답하지 않으면 안 되었던 질문이다. 그들은 가장 강력한 농민 봉기조차 흔히 지역적 경계를 넘어설 수 없다는 것을 알고는 실망했다. 트로츠키는 1905년의 러시아혁명이 농촌에까지 일반화되지 못했음을 지적하면서 이 점과 관련하여 누구나 느끼는 울분을 이렇게 토로했다. "지역적 크레틴병은 모든 농민 폭동에 대한 역사의 저주이다."1) 대체로 농민의 전투성에 대해 더 긍정적 견해를 취했던 마오쩌둥조차, 혁명의 과정에서 후퇴와 재조직이 이루어지고 있었던 저 위급한 해인 1928년에, 농민의 "지역주의"가 그해 후난[湖南]성과 장시[江西]성의 접경 지역에서 당을 건설하는 일에 심각한 장애물이었다는 것을 알았다.2) 10년 후 반일 항전이 시작되었을 때, 마오쩌둥은 "일반 이익을 무시한 채 지역적 고려 사항에 빈번히 사로잡혀 있는" 농민 게릴라 부대들과 게릴라 기지들에 여전히 지역주의가 현존하고 있는 것을 안타깝게 여겼다.3)

이 관찰 결과들은 그 두 지도자를 엥겔스까지 소급되는 역사 서술 전통과 직접 연결시킨다. 엥겔스는 1525년의 독일 농민전쟁에 관한 자신의 유명한 저서에서 이 특별한 한계를 거듭해서 깊이 생각했고, 인근 지역 무장 농민들 간의 협력의 결여가 흔히 그들의 패배로 귀결되었음을 보여 주었다. 그의 텍스트에는 농민이 지역적 고려를 넘어설 능력이 없다는 것을 의미하는 말들과 이미지들이 풍부하다. "농민대중은 지역적 관계와 지역적 전망의 경계를 결코 넘지 못했다." 그들은 "자신들의 지역적 지평에 갇혀 있었다." 엥겔스에 따르면, 정말이지 "농민전쟁을 파멸시킨" 것은, 그가 "농민대중 사이에서는 항상 피할 수 없는" 것으로 묘사했던 그들의 "완고한 지방주의"와 "지독한 편협성"이었다.[4]

혁명가들이 농민 봉기의 한계 요인이라고 그토록 통렬하게 비난한 이 의식은 무엇인가? 인도의 농민 봉기 형식에서 그 의식은 공통 혈통에의 소속감으로 구성될 뿐만 아니라 공통 거주지에의 소속감으로도 구성된다. 지금 우리의 논의를 위해, 그 두 가지 원기적(原基的) 지시 대상들의 교차를 **영토성**(territoriality)이라고 부르기로 하겠다. 그 두 가지 구성 요소들인 혈연성과 인접성의 관계는 오랫동안 학자들의 논의 주제가 되어 왔다. 메인과 그의 뒤를 따른 모건은 혈연성이 역사적으로 선행하고 구조적으로 우선하는 것으로 보았지만, 그 뒤에 로위는 이 이론을 뒤엎어 "그 두 원리는 …… 아무리 반정립적이라 해도, 반드시 서로 배타적이지는 않다"라는 것을 증명했다. 그는, 역사적으로 볼 때 초기 사회구성체들에서 "쌍계(雙系)적인 (가족) 단위와 단계(單系)적인 (씨족, 친족, 반[半]혈족) 단위는 모두 지역적 요소만이 아니라 혈연적 요소에도 뿌리를 두고 있다"라는 점을 보여 주었다. 이 장과 이 책의 다른 곳에서 영토성의 개념을 사용할 때, 우리는 "두 가지 타입의 결합" — 혈연에 의한 결합과 지역적 유대에 의한 결합 — "은 현실에서는 서로 얽혀 있다"[5]라는 그의 결론에 동의하는 것이다. 이 점에서 우리는 인도 사회학의 관행, 특히 촌락 연구 분야의 관행을 따르는 셈인데, 그 분야에서는 통일과 불일치가

334

설명될 때, 비록 그 용어가 직접 등장하는 것은 아니지만, 그 통념은 흔히 등장한다. 하지만 우리가 의도하는 바는 라즈 아래의 아대륙을 때때로 뒤흔든, 더 규모가 크고 더 격렬하고 그렇기 때문에 질적으로 다른 일련의 농촌 갈등들에 그것을 적용해 보고 또 그 적용 범위를 확장해 보는 것이다.

뮤티니에 의해 촉발된 봉기들(이에 관해서는 나중에 이 장에서 다시 언급할 것이다)을 예외로 하면, 1900년까지 이런 타입에 속하는 가장 광대한 소요들은 부족 농민반란들이 야기한 것들이었다. **전체적으로 볼 때는** 이것들조차 그 성격상 지역적인 것들이었다. 이 사실은 그러한 사건들에 근접해 있었던 수많은 관찰자들에게 깊은 인상을 남긴 것으로 보인다. 버사이트 봉기는 400제곱마일 이상이나 되는 지역에서 벌어졌지만, 나중에 『1899~1900 초따 낙뿌르 구역 행정 보고서 총람(General Administration Report of Chotanagpur Division for 1899~1900)』은 그 봉기를 "지역적 사안"에 불과한 것으로 묘사할 수 있었다.6) 싼딸 봉기가 여전히 다민-이-코 전역을 거침없이 휩쓸고 있을 때, 벵골의 부총독은 아주 유사한 논조로 이렇게 언급했다. "나로서는 그 봉기가 지역적인 것이라고 믿지 않을 이유가 없다." 그리고 이렇게 덧붙였다. "내가 들은 모든 것으로 미루어볼 때 나는 더더욱 이 봉기가 지역적인 것일 뿐이라고 확신한다."7) 달턴 역시 1832년 꼴 봉기에 관한 설명에서 반란자들이 인접한 지역을 넘어서 움직이려 하지 않는 경향을 이렇게 지적했다. "꼴들의 파괴 작업은 그들의 주거지에서 멀리 나간 것 같지는 않아 보인다."8)

이 사례들 각각에서 반란의 범위는 해당 주민들의 경제생활과 관련된 전체적인 물질적 조건들, 그들의 싸움이 벌어진 지형, 적들에 대항했던 그들의 무력과 인력 등등에 좌우되었다. 이 요인들의 지배력과 결합력은 지역의 사건들마다 달랐고, 그래서 그것들은 그 사건들 각각에 특정한 성격을 부여했다. 하지만 그 사건들 모두에게 공통적이었던 것은 반란자들이 적을 외지인으로 봄으로써 봉기 영역을 주관적으로 결정했던 그 방식이었다. 이 주관적 결정들은 에스닉한 공간과 물리적 공간을 가리키는 두 가지 범주의 개념으로 이루어졌고, 그 각각은 또한 봉기 영역을 외지인의 타자성이라는 측면에서 규정하려 했는지 아니면 봉기 참가자들의 자기-정체성이라는 측면에서 규정하려고 했는지에 따라 각각 부정적이고 긍정적인 측면을 지녔다.

앞에서 언급한 것처럼 반란들의 현저한 특징이었던 "이방인"들에 대한 적대감은 시간상으로 볼 때 그 반란들보다 훨씬 앞서 존재한다. 초따 낙뿌르 고원지대에서 그 적대감은 자기르다리(jagirdari) 체제*가 그곳에 처음 도입된 17세기의 마지막 4/4분기부터 존재했다고 할 만큼 오래되었을 것이다.9) 다민-이-코에서도, 원래 싼딸의 성역으로 꾸며진 곳에 힌두 지주들과 대금업자들이 침입한 일 때문에10) 적어도 싼딸 봉기 발발 전의 20년 동안 그런 적대감이 무르익었다. 결국, 현지의 부족어로 "부족민이 아닌 외지인 집단"에 속하는 자를 통칭하기 위해 사용된 디쿠라는 용어는 이 지역 농민을 에스닉한 측면에서 착취하는 자들과 계급적 측면에서 착취하는 자들을 모두 가리키는 것이 되었다. 호프만의 『문다리카 백과사전(Encyclopedia Mundarica)』과 뵈딩의 『싼딸 사전(Santal Dictionary)』에서 이 어휘 항목에 할당된 의미론적 범위는 이 점을 분명히 드러낸다. 이 사전들에서 디쿠는 "힌두", "힌두 지주", "힌디 또는 사다니(Sadani)", "더 좋은 계급의 힌두나 벵골인" 등을 의미하고, 디쿤(diku-n)은 "한 촌락의 지주가 됨"을 의미한다. 또한, 문다 부족에 속하는 집단의 언어 중 최소한 한 가지에서는 디(di)가

---

* 무굴제국 시대에 황제가 사르다르라 불린 군대의 지도자들에게 일정 기간 동안 하사한 토지를 하사하여 그 지도자들이 그 토지를 경영하여 얻은 수입으로 생계와 군사력을 유지한 제도. 그 토지를 자기르(jagir)라 불렀다.

"저것"을 의미하며 복수 디쿠(diku)는 "저것들"을 의미한다고 알려져 있는데, 이는 의심의 여지없이 화자가 자신의 개별적 정체성을 강조하는 분명한 데익시스(deixis)*인 것이다. 이 같은 언어학적 흔적은 이 부족 봉기들 중의 일부에 대한 기억이 여전히 생생히 살아 있던 때에 선교사들과 행정관들에 의해 기록되었다. 하지만 이 중요한 반란들 중에서 마지막 반란이 있은 지 거의 67년 후에도, 그리고 라즈의 종말이 있은 지 20년 후에도, 그 용어의 경멸적인 연상물들은 초따 낙뿌르 아디바시들의 대중적 심성 안에 여전히 견고하게 각인되어 있었다. 1967년에 이 지역에서 일군의 사회학자들이 수행한 연구는11) 그 용어가 (힌두들, 무슬림들, 유럽인들, 마르와리들, 비하르인들, 벵골인 등등과 같은) 비토착 부족민들과 (농촌의 자본가들, 바니아들, 대금업자들, 토후들, 자민다르들과 지주의 하수인들 등등과 같은) 계급의 적들을 의미하는 이중적 기능을 유지했을 뿐만 아니라, 새롭고도 표현력이 풍부한 어떤 도덕적인 언외(言外)의 의미를 획득했음을 보여 주었다. 문다 부족과 오라온 부족과 호 부족의 피조사자들 다수는, 대단히 아이러니하게도, 생소한 어원에서 유래하는 저 디쿠라는 말이 자기들에게는 "분란을 일으키는 자들(dik dik karnewale)"을 의미한다고 말했다. 이런 식으로 확립된 고정관념은 수많은 다른 단어들, 구절들, 이미지들, 격언들에 의해 보강되어 일반적으로 악의, 탐욕, 비열함 등과 같은 외지인의 부정적 성질들을 강조하는 것이 되었다. 약탈자, 사기꾼, 착취자 — 이런 것들이 외지인에 붙여진 별칭들이었다. 외지인은

---

* '보여 주다', '가리키다'를 뜻하는 그리스어 동사 'deiknumai'에 상응하는 명사형. 기호학과 언어학에서는 말로 된 표현 또는 지표적 표현과 관련된 지시 범주와 말로 되지 않은 표현 또는 재현적 표현과 관련된 지시 범주를 구별하는데, 데익시스는 전자를 통칭하는 용어이다. 따라서 그 용어는 일련의 성질, 결정인(決定因)들이 부여되어 있는 실제적 현존 대상을 지시하는 것이라고 할 수 있다. 이러한 구분은, 언어학적 표현들은 그것들이 사용되는 상황에 의해 엄격히 결정된 의미를 갖지만(전자의 경우), 그 상황에서 벗어나면 비어 있는 것이 된다(후자의 경우)는 관점에서 유래한다.

믿을 수 없고 무서운 자였다. 그의 눈(diku med)은 개의 눈과 같았는데, 왜냐하면 그는 작은 이익을 위해 주인에게 아첨하고 다른 이들을 모두 쫓아내기 위해 으르렁거렸기 때문이다. 그는 친구가 될 수 없었다. 그는 자기 이웃을 인정하지 않을 것이었다. 싼딸 속담에 따르면, "디쿠 친구는 가시가 있는 나무이다. 그들은 아프게 찌른다." 어느 문다가 다른 이를 억압하면, '디쿠로 대하기(dikuing)'를 하고 있다는 말을 들었다. 그리고 그가 자민다르임을 자처하면서 다른 문다들에게서 거둬낸 지대로 살아간다면, '디쿠가 된 자(dikuized)'로 간주되었다.

그렇다면, 다민-이-코와 초따 낙뿌르의 부족민들이 상인들, 대금업자들, 지주들 및 그들의 부하들을 상대로 묵힌 원한을 풀어야 할 시간이 왔을 때, 디쿠가 폭력의 주요 목표가 된 것은 이상한 일이라고 할 수 없다. 그것은 정말이지 저 봉기들의 너무나 뚜렷한 특징이었고, 그래서 일부 관찰자들은 그 봉기들의 본질적으로 반(反)식민적인 성격은 간과한 채 그 봉기들을 그저 착취하는 인도 주민과 착취 당하는 인도 주민 간의 갈등으로만 보았던 것이다. 하지만 이러한 인식의 바로 그 오류 자체가 그 봉기들이 동시대인들에게 가했던 충격의 확실한 표시였다. 그 인식의 오류가 우리에게 이 봉기들이 그 시대에 **보였던** 방식에 관해 (그 봉기들이 무엇이었는가 와는 다른) 많은 것을 이야기해 주고 있다는 이유만으로도 그렇게 말할 수 있다. 왜냐하면 저 거대한 폭발들 각각의 경우마다 낯선 침입자들에 대한 분노가 도화선에 불을 붙이는 불꽃이 되었다는 그 사실에 관해서는 어떠한 착오도 있을 수 없기 때문이다. 꼴 부족의 지도자 빈드라이가 자신이 이끈 민중들이 1832년에 무기를 들게 된 이유를 다음과 같이 설명했을 때, 그는 19세기의 모든 부족 봉기들을 대변하고 있었던 것이다.

빠탄 부족이 우리의 호르무트를 차지했고, 싱 부족이 우리의 여동생들을 차지했고, 코우르 부족인 하르나트 사는 우리의 12개 촌락 부지를 강탈하여 싱 부족에게 바쳤다. 우리의 삶이 가치 없게 되었다고 생각하여, 하나의 카스트이며 형제인 우리는 베고, 빼앗고, 죽이고, 먹기 시작해야만 한다는 데 뜻을 함께했다. …… 이 결심에 따라 우리는 우리의 명예와 집 모두를 앗아간 자들을 죽이고 약탈해 왔다. ……12)

저 반란의 선택적 폭력은 이러한 말들이 보여 준 신랄함과 분노에 부합하는 것이었다. 부족민들과 디쿠들이 이웃으로서 함께 살았던 촌락들에서, 꼴들이 집중적으로 공격한 것은 디쿠들이었다.13) 라즈의 현지 대리인들에게 이것은 분명 디쿠의 추방을 겨냥한 움직임처럼 보였다. 그들이 작성한 봉기의 진행에 관한 보고서에 따르면, "문다들과 꼴들 전부가 그 지방에 거주하는 체통 있는 양반들에 대항하여 무기를 들었고, 그들의 집과 재산을 불태웠고, 그들을 쫓아냈다."14) 캘커타위원회의 상급자들 역시, 비록 봉기가 전반적으로 함축하고 있는 바를 그들의 부하들보다 더 잘 알고 있었기에 "정부의 완전한 붕괴"가 봉기의 다른 목표라고 언급했지만, 반란자들이 원한 것은 "이방인으로 지명된 그 지방의 주민들 모두의 절멸이나 추방"이었음을 인정했다.15)

싼딸 봉기 폭력은 애초부터 사르까르와 디쿠를 구별하지 않은 채 양쪽 모두에게 똑같은 강도로 집중되었지만, 일부 관찰자들은 그 폭력조차 초기 단계에서는 오로지 디쿠를 겨냥했다고 생각했다. 예컨대 이 점은 1856년의 『캘커타 리뷰』에 발표된, 그리고 그 봉기 사건에 관한 가장 중요한 정보원(源) 중의 하나로 간주된 된 반(半)공식적인 기사 「싼딸 반란」에서 분명히 알 수 있다. 거기에는 그 기사의 필자가 다민-이-코에서의 봉기 및 그 최초의 봉기 공격과 관련하여 정부가 받은 보고서들에 접근한 적이 있었음을 보여 주는 내부 증거가 많이 있는데, 그 보고서들 모두는 반란자들이 정부는 물론이려니와 자민다르와 마하잔들에게도 적대감을 보였다는 점을 분명히 말하고 있었다. 그 필자는 또한 봉기 전야에 시도와 까누가 공표한 빠르와나를 읽었거나 그에 관한 이야기를 들은 적이 있었다. 그 명령문은 디쿠들은 물론 사힙들이 싼딸을 상대로 저지른 "범죄들"을 비난했고, 라즈의 종말을 천명했으며("타쿠르는 나에게 이 지방은 사힙들의 것이 아니라고 말할 것을 명령했다."), 백인들에게 갠지스 강의 저편으로 물러갈 것을 요구했고 그렇지 않으면 전쟁이 있을 것이라고 말했다. 또 이렇게 덧붙였다. "사힙들과 백인 병사들은 싸우려 한다. …… 타쿠르 자신도 싸울 것이다. 그러므로 너희 사힙들과 병사들은 타쿠르와 직접 싸울 [싸우게 될] 것이다."16) 이것이 식민 당국과 그 피보호자들(protégé), 즉 부족 농민을 착취하는 토착민들 양쪽 모두에게 보낸 명백한 선전포고와 다름없다는 것을 모르는 사람은 없을 것이다. 하지만 『캘커타 리뷰』 기사의 필자는 이 텍스트에서 싼딸들이 "상인들과 자민다르들과 모든 부유한 벵골인들을 자신들의 지방에서 내쫓고" 또 "모든 마하잔들과 경찰 간부들을 즉시 살해하기로" 결정했다는 것 이외에는 아무것도 읽어 내지 못했다. 그는 그 빠르와나가 "반(反)정부적인 의도들을 표가 날 만큼 모두 부인했다"17)라고 썼는데, 이는 10년 후에 윌리엄 헌터가 싼딸들은 바그나디히에서 봉기가 발발한 1855년 7월 7일까지도 "정부에 대해 무장 저항을 생각한 것 같지는 않다"18)라고 말했을 때 되풀이된 오류였다.

　그 같은 시각적 환상을 낳게 한 것이 무엇인지를 말하기란 어렵다. 19세기의 수많은 행정관들은 자신들에게 주어진 기계를 일종의 역사적 사명감을 갖고 움직여야 했으나, 그 기계의 결함을 보여 주는 증거와 대면하게 되자, 어느 정도는 관료적인 자기만족에 빠져 눈길을 돌려 버린 것이 아닌가 한다. 왜냐하면 이 무렵 라즈는 농민의 보호자이자 은인으로서의 자신의 역할을 굳게 믿게 되었고, 그래서 농민 봉기가 발생할 때마다 당국자들은 그 봉기가 식민 정부에 대항하는 것이라기보다는 토착민 억압자에 대항하는 사회적 낙오자들의 폭동일 뿐이라고 쉽게 생각했기 때문이다. 그 이유가 무엇이든 간에, 그런 식으로 발전해 온 무감각이 그릇된 역사학을 고무시켰거니와, 그 역사학은 부족민들의 삶을 견디기 어려울 만큼 비참하게 만든 데에 어떤 식으로든 책임이 있는 그 정권을 용서하기만 할 뿐이었다. 이러한 역사학의 계보는 헌터처럼 영국의 행정관 겸 역사학자들로 구성된 학파에만 한정되는 것이 결코 아니다. 로이와 같은 인도의 학자들 역시 이러한 봉기들의 반식민주의적 내용을 무시했고, 그 봉기들이 에스닉한 적대를 표출한 것에 불과했다는 신화를 영속화하는 데에 기여했다. 수레쉬 싱은 올바르게도 이 점에 관해서 이들 인도의 학자들과 의견이 다르며, 또 버사이트 봉기가 압도적으로 정치적인 그리고 반식민주의적인 성격을 갖고 있었다는 점을 강조하고 있다. 하지만 싱 자신도 지적했듯이, 19세기의 중요한 부족 반란 중에서 아마 최소한으로 인종적인 지향을 보여 준 이 봉기에서조차, 특히 그 초기 국면과 예비 국면에, "디쿠들에 대한 적대감이라는 저류"가 흐르고 있었다.19)

호프먼의 증언에 따르면, 봉기 무렵까지 디쿠에 대한 적의는 문다 부족의 어법에서 뱀(*bing*), 마녀(*najom*), 호랑이(*kula*) 등과 같은 이미지들로 이미 코드화되어 있었음이 분명하다.20) 그러므로 그런 이미지들이 불러내는 공포와 두려움의 감정들이 이 지역의 모든 폭력적인 대중 동원을 촉진하기 위해 이용되었으리라고 짐작된다. 실제로 이런 것이 봉기 전야의 버사이트의 선동에서 중요한 요소로 자리 매김하기란 어렵지 않다. 문다 지도자가 1898년 추티아 사원을 방문했을 때, 그 일과 관련하여 회자된 돌과 흙덩어리의 우화는 하나의 사례가 될 수 있다. 그 지방에서는 실외 조리를 위해 여러 개의 돌 위에 흙덩어리를 얹어 만든 조야한 화덕을 흔히 사용했는데, 그는 그 구조물을 가리키면서 부하들로 하여금 그들의 눈앞에서 돌과 흙덩어리가 위치를 바꿨다는 것을 확실히 믿게 만들었고, 문다들과 디쿠들도 언젠가는 반드시 꼭 그렇게 될 것이라고 부하들에게 말했다.21) 또한 그는 그 이듬해 돔바리 언덕에서 열린 중요한 부족 회의에서 문다의 순결성을 상징하는 흰색과 디쿠의 착취를 상징하는 붉은색으로 된 두 가지 색의 깃발을 내걸고,

"디쿠들과 싸움이 벌어지면, 이 땅은 붉은색 깃발처럼 저들의 피로 붉게 물들 것이다"라고 예언했다.22)

따라서 부족을 규정한 것이 외지인의 타자성이었던 것과 똑같이, 반란의 영역을 부정적으로 규정한 것은 디쿠의 배제였다. 그러나 그 유사성은 훨씬 더 넓다. 부족은 자신들의 정체성을 긍정적으로 주장하기 위해 이소스(ethos)와 연관된 수많은 관념들을 이용한다. 이런 관념들 중의 하나가 에스닉한 공간이라는 통념인데, 이것은 앞에서 설명한 모든 부족 폭동들에서 나타난다. 그 폭동들 각각에서 봉기의 영역의 크기는 부족 자체의 크기와 같은 것으로 여겨졌고, 이러한 일치는 제의를 통한 연대, 의례를 수반한 집회, 원로의 자문 등과 같은 (4장에서 말한) 모든 예비 행동들에서만이 아니라, 일단 봉기가 발생하면 부족이 이산(離散)한 곳이면 어디든지 스며드는 저 폭력의 경향에서도 두드러졌다. 당국은 싼딸 봉기가 시작된 지 2주일이 채 되기도 전에 "빠차떼와 만붐과 싱붐 지구들 그리고 대간선로 남쪽의 또 다른 지구들에 거주하는 [거주했던] 수많은 싼딸 주민들과" 이미 연결된 것에 놀랐고, 또 "그 봉기가 비르붐에서 싼딸 부족들의 원래의 거주지인[거주지였던] 지구들로 확산될[확산될지도 모른다는] 것"에 두려움을 갖게 되었다.23) 이 점에서 1832년의 꼴 소요에 관한 서더랜드 소령의 통찰력 있는 지적은 농민 봉기 전체에 적용될 만하다. 초따 낙뿌르에 관해 가장 잘 알고 있고 또 최초로 그 사건의 성격을 조사한 장교들 중의 한 명이었던 그는 이렇게 썼다.

봉기에는 봉기를 일으킨 자들이 어떤 부류의 사람들인가라는 것 이외에 다른 한계는 없었다. 초따 낙뿌르와 캘커타를 한편으로 하고 바라나스를 다른 한편으로 하는, 이 둘 사이에 있는 지방에 당가르 꼴들이 살았다면, 봉기는 이들 지역으로 확산되었을 것이다. 꼴들은, 선한 목적을 위해서건 악한 목적을 위해서건, 함께할 수 있는 하나의 대가족이다. 그들의 규모가

그만큼에 그친다는 것, 그리고 인도에는 그런 가족들이 많지 않다는 것은 우리에게 행운일지 모른다.24)

달리 말하자면, 부족은 단지 반란의 기폭제였을 뿐만이 아니라 그것의 장(場)이기도 했다. 따라서 봉기 참가자들의 몸으로서의 부족의 자기 인식과 부족의 에스닉한 자아 인식은 구별이 불가능했다. "부족은 여전히 사람의 경계였다. 그 사람 자신과의 관계에서만이 아니라 외부인과의 관계에서도."25) 이로쿠오이족에 관한 엥겔스의 이 진술은 인도의 아디바시들에 대해서도 사실이었다. 그것은 그들끼리 서로 평화롭게 살았거나 라즈와 평화롭게 살았을 때만이 사실이었던 것이 아니라, 자신들의 에스니시티를 긍정적으로 확인하기 위해 무기를 들었건 부정적으로 확인하기 위해 무기를 들었건 어느 경우든 그들이 무기를 들었을 때 훨씬 더 사실이었다.

물리적 공간에 대한 그들의 통념 역시 에스닉한 공간과 일치했다. 그 통념은 모든 부족 반란에서 뚜렷하게 나타났고 반란의 영토성의 중요한 요소였다. 그것의 기능은 봉기 참가자들로 하여금 자신들이 주장하는 고향과의 관계 속에서 자신들만의 정체성을 주장할 수 있게 하는 것이었다. 에스노(ethnos)라는 범주와 관련해서 볼 때, 디쿠를 향한 적대감은 그 범주에 부정적인 결정인(決定因)을 제공했다. 그 적대감은 아디바시들에 대한 수탈이라는 엄연한 사실에 뿌리를 두고 있었다. 싱라이라는 이름의 꼴에 따르면, "그자들은 우리에게서 나무와 고기와 땅과 자기르들을 빼앗았다."26) 그가 이끈 봉기가 일어나기 몇 년 전에 부족의 토지가 외지인에게 대량으로 넘어간 일은 그의 고발이 사실임을 입증해 주었고 또 실제로 그 일은 공식적으로 봉기의 주요 원인들 중의 하나로 인정되었다. "토후와 자기르다르들이 세수를 늘리기 위해 꼴들이나 라이야뜨들에게서 토지를 빼앗아 농장주들에게 넘겨주었다고 믿을 만한 이유가 있으며, 빼앗긴 쪽에서는 무슨 수를 써서라도 자신들의 토지를 되찾으려 하리라는 것은 쉽게 이해할 수 있다."27) 이것은 정보에 밝은 어느 행정관에 의해 확인되었는데, 그 행정관은 봉기 사건이 벌어진 7년 후에 그것에 관해 언급하면서 봉기의 "원인 중에서 소네뿌르의 부니아르들인 문다 부족들과 만키들에게서 토지를 빼앗은 것보다 더 큰 원인은 없다"라고 말했던 것이다.28)

이 박탈 당한 부미하르들은 꼴 폭동과 19세기 말의 버사이트 폭동 사이를 잇는 가장 중요한 연결 끈이었던 브후미즈 반란과 사르다르 저항운동에 더 적극적으로 참여했다. 꼴을 고무하여 무장봉기에 나서게 했던 만키들 중의 하나인 빈드라이는 1833년에 강가나라얀과 함께 브후미즈 반란에 합세했고, 다른 한편으로 수레쉬 싱에 따르면 1858년부터 "뿌리 뽑힌 부미하르들 부류"는 "사르다르 운동의 핵심"을 구성했다.29) 이 두 경우 모두, 디쿠와 식민 정부가 합세하여 초따 낙뿌르 부족 농민들의 바로 그 생존 기반이자 생활 방식이었던 농업 질서에 충격을 가하게 되자 그 충격에 대한 그들의 불쾌한 반응을 표현한 것이었다. 사실 사르다르들의 장기간의 투쟁은 물쿠이 라라이(*mulkui larrai*)로 불렸는데, 그것은 글자 그대로 토지를 위한 투쟁을 뜻했다.30) 40년간에 펼쳐진 라라이는 그 초기 단계에 설정했던 순수하게 경제적인 목표들을 넘어섰고, 원래 토지를 위한 투쟁으로 인식되었으나 일련의 변형을 거쳐 고향을 위한 투쟁의 성격을 갖게 되었다. 그러므로 바야흐로 봉기의 시간이 왔을 때, 문다들이 제의를 행하면서 부른 노래들은 잃어버린 원래의 디숨에 대한 비탄으로 흘러넘쳤던 것이다. 여기에 수레쉬 싱이 번역한 몇 연을 소개한다.31)

싱봉가(Singbonga)*가 [창세기] 초에 우리에게 준 땅을

---

* 문다 부족의 태양신.

적들이 앗아가 버렸네.
손에 무기를 들고 우리 거대하게 모이리니
믿음의 새로운 태양이 솟아올라 언덕과 계곡을 밝혔으니
당황한 자민다르는 우리를 성가시게 하네.

성자 비르사는 우리의 지도자 ……
우린 원숭이를 두려워하지 않으려네.
우린 자민다르를, 대금업자를, 상점주들을 [그대로] 두지 않으려네.
그들이 차지한 우리 땅
우린 우리의 쿠뜨까띠(khutkatti) 권리*를 포기하지 않으려네.
표범과 뱀에게서 얻어 낸 우리 땅
그 행복한 땅을 그들이 빼앗았네.

오 비르사여, 우리 땅이 떠돈다네.
우리 마을이 떠다닌다네.
모자를 쓴 사힙들, 저 거들먹대는 적이
우리 땅을 빼앗았다네.

그러나 "원래의 고향"이라는 통념은 반란 의식의 단순한 제로(zero) 기호 이상이었다. 꼴 부족도 문다 부족도 부재를 슬퍼하는 일에 빠지진 않았다. 물리적 공간의 의미로 표현된 영토성은 긍정적인 면도 갖고 있었다. 이 점은 꼴 부족의 봉기에서 꼴들이 "(그 계절에는 거의 말라 버리는) 수바르나리카 강을 건너 인접해 있는 마할 정글의 빠뜨쿰 빠르가나와 셀다 빠르가나에 가려 하지 않았다는 사실"로 알 수 있었는데, "그 빠르가나들에는 부유한 주민들이 많아 노략질 유혹을 받게 되는

---

* 한 촌락 창건자의 후손들 — 이들을 쿠뜨(Khut)라 한다 — 이 갖는 토지 및 공동 삼림에 대한 일종의 항구적 임차권(賃借權). 이 권리를 갖는 자들의 지위는 사실상 지주가 된다.

데도, 게다가 그곳들의 방비는 대단히 허술했고 심지어 그 당시에는 어떤 저항도 할 수 없을 것처럼 보였는데도, 꼴들은 그곳들로 진격하지 않았던" 것이다.32) 꼴들에게 그 강은 분명히 봉기의 영역을 규정하는 경계 — 19세기 후반에 들어왔을 때 싼딸 봉기에 대해 갠지스 강이 그랬던 것과 마찬가지로, 봉기의 목표들을 가리키는 일종의 지정학적 기호 — 였다.

영토성의 공간이 지닌 이러한 긍정적인 측면은 버사이트 봉기에서 훨씬 더 분명하게 강조되었다. 부족의 잃어버린 고향(그 부족민의 생생한 이름으로 부르자면, *ekasi piri tirasi badi*)의 회복은 비르사의 투쟁의 중심 목표였으며, 그 과업을 위해 비르사는 자신의 추종자들에게 조상이 살았던 곳을 순례하라고 가르쳤고 부족의 "권리 문서들"을 되찾아야 한다고 강조했다. 그런 생각은 그들의 신앙의 일부가 될 만큼 효과가 컸다. 아래에 인용된 것과 같은 몇몇 버사이트의 찬가들은 이 점을 입증해 준다.

> 오, 신이여, 추티아 가르는 우리 조상의 땅이었네. …… 자가르나트뿌르에서 돌아온 신(비르사)은 형제자매들을 추티아 사원으로 데려갔네. 신은 거기에 가서 적에게 탈취 당한 우리 조상들의 권리를 뒷받침해 주는 권리 문서들, 관례와 풍습에 관한 문서들을 우리에게 가져다주었네. 이제 우리는 둘시 목초를 숭배할 것이네. …… 우리는 그 신앙에 따라 우리 땅에서 살 것이며 그것을 온 사방에 퍼뜨릴 것이네.33)

이렇게 시작되었던 영적 신앙의 단순한 선언은 봉기 과정에서 저 충돌이 낳은 염원들을 흡수했다. 그래서 그들은 이런 노래를 불렀던 것이다. "오 다라띠 아바여, 오늘 우리를 도와주소서/. …… 당신의 능력으로 총알을 물로 바꾸소서/모든 적들을 무찔러 넘어뜨리게 하소서/ 오 다라띠 아바여, 그 땅은 우리 것, 그 마을은 우리 것입니다."34)

공간적인 면에서의 디쿠의 타자성에 관한 아디바시의 생각은 싼딸 봉기의 영토성의 한 요소이기도 했다. 이 특별한 측면에서의 토착민들의 자기-구별은 부족 전통에 관한 그 밖의 기록들에서보다는 『마레 하프람 꼬 레악 까타』 35)에서 가장 분명하게 언명되어 있을 것이다. 싼딸의 초기 역사에 관한 그 문헌의 설명에 따르면, 싼딸들과 디쿠들은 그들 간에 적대감이 없었을 때조차 분명하게 분리된 각자의 거주지로 인해 서로 구분되었다. "저들은 더 훤히 트인 곳에 정착했고, 우린 언덕이나 정글에 살았다." 그러나 오래전에 그들은 전설상의 땅 참빠에서 평화롭게 함께 살았다. 하지만 그 이후 그들의 관계는 지속적인 적대 관계가 되었다. 싼딸 부족민들은 끊임없이 유랑하던 중에 정착했던 곳마다 항상 "타자들", 즉 힌두들이나 무슬림들과 충돌했다. 싼딸들은 힌두들에게 참빠를 빼앗겼는데, 힌두들은 그들을 평원(*tandidesh*) 안까지 바짝 뒤쫓아 들어와서는 거기에서 내쫓았다. 싼딸들은 훨씬 더 멀리 나아갔지만, 무슬림들(*Turks*)과 부딪혀 두려움을 안고 도망치지 않을 수 없었다. "우리는 마치 풀쐐기들처럼 계속해서 이동했다." 그들은 "쉬까르 지방에서" 토후의 정글을 개척하여 자신들을 위한 촌락 몇 군데를 얻었다. "그러나 힌두들은 그곳에서마저도 그들을 몰아냈으며 그들의 땅과 거주지를 차지했다." 결국 그들은 다시 평원으로 내려왔지만, "힌두들의 억압과 배고픔 때문에 밀려나" 아자이를 건너 갠지스 강 상류의 북동쪽에 있는 구릉지로 흩어졌다. 『레악 까타』에는 이렇게 적혀 있다. "우리는 디쿠들과 여러 차례 싸워야만 했다. 그리고 오늘까지도 그들과 화해하지 않고 있다. 우리가 정착을 위해 얼마간의 땅을 개간해 놓은 곳마다 디쿠들이 와서 그 땅을 가로챘다." 그러므로 이 비통한 상실감은 필연적으로 1855년 봉기의 복합적인 동기 중의 일부가 될 수밖에 없었다. 어느 싼딸 민요는 다음과 같이 노래한다.

시도, 당신은 왜 피로 목욕했나요?
까누, 당신은 왜 훌, 훌(*Hul, Hul*) 소리치나요?

피로 목욕한 우리를 위해
우리의 땅을 강탈해 간
장사꾼 도둑을 향해.36)

하지만 버사이트 봉기와 마찬가지로 싼딸 봉기에서도 토지를 위한 투쟁은 고향을 위한 일반적 투쟁에 통합되었다. 달턴에 따르면, 싼딸들은 갠지스 강과 까사이 강 사이에 있는 지역을 자신들의 "조국"으로 여겼다.37) 셔윌은 몽기르가 그들의 고향의 최서단(最西端)이라고 말했다. 이는 "싼딸들이 한때 자신들의 왕국의 서쪽 경계라고 단언했던 성채를 차지하기 위해 바갈뿌르를 거쳐 몽기르로" 행군하려는 계획에 관해 말했던 또 한 명의 장교에 의해 확인되었다.38) 그 정확한 지리적 경계가 어디였든지 간에(정신적인 고국으로서의 그 왕국에는 어떤 경계도 필요하지 않았다), 그것이 그들의 반란의 하나의 이데올로기적 요인으로 현존했다는 것은 명백했다. 심지어 반란이 실제로 발생하기도 전에 빠레쉬나트 구릉지의 어느 모르고 왕에 관한 "신비로운 언급들"이 곧잘 등장했고, 사람들은 그 왕이 "싼딸 부족이 살던 본향인 그 남부 농촌에 독립 왕국"을 건설할 것으로 믿었다.39) 그리고 싼딸 봉기가 여전히 힘차게 진행되고 있을 때인 1855년 7월 셋째 주에, 식민 당국은 "봉기가 비르붐에서 싼딸 부족의 원래의 거주지인 그 지구들로 확산될지 모른다는" 예상에 깜짝 놀랐다.40) 봉기 참가자들 스스로는 이 "원래의 거주지"의 경계가 갠지스 강이라고 말했다. 봉기 전야에 공표한 빠르와나에서 시도와 까누는 유럽인들에게 갠지스 강의 건너편으로 물러가라고 요구했다. "당신들이 타쿠르의 말을 잘 알아들었다면 갠지스 강 건너편으로 가야만 한다."41) 『레악 까타』에 따르면, 이것은 그 밖의 모든 외지인들에게도 적용되었다. 그 문헌에는 원로들 중 한 명의 증언이 기록되어 있는데, 그는 "반란의 시기에 갠지스 강은 우리의 경계로 여겨졌고," 디쿠들은 사힙들이 그들을 위해 개입하지 않았다면 갠지스 강 너머로 밀려났을 것이라고 말한다. 원로 주기아의 다음과 같은 회상도 이 점을 확인했다. "그때 시도와 까누는 모든 토후들과 마하잔들을 죽이고, 그 밖의 모든 힌두들도 갠지스 강 너머로 쫓아낸 다음, 우리가 직접 통치해야 한다는 명령을 내렸다."42) 이렇게 봉기는 그들에게는 의식적으로 한정된 공간이었다.

공간 범주와 상관이 있었던 것은 시간 의식이었다. 이 시간 의식 역시 영토성의 요소들 중의 하나로서 영토성의 주관적 결정인이 되었고, 부족 반란이 봉기 참가자들과 디쿠들의 관계라는 측면에서 자체의 영역을 한정하는 것을 뒷받침했다. 가장 일반화된 형식의 시간 의식은 대조적인 시간 쌍(그때/지금)으로, 나쁜 현재에 의해 부정된 좋은 과거로 표현되는데, 그것의 기능은 외지인에 대항하는 투쟁에 미래로서의 과거의 회복이라는 사명을 부여하는 것이었다.

싼딸들의 전통은 노스탤지어를 들쓰고 있다. 봉기가 있은 지 50년 후에 수집된 민요들 중의 일부는 신(타쿠르 바바)에게 죄를 범했기 때문에 잃어버렸다고 여겨진 어떤 은총의 상태를 노래한다.43) 봉기 사건에 더 가까웠던 시기인 1871년에 채록된 다른 민요들은 더 세속적인 비전을 담고 있다. 그것들은 상대적으로 더 유복하고 더 순수한 윤리적 행동의 시절을 되돌아보고 있다. 그때 이후의 쇠퇴는 두 가지 다른 종류의 요인들 — 부족 자체에 내재하는 요인들과 디쿠들에게 책임이 있는 요인들 — 에서 비롯되었다는 것이다. "지금, 시대는 타락했다." 싼딸들은 여성이 남성을, 딸이 어머니를, 아들이 아버지를, 젊은이가 늙은이를 존경해야 마땅한 관습 규범들을 더 이상 지키지 않는다. 마지들은 예전의 권위를 상실했다. 과거에는 매우 드물었던 분쟁이 인척들 사이에서조차 흔하다. 이전에 부족민들이 함께 살았을 때의 저 평화와 융합은 더 이상 존재하지 않는다. 일찍이 종교에 기초하고 있던, 그리고 보복과 공동체적 제재에 대한 두려움으로 유지되던 높은 수준의 성도덕은 색정과 난교에 굴복했다. 과거의 산업은 부족민들이 자신들의 소비에 직접 필요한 것들을 생산하는 것이었으나, 그런 산업은 사라졌고 게으름이 뒤를 이었다 등등.44) 이런 것들과는 달리, 디쿠들이 싼딸의 삶에 침입한 데에서 직접 기인하는 도덕적이고 물질적인 쇠퇴의 또 다른 징후들도 상당히 많다. 그것들 중의 일부는 싼딸들이 외지인들과 접촉하게 되었을 때 빠졌던 악습들이다. 이것들은 『레악 까타』에 다음과 같이 자세히 나와 있다.45)

구걸: "전에는 거지가 없었다. 지금 촌락에서 구걸하러 돌아다니는 몇몇은 디쿠들에게서 그 짓을 배운 것이다. 그 짓은 일반적으로 미움을 사고 있다. 그 짓은 불가피하지도 않다. 왜냐하면 일할 생각만 있다면 누구나 촌락 안에서 충분한 생계 수단을 발견할 수 있기 때문이다."

도적질: "전에는 호르 하빤들(싼딸들)이 결코 도적질을 하지 않았다. 그러나 지금 그들은 디쿠들을 흉내 내면서 그런 짓조차 배웠다."

말다툼: 싼딸들은 종종 땅 문제를 놓고 자기들끼리 싸우며, 전답들 간의 경계선 이용을 놓고 말다툼을 벌인다. "지금 이 두 가지 형식의 분쟁이 우리 땅 전체에 퍼져 있는데, 이는 디쿠 하빤(힌두)들이 보여 준 본보기 때문이다. 과거에는 그런 분쟁이 없었다." 바로 디쿠들이 "우리끼리 싸우도록 만들고 있고 서로의 재산을 가로채게 만들고 있다. 디쿠가 있는 곳에는 우애가 없다. …… '디쿠 뿌시들(deko pusis)'46)이 우리 사이에 없었다면, 우리 싼딸들은 도덕적으로 더 나아졌을 것이다."

거짓말: "유사 이래 얼마 전까지만 해도 우리 싼딸들은 거짓말하는 법을 몰랐다. 우리는, 우리의 적에 관한 것이건 우리 형제에 관한 것이건, 우리 눈으로 본 것만을 말했다. 사힙들이 등장한 이후, 우리 부족민 중 일부는 진리를 자백했다는 이유만으로 교수형을 당했다. …… 우리의 법정에는 번갈아 목격자들을 불러내는 관습이 없었다. 목격자들 모두는 함께 출석해서 서로 얼굴을 맞댔다. 그런데도 그 누구도 위증을 하려 하지 않았다. 하지만 싼딸들은 지금 디쿠들에게서 음모의 언어를 배웠고, 그자들과 마찬가지로 한 잔의 시골 술에 삶과 명예를 팔아넘기고 있다."

그렇지만 디쿠들은 싼딸들의 도덕적 타락에 대해서만이 아니라 그들의 물질적 번영의 상실에 대해서도 책임이 있었다. 대금업자와 상인들이 싼딸 부족의 경제활동에 침입한 일은 그 부족의 전승 안에서 행복한 과거와 가난한 현재를 분리시키는 분수령으로 기록되었다. 그 사건은 싼딸 부족의 초기 방랑 설화들 안으로 들어와 수많은 적대적인 격언과 이미지로 민중의 상상력 안에 자리 잡게 되었다. 그 종족의 원로 현자인 깔로얀은 자신의 조상들에 관해 이야기하면서 이렇게 말했다.47) "이전에는 누구도 마하잔들에게서 돈을 빌리지 않았을 뿐만 아니라, 사실 어떤 마하잔도 존재하지 않았다. 그자들은 처음에는 쉬까르 지방에서만 우리를 손아귀에 넣었다. …… 그때부터 바로 이 날까지 우리는 그자들의 마수에 걸려들어 왔고, 그자들은 마치 독수리마냥 우리를 물어뜯고 있다. …… 풍문에 따르면 …… '힌두 사후까르는 나이 들고 쇠약해진 사람의 바싹 마른 뼈마저 씹어 먹는다.' 사실상 우리가 쉬까르를 다시 떠날 수밖에 없었던 이유는 바로 그자들의 강탈 때문이다. 하지만 처음에 그자들은 그처럼 파렴치하게 이자를 물리지는 않았다. …… 그러나 시간이 지나면서 그자들의 억압은 점점 더 혹독해졌다. …… 우리 쪽에서도 역시 얼마간 책임을 져야만 한다. 사람들은 [그자들과 거래하는 동안] 그자들이 하고 있는 짓의 가부 여부를 따지지 않고 그자들의 마수에 빠져 있다."

그때/지금의 구분으로 표현된 시간 의식이 싼딸 봉기에 함축되어 있었다고 말할 수 있다. 그 봉기가 디쿠의 폭정을 종식시키려는 단호하고도 의식적인 시도였다는 바로 그 이유 때문이다. 하지만 반란자들이 참을 수 없는 현재의 종결을 과거의 회복 수단으로 간주했다고 말한다면, 그것은 증거에 대한 너무 지나친 해석이 될 것이다. 우리는 모종의 정치적 왕국의 수립이 그들이 언급한 목표들 중의 일부였다는 것을, 그리고 그들의 지도자들이 공포한 빠르와나는 실제로 "진리의 지배"와 "진정한 정의"의 도래를 알렸다는 것을 알고 있다.48) 그러나 다가올 상태에 대한 이 다소 모호한 비전에 이상화된 과거의 속성들이 상당히 투여되어 있었다고 주장하는 것은 성급한 일이 될 것이다. 반면에, 시간이라는 요소는 버사이트 봉기에서 더 충분하게 개진되었다. 그 봉기의 공간적 목표, 즉 빼앗긴 디숨에게는 문다의 상상력 안에서 기억할 만한 과거로서의 시간적 위치만이 아니라 바람직한 미래로서의 시간적 위치도 부여되었다. 따라서 반란의 영역은 전투 중에 있는 현재의 주체가 점한 위치에서 양쪽 방향으로 펼쳐졌던 것이다.

시간상으로 뒤를 돌아보는 경향은 사르다르의 저항에서도 나타났지만, 과거와 현재의 구분이 결정적인 이데올로기적 기능을 발휘하게 된 것은 오로지 비르사의 지도 덕분이었다.49) 사뜨 주그/깔 주그라는 이율배반의 형식으로 코드화된 그 구분은 힌두교의 네 시대들(yugas: 사띠야[Satya], 뜨레따[Treta], 드와빠라[Dvapara], 깔리[Kali])*에 관한 신화와 유대-기독교의 천년 주기설에서 동시에 유래했는데, 비르사는 아주 젊었을 때 비쉬누 신앙과 접촉함으로써, 그리고 어린아이 때 기독교 선교회 학교를 다님으로써 그것들을 각각 받아 들였다. 그 기원이 무엇이건 간에, 두 주그의 대립은 비르사가 자신의 부족에게 1899~1900년의 봉기를 준비하게 했을 때 의지했던 종교적 담론과 제의에서 가장 현저하게 표출되었다.

비르사의 설교 안에서 문다 부족의 과거의 조건과 현재의 조건의 차이는 사뜨 주그에 특징적인 조건과 깔 주그에 특징적인 조건의 대조로 재현된다. 그 비교는 물질생활과 정신생활의 모든 특징적인 측면들에 걸쳐 있다. 사뜨 주그에 문다들은 우주의 창조자인 니란잔의 직접 지배를 받았다. 깔 주그에 그들은 신화에 나오는 마왕이자 악마의 원형인 라바나의 부인 만도다리 여왕의 지배를 받는다. 신의 지배를 받고 사는 것과

---

* 각각 황금시대 또는 정의와 진리의 시대, 은의 시대, 청동 시대, 암흑시대를 뜻한다.

빅토리아 여왕이 관장하는 라즈에게 종속된 것 사이의 대조는 더할 나위 없이 분명하게 언급된다.

토지는 사뜨 주그에 문다들의 행복한 삶의 물질적 토대였다. 그들의 조상들은 정글을 개간하고 그 땅을 사람들의 거주지로 만들었다. 그들은 주변의 자연이라든가 야생동물과 조화롭게 살았다. 그들은 거류지를 건설했고, 홍수를 통제했고, 우물과 저수지를 팠고, 신선한 물을 공급하려면 천연 샘을 이용해야 한다는 것을 알았다. 그들은 농업을 시작했고 필요한 곡물과 과일을 생산할 수 있는 땅을 만들었다. 깔 주그에 문다들은 이전에 그들의 것이었던 이 땅을 빼앗겼다. 그들은 "기름처럼 미끄러운 어떤 물체"와 같이 그들의 한가운데로 끼어 들어와 그들을 파멸시킨 자민다르들과 마하잔들에 의해 약탈되었다. 일반적으로 그들의 황금시대의 자연경제는 화폐경제로, 곧 공업과 상업의 경제로 대체되었고, 그들의 자유와 자급자족은 디쿠들의 폭정과 착취로 대체되었다. 그 결과, 그들은 예전의 번영 상태를 모조리 잃었다. 사뜨 주그에 그들은 한 번의 파종으로 일곱 번 수확했지만, 깔 주그에는 한 번의 파종으로 겨우 한 번 수확했다. 저 행복한 과거에 그들의 조상들은 금과 은으로 된 접시에 음식을 담아 먹곤 했다. 지금 그들은 굶어 죽고 있다. 옛날에는 아무도 질병으로 죽지 않았다. 지금은 병으로 고생하다 죽는 것이 보통이다. 지상에 어떤 슬픔도 없었던 시대는 가 버렸다.

물질적인 행복의 이러한 쇠퇴는 도덕적 타락과 일치한다. 디쿠들 때문에 문다 사회에는 이질적인 것들의 영향력이 침투했다. 깔 주그에 까람(*karam*) 춤과 빠이카(*paika*) 춤이 유행한 것은 그들 종족의 일반적이고도 광범한 타락의 징후이다. 고도의 사회적, 정신적 도덕성은 사뜨 주그의 그들 문화의 특징이었다. 그 시대에 문다들은 혈족들에게 어떤 폭력도 가하지 않았다. 성도덕은 엄격히 준수되었고, 디쿠들과 달리 문다 남자들은 여자들과 농담할 때 사회적으로 규정된 한도를 넘지 않았다. 정신적인 면에서 사뜨 주그는 종교적 신앙과 제의적 계율을 강조하는 특징을 보여 주었다. 순수성의 규칙들은 엄숙하게 준수되었다. 누구든 목욕하기 전에는 먹거나 마시지 않았다. 술은 금지되었다. 사람들은 자신들의 몸에 성스러운 실을 두르고 샌들로 때린 흔적을 만들어 자신들의 죄를 씻었다. 그들은 조상의 사원에서 기도했고 제물을 바쳤다. 그들은 악신(惡神)들(아수르)을 멀리 했고 매일 두 번씩 신성한 뚤시에 예배를 드렸다. 깔 주그에 이 모든 것들은 문다 부족의 생활에서 사라졌다.

비르사는 두 시대의 이러한 대조를 이용하여 자신의 추종자들에게 불명예스러운 현재를 거부하라고, 또한 더 나은 미래를 위해 싸우라고 용기를 북돋웠다. 그에게 사뜨 주그는 저 미래의 청사진이었다. 그는 천년왕국설의 용어로 깔 주그의 종말을 이렇게 예언했다. "오 인간들이여, 조심하라! 이 세계는 지금처럼 끝나지 않을 것이다. …… 이 세계는 엄청난 불행으로 끝날 것이다. 나는 저 심해의 물로 세상을 쓸어버릴 것이다. 나는 언덕들을 무너뜨릴 것이다." 또한 문다 부족의 적들의 통치는 "폭력적인 충돌을 통해 무너질 것이다." 모든 "로마인들, 독일인들, 영국인들, 토후들, 자민다르들, 사탄들, 악마들"은 이 땅에서 쫓겨날 것이다. "자민다르들은 지금 매우 행복하게 우리를 비웃고 있다. 그러나 그들에게 할당된 시대, 그들의 시한은 지나가 버렸다." 토지는 산 제물로 바친 "하얀 염소"의 피로, 즉 백인의 피로 씻길 때 이전의 순수성을 회복할 것이다. 그때 문다들은 델리로 행진하여 "왕좌"를 차지하고 "이 땅을 지배할 것이다." 마침내 "문다들이 자신들의 왕국을 되찾을 때, 그들은 흥겨워할 것이며 그들의 행복은 결코 멈추지 않을 것이다." 이는 또 다른 사뜨 주그의 시작, 원래의 것의 되풀이가 될 것이다. "또한 우리의 경작지는 단 하나일 것이다. 사람들은 목에 땅을 묶어 준다 해도 그 땅을 차지하려고 하지 않을 것이다. 그 땅에서는 어떠한 전쟁도 없을 것이다. 모든 일은 종교에 따라 이루어질 것이다. 우리의 조상들이 종교에 따라 지배한 것과 똑같이, 우리도 그렇게 통치할 것이다."

다가오는 깔 주그의 종말과 사뜨 주그의 도래는 비르사가 대중 집회에서의 설교들 안에서, 또한 보다 규모가 작은 신도 집단에게 말해 준 우화들 안에서 거듭 활용한 테마였다. 예컨대, 타쿠르두라에서 그는 말라 버린 우물을 들여다보고는 "사뜨 주그가 도착했고 깔 주그는 사멸하기 시작했다고 외쳤다." 나쁜 현재의 종말을 알리는 제의가 봉기 전야에 그의 추종자들이 모인 몇몇 대집회에서 거행되었다. 1898년 2월 돔바리에서 열렸던 버사이트 집회에 관한 당시의 설명은 우리에게 이 기념식을 생생히 엿볼 수 있게 한다.

…… 적들과 관련된 최후의 의식을 수행하기 위해 돔바리 언덕 위에 작은 인공 숲이 즉석에서 만들어졌다. 또한 그들은 여왕의 이름으로 벵골 보리수를 잘랐고 홀리 축제를 거행했다. 그들은 흙으로 빚은 램프들로 나무를 온통 뒤덮었고, 나무 근처에 붉은색과 흰색으로 된 깃발을 세웠다. 그런 다음, 그들은 깔 주그의 춤인 까람 춤을 추었다. 그들은 그 춤을 일방적으로 중단했다. 한쪽에는 붉은 깃발이 세워졌고 다른 쪽에는 흰 깃발이 세워졌다. 신앙심 깊은 모든 버사이트들을 위해 인공 울타리가 설치되었고 흰 깃발이 내걸렸다. 깔 주그의 모든 관습과 풍속, 춤, 화관, 팔찌, 꽃반지, 꽃무늬의 빗 등은 금지되어 버려졌다. …… 그리고 그[비르사]는 그들[의 적들]을 처형했다. 그는 북소리에 맞춰 무대 위에서 춤을 추었고 영국 여왕의 제국이 끝났다고 선언했다. 버사이트들은 여왕의 이름으로 여왕의 초상에 화살을 쏠 것이라고 공표했다. 그들은 질경이 나무에 불을 붙였고 그것을 베어 넘어뜨렸으며 여왕의 이름으로 그것을 처치해 버렸다.

이런 식으로 사악한 시대와 그 시대의 제도화된 형식인 라즈는 사뜨 주그와 문다 세상으로의 복귀를 위해 길을 내주고 상징적으로 파괴되었다. 지난해의 끝을 표시하고 새해를 알리기 위해 여자 악마 홀리카의 초상을 불태우는 것으로 유명한 힌두의 홀리 축제는 위에서 말한 기념식과 같은 뜻을 갖는 제의였다. 그리고 무언극의 기능이 소망을 실현시키는 데에 있는 것이라면, 하늘이 화살로 덮여 어두워지고 땅이 불기둥으로 덮여 얼룩지게 되었을 때의 버사이트 봉기는 돔바리 언덕에서 거행된 저 기념식의 현실화였을 것이다. 봉기는 사쯔 주그라고 하는 판타지에 빠져 있었지만, 그런데도 그것은 **현실적인** 미래를 지향한 한 걸음이었다. 저 미래에 문다들은 비르사가 꿈꾼 황금시대의 전설적 초인같이 키가 21피트나 되는 거인처럼 땅 위를 걸어 다니게 되어 있었던 것은 아니다. 하지만 그 꿈 덕분에 그들은 외국인 압제자들과 토착 압제자들의 지배로부터 해방된 삶을 위해 싸우는 반란자들로서 키가 월등히 커졌던 것이다.

앞에서 말한 것들로부터 영토성은 단지 부족 농민들의 사고방식과 봉기의 특징이었을 뿐이라고 유추하는 것은 잘못일 것이다. 오히려 그것은 힌두들과 무슬림들을 포함하여 모든 농촌 주민에게 공통적인 의식의 한 요소였고, 세속적일 뿐 아니라 종교적인 그들의 사회관과 정치관과 문화관에 깊숙이 배어 있었다. 중앙집권적인 관료제, 군대, 법체계, 서구식 교육을 전파하는 제도들, 철도, 도로, 우편통신 등등을 동반한 식민제국의 성장과 공고화는, 그리고 무엇보다 전(全) 인도를 아우르는 하나의 시장경제의 출현은 영토성의 힘을 상당히 훼손시켰다. 하지만 소규모 지방 단위로 생각하고 행동하는 관습은 식민 시기 내내, 특히 19세기 말까지 지속되었다. 아대륙 규모로 정치의 전국화가 충분히 발전하기 위해서는 여전히 많은 시간이 필요했던 것이다.

일반적으로 팍스 브리타니카는 영토성을 없애 버린 대신 카스트주의를 강화시켰다고들 생각한다.50) 하지만 바로 그 과정이 기묘하게 역설적인 방식으로 영토성의 존속을 보장했다. 그리고 뒤몽이 지적하고 있듯이 대부분의 카스트 주민들은, 심지어 넓게 분포되어 있던 우따르 쁘라데쉬의 브라만 카스트들조차, 각 카스트별로 자신들의 중심지 노릇을 하는 몇몇 지구들로 결집하는 경향이 있었다. 영토성은 결코 카스트 의식과 일치하는 것은 아니지만 여전히 오랫동안 그것의 기본적인 구성 요소

중의 하나로 간주되었기 때문이다. 말라바르에 있었던, "엄격한 카스트 체제와 필수적 상관물(相關物)"로서의 영토 분할 체제에 관한 밀러의 견해는 인도 전역에 적용될 수 있다고 말할 수 있다. 왜냐하면 어디에서든 말라바르의 경우처럼 촌락 차원에서 카스트 상호간의 관계를 진전시키고 카스트 위계를 지속시키는 것이 저 소규모 지방 단위들의 기능이었기 때문이다. 이 지방 단위들은 하급 카스트의 규모와 범위에 관한 촌락 주민의 통념을 표현했다. 실제로 그것들은 직접 일치했기 때문에, 많은 경우에 하급 카스트는 그 지방의 이름으로 식별되었다. 한 촌락에 있는 하급 카스트의 인척 연관 범위는 그 같은 일치의 또 다른 사례였다. 마이어가 말한 "하급 카스트 지역"은 무엇보다도 그 구성원들이 연루되는 일종의 혼사 교류 권역으로 작동했다. 구자라트의 빠띠다르 부족 간의 혼사 교류에 관한 포콕의 연구는 최근까지도 영토적 요인이 <u>에까다</u>의 멤버들에 의해 결정되는 결혼 동맹에 늘 결정적인 영향력을 행사했다는 것을 보여 주었다. 또한 벵골어에서 빠라삼빠르께 바이(*parasamparke bhai*, "이웃 관계에 있는 형제"), 그람삼빠르께 까까(*gramsamparke kaka*, "촌락 관계에 있는 아버지의 남동생") 등과 같은 언어들의 사용을 친족 관계와 지방성의 연관에 관한 또 하나의 증거로 인용할 수 있을 것이다. 요컨대, "유력한 카스트 집단과 하급 카스트 집단의 차원에서 ...... 우리는 순전히 지방적인 관계들로 하강하게 된다"라는 마이어의 견해를 부인하기란 어려운 일이다.

물론 카스트는 압도적으로 힌두적이며 카스트주의는 이슬람 정전에 낯선 것이다. 하지만 힌두들과 무슬림들이 함께 살고 있는 지방 사회에서는 무슬림들에게도 사실상 카스트 관계에 해당되는 지위들과 권리들과 의무들이 할당된다. 임티아즈 아마드에 따르면, 이로 인해 무슬림들은 사실상 카스트 차별을 인정하게 되는 것이고 종교적인 면에서 그것을 합리화하게 되는 것이다. 그렇다면 무슬림 사회 내에서의 분할들 역시 부분적으로는 영토성에 의해 제약을 받고 있고 그들 간의 관계도 영토성의 지배를 받고 있다는 것은 놀랄 만한 일이 아니다. 따라서 라자스탄과 하리야나의 무슬림 메오들은 동료 촌락 주민과 가상적인 인척 관계가 있다고 생각한다는 점에서 앞에서 언급한 벵골의 관습과 유사한 측면을 보여 준다. "공동체 전체는 확장된 가족으로 마음속에 그려지며, 촌락에서 태어난 각 세대의 구성원들은 실제 다른 방식으로 밀접히 연관되어 있지 않는 한 형제자매와 같이 여겨진다." 서벵골의 한 지구에 살던 현지 이슬람 주민에 관한 어느 연구가 보여 준 바에 따르면, 그 주민들은 자신들을 자뜨(jat, 구어체 벵골어로 카스트라는 뜻)들로 불리는 에스닉한 공동체들의 집합체에 속하는 것으로 생각했으며, 13개 촌락으로 이루어진 한 군락 중 10개 촌락에서는 촌락마다 단일한 자뜨가 독자적으로 살고 있었고, 나머지 3개 촌락들 각각에는 두 자뜨가 함께 살았지만 그 3개 촌락들에서조차 한 자뜨에 속하는 주민 수가 다른 한 자뜨의 주민 수보다 압도적으로 많았다. 인도 남부의 무슬림들 사이에서도 영토적 분할의 분명한 패턴이 발견되었다. 말라바르의 경우, "통상적으로 두 개의 다른 부분을 구성하는" 부권적 모쁠라들과 모권적 모쁠라들의 구분은, 어느 정도 겹쳐지기는 하지만 각각에 상응하는 꽤 뚜렷한 지역적 집중을 보여 준다. 전자는 말라바르 남부의 오지에, 후자는 말라바르 북부와 남부 및 망갈로르의 해안 지역에 집중적으로 거주한다. 따밀나두의 경우, 이슬람 공동체를 구성하는 네 개의 서로 구분되는 부족 집단들은 "그 주(州) 안에서 영토상으로 서로 다른 지방에 분포되어 있는 것처럼 보이는데", 코로만델 해변 지방에는 주로 카얄라르들과 마라카야르들이 거주하고 내지에는 주로 랍바이들과 라우테르들이 거주한다. 뒤의 두 집단은 또한 압도적으로 남부에 몰려 사는가 아니면 북부에 몰려 사는가에 상응하여 구분된다. 4개의 집단 모두 족내혼을 통해 친족 관계와 영토 관계 양쪽 모두에서 자신들의 독자적인 정체성을 강화한다. 아주 유사한 패턴이 우따르 쁘라데쉬에서도 유지되고 있다. 그곳에 있는 어느 지방의 쉐이크 시디크 집단들(이들은 전적으로 실용적인 목적을 위해 하급 카스트로 행동한다)은 특정한 촌락들 내부에서의 족내혼 및 공동 주거와 관련해서 자신들의 정체성을 긍정적으로 주장하며, 상호간의 결혼을 인정하지 않는 것으로 또는 그런 것이 아니라면 저 이웃에 있는 그 밖의 쉐이크 시디크들을 같은 카스트 멤버들로 인정하지 않는 것으로 자신들의 정체성을 부정적으로 주장한다. 마지막으로, 어느 라자스탄 촌락에서는 메오의 결혼 동맹들의 60퍼센트 이상이 반경 20마일 이내에서, 그리고 90퍼센트 이상이 반경 30마일 이내에서 이루어졌다는 것이 밝혀졌다는 사실을 언급해도 좋을 것이다.51) 명백히 이것은 (로위의 명문구52)를 인용하자면) "인접성이 강제한 친족 관계"의 한 사례이며, 앞에서 인용한 빠띠다르 부족의 관습과 아주 닮은 것이다.

따라서 영토성은 부족 농민들의 경우 못지않게 힌두와 무슬림의 사회적 사고방식과 행동방식에도 본질적이다. 촌락과 같은, 그리고 스리니와스가 말하는 크루그 부족의 나드와 같은 지방 행정단위들까지도 "민중의 감정들"과 연결시켜주는 것은 정말이지 바로 이 영토성이다.53) 그 같은 감정들은 상부구조의 모든 심급에 스며든다. 정치적으로 이것들의 출발점은 지방의 부족 정착지들에서 소왕국들이 서서히 발전하고 — 그라마들이 라슈뜨라들로 병합되고 — 있었고 부족장들이 왕으로 바뀌고 있었던 후기 베다 시대부터 시작되는 약 1,000년간의 어떤 시기로 소급될 수 있거니와54), 그 변화의 과정은 예컨대 근사한 히라냐-가르바(Hiraṇya-garbha, "황금 자궁") 제의로 의식화(儀式化)되었고, 또 브라만 사제들이 거행한 그 제의는 아따비까의 수령들이 또 다른 카스트로, 또는 심지어 생전 처음 하나의 카스트로 "다시 태어나는" 것을 도와주었다. 이 시기의 초반부에 관해 코삼비는, "국왕 대권"은 여전히 "부족의 관습과 부족법에 의해 심각하게 제한되었고" 저 부족의 정체(政體)를 증명하는 영토성은 추방과 같은 처벌들에 의해 — 즉, 범법자와 그가 속한 지방 공동체 사이의 영토적 유대를 사실상 단절함으로써, 또는 아빠루다

(aparuddha)*라는 용어가 의미하듯이 그 범법자를 접근권이 거부된 인물이라고 공표함으로써 — 분명하게 되었다고 말한다. 그 후 카스트들이 등장하기 시작했을 때, "부족사회의 본질적 요소들, 말하자면 족내혼 같은 것은 이러한 이행 중에도 유지되었고", 또한 "과거에 겐스(gens)나 부족으로부터의 추방이 그랬던 것처럼, 자뜨로부터의 추방은 여전히 가장 강력하고 두려운 처벌이었다." 정치와 영토성의 그 같은 조응의 흔적들은 지방의 카스트 빤차야트들의 권위에서도, 또한 젖소 살해라는 대단히 불경스런 죄를 범한 자를 처벌하기 위해 그자를 일시적으로 촌락의 경계 너머로 추방한 것과 같은 농촌 재판의 발상들에서도 여전히 발견된다.55)

식민 인도의 많은 지역들에서 촌락 경계는 영토성을 나타내는 각별히 신성한 표지였고, 심지어 오늘날까지도 그러하다. 지방의 수많은 작은 신들과 제의들은 도처에 퍼져 있는 영토성의 심벌들이었다. 스리니와스는 "뗄루구와 따밀 촌락의 낯익은 신"을 언급하고 있는데, 그 신의 이름인 엘람마는 글자 그대로 "경계의 성모"를 의미한다. 폴레람마와 칼람만은 화이트헤드가 인도 남부의 촌락 신들에 관해 설명하면서 명단에 올린 두 명의 또 다른 경계의 여신들이었다. 또한 그가 경계석인 엘라이-칼(ellai-kal)에 대한 숭배를 설명하면서 말한 바에 따르면, 그것들은 "아주 흔히 지방 신의 거처로 간주되었는데, 그것들을 사당으로 부르건 심벌로 부르건 둘 다 적절할 것이다." 그는 푸두코타이 근처에 있는 그런 촌락 한 군데에서 9개나 되는 경계석에 올리는 정성스런 예식을 발견했다. 마이어가 연구한 인도 중앙부의 촌락에도 이러한 종류의 수많은 사당들이 있었다 — 그것들 중 세 개는 그 촌락의 남문과 서문과 동문의 주인인 아디야팔 마하라즈에게 바쳐졌고, 두 개는 각각 북쪽 경계와 남동쪽 경계를 지키는 신들인 비세사 마하라즈와 우데이라오 마하라즈에게 바쳐졌으며, 한 개는 그 촌락을 이웃의 마을과 갈라놓고

---

* 추방 또는 추방된 자.

있는 성석(聖石)인 치라에게 바쳐졌다. 또한 크루그 부족에게 나드 경계는 신부의 촌락으로 가고 있는 신랑에게 관습적으로 행해졌던 "플랜틴(plantain)* 경배"를 위한 의례의 장소였을 뿐만 아니라, 전염병이 발생했을 때 악역(惡疫)의 여신 마리암마에게 공물을 바치기 위한 제사의 장소이기도 했다.56)

이렇게 종교성과 혼합된 영토 감정 자체는 상당한 정도로 영적인 것이 되는 경향이 있었다. 예컨대 크루그 부족의 경우, "신들이 그들의 나드들과 동일시되는 것은 흔한 일이었고", 따라서 배외주의가 종교와 동일시되는 것도 흔한 일이었다. 스리니와스가 말하듯, "애향인은 열성 신자이기도 했다." "나드에서 가장 민감한 곳"인 사원들에 대한 습격과 방어, 그 같은 충돌에서의 승리와 패배, 그리고 그런 경우에서의 아주 대담한 행동 등은 지방의 애향주의를 이야기하는 민간전승의 소재였고 개개의 영웅들의 명성을 전해 주는 전설의 소재였다. 어느 나드에서는, 영웅이 탄생하는 그 시간에 라이벌 나드에 있는 가장 중요한 사원의 탑이 무너져 내릴 것이라고 생각했다.57)

하지만 크루그 부족의 경우라도 단순히 사원들을 둘러싼 다툼으로 인해 지방적 연대가 형성된 것은 아니었다. 어느 한 옥까에 닥친 자연재해에 직면해서는 카스트와 상관없이 모든 촌락 주민들이 신분을 넘어 결속한 것, 가족 중 누군가와 사별한 집이 단 한 군데 있어도 모두가 예를 갖춰 애도한 것, 추수 감사제를 마무리하는 촌락 주민의 춤, 그것에 이어지는 공동 사냥, 그리고 어떤 축제들에서는 글자 그대로 "촌락의 화합"으로 불린 마무리 잔치가 열린 것 등등은 모두 종교적이었던 것만큼이나 세속적이었던 영토적 유대의 고도로 형식화된 표현들이었다. 밀러는 말라바르의 경우에도 이 유대가 실제로 매우 강력했음을 발견하고는 이렇게 말했다. "데삼은 하층에 있는 (비군사적인) 나야르 부족 하급

───────────────
* 바나나의 일종.

카스트들 아래쪽에서부터 시작되는 거의 모든 카스트간 관계들의 현장이었다."58) 말와의 "촌락 영역"도 마찬가지였다. 그 하급 카스트 영역의 상관물이지만 제도적인 측면에서는 그다지 분명하게 표명되지는 않았던 그 촌락 영역은 촌락 주민이 자신을 지방 공동체의 구성원이라고 생각하는 데에서의 하나의 중요한 요소였다. 마이어는 그 상관물을 이렇게 정의했다.

> 이 [촌락] 영역은 결코 현재(顯在)하지 않는다. 왜냐하면 그런 촌락 자체는 결코 손님들을 초대할 수도 또는 그렇게 하나의 몸으로 움직이지도 않기 때문이다. …… 그런데도 그 촌락 영역은 어느 정도까지는 현존한다. 왜냐하면 촌락 주민들이 고향이라고 생각하는 곳이 있고, 거기에서는 **사람들이 외지인으로 느껴지지 않는**다고 생각하기 때문이다. 멀리에서 온 하급 카스트 구성원이 "공인된" 친족들과 어느 정도 연관이 있다고 주장할 수 있을 때까지는 받아들여지지 않는 것처럼, **촌락 주민들은 그들 영역 바깥의 사람들을 외지인으로 생각한다**. 관습이라든가 말하는 방식 등이 다른 사람들로.59)

촌락 주민의 자기 정체성이 자신만의 영역이라는 면에서 어떻게 부정적으로 정의되었는지 알아보는 것은 중요하다. 연대가 영토성의 한 축이었다면 배제는 또 다른 축이었고, 또 배제는 그것이 기능을 수행하고 있던 맥락에 따라 다양하게 결정되었다. 그것은 말라바르에서처럼 이주민 점성가들이나 이발사들에게 데삼 아와까삼(*desam avakasam*) — 즉 특정 구역에서 그런 서비스들을 제공할 수 있는 세습적 특권을 지닌 가족의 승인 없이도 한 데삼에서 자신들의 전통적인 직업에 종사할 수 있는 권리 — 을 주지 않는 형식을 취할 수도 있었다. 또는 그것은 추수 감사제 때마다 관례적으로 극화된 크루그 부족의 치료사 쿵게의 경우처럼, 일종의 비극적 딜레마로 표현될 수도 있었다. 쿵게는, 우호적인 어느 나드에서 온 심각한 부상자를 돌봐야 할 책임감, 그러나 그 부상자가 그의 모친의 고향 나드와 전통적으로 적대적이었던 촌락에 속했고 그의 부상은 그 두 나드가 반목하는 동안에 생긴 것이기 때문에 그자를 치료해서는 안 된다는 어머니의 지시를 유념해야 할 의무감, 이 둘 사이에서 갈등했다. 어머니가 이겼고, 그 전사는 죽었다. "외지인"에 대한 비부족 촌락 주민의 증오는 디쿠를 향한 싼딸이나 문다의 적대감에 충분히 필적할 만하다는 사실을 입증하면서.60)

전설적이라기보다는 역사적인 그 같은 증오의 폭발은 1875년의 데칸 폭동들에서도 나타났다. 대금업자들은 어김없이 이들 꾼비 봉기 농민들의 표적이었다. 어떻게든 채권자들이 갖고 있는 차용증과 결정문, 그 밖의 관련 문서들을 빼앗아 파괴하려 했던 그들의 시도, 자신들을 고소한 서류들을 일단 획득하면 자진해서 채권자들에게 더 이상의 폭력을 일체 행사하지 않으려 했고 차용증이 양도되지 못한 경우에만 물리적 공격에 호소하려 했던 그들의 자세, 이런 것들로 미루어볼 때 그 폭동들의 정확한 성격이 화폐자본가들과 이들로부터 고리대 거래를 통해 착취되던 농민들 사이의 충돌이었다는 것은 의심의 여지가 없다. 하지만 이 충돌은 영토성에 의해 중층 결정되었고, 그래서 농민들에게 그것은 압제자들에 대한 투쟁이었던 만큼이나 "이방인들"에 대한 저항이기도 했다.

대금업자들 — 현지에서는 와니(vani)들로 알려져 있다 — 의 압도적 다수는 사실 마하라슈트라의 토착민이 아니었다. 그들은 구자라트와 라자스탄에서 이주해 왔고 아마드나가르 지구와 뿌나 지구의 꾼비 촌락들에 정착했다. 그들이 가진 돈의 힘은 그들을 현지 사회에 동화시키지 않고도 그 지방의 농민 경제에 필수 불가결한 존재로 만들었다. 그들은 자신들의 출생지와의 모든 혈연적, 제의적 유대를 고집스레 유지했고, 공격적인 방식으로 돈을 모았고, 무엇보다 현지의 감정에 무관심했기 때문에, 몇 십 년 — 더 오래된 이주 가족들의 경우에는 몇 세기 — 이

지나도록, 심지어 마라타의 치세 동안에도, 꾼비들의 환심을 살 수 없었다. 하지만 그때까지만 해도 불편한 공생 상태였던 상황은 영국이 도입한 라이야뜨와리 제도와 사법제도의 복합적인 충격으로 인해 완전히 무너졌다. 그 충격은 와니들이 농민들을 고리대 안으로 더 깊이 빠져들게 만드는 것을 거들었고, 이와 동시에 촌락공동체를 없애는 일과 구(舊)정권 하에서 정부와 경작자 사이를 중재했을 뿐만 아니라 경작자와 채권자 사이도 중재했던 전통적인 엘리트들을 없애는 일도 거들었다.61) 그렇기에, 영국이 지배한 지 20년도 안 돼서 대금업자들이 농민을 무자비하게 착취하는 자들로 간주되었다는 것은, 또한 분명히 현지의 전통 바깥에 있고 또 그 전통을 엎어 버린 분자들로도 간주되었다는 것은 놀라운 일이 아니다. 이 이미지는 농민의 편견만으로 형성된 것이 아니었다. 관리들의 진술 안에서도 그들은 "주로 이방인들로서, 고객들과 종교가 다르고, 고객들을 전혀 동정하지 않으며, 충분히 오랫동안 돈놀이를 한 후에 이자를 갖고 라즈푸타나에 있는 자기들의 집으로 물러가는 데에 이골이 난" 자들로 묘사되었다.62) 꾼비들의 경우, 와니가 외지인이라는 생각이 1875년에 있었던 그들 폭력의 지도 원리였던 것으로 보인다. 그 폭력은 거의 전적으로 대금업자들을 겨냥했지만, 데칸폭동대책위원회가 관찰했듯이 대금업자 부류 내에서 "토착" 대금업자와 "외지인" 대금업자를 조심스레 구별했다.

> 폭동의 희생자들은 거의 전적으로 마르와리와 구자르 사후까르들이었고, 브라만이라든가 그 밖의 카스트에 속하는 사후까르들이 마르와리들과 함께 대금업을 했던 촌락들에서는 마르와리들만이 박해를 당했다는 것을 흔히 볼 수 있었다.63)

따라서 부정적으로 규정된 영토성은, 앞에서 말한 부족 봉기들의 경우처럼 마라타 농민 봉기에서도 그 토대였다. 하지만 영토적 유대가 꾼비들 사이에서 단순히 배제의 수단으로만 작동하지 않았음을 시사해 주는 증거도 상당히 많다. 꾼비들 역시, 싼딸들과 문다들이 그랬듯이, 공동의 적에 맞서 이웃 촌락들과의 연대를 증진시키기 위해 영토성을 활용한 것으로 보인다. 1875년 여름, 깔라스의 주민들이 아꼴라의 주민들에게 보낸 어느 편지는 "이 촌락의 공동체에서 배제되어야 하는 것으로 보이는" 마르와리들의 축출 투쟁에 아꼴라 주민들이 동참하지 않는다고 비난하면서 "깔라스와 아꼴라를 하나의 촌락으로 생각하기 때문에 …… 우리 모두의 선(善)을 위해" 협력하자고 호소했다.64) 이러한 호소문을 보낼 때 인다뿌르 딸룩의 꾼비들은 공동의 영토성에 토대를 둔 전투적인 마라타 농민의 전통에 의식적으로 의존했으리라는 생각이 든다. 왜냐하면 사실 공동의 영토성은 1852년 칸데쉬에서 벌어진, 세무조사에 반대하는 민중 저항에서 중요한 역할을 한 것으로 알려져 있기 때문이다. 그 운동은 칸데쉬 지구의 사브다와 야왈 지역에 살았던 빠즈나 꾼비들과 띨롤레 꾼비들의 연대에서 그 힘을 이끌어 냈다. 이 사건을 주시했던 장교들이 바로 그때 말했듯이, "야왈과 사브다 지역의 경작자 무리는 빠즈나 카스트와 띨롤레 카스트에 속해 있는데, 그 카스트들의 모든 수장들이 사브다 마할에 있는 촌락들에 거주했다는 사실은 그 항의 운동이 사브다 마할에서 기원했고 거기에서 가장 크게 발전했음을 밝혀 준다."65)

뮤티니가 촉발시킨 대중적 농민 봉기들은 영토성이 비부족 농민들을 반란에 동원하는 데에서 긍정적인 요소로서의 역할을 담당했다는 것을 가장 분명하게 보여 준다. 군대 안에서의 불복종이 라즈에게 특히 위험스러웠던 것은 그것이 특히 오늘날의 우따르 쁘라데쉬와 마드야 쁘라데쉬에 해당하는 넓은 구역에서 전개된 농민 폭력과 연계되었기 때문이다. 세포이들의 봉기는 거기에서 끓어올랐고, 막사들과 병영들과 지구 행정 본부 소재지를 넘어 주변의 시골로 확산되었으며, 봉기를 연결시킬 수 있는 무수히 많은 지방 기지들을 획득했다. 이 반란에 관한 많은 설명들에서 이 기지들은 반란의 영토성을 보여 주는데, 이것은 반란으로 인해 대부분을 빼앗기게 된 자들이 인정하는 것이다. 시칸다라바드 읍의 상류사회를 지탱했던 세 중진인 콰지 카말루딘, 문쉬 라크만 사룹, 쉬바반스 라이 와킬 등은 바로 이웃에 있는 주민들 모두가 그 읍을 약탈한 사건을 설명하는 진술 안에서 62개나 되는 촌락들의 이름을 거론했다.66) 식민 당국 역시 농촌 폭력들의 지방적 뿌리를 캐고 싶었다. 많은 당국자들이 이러한 농민 봉기들의 발생에, 그것들의 세와 규모에 완전히 허를 찔렸다. 1857년 4월 공무 수행을 위해 데오반드 부근의 평온한 시골을 6주 동안 돌아본 사하란뿌르의 행정장관보(補) 로버트슨은 그곳에서 보았던 정말로 놀라운 일에 관해 이렇게 썼다. "군대야 폭동을 일으킬 수도 있겠지만, 나는 평화로운 촌락들이 그토록 급속하게 변화하게 되리라고는 거의 몰랐다."67) 그의 말에는 그 촌락들의 사정을 잘 알고 있었던 최하급 행정관들의 감정이 담겨 있었다. 또한, 그해 여름 현지 분위기의 급격한 고양에 대한 그들의 반응은 뮤티니에 관한 그들의 서사들이 왜 그토록 강력한 장소 의식을 표출하는지를 다른 어느 것보다 더 많이 설명해 준다.

그 시기에 인도의 북부와 중앙부의 농촌 지구들에서 발생했던 사건에 관한 가장 믿을 만한 우리의 정보원(情報源)은 이들의 현지 보고서들과 급보들인데, 그것들은 장소 이름들 — 역사의 광선에 포착된 지리학의 소립자들인 빠르가나들과 마우자들의 이름들 — 로 가득 차 있다. 로힐칸드에 있는 한 지구에서 벌어진 소요 사태에 관한 어느 수세관의 보고서 발췌문은 이 점을 밝히는 데 도움이 될지 모른다. "뮤티니 가담자들이 바레일리에서 부다온으로 왔을 때, 수라이 줄룬드리와 수라이 미란과 나이 수라이와 수라이 나르 칸의 주민들, 그리고 브라헴뿌르의 모울라들 — 부다온 시의 모든 모울라들 — 과 누글라 슈르키와 루술뿌르와 그 밖의 인근 촌락의 주민들이 그들과 합세하여 그곳 주둔지에 있는 유럽인 장교들의 방갈로와 유럽인 거주자들의 방갈로에서 가구와 재산을 약탈했다. ……
누글라 슈르키의 촌락 주민들은 부라헴뿌르와 뿌띠알리 수라이와 나이
수라이의 주민들 — 부다온의 모울라들 — 과 합세하여 문시퍼들의 기록들
과 꼬뜨왈리의 기록들을 약탈하고 파괴했다. 지구 행정 본부 소재지에서
의 폭동 발생에 관한 뉴스가 그 지구의 빠르가나들에 알려지자, 소요가
사방에서 발생했다." 또한 그는 10개의 빠르가나에 있는 34개 촌락의
45명 주민들 명단을 작성하기까지 했는데, 그들 개개인과 각 촌락들은
"제각기 각자의 지방에서 눈에 띄게 행동한 것처럼 보였을 것이다."68)

 그러나 라즈는 1857~58년의 봉기 진압 작전의 초점을 반란의 장들
이었던 농촌에 맞춤으로써 저 반란의 영토성을 가장 인상적으로 입증했
다. 그 진압 작전은 불을 총검만큼이나 중요한 평정의 도구로 삼았던
군사적 약탈 — 19세기 인도의 농민전쟁에 대한 영국의 모든 대처법에 공통적
인 패턴 — 이었다. 식민 군대 안에는 소규모 기동대들이 그대로 남아
있었는데, 흔히 해당 지역의 모든 성년 백인들로 보강되던 이 기동대들이
2년 전 싼딸 봉기를 제압하기 위해 비하르와 서벵골에서 그랬던 것과
똑같이 우따르 쁘라데쉬의 농촌으로 쳐들어갔고, 또한 싼딸 봉기 진압의
경우처럼 촌락들에 대한 징벌적 공격을 대부분 방화, 처형, 체포라는
전형적인 소행들로 마무리했다. 이 점에서 사하란뿌르의 행정장관인
스판키의 활약은 아주 대표적이었으므로 어느 정도 자세히 되돌아볼
필요가 있다. 그는 미루트 지구의 판무관에게 보낸 공식 서한에서 그런
소행들을 아래와 같이 설명했다.69)

 [1857년] 5월 21일, 구자르들과 랑가르들의 대집회가 사하란뿌르 빠르가나
의 남쪽과 남서쪽에서 열렸다. 행정 본부와 재무 관서에 인접한 물리뿌르의
촌락이 약탈 당했다. 본때를 좀 보여 줄 필요가 있었다. 그곳의 모든 유럽인들
은 그 지구의 사호까르들을 데리고 제29기병대 20명과 함께 그 집회를
해산시킬 생각으로 나를 따랐다. 촌락 주민들은 우리와 부딪치려 하지

않아서 촌락들을 버려둔 채 흩어졌다. 그것들 중 세 개의 촌락들을 불태웠고 …… 수많은 포로들을 잡아 사하란뿌르로 압송했다.

…… 5월 22일, 나는 행정 본부 소재지에서 약 7마일 떨어진 구로우의 촌락으로 행군하기로 결정했다. 그곳은 버려져 있었다. …… 나는 3마일을 더 가서 나갈에 도착했고, 거기에서 오른쪽으로 연이어 들어서 있던 촌락들로 갔다. 그 촌락들 모두 버려져 있었다. 하지만 나는 꾼쿠리 마우자와 포라우르 마우자의 람바르다르들을 찾아냈다. 이들은 조세 납부를 거부한 바 있었다. 나는 그들을 사하란뿌르로 이송했다. ……

5월 23일, 나는 데오반드 로(路)에 면해 있거나 떨어져 있는 몇몇 촌락들을 덮쳤다. 이때에도 나는 행정 본부의 몇몇 신사들과 동행했다. 나는 촌락 하나를 불태웠다. ……

5월 30일, 나는 트렌치, 플로든, 에드워즈 등 여러 명과 함께 가스틴 대위를 동반하고 저 아래 쪽에 있는 뭉글로르로 갔다. 한밤중에 약속된 장소에서 로버트슨 씨와 월드 대위가 합류했다. …… 우리는 마눅뿌르 촌락을 공격할 생각이었다. …… 우리는 그 촌락이 거의 버려져 있음을 알게 되었다. 그곳은 불탔고, 우리는 몇 명만을 포로로 잡았다. ……

6월 3일에는 바곳 소령이 지휘하는 구르카(Goorkha)들이 도착했다. …… 그날 저녁 나는 구르카들 일부와 제4기병대 일부를 데리고 구자르들을 공격하여 그 무리들을 쫓아냈다. …… 기병대는 상당한 거리까지 그들을 추격했다. …… 몇 명이 자상을 입었고 일부는 포로가 되었다. 촌락 두 개를 불태웠다. 이 일을 벌일 때 브라운로우 씨와 많은 주민들이, 그리고 물론 나의 장교들이 합세했다.

같은 지구에서 전개된 몇몇 지원 작전에 관해 또 다른 관리인 플로든이 쓴 보고서는 이 군사행동에 관한 몇몇 세부 사항들 — 1857년 5월 21일 그와 그의 군대가 초우리 촌락의 촌장들을 매질하고 그들의 집을 파괴하는 것으로 그 촌락을 징벌했다는 둥, 이틀 후에는 반란 지도자 부크쉬를 사로잡기 위해 타르파 촌락을 습격했다는 둥 — 로 채워져 있다. "그러나 부크쉬가 붙잡히지 않았어도, 우리 원정의 목표는 얼마간 달성되었다. 타르파 촌락은 깡그리 불탔다. 촌장들은 붙잡혔고 상당수의 가축들이 포획되었다."[70] 1년 후 그맘때쯤, 가지뿌르 지구 안에서 카우시크 라즈푸트들의 주요 거주지이자 쿤와르 싱의 강력한 현지 기지의 역할을 했던 치트바라가온의 촌락이 그와 똑같은 즉결 처분을 받았다. 군대가 얼마간 망설이다가 — "그 촌락이 너무 강했으므로" — 그곳을 공격했을 때, 그곳은 텅 비어 있었다. "하지만 운 좋게도 인근 골짜기에 숨어 있던 악명 높은 주동자 두 명을 사로잡아 즉시 결박하여 처형시켰다. 그들의 집과 다른 주동자들의 집들을 박살 냈다." 그 후 곧바로 더글러스 준장의 군대는 아마르 싱을 추적하기 위해 같은 지구 안에 있는 가마르에 도착했으나 그자는 이미 도주했다. 그래서 더글러스는 "그곳을 불태웠고, 촌락 주민들은 공공연히 반란자들 편에 섰다."

이렇게 평정 작전이 불법적인 촌락들을 하나하나씩 손보고자 했던 것은 반란의 구체적인 접합에 대처하기 위해서였다. 왜냐하면 지리적, 사회적 공간의 교차로서의 영토성은 정말이지 이 구체성을 구성하는 것이었기 때문이다. 1857~58년의 농민 봉기들은 엄밀히 말해 지방적 사건들이었다. 그것들은 서로 이웃하고는 있지만 별개였던 지방들에서 전개되었고, 또 그것들의 사회적 기반은 명백히 공인된 경계를 갖는 지방적 단위들이었다.

이 두 측면 중 첫 번째 것을 살펴보자면, 각 농민 봉기의 영역은 농민들이 그들의 현지 적들과 — 공식적으로든 비공식적으로든 — 맺고 있던 관계의 영역과 일치했다. 반드시 그런 것은 아니지만, 대개 촌락 주민들은 가장 가까이에 있는 행정기관 소재지를 직접적인 공격 목표로 삼아 제일 먼저 쳐들어가곤 했다. 그들이 보기에 <u>사다르 스테이션</u>(a sadar station) — 지구 행정 본부를 가리키는 인도식 영어 — 는 <u>사르까르</u> 그 자체였다. 대개 작은 읍에 자리 잡은 관청 건물들은 법정, 재무 관서, 경찰서, 감옥 등을 거느리고 있었으며, 시절이 가장 좋을 때에도 농민들이 호감이 아니라 두려움을 느꼈던 어떤 권위의 가시적 상징물들이었다. 이제 그 권위는 약화되어 공격받기 쉬워졌기 때문에 — 한 지방 수비대의 뮤티니는 흔히 라즈의 종말의 신호로 여겨졌다 — 글자 그대로 시골이 읍을 침공하여 조세 징수관들, 사법관들, 경찰관들을 상대로 해묵은 원한을 풀었으며, 또한 비용도 많이 들고 이해하기도 어려운 법적 절차로 경작자들을 파멸시켰던 저 고약한 서류철들에 대해서도 적잖이 복수했다.

그러므로 사다르 스테이션들은 북부의 여러 지방에서 벌어진 반란에 관한 모든 보고서들 안의 상해(傷害) 목록에서 앞자리를 차지했다.71) 마투라는 하나의 전형적인 사례를 제공했다. 이곳에서는 원주민 보병대의 한 지대(支隊)가 1857년 5월 30일 오후에 폭동을 일으켰다. 지대원들은 유럽인 장교 한 명을 죽이고, 행정 청사에 불을 지르고, 공문서들을 파손하고, 국고를 약탈하고, 모든 죄수들을 석방시킨 다음, 읍을 빠져나와 델리 방향으로 진군했다. "인근 촌락의 주민들이 사다르 스테이션에 침입하여 방갈로를 모두 뒤져 거기에 사는 사람들의 모든 재산을 약탈하고 사람이 없는 집의 출입문과 초우쿠트는 물론 정부 건물들의 그것들까지도 뜯어낸 [5월] 31일 오후까지 이 사태는 계속되었다. 몇 채의 방갈로들 역시 봉기 참가자들에 의해 불탔다." 그 지구의 다른 곳에서는 노질의 주민들과 그 이웃 주민들이 조세 징수관의 사무실을 강탈했고, 거기서 찾아낸 모든 문서들을 파괴했다. 라야에서도 경찰서와 경찰서에 있던 모든 보고서들이 촌락 주민들에 의해 불탔다. 마찬가지로 불란드샤르 지구 본청의 파괴는 인근 농촌에서 온 구자르들과 그 읍 주민들의 합작품이었다. 그들은 역참 방갈로(the dak bungalow)와 그 밖의 관공서를 불태워 버렸고, 모든 정부건물과 거기에 있던 기록들을 파괴했으며, 그들의 수중에 들어온 재산은 무엇이든지 가로채거나 불길에 던져 버렸고, 모든 죄수들을 풀어 주었다.

또한 바다운에서 있었던 유럽인 소유의 방갈로들의 약탈, 행정 관서와 경찰서에 대한 공격, 문서 파괴 등은 바로 이웃 촌락에서 온 주민들이 그 읍의 주민들의 도움을 받아 벌인 일이었다. 분델칸드에서는 인근 촌락의 농민들이 잔시로 쏟아져 들어와 감옥을 때려 부수고, 감옥에 억류된 자들을 풀어 주었으며, 모든 방갈로에 불을 붙였다. 무자파르나가르에서도 그 읍과 아주 가까운 곳에 살았던 침입자들이 일부 방갈로들을 불태웠고, 까차리들을 파괴했으며, 감옥 막사를 부셔 버렸고, 모든 건물들의 출입문과 셔터와 철제 난간을 뜯어냈다. 그 패턴은 모든 곳에서 똑같았다. 그것은 너무 자주 되풀이된 것이어서 바로 앞에서 거론한 무자파르나가르 지구의 실무 담당 행정관이 다음과 같이 말했을 때 그에게 이의를 제기하기는 거의 어려울 것이다. "무자파르나가르에서 지주 사무실들을 불 지르는 일만 있었던 것은 아니다. 그렇기는커녕, 이 반란 기간 내내 행정 본부 소재지에 발을 디딘 '부드마쉬들'이 처음으로 한 일은 정부 관서에 불을 지르는 일이라는 것을 우리는 알고 있었다."

단지 정부 관서만이 아니었다. 1857년 7월, 주변에서 벌어지고 있던 살육을 목격한 어느 지구 행정장관이 썼듯이, 어떤 지역에서건 직접적으로 라즈를 재현하는 것이든 또는 라즈를 연상케 하는 것이든 그 모든 것들 — 즉 가지뿌르와 알라바드에 있는 것과 같은 철도와 역사들, 자운뿌르와 가지뿌르에 있는 것과 같은 백인 농장주 소유의 인디고 공장들과 아편 공장들, 어디에서나 뚜렷이 구별되는 유럽인들의 주거 형식인 방갈로들, 바다운에 있는 것과 같은 정부가 운영하는 의무실들과 학교 건물들, 심지어는 기독교도들의 노력으로 세워진 구호 시설들 등등, 사실상 "크기와 중요성에 상관없이 우리와 연관된 모든 건물들" 역시 "우리의 공공 기관들의 경우만큼이나 악의적으로 불탔고 파괴되었다."72) 지역에서 라즈의 권위를 재현하고 있던 그 어떤 것도 결코 봉기 공격에서 안전하지 못했다.

이 특수한 폭력의 영토성을 결정하는 데에 기여했던 또 다른 관계는 농민들과 대급업자들 간의 적대 관계였다. 당시의 모든 보고서들에서 대금업자들은 정부를 제외하고는 농촌 봉기로 인해 가장 크게 손상을 입은 자들로 묘사되고 있다. "두말할 필요 없이 이곳 반란의 뚜렷한 특징은 바니아들과 마르와리들 같은 모든 금융업자들이 경매를 통해서건 사적인 판매를 통해서건 아니면 그 밖의 다른 방법을 통해서건 취득한 그 지구의 토지 재산들을 모조리 빼앗겼다는 것이다." 하미르뿌르의 수세관이자 행정장관의 이러한 관찰은 북서부 지방의 거의 모든 지역에도 똑같이 적용될 수 있었다. 실제로 사하란뿌르를 책임지고 있던 관리인 스판키는 이러한 현상에 대해 깊은 인상을 받았는데, 그에게 그 현상은 "마치 그 소요가 처음에는 정부보다 특정한 사람들이나 특정한 카스트들을 겨냥한 것처럼", 즉 바니아들과 마르와리들을 겨냥한 것처럼 보였다.73) 봉기가 두 단계 — 마하잔들을 겨냥한 처음 단계와 정부를 겨냥한 다음 단계 — 로 전개되었다는 그의 생각은 특정한 사례에 관해서는 사실일지 모르지만, 농민들이 그 적들을 동시에 공격하거나 순서를 바꿔 공격했던 경우도 수없이 많았다.

하지만 대부분의 경우, 봉기 참가자들은 그들을 구별하려고 하지 않았다. 왜냐하면 농민들의 경험에 비추어 볼 때, 그 둘은 불가분하게 연관되어 있었기 때문이다. 그 연관의 경제적, 사회적 측면들은 이미 제1장에서 언급된 바 있다. 여기에서 강조될 필요가 있는 것은 그것의 지방적 차원이다.74) 보통의 촌락 주민이 보기에 무파씰(mufassil)*의 읍들은 사르까르와 사후까르의 동맹을 상징했다. 그 읍에 행정 관서들과 바니아의 안가(安家)들이 함께 있다는 것 — 까차리와 하벨리(*haveli*)**가 같이 있다는 것 — 은 그 동맹의 일종의 지형학적 표현이었다. 그리고 법 절차와 고리대 거래의 상호작용은 그 동맹의 기능이었다. 농민은

---

* 작은 읍이 있는 소규모 단위의 농촌 지역.
** 폐쇄된 곳이라는 뜻이며, 고리대금업자들 특히 마르와리들의 대저택을 가리킨다.

지구 행정 본부나 따실의 관서가 들어서 있던 읍에 폭력을 집중적으로 행사함으로써 이러한 공생의 지방적 성격에 응답했다. 사하란뿌르의 부행정장관 로버트슨의 다음과 같은 설명은 그가 봉기 참가자들의 심성의 이러한 측면을 명확하게 포착했음을 보여 주는 것이었다. "경작자들을 더 빈곤하게 만든 채권자들은 늘 더 큰 읍에 살았고, 그래서 행정 권력이 마비되었을 때 이 큰 읍들이 공격 목표가 된 것은 너무도 당연했다." 그가 그 지구에서 목격한 것은 이 점을 충분히 확인시켜 주었다. 왜냐하면 나쿠르 빠르가나의 본청이 있는 지역의 인근 촌락들에서 온 거대한 무리의 공격자들은 그 빠르가나의 경찰서와 따실의 관서들을 불태웠고 마하잔들의 채권과 청구서들을 비롯하여 모든 서류들을 찢어 버렸기 때문이다.

또한 금융업자들과 바니아들이 "외부로부터의 침입과 내부로부터의 폭동"을 끊임없이 두려워하면서 살고 있었던 데오반드의 약탈은 빤다르 라즈푸트들과 구자르들이 벌인 일이었는데, 이들 모두가 속해 있던 빠르가나의 주요 행정 중심부가 데오반드였다. 스틱스가 알고 있었듯이, 로버트슨이 이 지역에서 두 차례 토벌 원정을 벌이면서 그 대상으로 지목했던 가장 공격적인 촌락들 여덟 곳 모두는 "데오반드의 북쪽과 동쪽으로 반경 4~5마일 이내에, 깔리 나디 강이나 그 지류들 근처에 있었다." 무자파르나가르 지구의 행정 본부 역시 그 주변 농촌의 분노에서 벗어나지 못했다. 그곳의 실무 담당 행정관의 기록에 따르면, "그 지방의 다른 곳에서처럼 이곳에서도 대개 바니아들과 마하잔들이 희생되었고, 그들 다수는 벌벌 떨면서 이전에 자신들이 행한 강탈과 탐욕에 대한 응징을 받았다." 또한 다른 곳에서와 마찬가지로 이곳에서도 촌락 주민들이 "행정 관서들을 불태웠기 때문에, 마하잔들의 재산 매각이나 저당에 관한 모든 서류와 그 밖의 문건들도 …… 파손되었을 것이다." 이렇게 그들은 지방적 수준에서 이루어졌던 대금업자들과 정부의 공모에 관한 그들의 생각 — 과 혐오 — 을 다시 한 번 드러내 보였던 것이다.

1857~58년의 저 봉기들의 영토성은 그것들의 에스닉한 성격에서 유래하는 것이기도 했다. 당시의 모든 이들이 이 현상을 증언하고 있다. 물론, 어느 정도까지는 당시에 통용되던 분류 체계의 언어 바로 그것이 그들을 그런 식으로 말하게 만들었다. 왜냐하면 19세기에는 토착 관찰자들과 외국인 관찰자들 모두가 에스닉한 — 주로 카스트의 — 용어로 인도 사회를 개념화하는 것이 관례였기 때문이다. 하지만 이 분류학적 편견 자체는 그 편견을 고무시킨 사회조직의 하나의 지표였다 — 즉 같은 카스트에 속하는 대규모 주민들이 인접 지역에 모여들어 제의와 혈족 관계로 그 영토적 배치를 항구화하는 경향의 하나의 지표였다. 그러므로 뮤티니 보고서들이 그때의 농민반란들을 특정한 에스닉 대중들 — 라즈푸트들, 메와티들, 구자르들 등등 — 의 폭동으로 설명하는 것은 흔한 일이다.

    라즈푸트들은 에스닉 주민들 중에서 가장 눈에 띄는 주민들이었고 상당히 투명한 영토성의 사례는 바로 이들과 연관되므로, 이들의 경우부터 검토해 보자. 분델칸드에서의 반란은 라즈푸트 족의 시조들이 벌인 일로 알려져 있는데, 크룩은 그들이 "거의 전적으로" 그 지방의 그 지역에 몰려 있었다고 보았다. 그들은 전통적인 거주지에 대한 강한 애착심을 지닌 카스트 — 그들의 결혼 불허 사항에는 "이방인들 사이에서 거주하는 것"이 포함되었다 — 로서 그 상당수가 잔시 지역에서 활동했다. 영국군 첩보에 따르면, 2만 명 이상이 모인 모우의 반란 캠프는 전적으로 분델라(Bundela)*들로 채워졌다. 또한 하미르뿌르 지구에서의 심각하고 지속적인 소요에 책임이 있다고 여겨진 자들은 바로 그 지구 안의 고한드 지역에 있는 분델라 젠트리의 "기병 전사들과 혈족 남성들"이었다. 아잠가르에서의 봉기는 팔와르들이 이끌었는데, 그들 다수는 그곳에 살았고 같은 고뜨라(gotra)**에 속했다. 라즈에 대한 그들의 도전은 그

---

* 분델칸드 주민, 즉 라즈푸트들.

지역의 서민들의 눈에 라즈의 종말이 임박한 것으로 보일 만큼 심각했다. "아잠가르에서 영국군과 팔와르들 사이에서 전투가 불붙었을 때, 많은 무지렁이들이 모여들어 그 결과를 기다렸다. 만일 팔와르들이 승리하게 되면, 그들 역시 팔와르들에 가담할 것이었다."

자운뿌르의 인접 지구에서는 적대적인 라즈푸트들 — 라즈꾸마르 족의 라즈푸트들 — 의 또 다른 결집이 있었고, 이는 고도로 민감한 그 아와드 접경 지역에서 영국 권력에 위협을 가했다. 뒤에 언급되겠지만, 미르자뿌르 지구의 바도히 **빠르가나**에서의 반란은 그 **빠르가나** 안에서 가장 수가 많고 가장 강력한 카스트인 모나스(Monas)들의 반란과 동일시되었다. 1857년 9월 말와에 있는 만드소르에서 샤자다 피로즈 샤가 이끈 반란은 봉기군의 거의 절반을 차지한 현지 메와티들의 지원에 크게 의존한 것이었다. 육군 중령 듀란드는 반란 장소가 그의 적에게 유리한, 상당히 중요한 이점이라고 생각했다. 그는 모우에 있는 자신의 캠프에서 전황을 살펴보던 중에 이렇게 말했다. "이 샤자다가 아주 영리하게도 만드소르를 거점으로 삼았다는 것을 반드시 기억해야 한다. 그 이웃에는 불온한 메와티들이 득실거리고 있으니까."75)

우따르 쁘라데쉬의 북서 지구들을 들썩이게 만든 일련의 농민 봉기들의 배후에는 그 주력군으로 구자르들이 있었다.76) 사하란뿌르에서 반란의 "핵심지역들"은 스턱스가 "구자르의 심장 지대"로 부른 곳, 즉 데오반드 **빠르가나**의 서부, 람뿌르 동쪽, 나갈의 작은 일부, 나쿠르 **빠르가나**와 강고 **빠르가나** 전체 등이었다. 그에 따르면 "이곳에서는 견고한 씨족 정주(定住)가 반란을 위한 강력한 조직 틀을 제공했다. 특히 중요한 것은 구자르들의 고트라인 바따르가 차지했던, 강고와 라크나우티의 52개 촌락군이었다." 그들은 미루트의 농촌도 자극했다. 1857년 6월 28일에 그 행정관의 보고에 따르면 "그 지구 전역에서 구자르들은

**혈족 또는 방계 부족.

공공연한 반란 상태에 있다." 비즈룰의 샤 말이 이끈 5,000여 명의 구자르들은 바라우트 읍을 강탈했고, 바그빠뜨의 어느 시장을 약탈했으며, 그 지역에 군대가 접근하지 못하도록 하기 위해 전략적으로 중요한 힌단 강의 다리 하나를 파괴하려 했다. 그들은 "구자르 정부를 수립하려는 계획을 추진하면서" 빠리챠뜨가르의 까담 싱을 자신들의 왕으로 선출했다. 또한 그들은 "법과 질서를 옹호하면서 거의 언제나 고상하게 행동한" 유복하고 충성스런 잣뜨 촌락들을 공격했는데, 그 잣뜨 촌락들에 대한 공격은 그 봉기에 특수한 구자르적인 성격을 뚜렷이 부각시키는 데에 기여했다. 불란드샤르에서도 역시 봉기의 주요 지역은 다드리 빠르가나와 시칸다라바드 빠르가나에 밀집되어 있던 구자르의 거주 지역과 일치했는데, 당국에서는 그 빠르가나들을 "구자르들이 주로 거주하는 지구에서 가장 불온한 곳"이라고 설명했다. 이 구자르들은 델리와 미루트에서의 사건들에 관한 소식을 듣자마자 무장봉기했고, "즉시 사방을 약탈하기 시작했으며, 역참 방갈로들을 불태웠고, 전신(電信)을 파괴했다." 불란드샤르 지구의 행정 본부에 대한 공격과 시칸다라바드 읍에 대한 약탈은 주로 인근 촌락에서 온 이 특정한 카스트 농민들의 작품 ― 도시들을 에워싸는 농촌 봉기의 고전적인 사례 ― 이었다.

때때로 가장 인접한 읍들을 공격하기 위해 나선 무장 농민대중이 소속된 촌락들은, 결코 그 전부는 아니지만, 그 대부분이 단일 카스트 거주지였다. 이 각각의 거주지들의 주민 거의 모두는 결혼에 의해 주민으로 편입된 여자들을 제외하고는 혈연상으로건 신화상으로건 공통의 부계에서 나온 자손임을 주장했고, 자신들을 똑같은 씨족이나 혈족의 일원으로 생각했다. 조상이 같다는 이러한 믿음을 바탕으로 촌락은 하나의 연대의 단위로 행동함으로써 긍정적으로 자신을 내세웠고, 또한 외지인들을 차별하는 하나의 정교한 코드를 작동시킴으로써 부정적으로 자신을 내세웠다. 하빕은 17세기 말의 한 사례를 인용하여 라즈푸트가 잣뜨 촌락에 거주하는 일은 드물었다는 — 또한 제시된 사례로 판단컨대, 정말이지 위험스러운 일이었다는 — 것을 보여 준다. 아우랑제브가 지배하던 시기의 전형적인 인도 북부 촌락의 카스트 구성에 관한 그의 언급은 1850년대의 조건에도 들어맞는다.

> 일반적으로 농민들 사이에 다양한 카스트들이 존재했음에도, 한 촌락의 농민들은 동일한 카스트에 속했다는 것이 아마 가장 흔한 일이었을 것이다. 이는 오늘날 많은 촌락들의 경우에도 사실이다. 예컨대 중부에 있는 도압들에서는 흔히 타쿠르들이 있느냐, 자뜨들이 있느냐, 아이르들이 있느냐, 구자르들이 있느냐에 따라, 아니면 그 밖의 다른 농민 카스트들이 있느냐에 따라 촌락들이 구별된다. 누구나 추측할 수 있듯이, 이는 카스트들의 유대가 훨씬 더 강고해졌을 때 더욱 사실이었다. …… 한 촌락의 농민들은 대부분 동일한 카스트의 구성원이었을 뿐만 아니라, 그 카스트의 동일한 분파이거나 동일한 하급 분파였다. 그들은 동일한 조상을 내세웠고, 그렇게 함으로써 동일한 바이야차라(*bhaiyachara*)에, 즉 형제이거나 동족에 속했다. 혈연에 기대는 이 동족애는 단순한 이웃들 사이에서 기대될 수 있는 통일성보다 훨씬 더 강력한 통일성으로 농민들을 묶었다.77)

촌락에 토대를 둔 이러한 원생적(原生的) 유대는 1857년 인도의 북부와 중앙부 전역에서 마우자에서 마우자로 이어지는 반란 동원의 주요한 수단이었다. 카스트나 씨족의 측면에서 농민들 자신이 주도적으로 유발시킨, 또는 그들의 주인인 지주들이 유발시킨 반란 동원의 동기는 각 지방의 특색과 특유한 상황들에 따라 다를 수 있었다. 집에 돌아온 뮤티니 가담자들이 고향 지역에 살고 있는 자신들의 친척들을 자극하여 무기를 들고 세포이들을 따르도록 한 것은 흔한 일이었다.78) 어느 나드와시야 구자르 촌장의 아들이 군인으로 "뮤티니에 가담했다가 미루트에서 돌아와" 불란드샤르의 다드리 지역에서 "저항운동을 만들어 냈던" 것도 그런 식이었다. 하미르뿌르의 일부에서 일어났던 봉기의 촉매제 역할을 한 이들도 현지 출신의 뮤티니 가담자들이었다. 그 지구의 관리는 1857년 사건에 관해 이야기하는 가운데 이렇게 말했다. "하미르뿌르의 한 곳인 로메리의 자민다르들은 타쿠르(Thakoor)들인데, 그들의 친척인 수많은 세포이들이 와서 뮤티니와 유혈 사태에 관한 끔찍한 이야기들을 전해주었고, 이것이 단다와 만지코레라는 두 토케(thoke)*의 자민다르들로 하여금 6월 초에 시작한 약탈에 동참하게 만들었다." 그곳보다 더 동쪽에 있는 가지뿌르는, 자운뿌르의 행정장관이 주장했듯이, "목에 밧줄이 감긴 채 집으로 도망쳐 온 수많은 세포이들"의 고향이었다. "세포이들 자신들이 그 지구의 주민이었으므로, 어디로 가든 그들은 이내 추종자들을 발견했다." 실제로 대개 "이 자들이 구심점 역할을 했고, 이웃들과 씨족 구성원들의 지도자 역할을 했다." 이들 중 약 150명이 자마니아에 있었는데, 당시에 전해진 말에 따르면 그곳에서 "그들은 수많은 악당들과 불평불만에 차 있는 자민다르들을 기회가 있을 때마다 모이게 한 핵심 분자들이었다." 또한 400~500명의 뮤티니 가담자들은 가지뿌르의 발리아 따실과 라스라 따실에 있는 자신들의 촌락으로 돌아왔는데, 정부는 이곳의 현지 반란 세력이 "부분적으로는 저 이웃에 있는 세포이들과 저 자민다르들 중에 있는 그들의 형제들로 이루어져 있다"라고 생각했다. 요컨대 그 지구에서의 봉기는 보편적으로 탈영병들과 그들의 농민 친족들의 이중적인 주도 아래 일어났다고 여겨졌다. 왜냐하면 1858년 여름의 사건들에 관한 관리들의 이야기에서 언급되었듯이, "뮤티니 가담자들은 이 지구의 거의 모든 곳에서 주민들의 공감을 얻었고, 주민들과 그들 대부분은 혈연적 유대로 연결되어 있었기" 때문이다.

    지방의 봉기는, 그 직접적 원인이 무엇이든 간에, 늘 그 지역에 현존하는 에스닉한 연대의 패턴에 따르는 경향이 있었다. 그 고전적인 사례를 제공한 곳은 알라하바드였다. 이곳에서는 뮤티니 발발에 대한

---

* 공동으로 상속받은 촌락 내의 토지.

메와티들의 반응이 즉각적이었고, 그래서 마치 "메와티들이 세포이들과 리살라들의 반란을 실제로 획책한"[79] 것처럼 보였다. 공동체적 정체성에 대해 강한 의식을 가진 것으로 알려져 있던 그들은 관례대로 빤차야트의 권위를 이용하여 자신들과 긴밀한 관계에 있던, 그 도시 주변의 농촌 지대에 있는 다른 부족 촌락 — 이 중 51개 촌락의 이름이 확인[80] — 의 대중을 동원하고자 했다. 실제로 그들은 대단히 신속하고 완벽하게 봉기에 가담했으므로 봉기의 군사적 계기와 비군사적 계기를 구분하기란 쉽지 않았다. 세로울리 부주르그와 쿠르드의 타쿠르들이 앞에서 언급한 로메리의 자민다르 반란자들을 확고하게 지원해 준 이유도 역시 같은 카스트로서의 동료 의식 때문이었고,[81] 다른 한편 바다운 지구의 경우 군나우르 따실에서의 소요는 "같은 형제들인 네오레 베오라와 베라오테, 그리고 그 밖의 다른 인접 촌락들의 아이르 자민다르들"이 벌인 일이었다. 비즈나우르에서도 현지의 봉기는, "갠지스 강 저쪽 편에 있는 구자르들이 이쪽 편에 있는 구자르들의 활동을 도왔던" 경우가 그랬듯이, 에스니시티 덕분에 현저히 확산되었다.

시칸다라바드의 약탈은 반란을 일반화시키는 동인으로서의 카스트 연대를 보여 준 또 하나의 증거였다. 구자르의 촌락들 중에서 더 전투적인 촌락들은 이 반란 행동을 준비하면서 별로 나서고 싶지 않았던 다른 촌락의 주민들을 동원하기 위해 자기 촌락 주민들을 파견했다. "쿠구아바스의 남자들과 누굴라 뉴수크의 자민다르인 젠두는 구자르의 촌락들로 가서, 자신들의 터번을 내던졌고, 모든 촌락들을 선동해 소요를 일으키게 했고, 틸베감뿌르의 빤차야트에 그들을 소집했다." 그 결과, 공동체 전체가 가담하는 장대하고 체계적인 약탈 행위가 벌어졌다. 이러한 종류의 원생적 충성심으로 인해 봉기 참가자들은 읍들을 공격하는 데 필요한 기지를 얻었을 뿐만 아니라, 적들이 추격해 올 때 인근의 농민 집을 도피처로 이용할 수도 있게 되었다. 후일 어느 영국인 관리는 자신과 부하들이 불란드샤르 지구의 행정 본부 청사로 돌진해 들어온 일단의 침입자들을 물리쳤지만, "그 주력군이 농촌에 흩어져 이웃 촌락들 안으로 숨어 버렸다"라는 점을 알게 되었다고 회고했다. 침입자들은 물론이려니와 그들에게 도피처를 제공한 촌락 주민들 역시 구자르들이었다.

이러한 농민 봉기들 중의 일부를 유발시켰던 카스트 야망들 역시 그 농민 봉기들의 종교성과 에스니시티를 돋보이게 하는 데 기여했다. 그 같은 야망들은 반란 공동체가 느꼈던 상실감 — 토지의, 영토의, 또는 위신의 상실 — 과 직접적으로 연관되었다. 반란 공동체는 박탈감을 느꼈다. 왜냐하면 공동체 토지의 상당 부분이 대금업자들과 경매 낙찰자들의 수중에 들어갔기 때문이다. 또는 공동체는 자신들이 전통적인 고향이라고 여기고 있던 곳에서 쫓겨났기 때문이다. 또는 공동체 내의 엘리트 집단의 부나 권위의 급속한 쇠퇴가 엘리트 집단과 비엘리트 집단 모두의 지위를 떨어뜨렸기 때문이다. 이런 것들은 결코 별개로 작용하는 결정 요인들이 아니라 서로 합쳐져서 공동체 거의 모두가 느끼는 박탈감의 실체가 되었다. 이것들을 함께 모은 것은 정치였다. 왜냐하면 그 원인이 무엇이건 간에 모든 상실은 권력의 상실로 느껴졌기 때문이다. 토지 양도에서 비롯되는 불만조차 그 순수하게 경제적인 성격을 넘어서 정치화되었다. 그 같은 겹침이 낳은 모호함과 그 겹침이 역사 서술에 미친 영향은 현지의 봉기에 관한 행정가들의 해석과 학자의 해석 사이의 차이에서 찾을 수 있을지도 모른다. 이슬람 라즈푸트 카스트인 랑가르들이 쿤다 칼란에서 폭동을 일으켰을 때, 사하란뿌르의 행정장관보(補) 로버트슨은 그 폭동을 경제적인 것으로 규정할 수 없었다. 그에 따르면, "헤프게 살던 구자르들과 달리, 그들의 촌락은 일반적으로 인구도 조밀하고 부유했기 때문에 약탈의 꼬임에 빠질 만큼 불만에 차 있다고는 할 수 없다." 그는 반란의 원인을 분파적 정념 탓으로, 그의 표현대로라면 "물불 안 가리는 그들의 편협함" 탓으로 돌렸다.

스턱스는 이러한 설명을 너무 편협한 정치적 설명으로 보았다. 스턱스에 따르면, 로버트슨도 "대부분의 영국 관료들처럼 그 폭동의 기원이 정치적인 데에 있다고 믿었다." 스턱스는 주로 경제적인 동기를 나름대로 강조하면서 이렇게 말한다. "…… 로버트슨은 쿤다 랑가르들이 비교적 부유했다는 인상을 크게 품고 있는 것 같은데, 아무리 그렇다고 해도 강고의 카디르에서 토지의 거의 반을 마하잔들에게 빼앗긴 것이 그들의 태도에 뚜렷한 영향을 미쳤음이 틀림없다."82) 이 두 가지 해석 모두 이 사건에 관한 상당한 진리를 포함하고 있지만, 그러나 서로를 배척함으로써 그 사건의 모호성을 포착하는 데에는 실패하고 있음을 보여 준다. 분명한 것은 가뜩이나 라즈의 존속 바로 그것이 불확실했던 상황에서, 누적된 경제적 불만에 불이 붙어 그 불만이 권위에 대한 강력한 도전으로 폭발했다는 것이다. 현장에 있던 행정관은 그 섬광(éclat)에 대한 자신의 즉각적인 반응을 기록했다. 반면, 시간상으로 멀리 떨어져 있는 역사학자는 그 폭발을 유발시킨 것에 관한 자신의 독해를 기록했다. 그 둘 중 어느 것도 그 폭발의 이중적 성격에 대한 이해에는 사실상 근접하지 못했다.

이 에스닉 대중이 가담한 몇몇 폭동에서 정치적 동기를 완전히 간과할 수는 없다. 그 대중은 자기 조상들의 영역이라고 여긴 것을 회복하기 위해 무기를 들었다. 이것은 예컨대 사하란뿌르에서의 구자르 봉기의 힘과 규모를 알게 해준다. 이곳에서는 씨족의 수가 너무 많아서 한때 그 지구는 정말로 구자라트라고 불렸다.83) 그러므로 푸투아 같은 지도자는 이곳에서 "이 농촌 지방에 있는 그들에게 전통이 물려준 자존심을, 원래의 그들 조상들의 지배권을 되찾는 것"84)을 목표로 삼은 왕으로 자처할 수 있었다. 또한 라즈푸트의 한 지족(sept, 支族)으로서 전통적으로나 신화상으로 아잠가르와 연결되어 있었던 팔와르들은 1857년 6월에 그 지구의 마을 지역 안으로 밀고 들어와 "이 빠르가나의 촌락들이 자기네 것이라고 주장했다." 또 다른 동부 지구인 미르자뿌르에서 팔와르들의 반란과 모나스들의 반란은 모두, 쇠퇴해 버린 이전의 자신들의 권력을 복구하려는 욕망에서 촉발되었다고 한다. "두 씨족 모두, 스스로들 느끼고 있었듯이, 오랫동안 불만을 품어 왔으며, 또한 우월감을 잃었기에 그것을 회복해야 했다."85) 그 지구 내의 바도히 빠르가나에서 특히 적극적이었던 것은 그들 중에서도 모나스들이었다. 그들이 일으킨 폭동(émeute)은 어느 한 카스트의 영토적·정치적 야망이 지방 농민반란의 동력이 된 하나의 명백한 사례를 보여 준다.

전설이란 것이 아주 멀게라도 역사에 근접한 것이라고 말할 수 있다면, 모나스들은 바도히를 정말로 아주 간절히 원해 온 것이 틀림없다. 라즈푸타나에 있는 거친 고향을 떠나 바나라스에 이르는 순례 길에 나선 한 무리의 그들 조상은 지금은 미르자뿌르 지구가 되어 있는 그 비옥한 지역에서 강한 인상을 받았고 그곳을 몹시 탐냈으므로, 이전부터 거기에 정주해 있던 바르(Bhar)들과의 오랜 유혈 충돌을 벌인 끝에 힘겹게 그곳에 들어설 수 있었다. 이 정복이 이루어진 정확한 시기는 확인하기 어렵지만, 그 빠르가나는 바나라스의 토후들의 수중에 떨어진 1746~47년까지, 200년 이상 동안 모나스 씨족의 족장들의 세습 지배를 받았다고 알려져 있다. 하지만 "비록 모나스 씨족이 지배권을 잃은 후에도, 예전의 권세 가문은 결코 사멸되지 않았고 그 빠르가나에서 상당한 존경을 받았다." 실제로 그 가문의 지위는 자신들만의 왕조 투쟁에 현지의 주민들을 가담시킬 수 있었을 만큼 여전히 드높아서, 뮤티니가 발생하자 그 씨족의 우두머리인 우드완트 싱은 자신의 조상처럼 바도히의 왕을 자임하면서 "이 새롭게 회복된 고귀한 신분의 위세에 근거하여" 자신의 카스트 내에서 거의 2만 명에 이르는 사병들을 동원했고, "은덕세(恩德稅)"를 걷었고, 약탈을 조직했고, 대담하게도 대(大)간선로를 폐쇄하겠다고 생각했을 정도였다.

거슬러 올라가 보면 적어도 17세기까지만 해도 모나스는 불온하기로 유명했다. 1632년 늦여름에 아그라에서 빠뜨나까지 여행한 피터 문디는 철저히 권위를 무시하면서 거의 제멋대로 굴었던 "부도인(Buddoyn)들"에게 시달렸다. "그들은 왕도 우습게 여겼고 왕의 법들도 우습게 여겼다."86) 225년 후인 1857년 6월에 그들이 바나라스의 토후에 대해서 뿐만 아니라 "다소간에 토후와 한 통속"이라고 여긴 지구 행정관들을 향해서도 무기를 들었을 때, 그때에도 역시 사실 그와 똑같이 말할 수 있을 것이다. 미르자뿌르를 세 방면에서 에워싸고 있는 알라하바드와 자운뿌르와 바나라스에서의 세포이들과 민간인들의 봉기는 이미 영국의 당국자들에게 미르자뿌르 지구 안에 있는, 거의 무법천지가 된 바도히 빠르가나에서 봉기가 발생할 가능성을 경고하고 있었다. 이미 1857년 6월 3일, 바도히의 경찰관들은 "자민다르들을 비롯한 그 밖의 유지들에게 목숨과 재산을 부지하려면 무장 세력을 고용하는 것이 좋다는 것을 강력히 권고하고 전면적인 민중 봉기의 경우에는 그들과 서로 도울 수 있어야 한다는 명령"을 받았다. 6월 7일, 바도히의 경찰서장은 자신의 관할구역 내의 한 촌락에서 벌어진 강탈 행위를 보고했다. 3일 후, 일단의 반란자들이 자운뿌르에서 건너와 "바도히 빠르가나에 있는 상당수의 부유한 자민다르들을 약탈했다." 하지만 이들은 경찰과 현지 젠트리들이 합세하자 퇴각했다. 같은 날 바나라스 토후의 사자왈이 빈다의 촌락 주민들로부터 공격을 받아 중상을 입었다. 그 지구의 당국자들이 어느 편에 섰는가 불문가지이지만, 그들은 바나라스 토후의 토지 관리인인 문쉬 다르샨 랄이 모나스들의 위협에 맞서기 위해 2,000명이나 되는 병력을 동원하는 것을 허락했다. "무정부 상태가 보편적이 되었다. 우드완트 싱과 그의 추종자들은 자신들에게 원한을 맺히게 한 자들의 촌락들을 약탈하고 불태웠으나, 그 다음에는 우드완트 싱과 그의 친구들의 집이 토후의 추종자들에 의해 불타고 약탈되었다." 문쉬 다르샨 랄이 모나스들의 수장과 그의 "데완들" 중 두 명을 꼬드겨 비무장으로 약속 장소에 나오도록 했는데, 그들은 그곳에서 체포되어 미르자뿌르의 공동 행정관이자 부(副)수세관인 무어에게 넘겨졌고, 무어가 그들을 신속히 교수대로 보내자, 그때 위기가 찾아왔다. 본때를 보여 주기 위한 이 처벌은 반발을 불러일으켰고, 당국자들은 전혀 준비가 안 된 상태였다. 그 처벌은 모나스들을 길들이기는커녕, 본질적으로 엘리트들끼리의 왕조 갈등이었던 것을 식민 권력 자체에 대항하는 민중 반란으로 변환시켰다 — 수직적 동원이 수평적 동원으로 전환된 고전적인 사례였다. 왜냐하면 잇따른 소요 속에서 귀족 혈통이 아닌, 주리 싱이라 불리는 어느 모나스 — "그의 조상들은 옛날에 모누스(Monus) 왕들의 종신(從臣)일 뿐이었다" — 가 봉기의 현지 지도자로 등장하여 무어를 살해하고 그의 목을 모나스 수장의 미망인에게 선사함으로써 우드완트 싱의 원한을 갚았을 뿐만 아니라, 바도히 농민들을 라즈에 대항하는 지속적인 게릴라전에 가담시켰기 때문이다.[87]

물론 반란의 영토성이 언제나 반란 영역과 카스트 지역의 일치를 보여 주는 것은 아니다. 가령 빠르가나라든가 지구와 같이 촌락보다 넓은 지방 역시 2개 이상의 카스트 농민들이 합세한 봉기의 장일 수 있었다.[88] 예를 들어 바다운 지구의 경우, 무슬림들과 타쿠르들은 비사울리 빠르가나에서 발생한 농민 봉기에서 함께 싸웠고, 사아스완 빠르가나에서는 이들 두 집단에 아이르들이 가세했다. 비즈노르 지구에서는 "마르다들과 악바라바드의 도살자들이 거대한 무리를 형성하여 악바라바드의 빠뜨와리들을 약탈하고 나서 시칸다르뿌르의 자뜨들을 강탈했고, 그런 다음에는 하지뿌르에 침입했고, 람뿌르를 약탈했다." 1857년 5월 26일, 메와티들과 빠찬디 자뜨들은 합동으로 찬드뿌르 따실을 공격했다. 해당 지구의 행정관에 따르면, 비즈노르 지구 전체는 반자라들과 구자르들과 메와티들과 발로치(Balochi)들의 집단 폭력의 무대였는데, 이들 모두는 동시에 무기를 들었다. 사하란뿌르에서도 "그 지구의 대부분에 있던 라즈푸트들과 그 지구 전체에 퍼져 있던 구자르들이 기회를 적시에 포착하여 약탈을 감행했고 온갖 잔혹 행위를 저질렀다." 스판키는 1857년 5월 21일

사하란뿌르 빠르가나의 남쪽과 남서쪽으로 "구자르들과 랑구르들이 대거 몰려와" 결국 지구 행정 본부와 재무 관서 인근에 있던 물리포르 촌락을 약탈했다고 보고했다. 구자르들이 봉기의 주력군을 형성했던 불란드샤르에서조차, 구자르들에게는 기루아들과 갈로트들로 이루어진 지원군들이 있었다. 이 세 집단 모두 시칸다라바드의 약탈에 관여했는데, 그들은 합동 공격을 실행하기 전 그것을 계획한 틸베감뿌르에서 열린 빤차야트에 대표들을 파견했다. 현지의 라이스 가운데 하나가 주장했듯이, "인근에 있는 구자르들과 기루아들의 촌락 중에 이 사건에 가담하지 않은 촌락은 하나도 없었다." 실제로 왈리다드 칸 자신도 "구자르들을 비롯하여 이곳 인근에 있는 또 다른 시골 사람들"이 "머리를 치켜들었다"라고 델리에 보고했을 때, 마음속으로는 그 같은 복수성(plurality)을 생각했던 것으로 보인다.

가지뿌르에서 메가르 싱이 이끈 봉기에 눈길을 돌린다면, 우리는 간(間)카스트적 동원으로 자신의 영토성을 표명했던 지방적 반란의 한 사례를 보게 되는데, 그 반란에는 세 지구에 걸쳐 있는 몇몇 인접 빠르가나의 수많은 촌락 주민들이 가담했던 것이다.[89] 비하르와 경계를 맞대고 있는 이곳 우따르 쁘라데쉬의 최동단(最東端)에서는 1858년 중반 무렵까지도 뮤티니의 충격이 나타나지 않았다. 쿤와르 싱과 아마르 싱의 부대가 이 지역으로 침입하자 그 지역의 외관상의 평온함은 깨져 버렸다. 자마니아 빠르가나에 있던 딜다르나가르의 경찰서장이 올린 1858년 5월 30일 자 경찰 보고서는 가지뿌르 동부에서의 소요에 관해 우리가 갖고 있는 최초의 보고서이다. 그 보고서는 자마니아에 있는 가마르의 라즈푸트 자민다르인 메가르 싱이 아마르 싱의 부하 2개 부대 병력 ― "탈영병으로 보이는 250명 내지 300명의 무장 세력" ― 을 이끌었고, 이들이 샤하바드의 챠우사 빠르가나에 있는 라즈푸르를 습격했다고 말한다. 습격자들은 한 명의 바르칸다즈와 한 명의 빠뜨와리를 살해했고, 그 빠르가나 안의 고향 촌락에 돌아와 있던 수많은 세포이들이 그들에게 합류했다. 그들은

"가마르와 바라에 머물면서 그 빠르가나 주민 전체를 설득하여 정부에 대항하는 반란을 일으키기로 결정했다." 다음 이틀 동안 그들은 까르마나사 강의 기슭에 있는 데왈의 한 숲에서 야영을 했는데, 거기는 인근 지구에서 온 수천 명이 집회를 갖고 공개적으로 봉기의 시작을 알린 곳이었다. 6월 3일에서 5일 사이에 그들은 가마르와 바다우라에 있는 인디고 농장주 소유의 몇몇 공장들과 그 밖의 건물들을 공격하여 파괴했다. 6월 6일에 이 두 촌락 중 첫 번째 촌락에서 올라온 보고서는 메가르 싱과 400명의 "반란자 세포이들" 즉 군대에 있던 현지 농민들이 출현했음을 알렸다. "그는 촌락들을 돌아다니며 반란을 선동했고", 상당한 성공을 거둔 것이 분명하다. 6월 9일자 정보원의 노트에는 나울리, 바라, 가마르, 카레바, 보라이 등의 촌락들이 그에게 "양식을 비롯한 그 밖의 도움"을 제공했다고 적혀 있었기 때문이다.

 6월 11일, 더글러스 여단장이 가마르에 도착하여 그곳을 불태웠다. 그러나 그 지역의 모든 봉기 촌락들 중에서 가장 괘씸하다고 여겨진 곳을 상대로 본때를 보여 주려 한 그 같은 처벌은 즉각적인 효과를 거의 나타내지 못한 것이 분명했다. 왜냐하면 6월 14일자 공식 전보에 따르면, 가지뿌르의 행정장관은 여전히 자신의 관할 지구가 완전한 혼란 상태에 있다고 보았기 때문이다. 사실 가마르를 불태운 일은 폭동을 억제하기보다는 확산시키는 데 기여한 것으로 보인다. 위세를 부림으로써 전면적인 저항의 원인을 제공했던 현지 경찰과 세리들은 그 일에 민감하게 반응했다. 6월 18일, 어느 따실의 수장의 말에 따르면, "가마르 주민들이 그곳을 떠났음에도, 그들의 자민다르들은 3, 4코스나 5코스 거리에 있는 인근 촌락들에 머물고 있으며, 사악한 의도를 품고 있다." 왜냐하면 이미 그 일이 있기 이틀 전, 메가르 싱이 자마니아 빠르가나 내의 한 촌락인 디와티아에서 100명의 무리의 선두에 있는 것이 보였기 때문이다. "그들은 여러 촌락에 거주하는 반란자들을 한데 모았고" 까쉬니에 잠시 머물렀다. 6월 19일, 그들은 샤하바드 지구의 차인뿌르 빠르가나 안에 있는 니왈완을 공격하여 그곳에 있는 농장주의 창고를 위협했다. 그해 여름의 나머지 기간 내내 게릴라군의 규모는 계속 커졌다. 점점 더 강경해지는 봉기 진압 작전으로 인해 자신들의 촌락을 떠나야만 했던 다수의 무장 농민 부대들과 현지에 연고를 가진 탈영병 무리들이 사방에서 몰려와 농민군 대열에 합류했다. 예컨대 8월에는 100명의 세포이들이 갠지스 강 반대편에서 건너와 가마르에 있는 메가르 싱에 가담했다. 후일 그는 자신이 한때 1만 2,000명이나 되는 부하들 ─ 그가 "약탈 공격을 전혀 하지 않았다"라고 강조한 진정한 민중의 군대 ─ 을 지휘했다고 회상했다. 그가 주장한 대로 "봉기군의 손실을 보전한 사람들"은 바로 가지뿌르-샤하바드의 경계 지역에 있는, 갠지스 강과 까르마나사 강 연안의 "여섯 개 빠르가나의 민중"이었다.

마침내 메가르 싱도 모든 유랑하는 반란자들이 맞이했던 것과 같은 운명에 처하게 되었다. 1858년 12월에 그의 부대는 영국의 지속적인 군사작전의 압박으로 붕괴했다. 그는 500여 명의 부하들과 함께 네팔로 퇴각했으나, 현지 토후의 압력 때문에 그곳에서 후퇴하여 1860년 봄에 다시 인도 영토로 들어올 수밖에 없었다. 그는 여러 성지들을 순회하는 순례자 ─ 패배한 반란자들 다수의 경력에서 반복되는 모티프 ─ 처럼 8개월 동안 이리저리 돌아다녔고, 1860년 11월 7일에 바나라스에서 당국에 항복했다. 3주 후 그곳의 특별 법정에서 행한 그의 진술은 19세기 인도에서의 지방 반란 동원에 관한 가장 상세한 몇몇 정보를 제공한다.

가지뿌르 동부에서 폭동이 시작된 일에 관한 메가르 싱의 회상에서 분명한 것은 그곳에서의 동원이 모든 곳의 농민 봉기에 공통적으로 나타난 교섭과 집회라는 고전적 패턴을 따랐다는 점이다. 봉기를 결정한 중요한 모임은 강으로 연결된 3개의 빠르가나 ─ 한 곳은 가지뿌르에 있고 다른 두 곳은 샤하바드에 있었다 ─ 에 있는 18개 촌락에서 온, 4개의 카스트들을 대표하는 38인의 회의였다(표 3를 보라). 분명히 그 회의는

표 3. 출신 지방과 카스트에 따른 비란지 회의 반란 대표들의 분포[90]

지방			카스트				
지구	빠르가나	촌락	빠탄	브라만	라즈푸트	부미하르	전체
가지뿌르	자마니아	바라	3	0	0	0	3
〃	〃	바란뿌르	0	0	0	1	1
〃	〃	바수카	0	0	0	1	1
〃	〃	데오리아	0	0	0	1	1
〃	〃	가마르	0	0	15	0	15
〃	〃	하산빠라	0	0	0	1	1
〃	〃	카르나	0	0	1	0	1
〃	〃	나울리	0	0	1	0	1
〃	〃	레오띠뿌르	0	0	0	1	1
〃	〃	셰르뿌르	0	0	0	2	2
〃	〃	소왈	0	0	0	1	1
〃	〃	우뜨라왈	0	0	2	0	2
샤하바드	챠우사	인도르	0	0	1	0	1
〃	〃	마닉뿌르	0	1	0	0	1
〃	〃	소쁘나	0	0	0	1	1
〃	〃	수끄란	0	0	0	1	1
〃	차인뿌르	구라 사라이	0	0	3	0	3
〃	〃	네와르	0	0	1	0	1
	총계		3	1	24	10	38

30명이나 되는, 즉 대표자 총수의 거의 5분의 4나 되는 인원을 파견한 자마니아 빠르가나의 대표자들에 의해 지배되었을 것이다. 그리고 이는 아주 적절한 것이었다. 무엇보다 그 봉기를 일으키게 만든 것은 식민 군대가 그 빠르가나의 몇몇 촌락들을 선제공격할지 모른다는 두려움이 었기 때문이다.[91] 게다가 가장 눈에 띄게 봉기를 준비한 두 곳, 즉 봉기가 계획된 까르마나사 강변의 비란지와 대중 집회를 열어 봉기를 시작한 데왈 두 곳 모두 자마니아 빠르가나에 위치했다. 특히 폭동의 진원지가 그 빠르가나 안에 있는 가마르였음은 분명했다. 그 촌락의 주민들은 대개 봉기를 조직화하는 일을 맡았다. 그들은 정찰대를 구성하여 가지뿌르로 파견했고, 그곳에서 정찰대원들은 임박한 영국의 공격에 관한 루머들을 확인했는데, 이들의 보고는 봉기에 찬성하는 결정을 앞당겼다. 그들은 또한 봉기 참가자들 중에서 선발된 10명의 사절단으로

하여금 무기와 병력의 지원을 얻기 위해 아마르 싱과 협상하게 했다. 게다가 반란 지도자 메가르 싱을 배출한 곳도 바로 이 촌락이었다. 비란지 회의의 38인 대표 중 15인이 가마르 출신이었다는 사실, 그리고 군대가 가마르를 파괴하여 가지뿌르- 샤하바드 지역의 모든 사나운 대중에게 반면교사로 삼게 하려 했다는 사실은 반란자들과 그들의 적들 모두에게 그곳이 갖는 중요성을 가늠케 한다.

자마니아에서의 봉기 동원은 그 지역의 지리적 배열만이 아니라 에스닉 배열 — 즉 우리가 정의했듯이 영토성을 함께 구성하는 두 요인들 — 의 어떤 작용이었다. 그 빠르가나가 지닌 특성의 상당 부분은 갠지스 강이 넓게 굽이쳐 흐르면서 그곳을 가지뿌르의 나머지 부분과 세 방면에서 갈라놓고 있다는 데에서, 그리고 나머지 동쪽 방면으로는 까르마나사 강이 그곳을 샤하바드와 분리시켜 놓고 있다는 데에서 유래했다. 이러한 호형(弧形) 지세 안을 흐르는 강들의 하상은 깊고 둑은 높았으며, 강들이 범람한 후에는 얕게 물이 빠져나가 충적토가 쌓였는데, 이 강들이 농사짓는 사람들의 생계만이 아니라 그들의 주거 패턴과 공동생활 패턴에도 영향을 미쳤다. 그 빠르가나의 충적토 지대에는 그 지역에서 가장 규모가 큰 촌락들 중의 일부 — 1853년 레오티뿌르의 인구는 10,055명, 가마르의 인구는 9,629명, 셰르뿌르의 인구는 6,885명 등 — 가 있었는데, 『디스트릭트 가제티어』에 따르면 그 촌락들의 입지는 "순전히 지표의 형세에 의해 결정되었고, 집들도 가장 높은 곳에 지어져 강의 범람을 피할 수 있었다." 이러한 조건에 있던 촌락은 각기 특정한 카스트가 살았던 수많은 작은 마을들의 결집점으로 발전하는 경향이 있었다. 한편, 전체적으로 볼 때 그 촌락 부지에는 부속 촌락들이 포함되어 있었는데, 그 부속 촌락들은 이름으로만 존재할 뿐이었고 주거용으로는 사용되지 않아서 전적으로 농사용으로 넘겨진 주변의 논밭들과 사실상 구분되지 않았다.

이렇게 강이라는 경계와 촌락 부지들에 의해 결정된 인접성은 그 빠르가나의 에스니시티 패턴에 의해 더 한층 뚜렷해졌다. 그 빠르가나는, 그 지구의 많은 부분처럼, 라즈푸트들과 부미하르들에 의해 식민화된 곳이었다. 이 두 카스트의 차이는 대개 불분명했다. 그들의 하급 카스트들 중 일부는 이름이 같았다. 예컨대 가우땀(Gautam), 카우시크(Kausik), 킨와르(Kinwar), 시카르와르(Sikarwar) 등의 이름들은 라즈푸트일 수도 있고 부미하르일 수도 있었다. 동일한 씨족 이름을 갖고 있는 그 두 카스트의 구성원들은 흔히 똑같은 도시나 농촌을 자신들의 원래의 거주지로 언급했으며, 어쨌건 조상이 같다고 주장하는 경우도 있었다.92) 그러므로 비란지 회의에 대표를 보낸 12개 촌락 중 한 곳을 제외한 모든 촌락들이 자신들을 대변하기 위해 그 두 카스트 중 어느 한 카스트에 속하는 사람들을 파견한 것은 당연한 일이었다. 바라는 예외적인 곳이었다. 영국의 한 전함 지휘관이 "더러운 혼합물들로 가득 찬" 곳으로 묘사했고 "무장한 이슬람교도들"에 대한 공격에 앞서 포격을 가하라고 했던93) 그 촌락은 몇 명의 빠탄들을 파견했다. 하지만 이러한 사실이 복수성(plurality)을 시사한다고 보는 것은 잘못이다. 왜냐하면 자마니아의 빠탄들 대부분은, 『디스트릭트 가제티어』가 말하고 있듯이, "결코 빠탄들이 아니라 이전에 라즈푸트와 부미하르였던 자들의 후손"이었기 때문이다. 좀 더 상세히 말하자면, 바라의 이슬람교도들은 이슬람교를 믿었던 낀와르 부미하르들로 이루어진 라즈다르 라이 족의 한 분파였던 것이다.94)

따라서 비란지에서 시작된 현지 동원은 두 가지 종류의 상이한 근접성 — 지리적인 근접성과 에스닉한 근접성 — 에 의해 결정되었다. 전자는 그 빠르가나를 종횡으로 가로지른, 일종의 비포장 도로 네트워크의 형식으로 이루어진 커뮤니케이션에 의해 더 한층 강화되었고, 후자는 카스트 네트워크와 지족(支族) 네트워크에 의해 더 한층 강화되었다. 우리는 몇몇 촌락에 관해서 그 두 가지 사항에 대한 정보를 갖고 있는데, 그 촌락들을 관찰해 보면 특정한 공동체들의 위치와 계보가 이 좌표들을 따라 어떻게 배열되었는지를 알 수 있을 것이다. 그 빠르가나 주변을 활처럼 흐른 갠지스 강의 동쪽 끝 지점에 있던 바라는 도로를 통해 가마르로 직접 연결되었다. 바라의 촌락지는 까르마나사 강을 따라 펼쳐졌고, 그 강은 현지의 공동체를 갠지스 강의 샤하바드 쪽 기슭에서 살고 있던 농민들과 연결시켰다. 그 지구 내에서 바라는 갠지스 강의 또 다른 기슭에 있던 촌락인 비르뿌르와 역사적인 유대를 맺고 있었는데, 비르뿌르는 이슬람으로 개종하여 동쪽에 있는 데마와 무암마다바드라는 두 빠르가나를 지배한 낀와르 부미하르들의 옛 거주지였다. 바라가 이슬람교도 3인을 대표단으로 파견했다는 것 자체가 동원에는 엄격한 지방적 한계를 넘어서는 지역까지 끌어당길 수 있는 요소가 있음을 대표적으로 보여 주는 것이었다. 바수카는 동쪽으로 나울리와 인접해 있었다. 그곳의 주인들은 뿌란 말*의 후손인 부미하르 시까르와르들이 었는데, 서로 다른 어머니에게서 나온 그의 후손들은 가마르와 레오티뿌르와 셰르뿌르 등을 포함하여 수많은 촌락에 퍼져 있었다. 나울리는 바로 수끌라반시 라즈푸트들의 본거지였고, 그들은 특히 그 이웃에 있는 광대한 농촌 지대를 식민화했다. 그들은 카스트 면에서는 약간 북쪽에 있던 우뜨라왈과 이어져 있었는데, 그곳은 우리가 갖고 있는 명단 중에서 유일하게 예외적으로 대규모 수끌라반시 정착지를 가진 촌락이었다. 두 촌락 모두 라즈푸트들이 대표자였다는 점이 강조되어야 한다. 그 두 촌락 모두 바다우라와 레오티뿌르 사이를 지나는 도로상에 있었다. 레오티뿌르는 1853년 자마니아 빠르가나 내의 모든 농촌 지대 중에서 가장 인구가 많은 촌락 중의 하나였다. 카스트적 이해관계와 재산상의 이해관계는 역사적으로 그곳을 반대편 강기슭에 있는 셰르뿌르와 연결시켰다. 이 두 촌락은 나란히 시까르와르 부미하르들이 수세대 동안 유지해 온 거대한 딸룩을 형성했는데, 이때 이들의 영지는 갠지스

---

* 라자스탄 주에 위치했던 자이뿌르 토후국의 왕.

강의 양편 앞쪽으로 7마일이나 펼쳐져 있었고 35개 촌락을 포괄하고 있었다. 이 땅을 얻은 최초의 시까르와르는 세 번 결혼했으며, 그 후손이 이 빠르가나의 몇 곳에 일가의 씨를 뿌렸다. 그 촌락과 바수카가 연결되었다는 것은 이미 앞에서 언급한 바 있다. 하지만 가마르와 우시아의 또 다른 유대는 그 촌락의 에스닉 범위를 넓혔다. 가마르의 경우, 부미하르 시까르와르들은 동일한 이름의 라즈푸트 지족과 일종의 원초적인 친연성을 공유하고 있었다. 우시아는 봉기의 직접적 원인이 된 식민 군대의 위협을 받은 6개 촌락 중 하나였다. 여기서 그 촌락들은 부미하르들과 연결되었고, 부미하르들은 이웃에 있던 7개의 다른 정착지들의 부미하르들과 함께 힌두교 신앙을 포기하고 이슬람교로 바꿨다. 이런 식으로 시까르와르들과 그 밖의 자마니아의 거대한 무슬림 개종자들 사이에 중요한 연계가 형성되었다. 따라서 아주 적절하게도 부미하르들을 반란 회의의 대표자로 파견했던 한 쌍의 촌락인 레오티뿌르와 셰르뿌르의 에스닉 공간은 그 지리적 영역을 넘어서 자마니아 동부와 남부의 상당 부분까지 뻗치게 되었던 것이다.

레오티뿌르는 카스트에 의해서만이 아니라, 가지뿌르에서 소왈 — 비란지 회의에 부미하르 카스트 한 명을 대표자로 보낸 대규모 부미하르 정착지 — 을 거쳐 흐르는 강을 향해 동쪽으로 뻗어 있던 길에 의해서도 직접 가마르와 연결되었다. 그리고 가마르의 카스트 구성과 물리적 위치 두 가지 모두가 그 촌락을 메가르 싱이 이끈 봉기에서 보여 준 것과 같은 주도권을 발휘하기에 더할 나위 없이 적합한 곳으로 만든 것처럼 보인다. 시까르와르 씨족의 라즈푸트들은 여전히 그곳 딸루카의 대부분을 소유했고, 이들에 의해 식민화된 그 촌락은 같은 카스트가 살고 있는 그 빠르가나 내의 다른 정착지들과 유대를 맺었을 뿐만 아니라, 레오티뿌르-셰르뿌르의 부미하르 시까르와르들과도, 그리고 바라를 비롯한 그 외의 수많은 자마니아 촌락의 라즈푸트들처럼 무슬림으로 바뀐 라즈푸트들과도 유대를 맺었다. 따라서 그곳의 에스닉 범위는 거의 레오티뿌르의 그것만큼이나 광범했다. 하지만 가마르를 상대적으로 더 중요한 곳으로 만든 것은 두 개의 간선도로였는데, 그중 하나는 가마르를 가지뿌르와 자마니아 사이의 정 가운데 지점에 두고 뻗어 있었고, 반면 그 촌락에서 두 갈래로 갈라지는 오래된 공도(公道)인 또 하나의 도로는 한쪽 방향에서는 가마르를 바나라스와 연결시켰고 다른 쪽 방향에서는 가마르를 북사르와 연결시켰다.

 이와 같은 소통 경로들은, 그리고 비르뿌르 아래의 동쪽으로 몇 마일 더 가서 합류하게 되어 가마르를 전략적으로 유리한 위치에 있게 만든 강들은 반란 동원의 실질적인 도구들로 활용되었다. 그것들은 시까르와르 라즈푸트의 자민다르이자 람바르다르인 메가르 싱[95]이 그 빠르가나 내의 원초적 충성심들을 그곳의 모든 주요한 에스닉 공동체들의 전투적인 연대로 결합시키는 것을 도왔다. 또한 이에 못지않게 중요한 것은 그가 그 빠르가나를 넘어서 동맹을 결성하는 것을 도왔다는 점이다. 그 도로들은 그의 호소문을 서쪽에 있는 고지대인 만지와 나르완으로 날랐다. 나르완은 바나라스 안에서 전통적으로 자마니아 빠르가나와 연결되었던 바, 그 두 곳의 돈와르 부미하르들이 한때 아잠가르 지구의 동부를 식민화했던 조상들의 같은 자손임을 주장하는 한에서 그랬다.[96] 까르마나사 강은 그의 메시지를 남쪽에 있던 사싸람의 유력자들에게 운반했고, 자마니아의 동쪽 경계를 따라 오가던 나룻배는 그가 반대편 강기슭에 있는 샤하바드의 두 핵심적인 빠르가나인 챠우사와 차인뿌르와 협상하여 그곳들로부터 지원을 확보할 수 있게 도와주었다. 이들 두 곳 모두 6개의 촌락에서 총 8명의 대표를 비란지에 보냈는데, 그중 7명이 라즈푸트와 부미하르들이었다는 것은 충분히 시사적이다. 고대 부미하르 촌락이자 나룻배 상륙장인 데왈에서 1만 명 내지 1만 2,000명이나 되는 자마니아인들이 결정적인 집회를 연 것을 목격한 것도, 가지뿌르 지구와 바나라스 지구와 샤하바드 지구의 다른 여러 지역에서 그곳으로 모여든 이들이 봉기의 선언에 환호한 것을 목격한 것도 바로 이 강이었다.

1858년 가지뿌르 동부에서의 사건들에 관한 이러한 묘사는 에스닉 공간과 물리적 공간의 교차로서의 영토성에 관한 또 하나의 사례를 제공한다. 또한 그것은 농민 봉기의 영역이 단일한 행정단위들에 국한되지 않는다는 것도 보여 준다. 실제로 봉기 영역은 하나의 빠르가나 규모일 수도 있었고, 또는 심지어 2~3개의 인접 지구들에 걸쳐 있던 어떤 접속 지역 내의 다수의 촌락들로 구성된 수많은 빠르가나 규모일 수도 있었다. 그리고 이것은 우리의 출발점이 되었던 질문, 즉 영토성은 반란의 확산을 어느 정도로 도와주는가 또는 방해하는가라는 질문으로 돌아가게 한다.

앞에서 제시된 증거가 제출하는 대답은 긍정적이다. 19세기 인도의 조건 속에서 영토성은 도움을 주었다. 그 이유는 분명히 어떤 변위(變位, décalage)에, 즉 앞에서 언급된 두 종류의 공간이 수렴될 때조차도 꼭 일치하지는 않았다는 바로 그 사실에 있었다. 한 개가 넘는 에스닉 집단들의 고향이었던 영토 단위들이 있었고, 한 개가 넘는 영토 단위들에 걸쳐 있던 에스닉 지역들이 있었다. 어느 경우든 농민 봉기는 봉기에 고유한 내용으로 그 간격을 메우는 경향이 있었고, 공동체와 주거가 일치하는 것처럼 가장하는 경향이 있었다. 이 두 요소들의 겹침은 어느 하나가 반란 행위를 통해 다른 하나를 전유하는 것으로 보충되었고, 그러한 겹침이 반란 행위의 영역을 구성했다. 싼딸 봉기의 영역에 압도적으로 싼딸 영토인 다민-이-코의 하층계급 힌두들이라든가 빠하리아 말 같은 비싼딸적 요소들이 포함되었던 것은, 또한 뱅골 인디고 지구들에서 벌어진 힌두와 무슬림 농민 폭동의 영역에 공장에 고용된 아디바시 노동자들이 가담했던 것은 그 때문이다.97) 이와 반대로 1832년의 꼴 봉기 영역은 초따 낙뿌르에서 그 지리적 장소의 한계를 넘어섰고 자신들의 부족 형제들을 위해 싸우려고 싱붐에서 건너온 라르까 꼴들을 끌어들였다. 다른 한편 몇몇 비부족의 사례들을 언급하자면, 쿤와르 싱의 반란 영역은 그 에스닉 범위를 비하르 너머로 확장하여 우따르 쁘라데쉬의 가지뿌르 지구에 있던 그의 동료 라즈푸트들을 포함하게 되었고, 비즈노르에서의 구자르 봉기의 영역은 갠지스 강 맞은편에 있던 저 구자르 카스트 거주지의 구성원들을 포함하게 되었다.98)

물론 이렇게 봉기 영역을 확장하고 규정하는 데에서 나타난 영토성의 역할은 식민 시기의 인도사에만 특유하게 전개된 것이 아니다. 하빕은 이것이 자뜨 폭동의, 그리고 후기 무굴제국에서 메와티들과 와투들과 도가르들이 보여 준 "무법" 행동들의 한 요소라고 확인했다. 그에 따르면, 카스트는 "[농민을] 수많은 혈연과 의식들을 통해 가장 멀리 떨어진 촌락들에 있던 그의 동료들과 접촉케 했다. 만일 동료들이 무기를 든다면 그도 가만있지 않을 것이었다."99) 하지만 지금 논의하고 있는 시기의 농민반란들에서 영토성을 더욱 중요하게 만드는 것은, 조직화된 민족주의가 (얼마간의 소규모 전투 집단을 제외하고는) 엘리트적이고 협력주의적이었을 때, 그리고 노동자들의 계급 조직이 존재하지 않거나 무력했을 때, 바로 그 영토성이 반식민 대중투쟁에 일종의 뼈대를 제공했다는 점이다. 그 뼈대가 아무리 불완전한 것이었을지라도 말이다.

반란 영역이 여전히 민족 영역에 훨씬 미치지 못했다는 점, 그리고 영토성의 두 무기, 즉 공동 거주에서 비롯되는 연대와 원초적인 충성심이라는 두 무기가 라즈에 대한 저항에 적지 않게 제동을 걸었다는 점은 확실하다.100) 중대한 순간에 협애한 지역주의가 머리를 쳐들고 봉기 참가자들의 전진을 방해했다. 촌락들은 다른 지역에서 온 뮤티니 가담자 무리가 아잠가르에 있는 가그라를 가로지르는 것을 허락하지 않곤 했다. 카스트끼리는 ― 예컨대 구자르들은 로들이나 자뜨들과 ― 서로 싸우곤 했다. 푸투아와 사힙 싱과 같은 구자르 지도자들의 모순적인 경력이 보여 주듯이, 같은 카스트가 어떤 지역에서는 영국과 전쟁을 벌였지만 다른 지역에서는 영국 편에 서는 경우도 있었다. 일시적으로 에스닉 집단들 사이의 연대가 분열을 압도했을 때조차, 그 연대는 그들의 공동의 적이 가한 압력으로 이내 약화되었다. 예컨대 말들과 꾸마르들은 봉기 진압 작전이 강화되자 싼딸들과의 협력을 중단했다. 그리고 싼딸 봉기를 제압하기 위해 정부가 비부족 농민 일부를 이용한 것은 에스니시티가 식민주의에 맞서 민중을 단결시키는 데에서 계급의식의 대체물이 결코 아니었음을 보여 주었다. 결국 모든 저항은 "100개의 국지적인 혁명들뿐만 아니라 그것들을 뒤따른 100개의 국지적인 반동들"[101]로 쪼개졌다. 하지만 그 모든 한계에도 불구하고, 이러한 파편화된 봉기 의식에서가 아니라면 그 어디에서 1919년과 1942년, 1946년에 아대륙 전역에서 들끓었던 저 전투적 대중운동들의 시작을 찾을 수 있겠는가? 실제로 영토성은, 마오쩌둥이 정강산 안에 있던 자신의 기지에서 참담하게 목도했듯이, 혁명 정당을 건설하게 해 주는 재료는 아니었다.[102] 그러나 거기에서 20세기 인도 민중의 더 광범하고 더 일반화된 투쟁들을 가능케 한 요소들을 찾아내지 않는다면, 그것은 역사를 축소시키는 일이 될 것이다.

제8장 에필로그

 이 책의 첫머리에서 제기한 논점으로 돌아간다면, 봉기라는 역사적 현상은 처음에는 반(反)봉기의 산문(散文) 안에서 주조된, 따라서 반봉기의 관점에서 주조된 이미지 — 굴절된 거울에 포착된 이미지 — 로 목도된다. 하지만 그 굴절은 그 자체의 논리를 갖고 있다. 그것은 반란자들과 그들의 적들 사이의 대립의 논리인바, 이들은 특정한 경우에 능동적인 적대감을 드러내는 당사자들로 대립할 뿐만이 아니라 식민 지배 하의 반봉건사회의 상호 적대적인 요소들로도 대립한다. 그 적대는 이들의 물질적, 정신적 존재 조건 속에 깊게 뿌리박고 있는 것이어서, 급진적인 농민운동에 대한 엘리트의 지각과 서발턴의 지각의 차이를 엘리트와 서발턴이라는 이항 대립적인 차이로 환원시킬 정도이다. 따라서 농민 봉기는 두 개의 적대하는 인식들이 서로 부정적으로 만나고 서로를 부정적으로 규정하는 장이 된다.
 우리가 앞에서 농민반란을 반란 주체들의 의지의 재현으로 이해하기 위해 하나의 열쇠로 이용한 것은 바로 이러한 모순이었다. 왜냐하면 그 의지는 우리에게 오직 그것의 거울 이미지로만 알려져 왔기 때문이다.

엘리트 담론 안에 기입되어 있는 그것은 거꾸로 된 글쓰기로 읽혀야만 했다. 우리가 반란 의식에 접근하는 것은, 말하자면 적의 나라를 지나는 것이었으므로, 우리는 엘리트 의식에 관한 증거를 이용하여 그 증거가 엘리트 의식의 타자에 이르는 길을 보여 줄 수 있게 만들어야만 했다. 요컨대 우리가 도달하게 된 결론은 세상의 전복을 목표로 한 봉기 참가자들의 기획을 재구성하려면 봉기에 관한 기록 자체가 거꾸로 읽혀야만 한다는 것이었다.

우리는 봉기의 형상을 그 **공통의 형식**에서 그리고 그 **일반적 관념들**의 측면에서 서술하는 작업에 착수한 바 있다. 독자들이 눈치 챘을 것이지만, 그것들은 여기저기 흩어져 있는 개별 사례들에서 나온 것으로서, 그것들 모두가 동일한 양상을 지닌 것도 아니고 똑같은 방식으로 편성된 것도 아니다. 하나의 패턴으로 가시화된 그 형식은 사실 공통적인 요소들과 경향들만이 아니라 서로 충돌하는 대조적인 요소들과 경향들을 재료로 하여 구성된 것이라고 말할 수 있다. 요컨대 그것은 일종의 일반성을, 즉 그 안에서 갖가지 종류의 관념들, 심성들, 통념들, 신앙들, 태도들이 하나의 전체를 구성하는 그런 일반성을 의미한다. 하지만 그 일반성은 연구를 통해 발견되는 봉기의 또 다른 특징들이나 추상적인 성질들"에 외재하는 어떤 것, 또는 부가되는 어떤 것"으로서의 일반성은 아니다. 오히려 "그것은 특수한 모든 것을 그 안에 침투시키고 포함시키는 것"[1]이다. — 말하자면, 봉기에 그 범주적 통일성을 부여하고 봉기의 독특하고 개별적인 계기들을 분류해 내는 데 기여하는 일종의 삼투적인 이론적 의식이다.

이 형상은 물론 그 시대의 자식이었다. 그것은 일단의 역사적 권력관계들, 즉 1900년까지 라즈 지배 하의 인도 농촌에서 우세했던 지배와 종속의 관계들에 입각한 것이었다. 제1장에서 설명했듯이, 이 특정한 연도는 오직 서술의 편의를 위해서, 즉 후일의 정치에 농민들이 연루되기에 앞서 봉기의 "일반적 관념들"이 "순수한" 상태에서 어떻게 작동했는지를 보여 주기 위해 선택되었다. 하지만 이 의식의 실제 이력은 19세기 이후에도 연장되며, 그때 이후 인도 대륙을 휩쓴 다수의 대중운동들은 최소한 그것의 특징들의 일부를 지니고 있다. 만일 민족주의 지도부와 공산주의 지도부 덕분에 이루어진 — 그 두 부류에 각각 속하는 한 쌍의 사례들인 로울래트 사띠야그라하*와 인도 포기 운동**에서의, 또는 테바가와 텔렝가나에서의 — 대중 동원들을 조심스레 살펴본다면, 그 동원들의 접합과 앞에서 언급한 "기초적 측면들"의 일부 사이에는 구조적 유사성이 있음을 알아채지 않을 수 없을 것이다.

그 유사성은 영국 지배 마지막 30년 동안의 역사와 정치에 관해 연구한 상당량의 새로운 저술들에 의해 강조되어 왔다.2) 빤데이는 자신의 선구적인 연구에서 우따르 쁘라데쉬에서 전간기(戰間期)의 민족주의 운동을 위한 동원은 민초 수준의 현지 주도권에 적지 않게 의존했다는 것을, 그래서 종종 인도국민회의의 엘리트 지도부에 의해 시작된 운동들에서는 그들의 지시에 따르지 않은 그리고 실제로 어떤 경우에는 그들에게 도전하기도 했던 농민 투쟁이 허용되었다는 것을 보여 주었다. 비하르 지역에 관한 헤닝검의 연구와 벵골 지역에 관한 사르까르의 연구는 자신들이 연구한 지역들에서도 아주 비슷한 이야기가 있었음을 증명했다.

그러한 연구 결과에 비추어 볼 때 분명한 것은 식민 시기의 인도 민족주의는 엘리트 역사학이 만들어 낸 것과는 다른 것이었다는 사실이다. 대중을 끌어들이는 하나의 실천으로서의 인도 민족주의는 국민회의

---

* 1919년에 인도에 대한 지배를 강화하기 위해 제정된 로울래트 법에 대항하여 간디가 벌인 불복종 운동. 사띠야그라하는 '진리의 힘'을 뜻한다.
** 1940년대에 들어 인도국민회의의 민족주의자들이 그동안 영국에게 자치를 요구하던 태도를 바꿔 영국이 인도에서 철수할 것을 요구한 운동.

당의 규약집이나 간디주의의 교의와 항상 일치하지는 않았다. 오히려 그것은 그 대항력의 상당 부분을 서발턴 전통에서 이끌어 냈는데, 그 전통은 길게 거슬러 가면 제1차 세계대전이 끝날 무렵 마하트마가 인도의 정치에 개입하기 전으로 소급되거나 또는 그 직후에 네루가 자신의 고향 지역에서 농민을 발견하기 전으로 소급되었다. 하지만 이 전통의 영향을 받은 것은 민족주의나 농민문제만이 아니었다. 그것의 현존은 도시 빈민과 산업 노동자들의 더 광범하고 더 단호한 수많은 투쟁에서도 감지되었다. 그리고 또한 종교 공동체의 갈등에 관한 최근의 수많은 연구들에서도 명확히 확인되었듯이, 타락한 분파주의가 계급의식을 대체하여 대중 폭동의 내용을 채웠을 때조차도, 대중 폭동은 여전히 그 **형식**에서 — 동원의 수단과 방식들에서, 신호 보내기에서, 연대에서, 기타 등등에서 — 얼마간 봉기의 뚜렷한 흔적들을 계속 지녔다. 흔히 반지주적 농민 봉기들과 힌두-무슬림 폭동들이 그처럼 복잡하게 겹쳐졌던 이유는 사실상 이 때문이다.

다소 상이한 이 모든 동원 타입들은 봉기의 일반적 형식과 일치하는 경향이 있었는데, 이 경향은 본질적으로 하나의 **패러다임**으로서의 봉기의 역할에서 비롯되는 것이었다. 이것의 근원에는, 식민 지배 이전이든 식민 지배의 시기든, 아주 오랫동안 인도 사회를 특징지은 지배와 종속의 관계가 있었다. 하지만 그러한 관계에 기초한 억압과 착취의 전통이 널리 퍼져 있었다면, 저항과 폭동의 대항-전통 역시 그러했다. 이것들은 몇 세기 동안 주기적으로 서로의 조건이 되어 서로를 재생산한 상관적인 항들이었고, 오래된 전(前)자본주의 문화의 타성은 이것들이 그 문화 안에서 상호 규정적이면서 적대적인 한 쌍의 요소들로 굳어지는 것을 도왔다.

따라서 지주의 권위와 농민의 반란이라는 적대적 패러다임들은 지속적으로 서로를 자극하고 유지했으며, 한편으로는 약자들이나 권리 없는 자들에 관한 수많은 엘리트주의적인 사고와 실천의 패턴들을 낳았고, 다른 한편으로는 서발턴 저항의 수많은 패턴들을 낳았다. 실제로 서발턴 저항은, 대중행동이 민중과 그 적들 간의 모순에서가 아니라 (공동체간 분쟁에서처럼) 민중 자신들 내부의 모순에서 기원할 때조차도, 아띠데쌰를 통해 봉기의 형식적 특성들을 거의 모든 전투적 대중행동으로 전이시킬 만큼 매우 강력한 것이었다. 이와는 달리 더 다행스럽게도 내용이 형식과 일치했을 때, 적어도 농민 봉기의 기초적 측면들 중 몇몇은 권력 구조 내에서의 아다라와 우따라의 상호 교체를 목표로 했던 가장 단명한 민중운동들에조차 그 명흔을 남겼다.

농촌 지역에서의 그 어떤 농민 봉기도, 도시에서의 그 어떤 가두 투쟁도 이 점에서는 예외가 아니다. 그리고 권력이 이전되었어도 18세기와 19세기의 사건들을 통해 앞에서 설명된 그 패러다임의 힘이 거의 줄지 않았다는 것을 깨닫기 위해서는 그저 1976~77년에 하리야나라는 농촌과 우따르 쁘라데쉬라는 도시에서 벌어진 나스반디에 반대하는 소요 사태들 중 몇몇을 언급하기만 해도 된다. 지주 권위가 계속해서 지배 문화의 중요한 요소로서 기능을 수행하는 한 — 그것은 경제관계와 소유 관계에서 지주제가 (겉으로가 아니라) 진짜로 종식된 이후에조차 오랫동안 지속될 것이다 — 모든 대중투쟁은 어쩔 수 없이 띠뚜, 까누, 비르사, 메가르 싱의 미완의 기획들을 모델로 삼게 될 것이다.

이 경향이 드러나도록 하기 위해 우리는 그 구조를 정의했고, 그 구조의 추동력과 방향성에 상당히 영향을 준 패러다임의 여러 계기들을 설명했다. 왜냐하면 역사학의 임무가 세계를 변화시키는 데에 기여하기 위해 과거를 해석하는 것이고, 또 그러한 변화에 의식의 근원적인 변혁이 포함되는 것이라면 다음과 같은 견해를 따르는 것보다 더 나은 것은 없기 때문이다. "의식의 개혁은 **오직** 세계로 하여금 자신의 의식을 알아차리게 만드는 데에 …… 세계를 상대로 세계 자신의 행동의 의미를

설명하는 데에 있다."3) 이 책의 목적은 농촌 세계의 전복을 목표로 삼았던 상당수의 역사적 행동들을 특징지은 어떤 의식의 논리를 설명해 보려는 데에 있었다. 이 작업이 더 영구적이고 더 포괄적인 전복을 이끌어 내고자 하는 모든 노력들과 연관될 수 있기를 기대한다.

저자의 주

제1장 서론

1) 이 계산은 세 권의 표준적인 저작들, 즉 S.B. Chaudhuri (1955)와 Ray (1966와 1970)에 수록된 사건들에 기초한 것이다. 아직까지 역사학자들은 완전한 목록의 작성을 중요한 연구 프로젝트로 추진하고 있지는 않지만, 목록이 완성되면 당연히 총계는 훨씬 더 많아질 것이다. 왜냐하면 특정한 지역들을 연구하는 학자들이 분명히 알고 있듯이, 간행된 사료들과 2차 저작물들에 기초하고 있는 그 저작물들 안에는 여러 아카이브들과 구전 문헌들로부터 복원되기를 기다리고 있는 수많은 현지의 소요 사례들이 포함되어 있지 않기 때문이다.
2) Saussure, 165쪽.
3) BC 1363 (54227), Vice-President's Minute (30 Mar. 1832); Blunt's Minutes (24 Mar.와 4 Apr. 1832). BC 1363 (54228), Neave to Government (29 Mar. 1832). JP, 19 July 1855, Elliott to Grey (15 July 1855). JP, 8 Nov. 1855, Lieutenant-Governor's Minute (19 Oct. 1855).
4) JC, 22 Nov. 1831 (no. 91).
5) 지금까지 전개된 논의에 관한 더 자세한 설명은 Guha(1983)를 보라.
6) 자연 발생성의 문제에 관한 이런 견해 및 그 밖의 견해들은 그람시에서 유래하며, 우리는 Gramsci, 196~200쪽에 있는 "자연 발생성과 의식적 지도"에서 인용했다.
7) 이 단락과 다음 단락에 등장하는 인용과 출처에 대해서는 Hobsbawm, 2, 5, 13, 23, 96, 118쪽과 H & R, 19, 205쪽을 보라.
8) J. Sarkar, 409~410쪽.
9) Bengal, I, 98쪽.
10) Gramsci, 333쪽.
11) MECW, VI, 504쪽.
12) Gramsci, 144쪽.
13) MHKRK의 여러 곳, 특히 clxxvi~viii쪽; Culshaw & Archer, 218~239쪽; D.C. Sen (1926), 265~271쪽; Baskay, 여러 곳을 보라.
14) Singh, Appendices H, I, K; Grierson, 257쪽; Saha, III, 97~100쪽; Ray (1966), 235쪽.

제2장 부정

1) Kosambi (1962), 32쪽.
2) D.C. Sen (1914), 421~436쪽.
3) Srinivas (1952), 172쪽.
4) Gough, 464~465쪽.
5) Gramsci, 273쪽. 강조는 인용한 사람이 추가한 것.
6) Hilton, 130쪽. 강조는 인용한 사람이 추가한 것.
7) FSUP, Ⅴ, 82쪽.
8) Ibid., Ⅲ, 121쪽.
9) Hilton, 131쪽. 강조는 인용한 사람이 추가한 것.
10) Zimmerman, Ⅰ, 389쪽; Bax, 125쪽.
11) MECW, Ⅹ, 453~454쪽. 강조는 인용한 사람이 추가한 것. 또한 Bax, 136쪽을 보라.
12) Zimmerman, Ⅱ, 20쪽.
13) Lefebvre (1973), 119쪽.
14) FSUP, Ⅴ, 657쪽.
15) BC 1502 (58893), Master to Thomason (17 Jan. 1833). 이 문제에 관한 더 많은 증거와 더 자세한 논의는 뒤의 제5장을 보라.
16) JP, 1855년 10월 4일, Money to Bidwell (6 Sept. 1855).
17) DRCR, 3쪽. 강조는 인용한 사람이 추가한 것.
18) 압떼의 사전에는 산스크리트 문법에서 사용되는 아띠데쌰(atideśa)라는 용어의 의미가 다음과 같이 나와 있다. "확장된 적용, 유비에 의한 적용, 하나의 속성을 다른 속성으로 전이함, 하나의 사례나 규칙을 다른 사례나 규칙으로 견인함." (Apte, 29쪽). 예컨대 빠니니는 그 같은 전이를 "sthānivad ādeśo 'nalvidhau"(Ⅰ. 1. 56)로 규정하고 다음과 같이 설명한다. "원래의 것에 따라 또는 원래의 것에 의해 수행되는 기능들은 대체물에 따라 또는 대체물에 의해 마찬가지로 수행될 수 있지만, 일정한 제약이 있다." 기술적으로 al-vidhi [규칙- 옮긴이]으로 알려진 것에 해당되는 경우는 예외라는 것이다(Pāṇini, 42~43쪽). 아띠데쌰 개념의 일반적 측면들과 특수한 측면들은 각각 Jaiminī, Pūrva-Mīmāmsā의 제7장과 제8장에서, 특히 다르샤뿌르나마사와 같은 하나의 원형적 희생 제의(prakṛti-yāga)의 세부 사항들이 그것을 본뜬 그 밖의 다른 희생(iṣṭi) 변형 제의(vikṛti-yāga)로 전이하는 것과 관련해서 논의되고 있다. (텍스트와 주석에 대해서는 Jaiminī, 417~503쪽을 보라.) 만트라들이

베다의 의식들을 주재하고 있으므로, 어떤 경우에는 그 같은 전이를 위해 만트라들이 수정될 필요가 있는데, "그 수정은 대개 만트라 중에서 한 단어를 뽑아내어 다른 것으로 대체하는 것이다." (Iyer, 190쪽.) 바르뜨리하리는 훌륭한 언어학 저서 『바꺄야빠디얌(Vākyapadīyam)』 (Ⅱ, 78쪽)에서 아띠데쌰의 그와 같은 용법을 타당하다고 인정했고, 그의 저서의 주석자 한 명에 따르면 "일상생활에서도 그 같은 전이는, 예컨대 누군가가 '이 크샤트리야에 대해서는 브라만을 대하듯이 행동하라'라고 말할 때처럼, 흔히 일어난다." (Bhartṛhari, 38쪽.)

19) H & R, 116, 118, 119, 121, 124, 125, 198쪽.
20) Ibid., 118쪽.
21) Ibid., 121쪽.
22) Ibid., 101쪽.
23) Trotsky, 204~205쪽.
24) FSUP, Ⅰ, 476쪽.
25) Ibid., 강조는 인용한 사람이 추가한 것.
26) Stokes, 138, 179쪽.
27) TTP.
28) Gramsci, 272쪽.
29) TTP.
30) Mao, Ⅰ, 30쪽. Ⅰ, 28쪽도 보라.
31) Zimmermann, Ⅱ, 20쪽.
32) Lefebvre (1970), 139쪽.
33) BC1362 (54224), Neave to Lambert (4 Feb. 1832); Lambert to Government (6 Feb. 1832). FSUP, Ⅱ, 8쪽.
34) Shiromani, 7/20쪽, 21쪽.
35) Tarkaratna, 58/38쪽, 41~43쪽. 깔리에게 특징적인 또 다른 전도들을 알려면 ibid., 58쪽/31~70쪽의 여러 곳을 보라.
36) 이러한 문헌의 몇몇 탁월한 사례들을 보려면 글룩만의 선구적인 저작들을 보라. Gluckman (1963), 110~136쪽 및 (1966), 109~136쪽. V.W. Turner, 160~203쪽은 이 현상에 관한 몇몇 중요한 이론적 성찰들을 포함하고 있고, Burke, 182~20쪽은 카니발(carnival)과 카니발적인 것(the carnivalesque)에 관한 유럽의 사례들을 풍부하게 모아 놓고 있다.
37) V.W. Turner, 95쪽.
38) Hilton, 138~139쪽; Franz, 137, 139, 143, 165, 174쪽; Davis, 178쪽; Lefebvre (1973), 43쪽; Holmes, 467~470쪽; Burke, 203~204쪽.

39) Gluckman (1966), 116쪽.
40) Gough, 472~473쪽.
41) Srinivas (1952), 19, 40, 42, 75, 102, 107n., 162~163, 164, 191, 199쪽 외 여러 곳.
42) Kosambi (1975), 199쪽.
43) Chakravarti, 131쪽.
44) 홀리 축제에 관한 가장 근대적인 설명 두 가지는 Lewis, 229~233쪽과 Marriott in Singer, 200~231쪽을 참조하라. 19세기의 설명들 중 일부는 Crooke (1968), II, 313~322쪽에 요약되어 있다.
45) 산스크리트 문법 연구자들에게 잘 알려져 있듯이, 빠니니(Pāṇini)의 『아슈따디야이(Ashṭāshyāyī)』에서 수집한 그러한 예외들 모두는 바또지 딕쉬따(Bhaṭṭoji Dīkshita)의 위대한 저작 『싯단따 까우무디(Siddhānta Kaumudī)』의 "와이디끼 쁘라끄리야(Vaidjkī Prakriyā)"라는 장 안에 수록되어 있다. Dīkshta, II를 보라.
46) V.W. Turner, 188쪽.
47) Ibid., 168~169쪽.
48) Marriott in Singer, 200쪽.
49) Lewis, 229쪽.
50) Hill (1972), 14쪽.
51) Barthes (1967*), 285쪽.
52) Lotman, 216~217쪽.
53) Huizinga, 21~22, 26쪽과 제12장 및 제15장 등 여러 곳.
54) 『마누 법전』이 차용하고 있는 것들에 관해서는 Bühler, "Introduction", 여러 곳을 보라. 또한 『마누 법전』에서의 인용문들과 다른 법전들에서 발견되는 유사한 구절들에 관해서는 Ibid., 515~582쪽을 보라.
55) Ibid., 2/208쪽, 210쪽. Viṣṇusmṛti의 연대에 관해서는 Jolly, "Introduction", 특히 xxxii쪽을 보라. 구루/씨스야 패러다임에 포함되는 관계들은 Jolly, 28/29쪽, 31쪽; 32/31쪽~33쪽에 기초하여 파악했다.
56) FSUP, V, 93쪽.
57) Carey, 196쪽.
58) Bourdieu, 21쪽.
59) Durkheim, 543쪽.
60) Srinivas (1952), 48쪽. Durkheim, 343~344쪽의 다음과 같은 말을 참고하라. "모든 이름은 그 이름을 지닌 사람의 본질적 요소로 간주된다. ……그래서

이름이 신성하다면 사람도 신성하다. 그러므로 세속적 삶을 살아가는 동안에는 그 이름이 불려 질 수 없을 것이다."

61) 까마르에 관해서는 Dube, 77쪽을 보라. 이와 유사한 싼딸들의 관습에 관해서는 Bompas, 356~357쪽을, 차마르[Chamar: 제혁업에 종사한 최하층 카스트의 하나-옮긴이]들의 관습에 관해서는 Russel & Lal, Ⅱ, 12쪽을, 바뜨라의 관습에 관해서는 Ibid., Ⅱ, 277쪽을, 할바의 관습에 관해서는 Ibid., Ⅲ, 198쪽을, 단와르의 관습에 관해서는 Ibid., Ⅱ, 501쪽을 보라.

62) 그 복합어는 당시에 brāhmaṇakshattriyabiṭśudrāh라고 씌어졌을 것이다. 수뜨라[sutra, 경구- 옮긴이], 즉 "alpāchtaram"(Ⅱ.2.34)에는 "카스트들은 순서대로 위치가 정해진다(varṇānām ānupūrvyeṇa pūrvanipātah)"라고 규정한 바르띠까[vārtika, 주석- 옮긴이]가 딸려 있다. 그러므로 드반드바사마사에서 음절들의 상대적 비중에 따라 단어의 조합을 지배하는 규칙은 이 특정한 사례 — 자체의 이미지로 문법을 만들어 내는 명백한 이데올로기적 사례 — 에는 적용될 수 없을 것이다(Pāṇini, 273~274쪽).

63) Bühler, 2/49쪽. 걸인들이 하는 말은 『쉬로마니(Shiromani)』에 나와 있는 꿀루까의 주석에서 따온 것이다.

64) Logan, 85, 127쪽.

65) Ibid., 85쪽.

66) Ferguson, 233~237쪽 외 여러 곳.

67) Geertz, 167쪽.

68) Bright & Ramanujan, 158~161쪽 외 여러 곳.

69) Gumperz, 170~171쪽. 194쪽.

70) Ibid., 168~169쪽.

71) Ibid., 41쪽.

72) 라빈드라나드 타고르와 가까웠던 정기간행물인 『사다나(Sadhana)』에서 한 필자는 명백히 이러한 타입의 벵골어 발화를 참고하여 1891년에 바드라따르 브하샤(bhadratar bhasha) — 벵골에서 최고의 힌두 카스트 세 가지 중 어느 한 가지에라도 속하는 사람의 지위에 적합한 발화 — 에 관해 글을 썼다. Anon (1891)을 참조하라. 디나반두 미뜨라의 희곡에 나오는 이 특정한 구절에 대한 논란에 관해서는 Guha (1974), 7쪽을 보라.

73) Burke, 183~184쪽, 187쪽.

74) Calame-Griaule, 301~306쪽.

75) Gluckman (1966), 110~111쪽, 116~117쪽.

76) Gough, 464쪽; Srinivas (1962), 42쪽, 164쪽.

77) G. Jha, 375쪽.

78) 이것들은 까우틸야의 『실리론』에 대한 샤마사스트리의 번역본 제3권의 제17장~19장에서 다루어지고 있다.

79) Kauṭilya, 220~221쪽.

80) 비교적 얼마 되지 않은 시기에 벌어진 이와 유사한 영국의 사례는 17세기에 불경스런 글을 출간하여 혀에 구멍이 뚫리는 처벌을 당한 어느 저자의 경우에서 찾아 볼 수 있다. Hill (1972), 176쪽.

81) 관례적 침묵을 영점의 발설로 규정하는 이러한 개념화는 소쉬르의 통찰에 기초한다. "언어는 어떤 것과 아무것도 아닌 것 사이의 대립으로 이루어진다." (Saussure, 86쪽). 바르뜨가 말했듯이, "영점은 …… (흔히 오류를 범하듯) 총체적 부재가 아니라 지시적 부재이다. 우리는 여기에서 순수한 차이 상태를 본다. 영점은 '아무것도 아닌 것에서' 의미를 창출하는 모든 기호들의 체계가 갖는 힘을 입증한다." (Barthes [1967], 77쪽.) 영점에 관한 자세한 논의는 Jakobson (1971), 211~219쪽의 "Signe Zéro"를 보라. 그 밖의 개념들의 경우에서처럼, 이 경우에도 역시 빠니니는 근대 언어 이론을 몇 세기나 앞지르고 있었다. 그 개념은 그의 수뜨라인 "아다르샤남 로빠하"(Ⅰ.1. 60)와 그 뒤의 Ⅵ. 1. 66, Ⅵ. 4. 118 등과 같은 몇몇 규칙들에서 나타난다. 바수가 자신의 『아슈따디야이(Ashṭādhyāyi)』 편집본에서 설명했듯이, "이 로빠는 일종의 대용어이거나 아데쌰로 간주되며, 그런 식으로 이 문법상의 '영'은 그것이 대체하는 것에 관한 모든 권리와 책임을 갖는다. 이 공백 또는 로빠는 여러 지역에서 실제 존재하는 것으로 취급되고 있어서, 명백한 형식을 갖는 모든 통상적인 대용어의 경우와 마찬가지로 그것에 적용되는 규칙들이 만들어져 있다. 문법학자들은 한 가지 종류의 공백에 만족하지 않고 …… 수학자가 사용하는 다양한 종류의 '영'들처럼 다양한 기능을 하는 …… 여러 가지 다른 공백들을 고안했다." (Pāṇini, 56쪽.)

82) Pocock, 95쪽.

83) Beals, 46, 73쪽.

84) Freeman, 85쪽.

85) Gumperz, 194쪽.

86) NNQ, 80쪽.

87) Hosein, 50쪽.

88) H & R, 211~212쪽. 영국의 경우, 날카로운 계급충돌의 시기에 말로 하는 복종이 파괴된 것은 오직 농촌에서만 있었던 현상이 아니었다. 내전이 발발하기 전의 불안정한 시기에 런던의 "시민들의 증오"는 "젠틀맨들, 특히 정신(廷臣)들을 향했는데", 그래서 그들 중 극소수만이 "감히 런던 중심부 안으로 들어올 수 있었을 뿐이고, 설령 들어왔더라도 어김없이 모욕을 당하거나 욕을 먹었다."(Hill [1972], 18쪽)

89) Mao, Ⅰ, 30쪽.
90) Freeman, 363쪽.
91) Brown & Gilman, 265쪽. 이 문단과 그 뒤에 이어지는 문단에서의 논의와 지식의 상당 부분은 이 탁월한 논문에 기초하고 있으며, 별도의 언급이 없으면 직접 인용문들은 모두 이 논문에서 나온 것이다.
92) Manu: tvamkaramcha gariasah, XI, 205쪽에 따르면 '뛰'로 누군가의 우월함을 말하는 것은 위법이었고, 그럴 경우 속죄하기 위해 목욕을 하고 단식을 해야 했으며 모욕을 당한 사람 앞에서 잘못을 고치겠다는 표시로 그의 분노를 진정시키는 절을 해야 했다.
93) 예컨대 Zimmermann, Ⅰ, 393, 394쪽을 보라. 농민군에서 피리를 부는 한 병사는 어느 백작의 모자를 잡아채어 그것을 머리에 쓰면서 말한다. "너(du)는 이제 충분히 누려왔으니, 나도 이참에 백작이 되어 보자." (Ibid., 393.) 그리고 반란군들은 백작 부인을 분뇨차에 태우고서 이렇게 조롱한다. "너(du)는 황금 마차를 타고 바인스베르크에 왔지만 이제 거름 마차를 타고 나가는구나."(Ibid., 394쪽.) 강조는 인용한 사람이 추가한 것. 1525년에 그런 식으로 뛰(T)가 사용된 다른 몇몇 사례들에 관해서는 Bax, 127쪽을 보라.
94) Dhanagare, 124쪽.
95) MDS, 582쪽.
96) Das Gupta, 686쪽.
97) DRCR, 3, 4쪽.
98) FSUP, Ⅲ, 113쪽; Ⅴ, 80~81쪽.
99) Lévi-Strauss (1976), 392쪽. 글쓰기에 관한 이러한 견해와 또 다른 성찰을 자극했던 그 에피소드를 충분히 설명하고 있는 Ibid., 385~399쪽을 보라. 저자는 샤르보니에와의 대담에서 이 주제로 돌아온다. Lévi-Strauss (1969), 29~31쪽을 보라.
100) Lévi-Strauss (1976), 394쪽.
101) 1450년 켄트에서 발생한 농민 봉기의 지도자 잭 케이드는 "모든 법적인 문서들을 불태워 '이제부터는 모든 것을 공유하자'고 제안했다." Hill (1974), 185쪽.
102) Day, 198쪽. 그런 태도는 어느 정도까지는 20세기에 들어와서도 지속된 것으로 보인다. 1920년대 말 벵골 북부 지역의 농민들 사이에서 조직 활동을 한 어느 민족주의자가 알게 되었듯이, 이곳의 미드나뽀르 자민다리 회사의 토지들을 관리하는 현지 사무소 책임자였던 한 백인은 농민들이 어떤 촌락에서 파트살라를 시작한 것을 알고는 극도로 당황했다. 그는 즉시 그 학교를 불태우라고 명령했다(S. Chowdhury, 43쪽). 빌스는 포스트-식민 인도에서조차

안드라 촌락의 지주와 그의 보좌역인 경찰서장이 촌락 아동을 위한 교육을 장려하는 일에 전혀 열의가 없음을 알게 되었다(Beals, 62~63쪽).

103) Lévi-Strauss (1976), 391쪽.

104) JP, 8 Nov. 1855, "Examination of Sedoo Sonthal late Thacoor". 강조는 인용한 사람이 추가한 것.

105) JP, 20 Dec. 1855, "Examination of Kanoo Sonthal".

106) "준언어적", "동작", "근접" 등의 용어는 Lyons, I, 63~67쪽에서 정의된 의미에 따라 사용되었다.

107) Bourdieu, 170, 218쪽, n. 44.

108) Abū-l Fazl, 166~167쪽.

109) Srinivas (1952), 47, 96쪽.

110) Dube, 77쪽; Fuchs, 80쪽; Freeman, 85쪽.

111) Tarkaratna (1910), 58/59쪽.

112) Singh, 56~57.

113) Bandyopadhyay, 28쪽.

114) Mayer, 220쪽.

115) Srinivas (1952), 63, 205쪽.

116) Fuchs, 81, 93쪽.

117) Abū-l Fazl, 168~169쪽.

118) Srinivas (1952), 48쪽.

119) Gumperz, 159쪽.

120) Lambrick, 31쪽.

121) Beals, 61쪽.

122) Singh, 77쪽.

123) 인류학 문헌은 말 타기, 상급 카스트의 집에 출입하기 등과 관련하여 하급 카스트 촌락 주민들에게 부과된 자세한 금지 사항들로 가득 차있다. 따라서 마드야 쁘라데쉬의 니마르 지구에서는 "말을 탄 발라이는 상급 카스트 남자를 만나거나 촌락을 통과할 때 반드시 말에서 내려야 한다. 흔히 라즈푸트들은 발라이가 그렇게 하는 것을 잊었을 때 강제로 그를 말에서 내리게 한다."(Fuchs, 81쪽.) 또한 로건에 따르면, 말라바르에서는 상급 카스트 힌두교도 집의 본채는 정원으로 둘러싸인 직사각형 주거 공간의 정중앙에 위치하곤 했다. "이 위치를 선택한 이유를 설명하자면, 말라얄리가 더러운 카스트들이 집 울타리까지는 접근하더라도 정원은 넘지 못하도록 그자들을 가능한 한 멀리 떼 놓으려 하기 때문이다."(Logan, 84쪽.)

124) Froissart, 212쪽.
125) Singh, 77쪽.
126) Hilton, 132쪽.
127) Pocock, 28쪽.
128) Hiro, 9쪽.
129) Russell & Lal, Ⅱ, 249~250쪽.
130) Gumperz, 41쪽.
131) Russell & Lal, Ⅱ, 451쪽과 Abū-l Fazl, 52쪽에서는 "왕실의 기장(旗章)들" 가운데 챠트르(Chartr)와 사야-반(Saya-ban)이 언급되고 있다.
132) Kripalani, 66쪽; Russell & Lal, Ⅱ, 453쪽, Ⅳ, 439쪽.
133) Fuchs, 81쪽; Russell & Lal, Ⅱ, 249쪽, Ⅳ, 439쪽; Hiro, 9쪽.
134) Anon. (1973), 926~927쪽.
135) Hegel (1975), 745쪽.
136) Barthes (1967*), 261쪽.
137) Gramsci, 272쪽.
138) Pearse, 138쪽.
139) Anon. (1891), 78쪽. 감차(gamcha)는 대개 목욕하고 난 후에 몸을 말리기 위해 사용되는 짧은 수직 면 옷이지만, 너무 가난해서 도띠를 입을 수 없는 자들은 때로는 그것을 허리에 두르는 옷으로 입기도 한다.
140) Logan, 127~128쪽; NNQ, 80쪽.
141) Russell & Lal, Ⅳ, 91, 143쪽.
142) Sinha 외, 122쪽.
143) Zimmermann, Ⅰ, 377, 393쪽.
144) Pearse, 136~139쪽.
145) Gwassa & Iliffe, 20쪽.
146) Kaviraj, 37쪽.
147) Saha, Ⅲ, 108쪽에서 인용함.
148) JP, 8 Nov. 1855, "Examination of Sedoo Sonthal late Thacoor". 시도가 체포된 지 약 3개월 후, 그의 형제들은 한 촌락에 캠프를 설치했는데, 그 촌락은 그들이 생각한 그 지역공동체의 배반 행위에 대해 보복하려고 봉기의 권위를 노골적으로 행사하면서 수많은 인질들을 잡아둔 곳이었다. 부루어 소령은 1855년 10월 22일 그 촌락을 습격하여 그들을 놀라게 했고, 그들은 적에게 붙잡히는 것을 간신히 모면했다. 인도 정부에 그 사건을 보고한 로이드 소장은 1855년 11월 1일자 자신의 편지에서 "그 세 지도자들은 도망자들 사이에

서 붉은 옷을 입고 있었기에 눈에 띄었다"라고 썼다(JP, 22 Nov. 1855).

149) Hobsbawm, 22쪽.
150) Fuchs, 31쪽; Pocock, 28쪽; Singh, 77쪽.
151) JP, 6 Dec. 1855, Lloyd to GOB, 19 Nov. 1855.
152) Zimmermann, Ⅰ, 394쪽.
153) Mao, Ⅰ, 28쪽.
154) Hill (1974), 200쪽.
155) Fuchs, 35쪽; Russell & Lal, Ⅱ, 453쪽, Ⅲ, 293쪽, Ⅳ, 439쪽.
156) MHKRK, cxxxii쪽.
157) Russell & Lal, Ⅲ, 293쪽.
158) C. Datta, Ⅰ, 4~5쪽.
159) MDS, 580쪽. 그 민요 가운데 "Sowarit choria jay paike mare juta"라는 행이 그와 관련된 것이다. D.C. Sen (1914), 1415쪽.
160) JP, 19 July 1855, Statement of Balai Majhi recorded on 14 July 1855; JP, 20 Dec. 1855, "Examination of Kanoo Sonthal".
161) Hobsbawm, 183쪽.
162) 이 측면에서 포스트-식민 인도의 상황을 얼마간 알아보려면 Bopegamage & Veeraraghavan, 142~143쪽 외 여러 곳을 보라.
163) King, 32쪽. 이 계몽적이고 대단히 독창적인 저작은 방갈로 복합 단지에 관해 중요한 많은 것들을 말해 주고 있다. King, 89, 91, 123, 146~150쪽 외 여러 곳을 참조하라.
164) JP, 23 Aug. 1855, Toogood to Grey (15 July 1855); Rose to Elliott (18 July 1855).
165) RIC, para., 3509쪽.
166) Stokes, 258쪽에서 인용한 Hoshangabad Settlement Report 1891~96. Russell & Lal, Ⅳ, 87쪽도 보라.
167) Day, 195~196쪽.
168) DRCR (B), 3쪽.
169) 이러한 사례들에 관해서는 다음을 보라. Kaviraj, 24, 27쪽; Ray (1966), 273쪽; J.C. Jha, 183쪽; K.K. Datta, 74~75쪽; FSUP, Ⅱ~Ⅳ, 여러 곳; DRCR, 여러 곳; JP (P), "Pubna Riot Case".
170) JP, 19 July 1855, Eden to Grey (9 July 1855).
171) JP, 8 Nov. 1855, Ward to GOB (19 Oct. 1855).
172) JP, 20 Dec. 1855, "Examination of Kanoo Sonthal".

173) JP, 4 Oct. 1855, Rose to Elliott (24 Sept. 1855). 특임관(特任官)인 워드 역시 1855년 9월 21일에 같은 취지의 글을 벵골 정부에 보냈다(Ibid.). 브라만들의 마법 능력에 대한 싼딸들의 믿음에 관해서는 Bompas, 356쪽에 있는 민간설화를 보라.

174) 『바유뿌라남』은 다음과 같이 말한다. "Śūdrā dharmam charishyanti yugānte paryupasthite". Tarkaratna (1910), 58/59쪽. Śambūka 에피소드에 관해서는 Tarkaratna (1908)에 있는 Rāmāyaṇam, Uttarakāṇḍa, lxxxvi~ix쪽을 보라.

175) Zimmermann, I, 269, 283, 365쪽.

176) Singh, 77, 79쪽.

177) Logan, 554, 555, 559, 560, 565, 582, 588쪽 외 여러 곳.

178) Khan (1965), 17~19쪽. 1837년에 발생한 사건들은 당시 다카에서 발간된 정기간행물 『다르빤(Darpan)』에 보도되었는데, 그것들은 Brajendranath Bandyopadhyay, Sambad Patre Sekaler Katha, III, 311~312쪽에 인용되었다.

179) BC 54222, Metcalfe & Blunt to Court of Directors (10 Apr. 1832), paras 13, 15. 소의 도살, 브라만들에 대한 물리적 폭행, 이슬람으로의 강제 개종 등에 대한 그 밖의 몇몇 주장들에 관해서는 ibid., para. 17을 보라. JC, 6 Dec. 1831, Money to Thomason (28 Nov. 1831)과 JC, 3 Apr. 1832, Alexander to Barwell (28 Nov. 1831)도 보라.

180) MECW, XI, 104쪽.

제3장 모호성

1) 이러한 전도의 사례들은 앞 장에서 자세히 논의된 바 있다. 농민이 존경의 표시로 자신의 평상에서 일어나지 않을 경우의 범죄에 대한 지주의 진술과 그 지주가 속한 계급의 구성원들이 부과하는 처벌에 관해서는 Steed, 132쪽을 보라.

2) Hay, 246~248쪽.

3) Thompson (1975), 191쪽.

4) Mustowfi, 14~15쪽.

5) Corbett, 130~131쪽.

6) MDS, 390쪽.

7) JC, 3 Apr. 1832, Alexander to Barwell (28 Nov. 1831).

8) BC 1363 (54227), Blunt's Minute (4 Apr. 1832).

9) J.C. Jha, 144~149쪽 여러 곳.
10) JP, 19 July 1855, Eden to Grey (9 July 1855); JP, 23 Aug. 1855, Elliott to Grey (19 July 1855). JP, 19 July 1855, Eden to Toogood (9 & 13 July 1855) 도 보라.
11) K.K. Datta, 50, 125~128쪽.
12) JP, 8 Nov. 1855, Minute by the Lieutenant-Governor of Bengal (19 Oct. 1855)
13) JP, 17 May 1855 (nos 26 & 27), Police Report for 1852.
14) 이 통계는 Lieutenant-Governor's Minute of 19 October 1855 (JP, 8 Nov. 1855)에서 인용했으므로, G.F. Brown's memorial of 12 December 1855 (JP, 20 Dec. 1855)가 반년마다 계산하여 밝힌 낮은 통계 수치보다 더 포괄적일 뿐 아니라 더 믿을 만한 것이라고 여겨진다.
15) DRCR, 2, 54쪽.
16) H & R, 77~81쪽.
17) Letter of 13 April 1771 from Boughton Rous, Supervisor of Rajshahi. Hunter (1897), 70쪽에서 인용.
18) Ibid., 71.
19) Keating to Cowper, 13 Oct. 1792, in: BDR, 29쪽.
20) Chaturvedi, 139쪽.
21) 이 문단과 다음 두 문단에서 우리가 다루는 로다들에 관한 정보 및 별도의 표시가 없는 모든 인용문들의 출처는 Bhowmick, 33, 35, 36, 46, 66, 266, 268, 270, 274~275쪽이다. 토지 보유에 관한 통계들은 앞의 저서에 있는 표 11과 12에, 그리고 범죄에 관한 통계들은 표 29에 따른 것이다.
22) H & R, 73쪽.
23) JP, 17 May 1855, no. 26.
24) Drake-Brockman, Hamipur District Gazetteer, 160쪽. Stokes, 134쪽에서 인용.
25) Henvey, 126~127쪽. 소수점 이하를 제외한 퍼센트 수치들은 Ibid., 127쪽에 나와 있는 아래와 같은 수치들을 근거로 작성되었다.

년도	강도 행각	약탈	"가옥 무단 침입"	가축 절도	기타 절도
1867년	57	274	13,665	10,218	18,699
1868년	100	435	17,017	12,196	22,208
1869년	122	509	23,297	6,751	32,090

헨비의 설명에 따르면 그 범죄를 금지하기 위한 특별 기구가 왕성하게 활동했다"라는 사실 때문이었다.

26) Arnold, 145쪽.
27) C. Datta, 8쪽.
28) Thompson (1975), 145쪽.
29) Mao, Ⅰ, 27쪽.
30) Hobsbawm, 183쪽.
31) Winslow, 158, 159쪽.
32) Thompson (1975), 144~145쪽.
33) Corbett, 101쪽.
34) Chaturvedi, 134~135쪽.
35) Winslow, 157, 159쪽; Thompson, 64쪽.
36) DRCR, 4쪽.
37) Ibid., 4~5쪽.
38) 여기에서 사용된 동의어의 개념과 의미상의 소음의 제거 장치로서의 그것의 기능에 관해서는 Macy 외, 285~289쪽을 보라.
39) G.W. Turner, 116쪽.
40) 이 구별은 중요하다. 앞에서 인용한 팔레르모의 여성은 빈곤 때문에 사소한 범죄를 저지른 자들을 파쇼가 받아들인 것에 대해 반대하지 않았는데, 심지어 그녀는 이러한 정책의 목표는 그들로 하여금 "또다시 범죄를 저지르지 않도록" 하기 위한 것이라고, 그리고 "파쇼의 목적이 사람들에게 더 이상 범죄를 저지르지 않을 조건을 만들어 주는 것"이라고 주장했다. Hobsbawm, 183쪽.
41) "무례하고 폭력적이고 대담한 놈"으로 알려져 있었던 하일브론 지역의 유명한 지도자 재클라인 로르바흐는 귀족인 뵈킹엔 시장의 살해에 연루되었다는 혐의를 받았고 또 "많은 빚을 지고 있었다."(Zimmermann, Ⅰ, 368쪽) 이 문단의 뒷부분에서 인용하고 있는 잉글랜드와 러시아의 사례들에 관해서는 각각 H & R, 105, 106쪽과 Hobsbawm, 27쪽을 보라.
42) Deputy Superintendent of Police to District Magistrate of Poona (17 June 1875), in: DRCR (C), 4쪽.
43) JC, 3 Apr. 1832, Alexander to Barwell (28 Nov. 1831); JC, 22 Nov. 1831, Barwell to Thomason (14 Nov. 1831).
44) 이 두 사례들에 관해서는 MDS, 324와 FSUP, Ⅴ, 921~922쪽을 보라.
45) JP, 17 May 1855, no. 27. 이어지는 수치는 JP, 7 June 1855, no. 106에 있는 통계에 따른 것이다.
46) 싼딸 부족의 지역 수장인 비르 싱이 케왈라와 도몬 두 사람을 자신의 강도

단에 불러들였다. 비르 싱은 집 안에 있는 사람들을 강탈하기 전에 그들을 잠들게 하는 방법을 알고 있다고 공언했다. 특별히 영험한 강도들이 강도에게 당하게 될 자들에게 수면 마법을 거는 능력은 인도 동부에서 오랫동안 지속되어 온 민간 전통이다. 그러나 비르 싱은 이러한 마법 능력은 오직 최근에 자기 부족의 주신(主神)인 찬도 봉가로부터 은혜 받은 것이며 그 능력을 저 위급한 해인 1854년에 습격 대비책으로 사용했다고 주장했는데, 그의 이러한 주장에는 벵골 대금업자들의 집에 쳐들어가는 것에 대한 도덕적 정당성을 은근히 시사하는 것 이상이 내포되어 있다. K.K. Datta, 51~52쪽. 이 문단에서의 케왈라와 도몬에 관한 직접적인 인용들과 정보의 출처는 다음과 같다. JP, 4 Oct. 1855, Money to Bidwell (6 Sept. 1855) and Lloyd to GOI (9 Sept. 1855); JP, 8 Nov. 1855, Bidwell to GOB (13 Oct. 1855) and Grey to GOI (31 Oct. 1855); JP, 6 Dec. 1855, "Statement of Runjeet Pergunnait of Sarmi". 도몬이 죽게 된 정황에 관한 이야기를 더 알려면 이 책 제5장을 보라.

47) JP, 17 May 1855, Bell to Registrar, Court of Sadar Dewany Adalat, Ft. William, 28 Apr. 1855.

48) JP, 8 Nov. 1855, "Examination of Sedoo Sonthal late Thacoor". "살라"는 "후레자식"을 뜻하고 "반추트"는 "씹할 년"을 뜻한다.

49) JP, 19 July 1855, Brown to GOB, 9 July 1855.

50) Ibid., Eden to Grey, 10 July 1855.

51) Hunter (1897), 244쪽. 강조는 인용한 사람이 추가한 것.

52) K.K. Datta, 52, 142쪽.

53) 1855년 7월 7일 판치까티아에서 벌어진 사건들의 기록에는 4개의 목격담이 있다. 이것들 중 두 개, 즉 우지르 셰이크의 목격담(JP, 19 July 1855, "우지르 셰이크가 1855년 7월 9일 아우랑가바드의 부행정관 앞에서 서약하고 행한 증언")과 시도의 목격담(JP, 8 Nov. 1855, "전(前)타쿠르인 시도 싼딸에 대한 심문")은 우리에게 무엇이 일어났는지는 알려 주지만 어떻게 일어났는지는 알려 주고 있지 않다. 까누가 체포된 후 그에게서 얻은 두 가지 진술(JP, 20 Dec. 1855, "싼딸 봉기 참가자들의 진술"; Ibid., "까누 싼딸에 대한 심문")만이 사건들을 더 자세히 알 수 있게 하는 데 도움을 주는데, 본문에서 이 사건들은 이러한 정보를 토대로 재구성된 것이다.

54) K.K. Datta, 53쪽.

55) 우리는 여기에서 두 개의 진술들을 한데 묶었다. 앞부분은 간접화법으로, 뒷부분은 직접화법으로 기록되어 있는데, 원문 그대로 두었다. 원문을 참고하려면 위의 주 53)을 보라

56) 이 인용문과 그 다음 인용문의 출처는 각각 FSUP, V, 272쪽, V, 81쪽이다.

강조는 인용한 사람이 추가한 것.
57) 이 문단과 다음 문단에서 논의되는 에타와의 지도자들 중 벤쿠트 싱에 관해서는 FSUP, V, 782~783, 802~803쪽을, 강가 싱과 룹 싱에 관해서는 Ibid., 775, 787, 795, 803쪽을, 니란잔 싱에 관해서는 Ibid., 795, 801, 842쪽을 보라.
58) 만일 별도의 언급이 없으면, 이어지는 설명 중 룹 싱의 경력에 관한 정보의 출처는 FSUP, V, 776, 782, 786, 794~796, 798, 799, 803, 804, 835~836, 841~842쪽 등이다.
59) FSUP V, 787~788쪽. 그 사건에 관한 다소 다른 설명에 관해서는 Ibid., 792쪽을 보라.
60) 센 굽타.
61) Hunter (1875), 서문. 센 굽타는 이 부분을 인용하면서도, 영국 지배의 이익에 관해 자화자찬하고 있는 첫 문장은 빠뜨리고 있다. Sen Gupta, 59쪽.
62) Ibid., 58쪽과 주 137).
63) JC, 6 Dec. 1831, Smith to Money (26 Nov. 1831).

제4장 양상

1) Corbett, 100~102쪽.
2) Thompson (1975), 145쪽.
3) Ibid., 145~146쪽.
4) Hobsbawm, 186쪽.
5) BC 1502 (58891), dent & Wilkinson to Thomason (16 Nov. 1832).
6) 이에 관한 많은 사례들이 기록으로 남아 있다. 예컨대 JP, 19 July 1855, Eden to grey (9 & 10 July 1855); Taylor to Mudge (7 July 1855); Mudge to Eden (8 July 1855); Toogood to Templer (10 July 1855) 등을 보라.
7) JP, 20 Dec. 1855, Sherwill to Brown (18 Oct. 1855).
8) BDR, 121쪽.
9) TTP.
10) JP, 23 Aug. 1855, Richardson to GOB (15 July 1855).
11) 이 문단에서 인용된 사례들의 출처는 별도의 언급이 없으면 Hobsbawm, 180, 187; H & R, 18, 65, 86; Sen Gupta, 38~39쪽; DRCR, 54쪽이다.
12) Lefebvre (1973), 118쪽. Ibid., 42쪽도 보라.

13) H & R, 197쪽. Ibid., 116쪽도 보라.
14) Kaviraj, 43쪽; Ray (1960), 109쪽.
15) Kaviraj, 23쪽, 주.
16) MDS, 579~580쪽.
17) Lefebvre (1973), 118쪽.
18) Franz, 143쪽.
19) MDS, 579~580쪽.
20) JC, 3 Apr. 1832, Alexander to Barwell (28 Nov. 1831).
21) Singh, 90쪽.
22) BC 1363 (54227), Cuthbert & Wilkinson to Thomason (12 Feb. 1832).
23) JP, 8 Nov. 1855, "Examination of Sedoo Sonthal late Thacoor".
24) 이 문단의 사실들과 인용문들의 출처는 FSUP, IV, 102~104, 284~285, 548~549쪽과 V, 41~42, 45, 49쪽이다.
25) 이 책 제7장을 보라.
26) FSUP, V, 44, 48, 94, 95, 108, 247, 251, 252쪽.
27) JP, 20 Dec. 1855, "Statement of Insurgent Sonthals".
28) BC 54222, Metcalfe & Blunt to Court of Directors (10 Apr. 1832), para. 5; JC, 22 Nov. 1831, Smith to Thomason (16 & 17 Nov. 1831), nos 82~84쪽.
29) JC, 13 Dec. 1831, Casement to Jackson (6 Dec. 1831); Mill to Thomason (8 Dec. 1831); Private Note from Jt. Magistrate of Pabna (7 Dec. 1831); Griffin to Mills (5 Dec. 1831); Griffin to Russell (4 Dec. 1831).
30) Sen Gupta, 70, 71~72쪽.
31) BC 2354 (146775), Mansfield & Wingate to Goldsmid (8 Jan. 1853). 이 일을 알려 준 수미트 구하에게 고마움을 전한다. 이 사건에 관한 나의 이야기는 이 보고서뿐만 아니라 Bombay (1880), 261~262쪽에도 근거한다.
32) Proceedings 16 Feb. 1853, Mansfield to Govt. of Bombay (27 Jan. 1853), in: BJD, 54, (890쪽). BJD, 61 (4316쪽), Proceedings, 29 June 1853. 강조는 원문의 것.
33) Singh, 76쪽.
34) Ibid., 88쪽, 주 100).
35) Ibid., 81~90쪽.
36) Ibid., 81~82쪽.
37) Hilton, 139쪽.
38) Franz, 143쪽.

39) Lefebvre (1973), 43쪽.
40) FSUP, V, 96, 99, 114, 273쪽.
41) K.K. Datta, 57쪽.
42) Singh, 77~81쪽.
43) Lefebvre (1973), 119~120쪽.
44) H & R, 211쪽
45) Buckland, 545쪽; Saha, II, 119쪽.
46) Hunter (1897), 240쪽.
47) 봉기의 첫 주 동안 싼딸 부대의 약탈에 참여한 발라이는 시도와 까누의 운송 수단으로 이용된 5~6개의 가마를 언급했다. 그는 뿌트구테아를 습격하는 동안에 포획된 말들은 싼딸 '다로가들'의 운송 수단으로 이용되었다고 말했다. 까누는 자신의 "군대"가 수그람뽀르를 공격하고 약탈했을 때 자기는 "말 등 위에" 있었으며, "두 마리의 코끼리와 두 개 또는 네 개의 가마(palkie)들"은 파쿠르를 약탈하여 획득한 전리품 중의 일부라고 말했다. JP, 19 July 1855, Toogood to Grey (14 July 1855의 동봉(同封) 문서); JP, 20 Dec. 1855, "Examination of Kanoo Sonthal"을 보라. "시도와 까누는 가마들 안에 있고/찬드와 바에로는 말 위에 있네"라는 행으로 시작되는 봉기 노래(Culshaw & Archer, 221)도 참조하라.
48) Lefebvre (1973), 120쪽; H & R, 211쪽.
49) JP, 8 Nov. 1855, "Examination of Sedoo Sonthal late Thacoor"; K.K. Datta, 102쪽.
50) Singh, 105쪽.
51) Ibid.
52) Ibid., 101쪽.
53) 일종의 농담 기술로서의 전위를 검토하려면 Freud, Ch. II의 여러 곳을 보라.
54) Lefebvre (1973), 120쪽.
55) Singh, 102쪽.
56) Sen Gupta, 41쪽. 유감스럽게도 현지어 판본으로 출간된 『암리타 바자르 파트리카(Amrita Bazar Patrika)』의 원본은 구할 수 없다. 여기에서 인용된 텍스트는 『힌두 패트리어트(Hindu Patriot)』(1873년 7월 14일자)에 실려 있는 번역본이다.
57) O'Malley (1923), 3~5쪽. 찰란 빌 지역은, 빠브나 지구에 속하는 부분만을 포함시킬 경우, 88제곱마일로 추산되었다.
58) Ibid., 17~18쪽. Saha, I, 75~76쪽에 있는 묘사도 이와 동일하다. 그 저자

에 따르면, 이런 종류의 집단적 고기잡이에 참가한 자들은 바훗(*bahut*)으로 알려졌고, 5개 내지 7개의 촌락에서 뽑힌 그 참가자들의 수는 경우에 따라선 200명에서 300명이나 될 만큼 많았다.

59) Sen Gupta, 70쪽.

60) Saha, Ⅰ, 118~119쪽; Ⅲ, 99쪽.

61) MHKRK, cxli쪽.

62) Ibid.

63) JP, 6 Dec. 1855, "Statement of Runjeet Pergunnait of Sarmi".

64) MHKRK, clxxvii쪽.

65) Ibid., cxlii쪽.

66) Ibid.

67) JP, 6 Dec. 1855, "Copy of a Division Order issued by Major General G. W. A. Lloyd C. B. Comd g. Dinapore Division and Sonthal Field Force" (15 Nov. 1855).

68) 이에 관한 많은 사례들이 기록으로 남아 있다. 예컨대 JP, 6 Dec. 1855, Halliday to Gott (25 Nov. 1855); Jenis to Parrott (ibid.); Halliday to Parrott (30 Nov. 1855)를 보라.

69) MHKRK, cxlii쪽.

70) Bompas, 417쪽.

71) MHKRK, cxxxvi쪽.

72) JP, 23 Aug. 1855, Maseyk to Eden (13 July 1855).

73) JP, 15 Nov. 1855, "19 Jonar saotaler kagaj".

74) JP, 8 Nov. 1855, Ward to GOB (19 Oct. 1855); Thompson to Ward (15 Oct. 1855); Russell to Ward (25 Oct. 1855); Russell to Offg. Magistrate of Birbhum (ibid.); Russell to Magistrate of Chittagong (ibid.).

75) 여기에서 그리고 이 문단의 나머지에서 우리가 갖고 있는 정보의 출처에 관해서는 다음을 보라. JP, 20 Dec. 1855, "Weekly Sanitary Report of the Civil Surgeon on the State of the prisoners in Beerbhoom Jail for the week ending 19th November 1855"; Thompson to Russell (30 Nov. 1855).

76) MHKRK, cxxxv쪽.

77) JP, 6 Dec. 1855, "Extracts from the Proceedings of an European Court Martial convened at Camp Jilmillee on the 22nd day of November 1955 etc."; "Statement of 20 convicts sentenced by the sessions Judge of Zillah Beerbhoom ...... 3rd December 1855" in BDR, 125~126쪽; "Statement of 22 convicts sentenced by the S. Judge of Zillah Beerbhoom ...... 3rd Dec. 1855", in: Ibid.,

129~130쪽. 비르붐 명단에 있는 4명의 비(非)싼딸들은 이 수치에 포함되지 않았다.

78) BDR, 129~130쪽.
79) JP, 25 Oct. 1855, Bird to GOI (30 Sept. 1855).
80) 집단 작업을 통해 획득한 물고기와 사냥감에 대한 그 같은 분배 규칙에 관해서는 MHKRK, cxli쪽, cxliv~v쪽을 보라.
81) Sherwill, 40쪽.
82) 리처드슨의 일기(1855년 10월 4일자)에 들어 있는 JP, 8 Nov. 1855, "Operations of the Sonthals etc."
83) JP, 19 July 1855, Toogood to Grey (14, July 1855의 동봉 문서)
84) JP, 20 Dec. 1855, "Statement of Insurgent Sonthals".
85) 위의 주 83)을 참조할 것.
86) JP, 20 Dec. 1855, "Examination of Kanoo Sonthal".
87) Trotsky, 202쪽.
88) Mao, I 34, 36쪽.
89) J.C. Jha, 172쪽.
90) Lefebvre (1973), 119쪽.
91) Hilton, 132쪽.
92) Trotsky, 205쪽.
93) 이 노래의 텍스트 전문은 D.C. Sen (1914), 1413~1418쪽에 실려 있다. Kaviraj, 97~102쪽에는 이 노래의 다소 다른 버전이 『랑뿌르 사히티야 빠리샤드 빠뜨리까(Rangpur Sahitya Parishad Patrika)』에서 인용되어 재수록되었다.
94) BC 1502 (58891), Dent & Wilkinson to Thomason (16 Nov. 1832).
95) Elwin, 254쪽..
96) JC, 22 Nov. 1831, Smith to Thomason (16 Nov. 1831).
97) Khan (1965), 34쪽.
98) FSUP, IV, 117~119쪽.
99) JP, 19 July 1855, Toogood to Grey (13 July 1855); Elliott to Grey (15 July 1855); Rose to Elliott (14 July 1855).
100) FSUP, V, 39쪽.
101) Thornhill, 87쪽.
102) Trotsky, 205쪽; H & R, 198~203쪽.
103) Lefebvre (1973), 119쪽.

104) J.C. Jha의 저서의 여러 곳, 특히 제2장을 보라.
105) BC 1502 (58891), "Statement exhibiting the Amount of Property plundered and burnt during the late Insurrection in Chota Nagpoor". 그 4개 구역은 토리, 로하르다가, 소네뿌르, 팔코테이다.
106) K.K. Datta, 86쪽.
107) JP, 19 July 1855, "Statement made before the Assistant Magte. at Berhampore etc."; Elliott to Grey (15 July 1855); Hampton to Rose (13 July 1855); Murray to Birbhum Magistrate (14 July 1855).
108) Ibid., "Statement made before the Assistant Magte. at Berhampore etc."
109) Ibid., Toogood to Grey (13 July 1855).
110) Ibid., same to same (14 July 1855).
111) K.K. Datt, 80쪽. 다다가 인용한 발췌문 안에 있는 "쓰고 있던(wrote)"은 "쓰고 있는(write)"의 오식임이 분명하다.
112) JP, 4 Oct. 1855, Rose to Elliott (24 Sept. 1855).
113) Carey, 9쪽.
114) FSUP, III, 627쪽; V, 632, 634, 656~657쪽.
115) 꾼비에 관해서는 DRCR, 2, 3쪽을, 모쁠라에 관해서는 Logan, 554, 555, 560, 563, 586, 588 쪽 외 여러 곳을 보라.
116) 이 문단에 담긴 봉기에 관한 자세한 사항들은 Singh, 97쪽, 106쪽과 주 19), 68)을 비롯하여 그 책의 제6장에서 인용한 것이다.
117) Hunter (1897), 234쪽.
118) Ibid.
119) Ibid., 235쪽.
120) JP, 19 July 1855, Richardson to Elliott (14 July 1855); Elliott to Grey (15 July 1855).
121) Hunter (1897), 235쪽.
122) JP, 6 Dec. 1855, Bird to Becher (23 Nov. 1855).
123) 앞의 주 105)와 동일. 총량은 822, 992, mds. 24 srs. 3/4 chh.로 되어 있다.
124) FSUP, IV 32, 556~558쪽; V, 32쪽.
125) Zimmermann, I, 171, 303, 374쪽; II, 90~91쪽.
126) Lefebvre (1973), 44, 45, 101, 108, 109, 120쪽.
127) Gwassa & Iliffe, 14~15쪽.
128) Mao, I, 53쪽.
129) Labry, *Autour du Moujik*. Hobsbawm, 187에서 인용. 강조는 인용한 사람이

추가한 것.

130) Hobsbawm, 26쪽.
131) Thompson (1975), 160~161쪽.
132) Mao, Ⅰ, 36~37쪽.
133) Biharilal Sarkar, 30쪽(가우땀 바드라 덕분에 이 부분을 참조할 수 있었다); BC 1363 (54227), Cuthbert & Wilkinson to Thomason (12 Feb. 1832).
134) JP, 20 Dec. 1855, "Examination of Kanoo Sonthal".
135) JP, 8 Nov. 2855, Chapman to Bidwell (22 Oct. 1855).
136) D.C. Sen (1926), 267쪽.
137) Elwin, 255쪽.
138) JP, Tayler to Mackenzie (23 Aug. 1873)에 동봉된 JP (P), "Pubna Riot Case".
139) DRCR, 2, 3쪽.
140) MDS, 323, 564, 582쪽.
141) BC1502 (58891), Dent & Wilkinson to Thomason (16 Nov. 1832).
142) 앞의 주 105와 동일.
143) JP, 19 July 1855, Toogoog to Grey (14 July 1855). 물론 "깔루의 집"은 "까누의 집"으로 읽혀야 한다.
144) Ibid, Eden to Grey (9 July 1855).
145) BDR, 120~121쪽.
146) Ibid., 122쪽.
147) JP, 4 Oct. 1855, Ward to GOB (16 Sept. 1855).
148) Ibid., Ward to Grey (19 Sept. 1855).
149) Ghose, 791쪽.
150) JP, 20 Dec. 1855, "Statement of Insurgent Sonthals".
151) JP, 22 Nov. 1855, Phillips to Parrott (30 Oct. 1855).
152) Ibid., Pester to Parrott (31 Oct. 1855)
153) Ibid., Hampton to Parrott (31 Oct. 1855).
154) JP, 8 Nov. 1855, "Memo. shewing the List of Villages burnt in the Sonthal Districts, as also the quantity of Grain destroyed and removed by the Bengalees on the 10th of October 1855" (12 Oct. 1855).
155) Ibid., Ward to GOB (22 Oct. 1855)
156) J.C. Jha, 77쪽.
157) Lefebvre (1973), 118쪽. 강조는 인용한 사람이 추가한 것.
158) Ibid., 117~118쪽.

159) Singh, 107쪽.
160) JP, 19 July 1855, Toogood to Grey (14 July 1855의 동봉 문서).
161) JP, 20 Dec. 1855, "Statement of Insurgent Sonthals".
162) 독일의 농민전쟁 시기에 반란자들은 필요할 때마다 자신들 중 한 명을 약탈의 장인(匠人)으로 선출하곤 했다. 그들은 자신들이 채택한 이 봉건적 인습을 민주화하여 귀족과 맞서는 또 다른 방식으로 운용했다. 그리고 이 약탈의 장인의 의무는 "공개적인 약탈 목표로 선언된 집들과 궁전들의 약탈"을 이끄는 것이었다. Zimmermann, Ⅱ, 24, 133쪽.
163) BC 1363 (54227), Sutherland's Note to Vice-President's Private Secretary (Mar. 1832).
164) JP, 4 Oct. 1855, Lloyd to GOI. 립트랩 대령의 편지(1855년 9월)에서 인용.
165) JP, 8 Nov. 1855, Grey to GOI (31 Oct. 1855).
166) Ibid., Chapman to Bidwell (22 Oct. 1855).
167) JP, 19 July 1855, Toogood to Grey (14 July 1855의 동봉 문서); JP, 20 Dec. 1855, "Statement of Insurgent Sonthals".
168) JP, 23 Aug. 1855, Toogood to Grey (15 July 1855).
169) 이 수치는 JP (P), "Pubna Riot Case"에 있는 세목들에 근거한 것이다.
170) H & R, 195쪽.
171) 자세한 내용에 관해서는 MDS, 213, 323, 326, 330~332, 580, 582쪽; Kaviraj, 21~24, 27~28쪽; Sen Gupta, 160~183쪽, Sundarayya, 30, 33, 37, 38, 52, 58, 163, 234, 287~289, 292, 297쪽을 보라.
172) BDR, 125~126쪽 및 129~130쪽. BDR, 130쪽에 있는 "1855년 11월 7일"이라는 날짜는 필사(筆寫)한 사람 또는 인쇄인이 1855년 11월 17일을 오식한 것임이 분명하다.
173) Hunter (1897), 244~245쪽.
174) BC1362 (54225), Neave to Lambert (10 Feb. 1832); BC 1363 (54226), Russell to Braddon (18 Apr. 1832); H & R, 119쪽. 강조는 인용한 사람이 추가한 것.
175) Singh, 114~115쪽.
176) 리처드슨(Richardson)의 일기(1855년 10월 4일자에 동봉된), "Operations of the Sonthals during their recent raid into the Operbundah Thanah Jurisdiction". in JP, 8 Nov. 1855.
177) BC 1502 (58891), Dent & Wilkinson to Thomason (16 Nov. 1832).
178) Ibid., "Return of Men and Women who were murdered during the Insurrection in Chota Nagpur". 방화 통계에 관해서는 앞의 주 105)를 보라.

179) Lefebvre (1973), 108쪽.
180) Ibid., xi쪽.
181) Mao, Ⅰ, 38쪽.
182) BC 1502 (58893), Master to Reid (22 Oct. 1832)에 있는 "Nagpur Trials" (no. 85).
183) JP, 20 Dec. 1855, "Examination of Kanoo Sonthal".
184) "Nagpur Trials" (no. 77). 출전은 앞의 주 182)와 동일.
185) K.K. Datta, 73~74쪽.
186) Ibid.; BC 1363 (54227), "Note from Major J. Sutherland, etc" (March 1832), para 15.
187) Hegel (1975), 353쪽.
188) MECW, Ⅲ, 40, 106쪽.
189) Abū-l Fazl, 165쪽.
190) Beals, 60쪽.
191) MECW, Ⅲ, 106쪽.
192) Cohn, 62쪽.

제5장 연대

1) Froissart, 151, 153쪽
2) Ibid., 153쪽. 강조는 인용한 사람이 추가한 것..
3) BC 1502 (58891), Dent & Wilkinson to Thomason (16 Nov. 1832); BC 1502 (58893), Master to Thomason (17 Jan. 1833). 강조는 인용한 사람이 추가한 것.
4) JP, 8 Nov. 1855, Ward to GOB (13 Oct. 1855).
5) JP, 22 Nov. 1855, Ward to GOB (28 Oct. 1855).
6) 제3장의 여러 곳을 보라.
7) S. Sen, 56쪽.
8) Ibid., 57쪽.
9) Sundarayya, 249쪽.
10) 여기에서 사용된 "이중적"이라는 용어는 체리에 따르면 "주파수 구분 없이 두 개의 메시지를 하나의 회선으로 동시에 전송하는 것"을 가리킨다. Cherry, 37쪽을 보라.

11) 이에 관해서는 Khan (1961) 제3장의 여러 곳에서 충분히 언급되어 있다.
12) O'Malley (1925), 46쪽.
13) 다나가르는 이 문제에 관한 탁월한 연구서를 남겼다.
14) Sen Gupta, 8, 9, 51쪽.
15) Ibid., 52쪽.
16) 센 굽타가 봉기의 세속적 성격을 보여 주기 위해 제기한 다소 부적절한 두 가지 주장들은 쉽게 기각된다. 그에게 "[소작농들의] 동맹의 최고 지도자 2명이 …… 힌두 카스트였다 …… 는 사실"은 저항의 비종교 공동체적 성격의 결정적 증거로 간주된다(Ibid., 51~52쪽). 그런 식으로 하면 누구나 그 동맹과 운동의 반지주적 성격을 부정할 수 있다. 왜냐하면 이들 2명의 최고 지도자 모두는 지방 젠트리이기도 했는데, 센 굽타 자신이 당시의 확실한 증거에 기초해서 말하고 있듯이 지방 젠트리들은 지주들과 밀접하게 동맹하면서 (주민의 9퍼센트에 불과한) 소규모의 지방 엘리트의 한 분파를 형성하고 있었기 때문이다(Ibid., 8쪽). 반란 농민대중을 구성한 사람들의 사회적 출신은 모든 경우에 그들의 지도자들의 사회적 출신과 일치하지 않는다. 그 같은 불일치는 전 세계적으로 수많은 역사적 시기의 농촌 봉기들에 공통적이다. 그 어긋남의 작동은 오직 부정적인 의미에서만, 즉 농민들의 대중행동의 객관적 성격과 그들의 의식의 심급 사이의 불일치를 보여 주는 하나의 지표로서만 중요하다. 이런 상황들 — 귀족에 속하는 자가 반(反)봉건 폭동에 앞장서고 가톨릭 사제가 수도원에 대한 공격을 이끄는 등의 — 에서는 온갖 종류의 역사적 둔사(遁辭, quirk)들이 가능하다. 센 굽타가 제기한 또 다른 주장은 "빠브나 주민들 다수가 하급 카스트 힌두교도였으나 개종하여 이슬람교도가 된 자들"이었다는 것과 "그런 자들은 자민다르들이 힌두교도라는 이유만으로도 지주들에 대항하여 봉기할 수 없었다"라는 것이다(Ibid., 52쪽). 왜 봉기할 수 없는가? 모쁠라 농민 폭력의 심화는 노예 카스트에 속하는 힌두교도 케루마르들이 19세기 내내 점점 더 많이 이슬람으로 개종한 것과 직접 일치했고, 젠미라 불린 힌두교도 지주들에 대항한 농민 봉기들에 그들이 적극적으로 가담했다는 사실은 의심의 여지가 거의 없을 것이다(Dhanagare를 보라).
17) Sen Gupta, 39쪽.
18) Ibid., 10, 51쪽(주 105).
19) O'Malley (1923), 32쪽.
20) Ibid., 25쪽.
21) Singh, 77~81쪽.
22) BC 1502 (58893), Master to Thomason (17 Jan. 1833). J.C. Jha, 176, 183~184쪽도 보라.

23) BC 1502 (58891), Dent & Wilkinson to Thomason (16 Nov. 1832).
24) Singh, 25쪽.
25) J.C. Jha, 78~83쪽.
26) BC 1362 (54223), GOB to Court of Directors (25 Sept. 1832); BC 1362 (54224), Neave to Lambert (4 Feb. 1832), Lambert to Judicial Department, GOB (6 Feb. 1832).
27) Singh, 55쪽.
28) Ibid., 63쪽.
29) Ibid., 64쪽.
30) Ibid., 82쪽.
31) Ibid., 84쪽.
32) BC 1502 (58893), Master to Thomason (17 Jan. 1833). 앞의 제4장 주 182)에 서처럼 "Nagpur Trials"(nos 38, 85)도 보라.
33) 예를 들면 BC 1363 (54226), Russell to Braddon (18 Apr. 1832), para. 12를 보라.
34) BC 1362 (54225), Neave to Lambert (10 Feb. 1832).
35) Singh, 195쪽.
36) MHKRK, clxxvii쪽.
37) Ibid.
38) 출전: Sherwill, 63쪽. 이러한 비율들을 산출케 한 통계는 아래와 같다.

	주민 수(%)	촌락의 수(%)	지역 크기(단위:제곱마일)(%)
말	33,780(28.9)	921(38.5)	56(18.1)
싼딸	83,265(17.1)	1,473(61.5)	254(81.9)
총계	117,045(100)	2,394(100)	310(100)

39) Ibid., 45.
40) K.K. Datta, 92쪽. 부얀의 이름들은 죄수들의 명단에 흔하게 등장한다. 그런 명단 중의 하나를 알려면 JP, 8 Nov. 1855, Rose to Ward (12 Oct. 1855)를 보라.
41) JP, 19 July 1855, Toogood to Grey (14 July 1855의 동봉 문서).
42) 앞의 주 38)을 보라.
43) JP, 4 Oct. 1855, Lloyd to Military Department, GOI (15 Sept. 1855).
44) JP, 8 Nov. 1855, Birbhum Collector's Diary (4 Oct. 1855).

45) Ibid., Ward to GOB (13 Oct 1855).
46) Rochardson to Grey (9 July 1855). 이것은 JP, 19 July 1855에 목록 번호 1번 — 그 자료 전집에서 싼딸 반란에 관해 최초로 기록된 바로 그 문서 — 로 분류되어 있다.
47) Hunter (1897), 250쪽.
48) K.K. Datta, 57쪽.
49) 공식적으로 환기된 유사 현상들에 관해서는 JP, 19 July 1855L Elliott to Grey (15 July 1855)와 JP, 8 Nov. 1855, Minute by Lieutenant-Governor of Bengal (19 Oct. 1855)을 보라.
50) CR, 246쪽.
51) 바이라기에 관해서는 JP, 22 Nov. 1855, Ward to GOB (28 Oct. 1855)를, 바우리에 관해서는 ibid.와 JP, 4 Oct. 1855, "Statement of the cases against Sonthal prisoners now in Sooree Jail" (25 Sept. 1855), 보야에 관해서는 ibid.와 JP, 22 Nov. 1855, Eden to Bidwell (6 Nov. 1855), 카펜터에 관해서는 CR, 246쪽, 당가르에 관해서는 JP, 22 Nov. 1855, Ward to GOB (28 Oct. 1855), 돔에 관해서는 JP, 4 Oct. 1855, "Statement of the cases against Sonthal prisoners now in Sooree Jail" (25 Sept. 1855); JP, 22 Nov. 1855, "Examination of Sedoo Sonthal late Thacoor"; JP, 22 Nov. 1855, Eden to Bidwell (6 Nov. 1855), 그왈라에 관해서는 JP, 25 Oct. 1855, "Abstract of Police Reports in Bhaugulpore", Bidwell to GOB(3 Oct. 1855); JP, 6 Dec. 1855, Lloyd to Grey (19 Nov. 1855); Ibid., "Extract Proceedings of a Court Martial assembled at Camp Noni Haut by order of Major General G. W. A. Lloyd ······ on 19th day of November 1855"; K.K. Datta, 57쪽; CR, 246쪽, 하리에 관해서는 JP, 22 Nov. 1855, Ward to GOB (28 Oct. 1855), 졸라하에 관해서는 JP, 4 Oct. 1855, "Statement of the cases against Sonthal prisoners now in Sooree Jail" (25 Sept. 1855); JP, 22 Nov. 1855, Eden to Bidwell (6 Nov. 1855), 꿀와르에 관해서는 JP, 22 Nov. 1855, Bird to Military Department, GOI (6 Nov. 1855); JP, 22 Nov. 1855, Ward to GOB (8 Nov. 1855), 꾸마르에 관해서는 JP, 4 Oct. 1855, Ward to GOB (16 Sept. 1855); JP, 8 Nov. 1855, "Examination of Sedoo Sonthal late Thacoor"; JP, 22 Nov. 1855, Ward to GOB (28 Oct. 1855); Ibid., (8 Nov. 1855); Ibid., Bird to Military Department, GOI (6 Nov. 1855); CR, 246을, 로하르에 관해서는 ibid.; JP, 19 July 1855, Toogood to Grey (14 July 1855의 동봉 문서); JP, 4 Oct. 1855, Ward to Grey (19 Sept. 1855); JP, 25 Oct. 1855, Birbhum Collector's Diary (2 Oct. 1855); CR, 246쪽, 뗄리에 관해서는 ibid.; JP, 8 Nov. 1855, "Examination of Sedoo Sonthal late Thacoor"; JP, 22 Nov. 1855, Bird to Military Department, GOI (6 Nov. 1855); Ibid., Ward to

GOB (8 Nov. 1855); Ibid., Eden to Bidwell (6 Nov. 1855)을 보라.
52) JP, 22 Nov. 1855, Bird to Military Department, GOI (6 Nov. 1855).
53) BDR, 125~126쪽.
54) 이 책의 219-220쪽을 보라.
55) 시도의 진술에 관해서는 JP, 8 Nov. 1855; "Examination of Sedoo Sonthal late Thacoor"를 보라. 꾸마르의 가담에 관한 몇몇 다른 증거에 관해서는 JP, 22 Nov. 1855, Ward to GOB (28 Oct. 1855)와 Ibid., (8 Nov. 1855)와 Ibid., Bird to Military Department, GOI (6 Nov. 1855) 및 BDR, 129쪽에 있는 "Statement of 22 convicts sentenced …… dated 3rd Dec. 1855"를 보라. 워드는 1855년 9월 16일에 비르붐의 수리 읍에서 싼딸들과 꾸마르들 간의 불화에 관해 벵골 정부의 장관에게 이렇게 보고했다. "그들[싼딸들]이 적정 식량 부족으로 상당히 고통을 겪고 있다는 보고는 거의 의심할 바 없이 사실이며 …… 불행스럽게도 그들 봉기 참가자들은 다섯 개의 번외 계급들 중 하나인 꾸마르들과 다투게 되어 요리용 항아리들을 얻을 수 없다. 이는 그들의 곤경을 가중시키고 있지만, 그래도 항복하려는 어떠한 기미도 없다." JP, 4 Oct. 1855.
56) JP, 25 Oct. 1855, "Abstract of Police Reports in Bhaugulpore", Bidwell to GOB (3 Oct. 1855).
57) JP, 6 Dec. 1855, Lloyd to Grey (19 Nov. 1855).
58) Ibid., "Extract Proceedings of a Court Martial assembled at Camp Noni Haut by order of Major General G. W. A. Lloyd …… on 19th day of November 1855".
59) JP, 19 July 1855, Toogood to Grey (14, July 1855의 동봉 문서).
60) JP, 25 Oct. 1855, Birbhum Collector's Diary (2 Oct. 1855).
61) JP, 6 Dec. 1855, Phillips to Major of Brigade, Raniganj (10 Nov. 1855).
62) BDR, 125~126쪽에 있는 "Statement of 20 convicts sentenced …… dated 3rd December 1855".
63) JP, 20 Dec. 1855, Phillips to Parrott (4 Dec. 1855).
64) JP, 4 Oct. 1855, Ward to Grey (19 Sept. 1855).
65) JP, 8 Nov. 1855, "Examination of Sedoo Sonthal late Thacoor".
66) JP, 20 Dec. 1855, "Examination of Kanoo Sonthal".
67) MHKRK, clxxvii쪽.
68) JP, 6 Dec. 1855, Lloyd to Grey (19 Nov. 1855).
69) Kling, 86에서 인용된 RIC, para. 2213.
70) FSUP, I, 474쪽.
71) FSUP, V, 486쪽.

72) B.B. Chaudhuri (1973), 228~229쪽.
73) BC 2354 (146775), Mansfield & Wingate to Goldsmid (8 Jan. 1853), para. 18쪽.
74) DRCR (C), 208~209쪽.
75) Ibid., 211쪽.
76) Sen Gupta, 110~111쪽. 산딥의 농민들도 1870년에 [세금] 조사 반대 운동이 벌어졌을 때 amins(조사관들)에게 호의를 베풀지 못하도록 방화 위협을 활용했다. 그 위협은 한 민요의 다음과 같은 행에서 명확하게 정식화되었다. 그 행은 "Lal bolod lagai dium zeter barit amin ase"이며, "조사관들을 묶게 한 자들의 집에는 붉은 황소들을 놓아두리라"라는 뜻이다(Grierson, 257~259쪽). 물론 "Lal bolod" 즉 붉은 황소는 방화하기 위한 횃불을 완곡하게 표현한 것이었다. Ray (1966), 414~415쪽을 보라.
77) Zimmermann, II, 100쪽.
78) Ibid., I, 361쪽.
79) Kaviraj, 40~41쪽. 이 특수한 타입의 커뮤니케이션들은 흔히 사용되었던 것으로 보인다. 『1783년 랑뿌르 봉기의 원인에 관한 랑뿌르 위원회 보고서(Report of the Rungpore Commission on the Causes of the Insurrection in Rungpore in the year 1783)』가 주장했듯이, "당시 봉기 참가자들은 소작농들에게 함께 모여 자신들의 집회에 참여하라고 명령하는, 그리고 그들이 거부하거나 지체할 경우에는 그들의 집을 불태우고 곡식을 파괴하겠다고 위협하는 편지들을 여러 딸룩에 돌렸다." MDS, 580쪽.
80) JP, 6 Sept. 1855, "Hookumnamah of Sree Kanoo Thakoor Sidoo Thakoor etc."
81) Hay 외, 255쪽.
82) 앞의 제4장을 보라.
83) 톰슨은 이런 방식으로 자신이 검토한 ATL의 견본들에 담겨 있는 두 가지 부류의 주요한 불만을 구별하고 있다(Thompson, 258쪽). 그는 "사적" 불만에 의해 작성된 ATL의 저자들로 해고된 하인들을 언급한다. "사회적" 불만들에 관한 그의 목록에는 빵과 곡물의 가격, 공업 임금과 농업 임금, 밀수, 밀렵, 울타리치기 등과 관련된 것들이 포함되어 있다(Ibid., 260쪽).
84) Ibid., 259쪽.
85) DRCR (C), 210쪽에 있는 "Substance of a Letter addressed to the Mokadam Patel and the Village Community of Akola by four persons of the village of Kallas on behalf of the whole community".
86) 이러한 사례들 몇 가지에 관해서는 Zimmermann, I, 354쪽과 H & R, 107, 108, 111, 112, 113, 212쪽을 보라.

87) H & R, 212쪽.
88) MDS, 323, 325쪽.
89) J.C. Jha, 179쪽.
90) JP, 4 Oct. 1855, Birbhum Collector's Diary (30 Sept. 1855); JP, 25 Oct. 1855, ibid. (2 Oct. 1855).
91) H & R, 209쪽.
92) Saha, II, 118~119쪽; JP (P), Nolan to Pabna Magistrate (1 July 1873).
93) Sen Gupta, 105쪽.
94) H & R, 209쪽.
95) Kaviraj, 41쪽.
96) H & R, 108쪽.
97) Zimmermann, I, 278쪽. 강조는 인용한 사람이 추가한 것.
98) MHKRK, clxxvii쪽.
99) FSUP, II, 7~8쪽.
100) JP, 8 Nov. 1855, Bidwell to GOB (20 Oct. 1855). 강조는 인용한 사람이 추가한 것.
101) FSUP, III, 626쪽.
102) FSUP, IV, 464쪽.
103) IRC, Appendix II, Case no. 18 of 1858. 강조는 인용한 사람이 추가한 것.
104) Sen Gupta, 56쪽.
105) JP(P), Nolan's Diary (1873년 7월 2일자에 등재)
106) Ibid., "Pubna Riot Case". 예컨대 로힘 몰라(Shernagur)와 바인즈샤이크(Barbala)의 불평불만에서 비롯된 사건들에 관한 "소견들"을 보라.
107) Amrita Bazar Patrika, 25~26쪽, June 1873. Sen Gupta, 52쪽에서 인용.
108) Zimmermann, I, 278쪽.
109) JP(P), "Pubna Riot Case".
110) B.B. Chaudhuri (1967), 289쪽. 강조는 인용한 사람이 추가한 것.
111) Hinton, 206쪽.
112) 이 계획의 몇몇 자세한 내용에 관해서는 FSUP, III, 558~564쪽과 S.N. Sen, 377~378쪽을 보라. 뮤티니 당시 라즈푸타나 주의 메와스 지역 정무관인 육군 중장 쇼워스가 이 사건에 충격을 받고 30년 후에 회고한 것을 읽으면 이 정책이 인도에 있던 일부 최고위 영국 관리들의 눈에조차 얼마나 비윤리적인 것으로 보였는가를 알 수 있다. Showers, 146~147쪽.
113) MHKRK, clxxviii쪽.

114) 이러한 사례들에 관해서는 JP, 4 Oct. 1855, Birbhum Collector's Diary (1 Oct. 1855); JP, 8 Nov. 1855, Bidwell to GOB (20 Oct. 1855 동봉 문서); JP, 22 Nov. 1855, Ward to GOB (30 Oct. 1855) 및 BDR, 123쪽에 있는 Richardson to Burney(날짜 미상)을 보라.

115) JP, 8 Nov. 1855.

116) Ibid.; JP, 4 Oct. 1855, "Contingent Bill of the Office Special Commissioner in the District of Beerbhoom for the month of August 1855".

117) 봉기에 관한 관변 기록에는 싼딸 "첩자들"이 많이 언급된다. 워드가 그레이에게 보낸 1855년 9월 25일자 편지는 이러한 측면에서 봉기 진압 당국자들이 갖고 있던 강박관념과 이 문제를 다루는 잽싼 방식을 보여 주는 대표적인 사례로 읽힐 수 있을 것이다. 그는 이렇게 썼다. "내가 수리를 떠나려 할 때 도착한 3명의 싼딸들은 6주 전 로크 씨에게 아무 짝에도 쓸모없는 몇 자루의 활과 화살을 넘겨주고는 4일 안에 다른 두목들을 수리에 데려오겠다는 약속을 하고서 길을 나섰던 수령들이었다. 그들은 첩자가 되어 돌아온 것이 분명했고, 그래서 나는 즉시 그들에게 수갑을 채웠다." (JP, 4 Oct. 1855). 몇몇 또 다른 사례들에 관해서는 다음을 보라. JP, 4 Oct. 1855, Richardson's Diary (26 Sept. 1855); JP, 8 Nov. 1855, Ward to GOB, para. 15 (13 Oct. 1855); JP, 20 Dec. 1855, Hawes to Parrott (11 Dec. 1855).

118) FSUP, V, 96쪽.

119) JP, 22 Nov. 1855, Ward to GOB (28 Oct. 1855).

120) JP, 4 Oct. 1855, Ward to GOB (16 Sept. 1855).

121) JP, 8 Nov. 1855, Ward to GOB (19 Oct. 1855); Thompson to Ward (15 Oct. 1855); Russell to Ward (25 Oct. 1855); Russell to Officiating Magistrate, Birbhum (ibid.); Russell to Officiating Magistrate, Chittagong (ibid.).

122) JP, 4 Oct. 1855, Lloyd to Military Department, GOI (9 Sept. 1855).

123) Ibid.

124) JP, 4 Oct. 1855, Shuckburgh to Becher (20 Sept. 1855). 아마 "룬주니트"는 나중에 항복하게 된 싼딸 수장인 룬지뜨 빠르가나이트를 가리킬 것이다. JP, 6 Dec. 1855, Lloyd to Grey (23 Nov. 1855). 이 급보에 적혀 있는 사람들의 이름은 거의 알아 볼 수 없을 뿐만 아니라 철자법도 잘못되어 있다. "나제아"는 "마제아"로, "춘다이"는 "찬드"로, "바이주"는 "바이랍"으로 고쳐야 한다.

125) JP, 4 Oct. 1855, Lloyd to Military Department, GOI (9 Sept. 1855).

126) JP, 20 Dec. 1855, Eden to Grey (12 Dec. 1855).

127) JP, 8 Nov. 1855, Ward to Birbhum Magistrate (16 Oct. 1855).

128) J.C. Jha, 99~100쪽, 102~103쪽.

129) JP, 6 Dec. 1855, Grey to Bird (5 Dec. 1855).

130) 만 싱이 그의 친구 따띠야 또프를 배신한 일에 주된 원인을 제공했던 미드 소령은 그 배신자가 자신의 수고에 대한 대가를 요구한 것에 관해 이렇게 말했다. "나는 …… 만 싱이 내가 원하는 대로 하리라는 것을, 그러나 해밀턴 경에게서 그 같은 수고에 대한 보상을 전면적으로 보증받기 바란다는 것을 …… 또 그가 자신이 힘들게 따띠야 또프의 체포를 성공시킨 사건에 대한 대가로 샤하바드나 포우리 또는 과거 누스운 왕이 갖고 있던 그 밖의 어떤 땅을 보장받으려는 야망을 가졌음을 …… 알았다." FSUP, III, 561쪽.

131) JP, 20 Dec. 1855, Lloyd to Grey (28 Nov. 1855).

132) JP, 20 Dec. 1855, Bird to GOB (9 Dec. 1855); Eden to GOB (12 Dec. 1855). 당국은 가뜨왈들이, 1832년의 강가나라얀 봉기 중에 그랬던 것처럼, 싼딸 봉기 중에도 여전히 충성을 바치리라고 믿었다. JP, 15 Nov. 1855, Allen to Grey (31 Oct. 1855). 당국의 믿음은 어긋나지 않았다.

133) JP, 4 Oct. 1855, Shuckburgh to Becher (20 Aug. 1855).

134) JP, 19 July 1855에 있는 1855년 7월 12일과 16일자의 벵골 부총독의 두 개의 비망록을 보라.

135) BDR, 134쪽에 있는 GOB to Bidwell (6 Aug. 1855).

136) BDR, 133~134쪽.

137) JP, 8 Nov. 1855, Minute by Lieutenant-Governor of Bengal (19 Oct. 1855).

138) JP, 4 Oct. 1855, Money to Bidwell (10 Sept. 1855).

139) BDR, 134쪽에 있는 GOB to Bidwell (6 Aug. 1855).

140) JP, 4 Oct. 1855, Rose to Elliott (24 Sept. 1855).

141) JP, 25 Oct. 1855.

142) JP, 8 Nov. 1855, Atkinson to GOB (19 Oct. 1855).

143) JP, 8 Nov. 1855, Minute by Lieutenant-Governor of Bengal (19 Oct. 1855).

144) Ibid., Minute (22 Oct. 1855).

145) FSUP, V, 551쪽.

146) FSUP, III, 609쪽.

147) 이 문단에서의 사례들과 인용문들의 출처는 Hay 외, 144, 145, 166, 198쪽과 Thompson (1975), 143쪽이다.

148) BC 1502 (58893), Master to Reid (22 Oct. 1832)에 있는 "Nagpur Trials".

149) FSUP, II, 513쪽.

150) FSUP, V, 498쪽.

151) JP, 8 Nov. 1855, Bidwell to GOB (20 Oct. 1855의 동봉 문서).

152) JP, 4 Oct. 1855, Lloyd to Military Department, GOI (9 Sept. 1855).

153) BDR, 137쪽에 있는 Ward to Birbhum Collector (9 Sept. 1855). JP, 27 Sept. 1855, "Extract from a letter from Mr. Ward ...... 9th September 1855"도 보라.

154) 이어지는 두 문단의 이야기의 출처는 다음과 같다. JP, 4 Oct. 1855, Money to Bidwell (6 Sept. 1855); Lloyd to Military Department, GOI (9 Sept. 1855); Shuckburgh to Becher (20 Aug. 1855). JP, 8 Nov. 1855, "Examination of Sedoo Sonthal late Thacoor" (17 Sept. 1855). JP, 20 Dec. 1855, "Examination of Kanoo Sonthal".

155) 우리는 마지아 마지의 운명에 관한 어떤 정보도 갖고 있지 않다. 그는 기록에서, 그리고 역사에서 사라진 것처럼 보인다. 머니가 비드웰에게 보낸 1855년 9월 6일자 편지는 바그나에게 벌어진 일을 설명하고 있는데, 그 편지에서는 마지아가 이렇게 언급된다. "나는 마지아 마지에 관해 도통 들은 바 없지만, 그는 너무 신중한 자여서 쉽게 잡히지 않았으리라 본다."(JP, 4 Oct. 1855.) 시도의 체포 상황을 둘러싼 미스터리들 중 하나는, 비록 시도의 체포를 맡은 첩자들과 직접 관계가 있던 두 명의 장교인 머니와 셔크버 소령 모두가 마지아 마지를 언급하고 있지만, 시도의 진술에서건 까누의 진술에서건 마지아 마지가 등장하지 않는다는 사실이다. JP, 8 Nov. 1855, "Examination of Sedoo Sonthal late Thacoor" (17 Sept. 1855); JP, 20 Dec. 1855, "Examination of Kanoo Sonthal". 시도는 자신을 체포한 자의 이름이 툴시 마지라고 말했다. 까누는 체포자의 이름을 언급하지 않았지만, 그가 말한 도몬의 희생자는 분명 바그나 마지였다.

156) K.K. Datta, 52쪽.

157) 자료는 어떤 식으로든 해석에 열려 있다. 해당 문단은 이렇다. "그러는 동안 까누의 '군사들'은 신병을 모집하기 위해 농촌을 뒤지고 있었고, 까누 봉기군에 가담하기를 거부한 자들을 죽이고 있었다. 봉기군 중 두 명이 바그나 마지의 의붓아들인 비즈나트 마지를 체포하러 왔고 한동안 그를 억류하는 데 성공했다." JP, 4 Oct. 1855, Money to Bidewell (6 Sept. 1855).

158) Freud, 73, 174쪽.

159) JP(P), "Pubna Riot Case". 주만 시르까르의 불만에서 비롯된 사건에 관한 "언급들"을 보라.

제6장 전파

1) H & R, 81~82쪽.
2) 이 문단에서 참고한 자료들은 다음과 같다. 뮤티니에 대해서는 FSUP, Ⅳ, 78쪽, Ⅰ, 366쪽. 꼴 반란에 대해서는 BC1362 (54223), Metcalfe & Blunt to Court of Directors (25 Sept. 1832). 싼딸의 홀에 대해서는 JP, 8 Nov. 1855, Ward to GOB (19 Oct. 1855); Minute by the Lt.-Governor of Bengal (19 Oct. 1855).
3) FSUP, Ⅴ, 20쪽. 강조는 인용한 사람이 추가한 것.
4) JP, 19 July 1855, Elliott to Grey (15 July 1855).
5) BSM, Ⅱ, 637~638쪽.
6) H & R, 130쪽.
7) Sen Gupta, 57쪽.
8) Singh, 193쪽; J.C. Jha, 65, 80, 179쪽.
9) Gramsci, 199쪽.
10) Lefebvre (1973), 137쪽. ibid, 52~56쪽, 141쪽도 보라.
11) Mao, Ⅰ, 93쪽.
12) BC1363 (54226), Russell to Braddon (18 Apr. 1832). 강조는 원문의 것. 이 점에 관한 더 자세한 논의는 제3장을 보라.
13) Kling, 93쪽; BSM, 638쪽.
14) Desmanjhi, 233~234쪽.
15) Jakobson (1971), 261쪽.
16) "대용 체계"라는 용어는 Sebeok & Umiker-Sebeok, xiv쪽에 빚지고 있다. 이 책에 모인 논문들은 풍성한 아프리카 자료와 그에 관한 연구의 일부를 보여준다. 인도의 아대륙에 관해서는 그 같은 연구들이 없다.
17) Nadel, ⅠⅠⅠ, 248~249쪽.
18) Lush, 469쪽, 473쪽; Clarke, 418~433쪽.
19) MHKRK, cxlii.쪽.
20) K.K. Datta, 62쪽.
21) JP, 6 Sept. 1855, "Deposition of Dhunwa Manjhee etc."; JP, 20 Dec. 1855, Hawes to Parrott (11 Dec. 1855); D.C. Sen (1926), 266쪽.
22) Kaviraj, 41쪽.
23) J.C. Jha, 177쪽; BC 1362 (54225), "Statement of Buhardar Singh etc.".
24) Dunlop, 114쪽.

25) Kling, 93쪽.
26) Burridge, 48쪽, 128~129쪽.
27) JP(P), Nolan to Pabna Magistrate, Letter no. 321 (1 July 1873); "Pubna Riot Case" (case no. 850). Ibid., Nolan to Pabna Magistrate, Letter no. 1 Ct. (1 July 1873)도 보라. 이와 유사한 볼리비아의 관악기 ― "위협적인 주문 소리를 내는 푸투투 또는 낮고 굵은 소리를 내는 대나무 피리 ― 사용에 관해서는 Pearse, 133쪽을 보라.
28) JP, 8 Nov. 1855, Bidwell to GOB (26 Sept. 1855).
29) Ibid., Ward to GOB (13 Oct. 1855).
30) JP, 6 Dec. 1855, "Copy of a Division order issued by Major General G. W. A. Lloyd C. B. Comd g. Dinapore Division and Sonthal Field Force" (15 Nov. 1855).
31) 이 요약문의 출처는 JP, 6 Dec. 1855, Halliday to Adjutant, 56th Reg. N. I., Suri (19 Nov. 1855); Lister to Parrott (20 Nov. 1855); Halliday to Gott (25 Nov. 1855); Ryall to Parrott (29 Nov. 1855); Hawes to Parrott (28 Nov. 1855) 및 JP, 20 Dec. 1855, Hawes to Parrott (1 De. 1855); Rubie to Shuckburgh (29 Nov. 1855); Halliday to Adjutant 56th Reg t. N. I., Suri (19 Nov. 1855); Ryall to Parrott (27 Nov. 1855).
32) Dalton, 171~172쪽.
33) BC 1363 (54227), Sutherland's Note (11 Mar. 1832); Metcalfe's Minute (27 Mar. 1832)에 동봉된 Note from Major Sutherland.
34) Dalton, 171쪽의 주.
35) BC 1502 (58893), Master to Reid (22 Oct. 1832)에 있는 "Nagpur Trials" (no. 22).
36) Elwin, 254쪽; CR, 244쪽.
37) BDR, 121쪽.
38) JP, 4 Oct. 1855, Rose to Elliott (24 Sept. 1855). BDR, 122쪽에 실린 이 편지의 판본에는 원문의 일부가 빠져 있다.
39) BDR, 121쪽에 있는 Richardson to Burney (21 Sept. 1855).
40) JP, 4 Oct. 1855, Rose to Elliott (24 Sept. 1855). 심벌들의 아이콘적 요소와 지시적(indexical) 요소에 관한 논의에 관해서는 Jakobson (1971), 345~359쪽을 보라. 특별히 야콥슨은 피어스를 인용하며 이렇게 말한다. "심벌은 심벌 안에 통합되는 어떤 아이콘 또는 지시물을 가질 수 있다."(357쪽.)
41) MHKRK, cxli~cxlii쪽.
42) JP, 8 Nov. 1855, "Examination of Sedoo Sonthal late Thacoor".

43) JP, 4Oct. 1855.
44) 쌴딸 전통에서 뗄과 신두르의 이러한 사용법과 그 외의 사용법에 관해서는 MHKRK, ciii, cxx, cli, clix, clx, clxii, clxvi쪽을 보라.
45) Desmanjhi, 232쪽.
46) Carey, 10쪽.
47) Ibid., 9쪽.
48) FSUP, Ⅰ, 390~391쪽.
49) Carey, 10쪽.
50) Holmes, 90쪽. 수정판 음모 이론에 찬동한 그 밖의 수많은 이들처럼 홀름스도 차빠띠가 직접 봉기를 유발시켰다고 본 것은 아니었다. 그는 그것을 인도인들에게 자신들의 종교가 공식적인 정책에 의해 파괴되리라는 것을 경고한, 따라서 1857년 반란을 낳은 불만을 일반화시키는 데에 기여한 일종의 신호로 보았다. "그 전조의 의미가 긍정적으로 밝혀진 적은 결코 없지만, 확실한 것은 다수의 토착민들이 그것을 정부가 자신들의 종교를 타도하려는 음모를 꾸미고 있음을 알리는 하나의 경고로 간주했다는 점이다."(Ibid..)
51) Jakobson (1971), 347쪽.
52) Dunlop, 26쪽; Edwards, 15~16쪽.
53) Toporov, 159쪽, 160쪽.
54) Jakobson (1971), 358쪽.
55) 이에 관한 당시의 몇몇 증거에 대해서는 Dunlop, 24~26쪽; S.A. Khan, 3쪽과 함께 S.N. Sen, 400쪽에 있는 Keating to Hamilton을 보라.
56) Dunlop, 26쪽.
57) 질병의 이전에 관한 증거는 Crooke (1968), Ⅰ, 141~142, 144, 146, 164~170쪽에 기초한 것이다. 이 주제에 관한 크룩의 저작은 그 고유의 장점을 갖고 있지만, 여기에 덧붙여 뮤티니가 발생한 지 몇 십 년이 안 돼서 1856~57년에 콜레라에 감염되었을 뿐만 아니라 차빠띠의 배분에도 가담한 지역들의 신앙들을 수집하여 기록했다는 역사적 가치도 지닌다.
58) 크룩이 묘사한 15개의 찰라와의 사례들에 대한 분석(Ibid., 142~144쪽, 166~167쪽, 169~170쪽)은 질병과 그 전달체 간의 다음과 같은 조응 패턴을 보여 준다.

(A) 질병	→	전달체
질병		전달체
가축 질병		물소 두개골 등, 가금
콜레라		물소, 가금, 염소; 차마르; 오물, 이미지, 쌀
인플루엔자		물소

천연두		돼지; 오물
(B) 전달체	→	질병
전달체		질병
물소		가축 질병, 콜레라, 인플루엔자
차마르		콜레라
오물		콜레라, 천연두
가금		가축 질병, 콜레라
염소		콜레라
이미지		콜레라
돼지		천연두
쌀		콜레라

59) Ibid., 170쪽.

60) S.N. Sen, 399쪽.

61) Metcalfe, 40~41쪽.

62) Ullmann, 159~161쪽.

63) Ibid., 124~125쪽, 159~160쪽.

64) Toporov, 160~161쪽.

65) 16세기 농민전쟁 기간 중 전조에 관한 몇몇 관찰 사례들을 알려면 Zimmermann, I, 87쪽, 184쪽을 보라.

66) Majumdar, 209쪽.

67) S.N. Sen, 399쪽.

68) Zimmermann, I, 184쪽.

69) Metcalfe, 39쪽.

70) Sherer, 7~8쪽.

71) MDS, 580쪽.

72) JP, 8 Nov. 1855, Ward to GOB (13 Oct. 1855).

73) 디르예나라인과 마투라나트 아차르야와 이산찬드라 라이의 이름들이 우선 떠오르는데, 이들은 각각 랑뿌르 봉기와 인디고 반란과 빠브나 운동에서 농민들 편에 섬으로써 유명해진 젠트리들이었다. MDS, 579~580쪽; S.C. Mitra, II, 790쪽; JP(P), Tayler to Commissioner (July 1873)을 보라. 이렇게 쌍땀을 도와준 자들 중 일부의 이름들에 관해서는 JP, 6 Sept. 1855, "Deposition of Dhunwa Manjhee etc."; JP, 8 Nov. 1855, "Examination of Sedoo Sonthal late Thacoor".을 보라.

74) Lefebvre (1973), 96쪽.

75) JP, 20 Dec. 1855, "Statement of Insurgent Sonthals"; CR, 245쪽. 또한 JP, 6 Sept. 1855 에 있는 Bidwell to Richardson (30 Aug. 1855)를 보라. 거기에 있는 한 구절에 따르면, "어제 체포된 싼딸 사제는 힌두어 『신약』 일부를 만들었는데, 그는 그것을 종교의식을 집행할 때마다 사용해 왔다."

76) JP, 20 Dec. 1855, "Examination of Kanoo Sonthal".

77) Goody, 230~231쪽.

78) Vachek (1964), 454쪽.

79) *Indian Observer*(1973년 6월 28일자)에 인용된 *Indian Daily News*(Sen Gupta, 40쪽).

80) Jakobson (1973), 401~419쪽에 있는 Jakobson & Lévi-Strauss, "Les Chats de Charles Baudelaire". 특히 경험적인 것/신화적인 것과 현실적인 것/비현실적인-초현실적인 것의 조응에 관해서는 416쪽을 보라. 우리도 이 부분에서는 그런 식으로 이 용어들을 사용해 왔다.

81) Allport and Postman, 159쪽; Lefebvre (1973), 27쪽; Kauṭilya, 23쪽.

82) Allport & Postman, 193쪽. 강조는 원문의 것.

83) 이에 관한 전형적인 사례에 대해서는 Livy, 178~179쪽을 보라.

84) Froissart, 213쪽; Blum, 556쪽; Rudé's "Introduction" to Lefebvre (1973), xiv~xv쪽; H & R, 198~200쪽, 215~219쪽; Gwassa & Iliffe, 11~12쪽.

85) Lefebvre (1973), 73~74쪽.

86) BC 1363 (54226), Russell to Braddon (18 Apr. 1832).

87) K.K. Datta, 71~72쪽. 관리들은 무르쉬다바드와 수리에서 봉기가 야기한 민간인들과 군인들의 패닉 상태를 인지했는데, 이에 관한 몇몇 사례들을 알려면 JP, 4 Oct. 1855, Macgregor to Grey (18 Sept. 1855)와 Ward to GOB (30 Sept. 1855)를 보라.

88) Singh, 107~108쪽.

89) JC, 22 Nov. 1831, Smith to Thomason (17 Nov. 1831); JP(P), Tagore to GOB (1 July 1873); Ibid., Chuckurbutty, Rae & Bhowmic to GOB (1 July 1873).

90) FSUP, I, 392~393쪽.

91) DRCR, 3쪽; DRCR(B), 3, 9, 14쪽에 있는 "Depositions of Convicted Rioters at Present in the Poona and Yerauda Jails".

92) Vachek (1966), 153, 154쪽.

93) 올포트와 포스트만은 루머의 두 가지 본질적 조건 중의 하나로 영향력을, 다른 하나로는 모호성을 거론했다 (Allport & Postman, 33~34, 36쪽 외 여러 곳). Schachter & Burdick, 296쪽도 보라. 사회적 위기의 시기에 루머의 유행에 관해서는 Vansina, 118쪽을 보라.

94) Prasad, 11쪽.
95) Lang & Lang, 65쪽.
96) Prasad, 11, 14쪽.
97) DRCR, 3쪽.
98) K & M, Ⅰ, 361, 362쪽.
99) Lefebvre (1973), 27쪽.
100) Oman, 218쪽.
101) K & M, Ⅰ, 361쪽.
102) 그 사례들은 너무 많아서 열거하기 어렵지만, 그래도 K & M, Ⅰ, 394~395, 415, 417~418쪽 외 여러 곳을 보라.
103) Lang & Lang, 58~64쪽에서는 루머와 뉴스의 차이가 꽤 상세하게 논의되어 있다. 그 차이에 관한 나의 견해도 출처의 문제를 근거로 하여 그 차이를 말하고 있는 그들의 견해와 일치한다. 하지만 그들이 통로의 차이로 설명하는 것은 아마도 오히려 과정의 차이일 것이다.
104) Lévi-Strauss (1978), 130쪽.
105) Allport & Postman, 33~34쪽 외 여러 곳; Schachter & Burdick, 296쪽.
106) Gwassa & Iliffe, 12쪽.
107) K & M, Ⅰ, 355, 361쪽.
108) Barthes (1977), 147쪽.
109) Vygotsky, 144쪽.
110) 루머의 변형에 관한 몇몇 측면들은 Allport & Postman, 여러 곳에서 설명되어 있다. 그러나 그것들은 프로프의 고전적인 연구 "Les Transformations des Contes Fantastiques"에서 분석된 것들만큼 많거나 다양하지는 않다.
111) 이 문단 끝의 긴 인용문을 포함하여 이 문단에서의 모든 직접 인용문의 출처는 K & M, Ⅰ, 416~417쪽이다. 강조는 인용한 사람이 추가한 것.
112) Bartlett, 44~45쪽.
113) Allport & Postman, 37, 40, 121, 206쪽 외 여러 곳.
114) FSUP, V, 531쪽.
115) K & M, Ⅱ, 26쪽.
116) MHKRK, clxxviii쪽.
117) Singh, 46쪽.
118) 예컨대 당시의 그러한 순례에 대한 묘사는 Singh, 46쪽에 있는 News from Murhu에서의 인용문을 보라. 싱은 이 테마에 관한 버사이트의 노래 몇 편도 인용하고 있다.

119) Ibid., 51쪽.
120) K & M, Ⅰ, 181쪽.
121) FSUP, Ⅴ, 576쪽.
122) K & M, Ⅰ, 182쪽.
123) MECW, Ⅲ, 339쪽.
124) MHKRK, clxxvii쪽.
125) Ibid., JP, 20 Dec. 1855, "Examination of Kanoo Sonthal".
126) CR, 247쪽; Singh, 111~112쪽.
127) FSUP, Ⅴ, 531~532쪽.
128) K & M, Ⅱ, 26~27, 31쪽.
129) 이러한 것들은 꽤 잘 기록되어 있는 역사의 사실들이다. 가장 믿을 만한 몇몇 진술들에 관해서는 Field, 여러 곳; Lefebvre (1973), 38~40, 42, 94~97, 118, 214쪽; H & R, 18쪽.
130) B.B. Chaudhuri (1967), 289쪽.
131) DRCR, 54쪽. 이 인용문은 이렇게 끝난다. "비슷한 이유로 1855년의 반란을 시작한 싼딸들도 얼마간 비슷한 믿음을 지녔다는 것은 다소 주목할 만하다." 내가 이 책에서 이용해 온 JP 안의 싼딸 반란에 관한 문서 모음에는 그러한 믿음을 입증할 만한 것이 전혀 들어 있지 않다. 바갈뿌르의 싼딸 봉기 기록들에 근거하고 있는 다타의 논문도 그것을 입증하지 않는다. 이 특수한 생각의 출처는 다음과 같이 기록되어 있는 CR, 245쪽일 것이다. "타쿠르의 명령은 주목할 만한 것이었다. 그 명령은 모든 반정부적 목적들을 분명히 반대했다." 하지만 이는 명백히 잘못된 것이다. 왜냐하면 저 핵심적인 문서인 TTP에 따르면, 타쿠르는 싼딸들을 적대시하고 자민다르들과 마하잔들을 지지해 온 사르까르의 방침에 분명히 불만을 가졌던 것으로 보이며, 또 사힙들에게 싼딸 영토를 떠나 갠지스 강의 건너편으로 물러나라고 명령하면서 그렇지 않으면 타쿠르의 불세례를 받으리라고 말했기 때문이다. 이것은 명백히 반식민주의적인 봉기의 성격을 보여 준다.
132) MECW, Ⅲ, 279쪽.
133) Gwassa & Iliffe; Isaacman을 보라.
134) 이 특수한 사항에 관한 모든 지식은 Singh, Ⅲ장 및 Appendix H.
135) FSUP, Ⅰ, 381~388, 397~399쪽.
136) K & M, Ⅱ, 28, 27 주.
137) FSUP, Ⅰ, 392쪽. FSUP, Ⅴ, 9쪽도 보라.
138) JP, 4 Oct. 1855 (no. 20); Singh, 48쪽.

139) Wehrmeister, 88쪽; Schumann, 63쪽; Berliner Missionsberichte, 462~463쪽.
140) Thomas, 470~472, 478~479, 505쪽 및 제13장 여러 곳.
141) 이 문단에서 사용된 텍스트와 비텍스트의 개념 및 문화 연구에서의 그것의 함의들은 Lotman & Pjatigorskij에 근거하고 있다.
142) Thomas, 507~514쪽.

제7장 영토성

1) Trotsky, 65쪽.
2) Mao, Ⅰ, 93쪽.
3) Mao, Ⅱ, 108쪽.
4) Engels (1926), 36, 116, 130쪽 외 여러 곳.
5) Maine, 105~109쪽; Lowie, 53, 66, 73쪽 외 여러 곳.
6) Singh, 194쪽.
7) JP, 19 July, Lieutenant-Governor's Minute (12 & 16 July 1855).
8) Dalton, 172쪽.
9) Roy, 165쪽.
10) Hunter (1897), 222~223쪽.
11) Sinha 외를 보라. 이 특정한 문제에 관한 우리의 논의의 상당 부분은 이들의 연구 결과들과 이들의 탁월한 논문이 제공한 언어학적 정보에 기초하고 있다.
12) BC1363 (54227), Cuthbert & Wilkinson to Thomason (12 Feb. 1832).
13) BC1502 (58893), Master to Thomason (17 Jan. 1833).
14) BC 1362 (54224), Cuthbert & Wilkinson to Bowen (9 Feb. 1832).
15) BC 1363 (54227), Vice-President's Minute (30 Mar. 1832).
16) TTP.
17) CR, 245쪽.
18) Hunter (1897), 240쪽. 헌터(Ibid., 238쪽, n. 69)는 이 빠르와나의 사본 하나라도('저 진기한 문서들 중의 하나라도') 전혀 본 적이 없지만, "자기 앞에 있는 모든 사실들을 정확히 기록한 당시의 필자" — 아마도 「쌍딸 반란」을 쓴 익명의 저자 — 의 권위에 의지하여 이렇게 말하고 있다. "최후통첩에서 주로 강조된 것은 고리대 단속과 조세의 새로운 조정, 그리고 쌍딸 지방에서 모든 힌두 강탈자들을 추방하거나, 또는 일부에서 말하듯이, 살해하는 것 등

이었다고 전해진다."
19) Singh, 191쪽.
20) Ibid., 190쪽과 주 25).
21) Ibid., 79쪽.
22) Ibid., 85, 147쪽.
23) JP, 23 Aug. 1855, Grey to GOI (21 July 1855).
24) BC1363 (54227), Sutherland's Note to Vice-President's Private Secretary (Mar. 1832).
25) Engels (1968), 529쪽.
26) BC 1363 (54226), "싱 라이의 진술과 그에 대한 통역은 …… 2월 14일부터 며칠 동안 …… 인챠구르에서 이루어졌다."
27) BC 1363 (54227), Vice-President's Minute (30 Mar. 1832).
28) J.C. Jha, 151쪽.
29) Singh, 26쪽.
30) Ibid.
31) Ibid., Appendix H. 번역문은 약간 수정했음.
32) BC 1363 (54227), Blunt's Minute (4 Apr. 1832). 블런트는 이에 앞서 1832년 1월 28일자의 메모에서도 똑같은 식으로 말하고 있다.
33) Singh, Appendix K.
34) Ibid., Appendix H. 약간 수정했음.
35) MHKRK, xci~xciii, clxxvi~clxxvii쪽.
36) Archer, 207쪽.
37) Dalton, 208쪽.
38) JP, 20 Dec. 1855, Sherwill to Brown (18 Oct. 1855); Barnes to Brown (8 Nov. 1855).
39) CR, 242쪽.
40) JP, 23 Aug. 1855, Grey to GOI, Military Department (21 July 1855).
41) TTP.
42) MHKRK, xci, clxxviii쪽.
43) 몇몇 사례들에 관해서는 Bompas, 401~402쪽을 보라.
44) MHKRK, cxxxvii~cxxxviii쪽.
45) Ibid., cxxxv, cxlvi, cxlvii쪽.
46) 뵈딩에 따르면, "디쿠 뿌쉬(deko pushi)"라는 용어는 "(고양이처럼 특히 우유와 생선을 좋아하는 힌두들에게서 기인한다고 일컬어지는) 힌두 고양이를 뜻

하는 일종의 경멸적인 용어"이다. 싼딸들의 격언에는 이런 말이 있다. "싼딸은 통하지만 디쿠 고양이는 절대로 안 통한다(즉 싼딸은 속일 수 있지만, 힌두는 못 속인다)." Sinha 외, 127쪽.

47) MHKRK, cxxxix쪽.
48) Ibid., xci쪽, TTP.
49) 이 부분에서 다루는 이 주제에 관한 정보는 전적으로 Singh, 27, 36, 147, 160~163쪽 및 Appendix K에 의거하고 있다.
50) 이 문단에서 인용한 사실들과 용어들의 출처는 다음과 같다. Srinivas (1962), 16쪽; Miller, 410, 418쪽; Dumont, 199, 200쪽; Mayer, 151, 212~213, 271~272쪽; Pocock, 131, 159쪽, Inden & Nicholas, 33쪽.
51) 여기까지 이 문단에서 언급한 사실들과 인용들의 출처는 Ahmad, xxvii, 36, 39, 49, 51, 63, 65, 66, 113, 117a, 169쪽이다.
52) Lowie, 69쪽.
53) Srinivas (1952), 57쪽.
54) 이 문단에서 고대 인도에 관한 이 같은 관점과 그 밖의 관점들은 Kosambi (1972), 51, 87~88, 171쪽 외 여러 곳 및 Kosambi (1975), 148~162, 318쪽 외 여러 곳에 따른 것이다.
55) Dumont, 220쪽과 Mayer, 265쪽을 보라.
56) 여기에서 인용된 정보에 관해서는 Srinivas (1952), 180, 204쪽; Whitehead, 24, 32, 33, 35, 101~104쪽; Mayer, 102쪽을 보라.
57) Srinivas (1952), 69, 203쪽.
58) Ibid., 61~62, 202쪽; Miller, 414쪽.
59) Mayer, 213쪽. 강조는 인용한 사람이 추가한 것.
60) Miller, 413쪽; Srivinas (1952), 203쪽.
61) Kumar, 34~35, 151~155쪽.
62) *Selections from the Records of the Government of India, Home Department, no. cccxlii* (Calcutta 1897), vol. II, 256쪽. Stokes, 245쪽에서 인용.
63) DRCR, 3쪽.
64) DRCR (C), 210쪽.
65) BC 2354 (146775), Mansfield & Wingate to Goldsmid (8 Jan. 1853).
66) FSUP, V, 40~51쪽.
67) Stokes, 164쪽.
68) FSUP, V, 222, 224~225쪽.
69) Ibid., 95~97쪽.

70) 정보의 출처와 이 문단의 인용문들에 관해서는 Nevill (1907*), 183쪽; FSUP, IV, 269~270, 487쪽 및 V, 98, 99쪽을 보라.
71) 이 문단과 다음 문단에서 언급되는 사실들과 직접 인용문들의 출처는, 바다운의 경우에는 FSUP, V, 222쪽, 불란드샤르의 경우에는 FSUP, V, 38, 39쪽, 분델칸드의 경우에는 III, 47쪽, 마투라의 경우에는 V, 689~691쪽, 무자파르나가르의 경우에는 V, 76, 79, 81쪽이다.
72) FSUP, IV 128, 479, 556~557쪽; V, 222쪽.
73) 하미르뿌르에 관해서는 Ibid., III, 121쪽, 사하란뿌르에 관해서는 V, 94~95쪽을 보라.
74) 이 문단과 다음 문단에서의 증거와 인용문들의 출처는 Stokes, 165, 166, 172~174쪽과 FSUP, V, 82, 91, 96쪽이다.
75) 이 문단에서 거론되는 여러 집단들의 정체성과 역할을 알려면, 분델라들의 경우에는 Crooke (1896), II, 163쪽과 FSUP, III, 607, 612~613, 626~627쪽, 메와티들의 경우에는 FSUP, III, 154, 156, 196쪽, 팔와르들의 경우에는 Crooke (1896), IV, 113쪽과 FSUP, IV, 105쪽, 라즈꾸마르들의 경우에는 FSUP, IV, 174쪽을 보라.
76) 여기에서 말하고 있는 구자르의 가담에 관해서는 Stokes, 165쪽과 FSUP, V, 35, 40~51, 108~109쪽을 보라.
77) Habib, 122~123쪽.
78) 이 문단에서 인용된 사례들의 출처는 FSUP, III, 114쪽; IV, 140, 142, 272, 486쪽; V, 44쪽이다.
79) FSUP, IV, 548쪽.
80) 이 수치는 FSUP, IV, 549, 550쪽에 실려 있는 두 개의 명단 안의 지명들에다 그 명단으로는 알 수 없지만 지명을 가리키는 또 다른 것들을 더한 것이다.
81) 이 문단에서 인용된 이 사례와 그 밖의 모든 사례들에 관해서는 FSUP, III, 118~119쪽과 V, 38, 45, 224, 246쪽을 보라.
82) Stokes, 116, 167, 170쪽.
83) Crooke (1896), II, 441쪽.
84) Stokes, 166, 167쪽.
85) 팔와르의 전통에 관해서는 Crooke (1896), IV, 111~112쪽을, 1857년 반란에 그들이 참가한 것에 관해서는 FSUP, IV, 102, 410쪽을 보라. FSUP, IV에 기록된 자료로 판단해 볼 때, 팔와르가 바도히의 소요에 가담한 일은 그저 부차적인 것처럼 보인다. 그들의 지도자인 사르남 싱은 팔레에 있던 인디고 공장에 대한 공격을 주로 이끌었다. 이 공격 이외에 그들은 단지 한때 모나스

들의 지원군이나 동맹군으로 활동했을 뿐인데, 모나스들에게는 도완 싱과 같은 구속된 팔와르들 중의 일부를 구출할 계획이 있었다고 한다(FSUP, IV, 80, 81쪽). 하지만 나는 팔와르가 바도히 소요에 가담한 일에 관해서는 아직도 문서고에서 얻어 낼 수 있는 훨씬 더 많은 증거가 있지 않을까 생각한다.

86) Mundy, 119쪽. 바도히와 모나스들에 관한 문디의 또 다른 관찰들의 일부도 모두 똑같은 식이었는데, 이에 관해서는 Ibid., 90, 115, 118, 120, 122, 148, 180~181쪽을 보라. 하지만 하빕은 문디가 쓴 책의 편집인이 문디가 사용한 "마나쎄(Manasse)"라는 용어를 모나 라즈푸트들(Mona Rajputs)과 동일시한 것을 "터무니없는 억측"으로 간주하면서, 저자 문디가 "'마와쎄(Mavasse)'라는 용어를 실제로 쓰지는 않았지만 쓸 생각은 있었다"라고 확신한다. 하빕에 따르면 '마와쎄'는 조르-탈랍(zor-talab), 즉 "반란 영토"와 같은 뜻이다.

87) 앞의 주 86)에서 언급된 출전과는 별개로 이 문단과 앞 문단에 나와 있는 정보들은 Crooke (1896), IV, 1~2쪽; FSUP, IV, 30, 49~50, 51, 53, 78~84쪽, Drake-Brockman, 99~100, 124~128, 207~209, 221~222, 241~242쪽에 따른 것이다. 우리가 이용해 온 Crooke (1896)과 출전들에 따르자면 그 카스트 이름의 영어식 표기는 "모나스(Monas)"이다.

88) 이 문단에서 인용된 사례들에 관해서는 FSUP, V, 41, 43, 45, 66, 95, 225, 253~254, 254~255, 266쪽은 물론 Stokes, 150쪽에 인용되어 있는 Currie to Lowe와 Spankie to Williams (26 Sept. 1857), "The plundering tribe of Goojurs was the first affected and the Rangurs were not far behind them"(FSUP, V, 94쪽)도 보라.

89) 이 부분 전체에 해당하는 우리의 정보의 주된 출처는 FSUP, IV, 117~122, 280~289, 482~483, 486~487, 491~493쪽이다. 이 출전에 없는 자료들은 전부 Nevill (1907), 여러 곳과 Oldham, 43, 64, 68, 69쪽에 의지했다.

90) 출전: FSUP, IV, 284~285쪽. 나는 메가르 싱의 진술에 나오는 '우뜨라니'를 '우뜨라왈'로 읽었는데, 그 이유는 출전에는 그곳의 위치가 자마니아 빠르가나 내에 있다고 명확히 밝혀져 있기 때문이다. Nevill (1907)은 '우뜨라온'이라 불리는 어떤 시장을 언급하고 있지만(Appendix, xxxv쪽), 그곳이 속한 빠르가나의 위치가 데마로 되어 있어 여기에서는 그곳을 포함시키지 않았다. 메가르 싱이 크샤트리아로 설명한 대표들은 여기에서는 라즈푸트들로 분류되어 있다. 왜냐하면 올덤이 자신의 『회고록』에서 말하고 있듯이, 라즈푸트는 가지뿌르에서는 "추트리"로 불리기 때문이다. 레오티뿌르에서 온 단 한 명의 보바르는 부미하르로 분류했다. 대표의 카스트가 확인되지 않는 경우에는 메가르 싱의 진술에 나와 있듯이, 그리고 "이 지구의 라즈푸트는 보통 싱으로, 보이나르는 라이로 불린"(Oldham, 43쪽)다고 하는 권위 있는 올덤의 말에 기대어, 카스트와 성이 일치하는 일반적 패턴대로 싱과 라이를 각각 라즈푸트와 부미하르로 보는 관행을 따랐다.

91) 메가르 싱은 가마르, 레오띠뿌르, 셰르뿌르, 바라, 우시아, 카레바 등 6개 촌락이 그런 위협을 받았다고 언급했다. 나는 이 촌락들 중 카레바는 확인할 수 없었다. 카레바 외의 다른 촌락들은 모두 자마니아 빠르가나에 속했다.
92) Oldham, 43쪽.
93) FSUP, IV, 120~122쪽.
94) Oldham, 68쪽.
95) 출전(FSUP, IV, 180, 277, 280, 281, 282쪽 외 여러 곳)에 나오는 이 이름의 세 가지 변종은 메그 라이(Megh Rai), 메가르 라이(Meghar Rai), 미구르 라이(Mygur Rai)이다. 올덤은 메가르 싱을 메이구르 라이(Meygur Rai)로 부른다. 이 성을 사용하는 것은 출전(FSUP, IV, 283, 284, 491, 492, 493쪽)에서 그를 메가르 싱(Meghar Singh)으로 언급하고 있는 것과 다르고, 앞에서 언급한 현지의 용법(주 91)에 따라 그를 부미하르가 되게 할 것이다. 하지만 1860년 11월 27일자로 된 그 반란 지도자의 다음과 같은 증언은 자신의 정체성에 관한 모든 혼란을 잠재우는 데에 도움을 준다. "나의 이름은 메가르 싱(Meghar Singh)이며, 나는 크샤트리아이다. 내 아버지의 이름은 바잔 싱이다. 나는 가지뿌르 지구의 자마니아 빠르가나에 있는 가마르 마우자에 살고 있다. 내 나이는 마흔 살가량 된다. 내 직업은 자민다리이자 남바르다리이다."(FSUP, IV, 283~284쪽.) 이 정보는 가지뿌르의 실무 담당 행정관 백스가 1858년 7월 29일에 서명한 "반란 주동자 명단 및 소견서"(National Archives of India: Foreign Department Proceedings, 31 Dec. 1858, No. 791)에 기재되어 있는 내용으로부터 우리가 알게 된 "미구르 라이(Mygur Rai)"에 관한 정보와 일치한다. 여기에는 그의 아버지 이름이 "분준 라이(Bhunjun Rai)"로 되어 있고 그의 카스트는 "라즈푸트-힌두"로 되어 있다. 그는 "검은 살갗에, 평평한 이마에, 듬성듬성한 눈썹에, 양 같이 온순한 눈에, 큰 키에, 마른 몸에, 뭉툭한 코를 가졌으나, 마흔 살가량에 접어든 것으로는 보이지 않는" 사람으로 묘사되어 있다. 그 사료에서는 "가지뿌르의 자마니아 빠르가나에 있는 가마르 마우자"가 그의 "이전 거주지"로 언급되어 있는데, 이전 거주지라는 저 두 마디는 유랑하는 반란자로서의 그의 위상을 보여 주는 효력을 갖고 있고, 거기에 걸맞게 소견서에는 이런 주석이 그의 이름에 붙어 있다. "자마니아 빠르가나의 반란 주동자들."
96) Oldham, 69쪽.
97) Guha (1974), 29~30쪽.
98) FSUP, IV, 267, 269쪽과 V, 246쪽.
99) Habib, 332쪽.
100) 이 뒤에 인용된 사례들에 관해서는 FSUP, IV, 188쪽과 V, 108~109, 146, 246~247, 251, 261쪽을 보라.

101) Engels (1926), 152쪽.
102) Mao, Ⅰ, 93쪽.

제8장 에필로그

1) Hegel (1975*), 240쪽.
2) 이 문단과 다음 문단에서 내가 유념하고 있는 최근의 작업은 민족주의 정치에 관한 빤데이(1978, 1981), 헤닝검, 사르까르의 작업, 공동체주의에 관한 차터지의 작업, 노동계급의 역사에 관한 차크라바르티의 작업이다.
3) MECW, Ⅲ, 144쪽의 Marx to Ruge (Sept. 1843).

옮긴이 후기

1. 이 책의 원제(原題)는 Elementary Aspects of Peasant Insurgency in Colonial India 즉 『식민 인도에서의 농민 봉기의 기초적 측면들』이다. 그러나 출판사 측에서 원제가 너무 길고 건조하니 독자들을 위해 좀 더 간결하고 인상적인 제목으로 바꾸면 어떻겠느냐는 요청이 있어, 한국어 번역본의 제목을 『서발턴과 봉기』로 하고 원제는 부제(副題)로 삼기로 했다.

'서발턴(subaltern)'이라는 용어는 원래 하층민 혹은 군대 내에서 서열이 낮은 자를 의미했다. 이 용어를 농민이나 노동자와 같이 헤게모니 관계나 권력관계에서 종속적 위치에 있지만 그럼에도 불구하고 지배집단에 단속적(斷續的)으로 저항하면서 일정한 자율성을 유지해 온 집단을 의미하는 이론적 개념으로 사용한 이는 이탈리아의 독창적인 맑스주의자 그람시였다. 영국의 식민지였던 인도에서 1783년부터 1900년까지 117년 동안에 식민 권력과 지주와 부르주아들에 맞서 서발턴 농민들이 벌인 크고 작은 봉기들을 다루고 있는 이 책의 내용을 압축적으로 표현하기 위해 '(행위 주체로서의) 서발턴과 (주체 행위로서의) 봉기'라고 제목을 바꿔 단 것은 그람시의 서발턴 개념을 식민 인도의 맥락에서 차용하고 있는 이 책의 저자 라나지트 구하(Ranajit Guha)의 문제의식에 비추어 볼 때 — 비록 원제 자체가 그의 문제의식의 일단을 드러내주고 있지만 — 크게 무리는 없을 것 같아 보인다.

2. 라나지트 구하는 1923년 벵골 동부에 있는 싯다카티(Siddhakati) 촌락의 지주 집안에서 태어나 1938년에 캘커타의 프레지덴시 칼리지에 입학한 후 맑스주의자가 되어 인도 공산당에 가입했다. 구하는 당시 젊은 역사학도들에게 큰 영향을 주고 있던, 그리고 인도의 진보적 연구자들에게 처음으로 그람시를 알리고 소개하게 될 쑤소반 사르까르(Sushobhan Sarkar)에게서 역사학을 배웠다. 구하는 1946년에는 캘커타 대학교에서 벵골의 역사를 전공하여 석사 학위를 받고 박사과정에 진학했으나 학위논문은 제출하지 않았다. 공산주의 운동에 진력하고 있었기 때문이다.

석사 논문을 제출한 구하는 인도공산당의 신문 『스와디나타(Swadhinata)』와 뭄바이에서 발간되고 있던 『인민의 전쟁(People's War)』을 위해 일하거나 글을 썼다. 1947년에는 세계민주청년동맹(World Federation of Democratic Youth)의 인도 대표로 파리에 파견되었는데, 내친 김에 동유럽, 중동, 북아프리카 등지를 여행했고 중국 혁명이 성공한 직후에는 시베리아를 거쳐 베이징을 방문하기도 했다. 1953년 캘커타로 돌아와 잠시 노동운동에 참여한 후 몇몇 대학에서 강의를 시작한 구하는 1956년 소련의 헝가리 침공에 항의하여 공산당을 탈당했다. 1958년부터 1년간 스승인 쑤소반 사르까르가 있는 자다브푸르 대학교의 사학과에 적을 두기도 했으나, 1959년에 영국으로 건너가 그곳에서 21년간 머무르게 된다.

영국에 간 구하는 처음에는 맨체스터 대학교에서, 나중엔 서식스 대학교의 '아프리카아시아 연구소'에서 강의와 연구에 전념하다가, 안식년인 1970년에 인도로 돌아 왔다. 이 무렵 그의 관심은 간디에게 있었다. 하지만 그는 인도에 머물고 있는 동안 델리의 마오주의 학생 운동가들과 접촉하면서 결국 간디에 대한 연구를 포기하고 농민 봉기를 연구하게 된다. 아마도 구하의 그 같은 전환에는 인도공산당과 인도맑스주의공산당을 중심으로 하는 반(反)국민회의당 연합 정부가 수립된 직후인 1967년 3월에 벵골 북부의 낙살바리(Naxalbari)에서 벌어진 농민 봉기의 여파도 영향을 미쳤을 것이다.

1971년에 구하가 영국으로 돌아 왔을 때, 서식스 대학교는 그람시와 알튀세 등 유럽 대륙의 맑스주의자들을 영국에 소개하고 '문화적' 맑스주의의 조류를 형성하는 주요 근거지가 되고 있었다. 서식스 대학교의 그 같은 지적 분위기에서 구하는 빡빡한 강의 일정 중에도 식민 인도에서의 농민과 농민의 정치에 관한 연구에 몰두하는 한편, 1979년과 1980년 사이에는 인도사를 공부하는 젊은 연구자들과 함께 식민 인도에 관한 일련의 세미나 모임을 이끌었다. 1983년에 델리에서 출간된 『식민 인도에서의 농민 봉기의 기초적 측면들』은 바로 그 같은 구하 개인의 오랜 연구의 결실이었고, 1982년에 창간된 『서발턴 연구(Subaltern Studies)』라는 이름의 저널은 바로 구하가 젊은 연구자들과 함께 지속해 온 토론 모임의 소산이었다.

국제적으로 주목을 받게 된 『서발턴 연구』의 편집위원회 — 흔히 '서발턴연구집단'으로 불리는 — 를 이끌던 구하는 1980년대 후반 영국을 떠나 오스트레일리아 국립 대학교에 있는 '태평양연구소(Research School of Pacific Studies)'의 석좌 연구원이 되어 캔버라에 머물게 된다. 그곳에서 『서발턴 연구』 6호(1989)까지의 편집을 책임진 구하는 7호부터는 그 임무를 후학들에게 물려주고 현역에서 은퇴하여 지금은 부인과 함께 오스트리아의 푸커스도르프에 거주하고 있다.[1]

---

[1] 이상에서와 같은 구하의 이력은 Shahid Amin and Gautam Bhadra, "Ranajit Guha: A Biographical Sketch", Subaltern Studies VIII (1994), pp.222-225를 요약한 것이다.

3. 몇 년 전에 옮긴이는 인도의 식민주의 역사학과 민족주의 역사학에 비판적으로 개입하여 그 둘의 공모적 관계를 드러내는 한편 새로운 이론적 지반 위에서 서발턴(의) 역사를 성찰하고자 하는 서발턴연구집단의 작업을 간략히 소개하는 글을 쓴 적이 있고[2], 또 보잘 것 없는 저서 안에서 구하의 『식민 인도에서의 농민 봉기의 기초적 측면들』의 내용을 요약하고는 그의 '역사' 서술의 '비역사학적' 성격을 언급한 적이 있다.[3] 그 글들이 허술해서인지 그 후에 옮긴이는 주로 주변의 역사학 전공자들로부터 서발턴연구집단이 이른바 '서발턴의 관점'에서 인도의 '역사'를 '구체적으로' 어떻게 서술하고 있는지, 혹은 그들의 작업이 현재의 역사 서술의 문제를 극복할 수 있는 '대안적' 역사 서술이 될 수 있는지, 아니면 그들의 '이론'을 한국의 '역사'에 어떻게 '적용'할 수 있겠는지 등등의 질문들을 계속 들어 왔다.

이제 '서발턴 연구'의 전범이자 이론적 원천이랄 수 있는 이 책의 완역본을 내게 되어 그 같은 질문들에 (옮긴이가 아니라 구하가) 뒤늦게 대답해 줄 수 있는 것 같아 다행이라는 생각이 든다. 게다가, 다른 한 편으로는 이 책이 그러한 질문 방식 — 어떤 의미에서는 기존 역사학의 인습적 통념들을 여전히 함축하고 있는 — 에 대한 재고찰의 계기도 (역시 옮긴이가 아니라 구하가) 제공해 줄 수 있을 것 같아 더욱 다행이다.

구하는 제도화된 근대 역사학은 근본적으로 국가 권력의 담론 형식이라고 비판한다. 따라서 구하의 이 책은 단순히 '역사학' 영역 안에서 평가될 수 없다. 구하의 이력을 통해 짐작할 수 있듯이, 이 책에서 구하는 홉스봄과 뤼데와 르페브르와 엥겔스와 치머만 등의 텍스트들을 통해 14세기부터 19세기 사이에 발생했던 영국과 프랑스와 독일 등지에

---

[2] 「서발턴에게 역사는 있는가?」, 『트랜스토리아』, 창간호 (2002년), 13-34쪽.
[3] 「구하와 식민지 시대 인도 농민 봉기의 역사」, 『서발턴과 역사학 비판』 (박종철출판사, 2003년), 97-128쪽.

서의 농민 봉기들을 ('비교'하는 것이 아니라) '참조'하면서 식민 인도에서 전개된 서발턴 농민의 봉기라는 정치적 사건을 마오주의, 그람시와 알튀세의 맑스주의, 바르트의 기호학과 푸코의 담론 분석과 데리다의 탈구축(deconstruction) 같은 구조주의/포스트구조주의 이론 등이 (명시적으로 또는 암시적으로) 혼용되고 절합(節合)된 이론적 지형 위에서 새롭게 구성하고 있다. 그렇기에 이 책에 대한 이해와 분석에는 역사학이라는 분과 학문이 아니라 '포스트식민주의'라는, 혹은 영(Robert J. C. Young)이 말하는 '트리컨티넨탈리즘(Tricontinentalism)'이라는 더 넓은 지적, 이론적 전망이 필요하다.4) 서발턴 농민의 정치적 실천/의식으로서의 봉기에 관한 구하의 사유와 서술이 이 책의 무대가 되는 '역사적' 시간과 공간, 즉 인도라는 지리적 처소(處所)와 18세기 말부터 19세기까지라는 시간적 분절(分節)을 넘어서 재번역될 수 있는 일반성과 현재성을 갖는 것도 어떤 의미에서는 그가 인도 농민 봉기의 '역사'를 쓰지 않았기 때문일 것이다.

4. 엉겁결에 이 책의 번역을 떠맡아 한국어로 옮기는 과정 내내, 옮긴이는 이 책을 번역할 만한 적임자가 아니라는 생각에서 당최 벗어날 수 없었다. 본디 영문 독해 능력이 부족한데다 중요한 이론적 개념들의 온전한 이해에도 불급(不及) 상태에 있었기 때문이다. 게다가 무엇보다도 옮긴이는 인도 역사 전공자가 아니어서 이 책에 나오는 수많은 인도의 낯선 지명과 인명, 부족명과 사건명 등을 구별해 내기에 한계가 있었다. 예컨대 본문에 등장하는 인물이나 부족이나 지역의 명칭이 인용문에는 다르게 표기될 경우, 인용문의 표기와 본문의 표기가 같은 대상의 다른 표기인지를 확인하는 일도 어려웠다.

이런 난감한 처지였기에 불가피하게 주변에 도움을 요청할 수밖에

---

4) 로버트 영, 『포스트식민주의 또는 트리컨티넨탈리즘』(박종철출판사, 2005) 중에서 특히 제24장 「인도 III : 혼성성과 서발턴 주체 행위」(591-630쪽)를 볼 것.

없었다. 마침 성균관대학교 대학원 사학과 박사과정에 있는 안준범과 배재형이 글자 그대로 초벌 상태인 번역 원고를 옮긴이와 함께 처음부터 끝까지 통독하고는 수많은 오역을 바로잡아 주었고, 누락된 부분을 찾아 주었고, 어색하고 부정확한 문장들을 수정해 주었다. 특히 인도와 관련된 무수한 용어들과 명칭들을 확인하고 그것들의 발음을 표기하는 문제는 인도 현대사를 전공하던 배재형이 도맡았다. 그래도 남아 있는 미심쩍은 부분에 관해서는 부산외국어대학교 인도어과의 이광수 교수에게 도움을 청했다. 학위논문을 준비하느라 한창 바쁜 중에도 몇 달 동안 옮긴이와 함께 시원찮은 번역 초고를 함께 읽느라 고생한 두 연구자에게, 그리고 학기 중이라서 강의와 연구에 바쁠 텐데도 옮긴이의 부탁을 흔쾌히 들어주고 신속하게 해결해 준 이광수 교수께 다시 한 번 고마움을 전한다. 그래도 오역이나 오류가 있을지 모른다. 그건 당연히 전적으로 옮긴이의 책임이다.

이 책의 번역 초고가 거의 마무리되고 있던 지난 해 7월, 옮긴이는 서발턴연구집단의 핵심 멤버인 시카고 대학교의 디페쉬 차크라바티(Dipesh Chakrabarty)를 통해 구하의 주소를 확인한 후 오스트리아에 거주하고 있는 구하에게 저자의 한국어판 서문을 써 달라는 이메일을 보낼 수 있었다. 구하는 자신의 사정을 소상히 전해 주면서 아주 짧을 수밖에 없는 글을 곧 보내 주겠다고 약속했다. 그렇게 해서 구하로부터 서문을 받은 것이 지난 해 9월 초였다. 구하는 옮긴이의 부탁을 받은 지 한 달도 안 되어 서문을 보내 주었지만, 옮긴이는 그로부터 거의 1년이 지난 지금에 와서야 구하에게 번역본 출간 소식을 전하게 되었으니, 정말 면목이 없다. 뒤늦게나마 한국의 독자들을 위해 서문을 써 준 구하에게 미안한 마음과 감사의 마음을 같이 전한다.

적지 않은 분량의, 게다가 아무래도 생소할 수밖에 없는 지역에서 벌어진 일들을 다루고 있기에 읽기가 쉽지 않았을 번역 원고를 꼼꼼히 검토하여 책으로 만드느라 고생한 박종철출판사의 김태호 대표를 비롯한 출판사 식구들은 저작권 계약상의 출판 기한을 코앞에 두고 마음이 편치 않았을 것이다. 이제 모두 심려에서 벗어나게 되기를 바랄 뿐이다.

2008년 9월
김택현

용어 해설

가디(gadi) 대금업자나 상인의 사무실.
그라마(grāma) 유동적인 친족 집단. 나중에는 유동 촌락을 가리키는 말로 사용됨(Kosambi [1972], 223쪽).
까차리(kachari, cutcherry) 지주의 사무실.
까차리-바디(kachari-badi) 벵골 지주의 사무실이 있는 건물.
나그라(nagra) 큰 북.
나드(nād) 몇 개의 촌락으로 구성된 크루그 부족의 영토 구획.
나스반디(nasbandi) 1970~80년대 인도 정부가 추진한 산아 제한 캠페인.
나입(naib) 지주의 토지 관리인.
나자르(또는 나자라나)(nazar, nazarana) 국가나 국가의 대표에게 바치는 조세나 공적 사례. 하급자가 상급자에게, 특히 제후나 성인에게 바치는 선물이나 공물.
나지르(nazir) 소송절차를 담당하고 증거를 모으고 위법행위를 조사하는 관리.
다로가(daroga) 경찰서장 또는 경찰 간부.
단다(daṇḍa) 처벌.
달란-바디(dalan-badi) 벵골 대지주의 집 안에 있는 건물로서, 힌두 신상들이 모셔져있는 예배실 또는 사당.
데스무크(desmukh) 지구의 수세관.
데오라(또는 다우리, 데오리)(dheora, dhauree, dheori) 메신저 나뭇가지.
데완(dewan) 지주의 토지를 감독하거나 인디고 공장을 감독하는 자.
도띠(dhoti) 인도인들이 입는 면 옷.
도우르(dour) 식민 군대가 자신들의 '약탈' 또는 '행진'을 가리키기 위해 쓴 말. 글자 그대로는 '뛰다'라는 뜻.

둑두기(doogdoogi) 작은 북.

드반드바사마사(dvandvasamāsa) 산스크리트어 문법 규칙에 따라 구성되는 복합명사 구문.

디숨(또는 데샴)(disum, desam) 영토.

디쿠(diku, deko) 외지인, 외국인, 이방인.

딕디기(digdigi) 작은 북.

딩(dhing) 반란, 봉기.

따라와드(taravad) 혈통이나 가계.

따실(tahsil) 지구 아래의 행정구역 단위.

따실다리(tahsildari) 따실을 담당하는 관리의 사법권이 미치는 행정지역.

딸룩(taluqa) 수많은 종속 촌락들로 구성된 영지. 딸룩 소유자는 그 촌락들로부터 국가에 지불할 조세를 거두어들인다.

뚤시(tulsi) 일부 힌두 분파에서 신성시하는 목초.

라슈뜨라(rāshṭra) 고대 인도의 부족 왕국.

라이스(rais) 고귀한 자, 부유한 자.

라이야뜨(ryot) 관에서 승인한 차지농. 농민.

라이야뜨와리(ryotwari) 인도 남부에 문로가 처음 도입한 토지 소유제. 이 제도에 따르면 농민들은 국가에 내는 조세를 개별적으로 할당받는다.

라하르(rahar) 콩, 콩류.

람바르다르(lambardar) 공동으로 세금을 분담하는 수많은 소소유자들을 대신하여 조세를 거두는 촌락의 수장이나 지주.

렁기(lungi) 벵골 농촌에서 입는 옷.

로빠(lopa) 산스크리트어 문법 규칙에 규정되어 있는 모음탈락, 결락(缺落).

로자(roza) 라마단 기간 중에 경건한 무슬림들이 행하는 단식.

마스지드(masjid) 모스크.

마우자(mauza) 공식 문서에서 조세 납부 단위가 되는 촌락.

마지(majhi) 싼딸의 수장.

마토뜨(mathot) 특정한 목적을 위해 또는 멋대로 구실을 붙여 경작자에게 부과하는 특별하거나 임시적인 부과금이나 조세.

마하잔(mahajan) 대금업자.
말구자리(malguzari) 세금.
모이라(moira) 식료품상을 하는 대금업자.
바니아(bania) 상인, 대금업자.
바르칸다즈(barkandaz) 무장 정찰병.
바바띠 빅샴 데히(bhabati bhiksāhm dehi) 산스크리트어로 된 이 문장은 걸인이 구걸을 할 때 외치는 말이며, "오 부인, 제발 적선을 베푸소서"라는 뜻이다.
봉가(bonga) 신, 신성(神性).
부드마쉬(budmash) 무뢰한, 깡패.
부미하르(bhumihar) 초따 낙뿌르의 최초 정착민의 후손.
부트(bhooth, bhut) 유령, 귀신.
브라따(vrata) 힌두교에서의 속죄 의식.
비드로하(bidroha) 반란, 봉기. 비드로히(bidrohi)는 반란자.
빌(bil) 소택지, 늪.
빠그리(pagri) 터번.
빠나(paṇa) 고대 인도의 은화 또는 동전.
빠뜨와리(patwari) 촌락 회계원.
빠랍(parab) 종교 축제.
빠르가나(pargana) 따실 아래의 행정구역 단위.
빠르와나(parwana) 명령문, 지령서.
빠이크(paik) 하인, 심부름꾼.
빤차야트(panchayat) 전통적인 촌락 회의.
뻬아다(peada, peadah) 심부름꾼, 종복.
뽈로(polo) 올가미.
뿌라나크(Puranak) "반란이 표명했던 원래의 목적에서 결코 벗어나지 않은" 비르사의 부하 군사.
뿌자(puja) 힌두교에서의 숭배 의식, 기도.
뿌카(pucca) 벽돌로 지은.
쁘라차라크(pracharak) 교리문답 전수자.

쁘로자(proja) 소작농.

사다르(sadar) 식민 시기 인도에 있었던 지구 행정 본부.

사르까르(sarkar) 정부, 지배 체제.

사르까리(sarkari) 사르까르에 속하거나 관련된 모든 것.

사자왈(sazawal) 주로 지대와 세금을 징수하기 위해 고용된 지주의 집사.

사후까르(sahukar, sowcar) 대금업자.

사후까리(sahukari) 사후까르에 속하거나 관련된 모든 것.

수바(Subah) 싼딸 봉기 참가자들이 1855년의 봉기 중에 자신들의 지도자들인 까누와 시도 등을 부를 때 사용한 이름. 수다바르의 약칭.

수바다르(subahdar) 무굴제국 시기에는 총독이나 태수. 식민 시기에는 동인도회사 군대에서 유럽인 고위 장교 밑의 지휘관과 서열이 동일한 인도 출신 장교.

시파이(sipahi) 세포이.

쑤드(sud) 외지인, 외국인, 이방인.

아다라(adhara) 아래쪽, 하층.

아디바시(adivasi) 토착 부족민.

아따(attah) 밀가루.

아따비까(āṭavika) 고대 인도의 삼림 부족.

아땁(atap) 태양에 말린 쌀. 특히 제사 때 공물로 바치기에 적합하다.

안다르-마할(andar-mahal) 벵골 지주의 집의 일부로서 지주 가족들만이 사용하는 공간. 외부인들의 출입이 엄격히 금지된다.

압와브(abwab) 지주와 관리들이 부과하는 각종의 세금, 부과금, 벌금.

에까다(ekada) 빠띠다르 부족끼리의 결혼 서클.

옥까(okka) 쿠르그 부족의 공동 부계 가문.

와끄빠루샴(vākpārushyam) 언어폭력.

우따라(uttara) 위쪽, 상위.

울굴란(ulgulan) 반란, 봉기.

이자라다르(ijaradar) 차지농.

자뜨(jāti) "원래 부족에 기원을 두고 있으나 나중에 카스트가 된 집단. 동족결혼과 공동 식사의 관습을 유지"(Kosambi [1972], 225쪽).

자즈마니(jajmani) 촌락 내의 사회적 분업 또는 협업. 카스트 위치에 의해 결정된 의무에 따라 농촌공동체 구성원들이 행하는 봉사.

젠미(jenmi) 지주.

주그(jug) 시대.

차샤(chasha) 벵골어로 농민, 차지경작자 등을 뜻하는 차시(chashi)를 경멸스럽게 부르는 말.

초끼다르(chowkidar) 촌락 감시원.

초우쿠트(chowkut) 나무 문짝.

카디르(khadir) 저지대 또는 충적토 지대.

카따(khata) 회계장부.

코스(coss, koss) 거리를 측정하는 단위.

타나(thana) 경찰서.

파우즈(fauj) 군대, 군사.

파우즈다리 아달라트(faujdari adalat) 형사 법정.

파트살라(pathsala) 촌락의 초급 학교.

후쿰나마(hukumnamah) 글로 씌어진 명령. 서신 명령.

훌(hool) 반란, 봉기.

휘뚜리(fituri) 반란, 봉기.

문헌 목록

Ⅰ. 미간행 자료

A. 기록 보관소의 자료

(1) India Office Library (London)

Board's Collections: 1361(54222); 1362 (54223, 54224, 54225); 1363(54226, 54227); 1502 (58891, 58893); 2354 (146775). 괄호 바깥의 숫자들은 시리즈 안의 권의 위치를 가리키고, 괄호 안의 숫자들은 해당 권 안에서의 문서의 위치를 가리킨다. (약어: BC; JC)

Bombay Judicial Department Proceedings: Vols 54 (890); 61 (4315, 4316). 출처들은 재판 날짜로 표시되어 있다. (약어: BJD)

(2) West Bengal State Archives (Calcutta)

Judicial Proceedings: May-December 1855. 출처들은 재판 날짜로 표시되어 있다. (약어: JP)

Judicial Proceedings (Police Department): File no. 448: "Pubna Riots". (약어:JP(P))

(3) National Archives of India (New Delhi)

Foreign Department Proceedings: December 1858.

B. 그 밖의 미간행 자료

Henningham, Stephen, "Protest and Control in North Bihar, India, 1917-1941" (Ph. D. thesis, Australian National University, 1978).

Sarkar, Tanika, "National Movement and Popular Protest in Bengal, 1928-1934", (Ph. D. thesis, University of Delhi, 1980).

II. 간행된 자료

Abū-l Fazl, *Ā'īn-i Akbarī*, vol. 1, trs. H. Blochmann, 2nd ed. (Calcutta, 1927).

Ahmad, Imtiaz (ed.), *Caste and Social Stratification among the Muslims* (Delhi, 1973).

Allport, Gordon W. and Leo Postman, *The Psychology of Rumor* (New York, 1965).

Anon., "Bagan", *Sadhana*, Agrahayan 1298 (Calcutta, 1891).

Anon., "Gentlemen Killers of Kilvenmani", *Economic and Political Weekly*, vol. 8 (21), 26 May 1973, pp. 926-8.

Anon., "The Sonthal Rebellion", *Calcutta Review*, vol. 26, January/June 1856, pp. 223-64.

Apte, V. S., *The Practical Sanskrit-English Dictionary* (Delhi, 1975).

Archer, W. G., "Santal Rebellion Songs", *Man in India*, vol. 25(4), December

1945, p. 207.

Arnold, David, "Dacoity and Rural Crime in Madras, 1860-1940", *Journal of Peasant Studies*, vol 7(2), January 1979, pp. 140-67.

Babcock, Barbara A. (ed.), *The Reversible World: a Symbolic Inversion in Art and Society* (Ithaca, 1977).

Bandyopadhyay, Bhabanicharan, *Kalikata Kamalalay* (Calcutta, 1951; Bengali Year 1358).

Barthes, Roland, *Elements of Semiology* (London, 1967).

―, *Image-Music-Text* (Glasgow, 1977).

―, *Système de la Mode* (Paris, 1967*).

Bartlett, F. C., *Remembering* (Cambridge, 1967).

Baskay, Dhirendranath, *Saontal Ganasamgramer Itihas* (Calcutta, 1976).

Bax, E. Belfort, *The Peasants War in Germany, 1525-1526* (New York, 1968).

Beals, Alan R., *Gopalpur* (New York, 1962).

Bengal, Government of, *Report of the Land Revenue Commission*, vol. 1 (Alipore, 1940).

Berliner Missionsberichte, "Der Ostafrikanische Aufstand", *Berliner Missionsberichte*, 1905, pp. 406-13.

Bhartṛhari, *The Vākyapadīyam of Bhartṛhari, Kāṇḍa II*, trs. K. A. Subramania Iyer (Delhi, 1977).

Bhowmick, P. K., *The Lodhas of West Bengal* (Calcutta, 1963).

Birbhum, 1786-1798 and 1855, West Bengal District Records: New Series, ed. A. Mitra (Calcutta, 1954).

Blum, Jerome, *Lord and Peasant in Russia* (Princeton, 1961).

Bombay, Government of, *Khandesh: Gazetteer of the Bombay Presidency*, vol. 12 (Bombay, 1880).

———, *Source Material for a History of the Freedom Movement in India (Collected from Bombay Government Records)*, vol. 2, 1885-1920 (Bombay, 1958).

Bompas, Cecil Henry, *Folklore of the Santal Parganas* (London, 1909).

Bopegamage, A. and P. V. Veeraraghavan, *Status Images in Changing India* (Bombay, 1967).

Bourdieu, Pierre, *Outline of a Theory of Practice* (Cambridge, 1977).

Bright, W. and A. K. Ramanujan, "Sociolinguistic Variation and Language Change", in J. B. Pride and J. Holmes (eds), *Sociolinguistics*, pp. 157-66.

Brown, R and A. Gilman, "The Pronouns of Power and Solidarity", in P.P. Giglioli (ed.), *Language and Social Context*, pp. 252-82.

Buckland, C. E., *Bengal Under the Lieutenant-Governors*, vol. 1 (Calcutta, 1901).

Bühler, G. *The Laws of Manu*를 보라.

Burke, Peter, *Popular Culture in Early Modern Europe* (London, 1978).

Burridge, Kenelm, *Mambu* (London, 1960).

Calame-Griaule, Geneviève, *Ethnologie et Langage: La Parole chez les Dogon* (Paris, 1965).

Carey, W. H., *The Mahommedan Rebellion* (Roorkee, 1857).

Chakrabarty, Dipesh, "Communal Riots and Labour: Bengal's Jute Mill

Hands in the 1890s", *Past and Present*, no. 91, May 1981, pp. 140-64.

——, "On Deifying and Defying Authority: Managers and Workers in the Jute Mills of Calcutta, c. 1890-1940" (근간).

Chakravarti, Chintaharan, *Hindur Achar Anushthan* (Calcutta, 1970).

Charbonnier, G. (ed.), *Conversations with Claude Lévi-Strauss* (London, 1969).

Chatterjee, Partha, "Agrarian Relations and Communalism in Bengal, 1926-1935", in R. Guha (ed.), *Subaltern Studies*, vol. 1 (Delhi, 1982).

Chaturvedi, B. S., *Face to Face with Criminals* (Delhi, 1970).

Chaudhuri, Binay Bhushan, "Agrarian Economy and Agrarian Relations in Bengal (1859-1885)", in N. K. Sinha (ed.), *The History of Bengal, 1757-1905* (Calcutta, 1967), pp. 237-336.

——, "The Story of a Peasant Revolt in a Bengal District", Bengal Past and Present, July/December 1973, pp. 220-78.

Chaudhuri, S. B., *Civil Disturbances during the British Rule in India* (Calcutta, 1955).

Cherry, E. Colin, "The Communication of Information", in A. G. Smith (ed.), *Communication and Culture*, pp. 35-40.

Chowdhury, Benoy Kumar Chaudhuri, Binay Bhushan을 보라.

Chowdhury, Someshwarprasad, *Neelkar-bidroha* (Calcutta, 1972).

Clarke, Roger T., "The Drum Language of the Tumba Tribe". in T. A. Sebeok and D. J. Umiker-Sebeok (eds), *Speech Surrogates*, pp. 418-33.

Cohn, Bernard S., "The Changing Status of a Depressed Caste", in M. Marriott (ed.), *Village India*, pp. 52-77.

Corbett, Jim, *My India* (Madras, 1952).

Crooke, W., *The Popular Religion and Folklore of Northern India* (2nd ed., 1896), 2 vols (Reprint; Delhi 1968).

——, *The Tribes and Castes of the North-Western Provinces and Oudh*, 4 vols (Calcutta, 1896).

Culshaw, W. J. and W. G. Archer, "The Santal Rebellion", *Man in India*, vol. 25(4), December 1945, pp. 208-17.

Dalton, Edward Tuite, *Descriptive Ethnology of Bengal* (Calcutta, 1972).

Das Gupta, Anil Chandra (ed.), *The Days of the John Company: Selections from Calcutta Gazette 1824-1832* (Calcutta, 1959).

Datta, Charuchandra, *Purano Katha*, 2 vols (Calcutta, 1962-6).

Datta, K. K, "The Santal Insurrrection of 1855-57", in K, K. Datta, *Anti-British Plots and Movements before 1857* (Meerut, 1970), pp. 43-152.

Davis, Natalie Zemon, "Women on Top: Symbolic Sexual Inversion and Political Disorder in Early Modern Europe", in Barbara A. Babcock (ed.), *The Reversible World*, pp. 147-90.

Day, Lal Behari, *Bengal Peasant Life* (Reprint; Calcutta, 1970).

Desmanjhi, Chotrae, "Chotrae Desmanjhi Reak Katha", trs. Stephen Hari Tudu, *Man in India*, vol. 25(4), December 1945, pp.232-9.

Dhanagare, D. N., "Agrarian Conflict, Religion and Politics: the Moplah Rebellions in Malabar in the Nineteenth and Early Twentieth Centuries", *Past and Present*, no. 74, Feburuary 1977, pp.112-41.

Dīkshita, Bhaṭṭoji, *The Siddhānta Kaumudī of Bhaṭṭoji Dīkshita*, ed. Srisa Chandra Vasu, 2 vols (Allahabad, 1906. Reprint; Delhi, n.d.).

Drake-Brockman, D. L. (ed.), *Mirzapur District Gazetteer* (Allahabad, 1911).

Dube, S. C., *The Kamar* (Lucknow, 1951).

Dumont, Louis, *Homo Hierarchicus* (London, 1972).

Dunlop, Robert Henry Wallace, *Service and Adventure with the Khakee Ressallah* (London, 1858).

Durkheim, Emile, *The Elementary Forms of the Religious Life* (New York, 1965).

Edwards, William, *Personal Adventures during the Indian Rebellion in Rohilcund, Futteghur, and Oude*, 4th ed. (London, 1859).

Elwin, Verrier, "Saora Fituris", *Man in India*, vol. 25(4), December 1945, pp. 254-7.

Engels, Friedrich, *The Origin of the Family, Private Property and the State*, in K. Marx and F. Engels, *Selected Works* (London, 1968), pp. 468-593.

────, *The Peasant War in Germany*, ed. D. Riazanov (London, 1926).

Ferguson, C. A., "Diglossia", in P. P. Giglioli (ed.), *Language and Social Context*, pp. 232-51.

Field, Daniel, *Rebels in the Name of the Tsar* (Boston, 1976).

Franz, Günther (ed.), *Quellen zur Geschichte des Bauernkriegs* (München, 1963).

Freeman, James M., *Untouchable: An Indian Life History* (London, 1979).

Freud, Sigmund, *Jokes and Their Relation to the Unconsciuos*, trs. J. Strachey (London, 1960).

Froissart, John, *Chronicles*, trs. and ed. G. Brereton (Harmondsworth, 1968).

Fuchs, Stephen, *The Children of Hari: a Study of the Nimar Balahis of the Central Provinces of India* (Vienna, 1950).

Geertz, C., "Linguistic Etiquette", in J. B. Pride and J. Holmes (eds), *Sociolinguistics*, pp. 167-79.

Ghose, Benoy, *Samayik Patre Banglar Samajchitra*, vol. 4 (Calcutta, 1966).

Giglioli, P. P. (ed.), *Language and Social Context* (Harmondsworth, 1972).

Gluckman, Max, *Custom and Conflict in Africa* (Oxford, 1966).

——, *Order and Rebellion in Tribal Africa* (London, 1963).

Goody, Jack (ed.), *Literacy in Traditional Societies* (Cambridge, 1968).

——, "Restricted Literacy in Northern Ghana", in J. Goody (ed.), *Literacy in Traditional Societies*, pp. 198-264.

Gough, E. Kathleen, "Cults of the Dead among the Nayars", *Journal of American Folklore*, no. 71, 1958, pp. 446-78.

Gramsci, A., *Selections from the Prison Notebooks* (London, 1971).

Grierson, G. A., *Linguistic Survey of India*, vol. 5, pt. 1 (Reprint; Delhi, 1968).

Guha, Ranajit, "Neel-Darpan: the Image of a Peasant Revolt in a Liberal Mirror", *Journal of Peasant Studies*, vol. 2(1), October 1974, pp.1-46.

——, "The Prose of Counter-insurgency", in R. Guha (ed.), *Subaltern Studies*, vol. 2 (Delhi, 1983).

Gumperz, John J., *Language in Social Groups* (Stanford, California, 1971).

Gwassa, G. C. K. and J. Iliffe (eds), *Records of the Maji-Maji Rising*, pt. 1 (Nairobi, 1968).

Habib, Irfan, *The Agrarian System of Mughal India* (London, 1963).

Hamp, Eric P., Fred W. Householder, and Robert Austerlitz (eds), *Readings in Linguistics II* (Chicago, 1966).

Hay, Douglas, P. Linebaugh, and E. P. Thompson (eds), *Albion's Fatal Tree: Crime and Society in Eighteenth Century England* (London, 1975).

Hay, Douglas, "Poaching and the Game Laws on Cannock Chase", in D. Hay *et al., Albion's Fatal Tree*, pp. 189-253.

Hegel, G. W. F., *Aesthetics*, trs. T. M. Knox, 2 vols (Oxford, 1975).

———, *Logic*, trs. W. Wallace, 3rd ed. (Oxford, 1975*).

Henvey, Frederick, *A Narrative of the Drought and Famine which prevailed in the North-West Provinces during the years 1868, 1869 and beginning of 1870* (Allahabad, 1871).

Hill, Christopher, *Change and Continuity on Seventeenth-Centyry England* (London, 1974).

———, *The World Turned Upside Down* (London, 1972).

Hilton, Rodney H., *Bond Men Made Free* (London, 1973).

Hinton, William, *Fanshen* (New York, 1966).

Hiro, Dilip, *The Untouchables of India*, Minority Rights Group Report, no. 26 (London, 1975).

Hobsbawm, E. J. and G. Rudé, *Captain Swing* (London, 1969).

Hobsbawm, E. J., *Primitive Rebels* (Manchester, 1959).

Holmes, T. Rice, *A History of the Indian Mutiny and of the Disturbances which Accompanied it Among the Civilian Population*, 5th ed. (London, 1904).

Hosein, Mir Mosharraf, *Rachanasamgraha*, vol. 1 (Calcutta, 1978).

Huizinga, J., *The Waning of the Middle Ages* (Harmondsworth, 1976).

Hunter, W. W., *The Annals of Rural Bengal*, 7th ed. (London, 1897).

———, *Statistical Account of Bengal*, vol. 9 (London, 1875).

Inden, Ronald B. and Ralph W. Nicholas, *Kinship in Bengali Culture* (Chicago, 1977).

Innes, J. J. McLeod, *Lucknow and Oude in the Mutiny* (London, 1895).

The Institutes of Viṣṇu, trs. Julius Jolly (Oxford, 1880).

Isaacman, Allen F., *The Tradition of Resistance in Mozambique* (London, 1976).

Iyer, K. A. Subramania, *Bhartṛhari* (Poona, 1969).

Jaiminī, *The Mīmāṇsā Sūtras of Jaiminī*, trs. Mohan Lal Sandel (Allahabad, 1923).

Jakobson, Roman, *Questions de Poétique* (Paris, 1973).

——, *Selected Writings, 2: Word and Language* (The Hague, 1971).

Jha, Ganganatha, *Hindu Law and its Sources*, vol. 1 (Allahabad, 1930).

Jha, J. C., *Kol Insurrection in Chota-Nagpur* (Calcutta, 1964).

Jolly, Julius *The Institutes of Viṣṇu*를 보라.

Julião, Francisco, *Cambão, the Yoke* (Harmondsworth, 1972).

Kauṭilya, *Arthaśāstrā*, trs. R. Shamasastry, 8th ed. (Mysore, 1967).

Kaviraj, Narahari, *A Peasant Uprising in Bengal, 1783* (New Delhi, 1972).

Kaye, J. and G. B. Malleson, *History of the Indian Mutiny*, New Edition, 6 vols (London, 1897).

Khan, Muin-ud-din Ahmad, *History of the Fara'idi Movement in Bengal, 1818-1906* (Karachi, 1965).

——, *Selections from Bengal Government Records on Wahhabi Trials, 1863-1870* (Dacca, 1961).

King, Anthony D., *Colonial Urban Development* (London, 1976).

Kling, Blair B, *The Blue mutiny: the Indigo Disturbances in Bengal 1859-1862* (Philadelphia, 1966).

Kosambi, Damodar Dharmanand, *The Culture and Civilisation of Ancient India in Historical Outline* (Delhi, 1972).

——, *An Introduction to the Study of Indian History*, 2nd ed. (Bombay, 1975).

——. *Myth and Reality* (Bombay, 1962).

Kripalani, J. B., *Gandhi, his Life and Thought* (New Delhi, 1970).

Kumar, Ravinder, *Western India in the Nineteenth Century* (London, 1968).

Lambrick, H. T., *The Terrorist* (London, 1972).

Land, K. and G. E. Lang, *Collective Dynamics* (New York, 1963).

The Laws of Manu, ed. G Bühler, Sacred Books of the East Series, vol. 25 (Oxford, 1886).

Lefebvre, Georges, *La Grande Peur de 1789* (Paris, 1970).

——, *The Great Fear* (London, 1973).

Lévi-Strauss, Claude, *Conversations with Claude Lévi-Strauss*, ed. G. Charbonnier (London, 1969).

———, *Structural Anthropology*, vol. 2 (Harmondsworth, 1978).

———, *Tristes Tropiques* (Harmondsworth, 1976).

Lewis, Oscar, *Village Life in Northern India* (New York, 1965).

Livy, *The Early History of Rome* (Harmondsworth, 1969).

Logan, William, *Malabar*, vol. 1 (Reprint; Madras, 1951).

Lotman, Ju. M., "Problems in Typology of Culture", in Daniel P. Lucid (ed.), *Soviet Semiotics*, pp. 213-21.

Lotman, Ju. M. and A. M. Pjatigorskij, "Text and Function", in Daniel P. Lucid (ed.), *Soviet Semiotics*, pp. 125-35.

Lowie, Robert H., *The Origin of State* (New York, 1962).

Lucid, Danial P. (ed.), *Soviet Semiotics* (Baltimore, 1977).

Lush, Allan J., "Kiganda Drums", in T. A. Sebeok and D.J. Umiker-Sebeok (eds), *Speech Surrogates*, pp. 458-73.

Lyons, John, *Semantics*, 2 vols (Cambridge, 1977).

Macy, J., Jr., L. S. Christie and R. D. Luce, "Coding Noise in a Task-oriented Group", in A. G. Smith (ed.), *Communication and Culture*, pp. 285-94.

Maharaja Deby Sinha (Nashipur Raj Estate, 1914).

Maine, Henry, *Ancient Law* (Oxford, 1959).

Majumdar, R. C., *The Sepoy Mutiny and the Revolt of 1857* (Calcutta, 1957).

Manu   *The Laws of Manu and Manusaṃhitā*를 보라.

Manusaṃhitā, ed. Bharatchandra Shiromani (Calcutta, 1866).

Mao Tse-tung, *Selected Works of Mao Tse-tung*, vols 1, 2 (Peking, 1967).

Mare Hapram Ko Reak Katha (The Traditions and Institutions of the Saontals), trs. Baidyanath Hansdah, in *Census 1951, West Bengal District Handbook: Bankura*, Appendix V, 1953, pp. lxxxvii-clxxi.

Marriott, McKim, "The Feast of Love", in M. Singer (ed.), *Krishna: Myths, Rites and Attitudes*, pp. 200-31.

———, (ed.) *Village India* (Chicago, 1969).

Marx, K. and F. Engels, *Collected Works*, vols 3, 6, 10, 11, (London,

1957-8).

———, *Selected Works* (London, 1968).

Mayer, Adrian C., *Caste and Kinship in Central India* (Berkeley, 1970).

Metcalfe, Charles Theophilus, *Two Native Narratives of the Mutiny in Delhi* (Westminster, 1898).

Miller, Eric J., "Caste and Territory in Malabar", *American Anthropologist*, vol. 54(3), 1954, pp. 410-20.

Mitra, Dinabandhu, *Dinabandhu Rachanabali*, Sahitya Samsad ed. (Calcutta, 1967).

Mitra, Satis Chandra, *Jasohar-Khulnar Itihas*, vol. 1, 3rd ed. (Calcutta, 1963); vol. 2, 2nd ed. (Calcutta, 1965).

Mundy, Peter, *The Travels of Peter Mundy in Europe and Asia, 1608-1667*, vol. 2: *Travels in Asia 1628-1634* (London, 1914).

Mustowfi, Srijan Nath, *Ular Mustowfi Bangsha* (Ula, 1937).

Nadel, S. F., *A Black Byzantium* (London, 1942).

Nevill, H. R., *Ballia: a Gazetteer* (Allahabad, 1907*).

———, *Ghazipur: a Gazetteer* (Allahabad, 1907).

North Indian Notes and Queries, vol. 1(5), 1891.

Oldham, Wilton, *Historical and Statistical Memoir of the Ghazeepoor District*, pt.1 (Allahabad, 1870).

O'Malley, L. S. S., *Bengal District Gazetteers: Faridpur* (Calcutta, 1925).

———, *Bengal District Gazetteers: Pabna* (Calcutta, 1923).

Oman, John Campbell, *Cults, Customs and Superstitions of India* (Reprint; Delhi, 1972).

Pandey, Gyanendra, *The Ascendancy of the Congress in Uttar Pradesh, 1926-1934* (Delhi, 1978).

———, "Peasant Revolt and Indian Nationalism: The Peasant Movement in Awadh, 1919-22", in R. Guha (ed.), *Subaltern Studies*, vol. 1 (Delhi, 1982).

Pāṇini, *The Ashṭādhyāyī of Pāṇini*, ed. by Srisa Chandra Vasu, 2 vols (Delhi, 1977).

Pearse, Andrew, *The Latin American Peasant* (London, 1975).

Philips, C. H. (ed.), *Politics and Society in India* (London, 1963).

Pocock, David F., *Kanbi and Patidar* (Oxford, 1972).

Prasad, J. "The Psychology of Rumour", *British Journal of Psychology*, vol. 26(1), July 1935, pp. 1-15.

Pride, J. B. and J. Holmes (eds), *Sociolinguistics* (Harmondsworth, 1972).

Propp, Vladimir, "Les Transformations des Contes Fantastiques", in T. Todorov (ed.), *Théorie de la Littérature* (Paris, 1965), pp. 234-62.

Rāmāyaṇam, ed. Panchanan Tarkaratna, 4th ed. (Calcutta, 1908).

Ray, Suprakash, *Bharater Baiplabik Samgramer Itihas* (Calcutta, 1970).

⸺, *Bharater Krishak-bidroha O Ganatantrik Samgram*, vol. 1 (Calcutta, 1966).

Report of the Commission Appointed in India to Inquire into the Causes of the Riots which took place in the year 1875 in the Poona and Ahmednagar Districts of the Bombay Presidency, Cmd. 2071 (London, 1878).

Ibid., vol. 2; Appendices B and C (Bombay, 1876).

Report of the Indigo Commission Appointed under Act XI of 1860 with the Minutes of Evidence taken before them; and Appendix (Calcutta, 1860).

Rizvi, S. A. A. (ed.), *Freedom Struggle in Uttar Pradesh*, 6 vols (Lucknow, 1960).

Roy, S. C., *Mundas and their Country* (Calcutta, 1912).

Russell, R. V. and H. Lal, *Tribes and Castes of the Central Provinces of India*, 4 vols (London, 1916).

Saha, Radharaman, *Pabna Jelar Itihas*, 3 vols (Pabna, 1923-6; Bengali Years: 1330-3).

Sarkar, Biharilal, *Titu Mir*, ed. Swapon Basu (Calcutta, 1981).

Sarkar, Jadunath (ed.), *The History of Bengal*, vol. 2 (Dacca, 1948).

Saussure, Ferdinand de, *Course in General Linguistics* (Glasgow, 1974).

Schachter, S. and H. Burdick, "A Field Experiment on Rumor Transmission and Distortion", in A. G. Smith (ed.), *Communication and Culture*, pp. 294-308.

Schumann, Christian, "Die Schreckenstage auf der Missionsstation Jakobi", *Berliner Missionsberichte*, 1906, pp. 62-76.

Sebeok, T. A. and D. J. Umiker-Sebeok (eds), *Speech Surrogates: Drum and Whistle Systems* (The Hague, 1976).

Sen, Dinesh Chandra (ed.), *Eastern Bengal Ballads*, vol. 2, pt. 1 (Calcutta, 1926).

——, *Vanga Sahitya Parichaya* (Calcutta, 1914).

Sen, Sunil, *Agrarian Struggle in Bengal 1946-47* (New Delhi, 1972).

Sen, Surendra Nath, *Eighteen Fifty-Seven* (Delhi, 1957).

Sen Gupta, Kalyan Kumar, *Pabna Disturbances and the Politics of Rent 1873-1885* (New Delhi, 1974).

Sherer, J. W., *Daily Life during the Indian Mutiny* (London, 1898).

Sherwill, Walter Stanhope, *Geographical and Statistical Report of the District of Bhaugulpoor* (Calcutta, 1854).

Shiromani, Bharatchandra *Manusaṃhitā*를 보라.

Showers, C. L., *A Missing Chapter of the Indian Mutiny* (London, 1888).

Singer, M. (ed.), *Krishna: Myths, Rites and Attitudes* (Honolulu, 1966).

Singh, Suresh, *Dust-storm and Hanging Mist* (Calcutta, 1966).

Sinha, S. C., J. Sen and S. Panchbhai, "The Concept of Diku among the Tribes of Chotanagpur", *Man in India*, vol. 49(2), April/June 1969, pp. 121-38.

Smith, Alfred G. (ed.), *Communication and Culture* (New York, 1966).

Srinivas, M. N., *Caste in Modern India and other Essays* (Bombay, 1962).

——, *Religion and Society among the Coorgs of South India* (Oxford, 1952).

Steed, Gitel P., "Notes on an Approach to a Study of Personality Formation in a Hindu Village in Gujarat", in M. Marriott (ed.), *Village India*, pp. 102-44.

Stokes, Eric, *The Peasant and the Raj* (Cambridge, 1978).

Sundarayya, P., *Telengana People's Struggle and its Lessons* (Calcutta, 1972).

Syed Ahmed Khan, *An Essay on the Causes of the Indian Revolt*, trs. W. N. Lees (Calcutta, 1870)

Tarkaratna, Panchanan (ed.), *Rāmāyaṇam*, 4th ed. (Calcutta, 1908)

——, *Vāyupurāṇam* (Calcutta, 1910).

Thomas, Keith, *Religion and the Decline of Magic* (Harmondsworth, 1973).

Thompson, E. P., "The Crime of Anonymity", in D. Hay *et al.* (eds), *Albion's Fatal Tree*, pp. 255-344.

——, *Whigs and Hunters* (London, 1975).

Thornhill, Mark, *The Personal Adventures and Experiences of a Magistrate during the Rise, Progress and Suppression of the Indian Mutiny* (London, 1884).

Toporov, V. N., "The Semiotics of Prophecy in Suetonius", in Daniel P. Lucid (ed.), *Soviet Semiotics*, pp. 157-67.

Trotsky, Leon, *1905* (Harmondsworth, 1973).

Turner, George William, *Stylistics* (Harmondsworth, 1973).

Turner, Victor W., *The Ritual Process* (London, 1969).

Ullmann, Stephen, *Semantics: An Introduction to the Science of Meaning* (Oxford, 1972).

Vachek, Josef (ed.), *A Prague School Reader in Linguistics* (Bloomington, 1964).

Vachek, Josef, "Some Remarks on Writing and Phonetic Transcription", in E. P. Hamp *et al.*, *Readings in Linguistics II*, pp. 152-7.

——, "Written Language and Printed Language", in J. Vachek (ed.), *A Prague School Reader in Linguistics*, pp. 453-60.

Vansina, Jan, *Oral Tradition: a Study in Historical Methodology* (London, 1961).

Vasu, Srisa Chandra   Dīkshita, Bhaṭṭoji and Pāṇini를 보라.

Vāyupurāṇam, ed. Panchanan Tarkaratna (Calcutta, 1910).

Viṣṇusmṛti   The Institutes of Viṣṇu를 보라.

Vygotsky, Lev Semenovich, *Thought and Language* (Cambridge, Mass., 1967).

Wehrmeister, Cyrillus, "Reisebilder aus Deutsch-Ostafrika vor und während des Aufstandes", *Missionsblätter von St. Ottilien*, 1906, pp.70-3.

Whitehead, Henry, *The Village Gods of South India* (Calcutta, 1921).

Winslow, Cal, "Sussex Smugglers", in D, Hay *et al.* (eds), *Albion's Fatal Tree*, pp,119-66.

Zimmermann, Wilhelm, *Geschichte des grossen Bauernkieges nach den Urkunden und Augenzeugen*, 2 vols (Leipzig, 1939).

찾아보기

ㄱ

가마(palanquin).
  '운송', '탈것'을 보라.
가시(Ghasi)　208, 216
가야 문다(Gaya Munda)　162
간디, 마하트마(Gandhi, Mahatma)　19, 243, 400
갈라진 징(slit-gong)　277-278
강가 싱(Gang Singh)　135-136
강가나라얀(Ganganarayan)　344
강도(robber), 강도질(robbery)　91, 111-112, 121, 123, 125-131, 133, 135, 137, 191-192, 197, 209, 244, 253, 261.
  '산적', '강도단', '사회적 산적' 등도 보라.
강도단(dacoit), 강도 행각(dacoity)　34, 106, 111-117, 125-129, 132-134, 140, 143, 192, 235.
  '산적', '강도', '사회적 산적' 등도 보라.
경제주의(economism)　182-185
고리대업자(usurer), 고리대업(usury).
  '대금업자'를 보라.
고빈다난다(Govindananda)　55-56
고우, 캐슬린(Gough, Kathleen)　52

고행자(fakir)　31, 328
공동노동(communal labour).
  '협동 노동'을 보라.
공산주의(communist)　19-20, 89, 198, 210-211, 248, 271, 399
교육(education)　77, 356.
  '문자 해독 능력'도 보라.
구별(discrimination)　39-42, 44, 199-00
구짜르(구자르)(Guzar, Gujar)　42, 153-154, 175, 187, 232-233, 364, 367-368, 370, 373-381, 384-396. '바니아', '부채', '마하잔', '대금업자', '사후까르', '와니' 등도 보라.
국민회의당(Congress Party)　19, 399-341
굼페르츠(Gumperz, J.)　67
그람시, 안또니오(Gramsci, Antonio)　19(주 19), 27, 30, 38, 48, 89, 270-271
그리어슨(Grierson, G. A.)　33
그왈라(Gwala)　41, 93, 204, 223-224, 226-227, 230, 260.
  '소 치는 이', '밀크 장수'도 보라.
근접(proxemics)　80, 84-86
글룩만(Gluckman, M.)　52
글쓰기(writing)　76-80, 272, 296-298, 307-308, 312
금 세공장이(goldsmith)　65

474

기름장수(oilman)   223
기어츠(Geertz, C.)   66
까누(Kanhu)   47-48, 78-79, 92-93, 95, 99, 127, 154, 161, 171, 186, 189, 191, 193-196, 204, 226, 229, 244-245, 250, 253-257, 260, 262-263, 269, 286, 297-298, 301, 322, 329, 347-349, 401
까르와르(Kharwar)   216
까마르 부족(Kamar)   63
까우틸야(Kauṭilya)   69, 72, 302
깔 주그(Kaljug)   352-355
깔리(Kali)   50, 100
꼬야인(Koya)   211
꼴 봉기(Kol insurrections)   6, 41, 45, 49, 98, 109, 152, 172, 177, 181, 187-188, 192, 198, 200, 202, 208, 215-218, 223, 225, 230, 239, 255, 266, 270, 277, 281-2, 303, 335, 339, 342-346, 395
꼴(Kol)   41, 110, 144, 152, 174, 186-188, 194, 196, 202, 204-205, 209, 215-28, 223, 239, 260, 270, 272, 281-282, 289, 303, 338-339, 342-344.
   '꼴 봉기'도 보라.
꼴리(Koli)   112, 117, 122, 268
꾸르미(Kurmi)   90, 231
꾸마르(Kumar)   41, 223-224, 226, 396
   '토기 제조공'도 보라.
꾼비(Kunbi)   17, 42, 75, 156-157, 178, 232, 363-365
꿀와르(Kulwar)   224
끄리슈나뎁 레이(Krishnadeb Ray)   186

ㄴ

나델(Nadel, S. F.)   275
나라다(Narada)   69

나야르(Nayar)   37, 52, 65, 69, 74, 362
남비크와라(Nambikwara)   76
네루(Nehru)   400
농업 노동자(agricultural labourer)   21, 71, 83, 88-89, 112, 115, 124, 148, 239, 242
뉴스(news)   310-311
니란잔 싱(Niranjan Singh)   135-136
「닐-다르빤(Neel-Darpan)」   68, 73

ㄷ

다르마샤스뜨라(Dharmaśāstra)   80, 206
다타(Datta, C.)   223, 326(주 131)
"5개의 번외 카스트들(five exempted castes)"   222-227
단와르 부족 (Dhanwar)   41
달턴(Dalton, E. T.)   281-282, 335, 348
당가르 꼴(Dhangar Kol)   215, 281, 342
당가르(Dhangar)   224
대공포(Great Fear)   40-41, 203, 270-271, 303
대금업자(moneylender)   24, 41, 45-46, 78, 98-99, 111, 119, 122-123, 125, 127, 138, 179, 198, 202, 205, 232, 238, 272, 306, 324, 326, 336-338, 345, 351, 363-364, 372-373, 380.
   '바니아', '빚' '구짜르', '마하잔', '사후까르', '와니' 등도 보라.
대장장이(blacksmith)   41, 65, 218, 223, 227-228, 233.
   '로하르'도 보라.
데르예나라인(Derjenarain)
   '디르예나라인'을 보라.

찾아보기   475

데비 싱하(Deby Sinha)   30, 39, 75, 95, 98, 104, 148, 174, 187, 239, 277. '딩'도 보라.
데스만지(Desmanjhi)   32, 273, 286
데오라(데오리), (dheora, dheori). '메신저 나뭇가지'를 보라.
데이(Day, L. B.)   77, 97
데칸 폭동(Deccan riots)   16, 98, 111, 122, 147, 187, 232, 238, 307, 325, 363-364
데칸폭동대책위원회(Deccan Riots Commission)   16, 98, 111, 122, 307, 325, 364
도곤족(Dogon)   69
도몬 마지(Domon Majhi)   126-127, 262-263
독일 농민전쟁(German Peasant War)   40, 49, 51, 74, 90, 93, 95, 100-101, 124, 150, 158, 174, 181, 194, 234, 238, 242, 246, 334
돔(Dom)   37, 79, 175, 224, 226, 229-230, 297
동시성(simultaneity)   269-271
동인도회사(East India Company)   15, 45, 91, 109, 187, 190, 195, 198, 314, 320
동작(kinesics)   62, 80-81
뒤르켕(Durkheim, E.)   63
뒤몽(Dumont, L.)   356
디글로씨아(diglossia)   65-66. '언어'도 보라.
디르예나라인(Dirjenarain)   94, 148-149, 151
디쿠(diku)   41, 78, 90, 93, 177, 215, 304, 336-344, 346-351, 353-363
딩(dhing)   15, 18, 45, 91, 125, 194. '데비 싱하', '디르예나라인'도 보라.
따띠야 또프(Tatya Tope)   249, 256(주 130)

따아이유니(Ta'aiyuni)   213
때려 부수기(wrecking)   167, 173-176, 179, 181, 185, 187, 371
뗄(tel)과 신두르(sindru)   286
뗄리(Telee)   223-224, 226. '기름장수'도 보라.
뛰-부(tu-vous, T-V)   73-75, 207
띠뚜 미르(Titu Mir)   17, 27, 32, 45, 75, 98, 102, 109, 125, 140, 151, 175, 186, 212, 301, 401

ㄹ

라구 방그리아(Raghu Bhangria)   122
라구난다나(Raghunandana)   54
라띠람(Ratiram)   95
라라까(Laraka), 라르까(Larka)   193, 215, 217, 281, 395
「라마야나」(Ramayana)   100
라이야뜨(ryot). '차지경작자', '차지농', '빠브나 비드로하' 등도 보라.
라즈푸트(Rajput)   67-68, 84, 85(주 123), 88, 94, 105, 116, 153, 369, 373-375, 377, 380-381, 385, 388, 390-393, 395
락 신(Lag), 라긴 여신(Lagin)   219, 322
랑가르(Rangar), 랑구르(Rangur)   154, 367, 380-381, 385
러셀(Russell, R. V.)과 랄(Lal, H.)   88
러시아혁명(1905년)(Russian Revolution)   43, 124, 144, 172-173, 176, 182, 333
레비-스트로스(Lévi-Strauss, C.)   76, 78, 300, 311
레이(Ray, S.)   33
로건, A. C.(Logan, A. C.)   267-268, 273
로건, W(Logan, W.)   65, 102

로다(Lodha)   113-116, 121
로버트 케트(Robert Kett)   330
로베스삐에르(Robespierre, M.)   74
로이, S. C. (Roy, S. C.)   341
로트먼(Lotman, J. M)과 피야티골스키
   (Pjatigorskij, A. M.)   331
로트먼(Lotman, J. M.)   58
로하르(Lohar)   223-224, 226-229.
   '대장장이'도 보라.
롤라드(Lollard)   330
루머(rumour)   34, 128, 154-155, 230,
   301-303, 305-325, 327, 330-332,
   389
룹 싱(Roop Singh)   135-137
뤼데, 조르주(Rudé, George)   21, 124,
   160, 176, 197, 203, 238-239, 241,
   302
르페브르(Lefebvre, G.)   40-41, 49, 51,
   147, 150, 158, 160, 172, 174, 176,
   192, 194, 203, 270-271, 297,
   302-303, 306, 309
리비(Livy)   302
리슬리(Risley)   222

□

마누(Manu)   49, 55, 60-61, 64-65,
   70, 73(주 92), 80, 84, 104
마에쉬 랄 다따(Mahesh Lal Datta)
   129, 138
마오쩌둥(Mao Tse-tung)   48, 72, 83,
   93, 119, 172, 185, 203, 271, 333,
   396
마울비 리아캇 알리(Maulvi Liaqat Ali)
   258
마울비 아마둘라 샤(Maulvi Ahmadullah
   Shah)   328
마이어(Mayer, A. C.)   83, 357, 360,
   362

마줌다르(Majumdar, R. C.)   290, 294
마지 마지(Maji Maji) 반란   91, 182,
   303, 311, 327, 329
마하르(Mahar)   90, 232-233
마하잔(mahajan)   24, 39, 41, 46-47,
   79, 109, 127-128, 130-131, 145, 152,
   154, 177-180, 193, 202, 224, 29,
   320(주 131), 339-340, 349, 351, 353,
   372-373, 381.
   '바니아', '빚', '구짜르', '대금업자',
   '사후까르', '와니' 등도 보라.
만 싱(Man Singh)   37, 249, 256(주
   92)
말(horse).
   '운송', '탈것'을 보라.
말(Mal)   219-222, 224-225, 250, 396
말로 하는 위협(verbal threat)   234-237
맑스, 칼(Marx, Karl)   103, 205, 321
매리어트, 맥킴(Marriot, McKim)   55,
   57
먹기(eating)   152, 173, 185-186, 339
메가르 싱(Meghar Singh)   153, 274,
   385-387, 389, 392-393, 401
메신저 나뭇가지(messenger bough)
   282-287
메오(Meo)   358-359
메와티(Mewati)   153, 178,374-375,
   379, 384, 395
메인(Maine, H.)   334
모건, 루이스(Morgan, Lewis)   334
모나스(Monas)   375, 382-384
모방(emulation)   208-209, 316
모쁠라(Moplah)   45, 74, 102, 179,
   213, 214(주 16), 358
모이라(Moira)   131
모잠비크(Mozambique)   327
목수(carpenter)   65, 206, 218, 223,
   233
몸(body)   80-82, 85-87, 89-90, 92-93,

찾아보기   477

205-207
무굴(Mughal)   15, 80-81, 206, 328, 395
무르쉬드 쿨리 칸(Murshid Quli Khan)   22
문다(Munda)   27, 31, 45, 82-83, 85-86, 88, 93, 101, 151, 157-158, 160, 162-163, 179, 201, 215-218, 274, 281, 318-319, 323, 327, 329, 336-339, 341, 344-345, 352-356, 363, 365
문디, 피터(Mundy, Peter)   383
문자 해독 능력(literacy)   32, 77-78, 236, 272, 297, 307.
   '교육'도 보라.
뮤티니(Mutiny, 1857년 - 1858년), 뮤티니의(와) 농민 봉기들   17, 34, 41, 43, 45-46, 49, 51, 61, 75, 132-136, 154, 159, 175, 178, 181, 200-201, 244, 245, 249, 251, 256, 258, 266, 287, 289-291, 293-294, 311, 314, 317, 320, 328-329, 335, 365-366, 370, 374, 377-379, 382, 395
미끼(decoy)   253-254, 256, 261
미뜨라, 디나반두(Mitra, Dinabandhu)   68
민간전승(folklore)   32-33, 309, 322, 361
밀러(Miller, E. J.)   357, 361
밀렵(poaching)   106, 112, 115, 118, 184, 235, 237(주 83), 259-260
밀매, 밀수(smuggling)   115, 118, 121-121, 124, 235, 237(주 83), 259-260
밀크 장수(milkman)   223, 260

ㅂ

바그나 마지(Bhagna Majhi)   261-262

바니아(bania)   24, 39, 46, 85, 88, 94, 306, 337, 372-373.
   '부채', '구짜르', '마하잔', '대금업자', '사후까르', '와니' 등도 보라.
바라사뜨 비드로하 (Barasat bidroha)   16, 75, 98, 102, 125, 155, 212, 304-305
바라사뜨(Barasat)   27, 32, 125
바레이아(Bareia)   87, 105
바르뜨, 롤랑(Barthes, Rolland)   58, 70(주 81), 89, 312
바리아(Bharia)   88
바부르(Bhabur)   132
바스카이(Baskay, D.)   32
바우리(Bauri)   71-72, 81, 224
『바유뿌라남(Vāyupurāṇam)』   50, 87, 100(주 174)
바이라기(Bairagi)   224, 251-252
바첵(Vachek, J.)   298, 308
바크르-이드(Bakr-Id)   159
바틀렛(Bartlett, F. C.)   316
박띠(bhakti)   36
반나(Banna)   53-54
반자라 싱(Banjara Singh)   112-113, 121
발라이(Balahi)   81, 83, 85(주 123), 92, 94, 105, 171
발화(speech).
   '언어'를 보라.
방갈로(bungalow)   44, 96, 175, 177-178, 186, 310, 367, 370-371, 376.
   '집'도 보라.
방화(arson)   40, 43-44, 123, 152, 155, 176-179, 197-198, 202-203, 234, 237, 367.
   '불 지르기'도 보라.
배릿지(Burridge, K.)   277
배신(betrayal)   127, 204, 242-245,

247-253, 255-257, 259, 261-264
범죄(crime), 범법자(criminal) 35, 69-70, 87, 105-127, 129-130, 134-135, 138-140, 142-144, 150, 157, 173, 182-185, 192-194, 196-197, 199-200, 203, 209, 236, 259-260
"범죄 부족(criminal tribe)" 113-114
베네트, 장 드(Venette, Jean de) 173
베추 라우트(Bechoo Raout) 93, 226-227
벤쿠트 싱(Benkut Singh) 134-136
벨로르 뮤티니(Vellore mutiny) 320
보그타(Bhogta) 208, 216
보들레르(Baudelaire, C.) 300
보야(Boya) 224
볼리비아(Bolivia) 89-90
봉기 농민의 커뮤니케이션(insurgent peasant communication: IPC) 236-238
뵈딩(Bödding, P. O.) 90, 336
부두 바갓뜨(Buddhu Bhagat) 255
부르디외(Bourdieu, P.) 63, 80
부미하르(Bhumihar) 344, 388, 390-393
부얀(Bhuyan) 219-220
부채(debt) 22, 24, 75, 109, 148. '바니아', '구짜르', '마하잔', '대금업자', '와니' 등도 보라.
부캐넌-해밀턴(Buchanan-Hamilton) 55
북(drum) 82, 143, 160-161, 166, 218, 273-281
불 지르기(burning) 145, 173, 176-179, 185, 187, 200, 235, 239, 245, 371. '방화'도 보라.
뷔고스키(Vygotsky, L. S.) 312-313
브라운(Brown, R.)과 길먼(Gilman, A.) 73
브후미즈(Bhumij) 반란 344

블럼(Blum, J.) 302
비르사(Birsa), 버사이트(Birsaite) 15, 27, 82, 85, 101, 158-159, 215-217, 269, 301, 318-319, 323, 327-329, 345-346, 352, 354-356, 401. '울굴란'도 보라.
『비쉬누스므리띠(Viṣṇusmṛti)』 61
빈드라이 만끼(Bindrai Manki) 152, 186, 215, 338, 344
빌스(Beals, A. R.) 70, 76(주 102)
빌족(Bhil) 122
빠갈빤티(Pagalpanthi) 33
빠노(Pano) 186
빠니니(Pāṇini) 55, 64, 70(주81)
빠띠다르 부족(Patidar) 0, 87, 92, 105, 357, 359
빠리아(Pariah) 65
빠브나(Pabna) 139-140, 147, 155, 164, 214, 269; 빠브나 비드로하 33, 91-92, 98, 139-140, 147, 155, 161, 163-164, 187, 196, 198, 213, 231, 240, 246, 248, 264, 274, 276-278, 297, 299, 304-305, 325
빤데이(Pandey, G.) 399
빤차야트(panchayat) 23, 26, 151-153, 360, 379, 385
빼앗기(looting) 173, 185, 187, 191-192, 194-196, 198-. '약탈'도 보라.
뽈레야(Poleya) 37, 53-54
뽈로(polo) 161, 163-164, 274, 276
뽈리아르(Poliar) 216
뽈피리(horn) 161, 163-164, 198, 240, 273-274
쁘라사드(Prasad, J.) 308

ㅅ

사냥(hunting) 127, 131, 143-144,

162-163, 165-166, 170-172, 182, 219, 275-276, 285, 322, 361
사뜨 주그(Satjug)   301, 352-356
사뜨나미(Satnami)   301
사오라(Saora)   175, 186, 282
사존 가지(Sajon Gazi)   186
사하(Saha, R.)   33
사회적 보이콧(social boycott)   198, 232-233
사회적 산적(social bandit)   121, 143-144, 146, 184, 262.
'산적', '강도단', '강도' 등도 보라.
사후까르(sahukar), 사후까리(sahukari)   24, 42, 45-47, 77, 113, 122, 187, 196, 198, 306, 326, 351, 364, 367, 372. '바니아', '빚', '구짜르', '마하잔', '대금업자','와니' 등도 보라.
산적(bandit), 산적질(banditry).   20-21, 92, 107, 112, 195. '강도단', '강도', '사회적 산적' 등도 보라.
살인(killing)   122-123, 134, 136, 145, 149, 155, 198-205, 207, 209, 216, 222, 237, 239, 257, 260, 262, 264, 340
살해(murder)   살인을 보라.
샤리아뚤라(Shariatullah)   102
샤흐터(Schachter, S.)와 버딕(Burdick, H.)   308
선량한 자크들(Jacques Bonhomme)   269
세탁부(washerman)   218, 233
센 굽타(Sen Gupta)   214(주 16), 233
센(Sen, D. C.)   32
센(Sen, S. N.)   290, 292
셔윌(Sherwill)   145, 170, 177, 219-220, 348
소 치는 이(cowherd)   218, 223, 260.
'그왈라', '밀크 장수'도 보라.
소쉬르(Saussure, F.)   16, 70(주 81)

소작농(sharecropper)   21, 204
수레쉬 싱(Suresh Singh)   33, 158, 341, 344
수이 문다(Sui Munda)   215
순다라야(Sundarayya, P.)   211
술타나(Sultana)   107, 121, 143
쉬까르(Shikar).
'사냥'을 보라.
스리니와스(Srinivas, M. N.)   53, 63, 81, 83, 359-361
스므리띠(Smṛtis)   59-60, 70, 84, 105
스윙(Swing)   21, 42, 112, 124, 147-148, 161-161, 176, 197, 200, 238, 240-241, 303
스턱스(Stokes, E.)   46, 373, 375, 381
시도(Sido)   47-48, 78-79, 92, 95, 100, 127, 130-131, 145-146, 152, 161, 188-189, 196, 225, 229, 240, 253, 256-257, 261-262, 285-286, 301, 318, 323, 329, 339, 347-349
시베이샤니(Shibeyshani)   106
시예드 아메드(Syed Ahmed)   125
시장(market place)   309-310
시칠리아의 만과(晚課)(Sicilian Vespers)   270
신발(shoe)   88-89, 92
신성시(desecration)   54, 57, 101
싱라이(Singrai)   343
싼딸(Santal)   16, 27, 32, 41, 45-47, 78, 90, 92-96, 98-100, 110-111, 126-128, 130, 132, 139, 145-146, 152, 154, 159, 161, 165-171, 175, 177, 180-181, 186-196, 198-199, 201-202, 204-205, 209, 211, 219-230, 235, 239-240, 243-244, 249, 254, 256-258, 260-263, 266-267, 269-270, 273-274, 276-280, 282-287, 297-299, 304, 318, 322-323, 327, 329, 335-336,

338-340, 342, 346, 351, 363, 365, 367, 394, 396. '싼달 봉기', '훌'도 보라.
쑤드(sud)   41, 109, 205. '디쿠'도 보라.

ㅇ

아널드, 데이빗(Arnold, David)   117
아띠데싸(atideśa)   42-44, 46, 119, 165, 401
아마드, 임티아즈(Ahmad, Imtiaz)   357
아마르 싱(Amar Singh)   369, 385, 389
아부-울 파즐(Abū-l Fazl)   80-81, 206
아우랑제브(Aurangzeb)   377
아이삭맨(Isaacman, A. F.)   327
악바르(Akbar)   84, 206
압력 가하기(pressing)   238-242
야자수액 채취인(Tiyan)   65
야콥슨(Jakobson, R.)   70(주 81), 274, 289, 300
약탈(pillage, plunder)   40-41, 43-44, 95-96, 100, 03, 116-117, 121-123, 126, 129, 132-134, 137, 144-145, 147, 149-150, 153-155, 164, 167-168, 170-171, 175-177, 181, 183, 186-196, 198-200, 202, 220-221, 226, 239-240, 244-246, 250, 252, 261-262, 264, 268, 274, 276, 286, 303, 325, 337, 339, 353, 366-367, 370-371, 373, 376, 378-379, 381-385, 387. '빼앗기'도 보라.
양산(umbrella)   86, 88, 92, 207
어로(fishing)   163-165, 170-172, 285
언어(language)   35, 48-49, 57-8, 63-75, 78, 80, 96, 103-105, 124, 132, 138, 142, 222, 234, 275, 277, 283, 291, 307, 309, 316, 324, 331, 336-337, 350, 357, 374
얼윈(Elwin, V.)   186, 282
엥겔스(Engels, F.)   40, 334, 343
여성(여자) (woman)   50, 64, 83, 88, 162-163, 166-168, 181
역사 서술 (역사학)(historiography)   15-19, 30, 34, 139, 212-213, 310, 340-341, 380-381, 399, 401
연대(solidarity)   208-264, 308, 318, 342, 361-362, 365, 376, 379, 393, 395-396, 400
영점 기호(zero sign)   70
영토성(territoriality)   270, 333-396
예언(prophecy), 예언자(prophet)   293, 327-332
오라온족(Oraon)   211, 216, 281, 318, 337
오말리(O'Malley, L. S. S.)   163, 214
올포트(Allport, G. W.)와 포스트만(Postman, L.)   302, 316
옷(dress)   86, 88-92, 102, 105, 161
옹기장이(potter)   218, 223
와니(Wani)   97-98, 306, 363-364. '바니아', '빚', '구짜르', '마하잔', '대금업자', '사후까르' 등도 보라.
와이즈(Wise, J.)   213
와트 타일러(Wat Tyler)   51, 158, 269, 302
와하비(Wahabi)   212
왈리다드 칸(Walidad Khan)   385
운송(transport)   93-94, 105, 161, 195
울굴란(ulgulan)   15, 18, 30, 45, 82, 86, 101, 151, 158, 182, 193-194, 198, 201, 217-218, 230, 270, 274, 301, 304, 335, 341, 344, 346, 348, 352, 355-356. '비르사', '문다'도 보라.
움라오 싱(Umrao Singh)   251
음모 이론(conspiracy theory)   109-110,

267, 271-272, 283, 289
음식(food)　　37, 40, 49, 53, 65 86, 106, 114, 126, 143, 147-148, 250, 314-315
이발사(barber)　　218, 233, 362
인도(의) 형법(Indian Penal Code)　　118, 156, 164, 198, 278
인디고 반란(Indigo rebellion)　　25, 45, 245, 273, 277, 297, 299
인디고 위원회(Indigo Commission)　　96, 231

ㅈ

자뜨(jat)　　358, 360, 376-377, 384, 395
자민다르(zamindar), 자민다리(zamindari) 23-24, 45-47, 71, 77, 85-86, 92, 94, 97-98, 101-103, 109, 114, 125, 137, 145, 156, 163, 177-178, 180, 196, 198, 213, 214(주 173), 224, 232, 246-247, 325, 326(주 131) 337-340, 345, 353-354, 378-379, 383, 385-386, 393.
　　'지주'도 보라.
자케리(Jacquerie, 1358)　　40, 95, 173
잭 케이드(Jack Cade)　　77
전도(전복)(inversion)　　34, 48, 50, 62-63, 69, 73, 75, 82, 85, 93-95, 100, 102-105, 107-108, 119, 142, 184-185, 200, 204-205, 207, 247, 261
전염(contagion)　　35, 210, 265-269
전쟁용 화살(arrow of war)　　282
전조(前兆, omen)　　294-295
점성가(astrologer)　　362
정보원(informer).
　　'첩자'를 보라.
제화공(shoemaker)　　88, 233

존 볼(John Ball)　　86, 95, 302
"존 왕(King John)"　　118, 120-121. 143, 260
졸라(Jola), 졸라하(Jolaha), 줄라(Joolha) 151, 224, 297.
　　'직포공'도 보라.
주기아 하롬(Jugia Harom)　　32, 165, 249, 322, 349
주리 싱(Jhuri Singh)　　384
줄루족(Zulu)　　50, 52, 69
지역주의(localism)　　271-272, 333, 395
지주(landlord)　　21-24, 33, 40-41, 43, 45-46, 54, 71, 74-77, 81, 85, 88-91, 94, 97-99, 101-103, 105-106, 119, 125, 133, 140, 144-145, 148, 155-156, 172, 174, 176, 179, 183-185, 197-198, 203-206, 212-214, 216, 229, 231, 240, 247-248, 265, 267, 272, 314, 317, 324-325, 336-338, 371, 377, 400-401. '자민다르'도 보라.
직포공(weaver)　　65, 151.
　　'졸라'도 보라.
집(주택) (house)　　53, 65, 84, 88, 94-98, 151-153, 175-177, 179-180, 183, 185, 187-188, 190-191, 193, 198, 215, 219, 234, 242, 246-248, 262, 264 339, 368-370. '방갈로'도 보라.
집회(assembly)　　26, 150-151, 154-159, 164, 197-199, 212, 217, 219-220, 228, 235(주 79), 240, 246, 250, 274, 276-278, 282, 319, 342, 355, 367, 386-388, 394

ㅊ

차마르(Chamar)　　68, 71, 105, 206, 292
차빠띠(chapati)　　287-295

차우두리, 비나이(Chaudhuri, Binay B.)
231-232
차지농, 차지 경작자(tenant-cultivator)
21, 23-24, 97, 268, 314, 364-365,
370, 373
찰라와(chalawa)　292
천년 주기설(millenarism)　352
천년왕국설(chiliasm)　219, 322, 329,
354
첩자(spy)　34, 110, 168, 249-251, 260,
302, 310
체라맨(Cheraman)　65
치머만(Zimmerman, W.)　40, 49, 74,
90, 174, 238, 242, 295

ㅋ

카리아(Kharia)　318
칸 바하두르 칸(Khan Bahadur Khan)
231, 323
칸데슈(Khandesh) 폭동　25, 156, 232,
365
컬쇼(Culshaw, W. J.)와 아처(Archer, W.
G.)　32
케로(Chero)　216
케루마루(Cherumar)　214(주 16)
케왈라 파라마니크(Kewala Paramanik)
126-127, 195
케이(Kaye, J.)　309-310, 312, 314,
320, 324
코끼리(elephant).
　'운송', '탈것'을 보라.
코드(화)(code)　18, 29, 51, 58-59,
62, 106-108, 111, 118, 122-124, 128,
132, 138, 140, 192, 283, 291, 311,
316-318, 321, 341, 352, 377
코벳, 짐(Corbett, Jim)　107, 121,
143
코삼비(Kosambi, D. D.)　37, 359

콘(Cohn, B. S.)　206
쿤와르 싱(Kunwar Singh)　138, 245,
369, 385, 395
크루그 부족(Croog)　37, 53, 69, 81,
84, 359, 361-362
크룩, 윌리엄 (Crooke, William)　292,
374
키산 사바(Kisan Sabha)　211
킹, 앤서니 D.(King, Anthony D.)　96

ㅌ

탁발승(sannyasi)　31, 91
탄약통(cartridge)　314-315
터너(Turner, V. W.)　51, 56
테바가(Tebhaga)　210-212, 399
텍스트(text)　331-332
텔렝가나(Telengana)　198, 210-213,
399
토머스, 키스(Thomas, Keith)　330
토포로프(Toporov, V. N.)　291, 294
톰슨, E. P.(Thompson, E. P.)　118,
121, 143, 184, 236-237
튀생(Tuchin)　87
트로츠키(Trotsky, L.)　43, 172-173,
176, 333
티이야르(Tiyyar)　37
티푸 술탄(Tipu Sultan)　37

ㅍ

파라찌(Farazi)　45, 102, 175, 214, 301
팔와르(Palwar)　375, 382
패닉(panic)　155, 164, 190, 222,
303-305, 320
패러다임(paradigm)　60-61, 400-401
퍼거슨(Ferguson, C. A.)　66
페르시아(Persia)　317, 324, 328

포콕(Pocock, D.)   357
푸가초프(Pugachev)   302, 324
푸투아(Futtuah)   381, 396
프랑스혁명(French Revolution)   40, 49, 51, 74, 95, 147, 150, 158, 161, 174, 182, 297, 302-303, 309, 325
프로프(Propp, V.)   313
프롸사르(Froissart, J.)   208, 302
프리먼(Freeman, J. H.)   72
플루트(flute)   274-276, 278-280
피르 파가로(Pir Pagaro)   84
피어스(Peirce, C. S.)   289, 291
피탐 싱(Peetam Singh)   136

ㅎ

하리(Hari)   224
하빕(Habib, I.)   377, 395
핫산 아스카리(Hasan Askari)   328
헌터, 윌리엄(Hunter, William W.)   127, 139, 161, 180-181, 199, 222, 340-341
헤겔(Hegel, G. W. F.)   89, 205
헨비, 프레데릭(Henvey, Frederick)   116
혈화의 십자가(fiery cross)   281-283, 289-290
협동 노동(corporate labour)   160, 162-172, 208, 275
협력(collaboration), 협력자(collaborator)   61-62, 127, 170, 195, 198, 204, 215-216, 220-221, 225-226, 229, 237-238, 242-254, 256-264, 285, 329, 334, 365
협의(parley)   26, 150, 152-153, 271, 282-283, 289
호 부족(Ho)   216-217, 337
호프만(Hoffmann)   151, 319, 336
홀리(Holi)   54-57, 69, 355

홉스봄(Hobsbawm, E. J.)   20, 92, 112, 115, 121, 124, 183
후르(Hur)   84
후세인(Hosein)   71
후이징아(Huizinga, J.)   59
훌(hool)   16, 32, 41, 45-47, 78, 90, 92-96, 98-100, 110-111, 126-128, 130, 132, 139, 145-146, 152, 154, 161, 165-171, 175, 177, 180-181, 186-196, 198-199, 201-202, 204-205, 209, 211, 219-230, 235, 239-240, 243-244, 249, 254, 256-258, 260-263, 266-267, 269-270, 273-274, 276-280, 282-287, 297-299, 304, 318, 322-323, 327, 329, 335-336, 338-340, 342, 346, 351, 363, 365, 367, 394, 396.
'싼딸'도 보라.
휘뚜리(fituri)   18, 174
힌튼(Hinton, W.)   248
힐, 크리스토퍼(Hill, Christopher)   58
힐튼(Hilton, R.)   38, 40

라나지트 구하 Ranajit Guha
1923년 벵골 동부에서 출생. 1938년 캘커타의 프레지덴시 칼리지 입학 후에 맑스주의자가 되어 인도공산당 가입. 1947년 세계민주청년동맹에 인도 대표로 파견되어, 파리를 비롯하여 동유럽, 중동, 북아프리카, 러시아, 중국 등을 방문. 1953년 캘커타로 돌아와 잠시 노동운동에 참여한 후, 대학에서 강의. 1956년 소련의 헝가리 침공에 항의하여 공산당 탈당. 1959년 영국으로 건너갔다가 1971년 인도로 귀국. 1982년 『서발턴 연구(Sulbaltern Studies)』 창간. 1983년 『서발턴과 봉기』 출판. 1989년 『서발턴 연구』 6호까지 편집 책임자 역임. 1997년 『헤게모니 없는 지배(Dominance without Hegemony)』 출판. 현재 오스트리아 거주.

김택현
성균관대학교 문과대학 사학과 교수. 역사 이론지 『트랜스토리아』 편집인. '트리컨티넨탈 총서' 기획위원. 지은 책으로는 『서발턴과 역사학 비판』(2003년, 박종철출판사), 『차티스트 운동』(2008년, 책세상)이 있고, 옮긴 책으로는 『포스트식민주의 또는 트리컨티넨탈리즘』(2005년, 박종철출판사), 『역사란 무엇인가』(2007년, 까치) 등이 있다. 논문으로는 「서발턴에게 역사는 있는가?」, 「포스트식민주의의 계보를 다시 생각함」, 「제국주의, 역사주의, 차이의 역사(학)」 등이 있다.

비판 총서 7
서발턴과 봉기
— 식민 인도에서의 농민 봉기의 기초적 측면들

지은이 | 라나지트 구하
옮긴이 | 김택현
펴낸곳 | 박종철출판사
주소 | 서울시 마포구 서교동 457-6 성동빌딩 3층 (우)121-841
전화 | 332-7635(영업) 332-7929(편집)
등록번호 | 제12-406 (1990. 7. 12.)

제1판 1쇄 | 2008년 11월 22일

ISBN 978-89-85022-51-4   04910
      978-89-85022-21-7   (세트)
값 32,000원